中财传媒版 2021 年注册会计师全国统一考试辅导系列丛书·注定会赢

公司战略与风险管理
重难点点拨及通关训练

注册会计师考试编写组 编

U0823446

中国财经出版传媒集团
中国财政经济出版社

图书在版编目（CIP）数据

公司战略与风险管理重难点点拨及通关训练/注册会计师考试编写组编. -- 北京：中国财政经济出版社，2021. 3

（中财传媒版 2021 年注册会计师全国统一考试辅导系列丛书. 注定会赢）

ISBN 978 - 7 - 5223 - 0346 - 8

Ⅰ. ①公… Ⅱ. ①注… Ⅲ. ①公司 - 企业管理 - 资格考试 - 自学参考资料②公司 - 风险管理 - 资格考试 - 自学参考资料 Ⅳ. ①F276. 6

中国版本图书馆 CIP 数据核字（2021）第 011679 号

责任编辑：赵泽蓬　　　　责任校对：胡永立
封面设计：王　颖　　　　责任印制：党　辉

公司战略与风险管理重难点点拨及通关训练
GONGSI ZHANLUE YU FENGXIAN GUANLI
ZHONGNANDIAN DIANBO JI TONGGUAN XUNLIAN

中国财政经济出版社 出版
URL：http：//www. cfeph. cn
E - mail：cfeph@ cfeph. cn

社址：北京市海淀区阜成路甲 28 号　邮政编码：100142
营销中心电话：010 - 88191522
天猫网店：中国财政经济出版社旗舰店
网址：https：//zgczjjcbs. tmall. com
北京时捷印刷有限公司印刷　各地新华书店经销
成品尺寸：185mm × 260mm　16 开　23. 5 印张　595 000 字
2021 年 3 月第 1 版　2021 年 3 月北京第 2 次印刷
定价：68. 00 元
ISBN 978 - 7 - 5223 - 0346 - 8
（图书出现印装问题，本社负责调换，电话：010 - 88190548）
本社图书质量投诉电话：010 - 88190744
打击盗版举报热线：010 - 88191661　QQ：2242791300

前　言

中国注册会计师制度恢复重建至今已经走过41个春秋，41年风雨历程见证了注册会计师事业的辉煌，而注册会计师考试是其很重要的组成部分。注册会计师考试编写组通过对教材的详细阅读与专门研究，对教材中的知识点进行了深度的梳理与分析。在本系列丛书中，我们将教会考生如何备考、如何抓住重难点以及如何理解以前年度真题。通过对本系列丛书的学习，考生可以更加深入地了解历年考试的重点，更好地把握2021年教材的新变化。书中还附有相应的练习题，帮助考生巩固所学知识、顺利通过考试。

注册会计师考试科目多、章节内容广、知识点庞杂，考生常常反映考试难度大，甚至有的考生在备考过程中就选择了放弃。其实，考生如果能够把握正确的复习方法和应试技巧，顺利通过考试并没有想象中那么困难。复习时，首先应当按考试大纲规定的范围和相应的辅导教材进行全面、系统的学习；其次抓住重点章节和重点内容强化知识储备；最后有针对性地多做练习，以掌握答题思路和技巧，并加深对重点难点的理解和把握，方法得当，教辅应手，往往事半功倍！

注册会计师考试编写组以注册会计师考试教材为起点，认真剖析知识点与考试的关系，精准把握考试定位，方便考生理解和记忆，书中主要包含以下三个部分：

第一部分为重难点点拨及通关训练。其中每章又包括五个子部分：

第一个子部分是每章2021年教材内容主要变化。这一部分主要是解读新教材的变化，帮助考生了解今年教材与以往的不同之处，把握教材新动向。

第二个子部分是每章近五年考情统计分析。这一部分主要是对每一章节近五年的考试分值分布与考点分布进行了统计，帮助考生了解重点所在，使考生复习时有的放矢。

第三个子部分是每章的重难点解析。这一部分是对教材知识点进行深度解析，为了考生使用方便，我们对每个重难点标有不同的星级，以此来对其重要程度进行区分，且重难点后设有包括真题的经典例题，以求更好地帮助考生把握重点难点。

第四个子部分是通关练习。这一部分旨在帮助考生巩固所学知识点，掌握答题的思路和技巧，加深对重点和难点的理解和把握。

第五个子部分是通关练习答案及解析。

第二部分是跨章节综合题演练，包括跨章节综合练习题和跨章节综合练习题答案及解析两个子部分。这部分以对历年考试真题的详尽分析为基础，全面、系统、综合地将跨章节的考点加以涵盖，有助于考生通过练习掌握知识链，提高应试的综合能力和水平。

第三部分是全真模拟试题及参考答案，包括两套模拟试题及其答案。通过本部分的演练，帮助考生熟悉题型，了解题量，争取最大的通过机会。

本系列丛书的撰写倾注了编写团队大量的心血和情感，团队成员经验丰富、熟悉专业、了解考生的需求。我们的最终目标就是希望能真正帮助考生攻克每一个难关，提高考生的应试能力，使考生能轻松通过考试，顺利拿下证书。

预祝各位考生取得好成绩！

目　录

第一部分　重难点点拨及通关训练

第二部分　跨章节综合题演练

第三部分　全真模拟试题及参考答案

第一部分 重难点点拨及通关训练

第一章　战略与战略管理

2021 年教材内容主要变化

2021 年本章教材变化，主要体现在第二节公司战略管理中“四、战略变革与管理”修改为“四、战略创新管理”，另对案例做了相关修改。

本章近五年考情统计分析

本章属于非重点章，考题一般以单选题、多选题、综合题中的小问答形式出现，近五年平均考试分值为 3 分。

（一）近五年考试分值分布

题型	2016 年	2017 年	2018 年	2019 年	2020 年
单选题	—	—	1	1	1
多选题	—	1.5	1.5	1.5	1.5
综合题	6	—	2	—	—
合计	6	1.5	4.5	2.5	2.5

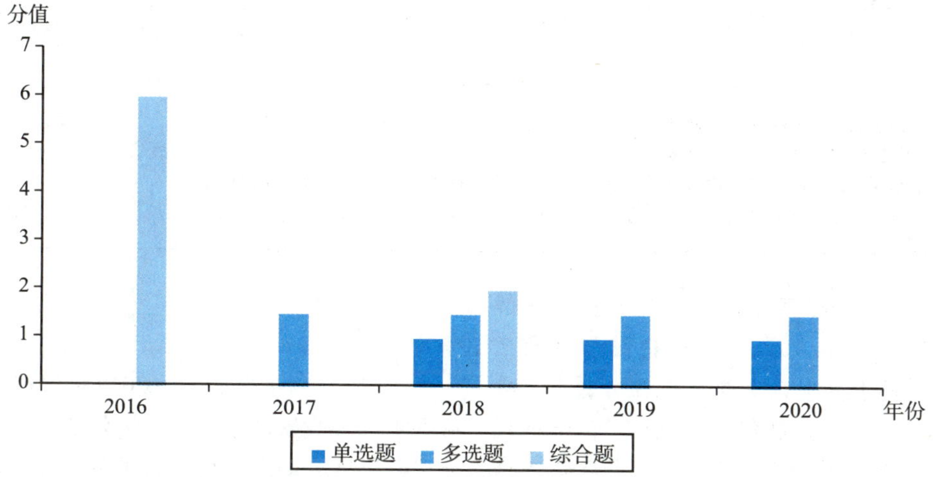

（二）近五年考试考点分布

高频考点内容	年度及题型分布
公司战略的定义	2018 年多选
公司的使命与目标	2018 年综合、2019 年单选、2020 年单选
战略变革管理	2016 年综合、2017 年多选、2018 年单选、2019 年多选、2020 年多选

重难点解析

本章是战略管理部分的第一章，概括性地介绍了公司战略与公司战略管理的基础知识，对后续战略管理具体内容的学习起到引导作用。本章主要内容包括：公司战略的定义、公司的使命与目标、公司战略的层次、战略管理的内涵与特征、战略管理过程与战略创新管理。

重难点 1：公司战略的定义★

公司战略定义的表述可分为传统概念和现代概念两大类。

	代表学者及观点	公司战略的属性
公司战略的传统概念（20 世纪 60、70 年代）	（1）1962 年，美国学者钱德勒在《战略与结构》一书中，将战略定义为“确定企业基本长期目标、选择行动途径和为实现这些目标进行资源分配”。 （2）传统概念的典型代表：美国哈佛大学教授波特认为“战略是公司为之奋斗的一些终点与公司为达到它们而寻求的途径的结合物”	战略既包括公司奋斗的终点，也包括为达到终点而寻求的途径。 强调公司战略一方面的属性——计划性、全局性和长期性
公司战略的现代概念（20 世纪 80 年代以来）	1989 年，加拿大学者明茨伯格指出，以计划为基点将企业战略视为理性计划的产物是不正确的，许多成功的企业战略是在事先无计划的情况下产生的。他将战略定义为“一系列或整套的决策或行动方式”，这套方式包括刻意安排（即计划性）的战略和任何临时出现（即非计划性）的战略	战略只包括为达到企业的终点而寻求的途径，而不包括企业终点本身。 更强调公司战略另一方面的属性——应变性、竞争性和风险性
事实上，大部分公司的战略是事先计划和突发应变的组合。 美国学者汤姆森在 1998 年指出，“战略既是预先性的（预谋战略），又是反应性的（适应性战略）”。 一个实际的战略是管理者在公司内外各种情况不断暴露的过程中不断规划和再规划的结果。 在当今瞬息万变的环境里，公司战略意味着企业要采取主动姿态预测未来，影响变化，而不是被动地对变化作出反应		

【小贴士】“公司战略的定义”要求理解公司战略“传统概念”与“现代概念”的区别，传统概念提出时的背景环境较为稳定，战略既包括“终点”，也包括“途径”，强调战略的“计划性、全局性和长期性”；现代概念提出时的背景环境变化迅速，公司无法确定“终点”，战略只包括“途径”，强调战略的“应变性、竞争性和风险性”。

【经典例题】

【真题·多选题】（2018）逸风公司是一家手机游戏软件开发商。该公司为实现预定的战略目标，借助大数据分析工具，及时根据市场需求的变化调整产品开发和经营计划，成效显著。下列各项中，对逸风公司上述做法表述正确的有（　　）。

A. 逸风公司的战略是在其内外环境的变化中不断完善规划的结果

B. 逸风公司的战略是理性计划的产物

C. 逸风公司的战略是事先的计划和突发应变的组合

D. 逸风公司采取主动态势预测未来

【答案】ACD

【解析】逸风公司及时根据市场需求的变化调整产品开发和经营计划。一个实际的战略是管理者在公司内外各种情况不断暴露的过程中不断规划和再规划的结果；大部分公司的战略是事先计划和突发应变的组合；在当今瞬息万变的环境里，公司战略意味着企业要采取主动姿态预测未来，选项A、C、D正确。加拿大学者明茨伯格指出，以计划为基点将企业战略视为理性计划的产物是不正确的，选项B错误。

【例题·单选题】企业所处外部环境变化迅速，企业只有在变化中不断调整战略，加强风险管控和对突发情况的应变，才能获得并持续强化竞争优势。根据以上描述，下列不属于公司战略现代概念所强调的属性的是（　　）。

A. 应变性　　B. 全局性

C. 竞争性　　D. 风险性

【答案】B

【解析】公司战略的传统概念强调计划性、全局性和长期性；公司战略的现代概念强调应变性、竞争性和风险性。而题目中强调了外部环境的迅速变化，企业应不断调整战略以应变突发情况，是公司战略的现代概念，其属性为应变性、竞争性和风险性。

重难点2：公司的使命与目标★★

【小贴士】本知识点阐述与公司战略相关的三个概念：使命、目的和目标。需要注意区分各个概念的涵义、联系与区别。企业生存、发展、获利等根本性目的是公司使命的一部分，公司目标是使命的具体化。

（一）公司的使命

公司的使命阐明企业组织的根本性质与存在理由。

一般包括三个方面：

公司目的	公司目的是企业组织的根本性质和存在理由的直接体现。 组织按其存在理由可分为两大类：营利组织和非营利组织。营利组织（如企业）的首要目的是为其所有者带来经济价值。例如，通过满足客户需求、建立市场份额、降低成本等来增加企业价值，其次的目的是履行社会责任，以保障企业主要经济目标的实现。非营利组织（如红十字会）的首要目的是提高社会福利、促进政治和社会变革，而不是营利
公司宗旨	公司宗旨旨在阐述公司长期的战略意向，其具体内容主要说明公司目前和未来所要从事的经营业务范围。 公司的业务范围应包括企业的产品（或服务）、顾客对象、市场和技术等几个方面。 公司宗旨反映出企业的定位。定位是指企业采取措施适应所处的环境，它包括相对于其他企业的市场定位，如生产或销售什么类型的产品或服务给特定的部门，或以什么样的方式满足客户和市场的需求，如何分配内部资源以保持企业的竞争优势等
经营哲学	经营哲学是公司为其经营活动方式确立的价值观、基本信念和行为准则，是企业文化的高度概括。 经营哲学主要通过公司对利益相关者的态度、公司提倡的共同价值观、政策和目标以及管理风格等方面体现出来。 经营哲学同样影响着公司的经营范围和经营效果

许多公司使命的表述往往不详尽、不全面，只是展示公司主要的战略方向。在复杂多变的环境下，详尽的、全面的使命表述可能会使企业在战略实施过程中比较被动。也就是说，使命的表述较为抽象、不具体。这是公司战略的现代概念定义中应变性、竞争性和风险

性的具体体现。

（二）公司的目标

公司目标是公司**使命的具体化**。

公司目标是一个体系。建立目标体系的目的就是将公司的业务使命转换成明确具体的业绩目标，从而使公司的进展有一个可以测度的标准。

从整个公司的角度来看，需要建立两种类型的业绩标准：和财务有关的业绩标准以及和战略有关的业绩标准。

获取良好的财务业绩和良好的战略业绩要求公司的管理层既建立财务目标体系又建立战略目标体系。

财务目标体系表明公司必须致力于在下列指标上达到较好结果：市场占有率、收益增长率、投资回报率、股利增长率、股票价格评价、现金流以及公司的信任度等。

战略目标体系则不同，它的建立目的在于为公司赢得下列结果：获取足够的市场竞争优势，在产品质量、客户服务或产品革新等方面压倒竞争对手，使整体成本低于竞争对手的成本，提高公司在客户中的声誉，在国际市场上建立更强大的立足点，建立技术上的领导地位，获得持久的竞争力，抓住诱人的成长机会等。

财务目标体系和战略目标体系都应该从**短期目标和长期目标**两个角度体现出来。目标体系的建立需要**所有管理者的参与**。公司中每一个单元都必须有一个具体的、可测度的业绩目标，其中，各个单元的目标必须与整个公司的目标相匹配。

【经典例题】

【真题·单选题】（2019）云飞公司最初是一家电子商务企业，后来成长为业务涵盖网上商城、餐饮、酒店和物流的大型多元化公司。云飞公司的发展体现了公司（　　）。

A. 宗旨的变化

B. 经营哲学的变化

C. 公司目的的变化

D. 战略层次的变化

【答案】 A

【解析】 公司宗旨旨在阐述公司长期的战略意向，其具体内容主要说明公司目前和未来所要从事的经营业务范围。云飞公司经营业务范围扩展，体现了公司宗旨的变化。

【真题·单选题】（2020）天鸣公司是全球领先的通信基础设施和智能终端提供商，该公司在网站上显著位置有如下说明：致力于把数字科技带入每个人、每个家庭、每个组织，构建万物互联的智能世界。天鸣公司的上述说明体现了该公司的（　　）。

A. 目的　　B. 目标

C. 宗旨　　D. 经营哲学

【答案】 C

【解析】 公司宗旨旨在阐述公司长期的战略意向，其具体内容主要说明公司目前和未来所要从事的经营业务范围。“致力于把数字科技带入每个人、每个家庭、每个组织，构建万物互联的智能世界”属于公司宗旨，选项C正确。

【真题·综合题】（2018）2010年4月，科通科技公司正式成立。公司成立之初，公司CEO刘毅与股东们就有一个想法：要做一款设计好、品质高、价格便宜的智能手机。……至2018年，科通已经投资了90多家生态链企业，涉足上百个行业。科通公司也从一家手机公司过渡到一个涵盖众多消费电子产品、软硬件和内容全覆盖的互联网企业。2018年，科通公司正式上市。

【要求】 简要分析科通公司从初创时期到上市之前公司宗旨的变化。

【解析】 公司宗旨旨在阐述公司长期的战略意向，其具体内容主要说明公司目前和未来所要从事的经营业务范围。科通公司初创时期的业务定位是“要做一款设计好、品质高、价格便宜的智能手机”；科通公司上市之前的业务定位转变为“涵盖众多消费电子产品、软硬件和内容全覆盖的互联网企业”。

【例题·单选题】 下列各项表述中可以作为企业使命的是（　　）。

A. 让天下没有难做的生意

B. 5年内在市区建成2个地标性建筑

C. 争取用3年时间完成战略转型

D. 在开发某地标建筑时，以中国传统文化为基础融入科技元素

【答案】A

【解析】公司的使命阐明企业组织的根本性质与存在理由。使命的表述往往不详尽、不全面，只是展示公司主要的战略方向。选项B、C、D表述具体、详尽，不是公司使命的表述。

【例题·多选题】下列属于公司战略目标体系建立目的的有（　　）。

A. 获得足够的市场竞争优势

B. 保持稳定的股利增长率

C. 提高公司在客户中的声誉

D. 获得满意的投资回报率

【答案】AC

【解析】战略目标体系的建立目的在于为公司赢得下列结果：获取足够的市场竞争优势，在产品质量、客户服务或产品革新等方面压倒竞争对手，使整体成本低于竞争对手的成本，提高公司在客户中的声誉，在国际市场上建立更强大的立足点，建立技术上的领导地位，获得持久的竞争力，抓住诱人的成长机会等。选项B、D属于财务目标体系建立目的。

重难点3：公司战略的层次★★

一般将战略分为三个层次：

总体战略、业务单位战略或竞争战略和职能战略。

总体战略（公司层战略）	企业**最高层次**的战略。 它需要根据企业的目标，**选择**企业可以竞争的**经营领域**，合理配置企业经营所必需的资源，使各项经营业务相互支持、相互协调。 常常涉及整个企业的财务结构和组织结构方面的问题
业务单位战略（竞争战略）	涉及各业务单位的主管以及辅助人员，将公司战略所包括的企业目标、发展方向和措施具体化，形成本业务单位具体的竞争与经营战略。 针对不断变化的外部环境，**在各自的经营领域中有效竞争**
职能战略（职能层战略）	主要涉及企业内各职能部门，如营销、财务、生产、研发（R&D）、人力资源、信息技术等，如何更好地**配置企业内部资源**，为各级战略服务，**提高组织效率**

【小贴士】对于一家单业务公司来说，总体战略和业务单位战略只有一个，即合二为一；只有对业务多元化的公司来说，总体战略和业务单位战略的区分才有意义。

【经典例题】

【例题·单选题】甲集团是国内大型粮油集团公司，近年来致力于从田间到餐桌的产业链建设，2018年收购了以非油炸方式生产“健康”牌方便面的乙公司，并全面更换了乙公司的管理团队。2019年“健康”牌方便面市场份额下降，为了从竞争激烈的方便面市场上重新赢得原有市场份额，2020年初需要制定方便面竞争战略。该竞争战略属于（　　）。

A. 公司战略

B. 业务单位战略

C. 产品战略

D. 职能战略

【答案】B

【解析】一般将战略分为三个层次：总体战略、业务单位战略或竞争战略和职能战略。业务单位战略（竞争战略）将公司战略所包括的企业目标、发展方向和措施具体化，形成本业务单位具体的竞争与经营战略，针对不断变化的外部环境，在各自的经营领域中有效竞争。“方便面市场份额下降，为了从竞争激烈的方便面市场上重新赢得原有市场份额，2020年初需要制定方便面竞争战略”，属于业务单位战略，选项B正确。

重难点4：战略管理的内涵与特征★

安索夫在《从战略规划到战略管理》（1976）一书中首次提出“战略管理”。

企业战略管理是为实现企业的使命和战略目标，科学地分析企业的内外部环境与条件，制定战略决策，评估、选择并实施战略方案，控制战略绩效的动态管理过程。

与传统职能管理相比，战略管理具有如下特征：

战略管理是企业的综合性管理	①战略管理为企业的发展指明基本方向和前进道路，是各项管理活动的精髓。 ②战略管理的对象不仅包括研究开发、生产、人力资源、财务以及市场营销等具体职能，还包括统领各项职能战略的竞争战略和公司层战略。 ③战略管理是一项涉及企业所有管理部门、业务单位及所有相关因素的管理活动
战略管理是企业的高层次管理	与企业的日常管理和职能管理不同，战略管理必须由企业的高层领导来推动和实施
战略管理是企业的一种动态性管理	企业战略管理活动应具有动态性，即适应企业内外部各种条件和因素的变化进行适当调整或变更

【经典例题】

【例题·多选题】与传统职能管理相比，现代战略管理的特征包括（　　）。

A. 战略管理的对象包括企业各项具体职能

B. 战略管理必须由企业的高层领导来推动和实施

C. 战略管理是企业的日常运营管理

D. 战略管理是企业的一种动态性管理

【答案】ABD

【解析】战略管理是企业的综合性管理，战略管理的对象不仅包括研究开发、生产、人力资源、财务以及市场营销等具体职能，还包括统领各项职能战略的竞争战略和公司层战略。与企业的日常管理和职能管理不同，战略管理必须由企业的高层领导来推动和实施。战略管理是企业的一种动态性管理。

重难点5：战略管理过程★★

一般来说，战略管理包含三个关键因素：

战略分析——了解组织所处的环境和相对竞争地位；

战略选择——战略制定、评价和选择；

战略实施——采取措施使战略发挥作用。

（一）战略分析（明确“企业目前处于什么位置”）

战略分析的主要目的是评价影响企业目前和今后发展的关键因素，并确定在战略选择步骤中的具体影响因素。

战略分析的内容包括外部环境分析和内部环境分析。

1. 外部环境分析。

分析企业面对的宏观环境、产业环境、竞争环境和国家竞争优势；

了解企业所处的环境正在发生哪些变化，这些变化给企业将带来更多的机会还是更多的威胁。

2. 内部环境分析。

进行企业的资源与能力分析、企业的核心竞争力价值链分析等；

了解企业自身所处的相对地位，企业具有哪些资源以及战略能力。

常用的战略分析工具：波士顿矩阵、通用矩阵、SWOT分析。

（二）战略选择（回答“企业向何处发展”）

企业在战略选择阶段要考虑可选择的战略类型和战略选择过程两个方面的问题。

1. 可选择的战略类型。

（1）总体战略选择。总体战略选择包括发展战略、稳定战略和收缩战略三种基本类型。

（2）业务单位战略选择。业务单位层面的战略包括基本竞争战略、中小企业的竞争战略、蓝海战略三种战略。

（3）职能战略选择。职能战略包括市场

营销战略、生产运营战略、研究与开发战略、采购战略、人力资源战略以及财务战略等多个职能部门的战略。

2. 战略选择过程。

(1) 制订战略选择方案。

在制订战略过程中，**可供选择的方案越多越好**。

根据不同层次管理人员介入战略分析和战略选择工作的程度，可以将战略形成的方法分为三种，三种方法的主要区别在于战略制定中对**集权与分权**程度的把握不同。企业可以从对企业整体目标的保障、对中下层管理人员积极性的发挥，以及企业各部门战略方案的协调等多个角度考虑，选择适宜的战略制定方法。

自上而下的方法	先由企业总部的高层管理人员制定企业的总体战略，然后由下属各部门根据自身的实际情况将企业的总体战略具体化，形成系统的战略方案（集权）
自下而上的方法	在制定战略时，企业最高管理层对下属部门不做具体规定，而要求各部门积极提交战略方案。企业最高管理层在各部门提交的战略方案基础上，加以协调和平衡，对各部门的战略方案进行必要的修改后加以确认（分权）
上下结合的方法	企业最高管理层和下属各部门的管理人员共同参与，通过上下级管理人员的沟通和磋商，制订出适宜的战略（集权＋分权）

(2) 评估战略备选方案。

评估备选方案通常使用三个标准：

适宜性标准	考虑选择的战略是否发挥了企业的优势，克服了劣势，是否利用了机会，将威胁削弱到最低程度，是否有助于企业实现目标（即是否“适宜”内外部**环境**）
可接受性标准	考虑选择的战略能否**被企业利益相关者所接受**，实际上并不存在最佳的、符合各方利益相关者的统一标准，经理们和利益相关团体的不同的价值观和期望在很大程度上影响着战略的选择
可行性标准	对战略的评估最终还要落实到战略收益、风险和可行性分析的财务指标上

(3) 选择战略。

如果由于用多个指标对多个战略方案的评价产生不一致的结果，最终的战略选择可以考虑以下几种方法：

根据**企业目标**选择战略	企业目标是企业使命的具体体现，因而，选择对实现企业目标**最有利**的战略方案
提交**上级管理部门**审批	对于中下层机构的战略方案，提交上级管理部门能够使最终选择方案更加符合企业**整体**战略目标
聘请**外部**专家进行战略选择工作	专家们拥有广博、丰富的经验和知识能够提供比较**客观**的意见

（三）战略实施（解决“将战略转化为行动”）

战略实施要解决以下几个主要问题：

(1) 确定和建立一个有效的组织结构。

涉及如何分配企业内的工作职责范围和决策权力，如：

①企业的管理结构是高长型还是扁平型；

②决策权力集中还是分散；

③企业的组织结构类型能否适应公司战略的定位等。

（2）保证人员和制度的有效管理。

（3）正确处理和协调公司内部关系。

（4）选择适当的组织协调和控制系统。

（5）协调好企业战略、结构、文化和控制诸方面的关系。

【小贴士】战略管理是一个循环过程，而不是一次性的工作。要不断监控和评价战略的实施过程，修正原来的分析、选择与实施工作，这是一个循环往复的过程。

【经典例题】

【例题·单选题】甲公司评估战略备选方案时，主要考虑选择的战略是否发挥了企业优势，克服了劣势，是否利用了机会，将威胁削弱到最低程度，是否有助于企业实现目标。甲公司评估战略备选方案使用的标准是（　　）。

A. 适宜性标准

B. 外部性标准

C. 可行性标准

D. 可接受性标准

【答案】A

【解析】适宜性标准，考虑选择的战略是否发挥了企业的优势，克服了劣势，是否利用了机会，将威胁削弱到最低程度，是否有助于企业实现目标；所以选项A正确。

【例题·多选题】下列各项中，属于战略实施要解决的主要问题有（　　）。

A. 企业的组织结构是否有效

B. 企业战略、结构、文化和控制诸方面是否协调

C. 企业自身所处的地位是否有利

D. 人员和制度的管理是否合理

【答案】ABD

【解析】战略实施要解决以下几个主要问题：（1）确定和建立一个有效的组织结构；（2）保证人员和制度的有效管理；（3）正确处理和协调公司内部关系；（4）选择适当的组织协调和控制系统；（5）协调好企业战略、结构、文化和控制诸方面的关系。

重难点6：战略创新管理★★★

（一）什么是战略创新

企业战略创新是指企业为了获得可持续竞争优势，根据所处的内外部环境已经发生或预测会发生的变化，结合环境、战略、组织三者之间的动态协调性原则，并涉及企业组织各要素同步支持性变化，对新的创意进行搜索、选择、实施、获取的系统性过程。

（二）创新的重要性

1. 创新是企业适应不断变化的外部环境、确保自身生存发展至关重要的能力

2. 创新是企业获得持续竞争优势最主要的来源

3. 持续不断的创新是维持企业竞争优势的根本保障

（三）战略创新的类型

英国学者蒂德（Tidd J.）和贝赞特（Besant J.）采用4Ps法说明战略创新的几种类型。

类型	定义
产品创新	是指组织提供的产品和服务的变化
流程创新	是指产品和服务的生产和交付方式的变化
定位创新	是指产品和服务进入市场的环境的变化，即通过在特定用户情境下重新定位对既有产品和流程的感知来实现的创新
范式创新	是指影响组织业务的潜在思维模式的变化

（四）探索战略创新的不同方面

企业在战略创新决策之前，有必要考虑创新各个不同方面的特点。这些特点有可能影响企业关于创新时机和领域的战略决策。

1. 创新的新颖程度——渐近性还是突破性

渐进性创新是一系列持续、稳步前进的变

化过程，使企业能够保持平稳、正常运转。而突破性创新是全面性的变化过程，使企业整个体系发生改变。

2. 创新的平台和产品家族

要让持续的创新达到好的效果，途径之一是借助“基础平台”或“产品家族”这一概念。这种方法的基本思路是，依托一个稳健的基础平台或可以扩展的产品家族，为创新提供一定范围的延展空间。

3. 创新的层面——在组件层面还是架构层面

亨德森（Henderson R.）和克拉克（Cluck K.）认为，创新很少只涉及单一的技术和市场，而是要处理构成体系的大量知识。成功的创新要求管理者能够掌握和使用关于组件的知识，也要掌握如何将这些组件组合在一起的架构的知识。

4. 时机——创新生命周期

创新的机会随着时间的推移而改变。在新的行业，围绕着新产品和服务的概念进行创新大有作为。而更为成熟的行业趋向于关注流程创新和定位创新，寻找成本更低、更快捷地销售产品和服务的方法，或者找到并占有新的细分市场。下表列出了阿伯内西和厄特巴克的创新生命周期模型的主要元素。

创新特征	流变阶段	过渡阶段	成熟阶段
竞争重点	功能性的产品性能	产品差异化	降低成本
创新的驱动因素	关于客户需求的信息，技术投入	通过扩展内部的技术能力来创造机会	降低成本、提高质量等方面的压力
创新的主要类型	产品的经常性的主要变化	随着生产规模扩大，要求出现重大流程创新	渐近性的产品和流程创新
产品线	多样性，通常包括定制的设计	包括至少一种稳定或主导设计	大多数是无差异的标准产品
生产流程	灵活但低效，目标带有实验性，而且经常变化	变得越来越严格和明确	高效，通常形成资本集约化并且相对严格

（五）战略创新的情境

以下所阐述的是成功的战略创新赖以实现的关键情境。

1. 建立创新型组织

“人是我们最大的财富”，在创新领域，这个主题至关重要。从个体层面看，创新者以其充沛的精力、饱满的热情和敏锐的洞察力发现和提出新的概念；而从群体层面看，创新越来越讲究团队协作，将不同学科和观点进行创造性的整合，当团队协作在组织内部产生乘数效应时，会创造出惊人的奇迹。下表展示了创新型组织的组成要素。

组成要素	关键特征
共同使命、领导力和创新的意愿	明确阐述共同的使命感； 延伸战略目标——“高管层的承诺”
合适的组织结构	组织设计使得创造力、学习和互动成为可能；关键问题是在“有机的”和“机械的”模式之间找到恰当的平衡
关键个体	发明者、组织发起者、把关人员和其他角色赋予创新活力或促进创新
全员参与创新	参与整个组织的持续改进活动
有效的团队合作	适当地使用团队（在本部门、跨职能和组织间）来解决问题，需要在团队选择和建设上给予投入

续表

组成要素	关键特征
创造性的氛围	使用积极的方法来获得创造性的想法，得到相关激励系统的支持
跨越边界	内部和外部的顾客导向； 广泛的网络

2. 制定创新的战略

蒂德和贝赞特提出如下关于公司战略与创新之间关系的核心观点：

（1）企业特定的知识，包括探索知识的能力，是企业在竞争中取得成功的本质特征。

（2）公司战略的本质特征应该是一种创新战略，其目的就是积累这种企业特定的知识。

（3）一种创新战略必须能够应对外部复杂的千变万化的环境。

（4）内部结构和过程必须与可能的冲突性需求保持平衡：

①在技术领域、业务职能和产品部门中识别并开发专业知识；

②通过对技术领域、业务职能和产品部门进行整合来探索专门知识。

（六）创新管理的主要过程

创新管理一般经历“搜索—选择—实施—获取”四个阶段。

1. 搜索阶段—如何找到创新的机会

创新的第一阶段涉及搜索环境中有关潜在变革的信号。这些信号可能是新技术的产生，或局部市场新需求的显现，也可能是政府政策或竞争者行为的变化。大多数创新是几种因素相互作用的结果。在这一阶段，创新管理面临的最大挑战是如何寻找与创新相关的诱因。

2. 选择阶段—要做什么以及为什么

创新本质上是冒险的，即使是实力很强的公司也不能无节制地冒险。基于公司已有的技术领域和能力对不同的机会和市场作出符合公司整体商业战略的选择就非常有必要。这一阶段创新管理需要做三个方面研究。其一是对企业可利用的技术和市场机会的信号的研究；其二是对与公司现有知识库相关的产品和服务（即企业独有能力）的研究，确保公司现有知识能够与变革所需的知识相匹配；其三是将创新和企业整体业务绩效的提高相联系的研究，企业整体战略和创新战略的紧密结合在这个阶段是至关重要的。

3. 实施阶段—如何实现创新

实施阶段可以看作逐渐汇集各种知识并产生创新的过程。在这一阶段，早期的不确定性逐渐被各种对知识的要求和成本上升的压力所取代。随着创新活动的进展，开始持续地从最初的概念中寻找问题和解决问题，围绕创新逐渐形成相关知识，最终这些知识以某种形式进入目标环境，即内部或外部市场，之后再运用更多的相关知识来巩固这次创新。

4. 获取阶段—如何获得利益

创新的最终目的很少局限于个人的兴趣，而是要从中获得一些价值，无论是获得商业上的成功、扩大市场占有率、降低成本，还是作为社会创新改变世界。为了更好地获取创新的回报，企业需要在采购、分销等环节采用多种新的方式（也可视为流程创新）在进行创新推广时获取更多的收益；企业也需要运用知识产权保护机制（无论是正式的获得专利、还是不太正式的使用隐性知识的方法）来维护自身的竞争优势；企业还需要在推行创新不可避免导致的“再创新”中占据主动地位，掌控和引领创新的发展方向。

【经典例题】

【例题·单选题】英国一个历史悠久的产品名为“Lucozade”，早在1927年作为葡萄糖饮品用来帮助儿童发育和病人康复。后来，品牌所有者摒弃了它与疾病的关联，转而瞄向日渐增长的健康市场，将它作为一款提高运动效能的饮品重新推出，这属于（　　）。

A. 产品创新

B. 流程创新

C. 定位创新

D. 范式创新

【答案】C

【解析】定位创新是指产品和服务进入市场的环境的变化，即通过在特定用户情境下重新定位对既有产品和流程的感知来实现的创新。选项C正确。

【例题·多选题】下列选项中，关于创新的重要性说法正确的有（　　）。

A. 创新是对新创意的产生、开发、实施和获取过程所涉及的所有活动

B. 创新是企业适应不断变化的外部环境、确保自身生存发展至关重要的能力

C. 创新是企业获得持续竞争优势最主要的来源

D. 持续不断的创新是维持企业竞争优势的根本保障

【答案】BCD

【解析】根据教材内容，选项B、C、D是关于创新的重要性的正确表述。

通关练习

（一）单选题

1. 下列各项中，属于多元化公司业务单位战略核心要素的是（　　）。

A. 选择企业可以竞争的经营领域

B. 协调每个职能中各种活动之间的关系

C. 协调不同职能与业务流程之间的关系

D. 明确企业的竞争战略

2. 2011年，A科技公司正式成立。历经8年的发展，到2019年公司上市之前，公司大力进行业务改组，将公司从“生产智能手机”转变为“构建起手机配件、智能硬件、生活消费产品三层产品矩阵”，A公司从一家手机公司过渡到一个涵盖众多消费电子产品、软硬件和内容全覆盖的互联网企业。A公司的上述转变表述的是（　　）。

A. 公司目标

B. 公司目的

C. 公司宗旨

D. 经营哲学

3. 公司总体战略的构成要素是（　　）。

A. 选择经营领域，发挥协同作用

B. 保证企业的竞争优势，有效地控制资源的分配和使用

C. 配置企业内部资源，发挥协同作用

D. 选择经营领域，合理配置企业经营所必需的资源

4. 在某公司的使命中，有这样的表述：“诚信、公开、公平是我们所有经营活动所遵循的原则”，该表述体现了（　　）。

A. 公司目标

B. 公司目的

C. 公司宗旨

D. 经营哲学

5. 甲公司在制定战略选择方案时，公司最高管理层对下属部门不做具体规定，而要求各部门积极提交战略方案。公司最高管理层在各部门提交的战略方案基础上，加以协调和平衡，对各部门的战略方案进行必要的修改后加以确认。甲公司战略形成的方法是（　　）。

A. 自上而下

B. 自下而上

C. 上下结合

D. 内外结合

6. 下列选项中，属于总体战略的是（　　）。

A. 甲房地产企业进军金融服务领域

B. 乙休闲食品公司生产高端零食，摆脱同质化竞争

C. 丙互联网公司制定员工培训计划

D. 丁手机公司研发新一代智能手机

7. 甲公司评估战略备选方案时，主要考

虑选择的战略能否被公司股东等利益相关者所接受。由此可见，甲公司评估战略备选方案使用的标准是（　　）。

A. 适宜性标准

B. 可接受性标准

C. 可行性标准

D. 外部性标准

（二）多选题

1. 下列关于公司战略概念的表述中，正确的有（　　）。

A. 战略的传统概念既包括企业终点，也包括为达到企业终点而寻求的途径

B. 战略的现代概念更强调战略的计划性、竞争性、风险性

C. 大部分公司的战略是事先计划和突发应变的组合

D. 战略的现代概念意味着企业要采取主动姿态预测未来，影响变化

2. 公司的使命阐明企业组织的根本性质与存在理由，一般包括（　　）三个方面。

A. 公司目的

B. 公司宗旨

C. 经营哲学

D. 公司目标

3. 丁集团的经营业务范围涉及商业地产、高级酒店、文化产业、连锁百货、旅游度假，最近该集团宣布进军高端医美行业。由此可见，丁集团的公司战略层次包括（　　）。

A. 公司层战略

B. 竞争战略

C. 差异化战略

D. 职能战略

4. 与传统职能管理相比，现代战略管理的特征包括（　　）。

A. 效率性

B. 高层次

C. 综合性

D. 动态性

（三）简答题

PS公司历史悠久，其前身为PS可乐公司，以生产碳酸饮料PS可乐为主，在当时的碳酸饮料市场上，KC可乐顾客忠诚度很高，是阻碍PS可乐发展的主要竞争对手。为了生存下去，PS管理层认为应该开展多元化经营。因此，1965年，PS可乐公司与休闲食品巨头FL公司合并，正式更名为PS公司，将休闲食品业务纳入公司核心业务，之后又进军餐饮业和长途运输业。

然而好景不长，多元化经营导致资金链紧张，制约了PS公司的竞争能力，因此公司管理层认为应回归核心主业，即饮料和休闲食品。1997年，PS公司进行战略变革，将非核心业务剥离，组织结构随之调整，还相继推出了果汁、功能性饮料、乳品饮料、茶饮料和咖啡等非碳酸饮品，所有产品采用统一的商标，重新设计产品包装。同时，在生产流程方面，PS公司积极研发新技术，比如申请了饮料流水线灌装技术专利，大大提高了生产效率。在人才战略方面也做了调整，PS公司高度重视员工的工作成效，采用“非升即走”制度，每年对员工进行业绩评估，表现差者限期改进，如果员工表现仍没有显著提高，则被解雇。

经过多年的发展，PS公司在200多个国家和地区拥有十几万雇员，已经成长为一家全球性的饮料和休闲食品公司，并一直在为践行公司使命而努力：“我们立志将PS公司建成为世界首屈一指的、主营方便食品和饮料的消费品公司。在为我们的员工、业务伙伴及业务所在地提供发展和创收机会的同时，我们也努力为投资者提供良性的投资回报。诚信、公开、公平是我们所有经营活动所遵循的原则”。

要求：（1）简要分析PS公司使命的三个方面。

（2）PS公司从经营单一业务变为多元化经营，体现了公司战略的哪个层次？

通关练习答案及解析

（一）单选题

1. 【答案】D

【解析】业务单位战略（竞争战略）要针对不断变化的外部环境，在各自的经营领域中有效竞争。因此，选项 D 正确。选项 A 属于总体战略的核心要素；选项 B、C 阐述职能战略的协同作用。

2. 【答案】C

【解析】公司宗旨旨在阐述公司长期的战略意向，其具体内容主要说明公司目前和未来所要从事的经营业务范围。A 公司从一家手机公司过渡到一个涵盖众多消费电子产品、软硬件和内容全覆盖的互联网企业。体现了公司宗旨的变化，选项 C 正确。

3. 【答案】D

【解析】总体战略需要根据企业的目标，选择企业可以竞争的经营领域，合理配置企业经营所必须的资源，使各项经营业务相互支持、相互协调。选项 D 正确。选项 B 是业务单位战略（竞争战略）的构成要素，选项 C 是职能战略的构成要素，选项 A 中总体战略“选择经营领域”，职能战略“发挥协同作用”。

4. 【答案】D

【解析】经营哲学是公司为其经营活动方式确立的价值观、基本信念和行为准则，是企业文化的高度概括。

5. 【答案】B

【解析】教材原文。甲公司在制定战略选择方案时，注重发挥中下层管理人员的积极性，分权程度高，属于“自下而上”的方法。

6. 【答案】A

【解析】总体战略需要根据企业的目标，选择企业可以竞争的经营领域，合理配置企业经营所必需的资源，使各项经营业务相互支持、相互协调。选项 A 表明甲公司在原有房地产业务的基础上进入新的业务领域，属于总体战略。

7. 【答案】B

【解析】可接受性标准，考虑选择的战略能否被企业利益相关者所接受。

（二）多选题

1. 【答案】ACD

【解析】战略的现代概念更强调战略的应变性、竞争性、风险性，选项 B 错误。

2. 【答案】ABC

【解析】公司的使命一般包括公司目的、公司宗旨和经营哲学三个方面；公司目的是使命的具体化。

3. 【答案】ABD

【解析】根据题干可知，甲集团是一家业务多元化的公司。公司战略包括总体战略（公司层）、业务单位战略（竞争战略）和职能战略三个层次。

4. 【答案】BCD

【解析】与传统职能管理相比，现代战略管理是企业的综合性、高层次和动态性管理。

（三）简答题

（1）公司的使命阐明企业组织的根本性质与存在理由。一般包括三个方面：

①公司目的。企业组织的根本性质和存在理由的直接体现。营利组织的首要目的是为其所有者带来经济价值，其次的目的是履行社会责任，以保障企业主要经济目标的实现。PS 公司是以营利为目的的公司。

②公司宗旨。旨在阐述公司长期的战略意向，其具体内容主要说明公司目前和未来所要从事的经营业务范围。PS 公司的宗旨是“主营方便食品和饮料”。

③经营哲学。经营哲学是公司为其经营活动方式确立的价值观、基本信念和行为准则，是企业文化的高度概括。经营哲学主要通过公司对利益相关者的态度、公司提倡的共同价值观、政策和目标以及管理风格等方面体现出来。PS 公司的经营哲学体现为“在为我们的

员工、业务伙伴及业务所在地提供发展和创收机会的同时，我们也努力为投资者提供良性的投资回报。诚信、公开、公平是我们所有经营活动所遵循的原则”。

（2）PS 公司从经营单一业务变为多元化经营，体现了公司战略的最高层次，即总体战略。总体战略需要根据企业的目标，选择企业可以竞争的经营领域，合理配置企业经营所必需的资源，使各项经营业务相互支持、相互协调。PS 公司的经营领域由碳酸饮料拓展为“将休闲食品业务纳入公司核心业务，之后又进军餐饮业和长途运输业”，体现了总体战略。

第二章　战略分析

2021 年教材内容主要变化

2021 年本章教材内容变化较少，主要是对案例进行了修改，正文表述与 2020 年教材一致。

本章近五年考情统计分析

本章考题以全题型形式出现，本章属于重要的考试章节之一，最近五年平均考试分值为 21.8 分。

（一）近五年考试分值分布

题型	2016 年	2017 年	2018 年	2019 年	2020 年
单选题	6	6	6	7	6
多选题	—	4.5	3	6	4.5
简答题	11	8	4	8	8
综合题	4	8.5	4	3	1.5
合计	21	27	17	24	20

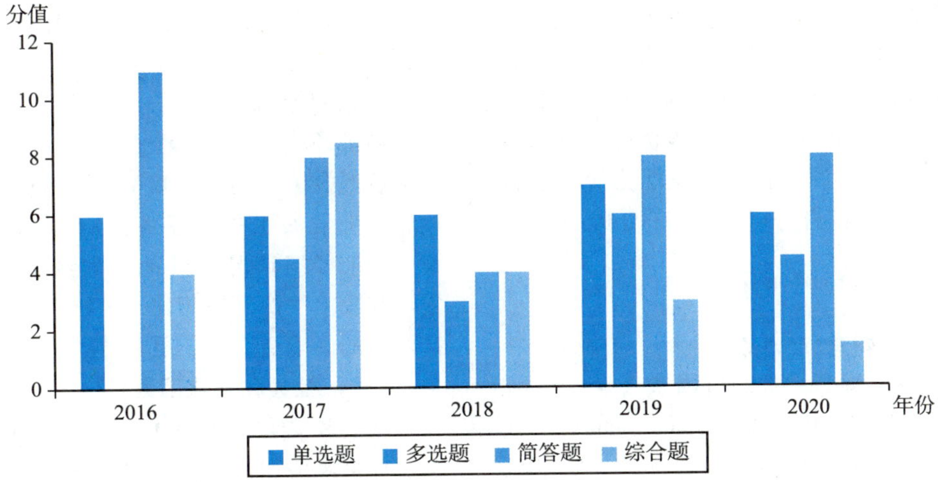

（二）近五年考试考点分布

高频考点内容	年度及题型分布
宏观环境分析	2016 年综合、2017 年简答、2020 年单选
产品生命周期	2016 年简答、2017 年单选、2018 年单选、2019 年单选
产业五种竞争力	2016 年单选和综合、2017 年单选、多选和简答、2018 年多选、2019 年单选和多选、2020 年多选
成功关键因素分析	2017 年单选、2019 年多选
竞争对手分析	2017 年单选、2018 年单选
产业内的战略群组	2016 年简答、2017 年多选、2019 年单选
国家竞争优势分析	2017 年简答、2018 年单选、2019 年多选
企业资源分析	2016 年单选、2017 年多选和简答、2018 年单选、2019 年简答、2020 年单选和简答
企业能力分析	2018 年综合、2019 年简答
企业的核心能力	2016 年单选和综合、2017 年单选和综合、2018 年多选和综合、2019 年单选
价值链的两类活动	2016 年单选、2017 年单选和多选
企业资源能力的价值链分析	2016 年简答、2017 年综合、2018 年简答和综合、2019 年综合、2020 年单选
波士顿矩阵	2016 年单选、2017 年单选、2018 年单选、2019 年单选、2020 年多选
SWOT 分析及应用	2016 年单选、2017 年单选、2018 年单选、2019 单选、2020 年单选

重难点解析

本章详细介绍了企业战略分析的外部环境分析、企业内部环境分析以及 SWOT 分析，主要内容是战略的内外部环境分析以及主要的分析方法和工具。具体内容包括：宏观环境分析产品生命周期、产业五种竞争力分析、成功关键因素分析、竞争环境分析中的竞争对手分析和产业内的战略群组、国家竞争优势（钻石模型分析）、企业资源分析、企业能力分析、价值链分析、业务组合分析、SWOT 分析。

重难点 1：宏观环境分析★★★

宏观环境因素主要包含四类：政治和法律因素（political factors）、经济因素（economical factors）、社会和文化因素（social factors）、技术因素（technological factors），因此，宏观环境分析又称为 PEST 分析。

（一）政治和法律环境

政治和法律环境，是指那些制约和影响企业的政治要素和法律系统，以及其运行状态。政治环境包括国家的政治制度、权力机构、颁布的方针政策、政治团体和政治形势等因素。法律环境包括国家制定的法律、法规、法令以及国家的执法机构等因素。

（二）经济因素

经济环境是指构成企业生存和发展的社会经济状况及国家的经济政策，包括社会经济结构、经济发展水平、经济体制、宏观经济政策、当前经济状况和其他一般经济条件等要素。与政治法律环境相比，经济环境对企业生产经营的影响更直接、更具体。

（三）社会和文化因素

社会和文化环境是指企业所处的社会结构、社会风俗和习惯、信仰和价值观念、行为规范、生活方式、文化传统、人口规模与地理分布等因素的形成和变动。社会和文化环境对企业生产经营的影响也是不言而喻的。

（四）技术因素

技术环境是指企业所处环境中的科技要素及与该要素直接相关的各种社会现象的集合，包括国家科技体制、科技政策、科技水平和科技发展趋势等。在科学技术迅速发展变化的今天，技术环境对企业的影响可能是创造性的，也可能是破坏性的，企业必须要预见这些新技术带来的变化，并在战略管理上做出相应的战略决策，以获得新的竞争优势。

【经典例题】

【真题·单选题】（2019）国家出台“二胎”政策后，少儿智能学习机制造商龙华公司预测其产品的市场需求将明显增长，于是制定并实施了新的发展战略，扩大投资，提高生产能力，同时采用新智能技术实现产品升级。龙华公司外部环境分析所采用的主要方法是（　　）。

A. 五种竞争力分析

B. 产品生命周期分析

C. PEST 分析

D. 成功关键因素分析

【答案】C

【解析】本题中，国家出台“二胎”政策，龙华公司根据政策出台预测其产品需求将明显增长，属于宏观环境分析中的政治和法律环境对企业的影响。

【真题·单选题】（2019）2012 年政府颁布了《生活饮用水卫生标准》。然而，由于相关设施和技术等方面的原因，国内一些地区的自来水水质短期内还不能达到标准。同时，近年随着国内经济迅速发展，国民追求健康和高品质生活的愿望不断提高。通过对上述情况的分析，华道公司于 2013 年从国外引进自来水滤水壶项目，获得成功。本案例中，华道公司外部环境分析所采用的主要方法是（　　）。

A. 五种竞争力分析

B. 产品生命周期分析

C. PEST 分析

D. 钻石模型分析

【答案】C

【解析】本题中，“由于相关设施和技术等方面的原因，国内一些地区的自来水水质短期内还不能达到标准”“华道公司于 2013 年从国外引进自来水滤水壶项目，获得成功”属于宏观环境分析中的技术因素对企业的影响。

【例题·多选题】下列各项中，属于宏观环境分析中社会和文化因素的有（　　）。

A. 企业所在地居民的地理分布及密度

B. 女性的消费心理

C. 地区的文化传统

D. 国家公民的价值观

【答案】ABCD

【解析】宏观环境分析中社会和文化环境因素的范围较广，主要包括人口因素、社会流动性、消费心理、生活方式变化、文化传统和价值观等。人口因素包括企业所在地居民的地理分布及密度、年龄、教育水平、国籍等。

重难点 2：产品生命周期★★★

产业发展要经过 4 个阶段：**导入期**、**成长期**、**成熟期**和**衰退期**。这些阶段是以产业销售额增长率曲线的拐点划分。产业的增长与衰退由于新产品的创新和推广过程而呈“S”形。

产品生命周期各阶段**总结**及**对比**如下：

	导入期	成长期	成熟期	衰退期
开始标志		产品销量节节攀升	竞争者之间出现挑衅性的价格竞争	
消费者	高收入用户	销售群扩大	新客户减少，老客户反复购买支撑	对性价比要求很高
竞争者	很少	激增	稳中有降	减少

续表

	导入期	成长期	成熟期	衰退期
销量	小	节节攀升	最大	下降
价格	较高	最高	下降	很低
成本	高	适中	较低	低
利润	较低	最高	适中	很低
战略目标	扩大市场份额	争取最大市场份额	巩固市场份额，提高投资报酬率	防御，获取最后现金流
战略路径	投资于研究开发、技术改进，提升产品质量	市场营销，借机改变价格和质量形象	提高效率，降低成本	控制成本，维持正的现金流量
经营风险	非常高	相比有所下降，但依旧维持在较高水平	进一步降低达到中等水平	进一步降低

【经典例题】

【真题·单选题】（2017）近年来，国内空调产业的销售额达到前所未有的高水平。不同企业生产的空调在技术和质量等方面的差异不明显。空调生产企业的主要战略路径是提高效率、降低成本。按照产品生命周期理论，目前国内空调产业所处的阶段是（　　）。

A. 导入期　　B. 成长期

C. 成熟期　　D. 衰退期

【答案】C

【解析】本题中，“国内空调产业的销售额达到前所未有的水平”“不同企业生产的空调在技术和质量等方面的差异不明显”表明目前国内空调产业处于的阶段是成熟期。成熟期的战略路径即是题中所提到的“提高效率、降低成本”。

【真题·单选题】（2018）近年来，国产品牌智能手机企业强势崛起，出货量迅猛增长，与国际品牌智能手机在市场上平分秋色。中低端智能手机市场基本被国产智能手机占领，新进入者难以获得市场地位，同时，由于运营商渠道调整，电商等渠道比重加大，产品“同质化”现象加剧，“价格战”日趋激烈。根据上述情况，国内智能手机产业目前所处的生命周期阶段是（　　）。

A. 导入期　　B. 成长期

C. 成熟期　　D. 衰退期

【答案】C

【解析】本题中，“国产品牌智能手机企业强势崛起，出货量迅猛增长”“新进入者难以获得市场地位”“产品‘同质化’现象加剧，‘价格战’日趋激烈”表明目前国内智能手机产业处于的阶段是成熟期。

【真题·单选题】（2019）专为商业零售企业提供管理咨询服务的智信公司于2015年预测中国的实体百货零售业已进入衰退期。该公司作出上述预测的依据应是（　　）。

A. 实体百货零售业投资额增长率曲线的拐点

B. 实体百货零售业利润额增长率曲线的拐点

C. 实体百货零售业工资额增长率曲线的拐点

D. 实体百货零售业销售额增长率曲线的拐点

【答案】D

【解析】产业发展要经过4个阶段：导入期、成长期、成熟期和衰退期。这些阶段是以产业销售额增长率曲线的拐点划分。

【例题·多选题】随着第三方支付行业在规范中逐渐成熟，电子支付行业已经整体全部进入成熟期，支持这一观点的市场现象包括（　　）。

A. 电子支付行业的技术改进缓慢

B. 行业的经营风险处于较高水平

C. 新客户急剧增加

D. 电子支付行业的相关产品的销售量达到前所未有的规模

【答案】AD

【解析】对于选项 A，处于成熟期的行业，技术改进缓慢，故选项 A 正确；对于选项 B，成熟期行业的经营风险有所下降处于中等水平，故选项 B 错误；对于选项 C，成熟期行业的新客户会减少，故选项 C 错误；对于选项 D，成熟期行业的销售量与其他阶段相比最大，故选项 D 正确。

重难点 3：产业五种竞争力★★★★★

波特认为，在每一个产业中都存在五种基本竞争力量，即潜在进入者、替代品、购买者、供应者与现有竞争者间的抗衡。

在一个产业中，这五种力量共同决定产业竞争的强度以及产业利润率，最强的一种或几种力量占据着统治地位并且从战略形成角度来看起着关键性作用，产业中众多经济技术特征对于每种竞争力的强弱都是至关重要的。

（一）五种竞争力分析

1. 潜在进入者的进入威胁。利润是对投资者的一个信号，并能够经常导致潜在进入者的进入。对于一个产业来说，进入威胁的大小取决于呈现的进入障碍与准备进入者可能遇到的现有在位者的反击。它们统称为进入障碍，前者称为“结构性障碍”，后者称为“行为性障碍”。进入障碍是指那些允许现有企业赚取正的经济利润，却使产业的新进入者无利可图的因素。

（1）结构性障碍。波特指出存在 7 种主要障碍：规模经济、产品差异、资金需求、转换成本、分销渠道、其他优势及政府政策。如果按照贝恩的分类，这 7 种主要障碍又可归纳为 3 种主要进入障碍：规模经济、现有企业对关键资源的控制以及现有企业的市场优势。

规模经济是指在一定时期内，企业所生产的产品或劳务的绝对量增加时，其单位成本趋于下降。当产业规模经济很显著时，处于最小有效规模（MES）或者超过最小有效规模经营的老企业对于较小的新进入者就有成本优势，从而构成进入障碍。

现有企业对关键资源的控制一般表现为对资金、专利或专有技术、原材料供应、分销渠道、学习曲线等资源及资源使用方法的积累与控制。如果现有企业控制了生产经营所必需的某种资源，那么它就会受到保护而不被进入者所侵犯。

【小贴士】

学习曲线与规模经济往往交叉地影响产品成本的下降水平。区分由于学习曲线所产生的学习经济和由于规模而产生的规模经济是很必要的。

a. 规模经济使得当经济活动处于一个比较大的规模时，能够以较低的单位成本进行生产；学习经济是由于累积经验而导致的单位成本的减少。

b. 即使是学习经济很小的情况下，规模经济也可能是很大的，这在诸如铝罐制造这样的简单资本密集型的生产中通常能够产生。

c. 在规模经济很小时，学习经济也可以是很大的，这存在于诸如计算机软件开发等复杂的劳动密集型产业中。

现有企业的市场优势主要表现在品牌优势上，这是产品差异化的结果。产品差异化是指由于顾客或用户对企业产品的质量或商标信誉的忠实程度不同，而形成的产品之间的差别。此外，现有企业的优势还表现在政府政策上。政府的政策、法规和法令都会在某些产业中限制新的加入者或者清除一些不合格者，这就为在位企业造就了强有力的进入障碍。

（2）行为性障碍（或战略性障碍）。行为性障碍是指现有企业对进入者实施报复手段所形成的进入障碍，报复手段主要有两类：限制进入定价和进入对方领域。

限制进入定价往往是在位的大企业报复进入者的一个重要武器，特别是在那些技术优势正在削弱、投资正在增加的市场上，情况更是如此。在限制价格的背后包含有一种假定，即从长期看，在一种足以阻止进入的较低价格条件下所取得的收益，将比在一种会吸引进入的较高价格条件下取得的收益要大。在位企业试图通过实施低价来告诉进入者自己是低成本的，进入将是无利可图的。

进入对方领域是寡头垄断市场上常见的一种报复行为，其目的在于抵消进入者首先采取行动。

2. 替代品的替代威胁。产品替代分为两类：直接产品替代和间接产品替代。

（1）直接产品替代是指某一种产品直接取代另一种产品，如苹果系统计算机取代微软系统计算机。前面所引用的波特关于产业的定义中的替代品，是指直接替代品。

（2）间接产品替代是指由能起到相同作用的产品非直接地取代另外一些产品，如人工合成纤维取代天然布料。波特在这里所提及的对某一产业而言的替代品的威胁，是指间接替代品。

直接替代品与间接替代品的界限并不一定十分清晰，取决于对产业边界的界定。因而，直接产品替代与间接产品替代只能是一个相对的概念。

新产品能否替代老产品，主要取决于两种产品的性能—价格比的比较。如果新产品的性能—价格比高于老产品，新产品对老产品的替代就具有必然性，如果新产品的性能—价格比一时还低于老产品，那么，新产品还不具备足够的实力与老产品竞争。

3. 供应者、购买者讨价还价的能力。购买者和供应者讨价还价的能力大小，取决于它们各自以下几个方面：

（1）买方（或卖方）的集中程度或业务量的大小。当购买者的购买力集中，或者对卖方来说交易很可观时，该购买者讨价还价的能力就会增加。当少数几家公司控制着供应者集团，在其将产品销售给较为零散的购买者时，供应者通常能够在价格、质量等条件上对购买者施加很大的压力。

（2）产品差异化程度与资产专用性程度。当供应者的产品存在着差异，因而替代品不能与供应者所销售的产品相竞争时，供应者讨价还价的能力就会增强。反之，如果供应者的产品是标准的，或者没有差别，又会增加购买者讨价还价的能力。因为在产品无差异的条件下，购买者总可以寻找到最低的价格。与产品差异化程度相联系的是资产专用化程度，当上游的供应者的产品是高度专用化的，它们的顾客将紧紧地与它们联系在一起，在这种情况下，投入品供应者就能够影响产业利润。

（3）纵向一体化程度。如果购买者实行了部分一体化或存在后向一体化的现实威胁，在讨价还价中就处于能迫使对方让步的有利地位。在这种情况下，购买者对供应者不仅形成进一步一体化的威胁，而且由于购买者自己生产一部分零件从而使其具有详尽的成本知识，这对于谈判也极有帮助。同样，当供应者表现出前向一体化的现实威胁，也会提高其讨价还价能力。

（4）信息掌握的程度。当购买者充分了解需求、实际市场价格甚至供应商的成本等方面信息时，要比在信息贫乏的情况下掌握更多的讨价还价的筹码，保证自己从供应者那里得到最优惠的价格，并可以在供应者声称它们的经营受到威胁时予以回击。同样，如果供应者充分地掌握了购买者的有关信息，了解购买者的转换成本（即从一个供应者转换到另一个供应者的成本），也会增加其讨价还价的能力，并能够在购买者盈利水平还能承受的情况下，拒绝提供更优惠的供货条件。

劳动力也是供应者的一部分，他们可能对许多产业施加压力。经验表明，短缺的、高技能雇员以及紧密团结起来的劳工可以与雇主或劳动力购买者讨价还价而削减相当一部分产业利润潜力。

4. 产业内现有企业的竞争。产业内现有企业的竞争是指一个产业内的企业为市场占有率而进行的竞争。

产业内现有企业的竞争在下面几种情况下可能是很激烈的：

（1）产业内有众多的势均力敌的竞争对手。

（2）产业发展缓慢。

（3）顾客认为所有的商品都是同质的。

（4）产业中存在过剩的生产能力。

（5）产业进入障碍低而退出障碍高。

（二）对付五种竞争力的战略

五种竞争力分析表明了产业中的所有公司都必须面对产业利润的威胁力量。公司必须寻求几种战略来对抗这些竞争力量。

首先，公司必须自我定位，通过利用成本优势或差异优势把公司与五种竞争力相隔离，从而能够超过它们的竞争对手。其次，公司必须识别在产业的哪一个细分市场中，五种竞争力的影响更少一点，这就是波特提出的“集中战略”。最后，公司必须努力改变这五种竞争力。公司可以通过与供应者或购买者建立长期战略联盟，以减少相互之间的讨价还价；公司还必须寻求进入阻绝战略来减少潜在进入者的威胁等。

（三）五力模型的局限性

1. 该模型基本上是静态的。然而，在现实中竞争环境始终在变化。这些变化可能从高变低，也可能从低变高，其变化速度比模型所显示的要快得多。

2. 该模型能够确定行业的盈利能力，但是对于非营利机构，有关获利能力的假设可能是错误的。

3. 该模型基于这样的假设：即一旦进行了这种分析，企业就可以制定企业战略来处理分析结果，但这只是一种理想的方式。

4. 该模型假设战略制定者可以了解整个行业（包括所有潜在的进入者和替代产品）的信息，但这一假设在现实中并不一定存在。对于任何企业来讲，在制定战略时掌握整个行业信息的可能性不大。

5. 该模型低估了企业与供应商、客户或分销商、合资企业之间可能建立长期合作关系以减轻相互之间威胁的可能性。在现实的商业世界中，同行之间、企业与上下游企业之间不一定完全是你死我活的关系。强强联手，或强弱联手，有时可以创造更大的价值。

6. 该模型对产业竞争力的构成要素考虑不够全面。哈佛商学院教授大卫·亚非在波特教授研究的基础上，提出了第六个要素即互动互补作用力，进一步丰富了五种竞争力理论框架。

亚非认为，任何一个产业内部都存在不同程度的互补互动（指互相配合一起使用）的产品或服务业务。例如，对于房地产业来说，交通、家具、电器、学校、汽车、物业管理、银行贷款、有关保险、社区、家庭服务等会对住房建设产生影响，进而影响到整个房地产业的结构。企业认真识别具有战略意义的互补互动品，并采取适当的战略，会使企业获得重要的竞争优势。

根据亚非教授提出的互补互动作用力理论，在产业发展初期阶段，企业在对其经营战略定位时，可以考虑控制部分互补品的供应，这样有助于改善整个行业结构，包括提高行业、企业、产品、服务的整体形象，提高行业进入壁垒，降低现有企业之间的竞争程度。随着行业的发展，企业应有意识地帮助和促进互补行业的健康发展，如为中介代理行业提供培训、共享信息等，还可考虑采用捆绑式经营或交叉补贴销售等策略。

【经典例题】

【真题·多选题】（2020）英华公司是一家从事少儿智力开发的企业。该企业成立十几年来，凭借其自主研发的独特高效的教育训练方法、国内一流的少儿智力开发团队和多年打造出的“英华”品牌，在业内一直占据龙头地位。随着业务量的持续快速增加，该企业在保持营业收入和利润不断增长的同时，逐渐把收费降到行业最低水平，使许多试图进入该行业的企业望而却步。英华公司给潜在进入者设置的进入障碍有（　　）。

A. 限制进入定价

B. 规模经济

C. 现有企业的市场优势

D. 现有企业对关键资源的控制

【答案】ACD

【解析】“自主研发的独特高效的教育训练方法、国内一流的少儿智力开发团队”属于现有企业对关键资源的控制，选项 D 正确；“多年打造出的‘英华’品牌，在业内一直占据龙头地位”属于现有企业的市场优势，选项 C 正确；“把收费降到行业最低水平”属于限制进入定价，选项 A 正确。

【真题·单选题】（2016）根据波特的五种竞争力分析理论，下列各项关于供应商讨价还价能力的说法中，错误的是（　　）。

A. 供应商提供的产品专用性程度越高，其讨价还价能力越强

B. 供应商拥有足够的资源能够进行后向一体化时，其讨价还价能力强

C. 供应商借助互联网平台掌握的购买者转换成本信息越多，其讨价还价能力越强

D. 占市场份额 80% 以上的少数供应商将产品销售给较为零散的购买者时，其讨价还价能力强

【答案】B

【解析】当供应者表现出前向一体化的现实威胁时，会提高其讨价还价能力。而选项 B 中供应商实施后向一体化战略，不影响当前作为购买者的企业的讨价还价的能力。

【真题·单选题】（2016）哈佛商学院教授大卫·亚非在波特教授五种竞争力研究基础上，提出了影响产业利润的第六个要素。下列各项中，体现该要素作用的是（　　）。

A. 某地区交通条件的改善促进了该地区房地产业的发展

B. 某火力发电企业并购了一家煤矿，降低了原材料成本

C. 某牛奶供应商控制了全市的销售渠道，使其他牛奶供应商在该市难以立足

D. 两家大型超市通过降低销售价格，争夺消费者

【答案】A

【解析】哈佛商学院教授大卫·亚非在波特教授研究的基础上，提出了第六个要素即互动互补作用力，亚非认为，任何一个产业内部都存在不同程度的互补互动（指互相配合一起使用）的产品或服务业务。对于房地产业来说，交通、家具、电器、学校、汽车、物业管理、银行贷款、有关保险、社区、家庭服务等会对住房建设产生影响，进而影响到整个房地产业的结构。

【真题·单选题】（2017）2007～2013 年，S 公司在作为 P 公司最大的元器件和闪存供应商的同时，推出了系列智能手机和平板电脑，成为 P 公司在智能手机和平板电脑市场主要的竞争对手。P 公司很想摆脱对 S 公司的依赖，但由于 S 公司在生产关键零部件方面的能力显著强于其他公司，因而在短期内 P 公司仍然离不开 S 公司。这一案例中，影响 S 公司对 P 公司讨价还价能力的主要因素是（　　）。

A. 业务量

B. 产品差异化程度与资产专用性程度

C. 纵向一体化程度

D. 信息掌握程度

【答案】B

【解析】“P 公司很想摆脱对 S 公司的依赖，但由于 S 公司在生产关键零部件方面的能力显著强于其他公司，因而在短期内 P 公司仍然离不开 S 公司。”表明影响 S 公司对 P 公司讨价还价能力的主要因素是产品差异化程度与资产专用性程度。

【真题·单选题】（2017）20 世纪 90 年代，光美公司在国内推出微波炉产品。目前光美公司已建成覆盖全国的营销网络，包括电商销售平台、数以千计的超市专卖柜和实体店以及十几个仓储物流中心。近年来不少企业试图进入微波炉行业，均未能成功。光美公司给潜在进入者设置的进入障碍是（　　）。

A. 现有企业对关键资源的控制

B. 行为性障碍

C. 规模经济

D. 现有企业的市场优势

【答案】A

【解析】“目前光美公司已建成覆盖全国的营销网络，包括电商销售平台、数以千计的超市专卖柜和实体店以及十几个仓储物流中心。近年来不少企业试图进入微波炉行业，均未能成功”体现出光美公司对关键资源的控制表现为对分销渠道等资源及资源使用方法的积累与控制，说明光美公司给潜在进入者设置的进入障碍是现有企业对关键资源的控制。

【真题·单选题】（2019）龙苑公司是一家制作泥塑工艺品的家族企业。该公司成立100多年来，经过世代相传积累了丰富的泥塑工艺品制作经验和精湛技艺，产品远销国内外。目前一些企业试图进入泥塑工艺品制作领域。根据上述信息，龙苑公司给潜在进入者设置的障碍是（　　）。

A. 资金需求

B. 学习曲线

C. 行为性障碍

D. 分销渠道

【答案】B

【解析】学习曲线是指当某一产品累积生产量增加时，由于经验和专有技术的积累所带来的产品单位成本的下降。本题中，“该公司成立100多年来，经过世代相传积累了丰富的泥塑工艺品制作经验和精湛技艺”表明龙苑公司给潜在进入者设置的障碍是学习曲线。

【真题·多选题】（2017）近年来，国内调味品企业面临着激烈的竞争压力，其一，海外调味品企业不断通过收购国内品牌或在国内直接建厂进入国内市场；其二，原料成本、用工成本不断上涨，同时由于国内企业众多，产品差异小，利润微薄；其三，天然营养的综合型调味品层出不穷，对传统调味品形成部分替代。从五种竞争力角度考察，国内调味品生产企业面临的竞争压力包括（　　）。

A. 产业内现有企业的竞争

B. 潜在进入者的进入威胁

C. 供应者讨价还价

D. 购买者讨价还价

【答案】ABCD

【解析】“海外调味品企业不断通过收购国内品牌或在国内直接建厂进入国内市场”表明国内调味品生产企业面临着潜在进入者的进入威胁；“原料成本、用工成本不断上涨”表明供应者讨价还价能力强；“由于国内企业众多，产品差异小，利润微薄”表明国内调味品产业内企业竞争较大；“天然营养的综合型调味品层出不穷，对传统调味品形成部分替代”表明购买者讨价还价能力强。

【真题·多选题】（2018）近年来国内洗涤品生产企业面临日益沉重的竞争压力；国外著名洗涤品公司加快进入中国市场的步伐；原材料及用工成本不断上涨；国内洗涤品生产企业众多，产品差异较小，消费者选择余地大；新型洗涤品层出不穷，产品生命周期缩短，原有洗涤品不断遭到淘汰。从产业五种竞争力角度考察，国内洗涤品生产企业面临的竞争压力包括（　　）。

A. 购买者讨价还价

B. 产业内现有企业的竞争

C. 潜在进入者的进入威胁

D. 供应者讨价还价

【答案】ABCD

【解析】“国外著名洗涤品公司加快进入中国市场的步伐”表明国内洗涤品生产企业面临着潜在进入者的进入威胁；“原材料及用工成本不断上涨”表明供应者讨价还价能力强；“国内洗涤品生产企业众多，产品差异较小”表明国内洗涤品产业内企业竞争较大；“消费者选择余地大，新型洗涤品层出不穷，产品生命周期缩短，原有洗涤品不断遭到淘汰”表明购买者讨价还价能力强。

【真题·多选题】（2019）惠丰公司是一家柴油机生产企业。最近，该公司拟把业务延伸到农机生产领域。下列各项中，属于惠丰公司进入新产业所面临的结构性障碍有（　　）。

A. 现有农机企业采取限制进入定价行为

B. 现有农机企业的品牌优势

C. 政府颁布的农机产业进入政策

D. 现有农机企业对销售渠道的控制

【答案】BCD

【解析】五种竞争力分析中潜在进入者的进入威胁中的结构性障碍包含为，波特指出存在7种主要障碍：规模经济、产品差异、资金需求、转换成本、分销渠道、其他优势及政府政策。如果按照贝恩的分类，这7种主要障碍又可归纳为3种主要进入障碍：规模经济、现有企业对关键资源的控制以及现有企业的市场优势（品牌和政府政策）。

【真题·多选题】（2019）巨能公司是多家手机制造企业的电池供应商。根据波特的五种竞争力分析理论，下列各项关于巨能公司与其客户讨价还价能力的说法中，正确的有（　　）。

A. 巨能公司能够进行前向一体化时，其讨价还价能力越强

B. 巨能公司提供的电池差异化程度越高，其讨价还价能力越强

C. 巨能公司的客户购买量越大，巨能公司讨价还价能力越强

D. 巨能公司掌握的客户的转换成本信息越多，其讨价还价能力越强

【答案】ABD

【解析】供应者讨价还价的能力大小，取决于多个因素，包括：买方（或卖方）的集中程度或业务量的大小、产品差异化程度与资产专用性程度、纵向一体化程度、信息掌握的程度和劳动力。当供应者表现出前向一体化的现实威胁时，会提高其讨价还价能力。当供应者的产品存在着差异，因而替代品不能与供应者所销售的产品相竞争时，供应者讨价还价的能力就会增强。当购买者充分了解需求、实际市场价格甚至供应者的成本等方面信息时，要比在信息贫乏的情况下掌握更多的讨价还价的筹码。客户购买量越大，供应者讨价还价能力越小，选项C错误。

【例题·多选题】甲公司是一家液体肥皂企业，通过分析固体肥皂生产商对液体肥皂产业盈利能力的影响，认为固体肥皂生产商的影响力主要是波特五种竞争力模型中所提及的（　　）。

A. 购买者讨价还价的能力

B. 供应者讨价还价的能力

C. 替代品的替代威胁

D. 潜在进入者的进入威胁

【答案】CD

【解析】作为液体肥皂生产商，对于固定肥皂生产商体现的是替代品的替代威胁，选项C正确。但固体肥皂生产商也可以进入液体肥皂产业，属于潜在进入者的进入威胁，选项D正确。

重难点4：成功关键因素分析★★★

成功关键因素（key successful factors）是指公司在特定市场获得盈利必须拥有的技能和资产。成功关键因素所涉及的是每一个产业成员所必须擅长的东西，或者说公司要取得竞争和财务成功所必须集中精力搞好的一些因素。

成功关键因素是企业取得产业成功的前提条件。

随着产品寿命周期的演变，成功关键因素也发生着变化，如下表所示：

阶段 / 方面	导入期	成长期	成熟期	衰退期
市场	广告宣传，争取了解，开辟销售渠道	建立商标信誉，开拓新销售渠道	保护现有市场，渗入别人的市场	选择市场区域，改善企业形象
生产经营	提高生产效率，开发产品标准	改进产品质量，增加花色品种	加强和顾客的关系，降低成本	缩减生产能力，保持价格优势

续表

方面＼阶段	导入期	成长期	成熟期	衰退期
财力	利用金融杠杆	集聚资源以支持生产	控制成本	提高管理控制系统的效率
人事	使员工适应新的生产和市场	发展生产和技术能力	提高生产效率	面向新的增长领域
研究开发	掌握技术秘诀	提高产品的质量和功能	降低成本，开发新品种	面向新的增长领域

成功关键因素随着产业的不同而不同，甚至在相同的产业中，也会因产业驱动因素和竞争环境的变化而变化。对于某个特定的行业来说，在某一特定时期，极少有超过三四个关键成功因素。甚至在这三四个成功关键因素之中，也只有一两个占据较重要的地位。

【经典例题】

【真题·单选题】（2017）近年来，国内智能家电产业的产品销售量节节攀升，竞争者不断涌入。各厂家的产品虽然在技术和性能方面有较大差异，但均可被消费者接受。产品由于供不应求，价格高企。在产品生命周期的这个阶段从市场角度看国内智能家电产业的成功关键因素应当是（　　）。

A. 建立商标信誉，开拓新销售渠道

B. 保护现有市场，渗入别人的市场

C. 选择区域市场，改善企业形象

D. 广告宣传，开辟销售渠道

【答案】A

【解析】“国内智能家电产业的产品销售量节节攀升，竞争者不断涌入。各厂家的产品虽然在技术和性能方面有较大差异，但均可被消费者接受。产品由于供不应求，价格高企”属于产品生命周期中的成长期特征。成长期的战略目标是争取最大市场份额，坚持到成熟期的到来。从市场角度看，成长期产业的成功关键因素是建立商标信誉，开拓新销售渠道，因此，选项A正确；保护现有市场，渗入别人的市场是成熟期产业的成功关键因素，选项B错误；选择区域市场，改善企业形象是衰退期产业中的成功关键因素，选项C错误；广告宣传，开辟销售渠道是导入期产业中的成功关键因素，选项D错误。

【真题·多选题】（2019）近几年，VR（虚拟现实）产品的销售量节节攀升，顾客群逐渐扩大；不同企业的产品在技术和性能方面有较大差异；消费者对产品质量的要求不高。从市场角度看，现阶段VR行业的成功关键因素有（　　）。

A. 保护现有市场

B. 开拓新销售渠道

C. 建立商标信誉

D. 改善企业形象

【答案】BC

【解析】“虚拟现实（VR）产品的销售量节节攀升，顾客群逐渐扩大；不同企业的产品在技术和性能方面有较大差异；消费者对产品质量的要求不高”属于产品生命周期中的成长期特征。成长期的战略目标是争取最大市场份额，坚持到成熟期的到来。从市场角度看，成长期产业的成功关键因素是建立商标信誉，开拓新销售渠道，因此，选项B、C正确；保护现有市场是成熟期产业的成功关键因素，选项A错误；改善企业形象是衰退期产业中的成功关键因素，选项D错误。

【例题·多选题】对于电梯制造企业而言，其产业的成功关键因素包括（　　）。

A. 拥有核心能力

B. 售后服务

C. 具有比其他竞争对手做得更好的能力

D. 销售能力

【答案】BD

【解析】成功关键要素是指公司在特定市

场获得盈利必须拥有的技能和资产。成功关键要素应被看作是产业和市场层次的特征，而不是针对某个个别公司。拥有成功关键要素是获得竞争优势的必要条件，但不是充分条件。选项B、D属于电梯产业的成功关键要素，选项A、C属于企业获取竞争优势的核心能力因素。

重难点5：竞争对手分析★★★

作为产业环境分析的补充，竞争环境分析的重点集中在与企业直接竞争的每一个企业。竞争环境分析又包括两个方面：一是从个别企业视角去观察分析竞争对手的实力（竞争对手分析）；二是从产业竞争结构视角观察分析企业所面对的竞争格局（战略群组）。

对竞争对手的分析有四个方面的主要内容，即竞争对手的未来目标、假设、现行战略和潜在能力。

（一）竞争对手的未来目标

对竞争对手未来目标的分析与了解，有利于预测竞争对手对其目前的市场地位以及财务状况的满意程度，从而推断其改变现行战略的可能性以及对其他企业战略行为的敏感性。

对竞争对手未来目标分析从以下3个方面展开：一是竞争对手目标分析对本公司制定竞争战略的作用；二是分析竞争对手业务单位（包括其各个公司实体）的目标的主要方面；三是多元化公司母公司对其业务单位未来目标的影响。

（二）竞争对手的假设

假设包括竞争对手对自身企业的评价和对所处产业以及其他企业的评价。假设往往是企业各种行为取向的最根本动因，所以了解竞争对手的假设有利于正确判断竞争对手的战略意图。

1. 竞争对手假设分析对公司制定竞争战略的作用。

竞争对手的假设分为两类：一是竞争对手对自己的假设；二是竞争对手对产业及产业中其他公司的假设。

正如竞争对手对它自己持一定假设一样，每个公司对产业及其竞争对手也持一定假设。同样，这可能正确也可能不正确。

对各种类型假设的检验能发现在管理人员认识其环境的方法中所存在的偏见及盲点。竞争对手的盲点可能是根本看不到事件（如战略行动）的重要性，没有正确认识它们，或者可能只是很慢地才觉察到。根据这些盲点可帮助公司辨识立即遭报复的可能性，并有针对性地采取行动以使竞争对手的报复失灵。

2. 分析竞争对手假设的主要因素。

（三）竞争对手的现行战略

对竞争对手现行战略的分析，目的在于揭示竞争对手正在做什么、能够做什么。在对竞争对手目标与假设分析的基础上，判断竞争对手的现行战略就变得相对容易了。非常有用的一种方法是，把竞争对手的战略看成业务中各职能领域的关键性经营方针以及了解它如何寻求各项职能的相互联系。

（四）竞争对手的能力

对竞争对手能力实事求是地评估是竞争对手分析中最后的步骤。竞争对手的目标、假设和现行战略会影响其反击的可能性、时间、性质及强烈程度。而其优势与劣势将决定其发起或反击战略行动的能力以及处理所处环境或产业中事件的能力。

竞争对手的能力分析，主要分析竞争对手以下几方面的能力：

1. 核心能力。

（1）竞争对手在各职能领域中能力如何？最强之处是什么？最弱之处在哪里？

（2）竞争对手在其战略一致性检测方面表现怎样？

（3）随着竞争对手的成熟，这些方面的能力是否可能发生变化？随时间的延长是增长还是减弱？

2. 成长能力。

（1）如果竞争对手有所成长，其能力是增大还是减小？在哪些领域？

（2）在人员、技能和工厂能力方面竞争对手发展壮大的能力如何？

（3）从财务角度看，竞争对手在哪方面能持续增长？它能够随着产业的增长而增长吗？

3. 快速反应能力。

竞争对手对其他公司的行动迅速作出反应的能力如何？或立即发动进攻的能力如何？这将由下述因素决定：自由现金储备、留存借贷能力、厂房设备的余力、定型的但尚未推出的新产品。

4. 适应变化的能力。

（1）竞争对手的固定成本对可变成本的情况如何？这些将影响其对变化的可能反应。

（2）竞争对手适应各职能领域条件变化和对之作出反应的能力如何？例如，竞争对手是否能适应：成本竞争、管理更复杂的产品系列、增加新产品、服务方面的竞争、营销活动的升级？

（3）竞争对手能否对外部事件作出反应，诸如：持续的高通货膨胀、技术革命引起对现有厂房设备的淘汰、经济衰退、工资率上升、最有可能出现的会影响该业务的政府条例、竞争对手是否面临退出壁垒？这将促使它避免削减规模或对该业务进行收缩。

（4）竞争对手是否与母公司的其他业务单位共用生产设施、销售队伍，或其他设备或人员？

【小贴士】快速反应能力与适应变化的能力的区别。

快速反应能力是分析其竞争对手**对其他公司的行动**迅速做出反应的能力，这种反应既可以是“防御”也可以是“进攻”，影响因素主要有：自由现金储备、留存借贷能力、厂房设备的余力、定型的但尚未推出的新产品。

适应变化能力是分析其竞争对手**对环境变化的适应能力**，当外界环境发生变化时，竞争对手是否能够适应，影响因素主要有：固定成本对可变成本的关系、适应各职能领域条件变化和对之作出反应的能力、对外部事件作出反应的能力、是否与母公司的其他业务单位共用生产设施、销售队伍等。

5. 持久力。

竞争对手支撑可能对收入或现金流造成压力的持久战的能力有多大？这将由如下因素决定：现金储备、管理人员的协调统一、财务目标上的长远眼光、较少受股票市场的压力。

【经典例题】

【真题·单选题】（2020）T公司是国际著名汽车制造商，该公司2019年预计随着环保理念的普及和相关技术的进步，Z国的新能源汽车产业将进入快速发展期，其竞争对手Z国的汽车制造商S公司将减少传统燃油汽车的生产量，增加电动汽车和混合动力汽车的生产量。T公司对S公司的上述分析属于（　　）。

A. 财务能力分析

B. 成长能力分析

C. 适应变化的能力分析

D. 快速反应能力分析

【答案】 C

【解析】 适应变化的能力分析，主要分析的是其竞争对手在面对外部环境发生变化时所做出的反应。作为T公司的竞争对手，S公司在“环保理念的普及和相关技术的进步”的环境下，将减少传统燃油汽车的生产量，增加电动汽车和混合动力汽车的生产量，属于适应变化能力分析，选项C正确。

【真题·单选题】（2017）2010年，R国汽车制造商G公司预计随着绿色环保理念的普及和政府相关产业政策的推出，R国的新能源汽车产业将迎来一个巨大的发展机遇；其本国竞争对手汽车制造商S公司，将凭借雄厚的资金实力和强大的科研能力，把投资和研发的重点转向新能源汽车领域。G公司对S公司的上述分析属于（　　）。

A. 财务能力分析

B. 成长能力分析

C. 适应变化能力分析

D. 快速反应能力分析

【答案】 C

【解析】 适应变化能力是分析其竞争对手

对环境变化的适应能力，当外界环境发生变化时，竞争对手是否能够适应。“R国汽车制造商G公司预计随着绿色环保理念的普及和政府相关产业政策的推出，R国的新能源汽车产业将迎来一个巨大的发展机遇；其本国竞争对手汽车制造商S公司，将凭借雄厚的资金实力和强大的科研能力，把投资和研发的重点转向新能源汽车领域。”表明G公司对S公司的上述分析属于适应变化能力分析。

【真题·单选题】（2018）随着人民生活水平的日益提高，我国消费者对家电产品的选择不仅关注价格，更关注产品的智能属性。家电生产企业甲公司预计其最大的竞争对手乙公司正在积极运用智能控制、红外线感应、定位系统、自动识别、自动扫描等技术开发新一代智能家电产品，以提升该公司在高端家电领域的市场份额。甲公司对乙公司进行的上述分析属于（　　）。

A. 财务能力分析

B. 成长能力分析

C. 适应变化能力分析

D. 快速反应能力分析

【答案】C

【解析】适应变化能力是分析其竞争对手对环境变化的适应能力，当外界环境发生变化时，竞争对手是否能够适应。“随着人民生活水平的日益提高，我国消费者对家电产品的选择不仅关注价格，更关注产品的智能属性”属于外界环境变化；“家电生产企业甲公司预计其最大的竞争对手乙公司正在积极运用智能控制、红外线感应、定位系统、自动识别、自动扫描等技术开发新一代智能家电产品，以提升该公司在高端家电领域的市场份额”是甲公司对其竞争对手乙公司面对外部环境的变化做出反应的分析。

【例题·多选题】龙翔公司是一家生产智能家电的企业，随着智能家居的普及，龙翔公司分析了其竞争对手对其他公司的行动，并且迅速地做出相应的战略调整，而影响这种能力的因素主要有（　　）。

A. 留存借贷能力

B. 固定成本与可变成本的关系

C. 厂房设备的余力

D. 对外部事件作出反应的能力

【答案】AC

【解析】快速反应能力是分析其竞争对手对其他公司的行动迅速作出反应的能力，这种反应既可以是“防御”也可以是“进攻”，影响因素主要有：自由现金储备、留存借贷能力、厂房设备的余力、定型的但尚未推出的新产品，因此，选项A、C正确；适应变化能力的影响因素主要有：固定成本对可变成本的关系、适应各职能领域条件变化和对之作出反应的能力、对外部事件作出反应的能力、是否与母公司的其他业务单位共用生产设施、销售队伍等，因此，选项B、D错误。

重难点6：产业内的战略群组★★★

竞争环境分析的另一个重要方面是要确定产业内所有主要竞争对手的战略诸方面的特征。波特用“战略群组”的划分来研究这些特征。一个战略群组是指某一个产业中在某一战略方面采用相同或相似战略，或具有相同战略特征的各公司组成的集团。如果产业中所有的公司基本认同了相同的战略，则该产业中就只有一个战略群体；就另一极端而言，每一个公司也可能成为一个不同的战略群体。一般来说，在一个产业中仅有几个群组，它们采用特征完全不同的战略。

（一）战略群组的特征

在识别战略群组的特征时可以考虑使用以下一些变量：

1. 产品（或服务）差异化（多样化）的程度；

2. 各地区交叉的程度；

3. 细分市场的数目；

4. 所使用的分销渠道；

5. 品牌的数量；

6. 营销的力度（如广告覆盖面、销售人员的数目等）；

7. 纵向一体化程度；

8. 产品的服务质量；

9. 技术领先程度（是技术领先者还是技术追随者）；

10. 研究开发能力（生产过程或产品的革新程度）；

11. 成本定位（如为降低成本而作的投资大小等）；

12. 能力的利用率；

13. 价格水平；

14. 装备水平；

15. 所有者结构（独立公司或者母公司的关系）；

16. 与政府、金融界等外部利益相关者的关系；

17. 组织的规模。

为了识别战略群组，必须选择这些特征的2～3项，并且将该产业的每个公司在“战略群组分析图”上标出来。选择划分产业内战略群组的特征要避免选择同一产业中所有公司都相同的特征。例如，很少有饭店被看作R&D的领先者，也很少有航空公司会涉及其他商品和服务的多样化。因而，这两个特征都不宜作为饭店或航空公司划分战略群组的特征。

（二）战略群组分析

战略群组分析有助于企业了解相对于其他企业而言本企业的战略地位以及公司战略的变化可能引起的对竞争的影响。

1. 有助于很好地了解战略群组间的竞争状况，主动地发现近处和远处的竞争者，也可以很好地了解某一群体与其他群组间的不同。

2. 有助于了解各战略群组之间的“移动障碍”。**移动障碍**是指一个群组转向另一个群组的障碍。

3. 有助于了解战略群组内企业竞争的主要着眼点。同一战略群组内的企业虽然采用了相同的或类似的战略，但由于群体内各个企业的优势不同会形成各企业在实施战略的能力上的不同，因而导致实施同样战略而效果不同。战略群组分析可以帮助企业了解其所在战略群组的战略特征以及群组中其他竞争对手的战略实力，以选择本企业的竞争战略与战略开发方向。

4. 利用战略群组图还可以预测市场变化或发现战略机会。

【经典例题】

【真题·单选题】（2019）七彩公司以“文化娱乐性”和“观光游览性”为两维坐标，将旅游业分为不同的战略群组，并将“文化娱乐性高、观光游览性低”的文艺演出与“文化娱乐性低、观光游览性高”的实景旅游两类功能结合起来，率先创建了“人物山水”旅游项目，它将震撼的文艺演出置于秀丽山水之中，让观众在观赏歌舞演出的同时将身心融于自然。七彩公司采用战略群组分析的主要思路是（　　）。

A. 了解战略群组间的竞争状况

B. 了解战略群组间的“移动障碍”

C. 预测市场变化或发现战略机会

D. 了解战略群组内企业竞争的主要眼点

【答案】 C

【解析】 七彩公司率先创建了“人物山水”旅游项目，说明发现了旅游业中存在的“空缺”，为新战略或新的战略群体提供机会。因此，七彩公司采用战略群组分析的主要思路是预测市场变化或发现战略机会。

【真题·多选题】（2017）国内卫浴产品企业可分为两类：第一类是知名的国际品牌企业，其产品实现了功能性和外观时尚性的完美结合，但研发和投资成本都很大，产品价格高；第二类是国内老品牌企业，其产品的功能性和外观性都与国际品牌产品有较大差距，价格也显著低于国际品牌产品。有专家建议，在激烈的竞争中第二类企业应当增强售后服务功能以提升竞争力，因为国内各类企业都没有对该功能给予应有的重视。依据战略群组分析理论，下列各项中，对专家建议理解正确的有（　　）。

A. 了解战略群组内企业竞争的主要着

眼点

B. 了解各战略群组之间的移动障碍

C. 运用战略群组分析发现战略机会

D. 了解战略群组间的竞争状况

【答案】ABCD

【解析】依据战略群组分析理论，战略群组分析的意义有：①有助于很好地了解战略群组间的竞争状况，主动地发现近处和远处的竞争者，也可以很好地了解某一群体与其他群组间的不同。②有助于了解各战略群组之间的"移动障碍"。③有助于了解战略群组内企业竞争的主要着眼点。④利用战略群组图还可以预测市场变化或发现战略机会。

【例题·单选题】食全食美公司是一家食品加工企业，其一直以低成本进行生产，但在国内的品牌不太知名，市场覆盖面较小，很容易受到著名国际品牌和由规模经济导致的低价影响。食全食美公司想要增强顾客对品牌的认定，进军国际市场，如果以"地区覆盖"和"营销力度"为两维坐标，将食品加工业分为不同的战略群组，那么食全食美公司采用战略群组分析的主要思路是（　　）。

A. 了解战略群组间的竞争状况

B. 了解战略群组间的"移动障碍"

C. 预测市场变化或发现战略机会

D. 了解战略群组内企业竞争的主要眼点

【答案】B

【解析】战略群组分析有助于了解各战略群组之间的"移动障碍"。移动障碍是指一个群组转向另一个群组的障碍。本题中，"食全食美公司是一家食品加工企业，其一直以低成本进行生产，但在国内的品牌不太知名，市场覆盖面较小，很容易受到著名国际品牌和由规模经济导致的低价影响""食全食美公司想要增强顾客对品牌的认定，进军国际市场"表明食全食美公司想从现在所处的群组转向另一群组，因此，其要了解战略群组间的"移动障碍"。

重难点7：国家竞争优势（钻石模型）分析★★★

1990年波特在《国家竞争优势》一书中，试图对能够加强国家在产业中的竞争优势的国家特征进行分析。他识别出了国家竞争优势的4个决定因素，包括：

生产要素——包括人力资源、天然资源、知识资源、资本资源、基础设施。

需求条件——主要是本国市场的需求。

相关与支持性产业——这些产业和相关上游产业是否有国际竞争力。

企业战略、企业结构和竞争对手的表现。

（一）生产要素

波特将生产要素划分为初级生产要素和高级生产要素，初级生产要素是指天然资源、气候、地理位置、非技术工人、资金等，高级生产要素则是指现代通讯、信息、交通等基础设施，以及受过高等教育的人力、研究机构等。波特认为，初级生产要素重要性越来越低，因为对它的需求在减少，而且跨国公司可以通过全球的市场网络来取得（当然初级生产因素对农业和以天然产品为主的产业还是非常重要的）。高级生产要素对获得竞争优势具有不容置疑的重要性。高级生产要素需要先在人力和资本上大量和持续地投资，而作为培养高级生产要素的研究所和教育机构，本身就需要高级的人才。高等级生产要素很难从外部获得，必须自己投资创造。

从另一个角度，生产要素被分为一般生产要素和专业生产要素。高级专业人才、专业研究机构、专用的软、硬件设施等被归入专业生产要素。越是精致的产业越需要专业生产要素，而拥有专业生产要素的企业也会产生更加精致的竞争优势。

一个国家如果想通过生产要素建立起强大而又持久的产业优势，就必须发展高级生产要素和专业生产要素，这两类生产要素的可获得性与精致程度也决定了竞争优势的质量。如果国家把竞争优势建立在初级与一般生产要素的基础上，它通常是不稳定的。

（二）需求条件

国内需求市场是产业发展的动力。国内市场与国际市场的不同之处在于企业可以及时发现国内市场的客户需求，这是国外竞争对手所不及的。因此，波特认为全球性的竞争并没有减少国内市场的重要性。

另一个重要方面是预期性需求。如果本地的顾客需求领先于其他国家，这也可以成为本地企业的一种优势，因为先进的产品需要前卫的需求来支持。

（三）相关与支持性产业

对形成国家竞争优势而言，相关和支持性产业与优势产业是一种休戚与共的关系。波特的研究提醒人们注意“产业集群”这种现象，即一个优势产业不是单独存在的，它一定是同国内相关强势产业一同崛起。本国供应商是产业创新和升级过程中不可缺少的一环。因为产业要形成竞争优势，就不能缺少世界一流的供应商，也不能缺少上下游产业的密切合作关系。另外，有竞争力的本国产业通常会带动相关产业的竞争力。波特指出，即使下游产业不在国际上竞争，但只要上游供应商具有国际竞争优势，对整个产业的影响仍然是正面的。

（四）企业战略、企业结构和同业竞争

波特指出，推进企业走向国际化竞争的动力很重要。这种动力可能来自国际需求的拉力，也可能来自本地竞争者的压力或市场的推力。创造与持续产业竞争优势的最大关联因素是国内市场强有力的竞争对手。波特认为，这一点与许多传统的观念相矛盾，例如，一般认为，国内竞争太激烈，资源会过度消耗，妨碍规模经济的建立；最佳的国内市场状态是有两到三家大企业，用规模经济和外商抗衡，并促进内部运作的效率化；还有的观点认为，国际型产业并不需要国内市场的对手。波特指出，在其研究的 10 个国家中，强有力的国内竞争对手普遍存在于具有国际竞争力的产业中。在国际竞争中，成功的产业必然先经过国内市场的搏斗，迫使其进行改进和创新，海外市场则是竞争力的延伸。而在政府的保护和补贴下，放眼国内没有竞争对手的“超级明星企业”通常并不具有国际竞争能力。

【经典例题】

【真题·多选题】（2020）卓力公司是一家汽车玻璃生产企业，拟在 S 国投资建立汽车玻璃生产基地，并对 S 国的相关环境进行了分析。卓力公司所做的下列分析中，符合钻石模型四要素分析要求的有（　　）。

A. S 国的汽车玻璃业发展落后，仅有一家本国汽车玻璃生产企业，其他国家的汽车玻璃生产企业尚未进入

B. S 国的土地租金和电力价格长期处于较低水平

C. S 国政府鼓励并支持该国汽车玻璃业的发展

D. S 国的汽车制造业处于成长期

【答案】 ABD

【解析】 选项 A 属于企业战略、企业结构和同业竞争，选项 B 属于生产要素，选项 D 属于相关与支持性产业，选项 A、B、D 正确。

【真题·单选题】（2018）甲公司是 C 国著名的生产和经营电动汽车的厂商。2017 年，公司制定了国际化战略，拟到某发展中国家 N 国投资建厂。为此，甲公司委托专业机构对 N 国的现有条件进行了认真详细的分析。根据波特的钻石模型理论，下列分析中不属于钻石模型 4 要素的是（　　）。

A. N 国电动汽车市场刚刚兴起，市场需求增长较快

B. N 国电动汽车零部件市场比较落后，供应商管理水平较低

C. N 国劳动力价格相对 C 国较低，工人技术水平和文化素质不高

D. N 国政府为了保护本国汽车产业，对甲公司的进入设定了限制条件

【答案】 D

【解析】 国家竞争优势（钻石模型）分析，主要包括生产要素、需求条件、相关与支持性产业、企业战略、企业结构和同业竞争。选项 A 属于需求条件；选项 B 属于相关与支持性产业；选项 C 属于生产要素；选项 D 属于

五种竞争力模型中影响潜在进入者进入威胁的结构性障碍，不属于钻石模型4要素。

【真题·多选题】（2019）华泰医药公司拟在J国建立一个药品研发和生产基地，并对该国的相关情况进行了调查分析。下列各项中，符合钻石模型四要素分析要求的有（　　）。

A. J国药品研发人才不足，尚无一项药品专利

B. J国政府近期颁布了多项支持医药产业发展的政策

C. J国近年来经济增长较快，对高质量药品需求与日俱增

D. J国本土医药企业虽然数量较多，但规模小，竞争主要围绕价格进行

【答案】ACD

【解析】国家竞争优势（钻石模型）分析，主要包括生产要素、需求条件、相关与支持性产业、企业战略、企业结构和同业竞争。选项A属于生产要素；选项B属于宏观环境分析（PEST分析）中的政治和法律因素，不属于钻石模型4要素；选项C属于需求条件；选项D属于企业战略、企业结构和同业竞争。

【例题·多选题】奥安拓公司是M发达国家一家飞机零部件生产企业，准备2020年到S发展中国家投资汽车生产业务，对该国诸多条件进行了详细的调查分析，以下各项中，属于钻石模型4要素的有（　　）。

A. S国对汽车的需求连年增长

B. S国汽车初高级专业人才较多

C. S国政府对外商投资出台了很多税收优惠政策

D. 一国际知名企业早在2017年已经进入S国汽车市场，且竞争激烈

【答案】ABD

【解析】国家竞争优势（钻石模型）分析，主要包括生产要素、需求条件、相关与支持性产业、企业战略、企业结构和同业竞争。选项A属于需求条件；选项B属于生产要素；选项C属于宏观环境分析（PEST分析）中的政治和法律因素，不属于钻石模型4要素；选项D属于同业竞争。

重难点8：企业资源分析★★★★

企业资源分析的目的在于识别企业的资源状况、企业资源方面所表现出来的优势和劣势及其对未来战略目标制定和实施的影响。

企业资源，是指企业所拥有或控制的有效因素的总和。按照竞争优势的资源基础理论，企业的资源禀赋是其获得持续竞争优势的重要基础。

（一）企业资源的主要类型

企业资源主要分为三种：有形资源、无形资源和人力资源。

1. 有形资源，是指可见的、能用货币直接计量的资源，主要包括物质资源和财务资源。物质资源包括企业的土地、厂房、生产设备、原材料等，是企业的实物资源。财务资源是企业可以用于投资或生产的资金，包括应收账款、有价证券等。有形资源一般都反映在企业的资产当中。但是，由于会计核算的要求，资产负债表所记录的账面价值并不能完全代表有形资源的战略价值。

2. 无形资源，是指企业长期积累的、没有实物形态的，甚至无法用货币精确度量的资源，通常包括品牌、商誉、技术、专利、商标、企业文化及组织经验等。尽管无形资源难以精确度量，但由于无形资源一般都难以被竞争对手了解、购买、模仿或替代，因此，无形资源是一种十分重要的企业核心竞争力的来源。

技术资源就是一种重要的无形资源，它主要是指专利、版权和商业秘密等。技术资源具有先进性、独创性和独占性等特点，使得企业可以据此建立自己的竞争优势。

商誉也是一种关键的无形资源。商誉，是指企业由于管理卓越、顾客信任或其他特殊优势而具有的企业形象，它能给企业带来超额利润。对于产品质量差异较小的行业，例如软饮料行业，商誉可以说是最重要的企业资源。

需要注意的是，由于会计核算的原因，资产负债表中的无形资产并不能代表企业的全部无形资源，甚至可以说，有相当一部分无形资源是游离在企业资产负债表之外的。

3. 人力资源，是指组织成员向组织提供的技能、知识以及推理和决策能力。大量研究发现，那些能够有效开发和利用人力资源的企业比那些忽视人力资源的企业发展得更好、更快。是人掌握的技能、知识创造了企业的繁荣，而不是其他资源。

（二）决定企业竞争优势的企业资源判断标准

在分析一个企业拥有的资源时，必须知道哪些资源是有价值的，可以使企业获得竞争优势。其主要的**判断标准**如下：

1. 资源的稀缺性。如果一种资源是所有竞争者都能轻易取得的，那么，这种资源便不能成为企业竞争优势的来源。如果企业掌握了处于短缺供应状态的资源，而其他的竞争对手又不能获取这种资源，那么，拥有这种稀缺性资源的企业便能获得竞争优势。如果企业能够持久地拥有这种稀缺性资源，则企业从这种稀缺性资源获得的竞争优势也将是可持续的。

2. 资源的不可模仿性。资源的不可模仿性是竞争优势的来源，也是价值创造的核心。资源的不可模仿性主要有以下 4 种形式：

（1）**物理上独特的资源**，有些资源的不可模仿性是物质本身的特性所决定的。例如，企业所拥有的房地产处于极佳的地理位置，拥有矿物开采权或是拥有法律保护的专利生产技术等，这些资源都有它的物理上的特殊性，是不可能被模仿的。

（2）**具有路径依赖性的资源**，是指那些必须经过长期的积累才能获得的资源。例如，中国海尔公司在售后服务环节的竞争优势并不是仅仅在于有一支训练有素的售后服务人员队伍，更重要的是由于海尔多年来不断完善营销体制建设，能够为这支队伍健康运作提供坚实的基础和保障。其他公司想要模仿海尔的售后服务的资源优势，同样需要花费大量时间完善自身的营销体制，这在短期内是不可能实现的。

（3）**具有因果含糊性的资源**。企业对有些资源的形成原因并不能给出清晰的解释。例如，企业的文化常常是一种因果含糊性的资源。具有因果含糊性的资源，是组织中最常见的一种资源，难以被竞争对手模仿。

（4）**具有经济制约性的资源**，是指企业的竞争对手已经具有复制其资源的能力，但因市场空间有限不能与其竞争的情况。例如，企业在市场上处于领导者的地位，其战略是在特定的市场上投入大量资本。这个特定市场可能会由于空间太小，不能支撑两个竞争者同时盈利，在这种情况下，企业的竞争对手即使有很强的能力，也只好放弃竞争。这种资源便是具有经济制约性的资源。

3. 资源的不可替代性。波特的五力模型指出了替代产品的威胁力量，同样，企业的资源如果能够很容易地被替代，那么即使竞争者不能拥有或模仿企业的资源，它们也仍然可以通过获取替代资源而改变自己的竞争地位。

4. 资源的持久性。资源的贬值速度越慢，就越有利于形成核心竞争力。一般来说，有形资源往往都有自己的损耗周期，而无形资源和组织资源则很难确定其贬值速度。例如，一些品牌资源随着时代的发展实际上在不断地升值；反之通信技术和计算机技术迅速地更新换代会对建立在这些技术之上的企业竞争优势构成严峻挑战。

【经典例题】

【真题·单选题】（2020）广记公司是一家卤制品生产企业。该公司凭借其长期积累形成的原料配制秘方和生产工艺诀窍等资源生产的多种卤制品，深受消费者喜爱，近年国内市场占有率一直位居第一。在下列资源不可模仿性的形式中，广记公司的上述资源属于（　　）。

A. 物理上独特的资源

B. 具有路径依赖性的资源

C. 具有因果含糊性的资源

D. 具有经济制约性的资源

【答案】B

【解析】具有路径依赖性的资源指那些必须经过长期的积累才能获得的资源。“长期积累形成的原料配制秘方和生产工艺诀窍等资源”属于具有路径依赖性的资源，选项 B 正确。

【真题·简答题】（2020）W 镇是一个有 1 300 年建镇史的江南水乡古镇，因其历史街区保留了大量经典明清建筑群，被称为“江南六大古镇”之一。1999 年 6 月，当地政府组建 W 镇旅游公司，开始了 W 镇古镇保护和旅游开发历程。然而，W 镇的起步条件相对落后，旅游资源与其他江南水乡古镇雷同，且同一地区的 Z 庄和 X 镇已小有名气，W 镇旅游如果不能另辟蹊径，很难满足日益挑剔的旅游消费者的品味。

在吸收借鉴其他古镇旅游开发经验教训的基础上，W 镇旅游公司走出了一条创新发展的路径，实现了古镇旅游转型升级和遗产活化保护的协调发展。

（1）多元化的产品、业态和盈利模式：观光 + 休闲度假 + 商务 + 会展 + 文化。W 镇的旅游开发定位在商务和休闲市场，设计开发出 W 镇戏剧节、木心美术馆、现代艺术展、互联网大会等新产品，多业态复合经营已成为增加营业收入的主力。

（2）脱胎换骨式基建改造和整体风貌保护。W 镇进行了大规模的脱胎换骨式的基建改造，实现了给排水系统、水电气系统的全面升级。景区保护基于街区风貌的整体打造，对建筑外立面和空间、周边环境进行系统整治，使古建筑更适合居住。

（3）外来资本和本土专业化管理相结合。W 镇与一家上市旅游公司合作，后者既是战略投资者，又是旅游产品推介的渠道商。同时，政府和投资者之间达成共识，全权委托深谙当地文脉的本土专业团队开展经营管理工作，形成“内容商 + 渠道商 + 资本 + 政府”的经营管理模式。

（4）社区重构和部分空心化。W 镇将全部居民迁出，再将部分商铺返租给原来的部分住户。这样“部分空心化”的社区重构，使得居民与游客的矛盾不复存在，也便于整体产权开发和集中统一管理，有效遏制过度商业化的问题。

自 2001 年开放迎客以来，W 镇旅游开发获得的惊人发展受到专家和同行的肯定，被誉为中国古镇保护之“W 镇模式”。

要求：

（1）依据钻石模型四要素，简要分析 W 镇旅游业发展的优势。

（2）依据企业资源的主要类型，简要分析 W 镇旅游业发展的优势。

【答案】（1）

①生产要素。初级生产要素。“W 镇是一个有1 300 年建镇史的江南水乡古镇，因其历史街区保留了大量经典明清建筑群，被称为‘江南六大古镇’之一”；“外来资本”。

高级生产要素。“脱胎换骨式基建改造”；“全权委托深谙当地文脉的本土专业团队开展经营管理工作”。

专业生产要素。“多元化的产品、业态和盈利模式”；“脱胎换骨式基建改造和整体风貌保护”；“外来资本和本土专业化管理相结合”；“社区重构和部分空心化”；“全权委托深谙当地文脉的本土专业团队开展经营管理工作”。

②需求条件。国内需求市场是产业发展的动力。本地客户的本质非常重要，特别是内行而挑剔的客户。假如本地客户对产品、服务的要求或挑剔程度在国际上数一数二，就会激发出该国企业的竞争优势。“W 镇旅游如果不能另辟蹊径，很难满足日益挑剔的旅游消费者的品味”。

③相关与支持性产业。相关和支持性产业与优势产业是一种休戚与共的关系。“多元化的产品、业态和盈利模式：观光 + 休闲度假 + 商务 + 会展 + 文化”；“脱胎换骨式基建改造和整体风貌保护”。

④企业战略、企业结构和同业竞争。创造与持续产业竞争优势的最大关联因素是国内市场强有力的竞争对手。“W 镇的起步条件相对落后，旅游资源与其他江南水乡古镇雷同，且同一地区的 Z 庄和 X 镇已小有名气，W 镇旅游如果不能另辟蹊径，很难满足日益挑剔的旅游消费者的品味”。

（2）

①有形资源。“W 镇是一个有1 300 年建镇史的江南水乡古镇，因其历史街区保留了大量经典明清建筑群，被称为‘江南六大古镇’之一”；“外来资本”；“脱胎换骨式基建改造”。

②无形资源。“多元化的产品、业态和盈利模式：观光 + 休闲度假 + 商务 + 会展 + 文化”；“脱胎换骨式基建改造和整体风貌保护”；“外来资本和本土专业化管理相结合”；“社区重构和部分空心化”；“被誉为中国古镇保护之‘W 镇模式’”。

③人力资源。“全权委托深谙当地文脉的本土专业团队开展经营管理工作”。

【真题·单选题】（2016）西江公司是一家拥有 100 多年历史的医药公司，其使用国家级保密配方配制的某种药品，从 20 世纪初推出以来，疗效显著，一直深受患者欢迎。西江公司拥有的具有不可模仿性的资源属于（　　）。

A. 物理上独特的资源

B. 具有经济制约性的资源

C. 具有因果含糊性的资源

D. 具有路径依赖性的资源

【答案】A

【解析】“西江公司是一家拥有 100 多年历史的医药公司，其使用国家级保密配方配制的某种药品”，表明西江公司拥有受法律保护的专利生产技术，属于物理上独特的资源。

【真题·单选题】（2018）以生物药品研发为主营业务的康力公司多年来不断完善科研管理体制建设，为科研人才的创造性活动提供了坚实的基础和保障，使公司在激烈的市场竞争中获得了明显优势。康力公司的竞争优势来源于（　　）。

A. 物理上独特的资源

B. 具有经济制约性的资源

C. 具有路径依赖性的资源

D. 具有因果含糊性的资源

【答案】C

【解析】具有路径依赖性的资源，是指那些必须经过长期的积累才能获得的资源。本题中，“以生物药品研发为主营业务的康力公司多年来不断完善科研管理体制建设，为科研人才的创造性活动提供了坚实的基础和保障”，表明康力公司的竞争优势来源于具有路径依赖性的资源。

【真题·多选题】（2017）天翔航空公司于 2016 年初率先布局航空互联网。现在该公司已有 50 多架飞机完成改造和机组培训，为乘客提供了稳定的互联网接入服务，并由此赢得了明显的竞争优势。下列各项中，属于天翔航空公司竞争优势来源的资源有（　　）。

A. 物质资源

B. 文化资源

C. 人力资源

D. 技术资源

【答案】ACD

【解析】“公司已有 50 多架飞机完成改造”属于物质资源，选项 A 正确；“该公司已完成机组培训”属于人力资源，选项 C 正确；“天翔航空公司于 2016 年初率先布局航空互联网”属于技术资源，选项 D 正确。

【真题·多选题】（2019）研发和生产家用滤水壶的汇康公司秉承“使员工幸福，让顾客满意”的理念，建立并持续实施了一套以顾客需求为导向、充分调动员工积极性的管理体制，使该公司的技术发明专利数量、盈利率和顾客满意率长期稳居行业前列，显示出难以模仿的竞争优势。汇康公司的资源不可模仿性主要表现为（　　）。

A. 物理上独特的资源

B. 具有路径依赖性的资源

C. 具有因果含糊性的资源

D. 具有经济制约性的资源

【答案】ABC

【解析】“使员工幸福，让顾客满意的理念”属于具有因果含糊性的资源；“建立并持续实施了一套以顾客需求为导向、充分调动员工积极性的管理体制”属于路径依赖性的资源；“该公司的技术发明专利数量长期稳居行业前列”属于物理上独特的资源。

【例题·单选题】海底捞是一家全世界连锁经营的川式火锅公司，在同行业中经营业绩持续高涨，其竞争优势不仅来自于优质的服务，更是源于一套长期积累下出色的人力资源管理模式。那么，海底捞具有不可模仿性的资源是（　　）。

A. 物理上独特的资源

B. 具有路径依赖性的资源

C. 具有因果含糊性的资源

D. 具有经济制约性的资源

【答案】B

【解析】具有路径依赖性的资源，是指那些必须经过长期的积累才能获得的资源。本题中，“海底捞的竞争优势不仅来自于优质的服务，更是源于一套长期积累下出色的人力资源管理模式”表明海底捞的竞争优势来源于具有路径依赖性的资源。

重难点9：企业能力分析★★★

企业能力，是指企业配置资源，发挥其生产和竞争作用的能力。企业能力来源于企业有形资源、无形资源和组织资源的整合，是企业各种资源有机组合的结果。

企业能力主要由研发能力、生产管理能力、营销能力、财务能力和组织管理能力等组成。

（一）研发能力

随着市场需求的不断变化和科学技术的持续进步。研发能力已成为保持企业竞争活力的关键因素。企业的研发活动能够加快产品的更新换代，不断提高产品质量，降低产品成本，更好地满足消费者的需求。企业的研发能力主要从研发计划、研发组织、研发过程和研发效果几个方面进行衡量。

（二）生产管理能力

生产，是指将投入（原材料、资本、劳动等）转化为产品或服务并为消费者创造效用的活动，生产活动是企业最基本的活动。生产管理能力主要涉及5个方面，即生产过程、生产能力、库存管理、人力资源管理和质量管理。

（三）营销能力

企业的营销能力，是指企业引导消费以占领市场、获取利润的产品竞争能力、销售活动能力和市场决策能力。

1. 产品竞争能力。产品竞争能力主要可从产品的市场地位、收益性、成长性等方面来分析。产品的市场地位可以通过市场占有率、市场覆盖率等指标来衡量。产品的收益性可能通过利润空间和量本利进行分析。产品的成长性可以通过销售增长率、市场扩大率等指标进行比较分析。

2. 销售活动能力。销售活动能力是对企业销售组织、销售绩效、销售渠道、销售计划等方面的综合考察。销售组织分析主要包括对销售机构、销售人员和销售管理等基础数据的评估。销售绩效分析是以销售计划完成率和销售活动效率分析为主要内容。销售渠道分析则主要分析销售渠道结构（直接销售和间接销售的比例）、中间商评价和销售渠道管理。

3. 市场决策能力。市场决策能力是以产品竞争能力、销售活动能力的分析结果为依据的，是领导者对企业市场进行决策的能力。

（四）财务能力

企业的财务能力主要涉及两个方面：一是筹集资金的能力；二是使用和管理资金的能力。筹集资金的能力可以用资产负债率、流动比率和已获利息倍数等指标来衡量；使用和管理资金的能力可以用投资报酬率、销售利润率和资产周转率等指标来衡量。

（五）组织管理能力

组织管理能力主要从以下几个方面进行衡量：

1. 职能管理体系的任务分工。

2. 岗位责任。

3. 集权和分权的情况。

4. 组织结构（直线职能、事业部等）。

5. 管理层次和管理范围的匹配。

【经典例题】

【例题·多选题】甲企业对其资源配置，以发挥其生产和竞争作用的能力方面进行分析，因此从企业能力分析角度出发，甲企业应从以下哪些方面进行评价（　　）。

A. 产品竞争能力

B. 筹集资金的能力

C. 人力资源管理能力

D. 组织管理能力

【答案】ABCD

【解析】营销能力主要包括产品竞争能力、销售活动能力和市场决策能力，选项 A 正确；财务能力主要涉及筹集资金的能力和使用及管理现金的能力，选项 B 正确；生产管理能力包括生产过程、生产能力、库存管理、人力资源管理和质量管理，选项 C 正确；企业能力分析主要从企业研发能力、生产管理能力、营销能力、财务能力和组织管理能力等方面分析，选项 D 正确。

重难点10：企业的核心能力分析★★★★★

（一）核心能力的概念

核心能力，是指企业在具有重要竞争意义的经营活动中能够比其竞争对手做得更好的能力。企业的核心能力可以是完成某项活动所需的优秀技能，也可以是在一定范围和深度上的企业的技术诀窍，或者是那些能够形成很大竞争价值的一系列具体生产技能的组合。从总体上讲，核心能力的产生是企业中各个不同部分有效合作的结果，也就是各种单个资源整合的结果。这种核心能力深深地根植于企业的各种技巧、知识和人的能力之中，对企业的竞争力起着至关重要的作用。

（二）核心能力的辨别

根据核心能力的概念，辨别企业能力是否属于核心能力的**3个关键性测试**是：

1. 它对顾客是否有价值？

2. 它与企业竞争对手相比是否有优势？

3. 它是否很难被模仿或复制？

但是，企业的核心能力就其本质来讲非常的复杂和微妙，有时很难满足上述3个关键性测试，在这种情况下，还需要运用其他识别方法，包括功能分析、资源分析以及过程系统分析。

1. 功能分析，考察企业功能是识别企业核心竞争力常用的方法，这种方法虽然比较有效，但是它只能识别出具有特定功能的核心能力。

2. 资源分析，分析实物资源比较容易，例如，企业商厦所处的区域、生产设备以及机器的质量等，而分析像商标或者商誉这类无形资源则比较困难。

3. 过程系统分析，过程涉及企业多种活动从而形成系统。过程和系统通常都会涉及企业的多种功能，因而过程和系统本身是比较复杂的。对企业整个过程和系统进行分析能够很好地判断企业的经营状况和核心能力。

（三）核心能力的评价

1. 评价的基础与方法。

（1）企业的自我评价，一种既快速又经济的办法就是企业在自己内部收集信息。

（2）产业内部比较，产业专家通常会收集这个产业内企业的某些数据并进行企业间的比较，所收集的数据包括市场份额、成本结构、关键成本以及顾客满意度等。这类信息可以告诉企业自己是否强于竞争对手，但是并没有告诉其导致该结果的原因。

（3）**基准分析**，是指企业比较自己和竞争对手的业绩，包括单个或多种具体活动、系统或过程的比较。

（4）成本驱动力和作业成本法。企业使用作业成本法以找出企业的成本驱动力，这与传统的成本会计方法相比能提供更有用的信息。

（5）收集竞争对手的信息。企业有多种

收集其竞争对手信息的方式，主要包括：与顾客进行沟通；与供应商、代理人、发行人以及产业分析师进行沟通；对竞争对手进行实地考察；分析竞争对手的产品；通过私下沟通、电话交谈以及网上交谈的方式询问对方的产品；雇用竞争对手的员工等。

2. **基准分析概述。**

基准分析是企业之间进行业绩比较的一种重要方法，其目的是发现竞争对手的优点和不足，针对其优点，补己之短；根据其不足，选择突破口，从而帮助企业从竞争对手的表现中获得思路和经验，冲出竞争者的包围，超越竞争对手。

（1）基准对象，是指能够衡量业绩的活动，一般来说都可以成为基准对象。当然，把企业的每一项活动都作为基准对象是不切实际的，企业可以主要关注以下几个领域：占用较多资金的活动、能显著改善与顾客关系的活动、能最终影响企业结果的活动等。

（2）基准类型，基准对象的不同决定了基准类型的不同。基准类型主要包括内部基准、竞争性基准、过程或活动基准、一般基准、顾客基准五种类型。

①内部基准，是指企业内部各个部门之间互为基准进行学习与比较。企业内部由于存在着处于不同地理区域的部门，它们之间有着不同的历史和文化、不同的业务类型以及管理层与职员之间不同程度的融洽关系，因此可互为基准进行比较。

②竞争性基准，是指直接以竞争对手为基准进行比较。企业需要收集关于竞争对手的产品、经营过程以及业绩方面的具体信息，与企业自身的情况进行比较。

③**过程或活动基准**，是指以**具有类似核心经营**的企业为基准进行比较，但是**二者之间的产品和服务不存在直接竞争**的关系。这类基准分析的目的在于找出企业做得最突出的方面，例如，生产制造、市场营销、产品工艺、存货管理以及人力资源管理等方面。

④**一般基准**，是指以**具有相同业务功能**的企业为基准进行比较。

【小贴士】过程或活动基准与一般基准的区别。

过程或活动基准，标杆企业与本企业不处在同一行业，两家企业的产品和服务不存在直接竞争关系，其产品和服务的主要功能也不同。

一般基准，标杆企业与本企业不处在同一行业，但两家企业不在同一市场，不是直接竞争对手，其产品或服务的主要功能相同或者相似。

⑤顾客基准，是指以顾客的预期为基准进行比较。

（3）基准分析实践。一个企业进行基准分析的成败主要取决于高层管理人员的行为，他们必须清楚地认识到企业需要改革的地方。企业实施基准分析的具体步骤如下：

①选择基准对象。

②建立工作小组。

③决定进行基准分析的问题，并决定对哪家企业做这样的分析。

④一旦确认了最优分析和比较对象，基准分析小组就可以收集对方的数据进行分析，把本企业的业绩与对方的业绩进行比较，以帮助自己找到可以改进的地方。工作小组通过衡量消除自身与对方差距的收益与成本来决定企业所要付出的努力水平。

3. 竞争对手分析。与竞争对手进行比较所得出的企业竞争优势能为企业带来有用的战略信息。本章第一节关于竞争对手的未来目标、假设、现行战略和潜在能力的分析都是企业自身核心能力识别和评价不可或缺的步骤和内容。

（四）企业核心能力与成功关键因素

企业核心能力与成功关键因素是两类不同的概念。

成功关键因素应被看作是产业和市场层次的特征，而不是针对某个个别公司。拥有成功关键因素是获得竞争优势的必要条件，而不是充分条件。

企业核心能力和成功关键因素的共同之处在于它们都是公司盈利能力的指示器。虽然它们在概念上的区别是清楚的，但在特定的环境中区分它们并不容易。例如，一个成功关键因素可能是某产业所有企业要成功都必须具备的，但它也可能是特定公司所具备的独特能力。

【经典例题】

【真题·单选题】（2020）甲公司是一家汽车制造企业。该公司通过售后用户体验追踪系统随时掌握、分析不同车型的质量问题，并与汽车分销商共享相关信息，不断提高前来维修的客户的满意度。甲公司的上述做法属于该公司价值链中的（　　）。

A. 内部后勤

B. 外部后勤

C. 服务

D. 基础设施

【答案】C

【解析】服务是指与保持和提高产品价值有关的活动，如培训、修理、零部件的供应和产品的调试等。“该公司通过售后用户体验追踪系统随时掌握、分析不同车型的质量问题，并与汽车分销商共享相关信息，不断提高前来维修的客户的满意度”属于服务，选项C正确。

【真题·单选题】（2016）M国的甲航空公司专营国内城际航线，以低成本战略取得很大成功。专营H国内城际航线的H国乙航空公司，也采用低成本战略，学习甲公司的成本控制措施，在H国竞争激烈的航空市场取得了良好的业绩。乙公司基准分析的类型是（　　）。

A. 内部基准

B. 一般基准

C. 竞争性基准

D. 过程或活动基准

【答案】B

【解析】一般基准，是指以具有相同业务功能的企业为基准进行比较。本题中，“M国的甲航空公司专营国内城际航线，以低成本战略取得很大成功。专营H国内城际航线的H国乙航空公司，也采用低成本战略，学习甲公司的成本控制措施，在H国竞争激烈的航空市场取得了良好的业绩”，表明甲乙两家航空公司虽然处于同一产业，但不构成直接竞争关系，且具有相同业务功能，因此属于一般基准。

【真题·单选题】（2017）西康酒店是一家位于中国西部某著名旅游景区的五星级酒店，为了提升管理水平，西康酒店定期派人去东部旅游景区的五星级酒店学习，从而逐步提升了服务质量和财务业绩。西康酒店进行基准分析的基本类型是（　　）。

A. 内部基准

B. 一般基准

C. 竞争性基准

D. 过程或活动基准

【答案】B

【解析】本题中，“西康酒店是一家位于中国西部某著名旅游景区的五星级酒店，为了提升管理水平，西康酒店定期派人去东部旅游景区的五星级酒店学习，从而逐步提升了服务质量和财务业绩”，表明两家虽然都是酒店，具有相同的业务，但不存在直接竞争关系，属于一般基准。

【真题·单选题】（2019）2016年，多年成功经营的啤酒生产企业宝泉公司投资新建了一家果蔬饮料生产企业，但因管理不善出现持续亏损。最近宝泉公司组织果蔬饮料生产企业的管理人员到本公司的啤酒生产企业调研、学习，收效良好。宝泉公司所实施的基准分析的类型属于（　　）。

A. 顾客基准

B. 一般基准

C. 内部基准

D. 竞争性基准

【答案】C

【解析】内部基准，是指企业内部各个部

门之间互为基准进行学习与比较。本题中。“宝泉公司组织果蔬饮料生产企业的管理人员到本公司的啤酒生产企业调研、学习，收效良好。”属于企业内部之间的学习与比较，即内部基准。

【真题·多选题】（2018）甲公司是一家电力设备制造企业。为了正确评价自身的核心能力，甲公司选取了国内一家知名的同类上市公司进行基准分析。下列各项中，属于甲公司选择基准对象时应当主要关注的领域有（　　）。

A. 能够衡量企业业绩的活动

B. 占用企业较多资金的活动

C. 能够最终影响企业结果的活动

D. 能够显著改善与客户关系的活动

【答案】BCD

【解析】基准对象，是指能够衡量业绩的活动，一般来说都可以成为基准对象。企业可以主要关注以下几个领域：占用较多资金的活动、能显著改善与顾客关系的活动、能最终影响企业结果的活动等。

【例题·多选题】美孚石油公司曾通过进行客户调查来分析客户的需求，发现大部分客户需要能为他们提供帮助的友好员工，于是向国际知名的丽嘉酒店学习其微笑服务。通过以上信息可以判断，美孚石油公司主要采用了（　　）。

A. 内部基准

B. 顾客基准

C. 一般基准

D. 过程或活动基准

【答案】BD

【解析】基准类型主要包括内部基准、竞争性基准、过程或活动基准、一般基准、顾客基准五种类型。本题中，“美孚石油公司曾通过进行客户调查来分析客户的需求”表明其采用了顾客基准，选项B正确；“向国际知名的丽嘉酒店学习其微笑服务”，美孚石油公司与丽嘉酒店不属于同一行业，不存在直接竞争的关系，因此采用了过程或活动基准，选项D正确。

重难点11：价值链的两类活动★★★

价值链分析将企业的生产经营活动分为**基本活动**和**支持活动**两大类。

1. 基本活动。

基本活动，又称主体活动，是指生产经营的实质性活动，一般可以分为内部后勤、生产经营、外部后勤、市场销售和服务五种活动。这些活动与商品实体的加工流转直接有关，是企业的基本增值活动。每一种活动又可以根据具体的产业和企业的战略再进一步细分成若干项活动。

（1）**内部后勤**，又称进货物流，是指与产品投入有关的进货、仓储和分配等活动，如原材料的装卸、入库、盘存、运输以及退货等。

（2）**生产经营**，是指将投入转化为最终产品的活动，如机加工、装配、包装、设备维修、检测等。

（3）**外部后勤**，又称出货物流，是指与产品的库存、分送给购买者有关的活动，如最终产品的入库、接受订单、送货等。

（4）**市场销售**，是指促进和引导购买者购买企业产品的活动，如广告、定价、销售渠道等。

（5）**服务**，是指与保持和提高产品价值有关的活动，如培训、修理、零部件的供应和产品的调试等。

2. 支持活动。

支持活动，又称辅助活动，是指用以支持基本活动而且内部之间又相互支持的活动，包括采购、技术开发、人力资源管理和企业基础设施。

（1）**采购管理**，这里的采购是广义的，既包括原材料的采购，也包括其他资源投入的购买与管理。例如，企业聘请咨询公司为企业进行广告策划、市场预测、管理信息系统设计、法律咨询等都属于采购管理。

（2）**技术开发**，是指可以改进企业产品和工序的一系列技术活动。这也是一个广义的概念，既包括生产性技术，也包括非生产性技术。因此，企业中每项生产经营活动都包含着技术，只不过其技术的性质、开发的程度和使用的范围不同而已。有的属于生产方面的工程技术，有的属于通信方面的信息技术，还有的属于领导的决策技术。这些技术开发活动不仅仅与企业最终产品直接相关，而且支持着企业全部的活动，成为判断企业竞争实力的一个重要因素。

（3）**人力资源管理**，是指企业职工的招聘、雇用、培训、提拔和退休等各项管理活动。这些活动支持着企业中每项基本活动和支持活动，以及整个价值链。人力资源管理在调动职工生产经营的积极性上起着重要的作用，影响着企业的竞争实力。

（4）**基础设施**，是指企业的组织结构、惯例、控制系统以及文化等。企业高层管理人员往往能在这些方面发挥重要的作用，因此高层管理人员也被视作基础设施的一部分。企业的基础设施与其他支持活动有所不同，它一般是用来支撑整个价值链的运行，即所有其他的价值创造活动都通过基础设施进行。在多元经营的企业里，公司总部和经营单位各有自己的基础设施。

【经典例题】

【真题·单选题】（2016）东湖公司为了提升公司的信息化管理水平，聘请某著名咨询公司为其开发一套管理信息系统。东湖公司的上述活动属于价值链支持活动中的（　　）。

A. 采购管理

B. 技术开发

C. 人力资源管理

D. 公司基础设施

【答案】 A

【解析】 采购管理，是指既包括原材料的采购，也包括其他资源投入的购买与管理。例如，企业聘请咨询公司为企业进行广告策划、市场预测、管理信息系统设计、法律咨询等都属于采购管理。

【真题·单选题】（2017）根据波特的价值链分析理论，下列各项中，属于企业支持活动（或称辅助活动）的是（　　）。

A. 聘请咨询公司实施广告策略

B. 物流配送产品

C. 通过互联网进行广告宣传

D. 生产设备的维修

【答案】 A

【解析】 支持活动中的采购管理，是指既包括原材料的采购，也包括其他资源投入的购买与管理，例如，企业聘请咨询公司为企业进行广告策划、市场预测、管理信息系统设计、法律咨询等都属于采购管理。因此，选项A正确。选项B属于基本活动中的外勤活动；选项C属于基本活动中的生产经营；选项D属于基本活动中的市场销售。

【真题·多选题】（2017）华生公司开发了有助于失明患者进行义眼移植的Y产品，并且取得了发明专利。公司随后建立了生产Y产品的工厂，目前形成了较为完善的进货、生产、发货、服务与分销体系。从企业价值链角度考察，华生公司与Y产品有关的价值活动包括（　　）。

A. 基础设施

B. 生产经营

C. 内部后勤

D. 技术开发

【答案】 BCD

【解析】 本题中，“华生公司开发了有助于失明患者进行义眼移植的Y产品，并且取得了发明专利”该项活动属于技术开发，选项D正确；“华生公司建立了生产Y产品的工厂，目前形成了较为完善的进货、生产、发货、服务与分销体系”该项活动属于生产经营，选项B正确；“形成了较为完善的进货、生产、发货、服务与分销体系”该项活动属于内部后勤，选项C正确。

【例题·单选题】 甲企业在进行采购时，首先需要部门提出采购申请，由询价员进行询价，选择供应商，最终下达订单。从价值链分析角度来看，甲企业的系列活动属于（　　）。

A. 采购管理

B. 内部后勤

C. 外部后勤

D. 公司基础设施

【答案】A

【解析】本题中，要注意区分采购管理与内部后勤，采购管理，这里的采购是广义的，既包括原材料的采购，也包括其他资源投入的购买与管理；内部后勤，又称进货物流，是指与产品投入有关的进货、仓储和分配等活动，如原材料的装卸、入库、盘存、运输以及退货等，而题中所描述的是企业的采购过程，属于采购管理。

重难点 12：价值链确定★★

为了在一个特定产业进行竞争并判定企业竞争优势，有必要确定企业的价值链，即从价值链分析入手，将各种不同的价值活动在一个特定的企业中得到确认。价值链中的每一项活动都能进一步分解为一些相互分离的活动。

确定有关价值活动要求将在技术特征或经济效果方面可分离的活动分解出来。分解的适当程度依赖于这些活动的经济性和分析价值链的目的，分离这些活动的基本原则是：

（1）具有不同的经济性；

（2）对产品差异化产生很大的潜在影响；

（3）在成本中所占比例很大或所占比例在上升。

如果分解一些活动对于揭示企业竞争优势的作用很明显，那么对这些活动的分解就非常重要；相反，如果分解一些活动被证明对提示竞争优势无足轻重。

【经典例题】

【例题·多选题】根据价值链理论，在对企业价值活动进行分解时需要把握的原则包括（　　）。

A. 在成本中所占比例持续上升

B. 具有不同的经济性

C. 能对生产运营产生显著影响

D. 对产品差异化产生很大的潜在影响

【答案】ABD

【解析】在对企业价值活动进行分解时需要把握的原则包括：一是具有不同的经济性；二是对产品差异化产生很大的潜在影响；三是在成本中所占比例很大或所占比例在上升。

重难点 13：企业资源能力的价值链分析★★

价值链分析的关键是，要认识企业不是机器、货币和人员的随机组合，如果不将这些资源有效地组织起来，生产出最终顾客认为有价值的产品或服务，那么这些资源将毫无价值。因此，资源分析必须是一个从资源评估到对怎样使用这些资源的评估过程。

企业资源能力的价值链分析要明确以下几点：

1. 确认那些支持企业竞争优势的关键性活动。

虽然价值链的每项活动，包括基本活动和支持活动，都是企业成功所必经的环节，但是，这些活动对企业竞争优势的影响是不同的。在关键活动的基础上建立和强化这种优势很可能使企业获得成功。支持企业竞争优势的关键性活动事实上就是企业的独特能力的一部分。

2. 明确价值链内各种活动之间的联系。

价值链中基本活动之间、基本活动与支持活动之间以及支持活动之间存在各种联系，选择或构筑最佳的联系方式对于提高价值创造和战略能力是十分重要的。在基本活动之间，保持高水平的存货会使生产安排变得容易，并且可以对顾客的需求作出快速反应，但会增加经营成本，因此，应该评估一下增加存货可能带来的利和弊。

3. 明确价值系统内各项价值活动之间的联系。

价值活动的联系不仅存在于企业价值链内

部，而且存在于企业与企业的价值链之间。例如，一个企业的采购和内部后勤活动与供应商的订单处理系统相互作用；同时，供应商的工程人员与企业的技术开发和生产人员之间也可以协同工作；供应商的产品特点以及它与企业价值链的其他接触点能够十分显著地影响企业的成本和产品差异（如供应商频繁的运输能降低企业库存的要求；供应商产品的适当的包装能减少企业搬运费用；供应商对发货的检查能减少企业对产品进行检查的需要）。

【经典例题】

【例题·多选题】下列各项中，关于企业资源能力的价值链分析的说法正确的有（　　）。

A. 企业只有将机器、货币和人员有效地组织起来，生产出最终顾客认为有价值的产品或服务，才能展现这些资源的价值

B. 支持企业竞争优势的关键性活动是企业的独特能力的一部分

C. 价值链分析属于内部环境分析工具，因此价值活动的联系仅仅存在于企业价值链内部

D. 价值链中基本活动之间、基本活动与支持活动之间以及支持活动之间存在各种联系，选择或构筑最佳的联系方式对于提高价值创造和战略能力是十分重要的

【答案】ABD

【解析】价值链分析的关键是，要认识企业不是机器、货币和人员的随机组合，如果不将这些资源有效地组织起来，生产出最终顾客认为有价值的产品或服务，那么这些资源将毫无价值，选项A正确；在关键活动的基础上建立和强化这种优势很可能使企业获得成功，所以支持企业竞争优势的关键性活动事实上就是企业的独特能力的一部分，选项B正确；价值链分析属于内部环境分析工具，但价值活动的联系不仅存在于企业价值链内部，而且存在于企业与企业的价值链之间，选项C错误；企业资源能力的价值链分析要明确价值链内各种活动之间的联系，即价值链中基本活动之间、基本活动与支持活动之间以及支持活动之间存在各种联系，选择或构筑最佳的联系方式对于提高价值创造和战略能力是十分重要的，选项D正确。

重难点14：波士顿矩阵★★★★★

波士顿矩阵与通用矩阵分析是公司业务组合分析的主要方法。

1. 基本概念。

波士顿矩阵（BCG Matrix），又称市场增长率—相对市场份额矩阵、波士顿咨询集团法、四象限分析法、产品系列结构管理法等，是由美国著名的管理学家、波士顿咨询公司创始人布鲁斯·亨德森（Bruce Henderson）于1970年首创的一种用来分析和规划企业产品组合的方法。这种方法的核心在于，解决如何使企业的产品品种及其结构适合市场需求的变化，并讨论如何将企业有限的资源有效地分配到合理的产品结构中去，以保证企业收益。这是企业在激烈竞争中能否取胜的关键。

波士顿矩阵认为一般决定产品结构的基本因素有两个：市场引力与企业实力。

市场引力包括市场增长率、目标市场容量、竞争对手强弱及利润高低等。其中最主要的是反映市场引力的综合指标——市场增长率，它是决定企业产品结构是否合理的外在因素。

企业实力包括企业市场占有率以及技术、设备、资金利用能力等，其中市场占有率是决定企业产品结构的内在要素，它直接显示出企业竞争实力。

市场增长率与市场占有率既相互影响，又互为条件：市场引力大同时市场占有率高，显示产品发展的良好前景，企业也相应具备较强的实力；市场引力大而市场占有率低，则说明企业尚无足够实力，该产品也无法顺利发展；企业实力强但市场引力小，则预示该产品的市场前景不佳。

2. 基本原理。

波士顿矩阵将企业所有产品从市场增长率和市场占有率角度进行再组合。波士顿矩阵的**纵轴表示市场增长率**，它是指企业所在产业某项业务前后两年市场销售额增长的百分比。这一增长率表示每项经营业务所在市场的相对吸引力。通常用10%作为增长率高、低的界限。**横轴表示企业在产业中的相对市场占有率**，是指以企业某项业务的市场份额与这个市场上最大竞争对手的市场份额之比。这一市场占有率反映企业在市场上的竞争地位。相对市场占有率的分界线为1.0（在该点本企业的某项业务的市场份额与该业务市场上最大竞争对手的市场份额相等），该分界线将市场占有率划分为高、低两个区域。横轴之所以采用相对市场占有率而不采用绝对市场占有率，是考虑到企业不同产品所在产业的集中度差异，绝对市场占有率不能够准确反映企业在所处产业中实际的竞争地位。

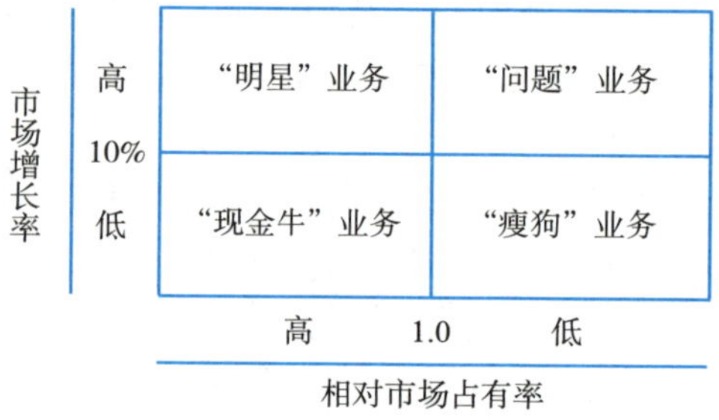

（1）高增长—强竞争地位的**“明星”业务。**

这类业务处于迅速增长的市场，具有很大的市场份额。在企业的全部业务中，“明星”业务的增长和获利有着极好的长期机会，但它们是企业资源的主要消费者，需要大量的投资。为了保护和扩展“明星”业务在增长的市场上的主导地位，企业应在短期内优先供给它们所需的资源，支持它们继续发展。

“明星”业务适宜采用的战略是：积极扩大经济规模和市场机会，以长远利益为目标，提高市场占有率，加强竞争地位。明星业务的管理组织最好采用事业部形式，由对生产技术和销售两方面都很内行的经营者负责。

（2）高增长—弱竞争地位的**“问题”业务。**

这类业务通常处于最差的现金流量状态。一方面，其所在产业的市场增长率高，需要企业大量投资以支持其生产经营活动；另一方面，其相对市场占有率低，能够生成的资金很少。因此，企业对于“问题”业务的进一步投资需要进行分析，判断使其转移到“明星”业务所需要的投资量，分析其未来盈利，研究是否值得投资等问题。

对“问题”业务应采取选择性投资战略。首先确定对该象限中那些经过改进可能会成为“明星”的业务进行重点投资，提高市场占有率，使之转变成“明星”业务；对其他将来有希望成为“明星”的业务则在一段时期内采取扶持的对策。对“问题”业务的改进与扶持方案一般均列入企业长期计划中。“问题”业务的管理组织，最好是采取智囊团或项目组等形式，选拔有规划能力、敢于冒风险的人负责。

（3）低增长—强竞争地位的**“现金牛”业务。**

这类业务处于成熟的低速增长的市场中，市场地位有利，盈利率高，本身不需要投资，反而能为企业提供大量资金，用以支持其他业务的发展。

这一象限内的大多数产品的市场增长率的下跌已成不可阻挡之势，因此可采用收获战略，即投入资源以达到短期收益最大化为限。①把设备投资和其他投资尽量压缩；②采用榨油式方法，争取在短时间内获取更多利润，为其他产品提供资金。对于这一象限内市场增长率仍有所增长的业务，应进一步进行市场细分，维持现存市场增长率或延缓其下降速度。对于“现金牛”业务，适合用事业部制进行管理，其经营者最好是市场营销型人物。

（4）低增长—弱竞争地位的**“瘦狗”业务。**

这类业务处于饱和的市场当中，竞争激烈，可获利润很低，不能成为企业资金的来源。对这类业务应采用撤退战略：首先应减少批量，逐渐撤退，对那些还能自我维持的业务，应缩小经营范围，加强内部管理；而对那些市场增长率和企业市场占有率均极低的业务则应立即淘汰。其次是将剩余资源向其他业务转移。最后是整顿产品系列，最好将“瘦狗”产品并入其他事业部合并，统一管理。

3. 波士顿矩阵的运用。

充分了解了4种业务的特点后还需进一步明确各项业务单位在公司中的不同地位，从而进一步明确其战略。通常有4种战略分别适用于不同的业务。

（1）**发展**。以提高相对市场占有率为目标，增加资金投入，甚至不惜放弃短期收益。如想尽快成为“明星”的“问题”业务，就应以此为战略。

（2）**保持**。投资维持现状，目标是保持该项业务现有的市场占有率。对于较大的“现金牛”业务可以此为战略，以使它们产生更多的收益。

（3）**收割**。这种战略主要是为了获得短期收益，目标是在短期内得到最大限度的现金收入。对处境不佳的“现金牛”类业务及没有发展前途的“问题”类业务和“瘦狗”类业务应视具体情况采取这种策略。

（4）**放弃**。目标在于清理和撤销某些业务，减轻负担，以便将有限的资源用于效益较高的业务。这种战略适用于无利可图的“瘦狗”类和“问题”类业务。

4. 波士顿矩阵的启示。

波士顿矩阵有以下几方面重要的贡献：

（1）波士顿矩阵是最早的组合分析方法之一，被广泛运用于产业环境与企业内部条件的综合分析、多样化的组合分析、大企业发展的理论依据等方面。

（2）波士顿矩阵将企业不同的经营业务综合在一个矩阵中，具有简单明了的效果。

（3）该矩阵指出了每个业务经营单位在竞争中的地位、作用和任务，从而使企业能够有选择地和集中运用有限的资金。每个业务经营单位也可以从矩阵中了解自己在总公司中的位置和可能的战略发展方向。

（4）利用波士顿矩阵可以帮助企业推断竞争对手对相关业务的总体安排。其前提是竞争对手也使用波士顿矩阵的分析方法。

5. 波士顿矩阵的局限。

企业把波士顿矩阵作为分析工具时，应该注意到它的局限性。

（1）在实践中，企业要确定各业务的市场增长率和相对市场占有率是比较困难的。

（2）波士顿矩阵过于简单。首先，它用市场增长率和企业相对市场占有率两个单一指标分别代表产业吸引力和企业竞争地位，不能全面反映这两方面的状况；其次，两个坐标的划分都只有两个位级，划分过粗，不够细致。

（3）波士顿矩阵暗含了一个假设：企业的市场份额与投资回报是成正相关的。但在有些情况下这种假设是不成立或不全面的。一些市场占有率小的企业如果实施创新、差异化和市场细分等战略，仍能获得很高的利润。

（4）波士顿矩阵的另一个条件是，资金是企业的主要资源。但在许多企业内，要进行规划和均衡的重要资源不是现金而是时间和人员的创造力。

（5）波士顿矩阵在实际运用中有很多困难。例如，正确地应用组合计划会对企业的不同部分产生不同的影响和要求，这对许多管理人员来说是一个重要的文化变革，而这一文化变革往往是非常艰难的过程；又如，按波士顿矩阵的安排，“现金牛”业务要为“问题”业务和“明星”业务的发展筹资，但如何保证企业内部的经营机制能够与之配合？谁愿意将自己费力获得的盈余被投资到其他业务中去？因此，有些学者提出，与其如此，不如让市场配置资源可能更有效率。

【经典例题】

【真题·多选题】（2020）凯阳公司拥有发电设备制造、新能源开发、电站建设和环保4部分业务，这些业务的市场增长率依次为5.5%、11%、5%和13%，相对市场占有率依次为1.3、1.1、0.8和0.2。根据波士顿矩阵原理，上述4部分业务中，可以视情况采取收割战略的有（　　）。

A. 发电设备制造业务

B. 新能源开发业务

C. 电站建设业务

D. 环保业务

【答案】ACD

【解析】发电设备制造业务市场增长率低，相对市场占有率高，属于“现金牛”业务。新能源开发业务市场增长率高，相对市场占有率高，属于“明星”业务。电站建设业务市场增长率低，相对市场占有率低，属于“瘦狗”业务。环保业务市场增长率高，相对市场占有率低，属于问题业务。对于处境不佳的“现金牛”业务及没有发展前途的“问题”类业务和“瘦狗”业务应视具体情况采取收割战略所以正确选项是A、C、D。

【真题·单选题】（2016）近年来中国公民出境游市场处于高速发展的阶段，实行多元化经营的鸿湖集团于2006年成立了甲旅行社，该旅行社专门提供出境游的服务项目，其市场份额位列第二。根据波士顿矩阵原理，鸿湖集团的甲旅行社业务属于（　　）。

A. “明星”业务

B. “问题”业务

C. “瘦狗”业务

D. “现金牛”业务

【答案】B

【解析】波士顿矩阵中企业在产业中的相对市场占有率，是指以企业某项业务的市场份额与这个市场上最大竞争对手的市场份额之比。甲旅行社的出境游服务项目的市场份额位列第二，说明其与这个市场上最大竞争对手的市场份额之比低于1，即相对市场占有率低，同时本题中，“中国公民出境游市场处于高速发展的阶段”说明其市场增长率，所以鸿湖集团的甲旅行社业务属于问题业务。

【真题·单选题】（2017）环美公司原以家电产品的生产和销售为主业，近年来逐渐把业务范围扩展到新能源、房地产、生物制药等行业。依据波士顿矩阵分析法，下列各项环美公司对其业务所做定位的描述中，错误的是（　　）。

A. 家电业务的多数产品进入成熟期，公司在家电行业竞争优势显著。公司应当对该业务加大投资力度，以维持公司在行业中的优势地位

B. 新能源行业发展潜力巨大、前景广阔，公司在该领域竞争优势不足。公司应当对新能源业务进行重点投资，以提高市场占有率

C. 房地产业进入“寒冬”期，公司的房地产业务始终没有获利。公司应当果断地从该业务中撤出

D. 生物制药行业近年来发展迅猛，公司收购的一家生物制药企业由弱到强，竞争优势日益显现。公司应当在短期内优先供给其所需资源，支持该业务继续发展

【答案】A

【解析】本题中，家电业务属于低增长—强竞争地位的“现金牛”业务，此类业务本身不需要投资，反而能为企业提供大量资金，用以支持其他业务的发展，因此，选项A描述错误；新能源业务属于高增长—弱竞争地位的“问题”业务，对于发展潜力巨大、前景广阔的业务可以进行重点投资，以提高市场占有率，因此，选项B描述正确；房地产业务属于低增长—弱竞争地位的“瘦狗”业务，可获利润很低，不能成为企业资金的来源，对于此类业务应该果断放弃，因此，选项C描述正确；生物制药业务属于高增长—强竞争地位的“明星”业务，对于此类业务公司应当在短期内优化供给其所需资源，支持该业务的发展，因此，选项D描述正确。

【真题·单选题】（2018）天兆公司经营造船、港口建设、海运和相关智能设备制造四部分业务，这些业务的市场增长率分别为7.5%、9%、10.5%和18%，相对市场占有率分别为1.2%、0.3%、1.1%和0.6%。该公司四部分业务中，适合采用智囊团或项目组等管理组织的是（　　）。

A. 造船业务

B. 港口建设业务

C. 海运业务

D. 相关智能设备制造业务

【答案】D

【解析】波士顿矩阵中的“问题”业务的管理组织，最好采取智囊团或项目组等形式，高市场增长率和低相对市场占有率对应的是“问题”业务，即市场增长率大于10%，相对市场占有率小于1.0，同时满足这两个条件的只有相关智能设备制造业务，市场增长率为18%，相对市场占有率为0.6。

【真题·单选题】（2019）实行多元化经营的达梦公司在家装行业有很强的竞争力，市场占有率达50%以上。近年来家装市场进入低速增长阶段，根据波士顿矩阵原理，下列各项中，对达梦公司的家装业务表述正确的是（　　）。

A. 该业务应采用撤退战略，将剩余资源向其他业务转移

B. 该业务应由生产技术和销售两方面都很内行的经营者负责

C. 该业务的经营者最好是市场营销型人物

D. 该业务需要增加投资以加强竞争地位

【答案】C

【解析】本题中，“达梦公司市场占有率达50%以上”“近年来家装市场进入低速增长阶段”说明达梦公司的家装业务属于低增长—强竞争的“现金牛”业务，该业务应采用收获战略，本身不需要投资，反而能为企业提供大量资金，其经营者最好是市场营销型人物，因此，选项A、B、D错误。

【例题·多选题】根据波士顿矩阵理论，当企业的所有产品的市场份额均超过50%时，企业产品的所属类别可能有（　　）。

A. “明星”产品

B. “问题”产品

C. “现金牛”产品

D. “瘦狗”产品

【答案】AC

【解析】企业的所有产品的市场份额均超过50%，说明其相对市场占有率大于1.0，即企业产品所属类别只可能是明星产品和现金牛产品。

重难点15：通用矩阵★★★

通用矩阵，又称行业吸引力矩阵，是美国通用电气公司设计的一种业务组合分析方法。

1. 基本原理。

通用矩阵改进了波士顿矩阵过于简化的不足。首先，在两个坐标轴上都增加了中间等级；其次，其纵轴用多个指标反映产业吸引力，横轴用多个指标反映企业竞争地位。这样，通用矩阵不仅适用于波士顿矩阵所能适用的范围，而且9个区域的划分，更好地说明了企业中处于不同竞争环境和不同地位的各类业务的状态，一般比较具体的战略图如下：

产业吸引力＼竞争地位	强	中	弱
高	尽量扩大投资，谋求主导地位	市场细分以追求主导地位	专门化，采用并购策略
中	选择细分市场，加大力度投入	选择细分市场，专门化	专门化，谋求小块市场份额
低	维持地位	减少投资	集中于竞争对手盈利业务或放弃

影响产业吸引力的因素有产业增长率、市场价格、市场规模、获利能力、市场结构、竞争结构、技术及社会政治因素等。

影响经营业务竞争地位的因素，有相对市场占有率、市场增长率、买方增长率、产品差别化、生产技术、生产能力、管理水平等。

从矩阵图九个方格的分布来看，企业中处于左上方三个方格的业务适合采取增长与发展战略，企业应优先分配其资源；处于右下方三个方格的业务，一般应采取停止、转移、撤退战略；处于对角线三个方格的业务，应采取维持或有选择地发展的战略，维持原有的发展规模，同时调整其发展方向。

2. 通用矩阵的局限性。

通用矩阵虽然改进了波士顿矩阵过于简化的不足，但是也存在其自身的不足。

（1）用综合指标来测算产业吸引力和企业的竞争地位，这些指标在一个产业或一个企业的表现可能会产生不一致，评价结果也会由于指标权数分配的不准确而存在偏差。

（2）划分较细，这对于业务类型较多的多元化大公司来说必要性不大，且需要更多数据，方法比较繁杂，不易操作。

【经典例题】

【例题·多选题】下列各项中，对于通用矩阵的描述正确的有（　　）。

A. 通用矩阵改进了波士顿矩阵过于简化的不足

B. 其横轴用多个指标反映产业吸引力

C. 其纵轴用多个指标反映企业竞争地位

D. 通用矩阵的评价结果可能会由于指标权数分配的不准确而带来偏差

【答案】AD

【解析】通用矩阵是基于波士顿矩阵提出来的，同时改进了起过于简化的不足，选项A正确；通用矩阵的纵轴用多个指标反映产业吸引力，横轴用多个指标反映企业竞争地位，选项B、C错误；通用矩阵的局限性包括：（1）用综合指标来测算产业吸引力和企业的竞争地位，这些指标在一个产业或一个企业的表现可能会产生不一致，评价结果也会由于指标权数分配的不准确而存在偏差。（2）划分较细，这对于业务类型较多的多元化大公司来说必要性不大，且需要更多数据，方法比较繁杂，不易操作。选项D正确。

重难点16：SWOT分析★★★★

（一）基本原理

SWOT分析是一种综合考虑企业内部条件和外部环境的各种因素，进行系统评价，从而选择最佳经营战略的方法。

S——企业内部的优势（Strengths），具体是指内部环境中能给企业带来重要竞争优势的积极因素或独特能力。

W——企业内部的劣势（Weakness），具体是指内部环境中限制企业发展且有待改正的消极方面。

企业内部的优势和劣势是相对于竞争对手而言的，一般表现在企业的资金、技术设备、员工素质、产品、市场、管理技能等方面。

判断企业内部的优势和劣势一般有两项标准：一是单项的优势和劣势。例如，企业资金雄厚，则在资金上占优势；市场占有率低，则在市场上处于劣势。二是综合的优势和劣势。为了评估企业的综合优势和劣势，应选定一些重要因素，加以评价打分，然后根据其重要程度按加权平均法加以确定。

O——企业外部环境的机会（Opportunities），具体是指外部环境中对企业有利的因素，如政府支持、高新技术的应用、良好的与购买者和供应者关系等。

T——企业外部环境的威胁（Threats），具体是指外部环境中对企业不利的因素，如新竞争对手的出现、市场增长缓慢、购买者和供应者讨价还价能力增强、技术老化等。

（二）SWOT分析的应用

SWOT分析根据企业的目标列出对企业生产经营活动及发展有着重大影响的内部及外部因素，并且根据所确定的标准对这些因素进行评价，从中判定出企业的优势与劣势、机会和威胁。

SWOT分析的目的是使企业考虑：为了更好地对新出现的产业和竞争环境作出反应，必须对企业的资源采取哪些调整行动；是否存在需要弥补的资源缺口；企业需要从哪些方面加强其资源；要建立企业未来的资源必须采取哪些行动；在分配公司资源时，哪些机会应该最先考虑。因此，SWOT 分析中最核心的部分是评价企业的优势和劣势、判断企业所面临的机会和威胁并做出决策，即在企业现有的内外部环境下，如何最优地运用自己的资源，并且建立公司未来的资源。

内部环境 \ 外部环境	机会	威胁
优势	增长型战略（SO）（Ⅰ）	多种经营战略（ST）（Ⅳ）
劣势	扭转型战略（WO）（Ⅱ）	防御型战略（WT）（Ⅲ）

第Ⅰ类型的企业具有很好的内部优势以及众多的外部机会，应当采取增长型战略，开发市场、增加产量。

第Ⅱ类企业面临着良好的外部机会，却受到内部劣势的限制，应采取扭转型战略，充分利用环境带来的机会，设法清除劣势。

第Ⅲ类企业内部存在劣势，外部面临威胁，应采用防御型战略，进行业务调整，设法避开威胁和消除劣势。

第Ⅳ类企业具有内部优势，但外部环境存在威胁，应采取多种经营战略，利用自己的优势，在多样化经营上寻找长期发展的机会；或进一步增强自身竞争优势，以对抗威胁。

通过 SWOT 分析可以将企业战略分析过程中总结出的企业的优势与劣势、外部环境的机会与威胁转换为企业下一步的战略开发方向。SWOT 分析成为战略分析与战略选择两个阶段的连接点。但有时不同的象限会出现相同的战略方向。事实上，企业在进行 SWOT 分析之后，对于可选择的战略方向还要进行总结和梳理，最终确定公司战略选择的主要方向。

【经典例题】

【真题·单选题】（2020）飞牛公司是一家农用无人机研发和制造企业。下列各项中，符合飞牛公司 SWOT 分析要求的是（　　）。

A. 农用无人机市场需求旺盛，飞牛公司有较强的研发和制造能力，应加快业务发展。此为 ST 战略

B. 农用无人机市场竞争日趋激烈，飞牛公司缺乏精通业务的营销人员，应加大相关人才的招聘和培养力度。此为 WT 战略

C. 农用无人机市场需求旺盛，飞牛公司缺乏精通业务的营销人员，应与有实力的公司合作。此为 SO 战略

D. 农用无人机市场竞争日趋激烈，飞牛公司有较强的研发和制造能力，应加大技术和产品创新力度。此为 WO 战略

【答案】 B

【解析】“农用无人机市场需求旺盛”属于机会（O），有较强的研发和制造能力属于优势（S），应为 SO 战略，选项 A 错误。“农用无人机市场竞争日趋激烈”属于威胁（T），“缺乏精通业务的营销人员”属于劣势（W），应为 WT 战略，选项 B 正确。同理，选项 C 应为 WO 战略，选项 D 应为 ST 战略。综上，选项 B 当选。

【真题·单选题】（2016）受国家政策扶持，3D 打印产业及市场呈现爆发式增长。智创三维有限公司是国内一家 3D 打印设备制造商，该公司通过仿造国外同类产品，制造用来

打印珠宝、齿科产品等中小型产品的 3D 打印设备。但是，受技术水平的制约，其产品质量欠佳，故障率明显高于国外同类产品。根据 SWOT 分析，该公司应采取的战略是（　　）。

A. 增长型战略

B. 多元化战略

C. 扭转型战略

D. 防御型战略

【答案】C

【解析】本题中，“受国家政策扶持，3D 打印产业及市场呈现爆发式增长”属于外部环境中的机会，但“受技术水平的制约，其产品质量欠佳，故障率明显高于国外同类产品”属于内部环境中的劣势，因此，企业应采用扭转型战略，充分利用环境带来的机会，设法清除劣势。

【真题·单选题】（2017）扬帆集团是一家中药制造企业。2015 年以前，扬帆集团主打的 Q 产品治疗热毒肿痛功效显著，很受市场欢迎，被认为是国宝级名药。近年来中药市场需求依然旺盛，然而扬帆集团的 Q 产品销售增长缓慢，公司的业绩和市值增长指标不如其他著名中药企业。根据 SWOT 分析，扬帆集团目前应该采取的战略是（　　）。

A. 增长型战略

B. 扭转型战略

C. 多种经营战略

D. 防御型战略

【答案】B

【解析】本题中，“近年来中药市场需求依然旺盛”属于外部环境中的机会，但“扬帆集团的 Q 产品销售增长缓慢，公司的业绩和市值增长指标不如其他著名中药企业”属于内部环境中的劣势，因此企业应采用扭转型战略，充分利用环境带来的机会，设法清除劣势。

【真题·单选题】（2018）平阳公司是国内一家中型煤炭企业，近年来在政府出台压缩过剩产能政策、行业竞争异常激烈的情况下，经营每况愈下，市场份额大幅缩减。根据 SWOT 分析，平阳公司应采取（　　）。

A. 增长型战略

B. 扭转型战略

C. 多种经营战略

D. 防御型战略

【答案】D

【解析】“近年来在政府出台压缩过剩产能政策、行业竞争异常激烈的情况下”属于外部环境的威胁，“经营每况愈下，市场份额大幅缩减”属于内部环境的劣势。因此，平阳公司要采用防御型战略。

【真题·单选题】（2019）近年来新能源汽车产业及市场迅猛增长，国内汽车制造商华新公司于 2018 年进入新能源汽车制造领域，但是受技术和管理水平制约，其产品性能欠佳，市场占有率较低。根据 SWOT 分析，该公司应采用的战略是（　　）。

A. 增长型战略

B. 多种经营战略

C. 防御型战略

D. 扭转型战略

【答案】D

【解析】“新能源汽车产业及市场迅猛增长”属于外部环境的机会，但“受技术和管理水平制约，其产品性能欠佳，市场占有率较低”属于内部环境的劣势，因此企业应采用扭转型战略，充分利用环境带来的机会，设法清除劣势。

【例题·单选题】惠能公司是国内一家打印机制造企业，其拥有业内领先的激光打印技术。在疫情防控期间，市场需求大幅减少。根据 SWOT 模型，该公司应采取的战略是（　　）。

A. 增长型战略

B. 多种经营战略

C. 扭转型战略

D. 防御型战略

【答案】B

【解析】本题中。“惠能公司是国内一家打印机制造企业，其拥有业内领先的激光打印技术”属于企业内部环境的优势；“在疫情防控期间，市场需求大幅减少”属于企业外部环境的威胁，因此企业应采用多种经营战略。

通关练习

（一）单选题

1. 越来越多的企业开始利用互联网的大数据来分析客户的喜好，尽早地研发新产品，建立新的竞争优势，这属于利用（　　）。

A. 政治和法律因素

B. 经济因素

C. 社会和文化因素

D. 技术因素

2. “性价比最高的就是最好的”这句话说明该产品处于的生命周期是（　　）。

A. 导入期

B. 成长期

C. 成熟期

D. 衰退期

3. 下列各项中，对规模经济和学习曲线两者关系的错误表述是（　　）。

A. 两者往往交叉地影响产品成本的下降水平

B. 两者导致单位成本减少的方法相同

C. 在学习曲线很小的情况下，规模经济也可能很大

D. 在规模经济很小时，学习曲线可以很大

4. 波特提出的国家竞争优势的4个决定因素中，其将生产要素划分为初级生产要素和高级生产要素，而波特认为，初级生产要素的重要性越来越低，但是对以下哪一产业还是非常重要的（　　）。

A. 农业

B. 人工智能产业

C. 金融业

D. 餐饮业

5. 下列关于产业内战略群组分析的表述中，正确的是（　　）。

A. 有助于预测市场变化或发现战略机会

B. 有助于寻找产业内的合作伙伴结成战略联盟

C. 有助于了解产业的进入障碍

D. 有助于了解产业内企业之间的纵向或横向的联系

6. 盛达连锁超市的销售额一直在业内稳居前列，竞争对手研究发现盛达各大分店无一都开在各小区的大门旁，顾客购买日常用品经常就近选择超市。因此，盛达连锁超市是顾客的第一选择，其所拥有的资源是竞争对手不可模仿的，具体表现在哪一方面（　　）。

A. 具有经济制约性的资源

B. 具有因果含糊性的资源

C. 具有路径依赖性的资源

D. 物理上独特的资源

7. 位于M市的盒马鲜生门店与其他省市的门店相比，销售量已经连续四个月蝉联第一，其他门店的店长纷纷派员工去向该门店学习经营方法，从对企业核心能力评价的角度来看，店长的行为属于基准分析中的（　　）。

A. 一般基准

B. 顾客基准

C. 内部基准

D. 过程或活动基准

8. JY公司主营业务是将工业级二氧化碳共聚物材料，经提纯改进，应用于医用耗材类产品，其核心优势在于科研与技术支持，经过多年的研究与开发，目前已经取得十二项专利技术成果，拥有独立自主的知识产权，在众多供应商中脱颖而出。从企业资源能力的价值链分析的角度来看，JY公司体现的竞争优势是（　　）。

A. 明确价值链内各种活动之间的联系

B. 确认那些支持企业竞争优势的关键性活动

C. 明确价值系统内各项价值活动之间的联系

D. 掌握了产业内的成功关键因素

9. 甲企业某业务的市场增长率和相对市场占有率均较低，根据波士顿矩阵理论，企业不应该采取的做法是（　　）。

A. 对该业务采取撤退战略

B. 将该业务剩余的资源转移给其他业务

C. 对该业务应采取项目组管理形式，由敢于冒风险的人负责，看业务能否有转机

D. 如果该业务还可以自我维持，应缩小经营范围，加强内部管理

10. 位于通用矩阵对角线上的三个方格的业务，企业应该采用的战略是（　　）。

A. 发展战略

B. 维持战略

C. 转移战略

D. 撤退战略

（二）多选题

1. 下列各项中，不属于企业内部环境分析常用的战略分析工具有（　　）。

A. 成功关键因素分析

B. 波士顿矩阵

C. 价值链分析

D. SWOT 分析

2. 乙公司现已进入成熟期，下列各项中对该阶段描述正确的有（　　）。

A. 面临较高的经营风险

B. 很有可能与竞争对手进行价格竞争

C. 现阶段的产品属于现金牛产品

D. 应巩固市场份额，提高投资回报率

3. 2019 年特斯拉在中国上海建立了电动汽车生产基地，但随着新能源行业的发展，国内上海汽车集团也已经开始涉足电动汽车业务；日本丰田公司已经开始量产油电混合型汽车。根据波特五种竞争力理论，特斯拉面临的威胁有（　　）。

A. 潜在竞争者的进入威胁

B. 替代品的替代威胁

C. 供应商讨价还价的能力

D. 产业内现有企业的竞争

4. 上海钧正网络科技有限公司推出了哈啰出行，通过全国投放哈啰单车，骑行者仅用 1.5 元就可以骑行 30 分钟，与其他共享单车相比，哈啰单车不对骑行者收取押金，降低了消费者的风险，甚至推出了月卡模式，月卡经过折扣，仅花费 10 元就可以在一个月中单次时间不超过两小时的情况下免费骑行。上述材料中体现了关于哈啰单车核心能力的关键性测试有（　　）。

A. 它对顾客是否有价值

B. 它是否很难被模仿或复制

C. 它的产品是否具有差异化的优势

D. 它与企业竞争对手相比是否有优势

5. 自然天际酒店位于秘鲁的自然天际山谷上，胶囊型的玻璃房建在悬崖峭壁上，可以使住客在夜晚 360 度全景欣赏星空，由此深受游客喜爱。关于自然天际酒店这一大特色，下列表述中正确的有（　　）。

A. 易于被竞争对手替代

B. 是一种难以模仿的无形资源

C. 是一种具有稀缺性的有形资源

D. 有助于自然天际酒店获得竞争优势

6. 根据战略分析的各种理论，下列说法中正确的有（　　）。

A. 产品生命周期模型和波特五种竞争力模型都属于产业环境分析的工具

B. 当企业面临内忧外患时，从 SWOT 分析角度来看，应采用防御型战略

C. 任何一个产业与其相关产业都存在不同程度的互补互动的产品或服务业务

D. 业务组合分析的工具有波士顿矩阵和通用矩阵

7. 自贵阳南明 LGM 风味食品有限责任公司成立以来，企业凭借着作为商业秘密保管的食品配方，和“诚信为本，务实进取”的企业精神，使得产值连年增加，同时公司也已经对“LGM”商标进行了注册，其生产的辣椒酱广受海内外消费者的喜爱。在上述材料中，涉及的企业资源有（　　）。

A. 商标

B. 组织经验

C. 技术

D. 企业文化

8. 下列关于成功关键因素与企业核心能力的说法中，正确的有（　　）。

A. 两者都是企业盈利能力的指示器

B. 企业核心能力很难被模仿和复制

C. 两者都属于企业内部环境分析工具

D. 拥有成功关键因素是企业获得竞争优势的充分条件

9. 下列各项活动中，属于价值链分析中支持活动的有（　　）。

A. 甲公司聘请某著名律师事务所作为企业的法律顾问

B. 乙公司设立了企业网站，为其进行广告宣传

C. 丙公司为其生产的家电产品免费提供两年的质量保证服务

D. 丁公司将 GPS、加速度传感、光电传感等技术进行了整合，研发了一款适用于年轻人的运动手环

10. 鑫阳公司是一家吸尘器制造企业，近一年的销售额同比降低了 45%，通过分析发现扫地机器人越来越受消费者的青睐。

情况一：鑫阳公司资金充足，并且扫地机器人的研发工作也已接近尾声，新产品即将面市。

情况二：鑫阳公司将企业大部分的流动资金投放在了静音吸尘器的项目上，然而销售额的持续递减，导致公司资金短缺。

若鑫阳公司面临以上两种情况，利用 SWOT 分析，下列表述中正确的有（　　）。

A. 如果鑫阳公司面临情况一，那么应该采取增长型战略

B. 如果鑫阳公司面临情况一，那么应该采取多种经营战略

C. 如果鑫阳公司面临情况二，那么应该采取扭转型战略

D. 如果鑫阳公司面临情况二，那么应该采取防御型战略

（三）简答题

2014 年，春城白药开始尝试进军日化行业。而此时日化行业的竞争已经异常激烈。B 公司、L 公司、D 公司、H 公司等国际巨头们凭借其规模经济、品牌、技术、渠道和服务等优势，基本上占领了 C 国日化行业的高端市场，占据了 C 国牙膏市场 60% 以上的份额；清雅公司、蓝天公司等本土日化企业由于普遍存在产品特色不突出、品牌记忆度弱等问题，加上自身实力不足，因而多是在区域市场的中低端市场生存。

整个产业的销售额达到前所未有的规模，且市场基本饱和。谁想要扩大市场份额，都会遇到竞争对手的顽强抵抗。已有相当数量的本土日化企业淡出市场。价格竞争开始成为市场竞争的主要手段，定位在高端市场的国际巨头们也面临着发展的“瓶颈”，市场份额、增长速度、盈利能力都面临着新的考验，它们的产品价格开始向下移动。

春城白药进入日化行业先从牙膏市场开始。春城白药没有重蹈本土企业的中低端路线，而是反其道而行之。通过市场调研，春城白药了解到广大消费者对口腔健康日益重视，而当时市场上的牙膏产品大多专注于美白、防蛀等基础功能，具有更多口腔保健功能的药物牙膏还是市场“空白点”。于是，春城白药创出了一个独特的、有助于综合解决消费者口腔健康问题的药物牙膏——春城白药牙膏，并以此树立起高价值、高价格、高端的“三高”形象。

春城白药进入牙膏市场短短几年表现突出，不仅打破了本土品牌低端化的现状，还提升了整个牙膏行业价格体系。从 2010 年开始，随着春城白药推出功能化的高端产品，国际巨头们也纷纷凭借自身竞争优势推出功能化的高端产品抢占市场。B 公司推出抗过敏牙膏；L 公司推出全优七效系列牙膏；D 公司推出去渍牙膏；H 公司推出专效抗敏牙膏。这些功能性很强的口腔保健牙膏定价都与春城白药牙膏不

相上下。这些功能化的高端牙膏产品出现后，消费者的需求得到进一步满足，整个市场呈现出“销售额增长大于销售量增长”的新特点。

要求：

（1）简要分析春城白药进军日化行业时，日化行业所处的产品生命周期发展阶段。

（2）运用“解决口腔健康问题功能程度”和“价格水平”两个战略特征，各分为“高”“低”两个档次，对2010年以前的B公司、L公司、D公司、H公司、清雅公司、蓝天公司、春城白药进行战略群组划分。

（3）根据战略群组分析的作用，分析：①定位在高端市场的国际巨头们的产品价格开始向下移动的依据；②春城白药在日化行业中战略群组定位的依据；③B公司、L公司、D公司、H公司相继推出功能化高端牙膏的依据。

通关练习答案及解析

（一）单选题

1. 【答案】D

【解析】“越来越多的企业开始利用互联网的大数据来分析客户的喜好”说明是互联网大数据技术使企业能对客户进行更有效的分析，属于技术因素。

2. 【答案】D

【解析】“性价比最高的就是最好的”说明买该产品的客户对性价比要求很高，而这是衰退期产品客户的特点。

3. 【答案】B

【解析】规模经济是指在一定时期内，企业所生产的产品或劳务的绝对量增加时，其单位成本趋于下降；学习曲线是指当某一产品积累生产量增加时，由于经验和专有技术的积累所带来的产品单位成本的下降，因此两者导致单位成本减少的方法不同。

4. 【答案】A

【解析】波特认为，初级生产要素重要性越来越低，因为对它的需求在减少，而且跨国公司可以通过全球的市场网络来取得（初级生产因素对农业和以天然产品为主的产业还是非常重要的）。

5. 【答案】A

【解析】战略群组分析有助于企业了解相对于其他企业而言本企业的战略地位以及公司战略的变化可能引起的对竞争的影响，具体包括：（1）有助于很好地了解战略群组间的竞争状况，主动地发现近处和远处的竞争者，也可以很好地了解某一群组与其他群组间的不同。（2）有助于了解战略群组内企业竞争的主要着眼点。（3）有助于了解各战略群组之间的“移动障碍”。（4）利用战略群组图还可以预测市场变化或发现战略机会。

6. 【答案】D

【解析】“盛达各大分店无一都开在各小区的大门旁，顾客购买日常用品经常就近选择超市，因此盛达连锁超市是顾客的第一选择”说明盛达连锁超市拥有的房产处于极佳的地理位置，属于物理上独特的资源。

7. 【答案】C

【解析】“其他门店的店长纷纷派员工去向位于M市的盒马鲜生门店学习经营方法”属于企业内部各个部门之间互为基准进行学习与比较，即内部基准。

8. 【答案】B

【解析】“JY公司的核心优势在于科研与技术支持”“目前已经取得十二项专利技术成果，拥有独立自主的知识产权，在众多供应商中脱颖而出”说明JY公司确认了企业竞争优势的关键性活动，并且在关键活动的基础上建立和强化了这种优势，使企业获得成功，D选项是从企业外部环境来进行分析的，不符合题中描述。

9. 【答案】C

【解析】“甲企业某业务的市场增长率和

相对市场占有率均较低”说明甲企业的业务属于“瘦狗”业务，对于此类业务企业应采用撤退战略，即首先应减少批量，逐渐撤退。对于还能自我维持的业务，应缩小经营范围，加强内部管理，而对于那些市场增长率和企业相对市场占有率均极低的业务应立即淘汰。其次，将剩余资源向其他业务专业。最后，应整顿产品系列，将“瘦狗”产品并入其他事业部，统一管理。而对于“问题”业务应该采取项目组的管理形式，选拔有规划能力、敢于冒风险的人负责，因此，选项C是企业不应该采取的做法。

10. 【答案】B

【解析】通用矩阵中的九个方格，企业处于左上方三个方格的业务适合采取增长与发展战略；处于右下方三个方格的业务，一般采取停止、转移、撤退战略；处于对角线三个方格的业务，应采取维持或有选择地发展的战略。

（二）多选题

1. 【答案】AD

【解析】成功关键因素分析属于产业环境分析工具，即企业外部环境分析工具，选项A符合题意；波士顿矩阵和价值链分析属于企业内部环境分析工具，选项B、C不符合题意；SWOT分析考虑了企业内部条件和外部环境的各种因素，是一种内外部相结合的战略分析工具，选项D符合题意。

2. 【答案】BCD

【解析】本题中，成熟期的经营风险是中等水平，各经营指标比较稳定。因此，选项A错误；竞争对手可能会有挑衅性的价格竞争；“现金牛”业务处于成熟的低速增长的市场中，乙公司现已进入成熟期，所以其产品属于“现金牛”产品；成熟期的战略目标即是巩固市场份额，提高投资报酬率。

3. 【答案】AB

【解析】本题中，“国内上海汽车集团也已经开始涉足电动汽车业务”说明上汽集团之前的业务领域并不在此，如今也要开始涉足电动汽车业务，体现了潜在进入者的进入威胁；“日本丰田公司已经开始量产油电混合型汽车”，油电混合汽车属于电动汽车的替代品，因此，特斯拉面临着替代品的替代威胁。

4. 【答案】AD

【解析】辨别企业能力是否属于核心能力的3个关键性测试是：①它对顾客是否有价值；②它与企业竞争对手相比是否有优势；③它是否很难被模仿或复制，因此，选项C错误。本题中，“与其他共享单车相比，哈啰单车不对骑行者收取押金”说明其与竞争对手相比存在优势，选项D正确；“通过全国投放哈啰单车，骑行者仅用1.5元就可以骑行30分钟”“甚至推出了月卡模式，月卡经过折扣，仅花费10元就可以在一个月中单次时间不超过两小时的情况下免费骑行”这些举措都对顾客有价值，选项A正确，而选项B的内容题中并未涉及。

5. 【答案】CD

【解析】本题中，“自然天际酒店位于秘鲁的自然天际山谷上”“住客在夜晚360度全景欣赏星空”说明自然天际酒店拥有有利的地理位置，这是一种具有稀缺性的有形资源，而其竞争对手难以获取，因此可以帮助自然天际酒店获得竞争优势。

6. 【答案】ABCD

【解析】产业环境分析的工具有产品生命周期、产业五种竞争力和成功关键因素分析；“企业面临内忧外患”说明企业面临内部的劣势和外部的威胁，企业应采用防御型战略（WT）；任何一个产业与其相关产业都存在不同程度的互补互动的产品或服务业务，即互动互补作用力，这是哈佛商学院教授大卫·亚非在波特五种竞争力模型的基础上提出的第六个要素；波士顿矩阵和通用矩阵属于企业内部环境分析中业务组合分析的工具。

7. 【答案】ACD

【解析】本题中，“企业凭借着作为商业秘密保管的食品配方”属于企业资源中的技术，技术资源主要是指专利、版权和商业秘密等；“‘诚信为本，务实进取’的企业精神”属于企业资源的企业文化；“公司也已经对‘老干妈’商标进行了注册”属于企业资源的商标，题中未提及组织经验，因此，选项 B 错误。

8. 【答案】AB

【解析】成功关键因素和企业核心能力都是公司盈利能力的指示器，但成功关键因素属于产业和市场层次的分析工具，企业核心能力属于企业内部环境分析工具，因此，选项 A 正确，选项 C 错误。成功关键因素是通过努力大部分企业是可以获得的，而企业核心能力是难以被复制和模仿的，选项 B 正确。企业拥有成功关键因素是获得竞争优势的必要条件，而不是充分条件，选项 D 错误。

9. 【答案】AD

【解析】基本活动，是指生产经营的实质性活动，一般可以分为内部后勤、生产经营、外部后勤、市场销售和服务。支持活动，是指用以支持基本活动而且内部之间又相互支持的活动，包括采购管理、技术开发、人力资源管理和企业基础设施。本题中，选项 A 描述的活动是企业购买法律咨询，属于支持活动中的采购管理；选项 B 描述的活动属于基本活动中的市场销售，即促进和引导购买者购买企业产品的活动；选项 C 描述的活动属于基本活动中的服务，即与保证和提高产品价值有关的活动；选项 D 描述的活动属于支持活动中的技术开发，即可以改进企业产品和工序的一系列技术活动。

10. 【答案】BD

【解析】扫地机器人是吸尘器的替代品，所以鑫阳公司面临着替代品的替代威胁，属于 SWOT 分析中外部环境的威胁，即外部环境中对企业不利的因素。情况一说明了鑫阳企业内部环境的优势，因此，面对外部威胁和内部优势，企业应该采取多种经营战略（ST）；情况二说明鑫阳企业内部环境的劣势，因此，面对外部威胁和内部劣势，企业应该采用防御型战略（WT）。

（三）简答题

【答案】（1）春城白药进军日化行业时，日化行业呈现出成熟期的典型特征：

①竞争者之间出现挑衅性的价格竞争。“价格竞争开始成为市场竞争的主要手段”；“国际巨头的产品价格开始向下移动”。

②成熟期虽然市场巨大，但是已经基本饱和。整个产业的销售额达到前所未有的规模，且市场基本饱和。谁想要扩大市场份额，都会遇到竞争对手的顽强抵抗。已有相当数量的本土日化企业淡出市场。

③产品差异不明显。“当时市场上的牙膏大多专注于美白、防蛀等基础功能”。

④局部生产能力过剩。“市场基本饱和”“定位在高端市场的国际巨头们也面临着发展的‘瓶颈’”。

综上，春城白药进军日化行业时，日化行业处于产品生命周期的成熟阶段。

（2）运用“解决口腔健康问题功能程度”和“价格水平”两个战略特征，各分为“高”“低”两个档次，将案例中所提及的 B 公司、L 公司、D 公司、H 公司、清雅公司、蓝天公司、春城白药进行战略群组划分，可分为三个群组：

第一群组：解决口腔健康问题功能程度低、价格水平高的群组：B 公司、L 公司、D 公司、H 公司；

第二群组：解决口腔健康问题功能程度低、价格水平低的群组：清雅公司、蓝天公司；

第三群组：解决口腔健康问题功能程度高、价格水平高的群组：春城白药。

（3）根据战略群组分析的作用，分析：

①定位在高端市场的国际巨头们产品价格开始向下移动，是因为第一群组与第二群组之间以及各群组内部竞争激烈，“日化行业的竞争已经异常激烈”“谁想要扩大市场份额，都会遇到竞争对手的顽强抵抗。已有相当数量的本土日化企业淡出市场”“定位在高端市场的国际巨头们也面临着发展的‘瓶颈’”。而对

于第一群组的国际巨头们来说，进入第二群组移动障碍不高，“国际巨头们凭借其规模经济、品牌、技术、渠道和服务等优势……占据了C国牙膏市场60%以上的份额”。

②春城白药定位于日化行业第三群组，是因为那是一片蓝海，“具有更多口腔保健功能的药物牙膏还是市场‘空白点’”。

③B公司、L公司、D公司、H公司相继推出功能化的高端牙膏，尝试进入第三群组。对国际巨头而言，这一移动障碍也不高。“国际巨头们也纷纷凭借自身竞争优势推出功能化的高端产品抢占市场”。

第三章　战略选择

2021年教材内容主要变化

2021年本章教材内容主要变化，体现在“第二节　业务单位战略”中“三、蓝海战略”的蓝海战略制定的原则，新增了“1. 战略制定原则”和“2. 战略执行原则”；“第三节　职能战略”中“一、市场营销战略”和“五、人力资源战略”，基本重新修订了相应内容。另外，有部分案例进行了修改和调整。

本章近五年考情统计分析

本章考题以全题型形式出现，本章属于最重要的考试章节，最近五年平均考试分值为40.2分。

（一）近五年考试分值分布

题型	2016年	2017年	2018年	2019年	2020年
单选题	6	7	4	6	6
多选题	6	4.5	10.5	9	9
简答题	8	16	18	14	17
综合题	18	12	8	12	10
合计	38	39.5	40.5	41	42

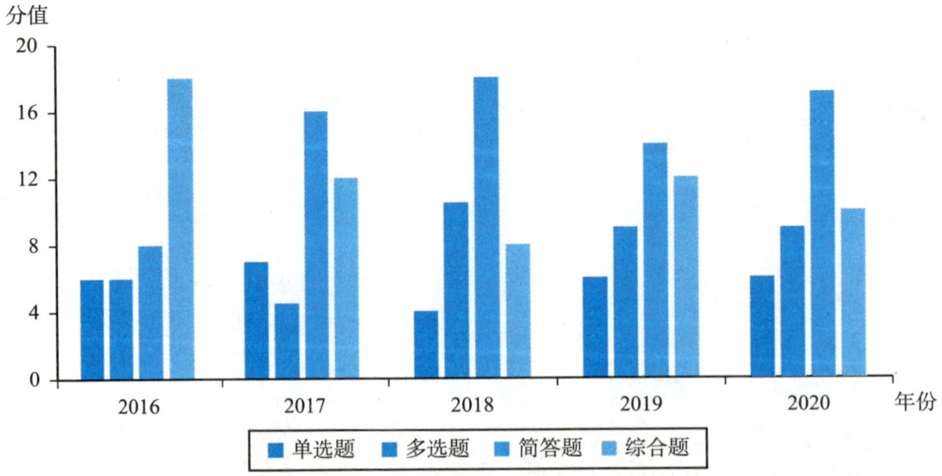

（二）近五年考试考点分布

重要考点内容	年度分布
发展战略	2016 年单选、多选和综合；2017 年单选、简答和综合；2018 年单选、多选、简答和综合、2019 年多选、简答；2020 年简答
收缩战略	2016 年多选、2017 年单选、2018 年单选和综合、2019 年多选、2020 年简答
发展战略可选择的途径	2017 年综合、2018 年简答和综合、2019 年多选和简答
并购战略	2016 年简答、2017 年多选、2018 年多选和简答、2019 年单选和综合
企业战略联盟	2016 年多选、2017 年综合、2018 年多选和综合、2019 年单选、多选、简答和综合、2020 年多选
成本领先战略	2016 年综合、2017 年简答和综合、2019 年综合
差异化战略	2016 年综合、2017 年综合、2019 年简答、2020 年简答
集中化战略	2017 年单选和多选、2018 年单选
基本战略的综合分析——“战略钟”	2017 年单选、2018 年单选和综合、2019 年单选
零散产业中的竞争战略	2017 年多选、2018 年单选、多选和简答、2019 年多选、2020 年单选和简答
新兴产业中的竞争战略	2019 年简答和综合、2020 年综合
蓝海战略的内涵	2017 年简答、2018 年简答
重建市场边界的基本法则	2016 年单选、2017 年简答、2018 年简答、2019 年简答和综合、2020 年综合
市场营销战略	2016 年综合、2017 年单选、简答和综合、2018 年多选和简答、2019 年单选、多选和简答
研究与开发战略	2016 年综合、2017 年综合、2018 年综合、2019 年简答
生产运营战略	2016 年单选、2017 年单选、2019 年单选
采购战略	2016 年单选、2017 年多选、2019 年多选
财务战略	2016 年多选、2017 年多选、2018 年单选和多选、2019 年单选和多选
企业国际化经营动因	2016 年简答、2017 年单选和综合、2018 年多选、2019 年综合、2020 年多选
国际市场进入模式	2018 年综合
国际化经营的战略类型	2016 年单选、2017 年单选、2018 年单选、2019 年单选、2020 年单选
新兴市场的企业战略	2016 年单选、2017 年单选和简答、2018 年单选和综合、2019 年单选和综合、2020 年单选

重难点解析

本章详细介绍了总体战略、业务单位战略、职能战略以及国际化经营战略。主要内容是公司层战略的类型及选择、并购战略、内部发展战略、企业战略联盟、业务单位战略、基本战略的综合分析——“战略钟”、零散产业和新兴产业中的竞争战略、蓝海战略、六大职能战略、企业国际化经营动因、国际市场进入模式、国际化经营的战略类型以及新兴市场本土企业的战略选择。

总体战略（公司层战略）是企业最高层次的战略。它需要根据企业的目标，选择企业可以竞争的经营领域，合理配置企业经营所必需的资源，使各项经营业务相互支持、相互协调。公司层战略常常涉及整个企业的财务结构和组织结构方面的问题。

企业的总体战略可以分为三大类：发展战略、稳定战略和收缩战略。

重难点1：发展战略★★★★★

企业发展战略强调充分利用外部环境的机会，充分发掘企业内部的优势资源，以求得企业在现有的基础上向更高一级的方向发展。

发展战略主要包括三种基本类型：一体化战略、密集型战略和多元化战略。

（一）一体化战略

一体化战略是指企业对具有优势和增长潜力的产品或业务，沿其经营链条的纵向或横向延展业务的深度和广度，扩大经营规模，实现企业成长。一体化战略按照业务拓展的方向可以分为**纵向一体化**和**横向一体化**。

1. 纵向一体化战略。

纵向一体化战略是指企业沿着产品或业务链向前或向后，延伸和扩展企业现有业务的战略。企业采用纵向一体化战略有利于节约与上、下游企业在市场上进行购买或销售的交易成本，控制稀缺资源，保证关键投入的质量或者获得新客户。不过，企业一体化也会增加企业的内部管理成本。纵向一体化战略可以分为**前向一体化战略**和**后向一体化战略**。

（1）前向一体化战略：是指获得分销商或零售商的所有权或加强对他们的控制权的战略。前向一体化战略通过控制销售过程和渠道，有利于企业控制和掌握市场，增强对消费者需求变化的敏感性，提高企业产品的市场适应性和竞争力。

前向一体化战略的主要适用条件包括：

①企业现有销售商的销售成本较高或者可靠性较差而难以满足企业的销售需要；

②企业所在产业的增长潜力较大；

③企业具备前向一体化所需的资金、人力资源等；

④销售环节的利润率较高。

（2）后向一体化战略：是指获得供应商的所有权或加强对其控制权。后向一体化有利于企业有效控制关键原材料等投入的成本、质量及供应可靠性，确保企业生产经营活动稳步进行。后向一体化战略在汽车、钢铁等产业采用得较多。

后向一体化战略主要适用条件包括：

①企业现有的供应商供应成本较高或者可靠性较差而难以满足企业对原材料、零件等的需求；

②供应商数量较少而需求方竞争者众多；

③企业所在产业的增长潜力较大；

④企业具备后向一体化所需的资金、人力资源等；

⑤供应环节的利润率较高；

⑥企业产品价格的稳定对企业而言十分关键，后向一体化有利于控制原材料成本，从而确保产品价格的稳定。

企业采用纵向一体化战略的主要**风险**包括：

①不熟悉新业务领域所带来的风险；

②纵向一体化，尤其是后向一体化，一般涉及的投资数额较大且资产专用性较强，增加了企业在该产业的退出成本。

2. 横向一体化战略。

横向一体化战略是指企业向产业价值链相同阶段方向扩张的战略。企业采用横向一体化战略的主要目的是实现规模经济以获取竞争优势。

在下列情形中，比较适宜采用横向一体化战略：

①企业所在产业竞争较为激烈；

②企业所在产业的规模经济较为显著；

③企业的横向一体化符合反垄断法律法规，能够在局部地区获得一定的垄断地位；

④企业所在产业的增长潜力较大；

⑤企业具备横向一体化所需的资金、人力资源等。

（二）密集型战略

研究企业密集型战略的基本框架，是安索夫的“产品—市场战略组合”矩阵。

项目		产品	
		现有产品	新产品
市场	现有市场	市场渗透：在单一市场，依靠单一产品，目的在于大幅度增加市场占有率	产品开发：在现有市场上推出新产品；延长产品生命周期
	新市场	市场开发：将现有产品推销到新地区；在现有实力、技能和能力基础上发展，改变销售和广告方法	多元化：以新技术或市场而言的相关多元化；与现有产品或市场无关的非相关多元化

1. 市场渗透——现有产品和现有市场。

市场渗透战略的基础是增加现有产品或服务的市场份额，或增加正在现有市场中经营的业务。它的目标是通过各种方法来增加产品的使用频率，主要方法有：

①扩大市场份额，这个方法特别适用于整体正在成长的市场。企业可以通过提供折扣或增加广告来增加在现有市场中的销售额；通过改进销售和分销方式来提高所提供的服务水平；通过改进产品或包装来提高和加强其对消费者的吸引力并降低成本。

②开发小众市场，其目标是在行业中的一系列目标小众市场中获得增长，从而扩大总的市场份额。如果与竞争对手相比企业的规模较小，那么这种方法尤为适用。

③保持市场份额，当市场发生衰退时，保持市场份额具有重要意义。

企业运用市场渗透战略的难易程度取决于**市场的性质**及**竞争对手的市场地位**。当整个市场正在增长时，拥有少量市场份额的企业提高质量和生产力并增加市场活动可能比较容易，而当市场处于停滞状态时，则比较困难。此外，经验曲线效应使企业很难向成熟市场中渗透，在成熟市场中领先企业的成本结构会阻止拥有少量市场份额的竞争对手进入市场。

市场渗透战略主要适用于以下情况：

①当整个市场正在增长时，那些想要增加市场份额的企业能够以较快的速度达到目标。相反，向停滞或衰退的市场渗透可能会难得多。

②如果一家企业决定将利益局限在现有产品或市场领域，即使在整个市场衰退时也不允许销售额下降，那么企业就必须采取市场渗透战略。

③如果其他企业由于各种原因离开了市场，那么采用市场渗透战略比较容易成功。

④企业拥有强大的市场地位，并且能够利用经验和能力来获得强有力的独特竞争优势，那么实施市场渗透战略是比较容易的。

⑤当市场渗透战略对应的风险较低、高级管理者参与度较高，且在需要的投资较少的时候，市场渗透战略也会比较适用。

2. 市场开发——现有产品和新市场。

市场开发战略是指将现有产品或服务打入新市场的战略。实施市场开发战略的主要途径包括开辟其他区域市场和细分市场。

采用市场开发战略有以下几个原因：

①企业发现现有产品生产过程的性质导致难以转而生产全新的产品，因此他们希望能开发其他市场。

②市场开发往往与产品改进结合在一起。例如，将工业用的地板或地毯清洁设备做得更小、更轻，这样可以将其引入民用市场。

③现有市场或细分市场已经饱和，企业只能去寻找新的市场。

市场开发战略主要适用于以下几种情况：

①存在未开发或未饱和的市场；

②可得到新的、可靠的、经济的和高质量的销售渠道；

③企业在现有经营领域十分成功；

④企业拥有扩大经营所需的资金和人力资源；

⑤企业存在过剩的生产能力；

⑥企业的主业属于正在迅速全球化的

产业。

3. 产品开发——新产品和现有市场。

拥有特定细分市场、综合性不强的产品或服务范围窄小的企业可能会采用这一战略。产品开发战略有利于企业利用现有产品的声誉和商标，吸引用户购买新产品。另外，产品开发战略是对现有产品进行改进，由于企业对现有市场较为了解，产品开发的针对性较强，因而较易取得成功。可采用多种方法来实现产品开发战略。例如，提供不同尺寸和不同颜色的产品；对产品使用不同的包装等。

开发新产品可能会极具风险，这会导致该战略实施起来有难度。尽管如此，企业仍然有以下合理的原因采用该战略：

①充分利用企业对市场的了解；

②保持相对于竞争对手的领先地位；

③从现有产品组合的不足中寻求新的机会；

④使企业能继续在现有市场中保持稳固的地位。

产品开发战略适用于以下几种情况：

①企业产品具有较高的市场信誉度和顾客满意度；

②企业所在产业属于适宜创新的高速发展的高新技术产业；

③企业所在产业正处于高速增长阶段；

④企业具有较强的研究与开发能力；

⑤主要竞争对手以近似价格提供更高质量的产品。

4. 多元化——新产品和新市场。

这是新产品与新市场结合的结果。又可分为相关多元化和非相关多元化。这一战略方向也可以从密集型战略类型中分离出来，归为发展战略的另一种基本类型。

（三）多元化战略

当现有产品或市场不存在期望的增长空间时（例如，受到地理条件限制、市场规模或竞争太过激烈的限制），企业通常会考虑多元化战略。

采用多元化战略有下列三大原因：

（1）在现有产品或市场中持续经营不能达到目标。这一点可通过差距分析来予以证明。当前产业令人不满，原因可能是产品处于衰退期因而回报率低，或同一领域中的技术创新机会很少，或产业缺少灵活性。

（2）企业由于以前在现有产品或市场中成功经营而保留下来的资金超过了其在现有产品或市场中的财务扩张所需要的资金。

（3）与在现有产品或市场中的扩张相比，多元化战略意味着更高的利润。

多元化战略又可以分为两种：**相关多元化**和**非相关多元化**。

（1）相关多元化。

相关多元化也称同心多元化，是指企业以现有业务或市场为基础进入相关产业或市场的战略。相关多元化的相关性可以是产品、生产技术、管理技能、营销渠道、营销技能或用户等方面的类似。采用相关多元化战略，有利于企业利用原有产业的产品知识、制造能力、营销渠道、营销技能等优势来获取融合优势，即两种业务或两个市场同时经营的盈利能力大于各自经营时的盈利能力之和。当企业在产业或市场内具有较强的竞争优势，而该产业或市场成长性或吸引力逐渐下降时，适宜采用同心多元化战略。

（2）非相关多元化。

非相关多元化也称离心多元化，是指企业进入与当前产业和市场均不相关的领域的战略。如果企业当前产业或市场缺乏吸引力，而企业也不具备较强的能力和技能转向相关产品或市场，较为现实的选择就是采用非相关多元化战略。采用非相关多元化战略的主要目标不是利用产品、技术、营销渠道等方面的共同性，而是从财务上考虑平衡现金流或者获取新的利润增长点，规避产业或市场的发展风险。

企业采用**多元化战略具有如下优点**：

①分散风险，当现有产品及市场失败时，新产品或新市场可能为企业提供保护。

②能更容易地从资本市场中获得融资。

③当企业在原产业无法增长时找到新的增

长点。

④利用未被充分利用的资源。

⑤运用盈余资金。

⑥获得资金或其他财务利益，例如，累计税项亏损。

⑦运用企业在某个产业或某个市场中的形象和声誉来进入另一个产业或市场，而在另一个产业或市场中要取得成功，企业形象和声誉是至关重要的。

但是，企业必须充分认识实施多元化战略的风险：

①来自原有经营产业的风险。

②市场整体风险。

③产业进入风险。

④产业退出风险。

⑤内部经营整合风险。

【经典例题】

【真题·单选题】（2016）福海公司是国内一家著名的肉类加工企业。为了保持业绩持续增长，福海公司近年来陆续收购了几家规模较大的养殖场、肉类连锁超市。福海公司采取的发展战略属于（　　）。

A. 多元化战略

B. 差异化战略

C. 一体化战略

D. 产品开发战略

【答案】C

【解析】一体化战略是指企业对具有优势和增长潜力的产品或业务，沿其经营链条的纵向或横向延展业务的深度和广度，扩大经营规模，实现企业成长。一体化战略按照业务拓展的方向可以分为纵向一体化战略和横向一体化战略。纵向一体化是指企业沿着产品或业务链向前或向后，延伸和扩展企业现有业务的战略。横向一体化是指企业向产业价值链相同阶段方向扩张的战略。本题中，“福海公司近年来陆续收购了几家规模较大的养殖场、肉类连锁超市”属于纵向一体化战略。

【真题·单选题】（2017）为克服对客户需求的变化缺乏敏感性、公司结构性产能过剩等问题，神大钢铁公司近年来收购了远航造船厂，参股国兴造船厂，与天州钢帘线制造厂签订了合作协议，神大钢铁公司的发展战略是（　　）。

A. 前向一体化战略

B. 后向一体化战略

C. 多元化战略

D. 密集型战略

【答案】A

【解析】前向一体化是指获得分销商或零售商的所有权或加强对他们的控制权的战略。本题中“神大钢铁公司近年来收购了远航造船厂，参股国兴造船厂，与天州钢帘线制造厂签订了合作协议”说明神大钢铁公司的发展战略是前向一体化战略。

【真题·单选题】（2017）甲公司是一家玩具生产企业。1998 年以来，该公司依靠其成本优势，将产品成功打入了东南亚、欧洲和北美市场。去年，为了进入 F 国市场，甲公司在该国第二大城市经济开发区建成了一家工厂，并顺利将其产品销往 F 国各地。甲公司采取的发展战略类型是（　　）。

A. 市场开发战略

B. 市场渗透战略

C. 产品开发战略

D. 相关多元化战略

【答案】A

【解析】市场开发战略是新市场和现有产品组合的战略。本题中，“该公司依靠其成本优势，将产品成功打入了东南亚、欧洲和北美市场”“甲公司在该国第二大城市经济开发区建成了一家工厂，并顺利将其产品销往 F 国各地”属于市场开发战略。

【真题·单选题】（2017）甲公司是一家知名的淮扬菜餐厅，在全国有 100 多家门店。为了行业中始终保持领先地位，公司在内部设立了研究所，紧跟市场需求变化，定期开发特色菜上市，赢得了消费者的好评。根据上述描述，甲公司采取的发展战略类型是（　　）。

A. 市场开发战略

B. 市场渗透战略

C. 产品开发战略

D. 多元化战略

【答案】C

【解析】产品开发战略是新产品和现有市场组合的战略。本题中，“公司在内部设立了研究所，紧跟市场需求变化，定期开发特色菜上市，赢得了消费者的好评”属于产品开发战略。

【真题·单选题】(2018) 2016年以来，生产安保设施的天盾公司先后收购了两家同类企业，在扩大生产经营规模、降低成本的同时，开发出功能优于其他同类产品的新产品。天盾公司的上述收购行为属于该公司的(　　)。

A. 总体战略

B. 业务单位战略

C. 职能战略

D. 混合战略

【答案】A

【解析】本题中，“生产安保设施的天盾公司先后收购了两家同类企业”属于总体战略中的发展战略，即发展战略中的横向一体化战略。

【真题·单选题】(2018) 长森公司是一家从事智能化产品研发和生产的高科技公司，最初的产品是智能手机。近两年来，公司业务范围扩展到智能家电和智能机器人制造等领域。长森公司的发展战略类型属于(　　)。

A. 同心多元化战略

B. 离心多元化战略

C. 市场渗透战略

D. 产品开发战略

【答案】A

【解析】多元化战略是新产品与新市场结合的战略。智能家电和智能机器人属于新产品，而对应的市场与智能手机市场也不同，因此长森公司的发展战略类型属于多元化战略。多元化战略分为相关多元化战略和非相关多元化战略。相关多元化战略又称同心多元化战略，是指企业以现有业务或市场为基础进入相关产业或市场的战略。相关多元化的相关性可以使产品、生产技术、管理技能、营销渠道或用户等方面的类似。本题中，相关性体现在智能化产品的研发与生产。

【真题·多选题】(2016) 下列各项中，属于后向一体化战略适用条件的有(　　)。

A. 企业产品价格的稳定对企业非常重要

B. 企业现在销售商的销售成本较高或可靠性较差

C. 企业所在产业供应商数量较少而需求方竞争者众多

D. 企业所在产业的增长潜力较大

【答案】ACD

【解析】后向一体化战略主要适用条件包括：①企业现有的供应商供应成本较高或者可靠性较差而难以满足企业对原材料、零件等的需求；②供应商数量较少而需求方竞争者众多；③企业所在产业的增长潜力较大；④企业具备后向一体化所需的资金、人力资源等；⑤供应环节的利润率较高；⑥企业产品价格的稳定对企业而言十分关键，后向一体化有利于控制原材料成本，从而确保产品价格的稳定。

【真题·多选题】(2016) 下列各项中，属于企业采取市场渗透战略的有(　　)。

A. 某酒店收购一家旅游公司进入新的业务领域

B. 某超市为提高牙膏的销量，采用美化包装、买赠等促销措施

C. 甲公司通过与国外经销商合作，将其生产的智能手机出口至拉美国家

D. 甲银行与乙航空公司发行联名卡，刷该银行信用卡的客户可累计航空里程积分

【答案】BD

【解析】市场渗透战略是现有产品和现有市场的组合，基础是增加现有产品或服务的市场份额，或增加正在现有市场中经营的业务，目标是通过各种方法来增加产品的使用频率。

本题中，“某超市为提高牙膏的销量，采用美化包装、买赠等促销措施”“甲银行与乙航空公司发行联名卡，刷该银行信用卡的客户可累计航空里程积分”超市和银行都是通过各种方法来增加产品的使用频率。选项 A 属于相关多元化战略；选项 C 属于市场开发战略。

【真题·多选题】（2018）富华公司是一家特种钢材生产企业，其产品主要用于大型采矿机械、采油设备的生产。为了增强对钢铁市场需求变化的敏感性，富华公司决定把前向一体化作为发展战略。下列各项中，符合该公司发展战略的有（　　）。

A. 参股海城矿山机械公司

B. 与东港石油公司签订集研发、生产、销售为一体的合作协议

C. 投资建立铁矿资源开发和生产企业

D. 与南岗煤炭集团建立战略联盟

【答案】AB

【解析】本题中，“甲公司决定把前向一体化作为发展战略”前向一体化是指获得分销商或零售商的所有权或加强对他们的控制权的战略。甲公司的产品主要用于大型采矿机械、采油设备的生产，所以参股海城矿山机械公司、与东港石油公司签订集研发、生产、销售为一体的合作协议，属于前向一体化。

【真题·多选题】（2019）京川餐饮公司近期实行了新的经营方式，顾客既可以按照公司提供的菜谱点餐，也可以自带菜谱和食材请公司的厨师加工烹饪，还可以在支付一定学习费用后在厨师指导下自己操作，从而在享受美食的同时提高厨艺。这些新的经营方式使该公司的顾客数量和营业收入均增长 20% 以上。从密集型战略角度看，京川餐饮公司的上述做法属于（　　）。

A. 市场开发战略

B. 市场渗透战略

C. 产品开发战略

D. 一体化战略

【答案】ABC

【解析】本题中，“京川餐饮公司近期实行了新的经营方式，顾客既可以按照公司提供的菜谱点餐，也可以自带菜谱和食材请公司的厨师加工烹饪，还可以在支付一定学习费用后在厨师指导下自己操作，从而在享受美食的同时提高厨艺”前者属于将现有产品打入新市场的市场开发战略，后者属于在原有市场上开发新产品的产品开发战略。“这些新的经营方式使该公司的顾客数量和营业收入均增长 20% 以上”属于市场渗透战略。

【例题·单选题】下列选项中，各企业属于相关多元化战略的是（　　）。

A. 甲公司利用融资获得的资金向从未涉猎过的汽车制造产业进军

B. 乙公司在销售冰箱业务基础上开展了销售冰柜的业务

C. 丙公司联合竞争对手进行资源整合

D. 丁公司与某国外分销商合作建立了国外分销渠道

【答案】B

【解析】相关多元化也称同心多元化，是指企业以现有业务或市场为基础进入相关产业或市场的战略，选项 B 中冰箱和冰柜二者具有相关性，并且乙公司是在销售冰箱业务的基础上开展销售冰柜业务，属于相关多元化战略。选项 A 属于非相关多元化战略，选项 C 属于横向一体化战略，选项 D 属于市场开发战略。

重难点 2：稳定战略★

稳定战略又称维持战略，是指限于经营环境和内部条件，企业在战略期所期望达到的经营状况基本保持在战略起点的范围和水平上的战略。

采用稳定战略的企业不需要改变自己的宗旨和目标，而只需要集中资源用于原有的经营范围和产品，以增加其竞争优势。

稳定战略适用于对战略期环境的预测变化不大，而在前期经营相当成功的企业。采

用这种战略的风险比较小，因为企业可以充分利用原有生产经营领域中的各种资源；避免开发新产品和新市场所必需的巨大资金投入和开发风险；避免资源重新配置和组合的成本；防止由于发展过快、过急造成的失衡状态。

【经典例题】

【例题·多选题】下列选项中，属于企业采用稳定战略的风险的有（　　）。

A. 企业的风险意识会逐渐变差

B. 企业越做越大存在产业退出风险

C. 容易形成回避风险的企业文化

D. 企业外部环境如果发生较大变动，可能会使企业陷入困境

【答案】ACD

【解析】采用稳定战略也有一定的风险。一旦企业外部环境发生较大变动，企业战略目标、外部环境、企业实力三者之间就会失去平衡，使企业陷入困境。稳定战略还容易使企业减弱风险意识，甚至会形成惧怕风险、回避风险的企业文化，降低企业对风险的敏感性和适应性。

重难点3：收缩战略★★★★

收缩战略也称撤退战略，是指企业缩小原有经营范围和规模的战略。

（一）采用收缩战略的原因

企业采用收缩战略的原因有多种，大致可分为主动和被动两大类。

1. 主动原因。

（1）大企业战略重组的需要。第二章所介绍的波士顿矩阵就是大企业战略重组的依据。为了筹措资本营运所需资金、改善企业投资回报率等原因，大型企业可能会重新调整业务组合。

（2）小企业的短期行为。例如，一些小型企业家的目标是“赚100万元”。当目标基本达到后，企业不愿再去承受继续经营的代价与风险。

2. 被动原因。

（1）外部原因。由于多种原因，如整体经济形势、产业周期、技术变化、政策变化、社会价值观或时尚的变化、市场的饱和、竞争行为等，导致企业赖以生存的外部环境出现危机。

（2）企业（或企业某业务）失去竞争优势。由于企业内部经营机制不顺、决策失误、管理不善等原因，企业经营陷入困境，不得不采用防御措施。

（二）收缩战略的方式

1. 紧缩与集中战略。

紧缩与集中战略往往集中于短期效益，主要涉及采取补救措施制止利润下滑，以期立即产生效果。具体做法有：

（1）机制变革。包括：调整管理层领导班子；重新制定新的政策和管理控制系统，以改善激励机制与约束机制等。

（2）财政和财务战略。如引进和建立有效的财务控制系统，严格控制现金流量；与关键的债权人协商，重新签订偿还协议，甚至把需要偿付的利息和本金转换成其他的财务证券（如把贷款转换成普通股或可转换优先股）等。

（3）削减成本战略。如削减人工成本、材料成本、管理费用以及资产（内部放弃或改租、售后回租）等；缩小分部和职能部门的规模。

2. 转向战略。

转向战略更多涉及企业经营方向或经营策略的改变。具体做法有：

（1）重新定位或调整现有的产品和服务。

（2）调整营销策略。在价格、广告、渠道等环节推出新的举措。

3. 放弃战略。

放弃战略涉及企业（或子公司）产权的变更，与前面两种战略相比，是比较彻底的撤退方式，以下是放弃战略的类型：

类型	所有权的终止	相对频繁性	新的所有权形式
特许经营	全部；有期限	经常	子公司或独立机构
分包	全部；但仍保留贸易关系	经常	子公司
卖断	全部：往往是永久性的	小规模卖断经常发生，属一系列行动中的一部分；大规模卖断往往是危机的表现	子公司
管理层或杠杆收购	全部；永久性，母公司可能拥有股权	小规模——经常性，大规模——英国和美国常用	独立机构
拆产为股/分拆	分离而不是终止所有权，可能带来所有权的稀释，通常是永久性的	小规模——经常性，尤其是高科技企业经常发生，由管理层购入股权	准独立机构
资产互换与战略贸易	全部；保持了母公司的规模，这涉及资产	不常见，因为反托拉斯导致小规模资产互换，大规模的资产互换多是自愿的	子公司

（1）特许经营，是指企业卖给被特许经营企业有限权利，而收取一次性付清的费用。被特许经营企业可以使用特许经营企业的商标品牌，但要严格遵守许可方的经营规定。

（2）分包，是指公司采用招标的方式让其他公司生产本公司的某种产品或者经营本公司的某种业务。与特许经营方式的不同之处在于，卖方出售了自己的一部分业务，要求买方在一个具体的时间内，按一定的价格向卖方提供一定数量的产品或服务。这样，买方在合同期限内处于一种垄断地位。公司可以将不宜内部开拓的一部分业务转移给他人经营，但仍维持原先的拥有权。

（3）卖断，是指母公司将其所属的业务单位卖给其他企业，从而与该业务单位断绝一切关系，实现产权的彻底转移。

（4）管理层或杠杆收购，是指一家公司把大部分业务卖给它的管理层或者另外一家财团，母公司可以在短期或者中期保留股权。对于买者来说，这就相当于延迟付款。

（5）拆产为股/分拆。指母公司的一部分分拆为战略性的法人实体，以多元持股的形式形成子公司的所有权。母公司仍然在很大程度上控制着这部分企业。与母公司脱离的子公司可以看成是准独立机构。

（6）资产互换与战略贸易，是指通过企业之间交换资产来实现所有权的转让。这要在两个公司之间达成一种匹配，卖方公司和买方公司要能够接受彼此的资产。

（三）收缩战略的困难

收缩战略对企业主管来说，是一项非常困难的决策，困难主要来自以下两个方面：

1. 对企业或业务状况的判断。

收缩战略效果如何，取决于对公司或业务状况判断的准确程度。实行收缩战略的尺度较难把握，因而如果盲目地使用收缩战略的话，可能会扼杀具有发展前途的业务和市场，使企业的总体利益受到伤害。

2. 退出障碍。

波特在《竞争战略》一书中阐述的几种主要的退出障碍：

（1）固定资产的专用性程度。

（2）退出成本。

（3）内部战略联系。

（4）感情障碍。

（5）政府与社会约束。

【经典例题】

【真题·单选题】（2017）竹岭公司是我国知名的白酒生产企业。随着我国公务消费改革的日益推进，白酒市场需求发生了重大变化。该公司积极应对这一变化，对旗下多个白酒品牌重新进行了定位，并按照“系列酒薄利多销”的策略，快速实现了从满足公务消费需求向满足商务消费和大众消费需求的转型。该公司采取的总体战略类型属于（　　）。

A. 产品开发战略

B. 多元化战略

C. 转向战略

D. 放弃战略

【答案】C

【解析】转向战略更多涉及企业经营方向或经营策略的改变。具体做法有：①重新定位或调整现有的产品和服务。②调整营销策略。在价格、广告、渠道等环节推出新的举措。本题中，“对旗下多个白酒品牌重新进行了定位，并按照‘系列酒薄利多销’的策略，快速实现了从满足公务消费需求向满足商务消费和大众消费需求的转型”属于转向战略中重新定位或调整现有的产品和服务。

【真题·单选题】（2018）某外资快餐巨头L公司与国内著名餐饮企业甲公司达成如下交易：L公司把其在国内的200多家直营餐厅中的150家转让给甲公司经营，并向甲公司收取一次性付清的费用，甲公司可以使用L公司的品牌，但要严格遵守L公司的经营规定。L公司所采用的放弃战略的类型是（　　）。

A. 分包

B. 卖断

C. 特许经营

D. 拆产为股/分拆

【答案】C

【解析】特许经营是指企业卖给被特许经营企业有限权利，而收取一次性付清的费用。被特许经营企业可以使用特许经营企业的商标品牌，但要严格遵守许可方的经营规定。本题中，“并向甲公司收取一次性付清的费用，甲公司可以使用L公司的品牌，但要严格遵守L公司的经营规定”说明L公司采用的放弃战略中的特许经营。

【真题·多选题】（2016）甲公司是吉祥集团控股的一家钢铁厂。几年来由于扩张过快和市场竞争激烈等原因，甲公司陷入不能偿还到期债务的危机。由于钢铁厂的高炉等设备难以转产，所以吉祥集团拟通过甲公司破产的方式退出钢铁行业，并用买断方式终止与甲公司员工的劳动合同，但引起一些职工的抵触。后来在当地政府的协调下，甲公司被某外资企业收购。在上述案例中，吉祥集团面临的退出障碍有（　　）。

A. 退出成本

B. 感情障碍

C. 政府与社会约束

D. 固定资产的专用性程度

【答案】ABD

【解析】本题中，“钢铁厂的高炉等设备难以转产”属于固定资产的专用性程度，“并用买断方式终止与甲公司员工的劳动合同”说明企业需要对员工给予一定的辞退补偿，属于退出成本。“引起一些职工的抵触”属于感情障碍。

【真题·多选题】（2019）近年来大数据和云计算的快速发展，使主营传统数据库业务的甲公司受到极大冲击，经营业绩大幅下滑。2019年初，甲公司裁员1 800人，并重组开发团队和相关资源，大力开拓和发展云计算业务，以改善公司的经营状况。甲公司采用的总体战略类型有（　　）。

A. 转向战略

B. 稳定战略

C. 市场开发战略

D. 紧缩与集中战略

【答案】AD

【解析】本题中“甲公司裁员1 800人”属于紧缩与集中战略中的削减成本战略，选项D正确；“重组开发团队和相关资源，大力开拓和发展云计算业务”属于转向战略中的重新定位或调整现有的产品和服务，选项A正确。

【例题·单选题】惠普公司的通讯业务和生命科学业务的商业模式与其主体业务的差异巨大，因此在20世纪末，惠普公司将这两个非核心业务从企业抽离，新建了安捷伦公司，由惠普公司控股，上述行为属于放弃战略中的（　　）。

A. 卖断

B. 分包

C. 分拆

D. 特许经营

【答案】C

【解析】分拆是指母公司的一部分分拆为战略性的法人实体，以多元持股的形式形成子公司的所有权。本题中，“惠普公司将这两个非核心业务从企业抽离，新建了安捷伦公司”这一活动属于放弃战略中的分拆。

重难点4：发展战略可选择的途径★★★

发展战略一般可以采用三种途径，即外部发展（并购）、内部发展（新建）与战略联盟。

1. 外部发展（并购）。

外部发展是指企业通过取得外部经营资源谋求发展的战略。外部发展的狭义内涵是并购，并购包括**收购**与**合并**。收购指一个企业（收购者）购买和吸纳了另一个企业（被收购者）的股权。合并指两个或两个以上的企业之间的重新组合。

2. 内部发展（新建）。

内部发展是指企业利用自身内部资源谋求发展的战略。内部发展的狭义内涵是新建，新建与并购相对应，是指建立一个新的企业。

3. 战略联盟。

战略联盟是指两个或两个以上经营实体之间为了达到某种战略目的而建立的一种合作关系。从交易费用经济学角度看，并购方式的实质是运用“统一规制”方式实现企业一体化，即以企业组织形态取代市场组织形态；而新建方式的实质则是运用“市场规制”实现企业的市场交易，即以市场组织形态取代企业组织形态。企业战略联盟则是这两种组织形态的一种中间形态。

【经典例题】

【例题·多选题】下列关于发展战略可选择途径的说法中，正确的有（　　）。

A. 并购的实质是以企业组织形态取代市场组织形态

B. 新建的实质是以市场组织形态取代企业组织形态

C. 外部发展的狭义内涵就是并购

D. 战略联盟是市场组织形态和企业组织形态的一种中间形态

【答案】ABCD

【解析】发展战略可选择的途径从交易费用经济学角度分析如下：

可选择的途径	阐释
并购	实质是运用“统一规制”的方式实现企业一体化，即以企业组织形态取代市场组织形态
新建	实质是运用“市场规制”的方式实现企业的市场交易，即以市场组织形态取代企业组织形态
战略联盟	是市场组织形态和企业组织形态的一种中间形态

重难点5：并购战略★★★★★

（一）并购的类型

企业并购有许多具体形式，这些形式可以从不同的角度加以分类。

1. 按并购双方所处的产业分类。

按并购方与被并购方所处的产业相同与否，可以分为横向并购、纵向并购和多元化并购三种。

（1）**横向并购**，是指并购方与被并购方处于同一产业。横向并购可以消除重复设施，提供系列产品或服务，实现优势互补，扩大市场份额。例如，一家外资饮料企业，收购了中国一家大型饮料企业，这属于一个横向并购的案例。

（2）**纵向并购**，是指在经营对象上有密切联系，但处于不同产销阶段的企业之间的并购。

（3）**多元化并购**，是指处于不同产业、在经营上也无密切联系的企业之间的并购。例如，一家生产家用电器的企业收购一家旅行社，这属于多元化并购。

2. 按被并购方的态度分类。

按被并购方对并购所持态度不同，可分为友善并购和敌意并购。

（1）**友善并购**，是指并购方与被并购方通过友好协商确定并购条件，在双方意见基本一致的情况下实现产权转让的一类并购。此种并购一般先由并购方选择被并购方，并主动与对方的管理当局接洽，商讨并购事宜。经过双方充分磋商签订并购协议，履行必要的手续后完成并购。在某些时候，也有被并购方主动请求并购方接管本企业的情形。

（2）**敌意并购**，又叫恶意并购，通常是指当友好协商遭到拒绝后，并购方不顾被并购方的意愿采取强制手段，强行收购对方企业的一类并购。敌意并购也可能采取不与被并购方进行任何接触，而在股票市场上收购被并购方股票，从而实现对被并购方控股或兼并的形式。由于种种原因，并购往往不能通过友好协商达成协议，被并购方从自身的利益出发，拒不接受并购方的并购条件，并可能采取一切抵制并购的措施加以反抗。在这种情形下，“敌意并购”就有可能发生。

3. 按并购方的身份分类。

按照并购方的不同身份，可以分为产业资本并购和金融资本并购。

（1）**产业资本并购**。一般由非金融企业进行，即非金融企业作为并购方，通过一定程序和渠道取得目标企业全部或部分资产所有权的并购行为。并购的具体过程是从证券市场上取得目标企业的股权证券，或者向目标企业直接投资，以分享目标企业的产业利润。因此，产业资本并购往往表现出针锋相对、寸利必争的态势，谈判时间长，条件苛刻。

（2）**金融资本并购**。一般由投资银行或非银行金融机构（如金融投资企业、私募基金、风险投资基金等）进行。

4. 按收购资金来源分类。

按收购资金来源渠道的不同，可分为**杠杆收购**和**非杠杆收购**。无论以何种形式实现企业收购，收购方总要为取得目标企业的部分或全部所有权而支出一定数量的资金。收购方在实施收购时，如果其主体资金来源是对外负债，即是在银行贷款或金融市场借贷的支持下完成的，就称为杠杆收购。相应地，如果收购方的主体资金来源是自有资金，则称为非杠杆收购。

（二）并购的动机

1. 避开进入壁垒，迅速进入，争取市场机会，规避各种风险。

2. 获得协同效应。

3. 克服企业负外部性，减少竞争，增强对市场的控制力。

（三）并购失败的原因

并购方式的失败率是很高的，在企业并购的实践中，许多企业并没有达到预期的目标甚至遭到了失败。造成并购失败的主要原因有以下几种：

1. 决策不当。

2. 并购后不能很好地进行企业整合。

3. 支付过高的并购费用。

4. 跨国并购面临政治风险。

【经典例题】

【真题·单选题】（2020）佳美公司是一家全国性家电零售连锁企业，在国内一、二线城市拥有近百家大型连锁商城，是国内外众多家电品牌厂家在中国的最大销售商。2019年，该公司并购了国内另一家著名的家电零售连锁企业恒兴公司，销售网络扩展到全国三分之二以上的城市和部分乡镇，市场占有率提高了20%，进一步巩固了其行业领先地位。佳美公司实施上述并购的动机是（　　）。

A. 避开进入壁垒，迅速进入，争取市场机会

B. 实现资源互补

C. 克服企业负外部性，增强对市场的控

制力

D. 避免经营风险

【答案】C

【解析】“销售网络扩展到全国三分之二以上的城市和部分乡镇，市场占有率提高了20%，进一步巩固了其行业领先地位”表明佳美公司实施并购的动机是克服企业负外部性，增强对市场的控制力，选项C正确。

【真题·单选题】(2019) 为了拓展国际业务，国内玩具制造商甲公司收购了H国玩具制造商乙公司，并很快打开H国玩具市场。其后不久，甲公司发现乙公司在被收购前卷入的一场知识产权纠纷，将导致甲公司面临严重的经营风险。甲公司在并购中失败的原因是(　　)。

A. 决策不当

B. 支付过高的并购费用

C. 跨国并购所面临的政治风险

D. 并购后不能很好地进行企业整合

【答案】A

【解析】本题中，“甲公司发现乙公司在被收购前卷入的一场知识产权纠纷，将导致甲公司面临严重的经营风险”说明企业在并购前没有认真地分析目标企业的潜在成本和效益，过于草率地并购，结果无法对被并购企业进行合理的管理，这属于决策不当。

【真题·多选题】(2017) 亚强公司的前身是主营五金矿产进出口业务的贸易公司。2004年，公司在“将亚强从贸易型企业向资源型企业转型”的战略目标指引下，对北美N矿业公司发起近60亿美元的收购。其收购资金中有40亿美元由国内银行贷款提供。亚强公司对北美N矿业公司的收购类型包括(　　)。

A. 纵向并购

B. 产业资本并购

C. 金融资本并购

D. 杠杆并购

【答案】ABD

【解析】“亚强公司的前身是主营五金矿产进出口业务的贸易公司。2004年，公司在‘将亚强从贸易型企业向资源型企业转型’的战略目标指引下，对北美N矿业公司发起近60亿美元的收购”属于纵向并购；“其收购资金中有40亿美元由国内银行贷款提供”属于杠杆并购。并购主体亚强公司是非金融企业，因此该并购属于产业资本并购。

【真题·多选题】(2018) 从事能源工程建设的百川公司在并购M国一家已上市的同类企业后发现，后者因承建的项目未达到M国政府规定的环保标准而面临巨额赔偿的风险，股价一落千丈；上市公司的核心技术人员因对百川公司的管理措施不满而辞职。百川公司为挽救被并购企业的危局做出各种努力，均以失败告终。下列各项中，属于百川公司上述并购失败原因的有(　　)。

A. 决策不当

B. 跨国并购面临政治风险

C. 支付过高的并购费用

D. 并购后不能很好地进行企业整合

【答案】AD

【解析】本题中，“从事能源工程建设的百川公司在并购M国一家已上市的同类企业后发现，后者因承建的项目未达到M国政府规定的环保标准而面临巨额赔偿的风险”属于百川公司决策不当；“其核心技术人员因对百川公司的管理措施不满而辞职。百川公司为挽救被并购企业的危局做出各种努力，均以失败告终”说明百川公司在并购后不能很好地进行企业整合。

【真题·多选题】(2019) 经过多次磋商签订协议后，汽车制造商甲公司凭借自有资金2亿元和发行债券融资5亿元，实现了对汽车零部件商乙公司的收购。从并购的类型来看，上述收购属于(　　)。

A. 杠杆收购

B. 前向收购

C. 友善收购

D. 金融资本收购

【答案】AC

【解析】本题中，“汽车制造商甲公司凭借自有资金2亿元和发行债券融资5亿元作为资金来进行收购”说明甲公司本次收购的主体资金是对外负债，属于杠杆并购，选项A正确；“双方多次磋商之后签订协议”“实现了对汽车零部件商乙公司的收购”说明甲公司与乙公司进行了多次沟通后最终达成收购，这属于友善并购，选项C正确；汽车制造商甲公司是非金融企业，属于产业资本并购，选项D不正确；汽车制造商甲公司对汽车零部件商乙公司进行收购，属于纵向并购中的后向并购，选项B不正确。

【例题·多选题】2016年1月，中国海尔公司与美国通用电器公司正式签署了并购协议，海尔集团以55.8亿美元的价格完成了收购，以此获得了协同效应，那么下列各项中，对于并购协同效应描述正确的有（　　）。

A. 并购后的两个企业外部“作用力”发生碰撞、交叉和磨合，从而增加了企业的市场份额

B. 并购后的两个企业的“作用力”的时空排列得到有序化和优化，从而使企业获得“聚焦效应”

C. 并购后的企业内部不同“作用力”发生转移、扩散、互补，从而改变了公司的整体功能状况

D. 并购后两个企业内的“作用力”发生耦合、反馈、互激振荡，改变了作用力的性质和力量

【答案】BCD

【解析】协同效应可以分为三个层次：①并购后的两个企业的“作用力”的时空排列得到有序化和优化，从而使企业获得“聚焦效应”。②并购后的企业内部不同“作用力”发生转移、扩散、互补，从而改变了公司的整体功能状况。③并购后两个企业内的“作用力”发生耦合、反馈、互激振荡，改变了作用力的性质和力量。

重难点6：内部发展（新建）战略★★★★

内部发展也称内生增长，是企业在不收购其他企业的情况下利用自身的规模、利润、活动等内部资源来实现扩张。对于许多企业来说，特别是对那些需要以高科技设计或制造产品的企业来说，内部发展已经成为主要的战略发展方式。

（一）企业采取内部发展战略的动因

1. 开发新产品的过程使企业能深刻地了解市场及产品。

2. 不存在合适的收购对象。

3. 保持统一的管理风格和企业文化。

4. 为管理者提供职业发展机会。

5. 代价较低，因为获得资产时无须为商誉支付额外的金额。

6. 并购通常会产生隐藏的或无法预测的损失，而内部发展不太可能产生这种情况。

7. 这可能是唯一合理的、实现真正技术创新的方法。

8. 可以有计划地进行，容易从企业资源获得财务支持，并且成本可以按时间分摊。

9. 风险较低。

10. 内部发展的成本增速较慢。

（二）内部发展的缺点

1. 与购买市场中现有的企业相比，在市场上增加了竞争者，这可能会激化某一市场内的竞争。

2. 企业不能接触到其他企业的知识及系统，这可能更具风险。

3. 从一开始就缺乏规模经济或经验曲线效应。

4. 当市场发展得非常快时，内部发展会显得过于缓慢。

5. 进入新市场可能要面对非常高的障碍。

（三）内部发展战略的应用条件

1. 产业处于不均衡状况，结构性障碍还没有完全建立起来。一般说来，新兴产业更具有这样的特点。

2. 产业内现有企业的行为性障碍容易被制约。

3. 企业有能力克服结构性与行为性障碍，或者企业克服障碍的代价小于企业进入后的

收益。

克服进入障碍的能力往往表现在以下几个方面：①企业现有业务的资产、技能、分销渠道同新的经营领域有较强的相关性。②企业进入新领域后，有独特的能力影响行业结构，使之为自己服务。③企业进入新领域后，有利于发展企业现有的经营内容。如果内部发展能够改善销售渠道、公司形象等，从而对进入者的现有业务产生有利的影响，那么，即使新业务仅仅获取平均回报，从公司整体考虑，进入也是可行的。

【经典例题】

【例题·单选题】下列选项中，属于企业内部发展方式的是（　　）。

A. 甲企业并购了竞争对手S企业

B. 乙公司与W企业签订了功能性协议

C. 丙公司每年投入大量资金在产品研发方面，业务发展迅速

D. 丁公司将企业的PC业务分包给了P企业

【答案】C

【解析】内部发展，也称内生增长，是指企业在不收购其他企业的情况下利用自身的规模、利润、活动等内部资源来实现扩张，因此，选项C属于内部发展方式。选项A属于企业外部发展（并购）；选项B属于企业战略联盟，下一个重难点即会介绍；选项D属于收缩战略中的放弃战略（分包）。

重难点7：企业战略联盟★★★★★

（一）企业战略联盟的基本特征

1. 从经济组织形式来看，战略联盟是介于企业与市场之间的一种"中间组织"。科斯（Coase）和威廉姆森（Williamson）从交易费用理论出发，认为企业组织的存在是对市场交易费用的节约，企业和市场是两种可以相互替代的资源配置组织。战略联盟属于"中间组织"，联盟内交易既非企业的，因为交易的组织不完全依赖于某一企业的治理结构；也是非市场的，因为交易的进行也不完全依赖于市场价格机制。**战略联盟的形成模糊了企业和市场之间的界限。**

2. 从企业关系来看，组建战略联盟的企业各方是在资源共享、优势相长、相互信任、相互独立的基础上通过事先达成协议而结成的一种平等的合作伙伴关系。这既不同于组织内部的行政隶属关系，也不同于组织与组织之间的市场交易关系。联盟企业之间的**协作关系**主要**表现**为：

（1）相互往来的平等性。

（2）合作关系的长期性。

（3）整体利益的互补性。

（4）组织形式的开放性。

3. 从企业行为来看，联盟是一种战略性的合作行为。它并不是对瞬间变化所做出的应急反应，而是着眼于优化企业未来竞争环境的长远谋划。因此，联合行为注重从战略高度改善联盟共有的经营环境和经营条件。特别是在竞争激烈的高科技行业中，没有哪个企业的技术能在所有方面都居于领先水平。通过战略联盟可把各个企业独有的优势结合起来建立一个"全优"的组织体系，其中每个环节都可能是世界一流的，是任何单个企业都望尘莫及的。

（二）企业战略联盟形成的动因

促使企业建立战略联盟有许多直接动因。根据近年来企业战略联盟的实践和发展，可把促使战略联盟形成的主要动因归结为以下六个方面：

1. 促进技术创新。随着技术创新和普及速度不断加快，企业在充分利用和改进原有核心技术的同时，必须不断创新，拓展新的技术领域。而高新技术产品的开发费用日益增大，单个企业难以独立支付，必须通过建立战略联盟的方式共同分担。

2. 避免经营风险。当今企业面临的经营环境变化迅速，而且许多环境因素的变化方向与变化速度都具有较大的不确定性，难以准确地预期。通过建立战略联盟、扩大信息传递的密度与速度，可以避免单个企业在市场开发和

研究开发中的盲目性和因孤军作战而引起的全社会范围内的创新资源浪费，并降低市场开发与技术创新的风险。

3. 避免或减少竞争。建立战略联盟，有利于形成新的竞争模式，以合作取代竞争，减少应付激烈竞争的高昂费用。这种竞合思路不仅表现在供应者和购买者之间，也表现在同产业中的竞争对手之间。

4. 实现资源互补。资源在企业之间的配置总是不均衡的。在资源方面或拥有某种优势，或存在某种不足，通过战略联盟可达到资源共享、优势互补的效果。

5. 开拓新的市场。企业通过建立广泛的战略联盟可迅速实现经营范围的多样化和经营地区的扩张。

6. 降低协调成本。上述战略联盟 1 ~ 5 条企业实施战略联盟的动因，通过并购的方式也能够实现。而与并购方式相比，战略联盟的方式不需要进行企业的整合，因此可以降低协调成本。例如，美国思科公司在成功地并购了 80 多家大大小小的公司之后，总结出来的经验是，对于大的目标企业，并购后整合效果一般不理想，因此，采用战略联盟的方式进行合作最为适宜，其原因就在于并购大企业的协调成本太大。

（三）企业战略联盟的主要类型

企业战略联盟的类型多种多样，根据不同的标准可以对战略联盟进行不同的分类。从股权参与和契约联结的方式角度来看，可以把企业战略联盟归纳为以下几种重要类型。

1. 合资企业（Joint Ventures）。合资企业是战略联盟最常见的一种类型。它是指将各自不同的资产组合在一起进行生产，共担风险和共享收益。这种合资企业与一般意义上的合资企业相比具有一些新的特征，它更多地体现了联盟企业之间的战略意图，并非限于寻求较高的投资回报率。

2. 相互持股投资（Equity Investments）。相互持股投资通常是联盟成员之间通过交换彼此的股份而建立的一种长期相互合作的关系。与合资企业不同的是，相互持有股份不需要将彼此的设备和人员合并，通过这种股权联结的方式便于使双方在某些领域采取协作行为。它与合并或兼并也不同，这种投资性的联盟仅持有对方少量的股份，联盟企业之间仍保持着相对独立性，而且股权持有往往是双向的。**合资企业和相互持股投资都属于股权式战略联盟。**

3. 功能性协议（Functional Agreement）。这是一种**契约式的战略联盟**，与前面两种涉及股权参与的方式明显不同，有人称之为无资产性投资的战略联盟。它主要是指企业之间决定在某些具体的领域进行合作。比如，在联合研究与开发、联合市场行动等方面通过功能性协议结成一种联盟。最常见的形式包括：①技术交流协议——联盟成员间相互交流技术资料，通过知识的学习以增强竞争实力；②合作研究开发协议——分享现成的科研成果，共同使用科研设施和生产能力，共同开发新产品；③生产营销协议——共同生产和销售某一产品。这种协议并不是使联盟内各成员的资产规模、组织结构和管理方式发生变化，而是仅仅通过订立协议来对合作事项和完成时间等内容做出规定，成员之间仍然保持着各自的独立性，甚至在协议规定的领域之外相互竞争；④产业协调协议——建立全面协作与分工的产业联盟体系，多见于高科技产业中。

【小贴士】契约式战略联盟与股权式战略联盟的区别。

相对于股权式战略联盟而言，**契约式战略联盟**由于更强调相关企业的协调与默契，从而**更具有战略联盟的本质特征**。其在经营的灵活性、自主权和经济效益等方面比股权式战略联盟具有更大的优越性。相对而言，股权式战略联盟有利于扩大企业的资金实力，并通过部分“拥有”对方的形式，增强双方的信任感和责任感，因而更利于长久合作，不足之处是灵活性差。契约式战略联盟具有较好的灵活性，但也有一些先天不足，如企业对联盟的控制能力差、松散的组织缺乏稳定性和长远利益、联盟内成员之间的沟通不充分、组织效率低下等。

（四）战略联盟的管控

虽然战略联盟能够兼顾并购战略与新建战略的优点，但是相对并购战略，战略联盟企业之间的关系比较松散，如果管控不到位，可能会导致并购战略与新建战略各自的缺点在联盟中表现出来。因此，怎样订立联盟以及管理联盟，是战略联盟能否实现预期目标的关键。

1. 订立协议。

战略联盟通过契约或协议关系生成时，联盟各方能否遵守所签署的契约或协议主要靠企业的监督管理，发生纠纷时往往不会选择执行成本较高的法院判决或第三方仲裁，而是联盟之间自行商议解决。因此，订立协议需要明确一些基本内容。

（1）严格界定联盟的目标。一些失败的联盟往往是由于协议签订得过于模糊，既没有清楚地指出联盟目标和范围，也没有严格指出企业之间将如何实现优势互补等，因而造成了联盟的形同虚设或者解散。

（2）周密设计联盟结构。由于战略联盟是两家（或几家）企业各自以独立企业的身份在市场上进行合作，如果不能周密地设计联盟结构，可能会使合作难以奏效。

（3）准确评估投入的资产。准确评估联盟各方的资产与资本投入是非常重要的，尤其是对于股权式战略联盟的企业而言，每一个合作方的投入都与股权占比直接关联。在评估过程中，最容易忽略的是无形资产或资本的投入，如日本富士通公司经常向不同的联盟伙伴提供其独特的工业技术，但在进行战略联盟谈判时，常常会遇到无法准确评估其技术价值的困难。

（4）规定违约责任和解散条款。在联盟协议中，应规定联盟各方的违约责任和解散条件。如违约行为的生效条件、发生争执的解决方法以及联盟期满后的续约程序等。协议中应该包括一个“重大变化”的条款，也就是当联盟各方遭遇不可抗力事件、国家经济政策变化等情况时，在联盟协议中规定协议变更或解除的处理方法，以免发生纠纷。

2. 建立合作信任的联盟关系。

联盟企业之间必须相互信任，并且以双方利益最大化为导向，而不是以自身利益最大化为导向。一旦合作双方相互信任，那么正式的联盟契约就显得不那么重要了，联盟关系还将因为信任而更加稳固。相比于国内企业之间的战略联盟而言，跨国战略联盟中的互相信任更加难得，联盟企业之间在政策、文化、法律和制度环境各方面的差异都可能造成合作中的不信任，从而使合作联盟陷入困境。

信任可以降低联盟伙伴之间的监督成本，大大提升联盟成功的可能性，是影响和控制联盟伙伴行为的最有效手段。研究表明，信任可以成为企业有价值的、稀缺的、难以模仿以及难以替代的战略资源。因此，联盟企业之间只有相互信任，才能在联盟合作期间获取共同的竞争优势，在一定程度上克服正式协议中难以避免的所有细节缺陷。

【经典例题】

【真题·多选题】（2020）为共同推进国内某市5G生态产业集群的发展，鹏霄电信公司与东序软件公司达成战略合作协议，前者作为基础网络和电信服务供应商，提供基础通信、流量入口、运营平台建设保障；后者作为技术供应商，负责该市智慧园区、工业互联网、“5G＋光网双千兆”标杆园区、云计算应用等领域的场景落地。下列各项中，属于上述两个公司结成的战略联盟的特征的有（　　）。

A. 双方在经营上具有较强的灵活性和自主权

B. 组织效率较高

C. 双方具有较好的信任感和责任感

D. 联盟内成员之间的沟通不充分

【答案】AD

【解析】“鹏霄电信公司与东序软件公司达成战略合作协议”属于契约式战略联盟。契约式战略联盟在经营的灵活性、自主权和经济效益等方面比股权式战略联盟具有更大的优越性，选项 A 正确。契约式战略联盟内成员之间的沟通不充分，选项 D 正确。选项 B、C 属于股权，是战略联盟的特点。

【真题·单选题】（2019）国内著名商业零售企业东海公司与主营大数据业务的高胜公司签订战略合作协议，商定由东海公司免费向高胜公司开放相关数据收集平台，高胜公司则无偿为东海公司提供数据分析及应用方案。下列各项中，属于上述两个公司结成的战略联盟的特点是（　　）。

A. 企业对联盟的控制力较强

B. 更具有战略联盟的本质特征

C. 有利于企业长久合作

D. 有利于扩大企业资金实力

【答案】 B

【解析】 本题中，“国内著名商业零售企业东海公司与主营大数据业务的高胜公司签订战略合作协议”说明两个公司所结成的战略联盟是功能性协议，属于契约式战略联盟，其更具有战略联盟的本质特征。

【真题·多选题】（2016）甲公司是一家提供社交媒体服务的互联网公司，乙公司是一家著名的电子商务公司。2015 年，甲公司和乙公司签署交换彼此 30% 股份的战略合作协议。根据协议，双方将在网络支付服务方面进行合作，同时，甲公司将向乙公司提供社交媒体客户端的一级入口位置及其他主要平台的支持。甲公司和乙公司结成的战略联盟的特点有（　　）。

A. 投资转置成本较高

B. 企业对联盟的控制能力差

C. 联盟内成员之间的沟通不充分

D. 双方具有较好的信任感和责任感

【答案】 AD

【解析】 相对于契约式战略联盟而言，股权式战略联盟有利于扩大企业的资金实力，并通过部分“拥有”对方的形式，增强双方的信任感和责任感，因而更利于长久合作，不足之处是灵活性差。股权式战略联盟的初始投入较大，转置成本较高，投资难度大，灵活性差，政府的政策限制也很严格。

【真题·多选题】（2018）甲客运公司与乙旅行社于 2016 年开启深度战略合作，联合推出“车票 + 地接”打包旅游产品。其中，甲客运公司提供用于打包产品的“低价票”，乙旅行社则提供比以往更为丰富、优质的旅游目的地和地接服务。该产品的推出明显提升了合作双方的竞争力。在本案例中，甲客运公司与乙旅行社进行战略合作的动因有（　　）。

A. 防范信任危机

B. 开拓新的市场

C. 实现资源互补

D. 保持统一的管理风格和企业文化

【答案】 BC

【解析】 企业战略联盟形成的动因主要有：①促进技术创新；②避免经营风险；③避免或减少竞争；④实现资源互补；⑤开拓新的市场；⑥降低协调成本。本题中，“甲客运公司与乙旅行社于 2016 年开启深度战略合作，联合推出‘车票 + 地接’打包旅游产品。其中，甲客运公司提供用于打包产品的‘低价票’，乙旅行社则提供比以往更为丰富、优质的旅游目的地和地接服务”甲客运公司与乙旅行社正好实现资源互补和新市场的开拓。

【真题·多选题】（2019）国内零售企业海川公司与主营大数据业务的出云公司签订战略合作协议，商定由海川公司向出云公司开放相关数据收集平台，出云公司无偿为海川公司提供数据分析及应用方案。下列各项中，属于上述两个公司所采用的战略联盟特点的有（　　）。

A. 有利于扩大企业的资金实力

B. 具有较好的灵活性

C. 有利于企业长久合作

D. 更具有战略联盟的本质特征

【答案】 BD

【解析】 本题中，“国内著名商业零售企业东海公司与主营大数据业务的高胜公司签订战略合作协议”说明两个公司所结成的战略联盟是功能性协议，属于契约式战略联盟，其更具有战略联盟的本质特征，在灵活性方面也具有更大的优越性。

【例题·多选题】下列关于战略联盟的表述中，正确的有（　）。

A. 战略联盟是合作竞争最主要的形式之一

B. 战略联盟的形成模糊了企业和市场的界限，是一种“中间组织”

C. 功能性协议是战略联盟中最常见的一种类型

D. 战略联盟是对外部环境的瞬间变化所做出的应急反应

【答案】AB

【解析】战略联盟是合作竞争最主要的形式之一，战略联盟内交易既是非企业的，因为交易的组织不完全依赖于某一企业的治理结构；也是非市场的，因为交易的进行也并不完全依赖于市场价格机制。战略联盟的形成模糊了企业和市场之间的界限，是一种“中间组织”。从企业行为视角，联盟是一种战略性的合作行为，它不是对瞬间变化所做出的应急反应，而是着眼于优化企业未来竞争环境的长远谋划，选项D错误。企业战略联盟的主要类型分为合资企业、相互持股投资和功能性协议，而合资企业是战略联盟最常见的一种类型，选项C错误。

业务单位战略，也称竞争战略，业务单位战略涉及各业务单位的主管以及辅助人员。这些经理人员的主要任务是将公司战略所包括的企业目标、发展方向和措施具体化，形成本业务单位具体的竞争与经营战略。

重难点8：基本竞争战略★★★★★

波特在《竞争战略》一书中把竞争战略描述为：采取进攻性或防守性行动，在产业中建立起进退有据的地位，成功地对付五种竞争力，从而为公司赢得超常的投资收益。为了达到这一目的，各个公司可以采用的方法是不同的，对每个具体公司来说，其最佳战略是最终反映公司所处的内外部环境的独特产物。但是，从最广泛的意义上，波特归纳总结了三种具有内部一致性的基本战略，即成本领先战略（cost leadership strategy）、差异化战略（differentiation strategy）和集中化战略（focus strategy）。

三种竞争战略之间的关系如图所示：

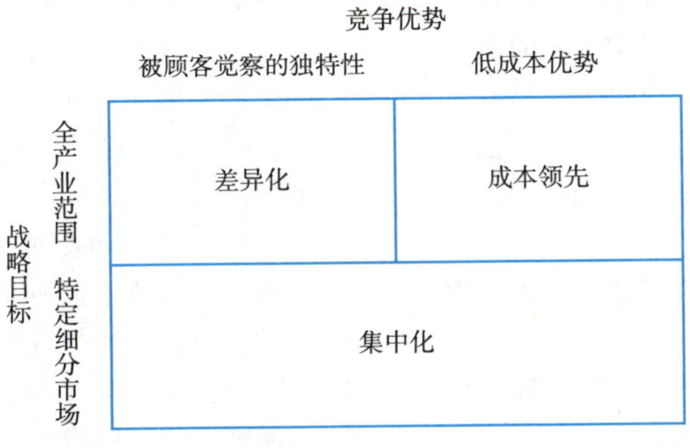

它们是一对“对偶”的战略，而集中化战略不过是将这两种战略运用在一个特定的细分市场而已。

（一）成本领先战略

成本领先战略是指企业通过在内部加强成本控制，在研究开发、生产、销售、服务和广告等领域把成本降到最低限度，成为产业中的成本领先者的战略。按照波特的思想，成本领先战略应该体现为产品相对于竞争对手而言的低价格。但是，成本领先战略并不意味着仅仅获得短期成本优势或者仅仅是削减成本，它是一个“可持续成本领先”的概念，即企业通过其低成本地位来获得持久的竞争优势。

1. 采用成本领先战略的优势。

（1）形成进入障碍。

企业的生产经营成本低，便为产业的潜在的进入者设置了较高的进入障碍。那些在生产技术不熟练、经营上缺乏经验的企业，或缺乏规模经济的企业都很难进入此产业。

（2）增强讨价还价能力。

企业成本低，可以使自己应付投入费用的增长，提高企业与供应者的讨价还价能力，降低投入因素变化所引起的影响。同时，企业成本低，可以提高自己对购买者的讨价还价的能力，对抗强有力的购买者。

（3）降低替代品的威胁。

企业的成本低，在与替代品竞争时，可以凭借其低成本的产品和服务吸引大量的顾客，降低或缓解替代品的威胁，使自己处于有利的竞争地位。

（4）保持领先的竞争地位。

当企业与产业内的竞争对手进行价格战时，企业由于成本低，可以在其对手毫无利润的低价格的水平上保持盈利，从而扩大市场份额，保持绝对的竞争优势。

总之，企业采用成本领先战略可以使企业有效地对付产业中的五种竞争力量，以其低成本的优势，获得高于行业平均水平的利润。

2. 成本领先战略的实施条件。

（1）市场情况。

从市场情况考察，成本领先战略主要适用于以下一些情况：

①产品具有较高的价格弹性，市场中存在大量的价格敏感用户；

②产业中所有企业的产品都是标准化的产品，产品难以实现差异化；

③购买者不太关注品牌，大多数购买者以同样的方式使用产品；

④价格竞争是市场竞争的主要手段，消费者的转换成本较低。

（2）资源和能力。

实现成本领先战略的资源和能力包括：

①在规模经济显著的产业中装备相应的生产设施来实现规模经济。

②降低各种要素成本。各种投入包括资金、劳动力、原材料和零部件等生产要素都是企业成本的直接来源，力求以最优惠的供给价格获得各种要素。

③提高生产率。生产率即单位要素的产出，它与单位产品的成本互为倒数，因此，提高生产率与降低成本密切相关。采用最新的技术、工艺或流程和充分利用学习曲线来降低成本，都是提高生产率必要的手段。

④改进产品工艺设计。企业价值工程研究的一个重要内容是寻找物美价廉的替代品。采用简单的产品设计，通过减少产品的功能但同时又能充分满足消费者需要来降低成本。

⑤提高生产能力利用程度。生产能力利用程度决定分摊在单位产品上的固定成本的多少。

⑥选择适宜的交易组织形式。在不同情况下，是采取内部化生产，还是靠市场获取，成本会有很大的不同。

⑦重点集聚。企业集中相关资源用于某一经营领域，如用于某一顾客群体、某一特定市场、某一类型产品、某一特定的技术等，可能会比分散地使用资源获得更多的效率。

3. 采取成本领先战略的风险。

（1）技术的变化可能使过去用于降低成本的投资（如扩大规模、工艺革新等）与积累的经验一笔勾销。

（2）产业的新加入者或追随者通过模仿或者以更高技术水平设施的投资能力，达到同样的甚至更低的产品成本。

（3）市场需求从注重价格转向注重产品的品牌形象，使得企业原有的优势变为劣势。企业在采用成本领先战略时，应注意这些风险，及早采取防范措施。

（二）差异化战略

差异化战略是指企业向顾客提供的产品和服务在产业范围内独具特色，这种特色可以给产品带来额外的加价，如果一个企业的产品或服务的溢出价格超过因其独特性所增加的成本，那么，拥有这种差异化的企业将获得竞争优势。

1. 采用差异化战略的**优势**。

企业采用差异化战略，可以很好地防御产业中的五种竞争力量，获得超过水平的利润。具体讲，采用差异化战略的优势主要表现在以下几方面：

（1）形成进入障碍。

由于产品的特色，顾客对该产品或服务具有很高的忠实程度，从而使该产品和服务具有强有力的进入障碍。潜在的进入者要与该企业竞争，就需要克服由这种产品的独特性所造成的进入障碍。

（2）降低顾客敏感程度。

由于顾客对企业产品或服务有很高的忠实性，所以当这种产品或服务的价格发生变化时，顾客对价格的敏感程度不高。生产该产品或提供该服务的企业便可以运用差异化战略，在产业的竞争中形成一个隔离地带，避免竞争的侵害。

（3）增强讨价还价能力。

差异化战略可以为企业产生较高的边际收益，降低企业的总成本，增强企业对付供应者讨价还价的能力。同时，由于购买者别无其他选择，对价格的敏感程度又低，所以企业又可以运用这一战略削弱购买者讨价还价的能力。

（4）抵御替代品威胁。

替代品能否替代老产品，主要取决于两种产品的性能—价格比的比较。差异化战略通过提高产品的性能来提高产品的性能—价格比，有助于抵御替代品的威胁。

2. 差异化战略的**实施条件**。

（1）市场情况。

①产品能够充分地实现差异化，且为顾客所认可；

②顾客的需求是多样化的；

③企业所在产业技术变革较快，创新成为竞争的焦点。

（2）资源和能力。

实施差异化战略应具备的资源和能力包括：

①具有强大的研发能力和产品设计能力；

②具有很强的市场营销能力；

③有能够确保激励员工创造性的激励体制、管理体制和良好的创造性文化；

④具有从总体上提高某项经营业务的质量、树立产品形象、保持先进技术和建立完善分销渠道的能力。

3. 采取差异化战略的**风险**。

（1）企业形成产品差别化的成本过高。

企业形成产品差别化的成本过高，从而与实施成本领先战略的竞争对手的产品价格差距过大，购买者不愿意为获得差异化的产品支付过高的价格。

（2）市场需求发生变化。

市场需求发生变化，购买者需要的产品差异化程度下降，使企业失去竞争优势。

（3）竞争对手的模仿和进攻使已建立的差异缩小甚至转向。

竞争对手的模仿和进攻使已建立的差异缩小甚至转向，这是随着产业的成熟而发生的一种普遍现象。

（三）集中化战略

集中化战略是指针对某一特定购买群体、产品细分市场或区域市场，采用成本领先或产品差异化来获取竞争优势的战略。集中化战略一般是中小企业采用的战略，可分为两类：**集中成本领先战略**和**集中差异战略**。

1. 采用集中化战略的**优势**。

由于采用集中化战略是企业在一个特定的目标市场上实施成本领先或差异化战略，所以，成本领先和差异化战略抵御产业五种竞争力的优势也都能在集中化战略中体现出来。此外，由于集中化战略避开了在大范围内与竞争对手的直接竞争，所以，对于一些力量还不足以与实力雄厚的大公司抗衡的中小企业来说，集中化战略的实施可以增强它们相对的竞争优势。即使是对于大企业来说，集中化战略的实施也能够避免与竞争对手正面冲突，使企业处于一个竞争的缓冲地带。

2. 集中化战略的**实施条件**。

（1）购买者群体之间在需求上存在着差异。

（2）目标市场在市场容量、成长速度、获利能力、竞争强度等方面具有相对的吸引力。

（3）在目标市场上，没有其他竞争对手采用类似的战略。

（4）企业资源和能力有限，难以在整个产业实现成本领先或差异化，只能选定个别细分市场。

3. 采取集中化战略的**风险**。

企业在实施集中化战略时，可能会面临以下风险：

（1）狭小的目标市场导致的风险。

由于狭小的目标市场难以支撑必要的生产规模，所以集中化战略可能带来高成本的风险，从而又会导致在较宽范围经营的竞争对手与采取集中化战略的企业之间在成本差别上日益扩大，抵消了企业在目标市场上的成本优势或差异化优势，使企业集中化战略失败。

（2）购买者群体之间需求差异变小。

由于技术进步、替代品的出现、价值观念更新、消费偏好变化等多方面的原因，目标市场与总体市场之间在产品或服务的需求上差别变小，企业原来赖以形成集中化战略的基础也就消失了。

（3）竞争对手的进入与竞争。

原来以较宽的市场为目标的竞争对手转而采取同样的集中化战略，或者竞争对手从企业的目标市场中找到了可以再细分市场，并以此为目标来实施集中化战略，从而使原来实施集中化战略的企业失去了优势。

【经典例题】

【真题·单选题】（2017）甲公司是一家餐饮外卖公司。该公司运用大数据挖掘技术，对某软件园区的客户订餐行为进行了深入调查，并根据调查结果，针对该区域的客户制定和实施了一套促销方案，取得了良好效果。甲公司实施的竞争战略属于（　　）。

A. 成本领先战略

B. 差异化战略

C. 集中化战略

D. 蓝海战略

【答案】 C

【解析】 集中化战略是指针对某一特定购买群体、产品细分市场或区域市场，采用成本领先或产品差异化来获取竞争优势的战略。本题中，“对某软件园区的客户订餐行为进行了深入调查，并根据调查结果，针对该区域的客户制定和实施了一套促销方案”体现了集中化战略。

【真题·单选题】（2018）尚佳公司是一家办公用品生产和维修企业。该公司运用大数据技术，对某市客户使用办公用品的情况进行了调查分析，并根据分析结果，针对这些客户制定并实施了一套促销策略，取得了显著效果。根据以上描述，尚佳公司实施的竞争战略是（　　）。

A. 市场开发战略

B. 成本领先战略

C. 差异化战略

D. 集中化战略

【答案】 D

【解析】 集中化战略是指针对某一特定购买群体、产品细分市场或区域市场，采用成本领先或产品差异化来获取竞争优势的战略。本题中，“对某市客户使用办公用品的情况进行了调查分析，并根据分析结果，针对这些客户制定并实施了一套促销策略”体现了集中化战略。

【真题·多选题】（2017）Y 国的 F 公司是一家专门生产高档运动自行车的企业，其产品在 Y 国高档运动自行车细分市场上的占有率高达 80% 以上。下列各项中，属于 F 公司竞争战略实施条件的有（　　）。

A. 产业规模经济显著

B. 购买者群体之间在需求上存在差异

C. 产品具有较高的价格弹性，市场中存在大量价格敏感用户

D. 目标市场上存在市场容量、成长速度

等方面具有相对的吸引力

【答案】BD

【解析】本题中，“Y 国的 F 公司是一家专门生产高档运动自行车的企业，其产品在 Y 国高档运动自行车细分市场上的占有率高达 80% 以上”说明 F 公司采用的是集中化战略。集中化战略实施条件有：①购买者群体之间在需求上存在着差异；②目标市场在市场容量、成长速度、获利能力、竞争强度等方面具有相对的吸引力；③在目标市场上，没有其他竞争对手采用类似的战略；④企业资源和能力有限，难以在整个产业实现成本领先或差异化，只能选定个别细分市场。

【例题·多选题】甲公司是一家手机制造企业，在手机制造产业一直处于领先地位，近年来，该企业在做战略转型后一直坚持差异化战略，追求手机的技术创新、性能完美但售价高达 1 600 美元。甲公司连年出现亏损，从差异化战略的风险角度分析，甲公司亏损的原因可能包括（　　）。

A. 消费者需求偏向于价格适中，性价比高的手机

B. 甲公司的目标市场过小

C. 竞争对手模仿能力变强

D. 企业形成产品差别化的成本过高

【答案】ACD

【解析】采取差异化战略的风险包括：①企业形成产品差别化的成本过高，从而与实施成本领先战略的竞争对手的产品价格差距过大，购买者不愿意为获得差异化的产品支付过高的价格。②市场需求发生变化，购买者需要的产品差异化程度下降，使企业失去竞争优势。③竞争对手的模仿和进攻使已建立的差异缩小甚至转向，这是随着产业的成熟而发生的一种普遍现象。因此，选项 A、C、D 正确，选项 B 是集中化战略的风险。

重难点 9：基本战略的综合分析——“战略钟”★★★

基本竞争战略的概念非常重要，这是因为它给管理人员提供了思考竞争战略和取得竞争优势的方法。然而，当试图用这些概念解决企业实际战略选择时会遇到很多问题。企业遇到的实际情况比较复杂，并不能简单地归纳为应该采取哪一种基本战略。而且，即使是成本领先或差异化也只是相对的概念，在它们之中也有多个层次。克利夫·鲍曼将这些问题收入到一个体系内，并称这一体系为“战略钟”。将产品的价格作为横坐标，将顾客对产品认可的价值作为纵坐标，然后将企业可能的竞争战略选择在这一平面上用 8 种途径表现出来，如下图所示：

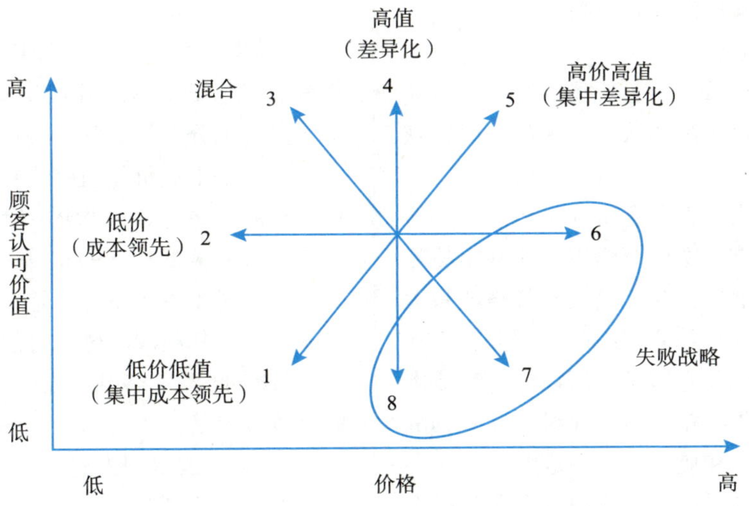

（一）成本领先战略

成本领先战略包括途径1和途径2。可以大致分为两个层次：一是低价低值战略（途径1）；二是低价战略（途径2）。低价低值途径看似没有吸引力，但有很多公司按这一途径经营得很成功。这时企业关注的是对价格非常敏感的细分市场，在这些细分市场中，虽然顾客认识到产品或服务的质量很低，但他们买不起或不愿买更好质量的商品。低价低值战略是一种很有生命力的战略，尤其在面对收入水平较低的消费群体的企业，很适合采用这种战略。途径1可以看成是一种集中成本领先战略。途径2则是企业寻求成本领先战略时常用的典型途径，即在降低价格的同时，努力保持产品或服务的质量不变。

（二）差异化战略

差异化战略包括途径4和途径5。也可大致分为两个层次：一是高值战略（途径4）；二是高值高价战略（途径5）。途径4也是企业广泛使用的战略，即以相同或略高于竞争者的价格向顾客提供高于竞争对手的顾客认可价值。途径5则是以特别高的价格为顾客提供更高的认可价值。一些高档购物中心、宾馆、饭店等，就是实施这种战略。这种战略在面对高收入消费者群体时很有效，因为产品或服务的价格本身也是消费者经济实力的象征。途径5可以看成是一种集中差异化战略。

（三）混合战略

混合战略指途径3。在某些情况下，企业可以在为顾客提供更高的认可价值的同时，获得成本优势。这与波特原来的设想有所不同。在波特与英国最大的百货超市连锁店Sainsbury公司的总经理戴维·塞恩斯伯里讨论基本战略问题时，塞恩斯伯里认为，只关心价格或只关心质量的消费者都只是非常小的一部分，大多数人既关心价格也关心质量。所以应该在成本领先战略与差异化战略之间，探讨这样一种战略，即注重于价格和质量的中间范围。

从理论角度看，以下一些因素会导致一个企业同时获得两种优势：

1. 提供高质量产品的公司会增加市场份额，而这又会因规模经济而降低平均成本。其结果是，公司可同时在该产业取得高质量和低成本的定位。

2. 生产高质量产品的经验累积降低成本的速度比生产低质量产品快。原因在于，当生产高质量产品时，工人必须更留心产品的生产，这又会因经验曲线而降低平均成本。

3. 注重提高生产效率可以在高质量产品的生产过程中降低成本，例如，全面质量管理（TQM）运动的全部推动力就是使公司改善生产过程以提高产品质量，同时降低平均成本。

（四）失败的战略

途径6、途径7、途径8一般情况下可能是导致企业失败的战略。途径6提高价格，但不为顾客提供更高的认可价值。途径7是途径6更危险的延伸，降低产品或服务的顾客认可价值，同时却在提高相应的价格。除非企业处于垄断地位，否则不可能维持这样的战略。途径8在保持价格不变的同时降低顾客认可的价值，这同样是一种危险的战略，虽然它具有一定的隐蔽性，在短期内不被那些消费层次较低的顾客所察觉，但是这种战略是不能持久的，因为有竞争对手提供的优质产品作为参照，顾客终究会辨别出产品的优劣。

【经典例题】

【真题·单选题】（2017）轿车生产企业华美公司起步初期，国内汽车市场基本被跨国公司巨头瓜分殆尽。华美公司生存和发展的唯一途径就是走低价低值路线。过去国内汽车市场一直流传一句话，“卖一辆高档车赚一辆中档车；卖一辆低档车只能赚一辆自行车”。华美公司的轿车在入市时只是一般低档车价格的二分之一，其利润的微薄可想而知。依据基本竞争战略的“战略钟”分析，华美公司当时的竞争战略是（　　）。

A. 集中成本领先战略

B. 混合战略

C. 成本领先战略

D. 失败战略

【答案】A

【解析】在“战略钟”分析模型中，成本领先战略包括低价低值战略和低价战略。低价低值战略可以看成集中成本领先战略，低价战略可以看作是成本领先战略。

【真题 · 单选题】（2018）绿屋咖啡店率先采取了一项新的经营方式：顾客电单付费后，亲自操作咖啡机自取咖啡。此举节省了店员的操作和相关费用，相应地把咖啡价格降低到行业最低水平，同时使顾客产生宾至如归的亲切感，“回头客”明显增加。绿屋咖啡店采用的战略属于（　　）。

A. 成本领先战略

B. 差异化战略

C. 集中化战略

D. 混合战略

【答案】D

【解析】本题中，“绿屋咖啡店率先采取了一项新的经营方式：顾客电单付费后，亲自操作咖啡机自取咖啡”“此举节省了店员的操作和相关费用，相应地把咖啡价格降低到行业最低水平”前者体现了差异化，后者体现了成本领先，说明绿屋咖啡店在为顾客提供更高的认可价值的同时，获得成本优势，这属于混合战略。

【真题 · 单选题】（2019）从事苹果种植与销售的秋实公司于 2017 年率先采用了一种新的经营方式，在种植区内增设了园林景观、运动场、游戏场等，到秋收季节，顾客可前来付费进行休闲娱乐等活动，同时能以市场最低的价格采摘和购买苹果。顾客采摘和购买的苹果到达一定数量，可免费参加休闲娱乐活动。这一经营方式受到市场的热捧。秋实公司采用的上述战略属于（　　）。

A. 成本领先战略

B. 差异化战略

C. 集中化战略

D. 混合战略

【答案】D

【解析】本题中，“在种植区内增设了园林景观、运动场、游戏场等，到秋收季节，顾客可前来付费进行休闲娱乐等活动，同时能以市场最低的价格采摘和购买苹果。顾客采摘和购买的苹果到达一定数量，可免费参加休闲娱乐活动”说明秋实公司在为顾客提供更高的认可价值的同时，获得成本优势，这属于混合战略。

【例题 · 多选题】对于“战略钟”模型中的混合战略是指，在某些情况下，企业可以在为顾客提供更高的认可价值的同时，获得成本优势。那么从理论角度来看，以下因素中，会导致企业同时获得两种优势的有（　　）。

A. 生产高质量产品的经验积累降低成本的速度比生产低质量产品快

B. 提供高质量产品的公司会增加市场份额，又会因规模经济而降低平均成本

C. 生产低质量产品获得成本优势后逐渐提高产品质量，同时控制成本

D. 注重提高生产效率可以在高质量产品的生产过程中降低成本

【答案】ABD

【解析】从理论角度看，以下一些因素会导致一个企业同时获得两种优势：①提供高质量产品的公司会增加市场份额，而这又会因规模经济而降低平均成本。其结果是，公司可同时在该产业取得高质量和低成本的定位；②生产高质量产品的经验累积降低成本的速度比生产低质量产品快。原因在于，当生产高质量产品时，工人必须更留心产品的生产，这又会因经验曲线而降低平均成本；③注重提高生产效率可以在高质量产品的生产过程中降低成本，例如，全面质量管理（TQM）运动的全部推动力就是使公司改善生产过程以提高产品质量，同时降低平均成本。

波特在《竞争战略》中对几个重要的产业环境类型进行了更具体的战略分析。他的分析主要是依据产业集中程度、产业成熟情况等角度展开的。其中零散产业和新兴产业大多是以中小企业为主体，所以从某种意义上讲，也

可以说是对中小企业竞争战略的研究。需要明确的是，以下将阐述零散产业和新兴产业中的一些特殊战略问题，并不能作为在这些产业中战略制定的全面指导。

重难点10：零散产业中的竞争战略★★★★

零散型产业是一种重要的结构环境，在这种产业中，产业集中度很低，没有任何企业占有显著的市场份额，也没有任何一个企业能对整个产业的发展产生重大的影响。在一般的情况下，零散型产业由很多中、小型企业构成。零散型产业存在于经济活动的许多领域中，如一些传统服务业快餐业、洗衣业、照相业等都属于这种产业。

（一）造成产业零散的原因

研究产业零散的原因是分析零散产业战略的重要内容。产业零散的原因主要来源于产业本身的基础经济特性。

1. 进入障碍低或存在退出障碍。

进入障碍低是造成产业零散的前提。由于进入障碍低，大量中小企业涌入该产业，成为产业中竞争的主导力量。另一方面，如果产业存在退出障碍，则收入持平的企业将倾向于在产业中维持，并因此求得巩固。

2. 市场需求多样导致高度产品差异化。

在某些产业中，顾客的需求是零散的，每一个顾客希望产品或服务有不同的式样，不愿意接受更标准化的产品，也愿意为这种要求付出代价。这种需求的多样性在大众的日常消费中表现得非常明显。如消费者对餐馆、洗衣店、理发店、女性时装店等提供的产品与服务，都有各自不同的要求。这种需求的零散性还表现在消费者消费地点的零散。对一些产品或服务，消费者总是希望能够就近获取，例如，快餐、超市、农贸市场等。由于顾客需求的零散，导致该产业高度产品差别化，有效地限制了企业的规模，使效率不同的中小企业得以生存发展。

3. 不存在规模经济或难以达到经济规模。

一些产业需要投入的固定资产较少，而专门技能是产业中竞争优势的主要来源。由于专门技能的复制不是件轻而易举的事情，所以，这些产业中不存在规模经济。又如，市场需求的快速变化与多样性，要求迅速反应和多种功能间紧密合作，大企业难以发挥规模优势。再如，消费者对消费地点要求的差异性使高度集中的大企业无法满足消费者要求。还有一种可能的情况是，由于买方和卖方产业结构的原因，顾客和供应者如此强大，以至一个大企业在与之打交道时，和小企业相比也没有更多的讨价还价能力，因而无规模优势。有时，这些供应商或购买者还可能会通过有意识延伸其业务范围或鼓励新企业进入的方式使产业中的企业规模较小。此外，在有些产业，虽然在生产过程中可能存在规模经济，但由于高运输成本、高库存成本或不稳定的销售波动可能难以达到规模经济所需要的经济规模。

以上三个方面的原因是从产业本身的经济特性角度归纳的。如果再考虑其他的因素，如政府政策和地方法规对某些产业集中的限制，以及一个新产业中还没有企业掌握足够的技能和能力以占据重要的市场份额等因素，也是导致产业零散的原因。

（二）零散产业的战略选择

零散产业中有很多企业，每个企业的资源和能力条件会有很大差异，因此零散产业的战略选择可以从多个角度考虑。如果从三种基本竞争战略的角度出发，零散产业的战略选择可分为以下三类：

1. 克服零散——获得成本优势。

零散产业的特点就是零散，企业无规模经济优势。但是，如果某一个企业能够克服零散，那么它的战略回报将会是很高的，其原因在于按零散产业的定义，进入这一产业的成本低，竞争者都比较弱小，它们进行报复的威胁不大。根据造成产业零散的原因，企业克服零散的途径有如下几条：

（1）**连锁经营或特许经营。**对于由顾客消费地点或消费口味不同而造成的生产规模的不经济性，克服零散最好的办法就是连锁经营或特许经营。这与许多制造业通过集中生产获得规模经济的方式完全不同。如一些便民超市、快餐店、理发店、美容厅等零售业和服务业，通过连锁经营或特许经营的方式可以使这些服务点仍然分散在居民的生活区中间，但是可以建立起区域性的供货配送中心，克服高运输成本，减少库存，快速反应顾客的需求，并分享共同的管理经验。正是由于连锁经营和特许经营能够克服零散，使企业获得规模经济带来的成本优势，在零售业这样一个原本属于中小企业天下的产业中，崛起了沃尔玛、家乐福等这样一些世界顶级的大企业。

（2）**技术创新以创造规模经济。**如果技术变化能够产生规模经济，产业的集中就可能发生。

（3）**尽早发现产业趋势。**如果产业零散的原因是由于产业处于开发期或成长期，那么随着产业的演变可能会发生集中。导致集中的因素可能是多方面的，比如，替代品的威胁通过改变顾客需要而触发了集中；批发渠道结构的改变和其他产业的变动趋势会直接或间接地对造成零散的原因发生作用；政府或管理当局可能提高产品或制造标准，使其超过小企业能力所及，以造成规模经济的实现等。尽早意识到产业发展趋势，可以使企业较早地利用这些结果而处于主动的地位，这可能是克服零散的一种重要方法。

实施以上的战略可能会使零散产业中的一部分中小企业逐步发展为大企业，但是对于广大中小企业可以更多地考虑以下两种战略。

2. 增加附加价值——提高产品差异化程度。

许多零散产业的产品或服务是一般性的商品，所以就产品或服务本身来说提高差异化程度潜力已经不大。在这种情况下，一种有效的战略是增加商品的附加价值。

3. 专门化——目标集聚。

零散产业需求多样化的特点，为企业实施重点集中战略提供了基础条件。在零散产业中可以考虑以下几种专门化战略：

①产品类型或产品细分的专门化。当造成产业零散的原因之一是产品系列中存在多项不同产品时，产品类型或产品细分的专门化就是一种可行的战略。企业可以通过使其产品达到足够大的规模来增加与供应商的讨价还价能力；还可以通过具有专门技能而提高细分市场上产品差异化程度。但是，这种战略的代价是可能会对企业的发展规模形成某些限制。

②顾客类型专门化。企业专注于产业中一部分特定顾客也可以获得潜在的收益。这些顾客可能因购买量小或规模小而造成讨价还价能力低下；或者可能对产品或服务有特殊要求而对价格很不敏感。像产品专门化一样，顾客专门化也可能限制企业的发展规模，但企业可能获得更高的利润率。

③地理区域专门化。有些产业在大的地域范围内可能不存在规模经济或者企业难以达到规模经济所需的市场份额，但是在一个小的地域范围内却可能获得重要的经济性。其方法是集中设备、选择更有效的广告，使用唯一的分销商等而获得经济性。

（三）谨防潜在的战略陷阱

零散产业独特的环境结构造成了一些特殊的战略陷阱。某些常见的陷阱应引起足够的警惕。在零散产业中进行战略选择要注意以下几个方面：

1. 避免寻求支配地位。

零散产业的基本结构决定了寻求支配地位是无效的，除非可以从根本上出现变化。造成产业零散的原因通常会使企业在增加市场份额的同时面对低效率和失去产品差异性。特别地，企图对所有的人在所有方面占优势会导致竞争力量的脆弱性达到最大值。

2. 保持严格的战略约束力。

零散产业的竞争结构总是要求市场集中或专注于某些严格的战略原则。执行这些原则要求有充分的勇气舍弃某些业务，也要求组织内部的资源配置具有相对的稳定性。一项无约束力的易变的战略可能在短期内产生效果，但在长期发展中，由于战略执行过于随机，会削弱自身的竞争力。

3. 避免过分集权化。

在许多零散产业中的竞争本质在于人员服务、当地联系、营业的近距离控制、对波动及式样变化的反应能力等。在许多情况下，集权化的组织结构与生产效率背道而驰，因为它延缓反应时间，经营单位的管理人员的主动性小，难以适应零散产业中的竞争。

4. 了解竞争者的战略目标与管理费用。

零散产业中有许多小型的私营企业，这些企业往往是家族式的管理方式：使用家庭劳动力，经常在家中工作。它们的管理费用通常很低，其目标与股份制企业也有很大差异，它们可能对较低的赢利水平就感到满意，因而对价格变动或其他产业事件的反应与“正常”企业相比可能极不相同。

5. 避免对新产品做出过度反应。

在零散产业中，巨大的竞争者数量与激烈的竞争往往使一种新产品成为激烈竞争的救星。但是，由于零散产业需求的多样性与缺乏规模经济，企业对新产品做出的大量投资在该产品的成熟期并不容易收回，也难以获得较高的回报。虽然在所有产业中怎样对待新产品都是一个困难的问题，但在零散产业中显得尤为突出。

【经典例题】

【真题·单选题】（2020）经营健身房的永强公司率先采用新技术，在其拥有的所有分店统一推出智能健身设备。使用该设备，健身者可以比以往节省50%的时间达到同样的健身效果，因此该设备受到健身者的好评。但由于购置、使用、维护智能健身设备耗资很大，而需求和使用率有限，永强公司入不敷出，经营陷入困境。从零散产业角度看，下列各项中，属于永强公司进行战略选择未能避免的战略陷阱是（　　）。

A. 寻求支配地位

B. 过分集权化

C. 对新产品做出过度反应

D. 不能保持严格的战略约束力

【答案】 C

【解析】“在其拥有的所有分店统一推出智能健身设备。使用该设备，健身者可以比以往节省50%的时间达到同样的健身效果，因此该设备受到健身者的好评。但由于购置、使用、维护智能健身设备耗资很大，而需求和使用率有限，永强公司入不敷出，经营陷入困境”说明永强公司进行战略选择时，未能避免的战略陷阱是对新产品作出过度反应，选项C正确。

【真题·简答题】（2020）2003年，从国内名牌大学毕业的李轩开始以“眼镜肉店”老板的身份在X市农贸市场卖猪肉，成为倍受关注的“最有文化的猪肉佬”。多年的教育背景让李轩把卖猪肉这个生意做到了很高的水准，他从来不卖注水肉，品质不好的肉坚决不进货，也从不缺斤少两，慢慢地积攒了诚信经营的口碑，一天能卖出十几头猪。

2008年，李轩与同是经营猪肉生意的本校校友张生相识。张生于2007年在G市创办猪肉连锁店，同样因为“国内名牌大学”和“猪肉”的名号，引起众人关注。

李轩和张生开始联手打造“特号土猪”的猪肉品牌。他们自己养猪，自己卖猪。他们选择口感颇受国内百姓喜爱的优良土猪品种；猪场采用半开放式的大空间，让猪自由活动；猪场里设有音响，专门给猪听音乐。他们认为，猪和人一样，只有心情愉悦，才会长得又肥又壮，肉质也会更加鲜美。

“特号土猪”公司日益发展壮大。从2010年5月开始，李轩和张生凭着自己多年经营猪肉的经验，开办了培训职业屠夫的“屠夫学校”，培养目标是“通晓整个产业流程的高素质创新型人才”。“特号土猪”公司每年都会招聘应届大学生，经过“屠夫学校”40天培训，再派往各店铺工作。

2015年，“特号土猪”销量超过10亿元，成为国内土猪肉第一品牌。2016年，在互联网大潮引领下，“特号土猪”登陆国内最大电商平台，成为第一个面向大众消费者的“互联网+”猪肉品牌。线上与线下同时发力，“特号土猪”品牌影响力进一步扩展，销量也更上一层楼。

2019年，“特号土猪”品牌连锁店开到全国20多个城市，共有2 000多家门店。十几年来，李轩和张生专心致志，将“特号土猪”高端品牌做到极致。

要求：

(1) 简要分析李轩和张生在零散产业——猪肉经营业中是如何实施三种基本竞争战略的。

(2) 从差异化战略实施条件（资源能力）角度，简要分析李轩和张生将“特号土猪”高端品牌做到极致的原因。

答案：

(1) ①克服零散——获得成本优势。a. 连锁经营或特许经营。“张生于2007年在G市创办猪肉连锁店”；“2019年，‘特号土猪’品牌连锁店开到全国20多个城市，共有2 000多家门店”。b. 技术创新以创造规模经济。“在互联网大潮引领下，‘特号土猪’登陆国内最大电商平台，成为第一个面向大众消费者的‘互联网+’猪肉品牌。线上与线下同时发力，‘特号土猪’品牌影响力进一步扩展，销量也更上一层楼”；“开办了培训职业屠夫的‘屠夫学校’，培养目标是‘通晓整个产业流程的高素质创新性人才’”。

②增加附加价值——提高产品差异化程度。“把卖猪肉这个生意做到了很高的水准，从来不卖注水肉、品质不好的肉坚决不进货，也从不缺斤少两，慢慢地积攒了诚信经营的口碑”；“他们自己养猪、自己卖猪。他们选择口感颇受国内百姓喜爱的优良土猪品种；猪场采用半开放式的大空间，让猪自由活动；猪场里设有音响，专门给猪听音乐。他们认为，猪和人一样，只有心情愉悦，才会长得又肥又壮，肉质也会更加鲜美”；“开办了培训职业屠夫的‘屠夫学校’，培养目标是‘通晓整个产业流程的高素质创新型人才’”。

③专门化——目标集聚。“十几年来，李轩和张生专心致志，将‘特号土猪’高端品牌做到极致”。

(2) ①具有强大的研发能力和产品设计能力。“开办了培训职业屠夫的‘屠夫学校’，培养目标是‘通晓整个产业流程的高素质创新型人才’”；“他们自己养猪、自己卖猪。他们选择口感颇受国内百姓喜爱的优良土猪品种；猪场采用半开放式的大空间，让猪自由活动；猪场里设有音响，专门给猪听音乐。他们认为，猪和人一样，只有心情愉悦，才会长得又肥又壮，肉质也会更加鲜美”。

②具有很强的市场营销能力。“从来不卖注水肉、品质不好的肉坚决不进货，也从不缺斤少两，慢慢地积攒了诚信经营的口碑，一天能卖出十几头猪”；“在互联网大潮引领下，‘特号土猪’登陆国内最大电商平台，成为第一个面向大众消费者的‘互联网+’猪肉品牌。线上与线下同时发力，‘特号土猪’品牌影响力进一步扩展，销量也更上一层楼”。

③有能够确保激励员工创造性的激励体制、管理体制和良好的创造性文化。“开办了培训职业屠夫的‘屠夫学校’，培养目标是‘通晓整个产业流程的高素质创新型人才’”。

④具有从总体上提高某项经营业务的质量、树立产品形象、保持先进技术和建立完善分销渠道的能力。“李轩和张生开始联手打造‘特号土猪’的猪肉品牌”；“选择口感颇受国内百姓喜爱的优良土猪品种，猪场采用半开放式的大空间，让猪自由活动，猪场里设有音响，专门给猪听音乐”；“开办了培训职业屠夫的‘屠夫学校’，培养目标是‘通晓整个产业流程的高素质创新型人才’”；“在互联网大潮引领下，‘特号土猪’登陆国内最大电商平台，成为第一个面向大众消费者的‘互联网+’猪肉品牌”；“专心致志，将‘特号土猪’高端品牌做到极致”。

【真题·单选题】（2018）经营中式快餐的力元公司于2015年宣布其战略目标是建成门店覆盖全国的“快餐帝国”。由于扩张过快、缺乏相关资源保障、各地流行菜系经营者的激烈竞争以及不同消费者口味难以调和的矛盾，该战略目标未能实现，公司经营也陷入危机。从零散产业角度看，下列各项中，属于力元公司进行战略选择未能避免的战略陷阱是（　　）。

A. 寻求支配地位

B. 不能保持严格的战略约束力

C. 过分集权化

D. 不了解竞争者的战略目标和管理费用

【答案】A

【解析】零散产业谨防潜在的战略陷阱中的避免寻求支配地位，具体来说，零散产业的基本结构决定了寻求支配地位是无效的，除非可以从根本上出现变化。造成产业零散的原因通常会使企业在增加市场份额的同时面对低效率和失去产品差异性。特别地，企图对所有的人在所有方面占优势会导致竞争力量的脆弱性达到最大值。本题中，“经营中式快餐的力元公司于2015年宣布其战略目标是建成门店覆盖全国的‘快餐帝国’。由于扩张过快、缺乏相关资源保障、各地流行菜系经营者的激烈竞争以及不同消费者口味难以调和的矛盾，该战略目标未能实现，公司经营也陷入危机。”表明力元公司进行战略选择未能避免的战略陷阱是寻求支配地位。

【真题·多选题】（2017）靓影公司是一家经营照相、冲印、彩扩的企业。靓影公司应当采用的竞争战略有（　　）。

A. 连锁经营或特许经营，将服务点分散在居民生活区中间

B. 聚焦细分市场需求，如婚庆大尺寸照片的拍摄、冲印、美化等

C. 适应多样化的顾客需求，开发多种服务品种

D. 增加服务的附加价值，如在顾客等候时提供茶水、杂志等

【答案】ABD

【解析】本题中，“靓影公司是一家经营照相、冲印、彩扩的企业”，照相业属于零散产业。零散产业的战略选择可分为：①克服零散——获得成本优势，其中克服零散的途径包括连锁经营或特许经营，选项A正确；②增加附加价值——提高产品差异化程度，选项D正确；③专门化——目标集聚，选项B正确。

【真题·多选题】（2018）近年来，随着汽车销量的上升，洗车行业迅速发展。由于洗车业务不需要复杂的技术和大量的投资，且消费者需要的洗车地点分散，因而洗车公司数量大量增加，洗车行业呈零散状态。根据以上信息，造成洗车产业零散的原因有（　　）。

A. 进入障碍低

B. 成本的迅速变化

C. 市场需求多样导致高度产品差异化

D. 技术的不确定性

【答案】AC

【解析】产业零散的原因主要来源于产业本身的基础经济特性，①进入障碍低或存在退出障碍；②市场需求多样导致高度产品差异化；③不存在规模经济或难以达到经济规模。本题中，“洗车业务不需要复杂的技术和大量的投资”说明洗车业务进入障碍低，“且消费者需要的洗车地点分散，因而，洗车公司数量大量增加，洗车行业呈零散状态”说明市场需求多样导致高度产品差异化。

【真题·多选题】（2019）快餐业由很多中小餐饮企业组成，其中没有任何一个企业占有显著的市场份额或对整个产业的发展产生重大影响，造成快餐业上述状况的原因有（　　）。

A. 快餐业进入障碍低

B. 快餐业的经营成本变化迅速

C. 快餐业难以达到规模经济

D. 快餐市场需求多样导致产品高度差异化

【答案】ACD

【解析】本题中，“快餐业由很多中小餐饮企业组成，其中没有任何一个企业占有显著的市场份额或对整个产业的发展产生重大影

响”说明快餐业属于零散产业，造成产业零散的原因有：①进入障碍低或存在退出障碍；②市场需求多样导致高度产品差异化；③不存在规模经济或难以达到经济规模。

【例题·单选题】糕点产业由众多蛋糕品牌组成，产业集中度较低。21cake 是由廿一客食品有限公司于 2004 年 5 月创建的蛋糕品牌，其采用工厂大规模生产以及网络销售的形式实现了规模经济。目前，21cake 已独立拥有一万五千平方米的厂房、三百名资深师傅、二百余人的自有配送团队和 30 余位客户服务人员，21cake 以提供符合现代人生活方式的高品质健康食品为己任，从食品研发、生产、销售和配送，采用完全一体化的经营模式，保证 21cake 的产品和服务质量。上述案例中，可以判断 21cake 的战略选择是（　　）。

A. 克服零散——获得成本优势

B. 增加附加价值——提高产品差异化程度

C. 专门化——目标集聚

D. 全球国际化——寻找新市场

【答案】A

【解析】零散产业的战略选择包括：①成本领先战略（克服零散——获得成本优势）；②差异化战略（增加附加价值——提高产品差异化程度）；③集中化战略（专门化——目标集聚）。本题中，“糕点产业由众多蛋糕品牌组成，产业集中度较低。”说明企业处于零散产业；“其采用工厂大规模生产以及网络销售的形式实现了规模经济”说明 21cake 通过改变传统生产方式形成了规模经济，属于采用了成本领先战略，即克服零散——获得成本优势。

重难点 11：新兴产业中的竞争战略★★★

新兴产业是新形成的或重新形成的产业。其形成的原因是技术创新、消费者新需求的出现，或其他经济和社会变化将某个产品或服务提高到一种潜在可行的商业机会的水平。例如，电讯、计算机、家用电器等产业是创新技术的产物；搬家公司、送餐公司、礼仪公司等则是新需求的产物；典当行曾是我国的老产业，随着改革开放的发展它又成为我国的一个新兴产业。

从战略制定的观点看，新兴产业的基本特征是没有游戏规则。缺乏游戏规则既是风险又是机会的来源。

（一）新兴产业的内部结构环境

新兴产业在内部结构上彼此差异很大，但是仍有一些共同的结构特征。

1. 共同的结构特征。

（1）**技术的不确定性**。在新兴产业中，企业的生产技术还不成熟，还有待于继续创新与完善。同时，企业的生产和经营也还没有形成一整套的方法和规程，哪种产品结构最佳，哪种生产技术最有效率等都还没有明确的结论。

（2）**战略的不确定性**。与技术不确定性相联系的是战略的不确定性。在新兴产业中，由于产业内的企业对于竞争对手、顾客特点和处于新兴阶段的产业条件等只有较少的信息，没有企业知道所有的竞争者是谁，也没有企业能够经常得到可靠的产业销售量和市场份额的信息。所以企业在产品—市场定位、市场营销和服务等方面经常会进行多种尝试，没有公认的“正确”的战略。

（3）**成本的迅速变化**。新兴产业通常有一段非常陡峭的学习曲线发生作用。这意味着新兴产业最初的高成本会以很快的速度下降。小批量和新产品常在新兴产业初期形成相对较高的成本。然而随着生产过程和工厂设计的改进、工作熟练程度的提高、销售额的增长导致的规模与累积产量的大幅度增加，企业的生产效率会大幅度提高。如果学习曲线的作用能与产业增长时所获得的规模经济的作用相结合，则成本下降会更快。

（4）**萌芽企业和另立门户**。由于产业没有成型的游戏规则，也不存在规模经济等进入障碍，最早进入新兴产业的大多是萌芽企业。萌芽企业是指新成立的企业。与萌芽企业的进入相联系的是许多另立门户企业，即那些已立足的企业中的雇员走出企业创立他们自己的新企业。在新兴产业中另立门户现象涉及很多因素：第一，在迅速发展和充满机会的环境中，权益投资要比在已立足公司中充当工薪阶层更具吸引力。第二，由于新兴产业中存在技术和战略的流动性，已立足企业的雇员具有良好的条件去实现其更新的想法，这些新想法在原有企业可能由于转换成本过大而无法实现。

（5）首次购买者。新兴产业中许多顾客都是第一次购买。还有许多顾客对新兴产业持等待观望的态度，认为第二代或第三代技术将迅速取代现有的产品。在这种情况下，市场营销的中心活动是选择顾客对象并诱导初始购买行为。

2. 早期进入障碍。

与产业得以发展后的进入障碍相比，新兴产业早期进入障碍有很大的不同。常见的早期进入障碍有：

（1）专有技术；

（2）获得分销渠道；

（3）得到适当成本和质量的原材料和其他投入（如熟练劳动力）；

（4）经验造成的成本优势；

（5）风险。

早期进入障碍较少来源于需要掌握巨大资源，而更多地源于承担风险的能力、技术上的创造性以及做出前瞻性的决策以储备投入物资与分销渠道的能力等，在这些方面，中小企业往往比大企业更具有优势。这些障碍会随着产业的发展逐步弱化或消失。

（二）新兴产业的发展障碍

新兴产业在不同程度上面临产业发展的障碍。从产业的五种竞争力角度分析，这些障碍主要表现在新兴产业的供应者、购买者与被替代品三个方面，其根源还在于产业本身的结构特征。

1. 原材料、零部件、资金与其他供给的不足。

严重的原材料和零部件短缺在新兴产业中是很常见的。面对发展的需求和不能适应的供给，在新兴产业的早期阶段，重要的原材料和零部件的价格经常会大幅上涨。此外，由于技术与战略的不确定性，新兴产业在金融界的形象和可信任程度可能较差，这种情况将会影响企业取得低成本融资的能力。不仅如此，新兴产业还缺乏各种发展所必须的基础设施，如服务设施、经训练的技巧、互补产品等。

2. 顾客的困惑与等待观望。

新兴产业中顾客的困惑来源于众多产品方案、技术种类以及竞争者们互相冲突的宣传效果。这些现象又是由于技术的不确定性和缺乏技术标准等原因。这种混乱会增加购买者的购买风险感而采取等待观望的态度，从而限制了产业的市场容量。此外，缺少分销渠道也是制约新兴产业市场容量发展的障碍。

3. 被替代产品的反应。

在面临新产品替代威胁时，老产品生产企业会采用各种有效的办法降低替代品的威胁。老产品防范新产品的最佳战略可能是进一步降低成本，这也给新兴产业的发展增添了难度。

不难看到，上述障碍最终来源于新兴产业的技术与战略不确定、不稳定的产品质量、缺乏产品或技术标准，以及难以避免的早期高成本等产业特征。

尽管新兴产业的特征可能成为产业发展的障碍与风险的来源，但也同样会成为发展机遇的来源。新兴产业的发展机遇更多地从五种竞争力中的另外两个方面——进入障碍与产业内现有企业的竞争中表现出来。由于新兴产业进入障碍相对较低，产业尚处于不平衡状态，竞争结构还没有完全建立起来，因此，相对于成熟产业，新兴产业的进入成本与竞争代价都会小得多。

（三）新兴产业的战略选择

在新兴产业中，发展风险与机遇共存，而风险与机遇都来源于产业的不确定性。所以新兴产业中的战略制定过程必须处理好这一不确定性。

1. 塑造产业结构。

在新兴产业中占压倒地位的战略问题是考虑企业是否有能力促进产业结构趋于稳定而且成型。这种战略选择使企业能够在产品策略、营销方法以及价格策略等领域建立一套有利于自身发展的竞争原则，从而有利于企业建立长远的产业地位。

2. 正确对待产业发展的外在性。

在一个新兴产业中，一个重要的战略问题是在对产业倡导和追求自身狭窄利益的努力之间做出平衡。产业的整体形象、信誉、与其他产业的关系、产业吸引力、顾客对产业的认知程度、产业与政府及金融界的关系等都与企业的生产经营状况息息相关。产业内企业的发展，离不开与其他同类企业的协调以及整个产业的发展。企业为了产业的整体利益以及企业自身的长远利益，有时必须放弃暂时的自身利益。

3. 注意产业机会与障碍的转变，在产业发展变化中占据主动地位。

（1）新兴产业迅速发展可能会使原有的障碍和机会都发生变化。当产业在规模上有所发展，企业也证明了自身价值时，供应商和分销渠道的态度和行为可能会向有利于企业发展的方向转变。那么，尽早挖掘这些方向变化可能给企业提供战略机会。

（2）新兴产业早期的进入障碍也可能会迅速变化，当产业在规模上发展和技术上成熟时，企业不能永远依靠诸如专有技术或独特产品种类等进入障碍保卫自身地位。对变化的进入障碍做出反应可能涉及投入比早期阶段更多的资金。

（3）产业的发展会吸引更有规模、资金和市场营销等实力的企业进入，甚至供给者和购买者也可能以纵向一体化的方式进入该产业。在这些情况下，企业必须有应对激烈竞争的准备。

4. 选择适当的进入时机与领域。

选择适当的进入时机在新兴产业中尤为重要。早期进入涉及高风险，但可以在关键市场取得“局内人的位置”，获得市场支配地位。当下列基本情况具备时，早期进入是适当的：

（1）企业的形象和声望对顾客至关重要，企业可因先驱者而发展和提高声望。

（2）产业中的学习曲线很重要，经验很难模仿，并且不会因持续的技术更新换代而过时，早期进入企业可以较早地开始这一学习过程。

（3）顾客忠诚非常重要，那些首先对顾客销售的企业将获得较高的收益。

（4）早期与原材料供应、分销渠道建立的合作关系对产业发展至关重要。

而在下列情况下，早期进入将是非常危险的：

（1）早期竞争的细分市场与产业发展成熟后的情况不同，早期进入的企业建立了竞争基础后，面临过高的转换成本。

（2）为了塑造产业结构，需付出开辟市场的高昂代价，其中包括顾客教育、法规批准、技术开拓等，而开辟市场的利益无法成为企业专有。

（3）技术变化使早期投资过时，并使晚期进入的企业因拥有最新产品和工艺而获益。

【经典例题】

【例题·多选题】在新兴产业中，发展风险与机遇共存，而风险与机遇都来源于产业的不确定性，所以新兴产业中的战略制定过程必须处理好这一不确定性，以下做法中，可以处理好这一不确定性的有（　　）。

A. 塑造产业结构

B. 正确对待产业发展的外在性

C. 选择适当的进入时机与领域

D. 注意产业机会与障碍的转变

【答案】ABCD

【解析】在新兴产业中，发展风险与机遇共存，而风险与机遇都来源于产业的不确定性。所以新兴产业中的战略制定过程必须处理好这一不确定性。新兴产业的战略选择包括：①塑造产业结构；②正确对待产业发展的外在性；③注意产业机会与障碍的转变，在产业发展变化中占据主动地位；④选择适当的进入时机与领域。

重难点 12：蓝海战略★★★★★

欧洲工商管理学院 W. 钱·金（W. Chan Kin）、勒妮·莫博涅（Renee Mauborgne）在 2005 年 2 月由哈佛商学院出版的研究成果《蓝海战略》（Blue Ocean Strategy）为企业指出了一条通向未来增长的新路。他们认为，**红海战略**主要是立足当前业已存在的行业和市场，采取常规的竞争方式与同行业中的企业展开针锋相对的竞争。而**蓝海战略**是指不局限于现有产业边界，而是极力打破这样的边界条件，通过提供创新产品和服务，开辟并占领新的市场空间的战略。

（一）蓝海战略的内涵

蓝海的开拓者则并不将竞争作为自己的标杆，而是遵循另一套完全不同的战略逻辑，即**“价值创新”**（value innovation），这是**蓝海战略的基石**。之所以称为价值创新，原因在于它并非着眼于竞争，而是力图使客户和企业的价值都出现飞跃，由此开辟一个全新的、非竞争性的市场空间。

价值创新不仅仅是“创新”，而是涵盖整个公司行为体系的战略问题。价值创新要求企业引导整个体系同时以实现客户价值和企业自身价值飞跃为目标。如果不能将这两个目标相结合，创新必然会游离于战略核心之外。如下表格归纳了**红海和蓝海战略的关键性差异**：

红海战略	蓝海战略
在已经存在的市场内竞争	拓展非竞争性市场空间
参与竞争	规避竞争
争夺现有需求	创造并攫取新需求
遵循价值与成本互替定律	打破价值与成本互替定律
根据差异化或低成本的战略选择，把企业行为整合为一个体系	同时追求差异化和低成本，把企业行为整合为一个体系

【小贴士】红海战略与蓝海战略中的价值与成本互替定律

蓝海战略提出的价值创新挑战了基于竞争的传统教条即价值和成本的权衡取舍关系，让企业将创新与效用、价格与成本整合一体，不是比照现有产业最佳实践去赶超对手，而是改变产业既定游戏规则；不是瞄准现有市场“高端”或“低端”顾客，而是面向潜在需求的买方大众；不是一味细分市场满足顾客偏好，**而是合并细分市场整合需求**。要想以较低的成本提供更高的价值，企业必须从剔除和减少着手。那些企业竞争中所注重而并不为买方大众提供杰出效用的元素，就应剔除和减少投入，以大大降低成本。只有在此基础上增加和创造价值，企业才能走上一条区别于传统“差异化”战略的蓝海之路。

通过增加和创造现有产业未提供的某些价值元素，并剔除和减少产业现有的某些价值元素，企业就有可能同时追求“差异化”和“成本领先”，即**以较低的成本为买方提供价值上的突破**。

（二）蓝海战略制定的原则

蓝海战略开拓了一套条理清晰的绘制和讨论战略布局的过程，以将企业战略推向蓝海。下列表格列举了指导蓝海战略成功制定与实施的原则，以及这些原则所降低的风险，如下表：

蓝海战略的六项原则

战略制订原则	各原则降低的风险因素
重建市场边界	降低搜寻的风险
注重全局而非数字	降低规划的风险
超越现有需求	降低规模的风险
遵循合理的战略顺序	降低商业模式风险
战略执行原则	各原则降低的风险因素
克服关键组织障碍	降低组织的风险
将战略执行建成战略的一部分	降低管理的风险

1. 战略制订原则。

（1）重建市场边界。开创和夺取蓝海需要必备的分析工具和框架，通过有目的地运用这些有关机会与风险的工具和框架，企业可以主动改变产业和市场的基础条件。本书将在随后的“重建市场边界的基本法则”部分详细展开这些分析工具和框架。

（2）注重全局而非数字。常有人批评现行的战略规划过程只是在做数字游戏，把企业束缚在小步改进的模式中。蓝海战略注重全局，而不是沉浸在数字和术语中，这样才能超越小步改进价值的境界，在减少规划风险的同时，实现价值创新。

（3）超越现有需求。为了最大限度地开拓市场需求，蓝海战略强调通过审视“非顾客”之间强大的共同点统合需求，而不是把目光集中在顾客间的差别上，以此能够最大限度地拓宽创建中的蓝海和启动新的需求，并能够最大限度地降低规模的风险。

（4）遵循合理的战略顺序。可以按效用、价格、成本、接受这样一种顺序来制定蓝海战略，以确保企业所建立的商业模式风险小，并能够在其所开创的蓝海中获利。

2. 战略执行原则。

（1）克服关键组织障碍。蓝海战略的有效执行需要企业经理层克服那些在组织方面阻碍战略实施的主要困难，跨越认知、资源、动力和组织政治方面的障碍，在有限的时间和有限的资源条件下执行蓝海战略。

（2）将战略执行建成战略的一部分。企业应把战略的执行结合到战略制定的过程中，从而鼓舞人们行动起来，去执行蓝海战略，并使这种积极性根植于企业组织中并长久保持下去。

（三）重建市场边界的基本法则

蓝海战略的第一条原则，就是重新构筑市场的边界，从而打破现有竞争局面，开创蓝海。这一原则解决了令许多公司经常会碰到的搜寻风险。其难点在于如何成功地从一大堆机会中准确地挑选出具有蓝海特征的市场机会。

蓝海战略总结了六种重建市场边界的基本法则，被称之为六条路径框架。下表是对六种重建市场边界的路径框架做了一个小结。

从肉搏式竞争到蓝海战略

	肉搏式竞争	开创蓝海战略
产业	专注于产业内的竞争者	审视他择产业
战略群体	专注于战略群体内部的竞争地位	跨越产业内不同的战略群组
买方群体	专注于更好地为买方群体服务	重新界定产业的买方群体
产品或服务范围	专注于在产业边界内将产品或服务的价值最大化	放眼互补性产品或服务

续表

	肉搏式竞争	开创蓝海战略
功能—情感导向	专注于产业既定功能—情感导向下性价比的改善	重设产业的功能与情感导向
时间	专注于适应外部发生的潮流	跨越时间参与塑造外部潮流

1. 路径一：审视他择产业。

他择品的概念要比替代品更广。形式不同但功能或者核心效用相同的产品或服务，属于替代品（substitutes）。而他择品（alternatives）则还包括了功能和形式都不同目的却相同的产品或服务。

2. 路径二：跨越战略群组。

本书第二章阐述战略群组分析的第四个角度，就是“利用战略群组图还可以预测市场变化或发现战略机会”，这是重建产业边界的又一路径。

3. 路径三：重新界定产业的买方群体。

在一个产业中的企业通常会都集中于某一类购买群体。举例来说，医药行业主要将目光放在有影响力的群体即医生身上；办公用品行业主要关注采购者，即企业的采购部门；而服装行业主要直接向使用者销售产品。挑战产业有关目标买方群体的常识成规，就可以引领我们发现新的蓝海。

4. 路径四：放眼互补性产品或服务。

产品或服务很少会被单独使用。很多情况下，他们的价值会受到别的产品或服务的影响。但是，在大多数情况下，企业生产的产品或提供的服务都局限于产业范围内。事实上，在互补产品或服务背后常常隐藏着巨大的价值。

5. 路径五：重设客户的功能性或情感性诉求。

一些产业主要通过价格和功能来竞争，关注的是给客户带来的效用，客户的诉求是功能性的；其他一些产业主要以客户感觉为竞争手段，客户的诉求是情感性的。当企业关注挑战产业中已经存在的功能或情感诉求时，常常会发现新的市场机会。

6. 路径六：跨越时间。

随着时间的推移，很多产业都会受到外部趋势变化的影响，例如，互联网迅速崛起和全球环保运动的兴起。如果企业能够正确预测到这些趋势，就可能会找到蓝海市场机会。

【经典例题】

【真题·单选题】（2016）甲公司是一家区别于传统火锅店的新式火锅餐饮企业，在给顾客提供用餐服务的同时，还免费给顾客提供擦鞋、美甲、擦拭眼镜等服务。甲公司的经营模式取得了成功，营业额高速增长。甲公司实施蓝海战略的路径是（　　）。

A. 跨越时间

B. 跨越战略群体

C. 重新界定产业的买方群体

D. 重设客户的功能性或情感性诉求

【答案】 D

【解析】 实施蓝海战略的路径包括：①审视他择产业；②跨越战略群组；③重新界定产业的买方群体；④放眼互补性产品或服务；⑤重设客户的功能性或情感性诉求；⑥跨越时间。本题中，“甲公司免费给顾客提供擦鞋、美甲、擦拭眼镜等服务”这属于实施蓝海战略的路径中重设客户的功能性或情感性诉求。

【例题·单选题】 诺和诺德公司是一家胰岛素生产商，其将胰岛素生产的关注重点由医生转为病人，将胰岛素和注射笔整合创造出NovoLet注射装置，这种装置便于病人随身携带使用。诺和诺德公司的蓝海战略彻底改变了产业的竞争状况，市场份额大大增加，这一转变属于开创蓝海战略的路径是（　　）。

A. 跨域产业内不同的战略群体

B. 重新界定产业的买方群体

C. 放眼互补性产品或服务

D. 重设产业的功能与情感导向

【答案】 B

【解析】在一个产业中的企业通常会都集中于某一类购买群体，挑战产业有关目标买方群体的常识成规，就可以引领我们发现新的蓝海。本题中，“其将胰岛素生产的关注重点由医生转为病人，将胰岛素和注射笔整合创造出NovoLet注射装置，这种装置便于病人随身携带使用”诺和诺德公司便是打破了产业有关目标买方群体的常识成规，发现了蓝海。

重难点13：市场营销战略★★★★★

市场营销战略是企业市场营销部门根据公司总体战略与业务单位战略规划，在综合考虑外部市场机会及内部资源状况等因素的基础上，确定目标市场，选择相应的市场营销策略组合，并予以有效实施和控制的过程。市场营销战略计划的制订是一个相互动作用的过程，是一个创造和反复的过程。

在现代市场营销理论中，市场营销战略的核心是STP营销，即市场细分（Market Segmenting）、目标市场选择（Market Targeting）和市场定位（Market Positioning）。企业在目标市场上的经营特色和竞争地位，是通过市场营销组合的特点体现的。

一、市场细分

市场细分也称市场细分化，是指根据整体市场上用户的差异性，以影响用户需要和欲望的某些因素为依据，将一个整体市场划分为两个或两个以上的用户群体，每一个需求特点相类似的用户群体就构成一个细分市场（或子市场）。各个不同的细分市场，即用户群体之间存在明显的需求差异。

（一）消费者市场细分

消费者市场的细分依据有很多，可以将它们单独使用或同时利用多种变量对市场进行细分。消费者市场的主要细分变量可以归纳为地理因素、人口因素、心理因素和行为因素。

1. 地理细分。地理细分就是企业按照消费者所在的地理位置以及其他地理变量（包括城市农村、地形气候、交通运输等）来细分消费者市场。

2. 人口细分。人口细分就是企业按照人口变量（包括年龄、性别、收入、职业、教育水平、家庭规模、家庭生命周期阶段、宗教、种族、国籍等）来细分消费者市场。

3. 心理细分。心理细分就是按照消费者的生活方式、个性等心理变量来细分消费者市场。

4. 行为细分。行为细分就是企业按照消费者购买或使用某种产品的时机、消费者所追求的利益、使用者情况、消费者对某种产品的使用率、消费者对品牌（或商店）的忠诚程度、消费者待购阶段和消费者对产品的态度等行为变量来细分消费者市场。

消费者市场的细分通常要将几种变量结合起来考虑，以便将市场划分得更精准。

（二）产业市场细分

产业市场的购买者是工商服务企业，其购买目的是为了再生产、再销售，或为消费者提供服务，同时企业也谋取一份利润。产业市场的细分变量有些与消费者市场细分变量相同，如地理因素、追求利益、使用者情况、使用程度、对品牌的信赖程度、使用者对产品的态度等等。但产业市场也有自己的特殊性，采用最多的细分变量可以归纳为用户所处行业、用户规模、用户地理位置和追求的利益。

1. 用户的行业类别。在产业市场上，不同的最终用户对同一种产业用品的市场营销组合往往有不同的要求。例如，飞机制造商所需要的轮胎必须达到的安全标准比农用拖拉机制造商所需轮胎必须达到的安全标准高得多，豪华汽车制造商比一般汽车制造商需要更优质的轮胎等。因此，企业对不同的最终用户要相应地运用不同的市场营销组合，以投其所好，促进销售。

2. 用户规模。公司规模可以是大型、中型和小型，不同规模的用户，其购买力、购买批次、频率、购买行为和方式都有可能不同，要求供应商提供的服务水平也可能不同。

3. 用户的地理位置。除国界、地区、气候、地形、交通运输等条件外，产业布局、自然环境、资源等也是很重要的细分变量。按用户地理位置细分市场，有助于企业将目标市场选择在用户集中的地区，以节省推销费用和运输成本。

4. 购买行为因素。购买行为包括用户追求的利益、使用频率、品牌忠诚度、使用者地位（如重点户、一般户、常用户、临时户等）和购买方式等。

二、目标市场选择

市场细分是选择目标市场的基础。市场细分后，企业由于受到内外部条件的制约，可根据产品的特性、自身的资源和能力，在众多的细分市场中，选择一个或几个有利于发挥企业优势、能够达到最佳或满意的经济效益的细分市场作为目标市场。

企业可以采取的目标市场选择策略有三种，它们分别适用于不同的环境，各有其优点和缺陷。

（一）无差异营销策略

无差异营销策略，就是企业把整个市场作为自己的目标市场，只考虑市场需求的共性，而不考虑其差异，运用一种产品、一种价格、一种推销方法，吸引尽可能多的消费者。

无差异营销的优点主要有：品种单一，适合大批量生产和销售，发挥规模经济的优势；可以降低生产、存货和运输的成本，缩减广告、推销、市场调研和市场细分的费用，进而以低成本在市场上赢得竞争优势。无差异营销的主要缺点有：应变能力差，一旦市场需求发生变化，难以及时调整企业的生产和市场营销策略，特别是在产品生命周期进入成熟阶段后，竞争手段过于单一，因而风险较大。

（二）差异性营销策略

差异性营销策略指企业选择两个或两个以上，直至所有的细分市场作为目标市场，并根据不同细分市场的需求特点，分别设计生产不同的产品，制定不同的营销组合策略，有针对性地满足不同细分市场顾客的需求。

差异性营销的主要优点有：面向广阔的市场，满足不同消费者的需要，有利于扩大销售量，增强竞争力；企业适应性强，富有回旋余地，不依赖一个市场一种产品。差异性营销的主要缺点有：由于小批量多品种生产，要求企业具有较高的经营管理水平；由于品种、价格、销售渠道、广告、推销手段的多样化，使生产成本、研发成本、存货成本、销售费用、市场调研费用相应增加，有可能降低经济效益。

（三）集中化营销策略

集中化营销策略是指企业由于受到资源等条件的限制，以一个或少数几个性质相似的子市场作为目标市场，试图在较少的子市场上占领较大的市场份额。

集中化营销策略特别适合于资源有限的小企业，或刚刚进入某个新领域的企业。企业得以集中运用有限的资源，实行专业化的生产和销售，节省营销费用，提高产品和企业知名度。集中化市场策略的缺点是对单一和窄小的目标市场依赖性太大，一旦目标市场情况发生突然变化，企业周旋余地小，风险大。同时，当强有力的竞争者打入目标市场时，企业就要受到严重影响。

上述三种目标市场策略事实上是企业业务单位战略中的三种基本竞争战略在营销战略中的体现。三种战略各有利弊，企业选择时除了目标市场应具备的一些条件外，尚需考虑以下几个方面的因素：

1. 市场相似性。若消费者的需求、爱好、购买行为大致相近，对产品供应和销售要求的差别不大，也即市场需求类似程度很高时，宜采用无差别性营销策略；反之则采取差异性营销策略或集中化营销策略。

2. 产品的同质性。同质性产品如火柴、核桃、普通水泥、标准件等，比较适合采用无差异性营销策略；而一些差异性较大的产品如家具、服装、食品、家用电器、汽车等宜采用差异性营销策略或集中化营销策略。

3. 企业实力。如果企业在生产、技术、资源、销售等方面的实力很强，有能力覆盖所有的市场，则可采用无差异性营销策略，或差异性营销策略；若事例有限，宜采用集中化营销策略较为有效。

4. 产品生命周期阶段。通常，产品在引入期，采用无差异营销策略能取得很好的效果；而当产品进入成长期和成熟期后，则宜采用差异性营销策略，以建立有别于竞争对手的特色，或开拓新的市场，刺激新需求，延长产品生命周期。

5. 竞争者的策略。假如竞争者实行无差异竞争策略，则应采取差异性营销策略与之抗衡；如果竞争者已采取差异性竞争策略，企业可以考虑在进一步细分的基础上，采取差异性营销策略或集中化营销策略。

三、市场定位

市场定位就是使本企业产品具有一定特色，适应目标市场一定的需求和偏好，塑造产品在目标消费者心目中的独特形象和合适位置。

企业确定目标市场后，对产品进行第一次市场定位，也称初次定位。一般新产品投入市场均属初次定位。随着市场情况的变化，产品尚需创新定位，即对产品进行二次或再次定位。在以下情况企业需要对产品进行重新定位：（1）当本企业产品定位附近出现了强大竞争者，导致本企业产品的销售量及市场占有率下降；（2）顾客的消费观念、偏好发生变化，由喜爱本企业产品转向竞争者产品；（3）当本企业产品在目标市场已逐步走向产品生命周期的衰退期。在重新定位前，企业应慎重考虑和评价企业改进产品特色和转移到另一种定位时所需付出的代价是否小于在此新市场上的销售收入，以保证产品重新定位后仍有利润。

不论是产品的初次定位或重新定位，一般有以下三种产品市场定位策略可供选择。

1. 抢占或填补市场空位策略。这种策略是将企业产品定位在目标市场的空白处，生产销售目标市场上尚没有的某种特色产品，避开与目标市场上竞争者的直接对抗，以增强企业的相对竞争优势，获取更好的经济效益。

2. 与竞争者并存和对峙的市场定位策略。这种策略是将本企业的产品位置确定在目标市场上现有竞争者的产品旁，相互并存并对峙着。采用这种市场定位策略的前提是：①该市场还有很大的未被满足的需求，足以吸纳新进入的产品；②企业推出的产品要有自己的特色，能与竞争产品媲美。采用这种策略的好处是：①企业可仿制竞争者的产品，向市场销售自己品牌的产品；②由于竞争者已开发这种产品，本企业可节省大量研究开发费用；③由于竞争者已为产品进行了推广宣传，本企业能够节省推广费用，且可减少不适销的风险。

3. 取代竞争者的市场定位策略。这种策略就是将竞争者赶出原有位置，并取而代之。企业要实施这种定位策略，必须比竞争对手有明显的优势，提供比竞争者更加优越和有特色的产品，还要做好大量的推广宣传工作，提高本企业的形象和知名度，冲淡顾客对竞争者产品的印象和好感。

四、设计市场营销组合

市场营销组合是指企业为追求预期的营销目标，综合运用企业可以控制的各种要素，并对之进行最佳组合的过程。在营销战略的指导下，企业需要设计出由产品、价格、分销和促销这几个在企业控制之下的因素所构成的营销组合，简称4P组合。

（一）产品策略

产品策略包括产品组合策略、品牌与商标策略和产品开发策略。

1. 产品组合策略。产品组合，是指某一企业所生产或销售的全部产品大类、产品项目的组合。产品大类（又称产品线）是指产品类别中具有密切关系的一组产品。产品项目是指某一产品大类内由价格、功能及其他相关属性来区别的具体产品。

①产品组合的宽度、长度、深度和关联性。产品组合的宽度，是指一个企业有多少产品大类。产品组合的长度，是指一个企业的产品组合中所包含的产品项目的总数。产品组合的深度，是指产品大类中每种产品有多少花色、品种、规格。产品组合的关联性，是指一

个企业的各个产品大类在最终使用、生产条件、分销渠道等方面的密切相关程度。

企业增加产品组合的宽度，可以充分发挥企业的特长，使企业尤其是大企业的资源、技术得到充分利用，提高经营效益。企业增加产品组合的长度和深度，可以迎合广大消费者的不同需要和爱好，以招徕、吸引更多顾客。企业增加产品组合的关联性，则可以合理配置和有效利用企业资源，并提高企业在某一地区、行业的声誉。

②产品组合策略类型。企业在调整和优化产品组合时，依据情况的不同，可选择如下策略：

第一，扩大产品组合。包括拓展产品组合的宽度、长度和加强产品组合的深度。前者是增加产品大类和在原有产品大类内增加新的产品项目；后者是增加每种产品项目的花色、品种、规格。

第二，缩减产品组合。当市场不景气或原料、能源供应紧张时，从产品组合中剔除那些获利很小甚至亏损的产品大类或产品项目，使企业可集中力量发展获得利润较多产品大类和产品项目。

第三，产品延伸。产品延伸策略指全部或部分地改变公司原有产品的市场定位，具体做法有向下延伸、向上延伸和双向延伸三种。向下延伸，指企业原来生产高档产品，后来决定增加低档产品；向上延伸，指企业原来生产低档产品，后来决定增加高档产品；双向延伸，即原定位于中档产品市场的企业掌握了市场优势以后，决定向产品大类的上下两个方向延伸，一方面增加高档产品，另一方面增加低档产品，扩大市场阵地。

2. 品牌和商标策略。

企业可采用的品牌和商标策略如下：

①单一的品牌名称。即企业对所有产品都使用同一商标，这种策略的优点是：可以将一种产品具备的特征传递给另一种产品，简化了新产品上市的过程，因为无须为新产品建立新的品牌认知度。

②每个产品都有不同的品牌名称。如果企业生产的产品在市场中的定位显然不同，或者市场被高度细分，则企业通常对每个产品都采用不同的品牌名称。

③自有品牌。许多零售商销售自有品牌的杂货、服饰和五金器具，以使客户建立对该零售商而不是产品生产商的忠诚度。

3. 产品开发策略。

产品开发的原因包括：

①企业具有较高的市场份额和较强的品牌实力，并在市场中具有独特的竞争优势。

②市场中有潜在增长力。

③客户需求的不断变化需要新产品。持续的产品更新是防止产品被淘汰的唯一途径。

④需要进行技术开发或采用技术开发。

⑤企业需要对市场的竞争创新作出反应。

产品开发战略具有极大的投资风险。如下原因使产品开发越来越困难：

①在某些产业中，缺乏新产品构思。

②不断变小的细分市场使得市场容量降低。

③产品涉及复杂的研发过程，失败的概率很高。

④企业通常需要进行许多产品构思来生产好产品，因而费用高昂。

⑤即便产品获得成功，但是由于被市场中的竞争者“模仿”并加以创新和改良，因而新产品的生命周期可能较短。

为了使产品开发失败的概率最小化，要对新产品构思进行筛选。筛选流程包括业务分析、开发、测试上市和商品化。其旨在回答如下问题：

①该产品是否符合企业目标、企业战略、资源和竞争力。

②潜在客户是否喜欢这一产品。如果是，他们是否能购买该产品。

③该产品在市场上能否获利。

④在技术上和商业上，该产品是否能证明投资的合理性。

⑤市场测试是否符合预期要求。客户、经销商和竞争者的反应如何。

只有上述答案都是肯定回答时，才能将该项产品上市。

（二）价格策略

从市场营销的角度，价格是消费者为了获得拥有和使用某种产品和服务所带来的利益付出的价值总和。而定价又是营销组合要素中唯一能产生收益、真正为企业获取顾客价值的因素，因而也是企业最为关注的营销组合策略之一。

1. 基本的定价方法。

对定价影响最大的是成本、市场或消费者需求、竞争三个方面因素。其中，成本是价格的下限，顾客对产品价值的感知是上限，而竞争企业的产品和替代品的价格提供了参照。因此，基本的定价方法有三种：成本导向定价、需求导向定价和竞争导向定价。

①成本导向定价法最为简便，也是企业最常用的。具体的做法又可分为四种：成本加成定价、收支平衡定价法、目标利润定价法和变动成本定价法。

②需求导向定价法，是按市场需求的强弱情况制定不同的价格。市场需求量大，定价就高，需求量小，定价就低。

高定价策略，一般适用于以下情况：竞争者产品未上市；愿付高价购买的人数相当多；即使高价格诱使竞争者进入市场的风险也不大。

低定价策略，一般适用于以下情况：市场对价格呈现高度敏感，降低价格，需求量将大幅提高；低价可拒退已有或潜在竞争者；单位市场成本与销售成本能够因大量生产和销售而降低。

③竞争价格定价法，是以市场上相互竞争的同类产品为价格的基本尺度，并随竞争变化调整价格水平。主要做法有通行价格定价和密封投标定价。

在确定了基本的定价方法之后，企业还有许多价格调整策略可以选择，用以形成最终价格。

2. 主要定价策略。

①心理定价策略。是为适应消费者的购买心理所采用的定价策略，主要有尾数定价、整数定价、声望定价和招徕定价。尾数定价是依据消费者感觉零数价格比整数价格便宜的消费心理而采取的一种定价策略；整数定价是将商品价格定位一个整数；声望定价是利用企业和产品的声誉，对产品给予高定价的策略；招徕定价是利用消费者求廉的心理，将少数几种商品价格暂降至最低，借此吸引和招徕顾客购买的一种策略。

②产品组合定价策略。包括系列产品定价、副产品定价、关联产品定价和捆绑定价等。系列产品定价即将系列商品根据规格、外观等的不同给予不同的价格；副产品定价是对在生产主要产品的过程中同时产出的产品给予低于主要产品的定价；关联产品大多为互补产品，一些既生产主要产品又生产关联产品的企业，将主要产品的价格定得偏低，而将关联产品定高价，靠关联产品赚钱；捆绑定价是将几种相关产品组合起来，以低于整体价格的价格销售，有助于促进消费者购买那些他们本来可能不会购买的产品。

③折扣与折让策略。包括各种减价策略，即在原定价格的基础上减收一定比例的货款。有现金折扣、数量折扣、交易折扣、季节性折扣和推广折扣等。

④地理差价策略。根据买卖双方地理位置的差异，考虑买卖双方分担运输、装卸、仓储、保险等费用的一种价格策略。包括产地价、目的地交货价、统一交货价、分区运送价和津贴运费定价等。

3. 新产品定价策略。

新产品引入阶段的定价最具挑战性。此时对消费者的认知价值难以确定，又无竞争者价格作参考，尤其是全新产品和革新型产品。主要有三种定价策略可供选择。

①渗透定价法。是指在新产品投放市场时确定一个非常低的价格，以便抢占销售渠道和消费者群体，从而使竞争者较难进入市场。这是一种通过牺牲短期利润来换取长期利润的策略。

②撇脂定价法。是指在新产品上市之初确定较高的价格，并随着生产能力的提高逐渐降低价格。这一方法旨在产品生命周期的最初阶段获取较高的单位利润。

③满意定价策略。即介于以上两种策略之间的适中定价策略。这一方法意图同时达到产品价格能被顾客接受、企业又有一定利润的目的。

无论企业采用何种定价策略，重要的是企业应懂得价格与其他营销组合要素之间具有很强的相互作用。定价必须考虑到相对竞争对手而言产品的质量和促销费用。

（三）分销策略

分销策略是确定产品到达客户手上的最佳方式。分销策略要克服地点、时间、产品数量和所有权上的差异，解决如何分销产品以及如何确定实体店的位置等问题。

分销策略应当与价格、产品和促销三个方面密切相关。可获取产品的渠道对于客户对产品的质量和状况的感知非常重要。分销渠道必须使产品的形象与客户的产品感知相符合。

传统的营销理论将分销渠道分为直接分销和间接分销两种类型。直接分销是指产品不经过中间商而直接从生产商到消费者；间接分销是指经过了中间商的分销系统。采用中间商，有利于生产商集中资源扩大核心业务而不必在分销渠道上投入大量的资金，从而获取较高的投资回报率。此外，如果企业是一家大型生产商并且在全球范围内销售，则其不太可能拥有所有的销售网点，因而必须选择和使用中间商。

企业确定中间商数量有三种可供选择的分销策略：独家分销、选择性分销和密集分销。独家分销是指生产企业在某一地区仅通过一家中间商推销其产品；选择性分销指生产企业在某一地区仅通过几个精心挑选的、最适合的中间商推销产品；密集分销指生产商以尽可能多的中间商销售企业的产品或服务。下表展示了三种分销策略的比较。

三种分销策略比较

分销策略	优势	劣势	适用范围
独家分销	对中间商的服务水平和提供的产品保持控制。中间商能获得企业给定的产品的优惠价格	需企业和经销商之间更紧密的合作。因缺乏竞争，消费者的满意度可能会受到影响；经销商对生产商的反控制力度较强	适用于技术含量较高，需要售后服务的专门产品的分销，如机械产品、耐用消费品、特殊产品等
选择性分销	比密集分销能取得经销商更大的支持，同时又比独家分销能给消费者购物带来更大的方便	分销商的竞争较独家分销时激烈	适宜消费品中的选购品和特殊品
密集分销	市场覆盖率高、便利消费者	价格竞争激烈，导致市场混乱，有时会破坏厂家的营销意图；渠道的管理成本很高	比较适宜日用消费品的分销。多数家具，家用电器品牌采用此种策略

在互联网开放的网络环境下，分销渠道又分为线上和线下两种类型。线上渠道通常指网络上的渠道，通过网上商城或其他网络方法传播产品、服务等；线下渠道是指通过面对面或其他非网络方法交易或传播产品和服务等。

（四）促销策略

促销的目的在于赢得潜在客户的注意、激发客户的购买渴望和购买行为。企业将其产品或服务的特性传达给预期客户的方式被称为促销组合。

1. 促销组合要素构成。

①广告促销。在媒体中投放广告，使潜在客户对企业产品和服务产生良好印象。广告促销要仔细考虑广告的地点、时间、频率和形式。

②营业推广。采用非媒体促销手段，为鼓

励客户购买产品或服务而设计。例如，试用品、折扣、礼品等方式都已被许多企业所采用。

③公关宣传。通常是指宣传企业形象，为企业及其产品建立良好的公众形象。

④人员推销。企业的销售代表直接与预期客户进行接触。销售代表能够完整地解释产品的细节，针对客户提出的问题进行解答，还可以演示产品的用途。

2. **促销组合策略**。

企业可以选择两个基本的促销组合策略：推式策略和拉式策略。

①推式策略。将产品经过营销渠道“推”向最终消费者。制造商的市场活动（主要是人员推销和交易推广）大多面向渠道成员展开，激励他们购买产品并向最终消费者销售。

②拉式策略。依靠制造商直接开展的市场活动（主要是广告和消费者推广）指向最终消费者，激励他们购买产品。如果拉式策略奏效，消费者将向渠道成员索取产品，渠道成员转而向制造商索取产品。

③推拉结合策略。企业将推式策略和拉式策略配合起来使用，在向中间商进行大力促销的同时，通过广告刺激市场需求。

【经典例题】

【真题·单选题】（2020）云澜公司是一家面向全球的家具和室内饰品生产商。该公司根据不同国家和地区的消费者是崇尚传统还是追求时尚来为他们设计、生产具有不同风格和质地的产品。云澜公司对消费者市场的细分属于（　　）。

A. 地理细分

B. 人口细分

C. 心理细分

D. 行为细分

【答案】 A

【解析】 地理细分就是企业按照消费者所在的地理位置以及其他地理变量（包括城市农村、地形气候、交通运输等）来细分消费者市场。“该公司根据不同国家和地区的消费者是崇尚传统还是追求时尚来为他们设计、生产具有不同风格和质地的产品。”属于地理细分，选项A正确。

【真题·多选题】（2020）新业影视公司于2019年底推出一档贺岁片。该片公映前，公司召开新片发布会，全体创作人员、导演和阵容强大的主要演员集体在媒体和影视界嘉宾前亮相，宣称此片将“进军奥斯卡”。公司在会上散发了该片的精彩剧照，透露了令人捧腹的拍摄花絮，并请与会人员免费观看了该片的首映。新业影视公司采用的促销策略组合要素有（　　）。

A. 广告促销

B. 营业推广

C 公关宣传

D. 人员推销

【答案】 BCD

【解析】 “公司召开新片发布会，全体创作人员、导演和阵容强大的主要演员集体在媒体和影视界嘉宾前亮相”属于广告促销；全体创作人员、导演和阵容强大的主要演员集体在媒体和影视界嘉宾前亮相，宣称此片将“进军奥斯卡”属于人员推销；“公司在会上散发了该片的精彩剧照，透露了令人捧腹的拍摄花絮，并请与会人员免费观看了该片的首映”属于营业推广。选项B、C、D正确。

【真题·单选题】（2017）某发达国家X公司的滤水壶式滤水器领域中的世界第一品牌。在德国，消费者购买X滤水壶的主要原因是它可以降低当地水质的硬度，软化后的过滤水可以带来更好的口感。在法国和意大利，消费者将其作为瓶装水的一种低成本替代品。而在进入中国大陆市场初期，X滤水壶定位于高端生活改善消费品，它代表健康的水质和时尚的生活感受，在本例中，消费者的市场细分不包括（　　）。

A. 地理细分

B. 人口细分

C. 行为细分

D. 心理细分

【答案】B

【解析】本题中，“在德国，消费者购买X滤水壶的主要原因是它可以降低当地水质的硬度，软化后的过滤水可以带来更好的口感”属于消费者所追求的利益，是行为细分；“而在进入中国大陆市场初期，X滤水壶定位于高端生活改善消费品，它代表健康的水质和时尚的生活感受”体现出消费者的生活方式、个性等心理变量来细分消费者市场，即心理细分；按照德国、法国、意大利和中国大陆来进行市场细分，属于地理细分，因此在本案例中，消费者的市场细分不包括人口细分。

【真题·单选题】（2019）嘉利啤酒公司经过数据分析发现，其产品的89%是被50%的顾客（重度饮用啤酒者）消费掉的，另外50%顾客（轻度饮用啤酒者）的消费量只占总消费量的11%。该公司据此推出了吸引重度饮用啤酒者而放弃轻度饮用啤酒者的促销策略。该公司进行市场细分的依据是（　　）。

A. 地理细分

B. 人口细分

C. 行为细分

D. 心理细分

【答案】C

【解析】行为细分是指企业按照消费者购买或使用某种产品的时机、消费者所追求的利益、使用者情况、消费者对某种产品的使用率等行为变量来细分消费者市场。本题中，“其产品的89%是被50%的顾客（重度饮用啤酒者）消费掉的，另外50%顾客（轻度饮用啤酒者）的消费量只占总消费量的11%”显然是根据消费者使用情况来细分市场，属于行为细分中消费者对某种产品的使用率。

【真题·多选题】（2018）乐融旅行社定期开展会员俱乐部活动。活动期间，该社向参加活动的会员提供免费茶点、风景摄影及旅游知识讲座、旅游新项目推介等，建立了良好的公众形象。在上述活动中，乐融旅行社采用的促销组合要素有（　　）。

A. 广告促销

B. 营业推广

C. 公关宣传

D. 人员推销

【答案】BCD

【解析】①广告促销，是指在媒体中投放广告，使潜在客户对企业产品和服务产生良好印象。②营业推广，是指采用非媒体促销手段，为鼓励客户购买产品或服务而设计。③公关宣传，是指宣传企业形象，为企业及其产品建立良好的公众形象。④人员推销，是指企业的销售代表直接与预期客户进行接触。销售代表能够完整地解释产品的细节，针对客户提出的问题进行解答，还可以演示产品的用途。本题中，“该社向参加活动的会员提供免费茶点、风景摄影及旅游知识讲座、旅游新项目推介等”属于营业推广和人员推销，“建立了良好的公众形象”属于公关宣传。

【真题·多选题】（2019）新年前夕，某出版商推出反映不同民族生活习俗特点的系列年画，深受目标消费市场的消费者喜爱。该出版商进行市场细分的依据有（　　）。

A. 地理细分

B. 人口细分

C. 行为细分

D. 心理细分

【答案】BD

【解析】消费者市场的细分变量主要有地理、人口、心理和行为四类变量。①地理细分是企业按照消费者所在的地理位置以及其他地理变量（包括城市农村、地形气候、交通运输等）来细分消费者市场。②人口细分是企业按照人口变量（包括年龄、性别、收入、职业、教育水平、家庭规模、家庭生命周期阶段、宗教、种族、国籍等）来细分消费者市场。③心理细分是按照消费者的生活方式、个性等心理变量来细分消费者市场。④行为细分是企业按照消费者购买或使用某种产品的时机、消费者所追求的利益、使用者情况、消费者对某种产品的使用率、消费者对品牌（或商店）的忠诚程度、消费者待购阶段和消费者对产品的态度等行为变量来细分消费者市场。本题中，“不同民族”属于人口变量，是确定目标市场中的人口细分，选项 B 正确；“生活习俗”属于一种生活方式，是确定目标市场中的心理细分，选项 D 正确。

【例题·单选题】甲公司是一家手机制造企业，其发布的新手机通常定价往往会较高，但随着其生产能力的提升，手机定价会逐渐降低。从定价策略角度来看，甲公司所采用的方法是（　　）。

A. 差别定价法

B. 动态定价法

C. 渗透定价法

D. 撇脂定价法

【答案】D

【解析】撇脂定价法，是指在新产品上市之初确定较高的价格，并随着生产能力的提高逐渐降低价格，旨在产品生命周期的最初阶段获取较高的单位利润。本题中，“其发布的新手机通常定价往往会较高，但随着其生产能力的提升，手机定价会逐渐降低”体现出甲公司所采用的定价策略是撇脂定价法。

重难点 14：研究与开发战略★★★

研究与开发（简称研发）被定义为组织层面的企业创新。研究可以是基础研究、应用型研究和开发型研究，其目的在于改良产品或改良流程。基础研究是取得新的科学技术知识或了解的初始研究，没有明显的商业用途或实际目的。应用型研究是指具有明显的商业用途或实际目的的研究。开发型研究是指在开始商业生产运作之前利用现有的科学技术知识来生产新产品或系统。

研发战略并不能独立于企业的其他部分单独进行。业务单位战略会关注企业想要拥有的所有产品以及企业想要参与竞争的广泛市场。研发战略需要受到企业竞争战略的支持，并集中关注企业成功实施业务战略所需的技术。企业研发的任务包括：改进复杂技术、使流程与当地的原材料相适应、使流程与当地的市场相适应、根据特殊标准和规范来改进产品。产品开发、市场渗透或市场差异化等战略的实施需要成功地开发新产品，或者极大地改良老产品。

（一）研发的类型

研发有两种类型：产品研究和流程研究。

1. 产品研究—新产品开发。

新产品开发是竞争优势的主要来源，是实施差异化战略的企业战略保障体系中的关键环节。但新产品上市也可能花费大量的资金，必须谨慎控制新产品的开发过程。为确保企业的资源都集中应用在成功几率较高的项目上，进行项目筛选是非常必要的。

2. 流程研究。

流程研究关注于生产产品或提供服务的流程，旨在建立有效的流程来节约资金和时间，从而提高生产率。流程研究对提高质量管理也至关重要。因此，流程管理无论对于实施成本领先战略的企业，还是对于实施差异化战略的企业，都是必不可少的。

（二）研发的动力来源

研究与开发可以是“需求拉动”的，即市场的新需求拉动创新以满足需求；也可以是“技术推动”的，即创新来自发明的应用。对于“需求拉动”的研究与开发，研发部门与市场营销部门的协调是非常重要的。尽管研究开发和生产制造活动从技术角度来看都不属于营销经理的职责。然而，营销经理对于顾客需求的了解可以对产品开发提供思路和方向，如果不能很清楚地了解顾客的需求，产品设计人员和工程师就可能会按自己的技术特长来开发和生产产品，而不考虑顾客的需要。但是，最终决定是否购买产品的是顾客，而不是产品设计者或工程师。

（三）研发的战略作用

1. 基本竞争战略。

产品创新是产品差异化的来源。流程创新使企业能够采用成本领先战略或差异化战略。

2. 价值链。

研发被纳入价值链的支持性活动。通过提

供低成本的产品或改良的差异化产品可以强化价值链。

3. 安索夫矩阵。

研发支持四个战略象限。可以通过产品求精来实现市场渗透战略和市场开发战略，产品开发和产品多元化需要更显著的产品创新。

4. 产品生命周期。

产品研发会加速现有产品的衰退，因而需要研发来为企业提供替代产品。

（四）研发定位

企业研发战略至少存在三种定位：

1. 成为向市场推出新技术产品的企业。这是一个富有魅力的、令人兴奋的战略，但同时也是一个风险较大的战略。

2. 成为成功产品的创新模仿者。这种方法的启动风险和成本最小。这种方法必须有先驱企业开发第一代新产品并证明存在该产品的市场，然后由跟随的企业开发类似的产品。这种战略要求企业拥有优秀的研发人员和优秀的营销部门。

3. 成为成功产品的低成本生产者。通过大量生产与先驱企业开发的产品相类似、但价格相对低廉的产品来成为低成本生产者。由于产品已经被客户所接受，因此价格对作出购买决定非常重要。规模营销成为主要的销售战略。这种研发战略要求企业对工厂和设备进行不断投资，但与前两种战略相比其所需的研发费用较低。

（五）研发政策

调查显示最成功的企业能够将外部机会与内部优势紧密相连，并且研发战略与企业目标紧密相关，而制定得当的研发政策是这一过程中的关键环节。研发政策一般考虑以下方面：

（1）强化产品或流程改良；（2）强化应用型研究的基础；（3）成为研发领导者或跟随者；（4）开发智能化技术或手动流程；（5）对研发投入高额、适中或低额资金；（6）在企业内部进行研发或者将研发外包；（7）利用大学或私营企业的研究力量。

此外，**研发战略特别要求管理层制定鼓励创新性构思的政策。这包括以下7个方面：**

（1）必须给予创新财务支持，可以通过为研发和市场研究投入资金以及为新构思投入风险资金来实现；

（2）必须使员工有机会在一个能够产生创新构思的环境中工作，这需要适当的管理风格和组织结构；

（3）管理层积极地鼓励员工和客户提出新构思。下级员工参与到开发决策中来能够鼓励他们更多地参与开发项目并为项目的成功付出努力；

（4）组建开发小组并建立相关管理机构；

（5）在适当情况下，企业的招聘政策应集中于招聘具有创新技能的员工。应对员工进行培训并使其知识、技能与时俱进；

（6）由专门的管理者负责从环境中或从企业的内部沟通中获取与创新构思有关的信息；

（7）战略计划应有助于创新目标的达成；对成功实现目标的员工应给予奖励。

【经典例题】

【例题·单选题】蓝牙技术产生后，将其应用于电子产品中，出现了车载蓝牙、蓝牙耳机，运动手环、蓝牙音箱等一系列新产品或新技术。从研究与开发战略角度出发，上述现象中研发的动力来源是（　　）。

A. 需求拉动

B. 竞争推动

C. 技术推动

D. 客户拉动

【答案】C

【解析】研发的动力来源包括：①需求拉动：市场的新需求拉动创新以满足需求；②技术推动：即创新来自发明的应用。本题中，“蓝牙技术产生后，将其应用于电子产品中，出现了车载蓝牙、蓝牙耳机，运动手环、蓝牙音箱等一系列新产品或新技术”说明新产品或新技术的产生来自于蓝牙技术发明的应用。

重难点15：生产运营战略★★★

生产运营战略是企业根据目标市场和产品特点构造其生产运营系统时所遵循的指导思想，以及在这种指导思想下的一系列决策规划、内容和程序。

生产运营战略与企业内流程的设计、实施和控制相关，它主导着将投入（材料、人工、其他资源、信息和客户）转化为产出（产品和服务）的整个过程。生产运营职能被视作企业以下三种传统核心职能之一：第一，生产运营。生产运营职能负责通过为客户生产产品和提供服务来满足客户的订单和要求。第二，市场营销。市场营销职能负责识别客户的需求、与潜在客户进行沟通使其购买企业产品。第三，研究与开发。研究与开发职能负责改良产品（服务）或改良流程，从而提高企业的盈利能力。

（一）生产运营战略所涉及的主要因素和阶段

从生产运营战略的横向考察，所有生产运营流程都涉及转化过程，但是转化过程在四个方面或因素上有所不同，它们分别是批量、种类、需求变动以及可见性。上述每个因素都会影响企业的生产运营方式和管理。

1. 批量。生产运营流程在所处理的投入和产出的批量上有所不同。较高的投入或产出批量能使生产运营流程成为资本密集型流程。在这种流程中，工作专门化并具有完备的系统指导工作的完成，单位成本较低。较低的投入或产出批量意味着每名员工都要执行一项以上的任务，这样专业化无法实现。在这种流程中，系统化程度较低并且与高批量情况相比单位产出成本较高。

2. 种类。这是指企业提供的产品或服务的范围，或者企业对这些产品或服务投入的范围（如标准化产品、个性化产品）。

3. 需求变动。在某些企业中，需求在一年中因季节而异（如旅游业或玩具业）或者在一天中因时间而异（例如，公共交通的使用量）。当需求变动较大时，生产运营会产生生产能利用率的问题。生产运营流程应尽量预测需求变动并相应调整产量。例如，旺季的时候旅游业聘用兼职员工；而在旅游淡季，企业的设备和员工都处于未被充分利用的状态，因而单位成本很可能较高。当需求稳定时，生产运营流程可能实现较高的产能利用率，并且成本会相应较低。

4. 可见性。可见性是指生产运营流程为客户所见的程度。许多服务流程都可被客户高度可见。生产运营流程的高可见性需要员工具备良好的沟通技巧和人际关系技巧。与可见性低的生产运营流程相比，这种运营流程需要更多的员工，因而运营费用较高。

从生产运营战略的纵向考察，又涉及生产运营战略的几个主要阶段：

1. 确定生产运营目标；

2. 将业务战略或营销战略转化为生产运营战略，即确定工作得以具体完成的方式；

3. 通过与竞争者的绩效相比较来评估企业当前的运营绩效；

4. 以缺口分析为基础来制定战略；

5. 执行战略，并通过对环境变化做出反应来不断地检查、改善和改良战略。

（二）产能计划

产能是指企业在指定时间内能够完成的最大工作量。**产能计划**是指确定企业所需的生产能力以满足其产品不断变化的需求过程。

产能计划的类型包括**领先策略、滞后策略和匹配策略**。

1. 领先策略是指根据对需求增长的预期增加产能。领先策略是一种进攻性策略，其目标是将客户从企业的竞争者手中吸引过来。这种策略的潜在劣势在于其通常会产生过量的产能，生产能力不能被充分利用而导致企业成本上升。

2. 滞后策略是指仅当企业因需求增长而满负荷生产或超额生产后才增加产能。该是一种相对保守的策略，它能降低生产能力过剩的风险，也可能导致潜在客户流失。

3. 匹配策略是指少量地增加产能来应对市场需求的变化。这是一种比较稳健的策略。

一般来说，共有三种平衡产能与需求的方法：

1. 资源订单式生产。当需求不确定时，企业仅在需要时才购买所需材料并开始生产所需的产品或提供所需的服务。例如，建筑企业可能会收到承建新的道路桥梁的大订单。该建筑企业将仅在签订了合同之后才开始采购必需的资源。

2. 订单生产式生产。在采用某些生产运营流程的情况下，企业可能对未来需求的上涨非常有信心，从而持有为满足未来订单所需的一种或多种资源的存货，如配备适当的劳动力和设备，但企业会在实际收到订单之后才开始生产产品或提供服务。例如，一家餐馆需要的员工数量是可变的，因此它会有一批兼职员工，在餐馆举办大型活动或宴会的时候随叫随到。此外，全职员工还可能在需要时加班工作或进行轮班。

3. 库存生产式生产。许多企业在收到订单之前或在知道需求量之前就开始生产产品或提供服务。这种情况在制造型企业非常常见。例如，某国今年的社会经济增长理想，国内外消费强劲，玩具生产商预计在圣诞节前订单会有15%～20%的增长，因此在第三季度就开始生产各种玩具，以减少在第四季度不能满足市场需求的压力。

（三）准时生产系统（JIT）

准时生产方法是指生产的产品能够精准地满足客户在时间、质量和数量上的需求，无论客户是产品的最终用户还是处于生产线上的其他流程。采用JIT时，配送到生产现场的部件和材料正如生产所需，企业不会为防止发生配送延迟的情况而储备材料和部件。

1. JIT理论的关键要素。

（1）不断改进。不断改进的目标是尽快满足需求并提供最佳的质量而又避免造成浪费。这一要素追求简单性，简单的系统便于理解、管理而且不容易出错。此外，这一要素是一个以产品为导向的设计，其在材料和部件的移动上花费的时间较少。

（2）消除浪费。浪费是指通常意义上的浪费。浪费共有7种类型：①生产过剩的浪费；②等待的浪费；③搬运的浪费；④加工的浪费；⑤库存的浪费；⑥动作的浪费；⑦不良产品的浪费。

（3）良好的工作场所整理。工作场所整洁有条理。

（4）缩短生产准备时间。增强灵活性并使小批量生产成为可能。生产准备时间，是指在一台机床从完成上一种产品最后一个零件开始至完成另一种产品的备件加工所花费的时间。

（5）企业中所有员工的参与。要想成功应用JIT，其理念应被企业中所有员工接受。

2. JIT的优缺点。

优点	缺点
（1）库存量低。这意味着减少了仓储空间，从而节约了租赁和保险费用。 （2）由于仅在需要时才取得存货，因此降低了花费在存货上的运营成本。 （3）降低了存货变质、陈旧或过时的可能性。避免因需求突然变动而导致大量产成品无法出售的情况出现。 （4）由于JIT着重于第一次就执行正确的工作这一理念，因而降低了检查和返工产品的时间。	（1）由于仅为不合格产品的返工预留了最少量的库存，因而一旦生产环节出错则弥补空间较小。 （2）生产对供应商的依赖性较强，并且如果供应商没有按时配货，则整个生产计划都会被延误。 （3）由于企业按照实际订单生产所有产品，因此并无备用的产成品来满足预期之外的订单。然而，JIT仍是一种能够对生产作出及时响应的方法。

JIT理念可用于服务型企业和制造型企业。制造型企业采用JIT旨在降低库存；而服务型企业采用JIT旨在消除客户排队的现象。客户排队是非常浪费的，其主要原因有两个：一是排队需要为客户提供等待的空间，而这个空间并不会增加价值；二是排队降低了客户对服务

质量的感受。

【经典例题】

【真题·单选题】（2016）甲公司是一家高科技环保企业，其自主研发的智能呼吸窗刚一推向市场，即受到消费者欢迎，产品供不应求，企业一直处于满负荷生产状态。为了满足持续增长的订单要求，公司决定增加一条生产流水线。甲公司所实施的产能计划属于（　　）。

A. 领先策略

B. 滞后策略

C. 匹配策略

D. 维持策略

【答案】B

【解析】产能计划的类型包括：①领先策略；②滞后策略；③匹配策略。滞后策略是指仅当企业因需求增长而满负荷生产或超额生产后才增加产能。本题中，“产品供不应求，企业一直处于满负荷生产状态。为满足持续增长的订单要求，公司决定增加一条生产流水线”说明甲公司所实施的产能计划属于滞后策略。

【真题·单选题】（2016）瑞祥公司是一家啤酒制造和销售企业。2016年年初，公司管理层预计该年夏天温度较高，加上该年属于奥运会年，啤酒的销量将比上年有较大增长；因此，瑞祥公司决定加大公司上半年的产量，以应对未来需求的增长。瑞祥公司采用的平衡产能与需求的方法是（　　）。

A. 库存生产式生产

B. 订单生产式生产

C. 资源订单式生产

D. 准时生产式生产

【答案】A

【解析】三种平衡产能与需求的方法包括：①资源订单式生产；②订单生产式生产；③库存生产式生产，是指许多企业在收到订单之前或在知道需求量之前就开始生产产品或提供服务。本题中，“啤酒的销量将比上年有较大增长；因此，瑞祥公司决定加大公司上半年的产量，以应对未来需求的增长”说明瑞祥公司在预测到啤酒的需求量会有大幅增长的情况下，就决定加大产量，这属于库存生产式生产。

【真题·单选题】（2017）下列各项中，对准时生产方法（JIT）的作用表述错误的是（　　）。

A. 该方法降低了存货变质、陈旧或过时的可能性

B. 该方法可能导致生产环节一旦出错则弥补空间小

C. 该方法能够减少对供应商的依赖

D. 该方法避免了因需求突然变动而导致大量产品无法出售的情况

【答案】C

【解析】准时生产系统的缺点包括：①由于仅为不合格产品的返工预留了最少量的库存，因而一旦生产环节出错则弥补空间较小；②生产对供应商的依赖性较强，并且如果供应商没有按时配货，则整个生产计划都会被延误；③由于企业按照实际订单生产所有产品，因此并无备用的产成品来满足预期之外的订单。然而，JIT仍是一种能够对生产作出及时响应的方法。

【真题·单选题】（2019）智达公司是一家计算机制造企业。为了减少库存，公司对生产过程实施订单管理。生产部门依据销售部门提供的客户订购的产品数量安排当期生产。智达公司的生产运营战略所涉及的主要因素是（　　）。

A. 种类

B. 批量

C. 需求变动

D. 可见性

【答案】C

【解析】从生产运营战略的横向考察，所有生产运营流程都涉及转化过程，但是转化过程在四个方面或因素上有所不同，它们分别是批量、种类、需求变动以及可见性。当需求变动较大时，运营会产生生产能利用率的问题。运

营流程应尽量预测需求变动并相应调整产量。本题中，“生产部门依据销售部门提供的客户订购的产品数量安排当期生产”属于需求变动。

【例题·多选题】准时生产系统是日本丰田汽车公司在20世纪60年代实行的一种生产方式，1973年以后，这种方式对丰田公司度过第一次能源危机起到了突出的作用，后引起其他国家生产企业的重视，并逐渐在欧洲和美国的日资企业及当地企业中推行开来。下列选项中，属于JIT理论的关键要素有（　　）。

A. 消除浪费

B. 不断改进

C. 缩短生产准备时间

D. 企业中所有员工的参与

【答案】ABCD

【解析】JIT理论的关键要素包括：①不断改进；②消除浪费；③良好的工作场所整理；④缩短生产准备时间；⑤企业中所有员工的参与。

重难点16：采购战略★★

采购是指企业取得所用的材料资源和业务服务的过程。采购的任务在于：识别潜在供应商；对潜在供应商进行评价；招标；报价；对价格及支付事项进行谈判；下订单；跟踪已下达的订单；检查进货，以及对供应商付款。

（一）货源策略

当企业确定应从哪个供应商进行采购时可以考虑以下几个策略：

1. 单一货源策略。

优点	缺点
（1）采购方能与供应商建立较为稳固的关系； （2）便于信息的保密； （3）能产生规模经济； （4）随着与供应商关系的加深，采购方可能获得高质量的货源	（1）若无其他供应商，则该供应商的议价能力就会增强； （2）采购方容易受到供应中断的影响； （3）供应商容易受到订单量变动的影响

2. 多货源策略。

优点	缺点
（1）能够取得更多的知识和专门技术； （2）一个供应商的供货中断产生的影响较低； （3）供应商之间的竞争有利于对供应商压价	（1）难以设计出有效的质量保证计划； （2）供应商的承诺较低； （3）疏忽了规模经济

3. 由供应商负责交付一个完整的子部件。

这种采购策略指定“第一阶”供应商交付子部件，而不是与若干供应商进行交易。例如，PC制造商会将键盘的生产授权给一个供应商。

优点	缺点
（1）允许采用外部专家和外部技术； （2）可为内部员工安排其他任务； （3）采购方能够就规模经济进行谈判	（1）第一阶供应商处于显要地位； （2）竞争者能够使用相同的外部企业，因此企业在货源上不太可能取得竞争优势

（二）采购组合

企业可通过考虑以下 4 个领域来取得最佳的采购组合：

项目	阐释
质量	应向生产部门咨询制造流程所要求的产品质量，并向营销部门咨询客户能接受的产品质量。所采购的部件是产品质量的重要组成部分
数量	在综合考虑以下两个事项之后确定采购订单的大小和时间： （1）保有库存的成本——其占用的资本、存储空间、存货变质、保险和偷盗风险。 （2）库存不足导致的生产延误。库存控制系统将确定最佳的订单量以及在什么情况下需向另一家供应商进行采购
价格	短期有利的价格趋势会影响购买决策，但采购时应时刻关注一段时期内的最佳值，即应考虑质量、交货、订单的紧急度、库存保有要求等
交货	下达订单与交付订单之间的产品交期对实现有效的库存控制和生产计划至关重要。企业应评估供应商交货安排的可靠性

（三）采购经理的职责

当采购具有战略重要性时，最高级别的采购经理应当是董事会成员或者至少应向执行总监报告。采购经理的职责是：

1. 成本控制。确保企业能够长期取得与质量相匹配的衡工量值。

2. 管理投入。从供应商处采购企业所有领域的设备。

3. 生产投入。为生产部门取得材料、零部件、组件、消耗品以及固定设备。

4. 供应商管理。定位供应商，并与供应商进行交易，例如，讨论采购条件、规格、交货间隔期以及交易价格等事项。

5. 获取有关以下事项的信息，用于评价各种采购方案：可用性、质量、价格、分销以及供应商。

6. 维持库存水平。

【经典例题】

【真题·单选题】（2016）甲公司是一家中式连锁快餐企业，长期分别从三家粮油公司采购大米、面粉和色拉油等。下列各项中，不属于甲公司货源策略优点的是（　　）。

A. 可利用三家粮油公司之间的竞争压低采购价格

B. 有利于从三家粮油公司获得更多的知识和技术信息

C. 有利于促使三家粮油公司提供有统一质量保证的产品

D. 不会因某家粮油公司的供货问题而严重影响企业经营

【答案】C

【解析】本题中，“甲公司是一家中式连锁快餐企业，长期分别从三家粮油公司采购大米、面粉和色拉油等”说明甲公司采用的是多货源策略，其优点为：①能够取得更多的知识和专门技术；②一个供应商的供货中断产生的影响较低；③供应商之间的竞争有利于对供应商压价。因此，选项 C 不属于甲公司货源策略的优点。

【真题·多选题】（2017）甲公司是一家电动摩托制造商，长期从一家电机公司购买发动机。下列各项中，属于甲公司货源策略优点的有（　　）。

A. 便于信息的保密

B. 能产生规模经济

C. 能与供应商建立较为稳固的关系

D. 随着与供应商关系的加强，更可能获

得价格上的优惠

【答案】ABC

【解析】本题中“甲公司是一家电动摩托制造商，长期从一家电机公司购买发动机”说明甲公司采用的货源策略是单一货源策略，其优点为：①采购方能与供应商建立较为稳固的关系；②便于信息的保密；③能产生规模经济；④随着与供应商关系的加深，采购方可能获得高质量的货源。因此，选项A、B、C正确。

【真题·多选题】（2017）在采购战略中，相对单一货源策略，采用多货源策略的优点有（　　）。

A. 能获得高质量的货源

B. 有利于降低采购成本

C. 能与供应商建立较为稳固的关系

D. 能获取更多的知识和专门技术

【答案】BD

【解析】多货源策略的优点包括：①能够取得更多的知识和专门技术；②一个供应商的供货中断产生的影响较低；③供应商之间的竞争有利于对供应商压价，即有利于降低采购成本。

【真题·多选题】（2019）生产农用运输车辆的江陵公司将柴油发动机的生产授权给一个供应商。下列各选项中，属于该公司货源策略优点的有（　　）。

A. 能够取得更多的知识和专门技术

B. 采购方能够就规模经济进行谈判

C. 允许采用外部专家和外部技术

D. 有利于在货源上取得竞争优势

【答案】BC

【解析】本题中，“生产农用运输车辆的江陵公司将柴油发动机的生产授权给一个供应商”属于主要货源策略中的由供应商负责交付一个完整的子部件，其优点包括：①允许采用外部专家和外部技术；②可为内部员工安排其他任务；③采购方能够就规模经济进行谈判，因此，选项B、C正确。

【例题·多选题】当采购具有战略重要性时，最高级别的采购经理应当是董事会成员或者至少应向执行总监报告，采购经理的职责包括（　　）。

A. 成本控制

B. 生产投入

C. 供应商管理

D. 维持库存水平

【答案】ABCD

【解析】采购经理的职责包括：①成本控制，确保企业能够长期取得与质量相匹配的衡工量值；②管理投入，从供应商处采购企业所有领域的设备；③生产投入，为生产部门取得材料、零部件、组件、消耗品以及固定设备；④供应商管理，定位供应商，并与供应商进行交易；⑤获取有关以下事项的信息，用于评价各种采购方案：可用性、质量、价格、分销以及供应商；⑥维持库存水平。

重难点17：人力资源战略★★

一、人力资源战略的作用

阿姆斯特朗（Armstrong Michael）对人力资源管理作了如下描述：它是取得、开发、管理和激发企业的关键资源的一种战略性和一贯性方法，企业借此实现可持续竞争优势的目标。

有效的人力资源战略应包括如下事项：

（1）精确识别出企业为实现短期、中期和长期的战略目标所需要的人才类型。

（2）通过培训、发展和教育来激发员工潜力。

（3）尽可能地提高任职早期表现出色的员工在员工总数中所占的比重。

（4）招聘足够的、有潜力成为出色工作者的年轻新就业者。

（5）招聘足够的、具备一定经验和成就的人才，并使其迅速适应新的企业文化。

（6）确保采取一切可能的措施来防止竞争对手挖走企业的人才。

（7）激励有才能的人员达到更高的绩效水平，并激发其对企业的忠诚度。

（8）创造企业文化，使人才能在这种文化中得到培育并能够施展才华。这种文化应当能够将不同特点的人才整合在共享价值观的框架内，从而组建出一个金牌团队。

二、人力资源规划

人力资源规划是指在企业发展战略和经营规划的指导下，对企业在某个时期内的人员供给和人员需求进行预测，并根据预测的结果采取相应的措施来平衡人力资源的供需，以满足企业对人员的需求，为企业的发展提供合质合量的人力资源保证，为达成企业的战略目标和长期利益提供人力资源支持。

（一）人力资源规划内容

企业人力资源规划包括人力资源总体规划和人力资源业务计划两个层次。人力资源总体规划是指在计划期内人力资源管理的总目标、总政策、实施步骤和总预算的安排。人力资源业务计划则包括人员补充计划、分配计划、提升计划、教育培训计划、工资计划、保险福利计划、劳动关系计划、退休计划等。这些业务计划是总体规划的展开和具体化，每一项业务计划都由目标、政策、步骤及预算等部分构成。这些业务计划的实施应能保证人力资源总体规划目标的实现。

（二）人力资源规划步骤

1. 调查、收集和整理涉及企业战略决策和经营环境的各种信息。

2. 根据企业或部门实际确定其人力资源规划的期限、范围和性质。建立企业人力资源信息系统，为相关预测工作准备精确而翔实的资料。

3. 在分析人力资源供给和需求影响因素的基础上，采用以定量为主结合定性分析的各种科学预测方法对企业未来人力资源供求进行预测。

4. 制定人力资源供求平衡的总计划和各项业务计划。

（三）人力资源供需平衡策略

人力资源规划的最终目的是实现企业人力资源供给和需求的平衡，因此在预测出人力资源的供给和需求之后，就要对这两者进行比较，并根据比较的结果采取相应的措施。

1. 针对供给和需求总量平衡、但结构不匹配情况应当采取的措施。①进行人员内部的重新配置，包括晋升、调动、降职等，来弥补那些空缺的职位，满足这部分的人力资源需求；②对现有人员进行有针对性的专门培训，使他们能够从事空缺职位的工作；③进行人员的置换，清理企业不需要的人员，补充企业需要的人员，以调整人员的结构。

2. 针对供给大于需求情况应当采取的措施。①扩大经营规模，或者开拓新的增长点，以增加对人力资源的需求；②永久性的裁员或者辞退员工，但会给社会带来不安定需求因素，往往会受到政府的限制；③鼓励员工提前退休，给那些接近退休年龄的员工以优惠的政策，让他们提前离开企业；④冻结招聘，就是停止从外部招聘人员，通过自然减员来减少供给；⑤缩短员工的工作时间、实行工作分享或者降低员工的工资等方式也可以减少供给；⑥对富余的员工进行培训，这相当于进行人员的储备，为未来的发展做好准备。

3. 针对供给小于需求情况应当采取的措施。①从外部雇用人员，包括返聘退休人员；②采取多种方法提高现有员工的工作效率，如改进生产技术、增加工资、进行技能培训、调整工作方式等；③延长工作时间，让员工加班加点；④降低员工的离职率，减少员工的流失，同时进行内部的调配，增加内部的流动来提高某些职位的供给；⑤将企业的某些业务进行外包，减少对人力资源的需求。

企业在制定平衡供需的措施时，应当从实际出发，综合运用这些方法，使人力资源的供给和需求在数量、质量以及结构上都达到平衡。

三、人力资源获取

人力资源获取是通过员工招聘来实现的。招聘就是在企业总体发展战略规划的指导下，制定相应的职位空缺计划，寻找合适的人员来填补这些职位空缺的过程。招聘包括招募、甄选与录用三部分。招募（recruitment）是企业采取多种措施吸引候选人来申报企业空缺职位的过程；甄选（selection）是指企业采用特定的方法对候选人进行评价，以挑选最合适人选的过程；录用是指企业作出决策，确定入选人员，并进行初始安置、试用、正式录用的过程。

（一）招募的渠道和方法

企业的招募渠道有两个：外部招募和内部招募。这两种渠道相辅相成，共同为企业获取人员提供支持与保障。

1. 内部招募的来源与方法。内部招募的来源有三个：一是下级职位上的人员，主要通过晋升的方式来填补空缺职位；二是同级职位上的人员，填补空缺职位的方式主要是工作调换或工作轮换；三是上级职位上的人员，主要通过降职的方式来填补空缺职位。内部招募的方法主要有两种：一是工作公告法；二是档案记录法。

2. 外部招募的来源与方法。外部招募的来源主要有学校、竞争者和其他公司、失业者、老年群体、退伍军人和自由职业者等。外部招募的方法主要有：广告招募、外出招募、借助职业中介结构招募和推荐招募等。

3. 内部招募与外部招募的对比。内部招募和外部招募这两种渠道各有利弊，企业往往需要综合考虑这些利弊后才能够作出决策。如下表所示。

两种招募渠道的优势与劣势分析

招募渠道	优势	劣势
内部招募	有利于提高员工的士气和发展期望； 对组织工作的程序、企业文化、领导方式等比较熟悉，能够迅速地展开工作； 对企业目标有认同感，辞职可能性小，有利于个人和企业的长期发展； 风险小，对员工的工作绩效、能力和人品有基本了解，可靠性较高； 节约时间和成本	容易引起同事间的过度竞争，产生内耗； 竞争失利者感到心理不平衡，难以安抚，容易降低士气； 新上任者是“老人”，难以建立起领导声望； 容易出现近亲繁殖问题，思想观念因循守旧，思考范围狭窄，缺乏创新和活力
外部招募	为企业注入新鲜“血液”，能够给企业带来活力； 避免企业内部相互竞争所造成的紧张氛围； 给企业内部人员以压力，激发他们的工作动力； 选择的范围比较广，可以招聘到优秀的人才	对内部人员是一个打击，感到晋升无望，会影响工作热情； 外部人员对企业情况不了解，需要较长的时间来适应； 对外部人员不是很了解，不容易作出客观的评价，可靠性比较差； 外部人员不一定认同企业的价值观和企业文化，会给企业稳定造成影响

（二）甄选与录用

员工甄选是指通过运用一定的工具和手段来对已经招募到的求职者进行鉴别和考察，区分他们的人格特点与知识技能水平，预测他们的未来工作绩效，从而最终挑选出企业所需要的、恰当的职位空缺填补者。员工甄选工具一般包括面试、评价中心、心理测试、工作样本和知识测试等。

（三）与企业竞争战略匹配的人力资源获取策略

高效的招募、甄选与录用人才是企业获得持续竞争优势的关键。人力资源的获取与企业竞争战略密切相关。下表显示了与三种基本竞争战略相匹配的人力资源获取策略的比较。

与三种基本竞争战略相匹配的人力资源获取策略比较

人力资源获取策略	成本领先	差异化	集中化
员工来源	外部	内部	两者兼顾
晋升阶梯	狭窄、不宜转换	广泛、灵活	狭窄、不宜转换
甄选决策	人力资源部	业务部门	结合两者
甄选方法	简历和面试为主	多重方法	心理测试
甄选标准	强调技能	强调与文化契合	结合两者
社会化过程	正式的雇佣和社会化过程	非正式的雇佣和社会化过程	结合两者

四、人力资源培训与开发

人力资源培训与开发就是指组织为实现自身和员工个人的发展目标，有计划、系统地为员工提供学习机会或训练，使之提高、完善、改进与工作相关的知识、技能、能力以及态度等素质，以适应并胜任职位工作的战略性人力资本投资活动。

（一）培训与开发流程

员工培训的流程包括：培训需求分析、培训计划设计、培训实施和培训效果评估。

1. 培训需求分析。培训需求分析既是确定培训目标、设计培训规划的前提，也是进行培训评估的基础，因而成为培训活动的首要环节。首先，明确培训需求分析的层次，包括组织分析、人员分析和任务分析。组织分析，是指通过对组织的目标、资源、特质和环境等因素的分析，准确地找出组织存在的问题与问题产生的根源；人员分析，通过对员工的绩效进行评价来找出存在的问题；任务分析，分析员工所要完成的工作任务以及成功完成任务所需要的技能和知识。其次，选择培训需求的分析方法。培训需求分析的主要方法有观察法、关键人员谈话法、问卷法。此外，还包括分级讨论法、测试法、文献调查法、记录报告法、自我评价法、工作样本法等。

2. 培训计划设计。包括：①培训目标，如提高员工自我意识、更新知识，提高技能；使员工增加对组织的认同感和责任感；提高工作效率等；②培训的内容和培训对象；③培训讲师；④培训地点和设施；⑤培训的方式方法和费用。

3. 培训实施。有多种方法可供选择的方法：①在岗培训方法，包括学徒培训、导师制、工作实践体验等；②脱产培训方法，包括授课法、讨论法、案例分析法、角色扮演法、移动学习、拓展训练、行动学习法等。

4. 培训效果评估。按照唐纳德·帕特里克（Donald Kirkpatrick）的四层次评估模型，将评估的标准分为四个层次：

第一层次为反应层。指受训人员对培训的印象，是否对培训满意。

第二层次为学习层。指受训人员对培训内容的掌握程度，他们在接受培训以后知识和技能的掌握是否有所提高以及有多大程度的提高，这更多的是停留在认知层面上。

第三层次为行为层。指受训人员在接受培训以后工作行为的变化，也可以看作对学习成果的运用，在工作中是否改进了以前的行为，是否运用了培训的内容。

第四层次为结果层。指受训人员或者企业的绩效的改善，经过培训，员工和企业的绩效是否得到了改善和提高。

对于培训评估的标准，还可以从两个大的方面衡量：一是培训的效果，可以将培训的结果和培训的目标进行比较从而得出结论。二是培训的效率，即培训是否以最有效的方式实现预期的目标，在同样的培训效果下，费用最低、时间最短的培训是最有效率的。

（二）培训与开发类型

按照不同的标准，可以将培训与开发划分成不同的类型。

1. 按照培训对象的不同，可以将培训与

开发划分成新员工培训和在职员工培训两大类。按照员工所处的层次不同，在职员工培训又可以继续划分为基层员工培训、中层员工培训和高层员工培训三类。

2. 按照培训形式的不同，可以将培训与开发划分为在岗培训和脱产培训两大类。

3. 按照培训性质的不同，可以将培训与开发划分为传授性培训和改变性培训两大类，前者指那些使员工掌握自己本来所不具备的内容的培训，例如员工本来不知道如何操作机床，通过培训使他能够进行操作；后者指那些改变员工本来已具备的内容的培训，例如员工知道如何操作机床，但是操作方法有误，通过培训使他掌握正确的操作方法。

4. 按照培训内容的不同，可以将培训与开发划分为知识性培训、技能性培训和态度性三大类。

（三）与竞争战略相匹配的人力资源开发与培训

当企业采取成本领先战略时，通常强调个人能力，因此强调范围有限的知识和技巧，实施个人的在职培训，企业往往通过自己设立企业大学或者定期培训来提升员工的知识和能力。

采用差异化战略的企业则强调公司与其他企业的不同之处，因此要求具有广泛的知识、技巧和创造性，采用这种策略的公司往往传递外部新颖信息、购买所需技能或者利用外部培训机构对团队进行培训。

采用集中化战略的企业，对专门领域的知识需求更迫切，一般强调应用范围适中的知识和技巧。这种知识和技巧成为专有知识，不易转换和共享。企业可能利用在职培训或者外部培训，自己培养技能或者购买技能。

五、人力资源绩效评估

绩效是指员工在工作过程中所表现出来的与组织目标相关的并且能够被评价的工作结果与行为。绩效管理就是对绩效评估的过程。完整意义上的绩效管理是由绩效计划、绩效监控、绩效考核和绩效反馈这四个部分组成的一个系统。

（一）绩效计划

绩效计划是整个绩效管理系统的起点，是指在绩效周期开始时，由上级和员工一起就员工绩效考核期内的绩效目标、绩效过程和手段等进行讨论并达成一致。绩效计划会随着绩效周期的推进而不断作出相应的修改。绩效计划包含如下三部分内容：（1）员工在考核周期内的绩效目标体系（包括绩效目标、指标和标准）、绩效考核周期；（2）为实现最终目标，员工在绩效考核周期内应从事的工作和采取的措施；（3）对绩效监控、绩效考核和绩效反馈阶段工作的规划和指导。

在实践中，企业普遍使用的绩效计划工具主要有**关键绩效指标法（KPI）、平衡计分卡（BSC）、目标管理法**。

1. 关键绩效指标法。关键绩效指标是用于评估和管理被评估者绩效的可量化的或可行为化的标准体系，是对组织战略目标有增值作用的指标，它将个体绩效与组织战略目标紧密连接起来。确定关键绩效指标一般遵循下面的过程：

①建立**评价指标体系**。首先明确企业的战略目标，找出企业的业务重点，并确定这些关键业务领域的关键业绩指标，从而建立企业级关键业绩指标。然后各部门依据企业级关键业绩指标建立部门级关键业绩指标。最后把部门级关键业绩指标进一步分解为更细的、直接用于员工考核的关键业绩指标。②设定**评价标准**。**评价指标体系**的建立解决的是从哪些方面对工作进行评价即评价“什么”的问题；而设定**评价标准**解决的是在各个指标上分别应该达到什么样的水平即要求被评价者做得“怎样”、完成“多少”的问题。③审核**关键绩效指标**。对关键绩效指标进行审核的目的主要是确认这些关键绩效指标能否全面、客观地反映评价对象的工作绩效以及是否适合于评价操作。

运用关键绩效指标法对绩效进行管理，可以保证对组织有贡献的行为受到关注和鼓励。

2. 目标管理法。目标管理法不仅是一种评估体系和过程，而且是一种管理实践哲学，一种管理者和下属一起进行计划、组织、控制、交流和讨论的方法。通过参与设置目标或者主管安排任务，下属在履行工作过程中被提供给一种追随进程和一个努力目标。通常，目标管理程序遵循如下的系统化步骤：

①主管和下属开会明确下属的关键任务和设置有限数目的目标；②参与者设置现实的、挑战性的、明确的和可以理解的目标；③在征询下属意见之后，主管建立评价目标完成程度的标准；④审核中间过程的日期被一致通过和加以实施；⑤主管和下属按要求对原有目标进行一些修改；⑥主管做出目标完成状况的最终评估，并且召开小组会议和下属一起就结果进行商议和鼓励。

（二）绩效监控

绩效监控是指在整个绩效期间内，通过上级和员工之间持续的沟通来预防或解决员工实现绩效时可能发生的各种问题的过程。一般来说，管理人员与员工的持续沟通可以通过正式的沟通与非正式的沟通来完成。正式的沟通有：书面报告（如工作日志、周报、月报、季报、年报等）、会议、正式面谈等。非正式的沟通方式多种多样，常用的非正式沟通方式有：走动式管理、开放式办公室、休息时间的沟通、非正式的会议等。与正式的沟通相比，非正式的沟通更容易让员工开放地表达自己的想法，沟通的氛围也更加宽松。

（三）绩效考核

绩效考核是指确定一定的考核主体，借助一定的考核方法，对员工的工作绩效作出评价。主要有以下方面的工作：考核对象的确定、考核内容的确定、考核主体的确定、考核方法的选择。考核对象一般包括组织、部门和员工三个层面；考核内容由工作能力、工作态度和工作业绩组成；考核主体一般包括五类成员：上级、同事、下级、员工本人和客户；考核方法大致可以分为三类：比较法、量表法和描述法。

（四）绩效反馈

绩效反馈是指绩效周期结束时在上级和员工之间进行绩效考核面谈，由上级将考核结果告知员工，指出员工在工作中存在的不足并和员工一起制定绩效改进的计划。具体包括：（1）就绩效考核的结果和员工进行面对面的沟通，指出员工在绩效考核期间存在的问题。（2）制定出绩效改进的计划。（3）为了保证绩效的改进，对绩效改进计划的执行效果进行跟踪。（4）根据绩效考核的结果对员工进行相应的奖惩。

（五）绩效管理与企业基本竞争战略的匹配

实施成本领先战略的企业，主张通过较低成本击败对手或者成为行业领先，绩效评估强调结果导向，以控制成本为目的，评估范围狭窄，评估的信息来源单一，上级作为考核的主要考官。

差异化战略强调生产与众不同的产品，关注创新和新颖性，评估内容涉及行为和结果两种指标。评估范围宽广，评估信息丰富，主要用于员工的发展和素质提升。

相比于成本领先和差异化战略，采用集中化战略的企业，绩效管理目的、内容、范围及其结果应用等倾向于二者的结合。

六、人力资源薪酬激励

薪酬管理是指在组织经营战略和发展规划指导下，综合考虑内外部各种因素的影响，确定薪酬体系、薪酬水平、薪酬结构、薪酬构成，明确员工所应得的薪酬，并进行薪酬调整和薪酬控制的过程。

（一）薪酬的组成及公平性原则

一般来说，在企业中，员工的薪酬由三部分组成：（1）基本薪酬，是指根据员工所承担的工作或者所具备的技能而支付给他们的较为稳定的经济收入。（2）可变薪酬，是指根据员工、部门或团队、组织自身的绩效而支付给他们的具有变动性质的经济收入。（3）间接薪酬，是指给员工提供的各种福利。

有效的薪酬管理必须坚持公平性原则。公平性包括三个层次的含义：（1）外部公平性，指在不同企业中，类似职位或者员工的薪酬应当基本相同。（2）内部公平性，指在同一企业中，不同职位或者员工的薪酬应当与各自对企业贡献成正比。（3）个体公平性，指在同一企业中，相同或类似职位上的员工，薪酬应当与其能力、贡献成正比。

（二）薪酬水平策略

薪酬水平指内部各职位、各部门以及组织整体平均薪酬的高低状况，反映了企业所支付薪酬的外部竞争性与薪酬成本。在确定薪酬水平时，企业通常可以采取四种策略：（1）领先型策略，即薪酬水平高于市场平均水平的策略。（2）匹配型策略，即薪酬水平与市场平均水平保持一致。（3）拖后型策略，即薪酬水平要明显低于市场平均水平。（4）混合型策略，即针对企业内部的不同职位采用不同的策略（比如，对关键职位采用领先型策略；对辅助性职位采用匹配型策略）。

（三）薪酬构成策略

薪酬构成指在员工和组织总体的薪酬中，不同类型薪酬的组合方式。对于企业而言，基本薪酬、可变薪酬与间接薪酬三种薪酬的作用不完全相同。基本薪酬在吸引、保留人员方面效果比较显著，在激励人员方面效果一般；可变薪酬在吸引、激励人员方面效果比较显著，在保留人员方面效果中等；间接薪酬在保留人员效果方面比较显著，在吸引、激励人员方面效果一般。企业在薪酬管理过程中，应该考虑这三种薪酬在员工总薪酬中所占的比例。

（四）企业竞争战略与薪酬策略

实施成本领先战略的企业强调对外公平，而实施差异化战略和集中化战略的企业强调对内公平；实施成本领先战略的工资基础是岗位或年资，使用固定薪酬（基本薪酬），而实施差异化战略的企业支付薪酬的基础是能力或绩效，较多使用浮动薪酬（可变薪酬），实施集中化战略的企业工资基础强调能力与绩效的结合，并将固定薪酬和浮动薪酬一起使用。决策过程也截然不同，实施成本领先战略的企业强调集权，通过高层做出决策；实施差异化战略的企业则授权中层或子公司进行决策；采用集中化战略的企业有效地将授权与分权同一，针对市场和公司能力采用不同的方式。

【经典例题】

【例题·多选题】下列关于人力资源战略的说法中，正确的有（　　）。

A. 任何战略的关键成功因素就是确保在适当的时间、适当的地点有可利用的适当的人力资源

B. 外部招聘能节约大量的招聘和选拔时间及费用

C. 绩效评估能发现员工能力差距和业绩差距

D. 继任计划应重点关注未来的需求，特别是战略和文化上的要求

【答案】ACD

【解析】任何战略的关键成功因素是确保在适当的时间、适当的地点有可利用的人力资源。为了发挥人力资源战略的有效作用，人力资源管理应具有清晰一致的政策并鼓励所有员工为企业目标的实现付出努力，选项 A 正确；内部招聘能节约大量的招聘和选拔时间及费用，选项 B 错误；绩效评估有助于公司战略目标的制定和实现，还能发现能力差距和业绩差距，并为激励机制的实施提供相关信息，选项 C 正确；继任计划的基本要求指出，计划应当重点关注未来的需求，特别是战略和文化上的要求，选项 D 正确。

重难点 18：财务战略★★★

（一）财务战略的概念

财务战略是主要涉及财务性质的战略，属于财务管理的范畴。财务战略主要考虑资金的使用和管理的战略问题，并以此与其他性质的战略相区别。财务战略主要考虑财务领域全局的、长期的发展方向问题，并以此与传统的财务管理相区别。

财务战略概念的出现，使企业战略分为财

务战略和非财务战略两类，并把非财务战略称为经营战略。如果说经营战略主要强调与外部环境和企业自身能力相适应，那么财务战略则主要强调必须适合企业所处的发展阶段并符合利益相关者的期望。

（二）财务战略的确立

财务战略的确立是指在追求实现企业财务目标的过程中，高层财务管理人员对筹资来源、资本结构、股利分配等方面作出决定以满足企业发展需要的过程。

1. 融资渠道与方式。

（1）融资方式。一般来说，企业有四种不同的融资方式：内部融资、股权融资、债权融资和资产销售融资。

①内部融资。

企业可以选择使用内部留存利润来进行再投资。留存利润是指企业分配给股东红利后剩余的利润。这种融资方式是企业最普遍采用的方式。但企业的一些重大事件，比如并购，仅仅依靠内部融资是远远不够的，还需要其他的资金来源。

内部融资的优点在于管理层在做此融资决策时不需要听取任何企业外部组织或个人的意见，例如，并不需要像债权融资那样向银行披露自身的战略计划或者像股权融资那样向资本市场披露相关信息，从而可以节省融资成本。当然不足也是存在的，比如股东根据企业的留存利润会预期下一期或将来的红利，这就要求企业有足够的盈利能力，而对于那些陷入财务危机的企业来说资金压力是很大的，因而这些企业就没有太大内部融资的空间。

②股权融资。

股权融资是指企业为了新的项目而向现在的股东和新股东发行股票来筹集资金。股权融资也可称为权益融资。这种融资经常面对的是企业现在的股东，按照现有股东的投票权比例进行新股发行，新股发行的成功取决于现有股东对企业前景具有较好预期。

股权融资的优点在于当企业需要的资金量较大时（比如并购），股权融资就占很大优势，因为它不像债权融资那样需要定期支付利息和本金，而仅仅需要在企业盈利时向股东支付股利。这种融资方式也有其不足之处，比如股份容易被恶意收购从而引起控制权的变更，并且股权融资方式的成本也较高。

③债权融资。

债权融资大致可以分为贷款和租赁两类。

贷款包括短期贷款与长期贷款。年限少于一年的贷款为短期贷款，年限高于一年的贷款为长期贷款。长期贷款通常需要企业的资产作抵押。资产抵押意味着企业如不按期偿还贷款，债权人就有权处置企业所抵押的资产。也正因为有资产作抵押，债权融资的成本一般会低于股权融资，但是无论企业的盈利状况如何，即便是亏损，企业也需要支付合同规定的利息费用，而股权融资在此时可以选择不发放股利。每个企业的贷款额度都是有限的，债权人会从风险管理的角度来评价需要贷款的企业，从而做出最优的贷款决策。债权融资方式与股权融资相比，融资成本较低、融资速度较快，并且方式也较为隐蔽。但是不足之处也很明显，当企业陷入财务危机或者企业的战略不具竞争优势时，还款的压力会增加企业的经营风险。

租赁是指企业在一段时期内租用资产的债务形式，可能拥有在期末的购买期权。租赁的优点在于企业可以不需要为购买运输工具进行融资，因为融资的成本是比较高的。此外，租赁很有可能使企业享有更多的税收优惠。租赁可以增加企业的资本回报率，因为它减少了总资本。不足之处在于，企业使用租赁资产的权利是有限的，因为资产的所有权不属于企业。

④资产销售融资。

这是指企业销售其部分有价值的资产进行融资，是企业进行融资的主要战略。从资源观的角度来讲，这种融资方式显然会给企业带来许多切实的利益。

销售资产的优点是简单易行，并且不用稀释股东权益。不足之处在于，这种融资方式比较激进，一旦操作就无回旋余地，而且如果销售的时机选择不准，销售的价值就会低于资产本身的价值。

（2）企业融资能力的限制。在理解了企业的几种主要融资方式后，管理层还需要了解限制企业融资能力的两个主要方面：一是企业进行债务融资面临的困境；二是企业进行股利支付面临的困境。

①债务融资面临的困境。

债务融资要求企业按照合同进行利息支付，利率一般是固定的，并且利息的支付还有两个方面的要求：一是利息支付一定优先于股利支付；二是无论企业的盈利状况如何，企业都必须支付利息。因此，如果企业负担不起利息时，就将进入技术破产。这意味着，企业盈利波动的风险由股东承担，而不是由债权人承担。高风险通常与高回报相联系，股东会比债权人要求更高的回报率。按照这个逻辑，企业应该更偏好于选择债权融资。尽管相对于股权融资而言，债权融资的融资成本较低，但是企业不会无限制地举债，因为巨额的债务会加大企业利润的波动，表现为留存利润和红利支付的波动。

②股利支付面临的困境。

企业在作出股利支付决策时同样也会遇到两难的境地。如果企业给股东分配较多的股利，那么企业留存的利润就较少，进行内部融资的空间相应缩小。从理论上讲，股利支付水平与留存利润之间应该是比较稳定的关系。然而，实际上企业经常会选择平稳增长的股利支付政策，这样会增强股东对企业的信心，从而起到稳定股价的作用。而且，留存利润也是属于股东的，只是暂时没有分配给股东而是要留存企业以继续为股东增值。但是较稳定的股利政策也有其不足之处，与前述债权融资的思路类似，如果股利支付是稳定的，那么利润的波动就完全反映在留存利润上，不稳定的留存利润不利于企业作出精准的战略决策。同样，企业也会权衡利弊作出最优的股利支付决策。

2. 融资成本。

为了评价上述各种不同的融资方式，需要考察它们给企业带来的融资成本。下面将分别讨论股权融资与债权融资的资本成本，其中重点内容是估计股权融资成本。估计和计算融资成本有以下四种情况：

资本成本	要点
用资本资产定价模型（CAPM）估计权益资本成本	权益资本成本是指企业通过发行普通股票获得资金而付出的代价，它等于股利收益率加资本利得收益率，也就是股东的必要收益率。资本资产定价模型是估计企业内部权益资本成本的模型，它的核心思想是企业权益资本成本等于无风险资本成本加上企业的风险溢价，因而企业的资本成本可以计算为无风险利得与企业风险溢价之和
用无风险利率估计权益资本成本	企业也通常会使用比 CAPM 简单的无风险利率方法估计权益资本成本，IT 企业就常常使用这种方法。使用这种方法时，企业首先要得到无风险债券的利率值，这在大多数国家都是容易获取的指标，然后企业再综合考虑自身企业的风险，并在此利率值的基础上加上几个百分点，最后按照这个利率值计算企业的权益资本成本
长期债务资本成本	长期债务资本成本相对权益资本的计算较为直接，它等于各种长期债务资本成本的加权平均数扣除税收效应
加权平均资本成本（WACC）	加权平均资本成本是权益资本成本与长期债务资本成本的加权平均。在实务中，企业通常使用现在的融资成本来计算，因为这样计算比使用过去的资本能更准确地反映企业使用资金的成本，从而作出合理的战略决策。 WACC =（长期债务成本 × 长期债务总额 + 权益资本成本 × 权益总额）/总资本

3. 最优资本结构。

分析资本成本的最终目的是为企业做出最优的资本结构决策提供帮助。具体来讲，资本结构是权益资本与债务资本的比例。每个企业都有自身的情况，因此资本结构决策不可能像数学公式那样可以按照统一的模式得出。借款会增加债务固定成本而给企业带来财务风险，价格、产品需求以及成本来源的变动都将对使用负债的企业带来更多的影响。由于企业的财务杠杆增加，企业的整体风险也会增加。

大多数经理倾向于内部融资而不是外部融资。在实务中，这意味着在高盈利时期，管理层会倾向于通过留存盈余而不是借债来融资。而在盈利比较低的时期，管理层倾向于借债而不是发行新股进行融资。

决定资本结构的其他考虑因素还包括：企业的举债能力、管理层对企业的控制能力、企业的资产结构、增长率、盈利能力以及有关的税收成本。还有一些比较难以量化的因素，包括：企业未来战略的经营风险；企业对风险的态度；企业所处行业的风险；竞争对手的资本成本与资本结构（竞争对手可能有更低的融资成本以及对风险不同的态度）；影响利率的潜在因素，比如整个国家的经济状况。

虽然资本成本计算复杂且不确定，但仍有必要进行计算。这是因为企业需要让所有的利益相关者确认自己的付出得到回报，如果这些资金投资在企业外部能得到比投资在该企业更多的收益，企业的利益相关者就会改变自己的投资策略，从而影响企业的融资成本。此外，对企业来说，**分析资本成本是企业作出新的战略规划的起点**。如果企业即将启动项目的预算收益低于资金的融资成本，那么企业就应该放弃该项目。

4. 股利分配策略。

（1）决定股利分配的因素。盈余分配和留存政策也是财务战略的重要组成部分。保留的盈余是企业一项重要的融资来源，财务经理应当考虑保留盈余和发放股利的比例。大幅的股利波动可能降低投资者的信心，因此企业通常会通过调整盈余的变化来平衡股利支付。企业发放的股利可能被投资者看作是一种信号。在决定向股东支付多少股利时，考虑的重要因素之一就是为了满足融资需要而留存的盈余数量。留存盈余和发放股利的决策通常会受到以下因素的影响：

①留存供未来使用的利润的需要。它直接关系企业的资产或未来业务的扩张程度；

②分配利润的法定要求。这是指基于经济利润的分配可能反过来影响资本的分配，股利的发放也将限制留存的盈余；

③债务契约中的股利约束；

④企业的财务杠杆。如果企业需要额外的融资，应当在权益融资和债务融资之间进行平衡；

⑤企业的流动性水平。因为支付现金会导致流动性资产的枯竭。相应地，未来的现金流需要根据未来支付股利的需要来进行计划；

⑥即将偿还债务的需要。未来需要偿还的债务越多，企业需要保留的现金就越多；

⑦股利对股东和整体金融市场的信号作用。股东经常把企业发放的股利看作是未来成功的信号。稳定、持续的股利会被看作是一个积极的信号，所有者和投资者通常将亏损期间的股利支付看作是暂时亏损的信号。这一点得到了实证结果的支持，实证研究发现，企业的现金股利支付似乎比剩余股利理论中的股利，支付更为稳定。企业平衡各个期间的股利，很可能是因为财务经理认为股利支付在资本市场中具有信号作用。

（2）实务中的股利政策。一般而言，实务中的股利政策有四大类：固定股利政策、固定股利支付率政策、零股利政策和剩余股利政策。

股利政策	定义	特点
固定股利政策	每年支付固定的或者稳定增长的股利	将为投资者提供可预测的现金流量，减少管理层将资金转移到盈利能力差的活动的机会，并为成熟的企业提供稳定的现金流。但是，盈余下降时也可能导致股利发放遇到一些困难

续表

股利政策	定义	特点
固定股利支付率政策	股利支付率等于企业发放的每股现金股利除以企业的每股盈余，股利支付率保持不变	支付固定比例的股利能保持盈余、再投资率和股利现金流之间的稳定关系，但是投资者无法预测现金流，这种方法也无法表明管理层的意图或者期望，并且如果盈余下降或者出现亏损，这种方法就会出现问题
零股利政策	将企业所有剩余盈余都投资回本企业中	在企业成长阶段通常会使用这种股利政策，并将其反映在股价的增长中。但是，当成长阶段已经结束，并且项目不再有正的现金净流量时，就需要积累现金和制定新的股利分配政策
剩余股利政策	只有在没有现金净流量为正的项目的时候才会支付股利	这在那些处于成长阶段，不能轻松获得其他融资来源的企业中比较常见

（三）财务战略的选择

1. 基于产品生命周期的财务战略选择。

产品的生命周期理论假设产品都要经过导入期、成长期、成熟期和衰退期四个阶段。

企业在产品生命周期不同发展阶段的经营特征如下表所示：

	产品生命周期阶段			
	导入期	成长期	成熟期	衰退期
经营风险	非常高	高	中等	低
财务风险	非常低	低	中等	高
资本结构	权益融资	主要是权益融资	权益 + 债务融资	权益 + 债务融资
资金来源	风险资本	权益投资增加	保留盈余 + 债务	债务
股利	不分配	分配率很低	分配率高	全部分配
价格/盈余倍数	非常高	高	中	低
股价	迅速增长	增长并波动	稳定	下降并波动

（1）产品生命周期不同阶段的财务战略。

①处于产品生命周期**导入期**的企业财务战略。

产品生命周期的导入期是企业**经营风险最高**的阶段。企业可能会面临各种各样的问题，而这些问题都是风险。经营风险高意味着这一时期的财务风险可能较低，因此**权益融资是最合适的**。对于股权资本筹资，从事导入期产品的企业通常利润微薄，甚至有可能出现亏损，因此**风险投资者在其中起很大作用**。风险投资者之所以愿意将资本投资于从事导入期产品的企业，是**因为预期企业未来营利能力会出现高增长**。

从事导入期产品的企业必须建立牢固的财务基础，**建立自由现金储备**，尽可能增强企业的流动性，进而提高企业的灵活度，这是保证企业生存和未来成长的重要战略措施。

从股利分配战略看，由于从事导入期产品的企业的收益较低并且波动性较大，融资渠道不畅，留存收益是很多企业唯一的资金来源，企业出于稳健考虑需要进行大量积累，因此适宜采取不分配或少分配利润的股利分配战略。若非派发股利不可，也应**主要考虑股票股利方式**。另外，股利回报对于期望高收益的风险投资者来说，也没有吸引力。

②处于产品生命周期**成长期**的企业财务

战略。

一旦新产品或服务成功进入市场，销售数量就开始快速增长。这不仅代表了产品整体业务风险的降低，而且表明需要调整企业的战略。

竞争策略重点强调营销活动，以确保产品销售增长令人满意以及企业增加市场份额和扩大销售量。这些表明企业风险尽管比产品导入期时降低了，但仍然很高。因此要控制资金来源的财务风险，需要继续使用权益融资。

然而，最初的风险投资家渴望实现资本收益以使他们能启动新的商业投资，这意味着需要识别新的权益投资者来替代原有的风险投资者并提供高速增长阶段所需的资金。最具吸引力的资金来源通常来自公开发行的股票。

③处于产品生命周期成熟期的企业财务战略。

当产品进入成熟期，产业销售额很大而且相对稳定，利润也比较合理，企业的风险再次降低。在这一阶段的企业风险在于能否维持这种稳定成熟的阶段，以及企业能否保持自身在产品成长期已经获得的市场份额。此时公司的战略重点转移到提高效率、保持市场份额上来。

从筹资战略看，在产品成熟期，经营风险相对降低，从而使得公司可以承担中等财务风险。同时企业开始出现大量正现金净流量，这些变化使企业开始可以使用负债而不单单使用权益筹资。在这一时期企业可采取相对激进的筹资战略，即可采用相对较高的负债率，以有效利用财务杠杆。

从股利分配战略看，在产品成熟期，企业现金流量充足，筹资能力强，能随时筹集到经营所需资金，资金积累规模较大，具备较强的股利支付能力。这个时期企业的销售额和总利润额虽然保持较高水平，但增长速度已经趋于平稳甚至出现停滞，而且此时的股东也希望获得较高的投资回报。因此，企业可以采取稳健的高股利分红政策，提高股利支付率，并且以现金股利的方式为主。

④处于产品生命周期衰退期的企业财务战略。

当产品进入衰退期，产品市场出现萎缩，利润空间越来越小，企业开始最大限度地转让、变卖专用设备、厂房，或另外开发新产品、新市场。此时，经营活动和投资活动都产生巨额的现金流入，而融资活动的净现金流出也达到了历史高位。企业面临的风险比先前的成熟阶段更低了，主要风险是在该产业中企业还能够生存多久。

从筹资战略看，在产品衰退期，企业仍可继续保持较高的负债率，而不必调整其激进型的资本结构。

一方面，这一时期既是从事该产品企业的夕阳期，也是企业开发新产品、进入新产业的孕育期。在资本市场相对发达的情况下，如果新产业的增长性及市场潜力巨大，则理性投资者会甘愿冒险，高负债率即意味着高收益率；如果新产业并不理想，投资者会对未来投资进行自我判断，因为理性投资者及债权人完全有能力通过对企业未来前景的评价来判断其资产清算价值是否超过其债务面值。因此，这种市场环境为企业采用高负债融资创造了客观条件。另一方面，处于产品衰退期的企业具有一定的财务实力，以其现有产业作后盾，高负债筹资战略对企业自身而言是可行的。

从股利分配战略看，仍可采取现金高股利支付的股利分配战略。当产品进入衰退期后，企业通常不想扩大投资规模，折旧也不会再用来重置固定资产，企业自由现金流量可能超过披露的利润额，因此可以向股东支付很高的股利。这种股利回报既是对现有股东投资机会的补偿，也是对其在产品导入期和成长期“高风险—低报酬”一种补偿。当然，高回报应以不损害企业未来发展所需投资为限。

（2）财务风险与经营风险的搭配。

经营风险的大小是由特定的经营战略决定的，财务风险的大小是由资本结构决定的，它们共同决定了企业的总风险。经营风险与财务风险的结合方式，从逻辑上可以划分为四种类型，如下图所示：

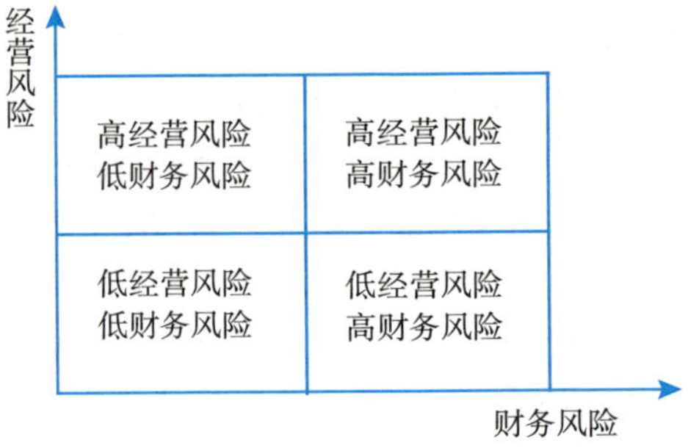

①高经营风险与高财务风险搭配。

这种搭配具有很高的总体风险。例如，一个处于产品导入期的高科技企业，假设能够通过借款取得大部分资金，它破产的概率很大，而成功的可能性很小。

这种搭配符合风险投资者的要求，他们只需要投入很小的权益资本，就可以开始冒险活动。如果侥幸成功，投资人可以获得极高的收益；如果失败了，他们只损失很小的权益资本。由于风险投资者已经考虑了失败的概率，通过一系列风险投资的组合分散了自己的风险，他们可以承受大部分投资项目失败的后果。

这种搭配不符合债权人的要求。这是因为债权人投入了绝大部分的资金，让企业去从事风险巨大的投资。如果侥幸成功，他们只得到以利息为基础的有限回报，大部分收益归于权益投资人；如果失败，他们将无法收回本金。

因此，这种搭配会因找不到债权人而无法实现。

②高经营风险与低财务风险搭配。

这种搭配具有中等程度的总体风险。例如，一个处于产品导入期高科技企业，主要使用权益筹资，较少使用或不使用负债筹资。

这种资本结构对于**权益投资人有较高的风险**，也会有较高的预期报酬，符合他们的要求。权益资本主要由专门从事高风险投资的专业投资机构提供。他们运用投资组合在总体上获得很高的回报，不计较个别项目的完全失败。这种资本结构对于**债权人**来说**风险很小**。不超过清算资产价值的债务，债权人通常是可以接受的。因此，高经营风险与低财务风险搭配是一种可以同时**符合股东和债权人期望的现实搭配**。

值得注意的是，**权益筹资对于投资人来说风险大**，而对于企业来说风险小。企业没有必须偿还权益投资的法定义务，可以给股东分红也可以不分红，有很大弹性。分红多少可以视企业现金流量的情况而定，是一种酌量成本。债务筹资对于债权人来说风险小，而对于企业来说风险大。企业必须按合同约定偿还债务本金，没有弹性。企业必须按期支付固定的利息，不能根据经营好坏而改变，是一种固定成本。因此，经营风险高的企业，现金流量不稳定，企业经理人员愿意使用权益资本。

③低经营风险与高财务风险搭配。

这种搭配具有中等的总体风险。例如，一个处于产品成熟期的公用企业，大量使用借款筹资。

这种资本结构对于权益投资人来说经营风险低，投资资本回报率也低。如果不提高财务风险（充分利用财务杠杆），财务权益报酬率也会较低。权益投资人希望“利用别人的钱来赚钱”，愿意提高负债权益比例，因此可以接受这种风险搭配。对于债权人来说，经营风险低的企业有稳定的经营现金流入，债权人可以为偿债提供保障，可以为其提供较多的贷款。

因此，低经营风险与高财务风险是一种可以**同时符合**股东和债权人期望的现实搭配。

④低经营风险与低财务风险搭配。

这种搭配具有很低的总体风险。例如，一个处于产品成熟期的公用企业，只借入很少的债务资本。对于债权人来说，这是一个理想的资本结构，可以放心为它提供贷款。企业有稳定的现金流，而且债务不多，偿还债务有较好的保障。

对于权益投资人来说很难认同这种搭配，其投资资本报酬率和财务杠杆都较低，自然权益报酬率也不会高。更大的问题是，这种资本结构的企业是理想的收购目标，绝大部分成功的收购都以这种企业为对象。收购者购入企业之后，不必改变其经营战略（通常要付出成本并承担较大风险），只要改变财务战略（这一点很容易做到）就可以增加企业价值。因此，低经营风险与低财务风险搭配，不符合权益投资人的期望，是一种不现实的搭配。

综上所述，经营风险与财务风险反向搭配是制定资本结构的一项战略性原则。产品或企业的不同发展阶段有不同的经营风险，企业应采用不同的财务战略。

2. 基于创造价值或增长率的财务战略选择。

创造价值是财务管理的目标，也是财务战略管理的目标。鉴于财务战略是影响企业价值可持续增长的重要动因，对于日益追求价值可持续增长的企业来说，构建可持续增长的价值创造财务模型是财务战略管理的关键。

（1）影响价值创造的主要因素。

要点	解释
企业的市场增加值	市场增加值（MVA）是计量企业价值创造的有效指标。即某一时点，企业资本（包括所有者权益和债务）的市场价值与占用资本账面价值之间的差额。这个差额是企业活动创造的，是用市场价值衡量的企业价值增加额。 企业市场增加额 = 企业资本市场价值 − 企业占用资本； “企业资本市场价值”是权益资本与负债资本的市价之和； “企业占用资本”是企业占用的权益资本与债务资本的账面价值之和
影响企业市场增加值的因素	经济增加值 =（投资资本回报率 − 资本成本）× 投资资本 市场增加值 = 经济增加值/（资本成本 − 增长率） 市场增加值 =（投资资本回报率 − 资本成本）× 投资成本/（资本成本 − 增长率） 影响企业市场增加值的因素有三个： ①投资资本回报率；②资本成本；③增长率
影响价值创造的因素	影响价值创造的因素： ①投资资本回报率：与市场增加值同向变化； ②资本成本：与市场增加值反向变化； ③增长值：当“投资资本回报率 − 资本成本”为正值时，增长率与市场增加值同向变化；当“投资资本回报率 − 资本成本”为负值时，增长率与市场增加值反向变化； ④可持续增长率

（2）销售增长率、筹资需求与价值创造。

在资产的周转率、销售净利率、资本结构、股利支付率不变并且不增发和回购股份的情况下，出现现金短缺、现金剩余和现金平衡现象时，销售增长率、筹资需求与价值创造三者关系如下：

第一，现金短缺。销售增长率超过可持续增长率时企业会出现现金短缺。现金短缺是指在当期的经营效率和财务政策下产生的现金不足以支持销售增长，需通过高经营效率、改变财务政策或增发股份来平衡现金流动。

从财务的战略目标考虑，必须区分两种现金短缺：一种是创造价值的现金短缺；另一种是减损价值的现金短缺。对于前者，应当设法筹资以支持高增长，创造更多的市场增加值；对于后者，应当提高可持续增长率以减少价值减损。

第二，现金剩余。销售增长率低于可持续增长率时企业会出现现金剩余。现金剩余是指在当前的经营效率和财务政策下产生的现金，超过了支持销售增长的需要，剩余的现金需要投资于可以创造价值的项目（包括扩大现有业务的规模或开发新的项目），或者还给股东。

从财务的战略目标考虑，有两种现金剩余：一种是**创造价值的现金剩余**，企业应当用这些现金提高股东价值增长率，创造更多的价值；另一种是**减损价值的现金剩余**，企业应当把钱还给股东，避免更多的价值减损。

第三，现金平衡。销售增长率等于可持续增长率时企业的现金保持平衡。现金平衡是指在当前的经营效率和财务政策下产生的现金，与销售增长的需要可以保持平衡。这是一种理论上的状态，现实中的平衡是不存在的。

综上所述，影响价值创造的因素主要有：投资资本回报率；资本成本；增长率；可持续增长率。它们是影响财务战略选择的主要因素，也是管理者为增加企业价值可以控制的主要内容。

(3）价值创造和增长率矩阵。

财务战略矩阵假设一个企业有一个或多个业务单位。纵坐标是一个业务单位的投资资本回报率与其资本成本的差额，实际上就是EVA，也就是经济增加值。财务战略矩阵用该指标来评价公司的价值增长状态。如果EVA的值大于零，说明企业的税后净经营利润大于资金成本，该业务单位为股东创造价值；如果EVA的值小于零，说明企业的税后净经营利润不能够弥补其资金成本，该业务单位减损股东价值。

根据以上分析，我们可以通过一个矩阵，把价值创造（投资资本回报率－资本成本）和现金余缺（销售增长率－可持续增长率）联系起来。该矩阵称为财务战略矩阵，可以作为评价和制定战略的分析工具。据此建立的矩阵有四个象限：处于第一象限的业务，属于增值型现金短缺业务；处于第二象限的业务，属于增值型现金剩余业务；处于第三象限的业务，属于减损型现金剩余业务；处于第四象限的业务，属于减损型现金短缺业务。处于不同象限的业务单位（或企业）应当选择不同的财务战略，如下图：

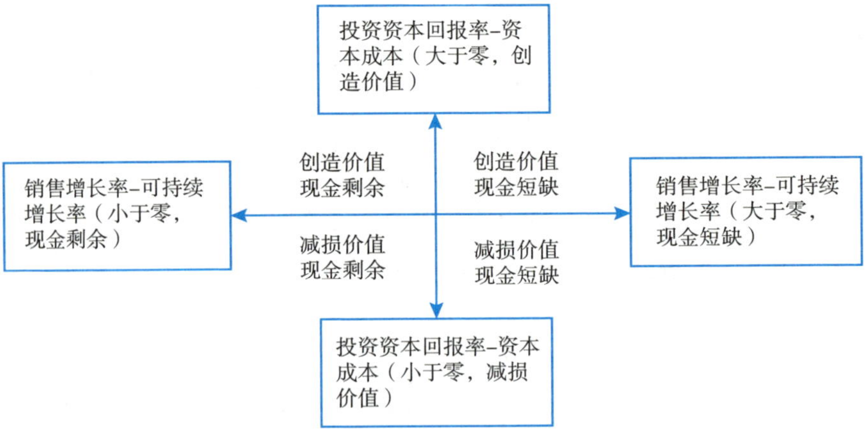

①增值型现金短缺的财务战略选择。

在第一象限中，EVA大于零，销售增长率大于可持续增长率。该象限业务往往处于业务成长期，一方面该业务能够带来企业价值增值，另一方面其产生的现金流量不足以支持业务增长，会遇到现金短缺的问题。在这种情况下，业务增长越快，现金短缺越是严重。

第一，提高可持续增长率的方法包括提高

经营效率和改变财务政策。

A. 提高经营效率。提高经营效率是应对现金短缺的首选战略。它不但可以增加现金流入，还可以减少增长所需的资金数额。但是，如果企业的经营业绩已经达到现有经营条件下的极限，一般的降低成本或加快资金周转的措施很难解决其面临的问题。企业需要改变经营战略，采取降低成本、提高价格、降低营运资金、剥离部分资产、改变供货渠道等措施，寻求突破性的改善。

B. 改变财务政策。改变财务政策也可以暂时解决现金短缺，如停止支付股利、增加借款的比例等措施。

第二，如果可持续增长率的提高仍不能解决资金短缺问题，就需要设法**增加权益资本**。不能因为资金短缺就降低增长率，那将不利于创造价值。增加权益资本包括增发股份和兼并成熟企业两种方法。

A. **增发股份**。争取新的权益资本投入，配股或增发都可以获得大量的资金流入，但股权资本成本的昂贵使企业必须增加负债资金来降低资本成本并保持最优资本结构。增发股份的必要前提是所筹资金要有更高的回报率，否则不能增加股东的财富。增发股份的缺点是分散了控制权，而且会稀释每股收益。

B. **兼并“现金牛”企业**。即兼并那些增长缓慢、有多余现金的企业。

②增值型现金剩余的财务战略选择。

在第二象限中，EVA大于零，销售增长率小于可持续增长率。该象限业务往往随着企业发展，获得持续增长的现金净流量。其内外部环境也发生了一系列的变化，新技术不断成熟，新产品逐渐被市场接受，目标市场逐步稳定，获利水平持续增长，为企业带来预期的现金流。这时企业的现金流量足以满足其自身发展需求，即该业务单元能够为企业带来价值增值。本阶段关键的问题是能否利用剩余的现金迅速增长，使增长率接近可持续增长率。

第一，由于企业可以创造价值，加速增长可以增加股东财富，因此首选的战略是利用过剩的资金促进业务增长，可以通过内部投资和收购相关业务来实现。

第二，如果加速增长后仍有剩余现金，找不到进一步投资的机会，则企业应把这些资金通过增加股利支付、回购股份等途径返还给股东，使他们可以选择其他价值创造的投资。如果长期占用股东的资本，又不能给予股东相应的回报，不利于企业的长期价值增加。

③减损型现金剩余的财务战略选择。

在第三象限中，EVA小于零，销售增长率小于可持续增长率。该象限的业务虽然能够产生足够的现金流量维持自身发展，但是业务的增长反而会降低企业的价值。这是业务处于衰退期的前兆。减损型现金剩余的主要问题是盈利能力差，而不是增长率低，简单的加速增长很可能有害无益。首先应分析盈利能力差的原因，寻找提高投资资本回报率或降低资本成本的途径，使投资资本回报率超过资本成本。

第一，首选的战略是提高投资资本回报率。应仔细分析经营业绩，寻找提高投资资本回报率的途径。主要有：提高税后经营利润率，包括扩大规模、提高价格、控制成本等；提高经营资产周转率，降低应收账款和存货等资金占用。

第二，在提高投资资本回报率的同时，审查目前的资本结构政策，如果负债比率不当，可以适度调整，以降低平均资本成本。

第三，如果企业不能提高投资资本回报率或者降低资本成本，无法扭转价值减损的状态，就应当把企业出售。

④减损型现金短缺的财务战略选择。

在第四象限中，EVA小于零，销售增长率大于可持续增长率。该象限的业务既不能带来企业价值的增值，又不能支持其自身的发展，并且会由于增长缓慢遇到现金短缺问题。这种业务不能通过扩大销售得到改变。由于股东财富和现金都在被吞食，需要快速解决问题。

第一，**彻底重组**。如果盈利能力低是本企业的独有问题，应在仔细分析经营业绩、寻找价值减损和不能充分增长的内部原因后，对业务进行彻底重组。这样做的风险是，如果重组失败，股东将蒙受更大损失。

第二，**出售**。如果盈利能力低是整个行业的衰退引起的，企业无法对抗衰退市场的自然结局，应尽快出售以减少损失。即使是企业独有的问题，由于缺乏核心竞争力，无法扭转价值减损的局面，也需要选择出售。在一个衰退行业中挽救一个没有竞争力的业务，成功的概率不大，往往会成为资金的陷阱。

【经典例题】

【真题·单选题】（2019）甲燃气公司负责某市的民用天然气供给业务。近年来该市的民用天然气需求量比较稳定，甲燃气公司主要通过向银行贷款取得更新设备所需的资金。该公司财务风险与经营风险的搭配属于（　　）。

A. 高经营风险与高财务风险

B. 高经营风险与低财务风险

C. 低经营风险与高财务风险

D. 低经营风险与低财务风险

【答案】C

【解析】本题中，“该市的民用天然气需求量比较稳定”属于低经营风险；“甲燃气公司主要通过向银行贷款取得更新设备所需的资金”属于高财务风险。

【真题·多选题】（2017）甲公司财务数据显示，其资本成本为6%，投资回报率为8%，可持续增长率为9%，销售增长率为15%。经进一步分析，该公司的高速增长将持续较长时间。甲公司为支持其业务增长应采取的措施有（　　）。

A. 增加短缺借款

B. 增加长期借款

C. 提高可持续增长率

D. 增加权益资本

【答案】CD

【解析】投资回报率大于资本成本，销售增长率大于可持续增长率，属于增值型现金短缺，适宜采用的措施是提高可持续增长率和增加权益资本。本题中，“该公司的高速增长将持续较长时间”说明增长是长期的，所以不能使用短期借款来解决。“增加长期借款”这个选项存在争议，根据中注协发布的答案没有这个选项，教材中也确实没有明确说明在这种情况下可以采用长期借款，但在现实中企业是可以采用该策略的。

【真题·多选题】（2018）甲公司是一家互联网叫车平台公司，目前经营处于培育客户的阶段。该公司通过支付大量的营销费用来培养客户通过互联网叫车的习惯。下列各项中，属于甲公司现阶段经营特征的有（　　）。

A. 具有中等的股利分配率

B. 经营风险非常高而财务风险非常低

C. 主要资金来源是风险资本

D. 价格/盈余倍数非常高

【答案】BCD

【解析】本题中，“目前经营处于培育客户的阶段”属于产品的导入期，该阶段的经营风险非常高，财务风险非常低，主要的资金来源是风险资本，价格/盈余倍数非常高，不分配股利，因此，选项A错误。

【例题·多选题】在企业经营风险与财务风险结合的几种方式中，同时符合股东和债权人期望的有（　　）。

A. 高经营风险与高财务风险搭配

B. 低经营风险与高财务风险搭配

C. 高经营风险与低财务风险搭配

D. 低经营风险与低财务风险搭配

【答案】BC

【解析】低经营风险与高财务风险的搭配和高经营风险与低财务风险的搭配，都具有中等程度的总体风险，同时符合股东和债权人期望的现实搭配。

重难点19：企业国际化经营动因★★★

经济学家从各个层面和角度探索和研究企业国际化经营的行为特点及其作用与影响，提出了许多理论和主张。这些理论和主张的研究无非也是沿着两个基本主要思路：一是国际生产要素的组合；二是企业国际化经营所面临的市场特征（特别是寡头垄断市场特征）。

（一）国际生产要素的最优组合

1. 垄断优势理论。

1960年，美国学者海默（Hymer）在其博士论文《国内企业的国际经营：对外直接投资的研究》中首次提出垄断优势理论，后得到其导师金德尔伯格（Kindlerberg）的支持并加以完善，成为最早研究对外直接投资的理论。

海默和金德尔伯格认为，是市场不完全导致了对外直接投资。一般地讲，市场不完全可以表现为四种类型：

（1）产品和生产要素市场不完全；

（2）由规模经济导致的市场不完全；

（3）由政府干预引起的市场不完全；

（4）税赋与关税引起的市场不完全。

跨国企业在不完全竞争下取得了各种垄断优势。这些优势可分为三类：

（1）来自产品市场不完全的优势，如产品差别、商标、销售技术与操纵价格等；

（2）来自生产要素市场不完全的优势，包括专利与工业秘诀，资金获得条件的优惠，管理技能等；

（3）企业拥有的内部规模经济与外部规模经济。

2. 区位理论。

1953年，索思阿德（Southard）提出区位理论，用以研究国内资源的区域配置问题。后来，艾萨德（Isard）等用此理论来解释对外直接投资的现象。区位理论认为，市场不完全性不仅存在于一国市场上，同样存在于国际市场上。国际市场的不完全性会导致各国之间的市场差异，即在生产要素价格、市场规模、市场资源供给等方面存在着不同的差异。如果国外市场这些差异为准备投资的一国企业带来了有利的条件，企业就会发生对外直接投资。影响区位优势的主要因素有生产要素、市场定位、贸易壁垒、经营环境等。

3. 产品生命周期理论。

1966年，美国哈佛大学教授弗农（Vernon）从技术创新入手，分析国际贸易、对外直接投资与产品生命周期的关系。事实上，弗农的产品生命周期理论是将垄断因素与区位因素结合起来的动态分析。

弗农的产品生命周期理论从产品的研发和生产角度进行考察，他认为，企业的各种优势最终体现在产品上。随着产品生命周期阶段的变化，企业产品生产的地域也会从一个国家转移到另一个国家，以寻求最佳的区位优势，获得自己的竞争优势。

4. 内部化理论。

为了寻求对企业对外投资行为的解释，1976年，英国学者巴克利（Buckley）和卡森（Casson）发掘了科斯（Coase）在1937年对企业的起源和均衡规模提出的内部化理论。

内部化理论是从市场不完全与垄断优势理论发展起来的。在巴克利等新创的内部化理论中，市场不完全并非是指规模经济、寡头垄断或关税壁垒等，而是指由于某些市场失效以及某些产品的特殊性质或垄断势力的存在，导致企业市场交易成本增加。内部化理论建立在三个基本假设的基础上：

（1）企业在市场不完全的情况下从事经营的目的是追求利润最大化；

（2）当生产要素特别是中间产品市场不完全时，企业有可能统一管理经营活动，以内部市场代替外部市场；

（3）内部化越过国界时就会产生国际企业。

内部化理论与垄断优势理论的区别在于，内部化并不是给予企业特殊优势的这种财产本身，而是指这种财产的内部化过程给了跨国企业以特有的优势。

5. 国际生产折中理论。

国际生产折中理论，又称国际生产综合理论。1976年，英国里丁大学教授邓宁（Dunning）首次提出了综合理论学说。此后，邓宁又多次发表论文，系统阐述“综合主义”理论，并将其动态化，从而形成了至今仍然是对跨国公司和对外直接投资研究影响最大的理论框架。

邓宁的国际生产综合理论可以概括为一个简单的公式：

所有权优势＋内部化优势＋区位优势＝对外直接投资

邓宁指出，企业可以根据自己所具备的不同优势，分别采用不同的国际经营方式。企业对外直接投资，必须同时具备所有权优势、内部化优势与区位优势；该企业如果只拥有所有权优势与内部化优势，只能进行出口贸易；企业如果只有所有权优势，则只能考虑采用技术转移的形式，将技术出让给其他企业；如果企业具有上述三种优势，却只采取技术转移的方法，则会丧失内部化优势与区位优势所能带来的收益。

以上介绍的几位代表人物及其研究成果只是关于跨国企业理论探讨的一小部分，还有不少经济学家从各种角度对跨国企业行为进行了深入研究，使这一理论形成比较完整的框架，并得到不断补充和发展。

（二）寡占市场（即寡头垄断市场）的反应

对企业跨国经营的行为，一些学者更侧重从企业所面临的市场角度，特别是从跨国公司投资产业大都属于寡占市场特征的角度进行研究。

1. 海默论跨国企业的寡头垄断反应行为。

对于发达国家之间的相互交叉直接投资来说，海默认为，必须利用寡占反应行为来加以解释。海默所说的寡占反应行为是指各国寡占企业通过在竞争对手的领土上建立地盘来加强自己在国际竞争中的地位。海默认为对向直接投资只是国内寡占竞争行为在国际范围内的延伸，但基础仍在于各国企业所拥有的技术等垄断优势，各国企业在技术、管理及规模经济方面的相对优势决定了直接投资的流向及多寡，决定了一国是主要的对外直接投资国还是主要的直接投资接受国。

2. 尼克博克（Knickerbocker）的“寡占反应理论”。

在寡占反应理论上作出较为系统阐述的是美国学者尼克博克。尼克博克将对外直接投资区分为“进攻性投资”与“防御性投资”。在国外市场建立第一家子公司的寡头公司的投资是进攻性投资，同一行业其他寡头成员追随率先建立的公司也建立子公司，是防御性投资。

决定这两类投资的因素是各不相同的，进攻性投资的动因可由弗农的产品生命周期理论解释，而防御性投资则是由寡占反映行业所决定的。决定防御性投资行为的寡占反应，目的在于抵消竞争对手首先采取行动所得到的好处，避免对方的行动给自己带来的风险，保持彼此之间的力量均衡。

（三）发展中国家企业国际化经营动因

2006 年 UNCTAD 发表的《世界投资报告》对于发展中经济体和转型期经济体日益成为世界重要的对外投资来源这一趋势进行了调查与研究，提出影响发展中国家跨国公司对外投资决策的四大动机与三大竞争优势。

1. 发展中国家跨国公司对外投资的主要动机。

（1）寻求市场。联合国贸易和发展会议与伙伴组织关于发展中国家外商投资企业的调查证实，在其对外投资动机中，最重要的是寻求市场型的外国直接投资。

与市场有关的因素是推动发展中国家跨国公司走出母国或拉动它们进入东道国的强大力量。以寻求市场为主要动机的投资主要形成区域内和发展中国家内部的对外直接投资。在这种对外直接投资之内，投资形态因跨国公司的活动而存在差异。

广义的市场扩展还包括市场多样化的扩张。个案研究证实，对外直接投资确实使得发展中国家企业能够进入新市场并扩大业务。在白色家电和个人计算机等一系列产业中，一些亚洲跨国公司通过对外直接投资成功地扩大市场，成为全球性企业。

（2）**寻求效率**。发展中国家对外直接投资的第二个重要动机是寻求效率，主要是相对较先进（因而劳动力成本较高）的发展中国家跨国公司进行这种投资。

寻求效率的投资又往往是基于两个方面的驱动因素：一是母经济体生产成本上涨，特别是劳动力成本。这是马来西亚、韩国和新加坡等东南亚国家及毛里求斯（该国具有成衣劳动密集型出口产业）跨国公司特别关注的问题。二是发展中国家公司所面临的竞争压力正在推动它们向海外扩展。这些压力包括来自低成本生产商的竞争，特别是来自东亚和东南亚高效率制造商的竞争及国内外经济体中来自国外跨国公司的竞争。

（3）**寻求资源**。许多发展中大国，首先是中国和印度，其日新月异的快速增长使它们担忧关键资源和经济扩展的投入将会出现短缺。这类国家的一些跨国公司对外直接投资的战略和政治动机中反映了这点，尤其是在自然资源方面。有些国家的政府鼓励跨国公司设法取得对母国经济至关重要的原材料等投入。

以上述的寻求市场、寻求效率、寻求资源为主要动机的投资都属于“资产利用战略”。而以下的寻求现成资产型的投资是一种“资产扩展战略”。

（4）**寻求现成资产**。寻求现成资产型对外投资主要是发展中国家跨国公司向发达国家投资。其主要动机是主动获取发达国家企业的品牌、先进技术与管理经验等现成资产。例如，中国企业吉利汽车并购沃尔沃的主要动机是有效弥补品牌短板、提升研发能力、获得关键技术、获取全球经销商网络、赢得一流管理团队和技术人才，进而提升企业的国际竞争力。

2. 发展中国家跨国公司对外投资的主要竞争优势。

与发达国家跨国公司对外投资相比，发展中国家跨国公司对外直接投资有三个方面的优势，这些优势主要体现在对发展中国家投资的层面上。

（1）发展中国家跨国公司的对外直接投资对发展中东道国的一大优势是具有更大的创造就业机会的潜力。

（2）发展中国家跨国公司的技术和经营模式一般比较接近于发展中东道国公司所用的技术和模式，这意味着有益联系和技术吸收的可能性较大。

（3）发展中国家跨国公司在进入模式上也往往是更多地采取新建投资的方式而不是并购。在发展中东道国的投资尤其如此。就此而言，他们的投资更有可能直接推动提高发展中国家的生产能力。

【经典例题】

【真题·单选题】（2017）国内家电企业宏浩集团在2016年5月宣布，将斥资45亿美元收购发达国家G国工业机器人制造商K公司。K公司是该国市场上领先的专注于工业制造流程数字化的企业，其研发的机器人已经被用来装配轿车和飞机。宏浩集团收购K公司的动机是（　　）。

A. 寻求市场

B. 寻求效率

C. 寻求资源

D. 寻求现成资产

【答案】D

【解析】寻求现成资产的主要动机是主动获取发达国家企业的品牌、先进技术与管理经验等现成资产。本题中，“斥资45亿美元收购发达国家G国工业机器人制造商K公司。K公司是该国市场上领先的专注于工业制造流程数字化的企业，其研发的机器人已经被用来装配轿车和飞机”说明宏浩集团收购K公司的动机是为了寻求现成资产。

【真题·多选题】（2018）顺驰公司是国内一家汽车玻璃制造商。面对国内生产要素成本不断上涨和产品订单日趋减少，该公司把一部分资金和生产能力转移至生产综合成本相对较低的汽车产销大国M国。通过独立投资设厂和横向并购 M 国一家拥有国际知名品牌的企业，顺驰公司在 M 国不仅很快站稳脚跟，而且获得 M 国汽车制造商的大量订单，业务量大幅增长。在本案例中，顺驰公司向 M 国投资的动机有（　　）。

A. 寻求市场

B. 寻求效率

C. 寻求资源

D. 寻求现成资产

【答案】ABD

【解析】本题中，“面对国内生产要素成本不断上涨和产品订单日趋减少，该公司把一部分资金和生产能力转移至生产综合成本相对较低的汽车产销大国 M 国”体现了寻求效率，选项 B 正确；“通过独立投资设厂和横向并购 M 国一家拥有国际知名品牌的企业”体现了寻求现成资产，选项 D 正确；“顺驰公司在 M 国不仅很快站稳脚跟，而且获得 M 国汽车制造商的大量订单，业务量大幅增长”体现了寻求市场，选项 A 正确。

【例题·单选题】华信能源有限公司于 2017 年收购了俄罗斯石油公司 14.16% 股权，合计金额预计 91 亿美元，收购后华信公司将获得每年 4 200 万吨的石油权益和 26.7 亿吨的油气储量。华信公司这一行为的动因是（　　）。

A. 寻求市场

B. 寻求效率

C. 寻求资源

D. 寻求现成资产

【答案】C

【解析】本题中，“收购后华信公司将获得每年 4 200 万吨的石油权益和 26.7 亿吨的油气储量”体现出华信公司是为了获取一些战略性的自然资源的资产，即华信公司这一行为的动因是寻求资源。

重难点 20：国际市场进入模式★★★

企业进入国外市场的模式一般有出口、股权投资、非股权安排等几种。

（一）出口

商品与服务出口贸易是企业国际化经营相对比较简单，也是比较普遍的进入外国市场的方式。企业国际化经营选择出口方式要研究以下问题：

1. 目标市场选择。

目标市场选择涉及两个层面：一是目标市场的区域路径；二是在东道国细分市场的目标客户的定位。

（1）目标市场的区域路径。目前存在着两种选择目标市场区域路径的方式。

①传统方式。又称连续方式。一般情况而言，高新技术产品在发达国家出口的国别路径是先到经济技术发展水平相类似的发达国家，然后再到发展中国家；发展中国家则是先到环境类似的发展中国家，最后再逐步走向发达国家。

②新型方式。又称不连续方式。经济全球化背景下，许多产业中的全球分工体系已经形成，全球同步使用新产品。此时不论是发达国家还是发展中国家，该产业中的高新技术产品出口的国别路径都是先到发达国家（特别是美国）以占领世界最大市场，然后再走向发展中国家。

（2）选择目标客户。目标客户选择的基础是市场细分。各国之间的细分市场通常在数量、大小和特点上存在差别。

2. 选择进入战略。

一旦目标细分市场被选定，下一步就是制定最好的战略打入该细分市场。最重要的战略决策是：应该在全球推广标准化的产品，还是针对同国家的不同需求修改产品和营销组合？

一家公司也可能对同一产品同时采取两种策略，它可能在一些国家销售标准产品，而在另一些国家销售改造产品。同样，一家公司可以对一些产品实行标准产品策略，而对另一些产品实施改造型策略。

3. 选择分销渠道与出口营销。

连接某国生产者与异国消费者的分销渠道有以下四个十分重要的特征：

（1）一般说来，国际分销渠道比国内分销渠道更复杂，涉及更多的中间环节。一个典型的国内分销渠道为：生产者—批发商—零售商；而国际销售的分销渠道则可能为：生产者—出口代理商—进口代理商—大型批发商—小型批发商—零售商。

（2）国际分销渠道的成本通常比国内分销渠道的成本高。因此，通过国际分销渠道到达消费者手中的产品价格比较高，其中的主要成本来自建立分销机构、进入新的市场及国际分销渠道运作的费用。

（3）出口商有时必须通过与国内市场不同的分销渠道向海外市场进行销售。例如，在国内市场上，它的经营范围或与顾客密切联系的重要性也许要求它建立自己的分销系统，并利用这一系统与最终消费者保持联系。然而在海外市场上，在出口量一定的情况下，这样一个系统可能过于昂贵，因而是不可行的。海外市场上当地公司的营销技巧可能比产品本身更重要。

（4）国际分销渠道通常为公司提供海外市场信息，包括产品在市场上的销售情况及其原因。在这种情况下，公司可选择对分销和销售系统做前向整合，并由本公司人员深入海外市场，或者可选择与国外的分销商发展密切的合作关系，进行充分的信息交流。

出口商有许多不同的分销渠道可以选择：经纪人、代理商、制造商的销售代表、出口代理商、批发商、零售商、进口批发商、贸易公司等。这些贸易中介可以从两个方面加以归类和描述。

（1）商品的所有权。代理人代表公司销售商品，收取佣金，但不拥有商品；而分销商则是商品的所有者，他先向出口商购买商品，冠以自己的商标，再进行出售。

（2）对销售渠道的控制方法，分为直接法与间接法。直接法是公司拥有并管理分销渠道，而间接法则是分销渠道独立于公司之外。

商品所有权的两种类型和对销售渠道控制方法的两种类型可以组合出四种基本的组合，分销渠道与出口营销决策要从这四种基本组合中选择出一种（其中每种组合中还包括许多不同的机构）是一项艰巨但重要的任务，这一决策要考虑许多因素，例如，出口商的特点（大小、能力以及资源），海外市场战略，愿意承担的风险，现在和未来的销售范围，合并、市场渗透、控制和信息反馈的重要性以及海外市场与国内市场的差别等。

4. 出口市场上的定价。

针对海外市场一般有 4 种定价策略。

（1）定价偏高，以期获得大于国内市场的收益。这种定价策略考虑到海外市场比国内市场的风险要大一些，而且通常会产生一些隐含成本，而这些成本不会被标准的会计制度确认。按照这种观点，海外市场的价格与收益应该比国内市场要高，否则不应出口。

（2）制定使海外市场与国内市场收益水平接近的价格。这种定价策略认为海外市场与国内市场没有区别。有经验的出口商通常使用这种策略，因为对他们来说，海外市场与国内市场的差别的确很小。也有一些新手和缺乏经验的出口商采用这种策略，他们对海外市场的态度是“只要有订单，我们就发货”。

（3）在短期内定价较低，即使收益偏低甚至亏损也在所不惜。这种策略把海外市场看成有发展前途的市场。这类积极进取的出口商宁愿承受短期的亏损而抢占市场份额，开发出适合海外市场的产品，从而取得规模经济效益。但这种策略容易使公司面临出口市场上当地竞争者的反倾销行动，并为此支付反倾销关税。

（4）只要在抵销变动成本之后还能增加利润，就按能把超过国内市场需求量的产品销售出去的价格定价。这种策略是把海外市场看成解决过剩生产能力的倾销场所，尽管这种方法确实给公司带来了利润，但这种公司不能算作真正的出口市场开拓者。

（二）对外股权投资

对外股权投资涉及对东道国企业的股权参

与，与出口方式相比，是一种控制程度更强、参与程度更大的进入方式。

股权投资包括对外证券投资与对外直接投资。

1. 对外证券投资。

对外证券投资是指个人或机构取得外国证券，但并不控制该企业或参与管理，购买外国股票可能出于若干重要战略因素考虑：

（1）证券投资可能成为直接投资的前奏。一些跨国公司把证券投资当作一种先发制人的行动，其目的是防止被国内或国外对手兼并。

（2）证券投资可以作为企业长期计划的一部分，因为它可能有助于加强技术、许可证和销售协议。

（3）证券投资也是扩大企业在其他国家利益的一种方法，如为了较长时期占有、为了多样化经营，或是为了搜集市场信息去建立一个基地。

但是制造业企业很少会把它的长期计划建立在对外证券投资的基础上。与直接投资相比，这种间接投资有两个基本弱点：一是证券投资虽然涉及所有权问题，但很少或没有涉及管理和控制问题，不能管理企业所持有的资产；二是证券投资很难充分发挥该公司的技术或产品的优势。由于这两个基本弱点，证券投资妨碍了企业把它持有的国外资产充分结合起来使用，而直接投资却能做到这一点。

2. 对外直接投资。

与出口和证券投资进入方式不同的是，采用对外直接投资进入模式，企业将管理、技术、营销、资金等资源以自己控制企业的形式转移到目标国家（地区），以便能够在目标市场更充分地发挥竞争优势。同出口方式相比，进行对外直接投资缩短了生产和销售的距离，减少了运输成本；可利用当地廉价的劳动力、原材料、能源等生产要素，降低制造成本；能随时获得当地市场的信息和产品的信息反馈，从而可根据市场的需求来调整生产。此外，对外直接投资也使企业跨越东道国政府的各种贸易和非贸易壁垒，有时直接投资还能享受东道国提供的某种优惠。但是，对外直接投资需要大量的资金、管理和其他资源的投入，这就意味着风险更大，灵活性更差。

对外直接投资方式可以分为全资子公司与合资两种形式。

（1）全资子公司（即独资经营）。即由母公司拥有子公司全部股权和经营权，这意味着企业在国外市场上单独控制着一个企业的生产和营销。全资子公司可以使企业拥有百分之百的控制权，全部利润归自己所有。

采用全资子公司的形式进入一国市场主要有两个优点：

①管理者可以完全控制子公司在目标市场上的日常经营活动，并确保有价值的技术、工艺和其他一些无形资产都留在子公司。

②可以摆脱合资经营各方在利益、目标等方面的冲突问题，从而使国外子公司的经营战略与企业的总体战略融为一体。

全资子公司也有三个重要的缺陷：

①这种方式可能得耗费大量资金，公司必须在内部集资或在金融市场上融资以获得资金。

②由于成立全资子公司需要占用公司的大量资源，所以公司面临的风险可能会很高。风险来源之一是目标市场上政治或社会方面的不确定性或者是说不稳定性。

③由于没有东道国企业的合作与参与，全资子公司难以得到当地的政策与各种经营资源的支持，规避政治风险的能力也明显小于合资经营企业。

（2）合资经营。合资经营是指协议共同投资的各方各按一定比例的股份出资，共同组成一家具有法人地位，在经济上独立核算，在业务上独立经营的企业。企业采用合资经营这种方式，一方面可以减少国际化经营的资本投入，另一方面有利于弥补跨国经营经验不足的缺陷，有利于吸引和利用东道国合资方的资源（如东道国合资方在当地市场的信誉、融资与销售渠道、同当地银行和政府官员的公私关系以及他们具有的生产、技术、管理和营销技能等）。

然而，创建国际合资经营企业也存在一些问题，其中最主要的问题是，由于合资企业由多方参与投资，因而协调成本可能过大。**协调问题**又主要表现在以下几个方面：

①合资各方目标的差异。合作各方的目标在合资企业建立之初是一致的，但随着时间的推移，各方在产品定价、盈利分配、出口方向和数量、原料采购和产品设计等诸多方面将出现分歧。这种分歧可能由于合作各方财富的变动而引起。

②合资各方的文化差异。国际合资企业要求具有不同国家文化背景的管理者协同工作。经理们对他们所要接触的文化特征必须很敏感，否则可能导致误解和严重问题。

（三）非股权形式

非股权形式包括合约制造、服务外包、订单农业、特许经营、许可经营、管理合约及其他类型的合约关系，跨国公司通过这些关系协调其在全球价值链的活动并影响东道国公司的管理，而并不拥有其股份。

非股权形式往往被看作是对外直接投资与贸易两种方式的中间道路，企业国际化经营首要的核心竞争力是在全球价值链中协调各项活动的能力。企业可以决定在内部进行这类活动（内部化），也可以委托其他企业进行（外部化）。内部化跨越国界时，就成为对外直接投资；外部化的结果则可能产生对外贸易，也可能选择一条“中间道路”——形成企业间的非股权安排，即通过合同协议来调节东道国企业的运作和行为。这种“调节”可以对商业行为产生实质性影响，如要求东道国公司投资设备、改变流程、采用新的程序、改善劳动条件或使用指定供应商等。

【经典例题】

【例题·多选题】在下列进入国外市场的模式中，属于非股权安排形式的有（　　）。

A. 服务外包

B. 订单农业

C. 许可经营

D. 对外证券投资

【答案】ABC

【解析】企业进入国外市场的模式主要有出口、股权投资、非股权安排等。非股权形式包括合约制造、服务外包、订单农业、特许经营、许可经营、管理合约及其他类型的合约关系。

重难点21：国际化经营的战略类型★★★

企业国际化经营的战略基本上有四种类型，即国际战略、多国本土化战略、全球化战略与跨国战略。这四种战略可以通过“全球协作”的程度和“本土独立性和适应能力”的程度所构成的两维坐标体现出来，如下图：

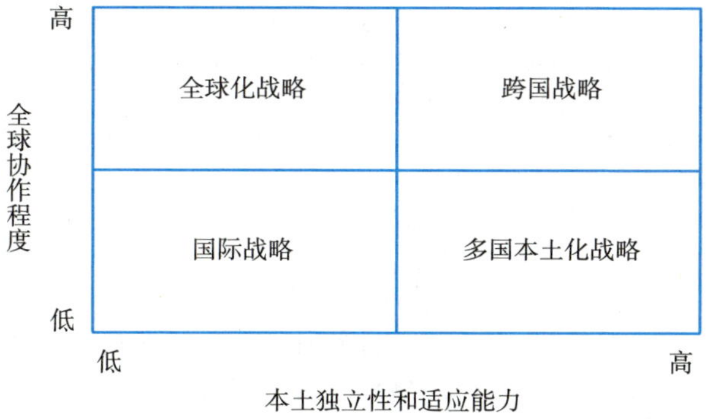

（一）国际战略	
含义	是指企业将其具有价值的产品与技能转移到国外的市场，以创造价值的举措
实施策略	大部分企业采用国际战略，转移其在母国所开发出的具有竞争优势的产品到海外市场，从而创造价值。在这种情况下，企业多把产品开发的职能留在母国，而在东道国建立制造和营销职能。在大多数的国际化企业中，企业总部一般严格地控制产品与市场战略的决策权
适用条件	企业的特殊竞争力如果在国外市场上拥有竞争优势，而且在该市场上降低成本的压力较小时，企业采取国际化战略是非常合理的。但是，如果当地市场要求能够根据当地的情况提供产品与服务，企业采取这种战略就不合适了
缺点	由于企业在国外各个生产基地都有厂房设备，形成重复建设，加大了经营成本，这对企业也是不利的
（二）多国本土化战略	
含义	一个企业的大部分活动，如战略和业务决策权分配到所在国外的战略业务单位进行，由这些单元向本地市场提供本土化的产品，从而把自己有价值的技能和产品推向外国市场而获得收益
与国际战略的关系	1. 相同点：这种战略也是将自己国家所开发出的产品和技能转移到国外市场，而且在重要的国家市场上从事生产经营活动。 2. 不同点：它根据不同国家的不同市场，提供更能满足当地市场需要的产品和服务
适用条件	在当地市场强烈要求根据当地需求提供产品和服务并降低成本时，企业应采取多国本土化战略。但是，由于这种战略生产设施重复建设并且成本结构高，在成本压力大的产业中便不适应
缺点	1. 成本结构较高，无法获得经验曲线效益和区位效益。 2. 过于本土化，会使在每一个国家的子公司过于独立，企业最终会指挥不动自己的子公司，不能将自己的产品和服务向这些子公司转移
（三）全球化战略	
含义	向全世界的市场推销标准化的产品和服务，并在较有利的国家集中进行生产经营活动，由此形成经验曲线和规模经济效益，以获得高额利润
特点	企业采取这种战略主要是为了实施成本领先战略。与定制化以满足顾客差异化需求不同，实施“全球化战略”的跨国公司是通过提供标准化的产品来促使不同国家的习俗和偏好趋同
适用条件	在成本压力大且当地特殊要求小的情况下，企业采取全球化战略是合理的。但是，在要求提供当地特色的产品的市场上，这种战略是不合适的
缺点	1. 对东道国本土市场的反应相对迟钝。 2. 由于企业需要跨越国界的协调战略和业务决策，因此难以管理
（四）跨国战略	
含义	企业既寻求多国本土化战略所具有的当地优势，又注重全球化战略带来的效率。因而，运用这种战略的企业在本土化响应和全球效率上都能获得优势

续表

特点	1. 为了避免外部市场的竞争压力，母公司与子公司、子公司与子公司的关系是双向的，不仅母公司向子公司提供产品与技术，子公司也可以向母公司提供产品与技术。可以运用经验曲线的效应，形成成本效益和区位效益，能够满足当地市场的需求，达到全球学习的效果。 2. 跨国战略是目前为止被公认为是跨国公司的最佳战略选择。跨国公司试图兼顾全球效率、国别反应和世界性学习效果这三种战略需要
缺点	在实践中地区适应性和全球化效率需要的平衡点难以确定，最优平衡是主观的和经常变动的。由于有效执行的困难，跨国战略往往被看成是一种理想化而非现实的形式

【经典例题】

【真题·单选题】（2020）贝恩公司是著名的电子商务企业，下设5大商务区和分布在100多个国家的子公司。商务区经理负责为各自商务区制定国际化经营战略，各国子公司经理则根据所在国市场需求对该子公司的经营活动行使经营权和管理权。商务区经理需要各国子公司经理的合作，当商务区经理和子公司经理的意见或决策发生冲突时，可提交总公司裁决。贝恩公司采用的国际化经营的战略类型是（　　）。

A. 国际战略

B. 多国本土化战略

C. 全球化战略

D. 跨国战略

【答案】D

【解析】跨国战略是在全球激烈竞争的情况下，形成以经验为基础的成本效益和区位效益，转移企业的核心竞争力，同时注意当地市场的需要。“商务区经理需要各国子公司经理的合作，当商务区经理和子公司经理的意见或决策发生冲突时，可提交总公司裁决。”属于跨国战略，选项D正确。

【真题·单选题】（2016）甲公司是一家玩具制造商，其业务已扩展到国际市场。甲公司在劳动力成本较低的亚洲设立玩具组装工厂，在欧洲设立玩具设计中心，产品销往全球100多个国家和地区。甲公司国际化经营的战略类型属于（　　）。

A. 跨国战略

B. 国际战略

C. 全球化战略

D. 多国本土化战略

【答案】C

【解析】全球化战略是向全世界的市场推销标准化的产品和服务，并在较有利的国家集中进行生产经营活动，由此形成经验曲线和规模经济效益，以获得高额利润。本题中，“其业务已扩展到国际市场”“甲公司在劳动力成本较低的亚洲设立玩具组装工厂，在欧洲设立玩具设计中心，产品销往全球100多个国家和地区”体现了全球化战略的特点。

【真题·单选题】（2017）P公司是一家生产经营日化用品的跨国公司，其母公司设立在U国，在其他国家设立了20余个子公司。在该公司的经营过程中，母公司将产品的研发技术和新产品提供给各个子公司，子公司也会把在当地畅销的产品提供给母公司和其他子公司。P公司国际化经营的战略类型属于（　　）。

A. 国际战略

B. 跨国战略

C. 全球化战略

D. 多国本土化战略

【答案】B

【解析】跨国战略的特点是母公司与子公司、子公司与子公司的关系是双向的，不仅母公司向子公司提供产品与技术，子公司也可以向母公司提供产品与技术。可以运用经验曲线的效应，形成成本效益和区位效益，能够满足当地市场的需求，达到全球学习的效果。本题中，“在该公司的经营过程中，母公司将产品的研发技术和新产品提供给各个子公司，子公司也会把在当地畅销的产品提供给母公司和其他子公司”这些举动体现了跨国战略的特点。

【真题·单选题】（2018）多邦公司是一家驼羊毛制品生产和销售企业，产品销往多个国家和地区。为了确保产品质优价廉，该公司在最适合驼羊生长的L国建立统一的驼羊养殖场，并在加工条件最好的N国设厂生产驼羊毛制品。多邦公司国际化经营的战略类型是（　　）。

A. 国际战略

B. 多国本土化战略

C. 全球化战略

D. 跨国战略

【答案】C

【解析】全球化战略是向全世界的市场推销标准化的产品和服务，并在较有利的国家集中进行生产经营活动，由此形成经验曲线和规模经济效益，以获得高额利润。本题中，“产品销往多个国家和地区”“该公司在最适合驼羊生长的L国建立统一的驼羊养殖场，并在加工条件最好的N国设厂生产驼羊毛制品”说明多邦公司采用的是全球化战略。

【真题·单选题】（2019）2015年，国内研发和制造铁路设备的东盛公司开启了国际化经营战略，在国外成立了多家子公司。东盛公司在国内的母公司保留技术和产品开发的职能，在国外的子公司只生产由母公司开发的产品。东盛公司采取的国际化经营战略类型的特点是（　　）。

A. 全球协作程度低，本土独立性和适应能力高

B. 全球协作程度高，本土独立性和适应能力低

C. 全球协作程度高，本土独立性和适应能力高

D. 全球协作程度低，本土独立性和适应能力低

【答案】D

【解析】国际战略，是指企业将其具有价值的产品与技能转移到国外的市场，以创造价值的举措。企业多把产品开发的职能留在母国，而在东道国建立制造和营销职能。本题中，“东盛公司在国内的母公司保留技术和产品开发的职能，在国外的子公司只生产由母公司开发的产品”说明东盛公司采取的是国际战略，其特点是全球协作程度低，本土独立性和适应能力低。

【例题·多选题】在国际化经营战略中，能够利用经验曲线效益的战略有（　　）。

A. 国际战略

B. 多国本土化战略

C. 全球化战略

D. 跨国战略

【答案】CD

【解析】全球化战略是向全世界的市场推销标准化产品和服务，并在较有利的国家集中进行生产经营活动，由此形成经验曲线和规模经济效益，以获得高额利润。跨国战略是指企业既寻求多国本土化战略所具有的当地优势，又注重全球化战略所带来的效率。因此，全球化战略和跨国战略能够利用经验曲线效益。而国际战略是企业将其具有价值的产品与技能转移到国外的市场，需要在国外的各个基地建设厂房，容易形成浪费，无法利用经验曲线效益，多国本土化战略主要强调本土独立性和适应能力，同样也无法获得经验曲线效益，因此，选项A、B错误。

重难点22：新兴市场的企业战略★★★★★

新兴市场是指一些市场发展潜力巨大的发展中国家。这类国家对世界经济的发展具有较大的推动作用，其进出口贸易在全球贸易中占有越来越重要的地位。全球化竞争中，随着新兴市场国家在世界经济中所占地位的不断提高，这些国家日益成为众多发达国家跨国公司的目标市场。在这里我们着重阐述在全球化竞争中，新兴市场中本土企业的战略选择。

（一）按产业特性配置资源

1. 认识不同产业面临的不同压力。

在估计全球化压力所产生的影响时，必须认识到各种不同产业面临的压力是不同的。

用下列矩阵比较不同产业所面临的全球化与本土化的压力：

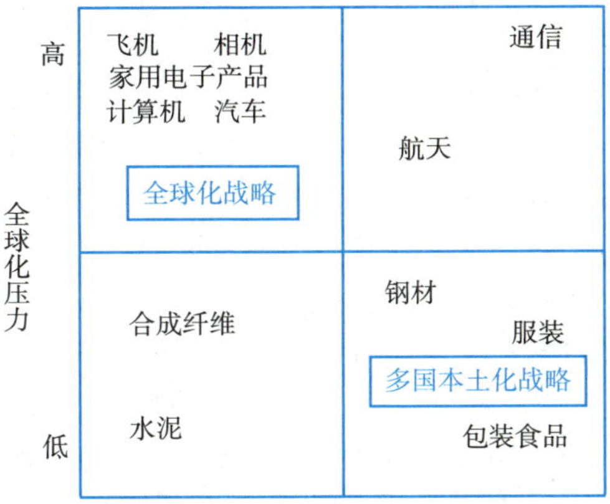

在不同的产业中发达国家跨国公司在新兴市场显示的竞争优势是大相径庭的。左上角所展示的产业中的企业需要在产品开发、资金筹措、市场营销以及分销上投高额的固定成本，而这些部分成本只有通过在多个市场上销售产品才能分销。此外，这些产业在参与全球竞争时都遵循着同一套规则，消费者对由此产生的标准化产品以及市场营销的诉求方式比较满意。

右下角所展示的产业，诸如服装、包装食品等，这些产业正好相反，在这些产业中，企业可以通过满足本国消费者的特殊需求取得成功。企业竞争靠的是与消费者建立良好的关系。由于消费者品味不同，或者由于技术标准不一致，市场偏好也不尽相同。此外，高额的运输成本也会阻碍全球化的进程。在这类产业中，企业仅在本土销售产品仍然可以兴旺发达。

2. 评估企业自身的优势资源。

（二）本土企业的战略选择

将产业所面临的全球化压力和新兴市场本土企业拥有的优势资源作为两个变量，如下图，可以用来指导公司战略性的思考。

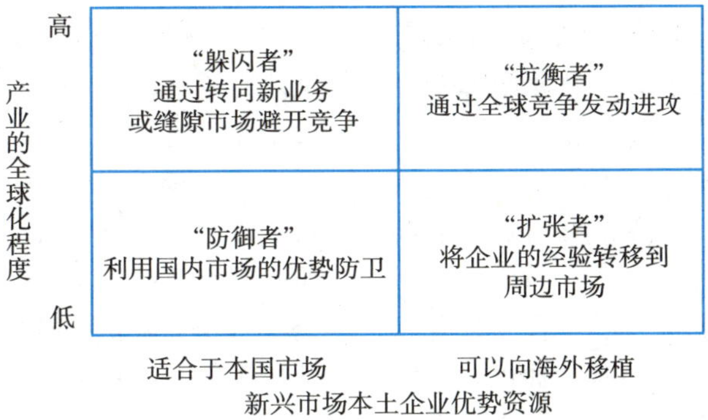

1. **“防御者”的战略**：利用本土优势进行防御。

“防御者”（defender）定义：如果企业面临的全球化压力较小，而其拥有的优势资源只适合于本国市场，那就需要集中力量**保护已有的市场份额**不被跨国竞争对手侵占，其战略定位是利用国内市场的优势防卫。

“防御者”战略的**内容**：面对来势汹汹且实力雄厚的外国竞争对手，“防御者”要做的就是利用本土优势进行防御。具体做法可以考虑：

（1）把目光集中于喜欢本国产品的客户，而不考虑那些崇尚国际品牌的客户。

（2）频繁地调整产品和服务，以适应客户特别的甚至是独一无二的需求。

（3）加强分销网络的建设和管理，缓解国外竞争对手的竞争压力。

在面临跨国竞争对手的挑战时应当注意：

（1）不要试图赢得所有顾客。

（2）不要一味模仿跨国竞争对手的战略。

2. **“扩张者”战略**：向海外延伸本土优势。

“扩张者”（extender）定义：如果企业面临的全球化压力不大，而其自身的优势资源又可以被移植到海外，那么企业就可以将本土市场的成功经验推广到若干国外的市场，其战略定位是将企业的经验转移到周边市场。

“扩张者”战略**内容**：在某种情况下，本土企业可以不仅仅局限于保住现有市场，它们可以通过合理运用可移植的优势资源，并以其在本地市场的成功为平台，向其他市场扩张。**慎重并有选择地**将海外扩张战略用于企业的核心资源，不仅可以增加企业收入，还能促进规模经济，同时也能获得颇有价值的国际化经营经验。

在向海外延伸本土优势时应当注意寻找在消费者偏好、地缘关系、分销渠道或政府管制方面与本国市场相**类似**的市场，来最有效地利用自己的资源。例如，移居国外的人就更容易接受产于自己国家的产品。

3. **“躲闪者”战略**：避开跨国公司的冲击。

“躲闪者”（dodger）定义：如果全球化压力大，企业就会面临更大的挑战。如果企业优势资源只能在本土发挥作用，企业就必须围绕仍有价值的本土资源，对其价值链的某些环节进行重组，以躲避外来竞争对手的冲击，从而保持企业的独立性，其战略定位是通过转向新业务或缝隙市场避开竞争。

“躲闪者”战略**内容**：在全球化压力很大的产业中，“躲闪者”不能仅仅指望公司的本土资源，还必须重新考虑自身的商业模式。在这种情况下，如果这些企业的资源仅仅在本土才有价值，企业最好的选择可能是以下几个：

（1）与跨国公司建立合资、合作企业；

（2）将企业出售给跨国公司；

（3）重新定义自己的核心业务，避开与跨国公司的直接竞争；

（4）根据自身的本土优势专注于细分市场，将业务重心转向价值链中的某些环节；

（5）生产与跨国公司产品互补的产品，或者将其改造为适合本国人口味的产品。

“躲闪者”战略可能是四种战略中最难付诸实施的一种，因为“躲闪者”必须要对其战略进行大手术，而且必须在跨国公司将其淘汰出局时完成。但是，只要“躲闪者”能够谨慎选择突破口，并专心攻克，还是能够利用本土资源拥有一片立足之地。

4. **“抗衡者”战略**：在全球范围内对抗。

“抗衡者”（contender）定义：如果全球化压力大，而企业优势资源可以转移到其他市场，企业有可能与发达国家跨国公司在全球范围内展开正面竞争。我们称这种情况下的本土企业为“抗衡者”，其战略定位是通过全球竞争发动进攻。

“抗衡者”战略内容：尽管在全球竞争中发达国家跨国公司具备诸多优势，但新兴市场的企业也可以羽翼渐丰，最后成长为跨国公司。这种新兴市场中“抗衡者”的数量正在稳步上升，不少公司已经成长为世界上大名鼎鼎的品牌企业。这些公司成功的原因与那些在全球市场上蓬勃发展的其他企业大同小异，只不过作为“抗衡者”，它们通常**不得不权衡各种机会和制约因素**。

（1）不要拘泥于成本上竞争，而应该比照行业中的领先公司来衡量自己的实力。

大部分“抗衡者”来自日用品生产产业，这些产业具有丰富的自然资源和人力资源，可以给企业带来低成本的优势。但是，“抗衡者”不应该仅仅满足于资源优势，而应该比照行业中的领先公司来衡量自己的实力。很多企业会发现自己在产品质量和生产水平上存在明显不足，或者是在服务、运送和包装上存在严重缺陷。这样一来，它们的成本优势就被其他方面的劣势抵消了。如果在生产力、产品质量和服务水平上不断追赶来自发达国家的竞争者，新兴市场的本土企业就可以为在长期竞争中取得成功打下坚实的基础。

（2）找到一个定位明确又易于防守的市场。

对于那些可能成为“抗衡者”却又无法获得关键资源的企业来说，找一个定位明确又易于防守的市场缝隙至关重要。一个日益普遍的方法是加入一个发达国家跨国公司主导的战略联盟，联盟中的领导企业掌握着一个地区性或全球性的零件开发商和供应商网络。在一个分布广泛的生产网络中扮演领头羊，需要兼具市场形象、协调能力以及创新的技术。而新兴市场中的企业一般很少同时拥有上述三个条件，这些企业中的大部分需要专注于自己产业价值链中的某些特定环节来打造规模和专门技术。

（3）在一个全球化的产业中找到一个合适的突破口。

新兴市场中的企业要想在一个全球化的产业中找到一个合适的突破口，通常必须进行大范围的重组。许多企业可能会将那些由于全球化而难以为继的业务剥离，将原先内部生产的零部件外包出去，并投资于新产品和新流程，这是“抗衡者”成为一个专业化和全球化生产商的关键。

（4）学习从发达国家获取资源，以克服自身技能不足和资本的匮乏。

对于“抗衡者”来说，最大的挑战也许是克服自身技能不足和资本的匮乏。尤其在高科技产业，产品生命周期一般很短，而新兴市场中的企业由于接触不到位于市场前沿的供应商、客户以及竞争者，经常会处于不利地位。再加上新兴市场存在着较大的政治和经济风险，“抗衡者”资本成本要远高于它们的跨国竞争对手。所以，成功的“抗衡者”要学习从发达国家获取资源以克服前述缺陷。

【经典例题】

【真题·单选题】（2020）金力公司是国内一家风力发电设备制造企业。2015 年，金力公司取得世界最大的风力发电机组制造商麦尔公司的叶轮生产外包项目，并从对方引进一整条先进生产线，成为麦尔公司唯一的叶轮供应商。之后，金力公司通过引进麦尔公司的先进技术，不断提高产品性能和生产效率，并把引进的新技术移植到核心业务齿轮增速器的生产中，成为欧美多家相关企业的齿轮增速器供应商。作为新兴市场国家本土企业，金力公司采用的战略类型是（　　）。

A. 防御者战略

B. 躲闪者战略

C. 抗衡者战略

D. 扩张者战略

【答案】 C

【解析】“金力公司取得世界最大的风力发电机组制造商麦尔公司的叶轮生产外包项目，并从对方引进一整条先进生产线，成为麦尔公司唯一的叶轮供应商”属于抗衡者战略中的“学习从发达国家获取资源，以克服自身技能不足和资本的匮乏”，选项 C 正确。

【真题·单选题】（2016）飞翔公司是国内一家奶粉生产企业。近年来，很多具有品牌优势的国外奶粉制造商纷纷涉足中国市场，竞争十分激烈。飞翔公司为了自身的长期发展，与新西兰乳品巨头甲公司结成战略联盟，双方以 50%∶50% 的股权比例合资成立一家新的公司，产品从奶粉扩展到各类奶制品。从战略选择角度看，飞翔公司扮演的角色可称为（　　）。

A. 防御者

B. 扩张者

C. 抗衡者

D. 躲闪者

【答案】D

【解析】本题中，“飞翔公司为了自身的长期发展，与新西兰乳品巨头甲公司结成战略联盟，双方以50%∶50%的股权比例合资成立一家新的公司，产品从奶粉扩展到各类奶制品”体现了“躲闪者”战略内容中，在全球化压力很大的产业中，“躲闪者”最好的选择之一就是与跨国公司建立合资、合作企业，飞翔公司的行为即体现了这一点。

【真题·单选题】（2017）奇天公司是国内通信行业的知名企业。面对日益加剧的全球化压力，奇天公司于1998年开始实施全球化扩张行动，成功建成了全球性的市场网络和研发平台。奇天公司始终坚持在通信行业的主航道上聚焦，在国际市场上站稳了脚跟。根据以上描述，奇天公司作为新兴市场本土企业所选择的战略是（　　）。

A. “防御者”战略

B. “抗衡者”战略

C. “扩张者”战略

D. “躲闪者”战略

【答案】B

【解析】本题中，“奇天公司是国内通信行业的知名企业。面对日益加剧的全球化压力，奇天公司于1998年开始实施全球化扩张行动，成功建成了全球性的市场网络和研发平台。奇天公司始终坚持在通信行业的主航道上聚焦，国际市场上站稳了脚跟”这体现了奇天公司在对全球化压力的情况下，企业优势资源可以移植到其他市场，企业在全球范围内展开正面竞争，这属于“抗衡者”战略。

【真题·单选题】（2018）面对国外品牌牙膏不断涌入国内市场的不利局面，健华牙膏厂独创了完全用中草药提取物制造，具有生津健齿功效的牙膏，并通过强化销售网络的建设和管理，赢得了越来越多国内消费者的好评。作为新兴市场的本土企业，健华牙膏厂采用的战略属于（　　）。

A. “防御者”战略

B. “扩张者”战略

C. “躲闪者”战略

D. “抗衡者”战略

【答案】A

【解析】本题中，“面对国外品牌牙膏不断涌入国内市场的不利局面，健华牙膏厂独创了完全用中草药提取物制造，具有生津健齿功效的牙膏，并通过强化销售网络的建设和管理，赢得了越来越多国内消费者的好评”体现了健华牙膏厂利用本土优势进行防卫，这属于“防御者”战略。

【真题·单选题】（2019）面对国外著名医药公司在中国市场上不断扩张，多年从事药品研发、生产和销售的康达公司为了自身的长期发展，把药品的生产和销售业务转让给其他公司，同时与国外某医药公司合作专注于新药品的研发业务。从本土企业战略选择的角度看，康达公司扮演的角色可称为（　　）。

A. 防御者

B. 扩张者

C. 抗衡者

D. 躲闪者

【答案】D

【解析】本题中，“康达公司为了自身的长期发展，把药品的生产和销售业务转让给其他公司，同时与国外某医药公司合作专注于新药品的研发业务”体现了“躲闪者”战略内容中，根据自身的本土优势专注于细分市场，将业务重心转向价值链中的某些环节。

【例题·多选题】下列关于“抗衡者”战略内容的说法，正确的有（　　）。

A. 从发达国家获取资源，以克服自身技能不足和资本的匮乏

B. 在一个全球化的产业中找到一个合适的突破口

C. 要找到一个定位明确又易于防守的市场

D. 不要拘泥于成本上的竞争，而应该比照行业中的领先公司来衡量自己的实力

【答案】ABCD

【解析】“抗衡者”战略内容包括：①不要拘泥于成本上竞争，而应该比照行业中的领先公司来衡量自己的实力；②找到一个定位明确又易于防守的市场；③在一个全球化的产业中找到一个合适的突破口；④学习从发达国家获取资源，以克服自身技能不足和资本的匮乏。

通关练习

（一）单选题

1. 苹果手机公司为了增大新手机产品的销售量，企业推出以旧换新的活动，以前购置的旧款手机可以按一定比例折价后，抵免新型手机价款的营销策略，苹果手机公司的活动属于密集型战略中的（　　）。

A. 市场渗透战略

B. 生产运营战略

C. 产品开发战略

D. 市场营销战略

2. 据报道，2018 年底阿里巴巴集团关联公司蚂蚁金服，正在与英国跨境支付公司万里汇（World First）进行谈判，商讨并购条件并且以 5.5 亿英镑的价格收购后者。于次年 2 月 14 日总部位于伦敦的英国跨境支付公司万里汇已完成所有权变更，正式携手支付宝，成为蚂蚁金服集团全资子公司。从上述案例判断，从被并购方的态度出发，此次并购属于的并购类型是（　　）。

A. 杠杆并购

B. 敌意并购

C. 横向并购

D. 友善并购

3. 爱奇艺是一家视频网站公司，京东是一家自营式电商企业，二者曾达成了企业战略联盟。爱奇艺推出开通年卡即可获得京东 PLUS 尊享价格等服务的优惠项目，同时京东也推出了成为会员可获得爱奇艺 VIP 独家内容，通过这两个项目的推出，可以看出二者达成战略联盟的动因是（　　）。

A. 避免经营风险

B. 避免或减少竞争

C. 开拓新的市场

D. 降低协调成本

4. 1991 年，格兰仕集团发现微波炉在中国将是一个潜力巨大、增长速度快的大市场，于是决定战略转移，进入微波炉市场，其从 1993 年产销 1 万台微波炉开始，不断扩大规模、降低平均成本，以令人几乎难以置信的发展速度迅速达到了规模经济水平，到 2000 年产销 1 200 万台，将主要竞争对手远远甩在身后。从上述案例中，格兰仕集团采用的竞争战略是（　　）。

A. 集中化战略

B. 差异化战略

C. 成本领先战略

D. 混合战略

5. 思习公司是一家教育培训公司，公司率先采用了线上教育的培训方式，为学生节省了部分时间，也便于让父母陪读，这种教育方式和效果在国内外享有盛誉。因此，报名线上教育培训的学生越来越多，公司又因此形成了规模经济，降低了平均成本。在本案例中，思习公司的竞争战略的类型属于（　　）。

A. 差异化战略

B. 失败战略

C. 集中差异化战略

D. 混合战略

6. 电动汽车产业作为新兴产业一直处于发展阶段，纯电动汽车的确可以缓解环境问题，较为环保，但是电动汽车的电池充电问题目前仍然难以解决，上述情况主要体现了新兴产业的发展障碍是（　　）。

A. 原材料、零部件、资金与其他供给不足

B. 顾客的困惑与等待观望

C. 被替代产品的反应

D. 面临的风险过高

7. 下列关于蓝海战略的说法中，不正确的是（　　）。

A. 蓝海战略不局限现有产业的边界

B. “价值创新”是蓝海战略的基石

C. 蓝海战略是采取常规的竞争方式与同行业的企业展开激烈的竞争

D. 价值创新力图使客户和企业的价值都出现飞跃，从而开辟一个全新的、非竞争性的市场空间

8. 霸王集团是多元化经营企业，其涉足的产品包括专为脱发、早秃、斑秃人士研制的霸王防脱洗发液，针对头发早白、枯黄及受损发质人士研制的霸王乌发快中药精华洗发液。根据上述信息可以判断，该企业的目标市场选择战略是（　　）。

A. 无差异市场营销

B. 差异市场营销

C. 集中市场营销

D. 整体市场营销

9. 北京小桔科技有限公司中的滴滴出行项目，是涵盖出租车、专车、滴滴快车、顺风车、代驾及大巴等多项业务在内的一站式出行平台，其在早晚高峰时段由于市场需求较高，因而在该时段会有平时 2 倍乃至更高的价格。从市场营销战略的价格策略角度，本案例中差别定价的方法是（　　）。

A. 基于细分市场

B. 基于地点

C. 基于时间

D. 动态定价

10. 苹果公司是一家高科技公司，目前为在公司官网上购买蓝牙耳机的消费者，提供刻字服务，在原有的蓝牙耳机的库存下，按照消费者购买产品的订单上提供的文字刻在蓝牙耳机充电仓上。从本案例的角度，苹果公司采用平衡产能与需求的方法是（　　）。

A. 库存生产式生产

B. 订单生产式生产

C. 资源订单式生产

D. 准时生产式生产

11. 顺达公司是一家刚创业三年的净水器生产企业，投资人以其拥有的国内先进的渗透膜技术和 1 000 万元现金投入企业进行生产经营，近两年销售额平均增幅在 20% 左右。公司为了推行污水处理工程项目，需要的资金仅靠留存收益远远不够，企业将长期借款置换为权益资本，向风险投资机构投资者募集资金。根据财务风险与经营风险搭配理论，顺达公司属于（　　）。

A. 高经营风险与高财务风险的搭配

B. 低经营风险与低财务风险的搭配

C. 高经营风险与低财务风险的搭配

D. 低经营风险与高财务风险的搭配

12. 当本土企业的优势资源仅仅适用于本国市场，产业的全球化程度低的情况下，新兴市场本土企业应该采取的战略定位是（　　）。

A. 利用本土优势进行防御

B. 向海外延伸本土优势

C. 避开跨国公司的冲击

D. 在全球范围内对抗

13. 企业国际化经营首要的核心竞争力是（　　）。

A. 突破东道国政府的各种贸易壁垒的能力

B. 平衡全球各地区适应性和全球化效率的能力

C. 处理国际市场上突发事件的能力

D. 在全球价值链中协调各项活动的能力

14. 甲公司是一家特色火锅餐厅，其连锁店已经在全球完成布点，并且已经完成了国际化经营方案，方案中允许各地区的大区经理重点关注该地区的消费需求，行业特色以及法律要求等。因此，该国际化经营方案选择的战略是（　　）。

A. 国际战略

B. 多国本土化战略

C. 全球化战略

D. 跨国战略

15. 复星集团是一家致力于成为全球领先的专注于中国动力的投资集团，其从 1992 年创业到 1998 年复星医药的上市再到 2007 年复星国际在香港成功上市，在复星的全球化推进过程中，其于 2010 年提出了“中国动力嫁接全球资源”的模式。复星集团现在在纽约、中国香港、澳洲、日本、欧洲等地都已有或正在建设投资团队，在建设自己的投资网络体系的同时，也在寻求战略合作，跟全世界私募基金、PE 行业前两名的公司美国凯雷进行了战略合作。通过上述案例，复星集团作为本土企业的战略选择是（　　）。

A. “防御者”战略

B. “扩张者”战略

C. “躲闪者”战略

D. “扩张者”战略

（二）多选题

1. 奇味公司在中国现有 1 000 多家连锁直营蛋糕店，分布在北方、东北和西北市场，分别由公司下设的 12 个区域事业部进行管理，公司给予各个事业部权限是其可以实行自我管理和自我计划，从单位的基本战略到生产运营、销售、财务等各方面战略的制定，各事业部都有自主权。通过上述案例，可以判断该公司的战略结构层次包括（　　）。

A. 公司层战略

B. 业务单位战略

C. 职能战略

D. 国际化经营战略

2. 飘扬公司是一家洗发水生产的大型企业，利用自主研发的防脱发型洗发水，市场份额增长了 35%，为了进一步提高企业产品的市场适应性和强化竞争力，同时及时掌握消费者需求变化，飘扬公司应该选择一体化战略中的（　　）。

A. 横向一体化

B. 纵向一体化

C. 前向一体化

D. 后向一体化

3. 收缩战略对企业主管来说，是一项非常困难的决策，困难主要来自两方面：一是对企业或业务状况的判断；二是退出障碍。下列选项中，属于波特阐述的退出障碍有（　　）。

A. 固定资产的专用性程度

B. 退出成本

C. 感情障碍

D. 政府与社会约束

4. 中国甲汽车制造集团与美国乙汽车生产公司共同在中国建立了 S 汽车公司，这一举措使乙公司顺利进入中国市场，甲公司也成功占领中国汽车市场的制高点，同时 S 公司的研发人员利用美国发动机技术成功研发出 36V 混合电气系统。根据以上案例可以判断出甲公司与乙公司建立合资公司的动因有（　　）。

A. 促进技术创新

B. 避免经营风险

C. 开拓新的市场

D. 降低协调成本

5. 伊拉克社会学家努曼·哈兹拉吉曾经说过“信任是在你有可能受到伤害的情况下，对对方保持正面期待”，那么从企业战略联盟管控角度来看，下列对于信任重要性的说法中，正确的有（　　）。

A. 如果签订了正式的联盟契约，信任就不重要了

B. 信任可以降低联盟伙伴之间的监督成本

C. 联盟企业之间如果相互信任，在一定程度上，可以克服正式协议中的难以避免的细节缺陷

D. 信任可以成为企业有价值的、稀缺的、难以模仿的战略资源

6. 企业无论采用成本领先战略、差异化战略还是集中化战略时，可能会面临的共同风险有（　　）。

A. 产品成本过高

B. 市场需求发生变动

C. 竞争对手的进入与模仿

D. 技术变化导致原有的成本优势丧失

7. 据调查，企业提供“物美价廉”的产品在市场上往往更具有竞争力。下列说法中，对上述现象的阐释正确的有（　　）。

A. 属于低价战略

B. 在“战略钟”模型中属于路径 3

C. 该现象可以用波特的基本竞争战略理论进行解释

D. “物美”可以促进销售量增加，形成规模经济，成本降低造成“价廉”

8. 蓝海战略中的第一条原则，就是重新构筑市场的边界，从而打破现有竞争局面，从而开创蓝海。下列关于重建市场边界的基本法则的说法中，正确的有（　　）。

A. 蓝海战略专注于产业内的竞争者

B. 蓝海战略重新界定产业的买方群体

C. 蓝海战略专注于产业既定功能—情感导向下性价比的改善

D. 重新构筑市场的边界的难点在于如何成功地从一大堆机会中准确地挑选出具有蓝海特征的市场机会

9. 北方集团是一家大型高科技企业，经营范围甚广包括机械、电子、兵器。而澳大利亚 NSA 公司主要为各类矿山用户提供乳胶基质、铵油炸药、预裂炸药、各种雷管、起爆具、导爆索和现场混装全系列产品，并为矿山用户提供仓储、运输和技术支持等服务。2017 年北方集团收购了后者，成功进入高端民用爆破市场，在产业中占据领先地位。从上述案例中可以看出，北方集团实施的战略有（　　）。

A. 多元化战略

B. 并购战略

C. 业务单位战略

D. 蓝海战略

10. 研发战略的重要性在下列哪些理论中有所体现（　　）。

A. 波特的价值链分析

B. 安索夫矩阵

C. 波士顿矩阵

D. 产品生命周期

11. 准时生产系统（JIT）是指生产的产品能够精准地满足客户在时间、质量和数量上的需求，而无论客户是产品的最终用户还是处于生产线上的其他流程，因此下列属于准时生产系统（JIT）特点的有（　　）。

A. 库存量低

B. 生产对供应商的依赖性较弱

C. 如果生产环节出错则弥补空间较小

D. 可以避免因需求突然变动而导致大量产成品无法出售的情况出现

12. 下列关于采购战略中多货源策略的说法中，正确的有（　　）。

A. 忽视了规模经济

B. 采购方容易受到供应中断的影响

C. 难以设计出有效的质量保证计划

D. 供应商容易受到订单量变动的影响

13. 某企业的相关财务数据包括：①销售增长率为 6%；②可持续增长率为 5%；③投资资本回报率为 3%；④资本成本为 5%，通过上述数据计算，甲公司可以选择的财务战略有（　　）。

A. 出售

B. 增发股份

C. 兼并“现金牛”企业

D. 彻底重组

14. 根据各个企业在不同发展阶段的特征，下列说法中正确的有（　　）。

A. 甲公司目前从事导入期产品利润微薄，收益很低，企业目前采用股票股利的方式来派发股利

B. 乙公司目前处于成长期，其研发的新产品成功进入市场，销售数量快速增长，企业经营风险相对于导入期有所下降

C. 丙公司将战略重点转移到了提高效率、保持市场份额上来，此时公司股价稳定，价格与盈余倍数之比很高

D. 丁公司产品市场出现萎缩，利润空间越来越小，主要风险是该产业中丁公司还能生存多久，企业目前采取高股利支付的股利分配战略

15. 下列关于弗农产品生命理论的说法中，正确的有（　　）。

A. 是基于产业环境分析中的产品生命周期理论的延伸

B. 将垄断因素与区位因素结合起来的动态分析

C. 是市场不完全导致了对外直接投资

D. 企业的各种优势最终体现在产品上

（三）简答题

随着生活节奏的加快，生活在都市的人们越来越希望能有一方净土，在空闲的时光摆脱繁忙的工作，通过劳动来净化自己的心灵，回归到最简单的家庭亲情的生活方式中。此外，消费者对有机农产品的需求与日俱增，而一些企业的不规范行为导致消费者对市场销售的有机农产品的真实性产生怀疑。

一种新型的社区支持型农业顺应这些需求而产生，其中以小马驹市民农园最为知名。小马驹市民农园成立于2008年，农园将农业、休闲业、教育产业融为一体，以会员制的模式运作。会员分为两种类型——配送份额会员和劳动份额会员。

对于配送份额会员，农园提供配送服务，包括宅配和取菜点两种方式。宅配即配送到家，配送频率为每周一次或两次；小马驹农园在市区设立了三个取菜点，会员可以自行选择时间和取菜点。这些配送为消费者提供了便利，使他们享受到被关爱的体验。

劳动份额会员可以在空闲时间到农场耕种自己的园地。有儿童的家庭特别青睐这种亲近自然、家庭团聚、寓教于乐的模式。小马驹农园策划了很多节事活动，包括开锄节、立夏节、端午节、立秋节、中秋节、丰收节等，在这些节事活动中，对小朋友进行传统农耕和文化教育，农园还开展了一些活动激发小朋友的兴趣，包括认识植物、喂养动物、挖红薯、拔萝卜、荡秋千、玩沙子、滚铁环、拔河、在野地里撒欢等，这些活动是孩子们在城市中不可能见到的。在农园一角设立了一个大食堂，会员在劳动过程中，可以到食堂用餐。农园要求会员用餐后自己洗碗，洗碗用的不是洗涤灵，而是麦麸，更增添了农园天然质朴环保的色彩。

小马驹市民农园去掉了中间商，新鲜的有机农产品可以直接被会员们购买，在传统农产品的激烈竞争中，确保了稳定的市场和农民可靠的收入来源。同时，由于降低了农产品物流和包装成本，会员们能够亲历有机农产品的生产过程，也满足了会员们能够放心地享用物美价廉有机农产品的消费需求。

要求：

（1）依据红海战略和蓝海战略的关键性差异，简要分析小马驹市民农园怎样体现蓝海战略的特征；

（2）依据蓝海战略重建市场边界的基本法则（开创蓝海战略的途径），简要分析小马驹市民农园如何在竞争激烈的农产品生产领域，开创新的生存与发展空间。

通关练习答案及解析

（一）单选题

1.【答案】A

【解析】密集型战略包括市场渗透战略、市场开发战略、产品开发战略和多元化战略，市场渗透战略是现有产品和现有市场的组合，基础是增加现有产品或服务的市场份额，或增加正在现有市场中经营的业务，目标是通过各种方法来增加产品的使用频率。本题中，“苹果手机公司为了增大新手机产品的销售量，企业推出以旧换新的活动，以前购置的旧款手机可以按一定比例折价后，抵免新型手机价款的营销策略”以此来增加新手机产品的使用数量，属于市场渗透战略。

2.【答案】D

【解析】并购的类型按照被并购方的态度分类可以分为友善并购和敌意并购。友善并购是指并购方与被并购方通过友好协商确定并购条件，在双方意见基本一致的情况下实现产权转让的一类并购。本题中，“2018 年底阿里巴巴集团关联公司蚂蚁金服，正在与英国跨境支付公司万里汇（World First）进行谈判，商讨并购条件并且以 5.5 亿英镑的价格收购后者”说明此次并购类型属于友善并购。

3. 【答案】C

【解析】“爱奇艺是一家视频网站公司，京东是一家自营式电商企业”说明二者不属于同一产业，没有直接竞争。“爱奇艺推出开通年卡即可获得京东 PLUS 尊享价格等服务的优惠项目，同时京东也推出了成为会员可获得爱奇艺 VIP 独家内容”体现了两家公司达成战略联盟的动因是开拓新的市场。

4. 【答案】C

【解析】业务单位战略也称竞争战略，包括成本领先战略、差异化战略和集中化战略。成本领先战略是指企业通过在内部加强成本控制，在研究开发、生产、销售、服务和广告等领域把成本降到最低限度，成为产业中的成本领先者的战略。本题中，“其从 1993 年产销 1 万台微波炉开始，不断扩大规模、降低平均成本，以令人几乎难以置信的发展速度迅速达到了规模经济水平，到 2000 年产销 1 200 万台，将主要竞争对手远远甩在身后”说明格兰仕集团采用的是成本领先战略。

5. 【答案】D

【解析】基本战略的综合分析——“战略钟”模型包括集中成本领先战略、成本领先战略、混合战略、差异化战略、集中差异化战略和失败战略。本题中，“公司率先采用了线上教育的培训方式，为学生节省了部分时间，也便于让父母陪读，这种教育方式和效果在国内外享有盛誉”“公司又因此形成了规模经济，降低了平均成本”体现出思习公司在为顾客提供更高的认可价值的同时，获得了成本优势，属于混合战略。

6. 【答案】A

【解析】新兴产业的发展障碍主要体现在新兴产业的供应者、购买者与被替代品三个方面，即①原材料、零部件、资金与其他供给不足；②顾客的困惑与等待观望；③被替代产品的反应。本题中，“但是电动汽车的电池充电问题目前仍然难以解决”体现了产业缺乏各种发展所必须的基础设施，即电动汽车的充电设施，属于原材料、零部件、资金与其他供给不足层面。

7. 【答案】C

【解析】蓝海战略是指不局限于现有产业边界，而是极力打破这样的边界条件，通过提高创新产品和服务，开辟并占领新的市场空间的战略。因此，选项 A 说法正确，而选项 C 说法错误，红海战略是立足当前已存在的行业和市场，采取常规的竞争方式与同行业的企业展开激烈的竞争。蓝海战略的开拓者并不将竞争作为自己的标杆，而是遵循另一套完全不同的战略逻辑，即“价值创新”，这是蓝海战略的基石。之所以称为价值创新，原因在于它并非着眼于竞争，而是力图使客户和企业的价值都出现飞跃，由此开辟一个全新的、非竞争性的市场空间。因此，选项 B、D 说法正确。

8. 【答案】B

【解析】目标市场选择战略包括三种：无差异市场营销、差异市场营销和集中市场营销。差异市场营销是指企业决定同时为几个子市场服务，时机不同的产品，并在渠道、促销和定价方面都加以相应的改变，以适应各个子市场的需要。本题中，“其涉足的产品包括专为脱发、早秃、斑秃人士研制的霸王防脱洗发液，针对头发早白、枯黄及受损发质人士研制的霸王乌发快中药精华洗发液”说明霸王集团针对不同人群推出不同的产品，属于差异市场营销。

9. 【答案】D

【解析】常见差别定价的不同方法包括：①基于细分市场定价；②基于地点定价；③基于产品的版本定价；④基于时间定价；⑤动态定价。动态定价是指产品的价格随着需求程度的变化而变化。本题中，“其在早晚高峰时段由于市场需求较高，因而在该时段会有平时2倍乃至更高的价格”说明其价格是随着需求程度的变化而变化的，差别定价的方法是动态定价。

10. 【答案】B

【解析】三种平衡产能与需求的方法包括：①资源订单式生产；②订单生产式生产；③库存生产式生产。订单生产式生产，是指在采用某些生产运营流程的情况下，企业可能对未来需求的上涨非常有信心，从而持有为满足未来订单所需的一种或多种资源的存货，如配备适当的劳动力和设备，但企业会在实际收到订单之后才开始生产产品或提供服务。本题中，“在原有的蓝牙耳机的库存下，按照消费者购买产品的订单上提供的文字刻在蓝牙耳机充电仓上”说明苹果公司在没有订单之前就已经有存货，但在接到订单后提供刻字服务这属于订单生产式生产。

11. 【答案】C

【解析】“顺达公司是一家刚创业三年的净水器生产企业”说明企业处于创业阶段，经营风险较高，“企业将长期借款置换为权益资本，向风险投资机构投资者募集资金”说明财务风险较低。

12. 【答案】A

【解析】如果企业面临的全球化压力较小，而其拥有的优势资源只适合于本土企业，那就需要集中力量保护已有的市场份额不被跨国竞争对手侵占，属于防御者，其所采取的战略定位是利用本土优势进行防御。

13. 【答案】D

【解析】非股权形式包括合约制造、服务外包、订单农业、特许经营、许可经营、管理合约及其他类型的合约关系，跨国公司通过这些关系协调其在全球价值链的活动并影响东道国公司的管理，而并不拥有其股份。企业国际化经营首要的核心竞争力是在全球价值链中协调各项活动的能力。企业可以决定在内部进行这类活动（内部化），也可以委托其他企业进行（外部化）。

14. 【答案】B

【解析】多国本土化战略是根据不同国家的不同市场，提供更能满足当地市场需要的产品和服务。本题中，“其连锁店已经在全球完成布点”“方案中允许各地区的大区经理重点关注该地区的消费需求，行业特色以及法律要求等”说明该方案选择的是多国本土化战略。

15. 【答案】B

【解析】“扩张者”是指本土企业可以不仅仅局限于保住现有市场，它们可以通过合理运用可移植的优势资源，并以其在本地市场的成功为平台，向其他市场扩张。本题中，“复星集团是一家致力于成为全球领先的专注于中国动力的投资集团”“其于2010年提出了‘中国动力嫁接全球资源’的模式”“复星集团现在在纽约、中国香港、澳洲、日本、欧洲等地都已有或正在建设投资团队”多处体现出复星集团的战略选择是“扩张者”战略。

（二）多选题

1. 【答案】ABC

【解析】“分别由公司下设的12个区域事业部进行管理”设立区域事业部属于公司层战略；“公司给予各个事业部权限是其可以实行自我管理和自我计划，从单位的基本战略到生产运营、销售、财务等各方面战略的制定，各事业部都有自主权”既包括业务单位战略又包括职能战略。

2. 【答案】BC

【解析】纵向一体化战略是指沿着产品或业务链向前或向后，延伸和扩展企业现有业务的战略。纵向一体化又分为前向一体化和后向一体化。前向一体化是指获得分销商或零售商的所有权或加强对他们的控制权的战略。前向一体化战略通过控制销售过程和渠道，有利于企业控制和掌握市场，增强对消费者需求变化的敏感性，提高企业产品的市场的适应性和竞争力。本题中，“为了进一步提高企业产品的市场适应性和强化竞争力，同时及时掌握消费者需求变化”因此，飘扬公司应该选择纵向一体化中的前向一体化战略。

3. 【答案】ABCD

【解析】波特在《竞争战略》一书中阐述的几种主要的退出障碍包括：①固定资产的专用性程度；②退出成本；③内部战略联系；④感情障碍；⑤政府与社会约束。

4. 【答案】AC

【解析】企业战略联盟的主要类型分为合资企业、相互持股投资和功能性协议，而合资企业是战略联盟最常见的一种类型，因此，题目实质在考察甲公司与乙公司形成战略联盟的动因。企业战略联盟形成的动因主要有：①促进技术创新；②避免经营风险；③避免或减少竞争；④实现资源互补；⑤开拓新的市场；⑥降低协调成本。本题中，“这一举措使得乙公司顺利进入中国市场，甲公司也成功占领中国汽车市场的制高点”说明战略联盟实现了开拓新的市场，选项C正确；“同时S公司的研发人员利用美国发动机技术成功研发出36V混合电气系统”说明也促进了技术创新，选项A正确。

5. 【答案】BCD

【解析】一旦联盟企业合作双方相互信任，那么正式的联盟契约就显得不那么重要了，联盟关系还将因为信任而更加稳固，选项A错误。信任可以降低联盟伙伴之间的监督成本，大大提升联盟成功的可能性，是影响和控制联盟伙伴行为的最有效手段。研究表明，信任可以成为企业有价值的、稀缺的、难以模仿以及难以替代的战略资源。因此，联盟企业之间只有相互信任，才能在联盟合作期间获取共同的竞争优势，在一定程度上克服正式协议中难以避免的所有细节缺陷。

6. 【答案】BC

【解析】分析如下：

基本竞争战略	风险
成本领先战略	①技术的变化可能使过去用于降低成本的投资与积累的经验一笔勾销； ②产业的新进入者或追随者通过模仿或者以更高技术水平设施的投资能力，达到同样的甚至更低的产品成本； ③市场需求从注重价格转向注重产品的品牌形象，使得原有的优势变为劣势。
差异化战略	①企业形成产品差别化的成本过高； ②市场需求发生变化； ③竞争对手的模仿和进攻使已建立的差异缩小甚至转向。
集中化战略	①狭小的目标市场导致的风险； ②购买者群体之间需求差异变小； ③竞争对手的进入与竞争。
共同点：①市场需求发生变动；②竞争对手的进入与模仿	

7. 【答案】BD

【解析】“物美价廉”是指产品既具有价格优势和高质量又与众不同，具有差异化，这属于“战略钟”模型中的混合战略，属于路径3，选项A错误。该战略无法用波特的基本竞争战略来解释，因为波特认为企业无法同时兼具成本领先和差异化优势，选项C错误。企业提供高质量的产品，市场份额会增加，而这又会形成规模经济而降低平均成本。

8. 【答案】AC

【解析】企业战略联盟的主要类型分为合资企业、相互持股投资和功能性协议，而合资企业是战略联盟最常见的一种类型，因此，题目实质在考察甲公司与乙公司形成战略联盟的动因。企业战略联盟形成的动因主要有：①促进技术创新；②避免经营风险；③避免或减少竞争；④实现资源互补；⑤开拓新的市场；⑥降低协调成本。本题中，“这一举措使得乙公司顺利进入中国市场，甲公司也成功占领中国汽车市场的制高点”说明战略联盟实现了开拓新的市场，选项C正确；“同时S公司的研发人员利用美国发动机技术成功研发出36V混合电气系统”说明也促进了技术创新，选项 A 正确。

9. 【答案】ABC

【解析】“北方集团是一家大型高科技企业，经营范围甚广包括机械、电子、兵器。而澳大利亚 NSA 公司主要为各类矿山用户提供乳胶基质、铵油炸药、预裂炸药、各种雷管、起爆具、导爆索和现场混装全系列产品，并为矿山用户提供仓储、运输和技术支持等服务”体现出北方集团实施了多元化战略，属于总体战略中的发展战略，选项 A 正确。“2017 年北方集团收购了后者”体现出实现途径是外部发展即并购战略，选项 B 正确。“成功进入高端民用爆破市场，在产业中占据领先地位”体现出北方集团同时实施了业务单位战略，选项 C 正确。

10. 【答案】ABD

【解析】研发战略的重要性在下列理论中有所体现：①波特的基本战略：产品创新是产品差异化的来源，流程创新使企业能够采用成本领先战略或者差异化战略。②波特的价值链：纳入价值链的支持性活动，通过提供低成本的产品或改良的差异化产品可以强化价值链。③安索夫矩阵：通过产品求精来实现市场渗透战略和市场开发战略，产品开发和产品多元化需要更显著的产品创新。④产品的生命周期：产品研发会加速现有产品的衰退，因而需要研发来为企业提供替代产品。

11. 【答案】ACD

【解析】JIT 优点包括：①库存量低，减少了仓储空间，从而节约了租赁和保险费用；②按需采购，降低了花费在存货上的运营成本；③降低了存货变质、陈旧或过时的可能性；④由于 JIT 着重于第一次就执行正确的工作这一理念，因而降低了检查和返工产品的时间。JIT 缺点包括：①由于仅为不合格产品的返工预留了最少量的库存，因而一旦生产环节出错则弥补空间较小；②生产对供应商的依赖性较强，并且如果供应商没有按时配货，则整个生产计划都会被延误；③由于企业按照实际订单生产所有产品，因此并无备用的产成品来满足预期之外的订单。因此，选项 B 错误，准时生产系统（JIT）生产对供应商的依赖性较强。

12. 【答案】AC

【解析】采购战略中多货源策略的缺点包括：①难以设计出有效的质量保证计划；②供应商的承诺较低；③疏忽了规模经济，选项 A、C 正确，选项 B、D 属于单一货源策略的缺点。

13. 【答案】AD

【解析】销售增长率 - 可持续增长率 = 6% - 5% = 1%，即大于零；投资资本回报率 - 资本成本 = 3% - 5% = -2%，即小于零，属于减损价值现金短缺，其战略选择有两种，即彻底重组和出售。

14. 【答案】ABD

【解析】“丙公司将战略重点转移到了提高效率、保持市场份额上来，此时公司股价稳定，价格与盈余倍数之比很高”说明丙公司处于成熟期，成熟期公司股价稳定，但价格与盈余倍数之比适中，因此，选项 C 错误。选项 A 正确，由于从事导入期产品的企业收益较低且波动性较大，融资渠道不畅，适宜采取不分配或减少分配利润的股利分配战略。若非派发股利不可，也应主要考虑股票股利方式。选项 B 正确，处于成长期的企业其经营风险相对于导入期会有所下降。选项 D 正确，“丁公司产品市场出现萎缩，利润空间越来越小”说明丁公司处于衰退期，主要风险是在该产业中企业还能够生存多久，采用高股利支付政策既是对现有股东投资机会的补偿，也是对其在产品导入期和成长期“高风险—低报酬”的一种补偿。

15. 【答案】BD

【解析】弗农产品生命周期理论与产业环境分析中的产品生命周期理论有所不同，该理论是从产品的研发和生产角度进行考察的，选项 A 错误；该理论是将垄断因素与区位因素结合起来的动态分析，其核心内容就是企业的各种优势最终体现在产品上，因此，选项 B、D

正确。垄断优势理论的核心观点是市场不完全导致了对外直接投资，选项C错误。

（三）简答题

【答案】

（1）小马驹市民农园体现了蓝海战略的如下特征：

①规避竞争，拓展非竞争性市场空间。"在传统农产品的激烈竞争中，确保了稳定的市场和农民可靠的收入来源"。

②创造并攫取新需求。"随着生活节奏的加快，生活在都市的人们越来越希望能有一方净土，在空闲的时光摆脱繁忙的工作，通过劳动来净化自己的心灵，回归到最简单的家庭亲情的生活方式中。此外，消费者对有机农产品的需求与日俱增，而一些企业的不规范行为导致消费者对市场销售的有机农产品的真实性产生怀疑。一种新型的社区支持型农业顺应这些需求而产生"。

③打破价值与成本互替定律，同时追求差异化和低成本，把企业行为整合为一个体系。"小马驹市民农园新鲜的有机农产品去掉了中间商，可以直接被会员们购买，在传统农产品的激烈竞争中，确保了稳定的市场和农民可靠的收入来源。同时，由于降低了农产品物流和包装成本，会员们能够亲历有机农产品的生产过程，也满足了会员们能够放心地享用物美价廉有机农产品的消费需求"。

（2）小马驹市民农园在竞争激烈的农产品生产领域开创新的生存与发展空间的路径如下：

①审视他择产业或跨越产业内不同的战略群组。"农园将农业、休闲业、教育产业融为一体，以会员制的模式运作"。

②重新界定产业的买方群体。"小马驹市民农园新鲜的有机农产品去掉了中间商，可以直接被会员们购买"。

③放眼互补性产品或服务。"农园将农业、休闲业、教育产业融为一体"。

④重设客户的功能性或情感性诉求。"小马驹市民农园在市区设立了三个取菜点，会员可以自行选择时间和取菜点。这些配送为消费者提供了便利，使他们享受到被关爱的体验""有儿童的家庭特别青睐这种亲近自然、家庭团聚、寓教于乐的模式。小马驹市民农园策划了很多节事活动，包括开锄、立夏、端午、立秋、中秋、丰收节等，在这些节事活动中，对小朋友进行传统农耕和文化教育，农园还开展了一些活动激发小朋友的兴趣，包括认识植物、喂养动物、挖红薯、拔萝卜、荡秋千、玩沙子、滚铁环、拔河、在野地里撒欢等，这些活动是孩子们在城市中不可能见到的。在农园一角设立了一个大食堂，会员在劳动过程中，可以到食堂用餐。农园要求会员用餐后自己洗碗，洗碗用的不是洗涤灵，而是麦麸，更增添了农园天然质朴环保的色彩"。

⑤跨越时间参与塑造外部潮流。"一种新型的社区支持型农业顺应这些需求而产生，其中以小马驹市民农园最为知名"。

第四章　战略实施

2021 年教材内容主要变化

2021 年本章教材“第五节　公司战略与数字化技术”为重新编写内容，围绕“数字化”展开，并辅以相应案例。其余部分变化不大，需着重掌握新修订内容。

本章近五年考情统计分析

本章考题主要以单项选择题和多项选择题的形式出现，本章属于次重要的考试章节之一，最近五年平均考试分值为 7.7 分。

（一）近五年考试分值分布

题型	2016 年	2017 年	2018 年	2019 年	2020 年
单选题	3	3	8	3	5
多选题	3	4.5	1.5	3	4.5
简答题	3	—	—	—	3
综合题	—	—	3	—	—
合计	9	7.5	12.5	6	12.5

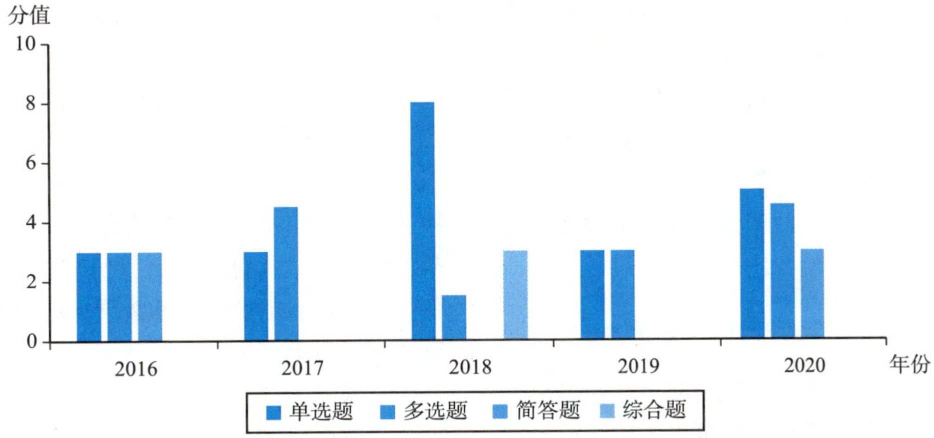

（二）近五年考试考点分布

重要考点内容	年度分布
纵横向分工结构	2016 年单选、2017 年单选和多选、2018 年单选、2019 年单选和多选

续表

重要考点内容	年度分布
企业战略与组织结构	2018 年单选、2019 年单选、2020 年单选和多选
企业文化的类型	2017 年单选、2018 年单选、2020 年单选
战略稳定性与文化适应性	2016 年单选、2018 年单选、2019 年单选
战略控制的过程	2016 年单选
预算与预算控制	2016 年多选、2017 年多选、2018 年多选
企业业绩衡量指标	2018 年多选、2019 年多选、2020 年多选
平衡计分卡的业绩衡量方法	2016 年多选、2017 年多选、2018 年多选、2019 年单选和多选
企业利益相关者的利益矛盾与均衡	2020 年单选
权力与战略过程	2018 年单选、2019 年单选
信息技术与组织变革	2016 年多选、2020 年多选
信息技术与竞争战略	2018 年单选和综合
信息技术与企业价值链网	2016 年简答、2019 年综合、2020 年简答
大数据时代企业战略转型	2018 年单选和综合、2019 年单选

重难点解析

本章详细介绍了公司战略与组织结构、公司战略与企业文化、战略控制、战略管理中的权力与利益相关者以及数字化战略，主要内容是组织结构的构成要素、纵横向分工结构、企业文化与绩效、战略稳定性与文化适应性、战略控制的过程及方法、企业利益相关者的利益矛盾与均衡、权力与战略过程、数字化技术的定义及对公司战略的影响、数字化战略转型。

组织结构是波特价值链理论中公司重要的支持活动，组织结构的调整与完善是战略实施的重要环节。

重难点 1：组织结构的构成要素★★

组织结构是组织为实现共同目标而进行的各种分工和协调的系统。它可以平衡企业组织内专业化与整合两个方面的要求，运用集权和分权的手段对企业生产经营活动进行组织和控制。不同产业、不同生产规模的企业结构是不同的。因此，**组织结构的基本构成要素是分工与整合**。

（一）分工

分工是指企业为创造价值而对其人员和资源的分配方式。一般来讲，企业组织内部不同职能或事业部的数目越多、越专业化，企业的分工程度就越高。

企业在组织分工上有两个方面：

1. 纵向分工。

企业高层管理人员必须在如何分配组织的决策权上做出选择，以便很好地控制企业创造价值的活动。这种选择就是纵向分工的选择。例如，企业高层管理人员必须决定对事业部的管理人员授予多少权责。

2. 横向分工。

企业高层管理人员必须在如何分配人员、职能部门以及事业部方面做出选择，以便增加企业创造价值的能力。这种选择是横向分工选择。例如，企业高层管理应该是设立销售部门与广告等促销部门，还是将两个部门合并为一个实体？

（二）整合

整合是指企业为实现预期的目标而用来协调人员与职能的手段。为了实现企业目标，企业必须建立组织结构，协调不同职能与事业部的生产经营活动，以便有效地执行企业的战略。例如，为了开发新产品，企业可以建立跨职能的团队，使不同部门不同职能的员工一起工作。这就是一般意义上的整合。

总之，分工是将企业转化成不同职能及事业部的手段，而整合是要将不同的部门结合起来。

【经典例题】

【例题·多选题】下列关于组织结构的说法中，正确的有（ ）。

A. 组织结构的基本构成要素是分工与整合

B. 通常企业组织内部事业部越专业化，企业的分工程度越高

C. 纵向分工是职能线，横向分工是职权线

D. 整合是企业为实现预期的目标而用来协调人员与职能的手段

【答案】ABD

【解析】纵向分工是企业的经营分工，在这条线上决定绩效的分配和权力的分配，因此常常又称之为职权线。横向分工是企业资源的分工，即公司所有的资源都在这条线上进行专业分配，保障业务部门能够获得支持，因此横向分工是职能线。因此，选项C错误。

重难点2：纵横向分工结构★★★

（一）纵向分工结构

1. 纵向分工结构的基本类型。

纵向分工是指企业高层管理人员为了有效地贯彻执行企业的战略，选择适当的管理层次和正确的控制幅度，并说明连接企业各层管理人员、工作以及各项职能的关系。

纵向分工基本有两种形式：一是高长型组织结构；二是扁平型组织结构。

（1）高长型组织结构。

高长型组织结构是指具有一定规模的企业的内部有很多管理层次。在每个层次上，管理人员的**控制幅度较窄**。这种结构有利于企业内部的控制，但**对市场变化的反应较慢**。

（2）扁平型组织结构。

扁平型组织结构是指具有一定规模的企业的内部管理层次较少。在每个层次上，管理人员的**控制幅度较宽**。这种结构可以**及时地反映市场的变化**，并做出相应的反应，但**容易造成管理的失控**。

企业应根据自己的战略以及战略所需要的职能来选择组织的管理层次。例如，企业为了更及时地满足市场的需求，追求产品的质量与服务，通常采用扁平型组织结构。

2. 纵向分工结构组织内部的管理问题。

（1）集权与分权。

在企业组织中，集权与分权各有不同的适用条件，应根据企业的具体情况而定。

集权是指企业的高层管理人员拥有最重要的决策权力。在战略管理中，集权可以使企业高层管理人员比较容易地控制与协调企业的生产经营活动，以达到企业预期的目标。

集权型决策的**优点**：

①易于协调各职能间的决策；

②易于对上下沟通的形式进行规范（比如利用管理账户）；

③能与企业的目标达成一致；

④危急情况下能够作出快速决策；

⑤有助于实现规模经济；

⑥这种结构比较适用于由外部机构（比如专业的非营利性企业）实施密切监控的企业，因为所有的决策都能得以协调。

集权决策的**缺点**：

①高级管理层可能不会重视个别部门的不同要求；

②由于决策时需要通过集权职能的所有层级向上汇报，因此决策时间过长；

③对级别较低的管理者而言，其职业发展

有限。

分权型结构一般包含更少的管理层次，并将决策权分配到较低的层级，从而具有较宽的管理幅度并呈现出扁平型结构。

（2）中层管理人员人数。

企业要根据自己的实际情况选择组织层次和指挥链。选择高长型结构时，要注意这种结构需要较多的中层管理人员，会增加行政管理费用。企业为了降低成本，使其结构效率化，应尽量减少管理层次。

（3）信息传递。

企业内部信息传递是企业组织管理中的一个重要环节。企业内部管理层次越多，信息在传递的过程中就会发生不同程度的扭曲，不可能完整地到达信息传递的目的地。这样，也会增加管理的费用。因此，企业在选择高长型的结构时，应比较慎重。

（4）协调与激励。

企业的管理层次过多时，会妨碍内部员工与职能部门间的沟通，增加管理费用。指挥链越长，沟通越困难，会使管理没有弹性。特别是，在运用新技术的企业里，如果采用高长型结构模式，企业通常会遇到各种障碍，不能有效地完成企业的目标。在这种情况下，企业应当采用扁平化结构。

在激励方面，高长型组织中的管理人员在行使权力时，往往会受到各种限制。结果，企业的管理人员容易产生推诿现象，不愿意承担责任，高层管理人员就需要花费大量的时间从事协调工作。而在扁平型结构中，一般管理人员拥有较大的职权，并可对自己的职责负责，效益也可以清楚地看出，并有较好的报酬。因此，扁平型结构比高长型结构更能调动管理人员的积极性。

（二）横向分工结构

1. 横向分工结构的基本类型。

从横向分工结构考察，企业组织结构有8种基本类型：创业型组织结构、职能制组织结构、事业部制组织结构、M型企业组织结构（多部门结构）、战略业务单位组织结构（SBU）、矩阵制组织结构、H型结构（控股企业/控股集团组织结构）和国际化经营企业的组织结构。

（1）创业型组织结构。

创业型组织结构是多数小型企业的标准组织结构模式。采用这种结构时，企业的所有者或管理者对若干下属实施直接控制，并由其下属执行一系列工作任务。企业的战略计划（若有）**由中心人员完成**，该中心人员还负责**所有重要的经营决策**。这一结构类型的弹性较小并缺乏专业分工，其成功主要依赖于该中心人员的个人能力。

这种简单结构通常应用于小型企业。从一定意义上说，简单结构几乎等同于缺乏结构，至少是缺少正式意义上的组织结构。在这种结构中，几乎没有工作描述，并且每个人都参与正在进行的任务。然而，随着企业的发展，所有管理职能都由一个人承担就变得相当困难，因此为了促进企业的发展，应将该结构朝着职能制组织结构进行调整。

（2）职能制组织结构。

职能制组织结构被大多数人认为是组织结构的典型模式。这一模式表明结构向规范化和专门化又迈进了一步。

随着企业经营规模和范围的不断扩张，企业需要将职权和责任分派给专门单元的管理者。这样，中心人物——首席执行官的职责就变得更加细化，这反映了协调职能单元的需要，企业也更多地关注环境问题和战略问题。这是一个适用于单一业务企业的职能型结构。

职能制组织结构的**优点**如下：

第一，能够通过集中单一部门内所有某一类型的活动来实现规模经济。比如，所有的销售和营销工作都通过销售和营销部门来执行。

第二，有利于培养职能专家。

第三，由于任务为常规和重复性任务，因而工作效率得到提高。

第四，董事会便于监控各个部门。

职能制组织结构的**缺点**如下：

第一，由于对战略重要性的流程进行了过

度细分，在协调不同职能时可能出现问题。

第二，难以确定各项产品产生的盈亏。

第三，导致职能间发生冲突、各自为政，而不是出于企业整体利益进行相互合作。

第四，等级层次以及集权化的决策制定机制会放慢反应速度。

（3）事业部制组织结构。

当企业逐步发展至有多个产品线之后，或者由于消费者市场迅速扩张企业必须进行跨地区经营时，企业的协调活动就变得比较困难。在这一阶段，事业部制组织结构应运而生。

事业部制结构按照产品、服务、市场或地区定义出不同的事业部。将企业人员划分为不同的事业部被称为**事业部制**。

由于总经理的时间和精力都被过度挤占，对分权化和半自治的需求就被放大了。企业总部负责计划、协调和安排资源。事业部则承担运营和职能责任。随着复杂性的增加，通过多元化，事业部自身的战略规划责任会有所增加。在某些情况下，采用区域事业部结构比较适当；而在其他情况下，采用产品事业部结构效果更好。

事业部制结构强化了这一点，即制定战略并不仅仅是高层管理者和领导者的任务。企业层、业务层和职能层的管理者都应在其各自的层级参与战略制定流程。

如前所述，在事业部制组织结构内可按**产品**、**服务**、**市场**或**地区**为依据进行细分。

①区域事业部制结构。当企业在不同的地理区域开展业务时，区域式结构就是一种较为适当的结构，它按照特定的地理位置来对企业的活动和人员进行分类。这种结构可用于本地区域（可将城市划分成销售区域）或国家区域（如下图），例如，可按照北美区域、东南亚区域以及中东区域等进行划分。北美区域负责该地区的所有活动、所有产品以及所有客户。

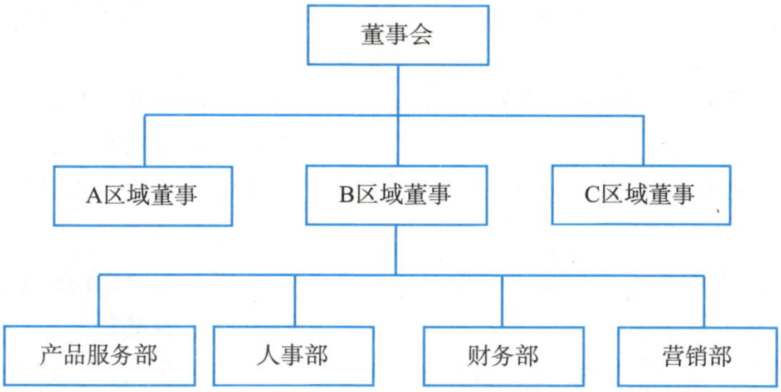

区域事业部制结构的**优点**如下：

第一，在企业与其客户的联系上，区域事业部制能实现更好更快的地区决策。

第二，与一切皆由总部来运作相比，建立地区工厂或办事处会削减成本费用。比如，可以削减差旅和交通费用。

第三，有利于海外经营企业应对各种环境变化。

区域事业部制结构的**缺点**如下：

第一，管理成本的重复。比如，一个国家企业被划分为10个区域，则每个区域办事处都需要一个财务部门。

第二，难以处理跨区域的大客户的事务。

②产品/品牌事业部制结构。产品型事业部制结构适用于具有若干生产线的企业。产品事业部结构是以企业产品的种类为基础设立若干产品部，而不是以职能或以区域为基础进行划分（如下图）。该结构可以将总体业务划分为若干战略业务单位。如果将某项工作按产品线划分，则单一的战略业务单位就负责与该特定产品相关的所有方面：产品开发、产品生产、产品营销等。

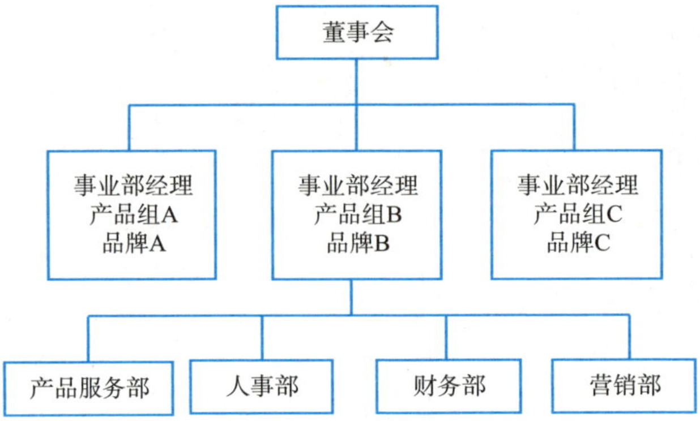

产品事业部结构的**优点**：

第一，生产与销售不同产品的不同职能活动和工作可以通过事业部/产品经理来予以协调和配合。

第二，各个事业部都可以集中精力在其自身的区域。这就是说，由于这种结构更具灵活性，因此更有助于企业实施产品差异化。

第三，易于出售或关闭经营不善的事业部。

采用产品事业部的**缺点**：

第一，各个事业部会为了争夺有限资源而产生摩擦。

第二，各个事业部之间会存在管理成本的重叠和浪费。

第三，若产品事业部数量较大，则难以协调。

第四，若产品事业部数量较大，事业部的高级管理层会缺乏整体观念。

品牌是设计的名称，用于区别制造商或供应商提供的产品或服务，并使之与竞争对手的产品或服务相区别。品牌可以表示同一企业生产的不同产品或（通常）类似产品，以便给客户一种感官差异。

品牌代表了一种独特的市场地位。在进行产品事业部制的同时，实行品牌事业部制也变得很有必要。在保留职能事业部制的基础上，品牌经理还负责进行品牌营销，而这会涉及各个职能。品牌事业部制与产品事业部制具有类似的优缺点。具体来说，会增加管理成本和管理结构的复杂性；处理不同的品牌部门与单一的生产部门之间的关系会变得尤为困难。

③客户细分或市场细分事业部制结构。客户事业部制结构通常与销售部门和销售工作相关，批销企业或分包企业也可能采用这种结构，在这些企业中由管理者负责联系主要客户。另一种方式是，将不同类型的市场按照客户进行划分，比如企业客户、零售客户或个人客户等。

（4）M 型企业组织结构（多部门结构）。

通过产品线的增加，企业会不断扩张；随着企业规模的扩大，上述结构将不再适用。在这一阶段，具有多个产品线的企业应采用 M 型结构。M 型结构将该**企业划分成若干事业部**，每一个事业部负责一个或多个产品线。

某器具企业（A 公司）的组织结构曾经非常简单，仅拥有三个产品事业部：燃气系列产品、洗衣系列产品以及电子系列产品。但是通过收购 B 公司（一家空调、冰箱和火炉生产商）和 C 公司（一家小型家电制造商），企业不断扩张产品线。M 型结构包含了若干事业部，而每一个事业部都含有一个或多个产品线。

M 型组织结构的**优点**：

第一，便于企业的持续成长。随着新产品线的创建或收购，这些新产品线可能被整合到现有的事业部中，或者作为新开发的事业部的基础。

第二，由于每一个事业部都有其自身的高层战略管理者，因此首席执行官所在的总部员工的工作量会有所减轻。这样，首席执行官就有更多的时间分析各个事业部的经营情况以及进行资源配置。

第三，职权被分派到总部下面的每个事业部，并在每个事业部内部进行再次分派。

第四，能够通过诸如资本回报率等方法对事业部的绩效进行财务评估和比较。

M 型组织结构的**缺点**：

第一，为事业部分配企业的管理成本比较困难并略带主观性。

第二，由于每个事业部都希望取得更多的企业资源，因此经常会在事业部之间滋生功能失调性的竞争和摩擦。

第三，当一个事业部生产另一事业部所需的部件或产品时，确定转移价格也会产生冲突。

转移价格是指一个事业部就其向另一事业部提供的产品或部件收取的价格。销售事业部通常希望收取稍高的转移价格来增加利润，而购买事业部则希望支付稍低的价格来降低成本。

（5）战略业务单位组织结构（SBU）。

企业的成长最终需要将相关产品线归类为事业部，然后将这些事业部归类为战略业务单位。战略业务单位组织结构尤其适用于规模较大的多元化经营的企业（如下图）。

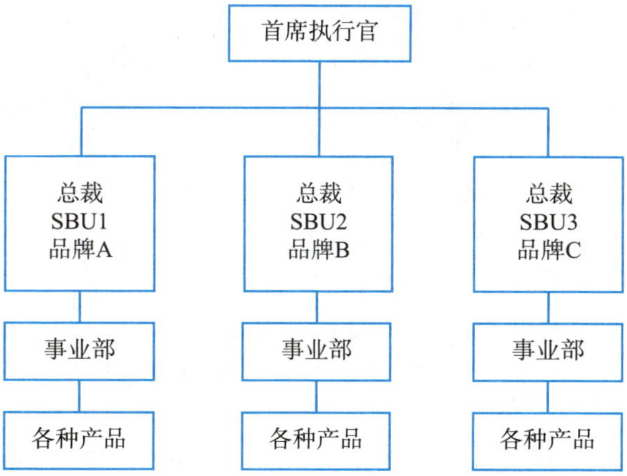

战略业务单位组织结构的**优点**：

第一，降低了企业总部的控制跨度。采用这种结构后，企业层的管理者只需要控制少数几个战略业务单位而无须控制多个事业部。

第二，由于不同的企业单元都向其上级领导报告其经营情况，因此控制幅度的降低也减轻了总部的信息过度情况。

第三，这种结构使具有类似使命的产品、市场或技术的事业部之间能够更好地协调。

第四，由于几乎无须在事业部之间分摊成本，因此易于监控每个战略业务单位的绩效（在职能式结构下也如此）。

战略业务单位组织结构的**缺点**：

第一，由于采用这种结构多了一个垂直管理层，因此总部与事业部和产品层的关系变得更疏远。

第二，战略业务单位经理为了取得更多的企业资源会引发竞争和摩擦，而这些竞争会变成功能性失调并会对企业的总体绩效产生不利影响。

（6）矩阵制组织结构。

矩阵制组织结构是为了处理非常复杂项目中的控制问题而设计的。这种结构在职能和产品或项目之间起到了联系的作用。这样，员工就拥有了两个直接上级，其中一名上级负责产品或服务，而另一名负责职能活动，如下图所示。

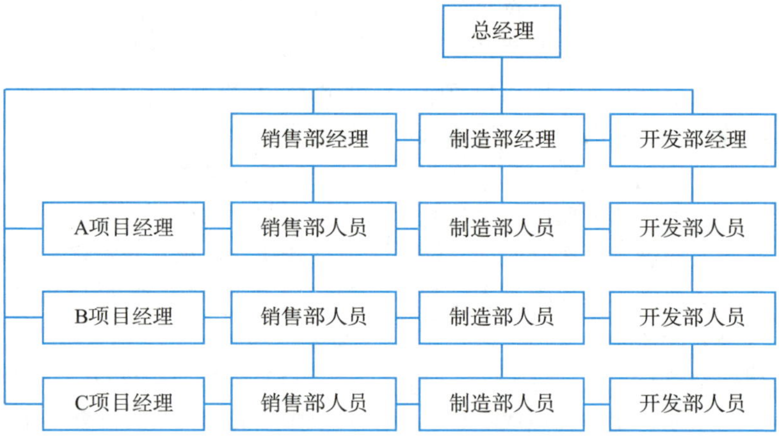

在上述小组中，开发和生产产品 C 的员工不仅对产品 C 的主管负责，还对每个区域的主管负责。矩阵制组织结构的目标就是充分利用企业中专门技术的结合，而普通的分级结构就难以实现这一目标。矩阵制组织结构将个人或单元横向归类为小组，并由小组处理正在进行的战略事务，从而实现这一目标。这一混合制结构在保持职能制结构和 M 型结构的优点方面做出了尝试。简言之，矩阵结构是一种具有两个或多个命令通道的结构，包含两条预算权力线以及两个绩效和奖励来源。

矩阵制组织结构的优点：

第一，由于项目经理与项目的关系更紧密，因而能更直接参与产品相关的战略中来，从而激发其成功的动力。

第二，能更加有效地优先考虑关键项目，加强对产品和市场的关注，从而避免职能型结构对产品和市场的关注不足。

第三，与产品主管和区域主管之间的联系更加直接，从而能够做出更有质量的决策。

第四，实现了各个部门之间的协作以及各项技能和专门技术的相互交融。

第五，双重权力使企业具有多重定位，这样职能专家就不会只关注自身的业务范围。

但是，这种结构也存在缺点：

第一，可能导致权力划分不清晰（比如谁来负责预算），并在职能工作和项目工作之间产生冲突。

第二，双重权力容易使管理者之间产生冲突。如果采用混合型结构，非常重要的一点就是确保上级的权力不相互重叠，并清晰地划分权力范围。下属必须知道其工作的各个方面应对哪个上级负责。

第三，管理层可能难以接受混合型结构，并且管理者可能会觉得另一名管理者将争夺其权力，从而产生危机感。

第四，协调所有的产品和地区会增加时间成本和财务成本，从而导致制订决策的时间过长。

（7）H 型结构（控股企业/控股集团组织结构）。

当企业不断发展时，可能会实施多元化的战略，业务领域涉及多个方面，甚至上升到全球化竞争层面上，这时企业就会成立控股企业。其下属子企业具有独立的法人资格。控股企业可以是对某家企业进行永久投资的企业，主要负责购买和出售业务。在极端形态下，控股企业实际上就是一家投资企业。或者，控股企业只是拥有各种单独的、无联系的企业的股份，并对这些企业实施较小的控制或不实施控制；还可以是一家自身拥有自主经营的业务单位组合的企业。虽然这些业务单位组合属于母企业的一部分，但是它们都独立经营并可能保留其原本的企业名称。母企业的作用仅限于做出购买或出售这些企业的决策，而很少参与它们的产品或市场战略。

在控股组织结构中，中央企业的员工和服

务可能非常有限。区别控股企业与其他企业类型的一个关键特点就是其业务单元的自主性，尤其是业务单元对战略决策的自主性。企业无须负担高额的中央管理费，因为母企业的职员数量很可能非常少；而业务单元能够自负盈亏并从母企业取得较便宜的投资成本，并且在某些国家如果将这些企业看成一个整体，业务单元还能够获得一定的节税收益。控股企业可以将风险分散到多个企业中，但是有时也很容易撤销对个别企业的投资。

（8）国际化经营企业的组织结构。

前面阐述了7种企业组织结构的基本类型，国际化经营企业的组织结构也包括在这7种类型之中，只不过是范围扩展至国际市场甚至全球市场。

①与“国际战略”相配套的“国际部结构”。“国际战略”是企业国际化经营早期的战略类型。这时企业发挥全球协作的程度低，产品对东道国市场的需求的适应能力也比较弱，在这种情况下，企业多把产品开发的职能留在母国，而在东道国建立制造和营销职能。其组织结构往往采用国际部结构。

国际部也应该是一种事业部制，其事业部的划分可以是按区域划分，也可以是按产品划分，甚至还可能是按区域和产品的混合划分。

②与“多国本土化战略”相配套的“全球区域分部结构”。多国本土化战略是根据不同国家的不同市场，提供更能满足当地市场需要的产品和服务。采用这种类型的企业往往采用“全球区域分部结构”。

“全球区域分部结构”使地区和国家经理有高度的自主权，可以改变本国的产品战略，使它能适应于所在国家或地区的特殊环境。通常，当地情况对消费者需求影响越大，国家或地区经理所获得的自主权也应越大。这样做的主要成效是公司获得了本地迅速适应的能力。因此，全球区域结构对追求多国本土化战略的公司最适用。

③与“全球化战略”相配套的“全球产品分部结构”。全球化战略是向全世界的市场推销标准化的产品和服务，并在较有利的国家中集中地进行生产经营活动，由此形成经验曲线和规模经济效益，以获得高额利润。采用这种类型的企业往往采用“全球产品分部结构”。这里的产品分部可以是事业部，也可以是战略业务单位。

当公司在全球范围内进行资源寻求时，产品经理可以根据各国成本和技术的差异来设置活动。在全球产品分部结构下，一些活动会被分散进行，如零件加工和装配，而其他活动则集中进行，如研制开发活动。为了降低成本，欧美公司通常是把一些劳动密集型的活动转移到那些工资水平低、拥有熟练技术工人的国家和免税地区。

④与“跨国战略”相配套的“跨国结构”。跨国战略是将全球化战略的高效率与多国本土化的适应能力结合起来的战略类型。采用这种战略的企业试图通过发展混合型的结构来同时获得两种结构的优势。跨国结构是从全球性产品—地区混合结构的思路出发，从下属公司的功能与权力角度，对组织结构作进一步优化。

全球性产品—地区混合结构也是一种矩阵结构，在这种结构中，产品分部和地区分部都由副总经理负责，企业总部从全球范围来协调各产品分部和地区分部的活动，以取得各种产品的最佳地区合作，管理各子公司的经营活动。公司凭借这种混合结构，能够针对不同产品或劳务的具体特点进行不同程度的集中决策和控制，并尽可能使集中决策和分散决策结合起来。全球性产品—地区混合结构适用于那些产品多样化程度很高、地区分散化程度也很大的跨国公司。尤其是那些销售、计划、财务、人事、研究与开发等职能难以全部下放到产品分部或地区分部，而这些职能又对各分部以下的子公司之间的协调具有重要意义的企业。

2. 横向分工结构的基本协调机制。

协调机制就是建立在企业的分工与协调之

上的制度。企业组织的协调机制基本上有以下6种类型：

（1）相互适应，自行调整。

这是一种自我控制方式。组织成员直接通过非正式的、平等的沟通达到协调，相互之间不存在指挥与被指挥的关系，也没有来自外部的干预（见下图A）。这种机制适合于最简单的组织结构。在十分复杂的组织里，由于人员构成复杂，工作事务事先不能全部规范化，因而也采用这种协调机制，使组织成员边工作、边调整，互相适应、互相协调。

（2）直接指挥，直接控制。

这是指组织的所有活动都按照一个人的决策和指令行事（见下图B）。这位负责人发布指示，监督工作。形象地讲，这种协调机制如人的大脑一样，同时协调两只手的活动。

（3）工作过程标准化。

这是指组织通过预先制定的工作标准，来协调生产经营活动（见下图C）。在生产之前，企业向职工明确工作的内容，或对工作制定出操作规程及其规章制度，然后要求工作过程中所有活动都要按这些标准进行，以实现协调。例如，企业在制定好自动生产流水线的标准以后，工人在生产过程中便根据这个标准，进行生产和检验产品。一旦生产出现问题，管理人员便用这个标准来检查和调整。这样，企业的成员在执行标准的同时，就形成了某种程度的协调。

（4）工作成果标准化。

这是指组织通过预先制定的工作成果标准，实现组织中各种活动的协调（见下图D）。这种协调只规定最终目标，不限定达到目标的途径、方法、手段和过程。就像书籍装订一样，出版社只要求印刷厂按照一定的质量标准完成任务，而不限制书的内页和封皮在什么地方印刷。

（5）技艺（知识）标准化。

这是指组织对其成员所应有的技艺、知识加以标准化。有些组织内的工作专业性强，工作过程和工作成果均无法标准化。例如，外科大夫在给病人进行手术时，需要麻醉师的配合。在手术前配合方案可能已经制订好，但外科大夫在手术台上所遇到的情况往往难以预料，又没有过多的时间与麻醉师讨论，只有凭借他们各人所掌握的知识及经验各自处理自己的情况。因此，这种协调机制主要是依靠组织成员在任职以前就接受了必要的、标准化的训练，成为具有标准化知识和技能的人才，在实际工作中，他们便可以根据自己的知识和技艺，相互配合与协调。这是一种超前的间接协调机制（见下图E）。

（6）共同价值观。

这是指组织内全体成员要对组织的战略、目标、宗旨、方针有共同的认识和共同的价值观念，充分地了解组织的处境和自己的工作在全局中的地位和作用，互相信任、彼此团结，具有使命感，组织内的协调和控制达到高度完美的状态。鉴于内部条件和外部环境都是在不断变化的，因而，企业对内要及时调整，发挥创新精神、协同效果和整体优势；对外要灵活适应，快速行动（见下图F）。

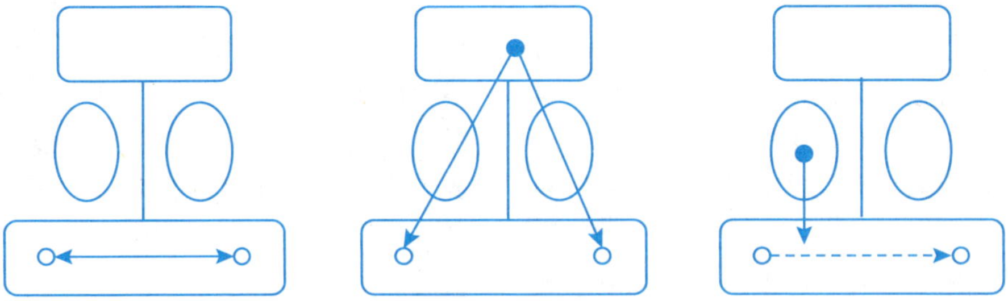

A.相互适应，自行调整　　B.直接指挥，直接控制　　C.工作过程标准化

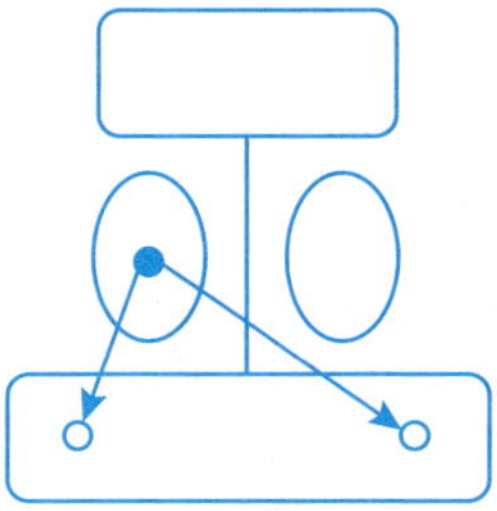

D.工作成果标准化

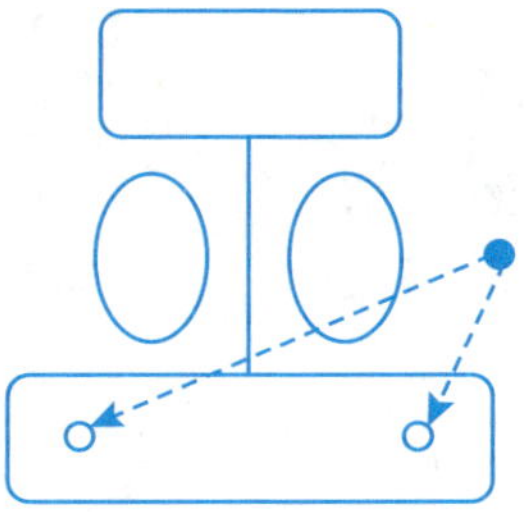

E.技艺（知识）标准化

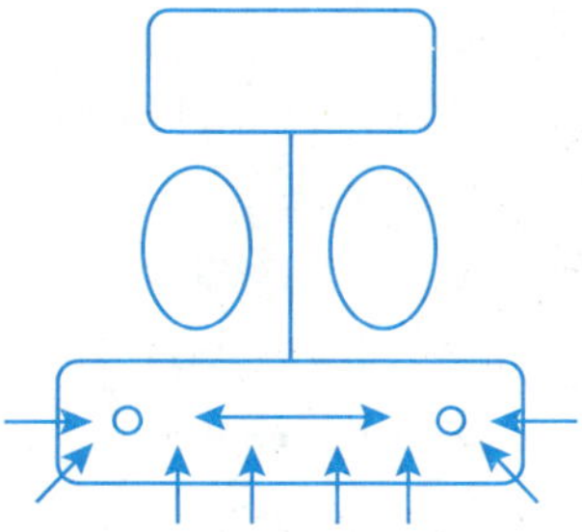

F.共同价值观

从 6 种类型的关系来看，企业组织简单时，只需要相互适应、自行调整的协调机制。企业组织扩大后需要某人单独执行控制工作时，便产生了直接指挥、直接控制机制。当工作变为更加复杂时，协调机制便趋向标准化。在工作任务相当复杂时，企业便需要采用成果标准化或技艺标准化。在工作极其复杂、工作过程和工作结果难以标准化时，企业往往自行又转回到互相适应调整这种最简单而又最灵活的协调机制上。不过，这不是一种简单的循环，而是螺旋式上升。实际上，企业不可能在一段时间内只依靠一种协调机制，往往根据不同任务的侧重点不同，混合使用这 6 种协调机制。

【经典例题】

【真题·单选题】（2020）升达公司是一家控股企业，下属多个分别主营石油化工、物流、机械制造等业务的独立经营的子公司。升达公司不干预子公司的战略决策和业务活动，仅根据市场前景和子公司的经营状况作出对子公司增加或减少投资的决策。升达公司应采取的组织结构类型是（　　）。

A. 事业部制组织结构

B. M 型组织结构

C. H 型组织结构

D. 战略业务单位组织结构

【答案】C

【解析】H 型组织结构下，控股企业下属子企业具有独立的法人资格，控股企业一般只是做一些宏观性的判断，因此不会对下属企业的自主经营进行干涉。“升达公司是一家控股企业，下属多个分别主营石油化工、物流、机械制造等业务的独立经营的子公司。升达公司不干预子公司的战略决策和业务活动，仅根据市场前景和子公司的经营状况作出对子公司增加或减少投资的决策”属于 H 型组织结构，选项 C 正确。

【真题·单选题】（2016）在最简单的组织结构中，适宜采用的组织协调机制是（　　）。

A. 共同价值观

B. 标准化体系结构

C. 直接指挥，直接控制

D. 相互适应，自行调整

【答案】D

【解析】“相互适应，自行调整”这种组织协调机制是一种自我控制方式。组织成员直接通过非正式的、平等的沟通达到协调，相互之间不存在指挥与被指挥的关系；也没有来自外部的干预。这种机制适合于最简单的组织结构，同时也适用于十分复杂的组织。

【真题·单选题】（2017）华胜公司是生产经营手机业务的跨国公司，其组织按照两维结构设计，一维是按照职能专业化原则设立区域组织，它们为业务单位提供支持、服务和监管；另一维是按照业务专业化原则设立四大业务运营中心，它们对应客户需求来组建管理团队并确定相应的经营目标和考核制度。华胜公司采取的组织结构是（　　）。

A. 职能结构

B. 事业部结构

C. 战略业务单位结构

D. 矩阵制组织结构

【答案】D

【解析】矩阵制组织结构是指既包含职能专业化又包含产品或项目专业化的二元组织结构。华胜公司按照两维结构设计其组织结构，一维是按照职能专业化原则设立区组织；另一维是按照业务专业化原则设立四大业务运营中心，它们对应客户需求来组建管理团队并确定相应的经营目标和考核制度。本题中，“其组织按照两维结构设计，一维是按照职能专业化原则设立区域组织，它们为业务单位提供支持、服务和监管；另一维是按照业务专业化原则设立四大业务运营中心，它们对应客户需求来组建管理团队并确定相应的经营目标和考核制度”体现出华胜公司采取的组织结构是矩阵制组织结构。

【真题·单选题】（2017）育英公司是一家英语培训机构，定位于高端培训。该公司实行纯英文教学，全部课程由外籍教师进行授课，另外配备一名中文教师担任助教，所有教师都须有5年以上的教学经验。育英公司培训活动中的组织协调机制是（　　）。

A. 相互适应，自行调整

B. 技艺（知识）标准化

C. 工作过程标准化

D. 工作成果标准化

【答案】B

【解析】本题中，“全部课程由外籍教师进行授课，另外配备一名中文教师担任助教，所有教师都须有5年以上的教学经验”体现出组织成员在任职以前就接受了必要的、标准化的训练，成为具有标准化知识和技能的人才，在实际工作中，他们便可以根据自己的知识和技艺，相互配合与协调这属于技艺（知识）标准化。

【真题·单选题】（2018）贝乐玩具公司成立十年来，生产和经营规模逐步扩大，玩具产品的品种不断增加。为了提高工作效率并实现规模经济，该公司应采用的组织结构是（　　）。

A. 事业部制组织结构

B. M型组织结构

C. 职能制组织结构

D. 创业型组织结构

【答案】C

【解析】职能制组织结构的优点：①能够通过集中单一部门内所有某一类型的活动来实现规模经济；②有利于培养职能专家；③因为任务为常规和重复性任务，所以工作效率得到提高；④董事会便于监控各个部门。本题中，“为了提高工作效率并实现规模经济”，因此贝乐玩具公司应该采用的组织结构是职能制组织结构。

【真题·单选题】（2019）图美公司是某出版社所属的一家印刷厂，该公司按照出版社提供的文稿、图片和质量要求从事印刷、装订工作。图美公司适宜采用的组织协调机制是（　　）。

A. 共同价值观

B. 相互适应，自行调整

C. 工作成果标准化

D. 技艺（知识）标准化

【答案】C

【解析】工作成果标准化是指组织通过预先制定的工作成果标准，实现组织中各种活动的协调。本题中，“该公司按照出版社提供的文稿、图片和质量要求从事印刷、装订工作”采用的是工作成果标准化。

【真题·单选题】（2019）生产智能家电产品的凯威公司适应外部环境的不断变化，及时调整内部资源和组织结构，发挥协同效果和整体优势，激发员工的创新精神和使命感，对社会需求作出灵活、快速的反应。该公司采取的组织协调机制是（　　）。

A. 直接指挥，直接控制

B. 工作过程标准化

C. 共同价值观

D. 工作成果标准化

【答案】C

【解析】共同价值化是指组织内全体成员要对组织的战略、目标、宗旨、方针有共同的认识和共同的价值观念，充分地了解组织的处境和自己的工作在全局中的地位和作用，相互信任、彼此团结、机油使命感，组织内的协调和控制达到高度完美的状态。本题中，“及时调整内部资源和组织结构，发挥协同效果和整体优势，激发员工的创新精神和使命感，对社会需求作出灵活、快速的反应”说明该公司采取的组织协调机制是共同价值观。

【真题·多选题】（2017）威能公司是一家生产日常消费品的企业，有四大事业部，分别负责研发和生产洗发类产品、婴儿类产品、洗漱类产品和化妆类产品。每个事业部都拥有多个产品线。公司总部对各个事业部都拥有多个产品线。公司总部对各个事业部统一进行资源配置。威能公司采取的组织结构类型的特点有（　　）。

A. 为各事业部分配企业的管理成本比较困难

B. 能够通过资本回报率等方法对事业部进行绩效考核

C. 集权化的决策机制放慢了反应速度

D. 职权分派到事业部，并在事业部内部进行再次分派

【答案】ABD

【解析】本题中，“有四大事业部，分别负责研发和生产洗发类产品、婴儿类产品、洗漱类产品和化妆类产品。每个事业部都拥有多个产品线”体现了威能公司采取的组织结构类型为M型企业组织结构。该结构的优点包括：①便于企业的持续成长；②由于每一个事业部都有其自身的高层战略管理者，首席执行官所在的总部员工的工作量会有所减轻。这样，首席执行官就有更多的时间分析各个事业部的经营情况以及进行资源配置；③职权被分派到总部下面的每个事业部，并在每个事业部内部进行再次分派；④能够通过诸如资本回报率等方法对事业部的绩效进行财务评估和比较。缺点包括：①为事业部分配企业的管理成本比较困难并略带主观性；②由于每个事业部都希望取得更多的企业资源，经常会在事业部之间滋生功能失调性的竞争和摩擦；③当一个事业部生产另一事业部所需的部件或产品时，确定转移价格也会产生冲突。因此，选项A、B、D正确。

【真题·多选题】（2020）创维公司是一家拥有3 000多名员工的高科技企业，该公司的组织结构从上至下分为总经理、部门经理、一线管理人员和基层员工4个层次。根据组织纵向分工结构理论，创维公司采用的组织结构通常具有的特征有（　　）。

A. 可以及时反映市场的变化

B. 企业管理费用会大幅度增加

C. 容易造成管理的失控

D. 企业战略难以实施

【答案】AC

【解析】在拥有1 000名员工的公司里，一般有4个管理层次，即总经理、部门的经理、一线的管理人员以及基层的员工。而在有3 000名员工的公司里，管理层次增加到8个。“创维公司是一家拥有3 000多名员工的高科技企业，该公司的组织结构从上至下分为总经理、部门经理、一线管理人员和基层员工4个层次”属于扁平型组织结构，选项A、C属于扁平型组织结构的特征，选项B、D属于高长型组织结构的特征。

【真题·多选题】（2019）以生产、销售多种石化产品为主业的东昌公司对本企业的经营活动和人员，按照北方区域和南方区域进行划分。公司总部负责计划、协调和安排资源，区域分部负责所在区域的所有经营活动、产品销售和客户维护。下列各项中，属于东昌公司组织结构优点的有（　　）。

A. 可以削减差旅和交通费用

B. 能实现更好更快的地区决策

C. 可以避免管理成本的重复

D. 易于处理跨区域的大客户的事务

【答案】AB

【解析】本题中，“按照北方区域和南方区域进行划分”说明东昌公司采取的组织结构是区域事业部制组织结构。该种结构的优点包

括：①在企业与其客户的联系上，区域事业部制能实现更好更快的地区决策；②与一切皆由总部来运作相比，建立地区工厂或办事处会削减成本费用；③有利于海外经营企业应对各种环境变化。缺点包括：①管理成本的重复；②难以处理跨区域的大客户的事务。因此，选项A、B正确。

【例题·单选题】顺达控股公司下属多家具有独立法人资格的子公司，这些子公司对战略决策的自主权较高，那么，顺达控股公司的横向分工结构是（　　）。

A. M型企业组织结构

B. 战略业务单位组织结构

C. 矩阵制组织结构

D. H型结构

【答案】D

【解析】H型结构（控股企业/控股集团组织结构）是一种多个法人实体集合的母子体制，主要依靠股权来控制子公司。区别控股企业与其他企业类型的一个关键特点就是其业务单元的自主性，尤其是业务单元对战略决策的自主性。

重难点3：企业战略与组织结构★★★

（一）组织结构与战略的关系

组织结构的功能在于分工和协调，是保证战略实施的必要手段。通过组织结构，企业的目标和战略转化成一定的体系或制度，融进企业的日常生产经营活动中，发挥指导和协调的作用，以保证企业战略的完成。

在探索战略与结构的关系方面，艾尔弗雷德·钱德勒（Chandler, A. D.）在其经典著作《战略和结构》中，**首次提出组织结构服从战略的理论**。

钱德勒的组织结构服从战略理论可以从以下两个方面展开：

1. 战略的前导性与结构的滞后性。

战略与结构的关系基本上是受产业经济发展制约的。在不同的发展阶段中，企业应有不同的战略，企业的组织结构也相应做出了反应。企业最先对经济发展做出反应的是战略，而不是组织结构，即在反应的过程中存在着战略的前导性和结构的滞后性现象。

（1）战略前导性。

这是指企业战略的变化快于组织结构的变化。这是因为，企业一旦意识到外部环境和内部条件的变化提供了新的机会和需求时，首先会在战略上作出反应，以此谋求经济效益的增长。例如，经济的繁荣与萧条、技术革新的发展都会刺激企业发展或减少现有企业的产品或服务。而当企业自我积累了大量的资源以后，企业也会据此提出新的发展战略。当然，一个新的战略需要有一个新的组织结构，至少在一定程度上调整原来的组织结构。如果组织结构不做出相应的变化，新战略也不会使企业获得更大的效益。

（2）结构滞后性。

这是指企业组织结构的变化常常慢于战略的变化速度。特别是在经济快速发展时期更是如此。结果，组织内部机构的职责在变革的过程中常常含糊不清。造成这种现象的原因有两种：一是新、旧结构交替有一定的时间过程。新的战略制定出来以后，原有的结构还有一定的惯性，原有的管理人员仍习惯运用旧的职权和沟通渠道去管理新、旧两种经营活动。二是管理人员的抵制。管理人员在感到组织结构的变化会威胁他们个人的地位、权利，特别是心理上的安全感时，往往会以运用行政管理的方式去抵制需要做出的变革。

从战略的前导性与结构的滞后性可以看到，经济发展时，企业不可错过时机，要制定出与发展相适应的经营战略与发展战略。一旦战略制定出来以后，要正确认识组织结构有一定反应滞后性的特性，不可操之过急。但是，结构反应滞后时间过长将会影响战略实施的效果，企业应努力缩短结构反应滞后的时间，使结构配合战略的实施。

2. 企业发展阶段与结构。

钱德勒有关结构跟随战略的理论是从对企业发展阶段与结构的关系的研究入手的。企业发展到一定阶段，其规模、产品和市场都发生了变化。这时，企业会采用合适的战略，并要求组织结构做出相应的反应。从发展战略的各种类型中，可以看到企业在发展中发展阶段的变化，下表反映了企业发展阶段与组织结构的关系。

发展阶段	企业特征	结构类型
1	简单的小型企业。只生产一种产品，或生产一个产品系列，面对一个独特的小型市场	从简单结构到职能结构
2	在较大的或多样化的市场上提供单一的或密切相关的产品与服务系列	从职能结构到事业部结构
3	在多样化的市场上扩展相关的产品系列	从事业部结构到矩阵结构
4	在大型的多元化产品市场进行多种经营，提供不相关的产品与服务	从事业部结构到战略业务单位结构

（1）市场渗透战略。

在产业处于发展阶段、外部环境竞争不激烈的条件下，企业着重发展单一产品，试图通过更强的营销手段而获得更大的市场占有率。这时，企业只需采用简单的结构或形式。

（2）市场开发战略。

随着产业进一步发展，在一个地区的生产或销售已不能满足企业的发展速度和需要时，则要求企业将产品或服务扩展到其他地区中去。为了协调这些产品和服务形成标准化和专业化，企业组织要求有职能部门结构。

（3）纵向一体化战略。

在产业增长阶段后期，竞争更加激烈，为了减少竞争的压力，企业需要拥有一部分原材料的生产能力，或拥有销售产品的渠道。在这种情况下，组织应运用事业部制结构。

（4）多元化经营战略。

在产业进入成熟期，企业为了避免投资或经营风险，开发与企业原有产品不相关的新产品系列。这时企业应根据规模和市场的具体情况，分别采用矩阵结构或经营业务单位结构。

随着在国内进行多元化经营的企业变得越来越大，它们开始向海外扩张，并最初创立了“国际部”来管理在国外的业务，但这种结构却在对国外的业务进行协调时逐渐变得无效，从而导致了企业按多国本土化战略的结构进行重组，即针对不同的国家设立各自独立的部门。

随着多国企业的海外业务的进一步发展，它们面临着来自跨国协调的进一步压力和在国家内部进行专业化分工的问题。这就导致了把全世界都看作是企业利益市场的全球化战略的产生。那些选择全球战略的企业，为了促进在全球的生产和分销活动中实现规模经济而进行了重组。

近年来，多国企业们发现，它们需要在对当地情况做出快速反应和为获得全球范围内的规模经济而要求的集中之间进行平衡。这就导致了跨国战略的产生，它正逐步与更加灵活的组织形式相联系，这种结构把矩阵结构和网络结构结合到了一起。

（二）组织的战略类型

战略的一个重要特性就是适应性。它强调企业组织要运用已有的资源和可能占有的资源去适应组织外部环境和内部条件的变化。这种适应是一种复杂的动态的调整过程，要求企业在加强内部管理的同时，不断推出适应环境的有效组织结构。在选择的过程中，企业可以考虑以下 4 种类型：

1. 防御型战略组织。

防御型组织主要是要**追求一种稳定的环境**，试图通过解决开创性问题来达到自己的稳定性。从防御型组织的角度来看，所谓开创性问题就是要创造一个稳定的经营领域，占领一部分产品市场，即生产有限的一组产品，占领整个潜在市场的一小部分，即企业拟追求的目标和状态。在这个有限的市场中，防御型组织常采用竞争性定价或高质量产品等经济活动来阻止竞争对手进入它们的领域，保持自己的稳定。

一旦这种狭小的产品与市场被选定以后，防御型组织就要运用大量的资源解决自身的工程技术问题，尽可能有效地生产与销售产品或提供服务。一般来说，该组织要创造出一种具有高度成本效率的核心技术。防御型组织要开辟的是一种可以预见的经久不衰的市场，因此，技术效率是组织成功的关键。有的防御型组织通过纵向整合来提高技术效率，将从原材料供应到最终产品的销售的整个过程合并到一个组织系统里来。

在行政管理上，行政管理是为了保证组织严格地控制效率。为解决这一问题，防御型组织常常采取“机械式”结构机制。这种机制是由生产与成本控制专家形成的高层管理，注重成本和其他效率问题的集约式计划、广泛分工的职能结构、集中控制、正式沟通等。这些内容有利于产生并保持高效率，最终形成明显的稳定性。防御型组织适合于较为稳定的产业。但是，该产业也有潜在的危险，不可能对市场环境做重大的改变。

2. 开拓型战略组织。

开拓型组织与防御型组织不同，它追求一种更为动态的环境，将其能力表现在探索和发现新产品和市场的机会上。在开拓型组织里，开创性问题是为了寻求和开发产品与市场机会。这就要求开拓型组织在寻求新机会的过程中必须具有一种从整体上把握环境变化的能力。

为了正确地服务于变化着的市场，开拓型组织要求它的技术和行政管理具有很大的灵活性。在工程技术问题上，开拓型组织不是局限在现有的技术能力上，它根据现在和将来的产品结构确定技术能力。因此，开拓型组织的全部工程技术问题就是如何避免长期陷于单一的技术过程，常常通过开发机械化程度很低和例外性的多种技术和标准技术来解决这一问题。

在行政管理方面，开拓型组织奉行的基本原则是灵活性，即在大量分散的单位和目标之间调度和协调资源，不采取集中计划与控制全部生产的方式。为了实行总体的协调工作，这类组织的结构应采取“有机的”机制。这种机制包括由市场、研究开发方面的专家组成的高层管理，注重产出结果的粗放式计划、分散式控制以及横向和纵向的沟通。

开拓型组织在不断求变当中可以减少环境动荡的影响，但它要冒利润较低与资源分散的风险。在工程技术问题上，该组织由于存在多种技术，很难发挥总体的效率。同样，在行政管理上有时也会出现不能有效地使用，甚至错误地使用组织的人力、物力和财力的问题。总之，开拓型组织缺乏效率性，很难获得最大利润。

3. 分析型战略组织。

从以上的论述可以看出，防御型组织与开拓型组织分别处于一个战略调整序列的两个极端。分析型组织处于中间，可以说是开拓型组织与防御型组织的结合体。这种组织总是对各种战略进行理智地选择，试图以最小的风险、最大的机会获得利润。

分析型组织在定义开创性问题时，综合了上述两种组织的特点，即在寻求新的产品和市场机会的同时，保持传统的产品和市场。分析型组织解决开创性问题的方法也带有前两种组织的特点。这类组织只有在新市场被证明具有生命力时，才开始在该市场上活动。就是说，分析型组织的市场转变是通过模仿开拓型组织已开发成功的产品或市场完成的。同时，该组织又保留防御型组织的特征，依靠一批相当稳定的产品和市场保证其收入的主要部分。因此，成功的分析型组织必须紧随领先的开拓型组织，同时又在自己稳定的产品和市场中保持良好的生产效率。

在工程技术问题上，分析型组织的两重性也表现比较突出。这种组织需要在保持技术的灵活性与稳定性之间进行平衡。要达到这种平衡，该组织需要将生产活动分成两部分，形成一个双重的技术核心。分析型组织技术稳定部分与防御型组织的技术极为类似。为了达到良好的成本效益，该组织按职能组织起来，使技术达到高度的标准化、例行化和机械化。技术的灵活部分，则类似于开拓型组织的工程技术问题。在实践中，分析型组织的双重技术核心主要是由具有一定权力的应用研究小组来解决的。在新产品方面，这个小组可以找到解决现有技术能力的方法，不需要像开拓型组织那样要花费大量的费用进行研究开发。

在**行政管理**方面，分析型组织也带有防御型组织和开拓型组织的双重特点。一般来说，分析型组织在行政管理方面的主要任务是如何区分组织结构的各个方面，以适应既稳定又变动的经营业务，使两种经营业务达到平衡。这个问题可以由分析型组织的矩阵结构解决。这种矩阵结构在市场和生产的各职能部门之间制订集约式的计划，而在新产品应用研究小组和产品经理之间制订粗放式的计划。同时，矩阵结构在职能部门中实行集权控制机制，而对产品开发小组使用分权控制方法。

分析型战略组织并**不是完美无缺**的。由于其经营业务具有两重性，该组织不得不建立一个双重的技术中心，同时还要管理各种计划系统、控制系统和奖惩系统。这种稳定性与灵活性并存的状态，在一定程度上**限制了组织的应变能力**。如果分析型组织不能保持战略与结构关系的必要平衡，它最大的危险就是既无效能又无效率。

4. 反应型战略组织。

上述三种类型的组织尽管各自的形式不同，但在适应外部环境上都具有主动灵活的特点。从两个极端来看，防御型组织在其现有的经营范围内，不断追求更高的效率，而开拓型组织则不断探索环境的变化，寻求新的机会。随着时间的推移，这些组织对外部环境的反应会形成一定的稳定一致的模式。

反应型组织在对其外部环境的反应上采取一种动荡不定的调整模式，缺少在变化的环境中随机应变的机制。它往往会对环境变化和不确定性做出不适当的反应，随后又会执行不力，对以后的经营行动犹豫不决。结果，反应型组织永远处于不稳定的状态。因此，反应型战略在战略中是一种下策。只有在上述三种战略都无法运用时，企业才可以考虑使用这种方法。

一个企业组织之所以成为反应型组织，主要有三个原因：

（1）决策层没有明文表达企业战略。

（2）管理层次中没有形成可适用于现有战略的组织结构。

（3）只注重保持现有的战略与结构的关系，忽视了外部环境条件的变化。

总之，一个企业组织如果不是存在于经营垄断或被高度操纵的产业里，就不应采取反应型组织形态。即使采取了这种战略，也要逐步地过渡到防御型、开拓型或分析型战略组织形态。

【经典例题】

【真题·单选题】（2020）圣元公司是一家智能家居用品制造商。该公司在技术开发和行政管理上具有很大的灵活性，由技术、营销等人员组成的项目组拥有产品开发的自主选择权。近年来该公司适应不断变化的市场需求，陆续开发出智能音响、智能手环、智能电视、扫地机器人等产品。圣元公司组织结构的战略类型是（　　）。

A. 防御型战略组织

B. 开拓型战略组织

C. 分析型战略组织

D. 反应型战略组织

【答案】 B

【解析】 开拓型组织追求一种更为动态的环境，将其能力表现在探索和发现新产品和市场的机会上。“该公司在技术开发和行政管理上具有很大的灵活性，由技术、营销等人员组成的项目组拥有产品开发的自主选择权。近年来该公司适应不断变化的市场需求，陆续开发出智能音响、智能手环、智能电视、扫地机器人等产品”属于开拓型战略组织，选项B正确。

【真题·单选题】（2018）风华公司的主营业务是生产、销售体育运动器材。从去年起，该公司在保留原有业务的同时寻找新的市场机会，开发出适合个人使用的运动健康体测仪并尝试性投放市场。该仪器可随时把使用者在运动中的有关生物指数显示并记录下来，从而帮助使用者了解自己的健康状况并选择适当的运动方式。风华公司适宜采取的组织战略类型是（　　）。

A. 防御型战略组织

B. 开拓型战略组织

C. 反应型战略组织

D. 分析型战略组织

【答案】D

【解析】分析型战略组织综合了防御型战略组织和开拓型战略组织的特点，即在寻求新的产品和市场机会的同时，保持传统的产品和市场。本题中，“该公司在保留原有业务的同时寻找新的市场机会，开发出适合个人使用的运动健康体测仪并尝试性投放市场”说明风华公司适宜采取的组织战略类型是分析型战略组织。

【真题·单选题】（2019）华蓓公司是Y市一家生产婴幼儿用品的企业。多年来公司在Y市婴幼儿用品市场拥有稳定的市场占有率。为了巩固其竞争优势，华蓓公司运用竞争性定价阻止竞争对手进入其经营领域，并实施有利于保持高效率的“机械式”组织机制。华蓓公司所采取的组织的战略类型属于（　　）。

A. 防御型战略组织

B. 开拓型战略组织

C. 反应型战略组织

D. 分析型战略组织

【答案】A

【解析】防御型战略组织主要是追求一种稳定的环境，试图通过创造一个稳定的经营领域，占领一部分产品市场，来达到自己的稳定性。在行政管理上，行政管理是为了保证组织严格地控制效率。为解决这一问题，防御型组织常常采取“机械式”结构机制。本题中，“为了巩固其竞争优势，华蓓公司运用竞争性定价阻止竞争对手进入其经营领域，并实施有利于保持高效率的‘机械式’组织机制”说明华蓓公司所采取的组织的战略类型属于防御型战略组织。

【例题·单选题】以下哪种组织战略类型，是四种战略选择中的下策，其在对外部环境的反应上采取一种动荡不定的调整模式，缺少在变化的环境中随机应变的机制（　　）。

A. 防御型战略组织

B. 开拓型战略组织

C. 分析型战略组织

D. 反应型战略组织

【答案】D

【解析】反应型战略组织是指企业根据外部环境的变化做出反应时，采取一种动荡不定的调整模式的组织形态。由于这种组织形态缺少在变化的环境中随机应变的机制，它往往会对环境变化和不确定性做出不适当的反应，对以后的经营行动犹豫不决，随后又会执行不适当的战略决策。因此，反应型战略组织在战略选择中是一种下策。只有在防御型战略组织、开拓型战略组织、分析型战略组织都无法运用时，企业才可以考虑使用这种方法。

重难点4：企业文化的类型★★★

（一）企业文化的概念

企业界和学术界对于企业文化的概念有多种定义。以下两种定义较为简单明了，一种是赫尔雷格尔等人在1992年提出的定义：企业文化是企业成员共有的哲学、意识形态、价值观、信仰、假定、期望态度和道德规范；另一种定义则是基于文化的经济学含义，考虑到企业所遵循的价值观、信念和准则这些构成文化基础的东西都很难被观察和测量，因而采用一个更易操作的观点：企业文化代表了企业内部的行为指针，它们不能由契约明确下来，但却制约和规范着企业的管理者和员工。

（二）企业文化的类型

1. 权力导向型。

这类企业中的掌权人试图对下属保持绝对控制，企业组织结构往往是传统框架。企业的决策可以很快地做出，但其质量在很大程度上取决于企业经理人员的能力。企业的变革主要由企业中心权力来决定。这类文化是小业主企业的典型模式，它要求相信个人，但在企业运行中明显忽视人的价值和一般福利。这类企业经常被看成是专横和滥用权力的，因此它可能因中层人员的低士气和高流失率而蒙受损失。权力导向型文化通常存在于家族式企业和刚开创企业。

2. 角色导向型。

角色导向型企业尽可能追求理性和秩序。与权力文化的独裁截然不同的是，角色文化十分重视合法性、忠诚和责任。这类文化一般是围绕着限定的工作规章和程序建立起来的，理性和逻辑是这一文化的中心，分歧由规章和制度来解决，稳定和体面几乎被看成与能力同等重要。但是，这类企业的权力仍在上层，这类结构十分强调等级和地位，权利和特权是限定的，大家必须遵守。这种企业被称作官僚机构，此类文化最常见于国有企业和公务员机构。

角色导向型文化具有稳定性、持续性的优点，企业的变革往往是循序渐进，而不是突变。在稳定环境中，这类文化可能导致高效率，但是这类企业不太适合动荡的环境。

3. 任务导向型。

在任务导向型文化中管理者关心的是不断地和成功地解决问题，对不同职能和活动的评估完全是依据它们对企业目标做出的贡献。这类企业采用的组织结构往往是矩阵式的，为了对付某一特定问题，企业可以从其他部门暂时抽调人力和其他资源，而一旦问题解决，人员将转向其他任务。所以无连续性是这类企业的一个特征。

实现目标是任务导向型企业的主导思想，不允许有任何事情阻挡目标的实现。企业强调的是速度和灵活性，专长是个人权力和职权的主要来源，并且决定一个人在给定情景中的相对权力。这类文化常见于新兴产业中的企业，特别是一些高科技企业。

这类文化具有很强的适应性，个人能高度控制自己分内的工作，在十分动荡或经常变化的环境中会很成功。但是，这种文化也会给企业带来很高的成本。由于这种文化有赖于不断地试验和学习，所以建立并长期保持这种文化是十分昂贵的。

4. 人员导向型。

这类文化完全不同于上述三种。在这种情况下的企业存在的目的主要是为其成员的需要服务，企业是其员工的下属，企业的生存也依赖于员工。这类企业为其专业人员提供他们自己不能为自己提供的服务，职权往往是多余的。员工通过示范和助人精神来互相影响，而不是采用正式的职权。决策中的意见一致是企业所需要的，角色分配的依据是个人的爱好及学习和成长的需要。这一文化常见于俱乐部、协会、专业团体和小型咨询公司。

这类文化中的人员不易管理，企业能给他们施加的影响很小，因而很多企业不能持有这种文化而存在，因为它们往往有超越员工集体目标的企业目标。

【经典例题】

【真题·单选题】（2020）格朗公司是一家从事环境艺术的企业。该公司的业务以创意为核心，员工根据个人的爱好、专长和成长需要，自主选择从事建筑设计、室内装潢、城市雕塑和壁画制作等工作，公司则为员工的工作需要提供必要的服务。格朗公司的企业文化类型是（　　）。

A. 权力导向型

B. 角色导向型

C. 任务导向型

D. 人员导向型

【答案】D

【解析】在人员导向型下的企业存在的目

的主要是为其成员的需要服务，企业是其员工的下属，企业的生存也依赖于员工。“员工根据个人的爱好、专长和成长需要，自主选择从事建筑设计、室内装潢、城市雕塑和壁画制作等工作，公司则为员工的工作需要提供必要的服务”属于人员导向型，选项 D 正确。

【真题·单选题】（2017）J 国的 S 公司是一家全球 500 强企业，依靠严格的规章制度进行精细化管理，内部等级分明，决策权主要集中在上层，资历在员工晋升中发挥了重要作用。S 公司的企业文化类型属于（　　）。

A. 权力导向型

B. 人员导向型

C. 角色导向型

D. 任务导向型

【答案】C

【解析】角色导向型企业尽可能追求理性和秩序。这类企业的权力仍在上层，这类结构十分强调等级和地位，权利和特权是限定的，大家必须遵守。本题中，“依靠严格的规章制度进行精细化管理，内部等级分明，决策权主要集中在上层，资历在员工晋升中发挥了重要作用”体现了 S 公司的企业文化类型属于角色导向型。

【真题·单选题】（2018）志铭公司是一家小型咨询公司，有 20 多名员工。员工既负责从市场上承揽咨询项目，又根据自己的特长和爱好选择并完成咨询任务。公司为员工顺利开展工作提供必要的条件和服务。志铭公司企业文化的类型属于（　　）。

A. 权力导向型

B. 人员导向型

C. 角色导向型

D. 任务导向型

【答案】B

【解析】人员导向型文化是指，在这种文化中，重视个人的文化，主要由个人主导工作，强调个人价值与专业，员工对企业的忠诚度较低。员工通过示范和助人精神来互相影响，而不是采用正式职权。这一文化常见于俱乐部、协会、专业团体和小型咨询公司。本题中，“志铭公司是一家小型咨询公司”“员工既负责从市场上承揽咨询项目，又根据自己的特长和爱好选择并完成咨询任务。公司为员工顺利开展工作提供必要的条件和服务”说明志铭公司企业文化的类型是人员导向型。

【例题·多选题】下列选项关于企业文化类型的描述中，正确的有（　　）。

A. 权力导向型企业的掌权人试图对下属保持绝对控制

B. 人员导向型企业常见于小型咨询公司

C. 任务导向型企业强调速度和灵活性

D. 角色导向型企业比较适合动荡的环境

【答案】ABC

【解析】权力导向型企业中的掌权人试图对下属保持绝对控制，企业的组织结构往往是传统框架，选项 A 正确；人员导向型的企业存在的目的主要是为其成员的需要服务，企业是其员工的下属，企业的生存也依赖于员工，常见于俱乐部、协会、专业团体和小型咨询公司，选项 B 正确；任务导向型企业的主导思想是实现目标，不允许有任何事情阻挡目标的实现，企业强调的是速度和灵活性，专长是个人权力和职权的主要来源，并且决定一个人在给定情景中的相对权力，选项 C 正确；角色导向型企业文化具有稳定性、持续性的优点，企业变革往往是循序渐进，而不是突变的，在稳定环境中会导致高效率，但是该类企业不适合动荡的环境，选项 D 错误。

重难点 5：文化与绩效★★★

总经理们对文化与战略关系的研究最注重的是组织文化是否会影响组织的绩效。但是，要表明两者的直接关系并非易事。文化可能与高绩效相联系，但它又不一定是高绩效的必然原因。下面，我们从三个方面讨论文化与绩效的关系：文化为企业创造价值的途径；文化、惯性和不良绩效；以及企业文化成为维持竞争优势源泉的条件。

（一）企业文化为企业创造价值的途径

企业文化可以通过以下三个途径为企业创

造价值：

1. 文化简化了信息处理。

文化简化了信息处理，是指文化减少了企业内对个人信息处理的要求，允许个人更好地把注意力集中于他们的本职工作。

具体来讲，企业文化中的价值观、行为准则和相应的符号，可以使员工的活动集中于特定的有范围的安排之中。这使他们没有必要就他们在企业中的工作任务是什么进行讨价还价，因而可以减少决策制定的成本并促进工作的专门化，也使一起工作的员工分享对他们工作的一系列预期，因而减少了不确定性。同时，共同的文化，使在一起工作的员工始终存在共同关注的焦点，从而提高企业的技术效率。

2. 文化补充了正式控制。

文化补充了正式控制，是指文化补充了正式的控制制度，减少了企业中监督个人的成本。

具体来讲，文化作为集体价值观和行为准则的集合体，在组织中能发挥一种控制功能。文化对员工行动的控制是基于他们对企业的依附，而不是基于激励和监督。那些在价值观上依附企业文化的员工将会调整他们个人的目标和行为，使之符合企业的目标和行为。如果文化在企业中具有这种功能，那么，员工主动的自我控制、员工间的非正式监督和不涉及具体细节的组织准则结合在一起，员工会比在正式制度下更可能地去服从，从而，控制员工行为将比只有正式控制制度更有效。

3. 文化促进合作并减少讨价还价成本。

文化影响了企业中个人的偏好，使他们趋向于共同的目标。这就降低了企业中个人的谈判和讨价还价成本，并促进了更多协作行动的产生和发展。

具体来讲，在企业内部，由于各利益相关者讨价还价的权力之争，也会导致市场竞争中可能出现的个体理性与集体理性的矛盾。企业文化通过“相互强化”的道德规范，会减轻企业内权力运用的危害效应，这就使得在市场上奉行利己主义的个人，在企业内部可能出现多方受益的合作行为。

（二）文化、惯性和不良绩效

但是，也必须看到，文化也可能损害企业的绩效。文化和绩效之间存在明显消极联系的例子几乎与存在积极联系的例子一样普遍。

文化与绩效相联系，是因为企业战略成功的一个重要前提是战略与环境相匹配。当战略符合其环境的要求时，文化则支持企业的定位并使之更有效率；而当企业所面对的环境产生了变化，并显著地要求企业对此适应以求得生存时，文化对绩效的负面影响就变得重要起来。尤其是在一个不利的商业环境中，文化的不可管理性将使之成为一种惯性或阻碍变化的来源。管理人员企图阻碍变化而不是解决环境问题，这种不合时宜的决策也将变得十分明显。这种惯性的产生来自多方面的原因：在企业中任职很长的行政人员，可以在企业繁荣时期熟悉他们的工作，却可能对处理变化毫无经验，他们所选择的规划和所运行的工作程序对突然的变化可能是保守的；企业中的权力基础可能使企业中受威胁的团体去阻碍变化等。

（三）企业文化成为维持竞争优势源泉的条件

杰伊·巴尼（Barney J. B.）给出了企业文化可以成为维持竞争优势的一个源泉的条件：首先，**文化必须为企业创造价值**。其次，作为维持竞争优势的一个源泉，公司文化必须是企业所特有的。如果一个企业的文化和市场上大多数的企业是相同的，它往往反映的是国家或地区文化或一系列行业规范的影响，那么它不可能导致相对竞争优势。最后，企业文化必须是很难被模仿的。如果成功的企业文化体现了企业的历史积累，这种复杂性就会让其他企业很难仿效，也使得其他企业的管理者很难从本质上修改他们企业的文化以显著提高绩效。相反，如果企业文化很容易被模仿，那么，一旦该企业成功的话，其他企业都会模仿它，这将使文化带给企业的优势很快消失。

【经典例题】

【例题·多选题】企业文化为企业创造价值的途径包括（　　）。

A. 文化补充了正式控制

B. 文化缩短了管理层与员工的距离

C. 文化简化了信息处理

D. 文化促进合作并减少讨价还价成本

【答案】ACD

【解析】企业文化为企业创造价值的途径包括：①文化简化了信息处理；②文化补充了正式控制；③文化促进合作并减少讨价还价成本。

重难点6：战略稳定性与文化适应性★★★

考察战略与文化的关系，除了文化与绩效的关系外，还有一个重要的内容是分析企业战略的稳定性与文化的适应性。**战略的稳定性**反映企业在实施一个新的战略时，企业的结构、技能、共同价值、生产作业程序等各种组织要素所发生的变化程度；**文化的适应性**反映企业所发生的变化与企业目前的文化相一致的程度。处理二者关系可以用下面的矩阵表示（见下图）。在矩阵中，纵轴表示企业战略的稳定性状况，横轴表示文化的适应性状况。

（一）以企业使命为基础

在第一象限中，企业实施一个新的战略时，重要的组织要素会发生很大变化。这些变化大多与企业目前的文化有潜在的一致性。这种企业多是那些以往效益好的企业，可以根据自己的实力，寻找可以利用的重大机会，或者试图改变自己的主要产品和市场，以适应新的要求。这种企业由于有企业固有文化的大力支持，实行新战略没有大的困难，一般处于非常有前途的地位。在这种情况下，**企业处理战略与文化关系的重点**有以下几项：

一是企业在进行重大变革时，必须考虑与企业基本使命的关系。在企业中，企业使命是企业文化的正式基础。高层管理人员在管理的过程中，一定要注意变革与使命内在的不可分割的联系。

二是发挥企业现有人员在战略变革中的作用。现有人员之间具有共同的价值观念和行为准则，可以保持企业在文化一致的条件下实施变革。

三是在调整企业的奖励系统时，必须注意与企业组织目前的奖励行为保持一致。

四是考虑进行与企业组织目前的文化相适应的变革，不要破坏企业已有的行为准则。

（二）加强协同作用

在第二象限中，企业实施一个新的战略时，组织要素发生的变化不大，又多与企业目前的文化相一致。这类情况往往发生在企业采用稳定战略（或维持不变战略）时，处在这种地位的企业应考虑两个主要问题：一是利用目前的有利条件，巩固和加强企业文化；二是利用文化相对稳定的这一时机，根据企业文化的需求，解决企业生产经营中的问题。

（三）根据文化进行管理

在第三象限中，企业实施一个新战略，主要的组织要素变化不大，但多与企业组织目前的文化不大一致。例如，当企业准备推行某种新的激励方式，虽然这种方式与过去的激励方式相比，并没有根本性的变化，但是，某些利益相关者基于对自身利益的考虑，可能会反对实施新的方法。此时，企业需要研究这些变化是否可能给企业带来成功的机会。在这种情况下，企业可以根据经营的需要，在不影响企业总体文化一致性的前提下，对某种经营业务实行不同的文化管理。同时企业要对像企业结构这样与企业文化密切相关的因素进行变革时，也需要根据文化进行管理。

（四）重新制定战略

在第四象限中，企业在处理战略与文化的关系时，遇到了极大的挑战。企业在实施一个新战略时，组织的要素会发生重大的变化，又多与企业现有的文化很不一致，或受到现有文化的抵制。对于企业来讲，这是个两难问题。

在这种情况下，企业首先要考察是否有必要推行这个新战略。如果没有必要，企业则需要考虑重新制定战略。反之，在企业外部环境发生重大变化，企业考虑到自身长远利益，必须实施不能迎合企业现有的文化的重大变革，企业则必须进行文化管理，使企业文化也做出相应重大的变化。为了处理这种重大的变革，企业需要从四个方面采取管理行动：

一是企业的高层管理人员要痛下决心进行变革，并向全体员工讲明变革的意义。

二是为了形成新的文化，企业要招聘或从内部提拔一批与新文化相符的人员。

三是改变奖励结构，将奖励的重点放在具有新文化意识的事业部或个人的身上，促进企业文化的转变。

四是设法让管理人员和员工明确新文化所需要的行为，形成一定的规范，保证新战略的顺利实施。

【经典例题】

【真题·单选题】（2020）越达公司是合成橡胶、合成树脂等石化类产业的龙头企业。2017 年，该公司启动新的战略变革，将公司在原产业领域积累的高分子技术应用到光化学和有机合成化学领域，使业务内容扩大到半导体制造材料、显示器材料等领域，同时进行了广泛的组织结构调整。此次战略变革得到公司上下一致认同和支持。该公司处理企业战略稳定性与文化适应性的关系时应（　　）。

A. 以企业使命为基础

B. 加强协同作用

C. 根据文化进行管理

D. 重新制定战略

【答案】 A

【解析】 企业实施一个新的战略时，重要的组织要素会发生很大变化。这些变化大多与企业目前的文化有潜在的一致性。这种企业多是那些以往效益好的企业，可以根据自己的实力，寻找可以利用的重大机会，或者试图改变自己的主要产品和市场，以适应新的要求。这种企业由于有企业固有文化的大力支持，实行新战略没有大的困难，一般处于非常有前途的地位。“越达公司是合成橡胶、合成树脂等石化类产业的龙头企业”，“这种企业由于有企业固有文化的大力支持，实行新战略没有大的困难，一般处于非常有前途的地位”，据此可知，该公司是以企业使命为基础，处理企业战略稳定性与文化适应性的关系的。选项 A 正确。

【真题·单选题】（2016）联网技术的兴起，公司于 2004 年制定并实施了进军智能家居领域的战略，通过建立“家庭网络标准产业联盟”，推出了一系列信息及多媒体共享的智能家居产品。同时，公司组织结构进行了重大改革，管理制度也作出相应调整，并与企业多年形成的文化保持了一致。根据战略稳定性与文化适应性矩阵的要求，甲公司在实施上述新战略时，应当（　　）。

A. 加强协同作用

B. 重新制定战略

C. 以企业使命为基础

D. 根据文化进行管理

【答案】C

【解析】当企业实施一个新的战略时，重要的组织要素会发生很大的变化，而这些变化大多与企业现有文化具有潜在的一致性，此时应以企业使命为基础推进变革。本题中，“公司组织结构进行了重大改革，管理制度也做了相应调整，并与企业多年形成的文化保持了一致”说明甲公司在实施新战略时，应当以企业使命为基础。

【真题·单选题】（2018）家电制造商东岳公司于2015年并购了一家同类企业，在保留被并购企业原有组织的同时实行了新的绩效考核制度，结果遭到被并购企业大多数员工反对。本案例中，东岳公司在处理被并购企业战略稳定性与文化适应性关系时正确的做法是（　　）。

A. 以企业使命为基础

B. 加强协调作用

C. 根据文化的要求进行管理

D. 重新制定战略

【答案】C

【解析】本题中，“在保留被并购企业原有组织的同时实行了新的绩效考核制度，结果遭到被并购企业大多数员工反对”体现出组织要素变化少，文化潜在的一致性小，因此，东岳公司正确的做法是根据文化的要求进行管理。

【真题·单选题】（2019）2017年，主营电子商城业务的鑫茂公司制定和实施了新零售战略，对原有业务进行了较大调整，建立了多家商品销售实体店，线下线上业务协同开展，这一变革得到企业固有文化支持。根据战略稳定性和文化适应性矩阵要求，该公司在实施上述新战略时应（　　）。

A. 以企业使命为基础

B. 加强协调作用

C. 重新制定战略

D. 根据文化进行管理

【答案】A

【解析】本题中，“主营电子商城业务的鑫茂公司制定和实施了新零售战略，对原有业务进行了较大调整”体现鑫茂公司在实施一个新的战略时，重要的组织要素会发生很大变化；“这一变革得到企业固有文化的支持”说明文化的潜在一致性大，所以该公司在实施新战略时应以企业使命为基础。

【例题·多选题】当企业各种组织要素的变化较多，且潜在一致性较小时，企业应该注意的有（　　）。

A. 发挥企业现有人员在战略变革中的作用

B. 企业如果要进行重大变革，必须要考虑与企业基本使命的关系

C. 企业要招聘或从内部提拔一批与新文化相符的人员

D. 将奖励结构的重点放在具有新文化意识的事业部或个人身上

【答案】CD

【解析】本题中，“企业各种组织要素的变化较多，且潜在一致性较小”说明企业应该重新制定战略，企业需要从四个方面采取管理行动：①企业的高层管理人员要痛下决心进行变革，并向全体员工讲明变革的意义。②为了形成新的文化，企业要招聘或从内部提拔一批与新文化相符的人员。③改变奖励结构，将奖励的重点放在具有新文化意识的事业部或个人的身上，促进企业文化的转变。④设法让管理人员和员工明确新文化所需要的行为，形成一定的规范，保证新战略的顺利实施。因此，选项C、D正确，选项A、B属于企业采用以企业使命为基础时应该注意的重点。

重难点7：战略控制的过程★★★★★

（一）战略失效与战略控制

1. 战略失效与战略控制的概念。

（1）战略失效。

在战略实施过程中，不容忽视的就是战

略失效。**战略失效**，是指企业战略实施的结果偏离了预定的战略目标或战略管理的理想状态。

导致战略失效的原因很多，主要有以下几点：

①企业内部缺乏沟通，企业战略未能成为全体员工的共同行动目标，企业成员之间缺乏协作共事的愿望；

②战略实施过程中各种信息的传递和反馈受阻；

③战略实施所需的资源条件与现实存在的资源条件之间出现较大缺口；

④用人不当，主管人员、作业人员不称职或玩忽职守；

⑤公司管理者决策错误，使战略目标本身存在严重缺陷或错误；

⑥企业外部环境出现了较大变化，而现有战略一时难以适应等。

按照时间顺序，战略失效可分为**早期失效**、**晚期失效**和**偶然失效** 3 种类型：

①早期失效：在战略实施初期，一方面，由于新战略还没有被全体员工理解和接受；另一方面，战略实施者对新的环境、工作还不适应，就有可能导致较高的早期失效率。

②晚期失效：是指当战略推进一段时间之后，之前对战略环境条件的预测与现实变化发展的情况之间的差距，会随着时间的推移变得越来越大，战略所依赖的基础就显得越来越糟，从而使失效率大为提高。

③偶然失效：在战略实施过程中，偶然会因为一些意想不到的因素导致战略失效，这就是偶然失效。

（2）战略控制。

战略控制是指监督战略实施进程，及时纠正偏差，确保战略有效实施，使战略实施结果符合预期战略目标的必要手段。如果没有达到既定的目标，控制的意向应当是修改企业战略或更好地实施该战略以使企业实现目标的能力能够得到提高。

从企业经营的层面上说，在预算的时候也常遇到控制问题。在预算费用的控制中，一年或者更短的一个期间内，使用定量方法来确定实际费用是否超过了计划支出，重点是内部经营，通常在预算期结束之后采取正确的行动。但是在战略控制中，该期间通常从几年到十几年不等，定性和定量的方法都要采用，且对内部经营和外部环境都要进行评估。如下表总结了战略控制和预算控制之间的差异。

战略控制	预算控制
期间比较长，从几年到十几年以上	期间通常为一年以下
定性方法和定量方法	定量方法
重点是内部和外部	重点是内部
不断纠正行为	通常在预算期结束之后纠正行为

2. 战略控制系统。

（1）战略控制系统的步骤。

正式的战略控制系统包括下列步骤：

①执行策略检查。

②根据企业的使命和目标，识别各个阶段业绩的里程碑（即战略目标），给诸如市场份额、品质、创新、客户满意等要素进行定量和定性分析。“里程碑”一般具有如下**特征**：

第一，它是在标出关键性的成功因素之后识别出来的；

第二，它应当是长期目标的短期步骤；

第三，它能使管理者有效地监视行动及其结果。

③设定目标的实现层次。各层次目标设定不需要专门定量，但必须合理准确，应该包括实现战略目标的具体建议和对策。

④对战略过程进行正式监控。

⑤对于有效实现战略目标的业绩给予

奖励。

战略控制系统的特点可以通过两个方面来反映：程序的正式程度以及能被识别的业绩评价指标的数目。构建战略控制系统时，应考虑如下方面：

第一是链接性。如果在重要机构之间架起沟通的桥梁，那么应以避免破坏的方式进行合作。

第二是多样性。如果系统具有多样性，要注意从多样策略控制系统选择适合性较高的控制系统。

第三是风险。高风险的企业战略决策状态可能会对整个企业不利。在高风险的企业战略控制系统中，需要包含较多性能标准，以便更容易地把可能存在的问题检测出来。

第四是变化。必须能够迅速地应对战略控制系统环境的变化。例如，时尚品制造商必须能够迅速地应对战略控制系统环境的变化。

第五是竞争优势。为控制目标，要有目的地区分两个类型的业务：一是具有较弱竞争优势的业务。在这种情况下，市场份额或质量是成功的源泉。二是具有较强竞争优势的业务。在这种情况下，需要在更多地区获得成功。

（2）战略性业绩计量。

战略性业绩计量的特征是：

①它重点关注长期的事项，对大多数企业而言可能是股东财富。

②它有助于识别战略成功的动因，如企业是如何长期创造股东价值的。

③它通过企业提高业绩来支持企业学习。

④它提供的奖励基础是基于战略性的事项而不仅仅是某年的业绩。

战略性业绩计量必须是可计量的、有意义的、持续计量的、定期重新评估的、战略定义或者与之相关的，并且是可接受的。

3. 战略控制和成功关键因素。

成功关键因素是指公司在特定市场获得盈利必须拥有的技能和资产，是对于企业的成功至关重要的少数关键指标。识别成功关键因素具有如下好处：

（1）识别成功关键因素的过程可以提醒管理层那些需要控制的事项，并显示出次要的事项。

（2）传统的预算控制可能使报告的成本与标准成本存在差异。而成功关键因素能够转化为按照相同方式定期报告的关键性业绩指标。

（3）成功关键因素能够保证管理层定期收到有关企业的关键信息，以指导信息系统的发展。

（4）它们能够用于将组织的业绩进行内部对比或者与竞争对手比较。

（二）企业经营业绩的衡量

1. 衡量企业业绩的重要性。

衡量企业业绩是战略分析中的一个步骤。企业战略关注的是企业目标的实现，因而战略分析中很有必要考察企业的业绩，特别是长期业绩。

业绩衡量可能基于财务信息也可能基于非财务信息。业绩衡量已经公认为企业日常经营中的一部分，以至于有时被人们忽视了它的目的。业绩衡量的主要目的有以下几点：

（1）业绩评价是整体控制或者反馈控制系统的一部分，提供了刺激任何必要的控制行为的必要反馈。

（2）业绩评价是与利益相关者群体沟通的重要组成部分。

（3）业绩评价与激励政策以及业绩管理系统紧密相关。

（4）由于管理层追求评价为满意的业绩，这会增加管理层的动力。

2. 对衡量企业业绩的不同观点。

（1）股东观。

股东观认为企业应基于股东的利益而存在，应该把股东回报率作为企业业绩的指标。

（2）利益相关者观。

企业利益相关者，是指对企业产生影响的或者受企业行为影响的任何团体和个人。除股东之外，企业的利益相关者还包括企业的管理层、雇员、工会、客户、供应商，以及对企业具有影响力的政府机构。每个利益相关者在一定程度上都对该企业具有依赖性，他们会对企业做出相应的要求，这些要求很可能与其他利益相关者的利益相冲突。

3. 比较业绩。

（1）业绩的比较方法。

①在一个时点上的衡量结果需要与相应的值进行比较，比如过去的业绩、内部设定的目标、产业的平均水平、产业最好的水平甚至世界最好的水平。

②衡量一段时间内的业绩可以使用趋势分析，结果可能是：改善的、不变的、下降的和不稳定的。衡量一段时间内的业绩也需要与相应的量进行比较。例如，业绩从趋势上来讲可以说成是不断上升的，但仍然低于行业平均水平。

（2）获取信息的途径。

内部信息广泛传播于整个企业。在评价一个企业时，内部信息是最易获取的信息。然而，许多企业特别是私有或家族企业认为内部信息是机密的，不可外泄的，因此会严格控制自己的信息，即便是内部人也不易获得。企业的外部人不容易获取到企业内部的信息，因而很难精准地评价企业的业绩。然而，有不少从外部获取信息的方式，包括：

①财务信息。互联网、产业出版刊物、政府官方的统计数据、产业协会和产业顾问以及专家，都是获取信息的来源。

②客户信息。市场份额的信息也可从上述财务信息的来源获取。市场研究机构有很多资料，其中一些信息是共享的。

③内部管理指标。财务指标，如资产回报率（ROA）以及销售回报率能部分反映内部信息。

④管理效率。其他信息也能在年度报告中找到，特别是相对比率，如平均每个员工的销售量以及每个商店的销售量。

⑤学习和成长指标。这是最难评估的指标。虽然企业有很多可以表征其前景的领域，比如开发新产品、进军新的市场，以及传播知识的能力等，但是这些都是不容易量化的。

（3）对总体业绩的评价。

在对单个部分进行评价后，接下来要做的就是对企业总体业绩的评价。由于要考察的是战略业绩，因此重点应放在企业的长期业绩上，从而应该考察至少3年的信息，并做出相应的趋势分析。

【经典例题】

【真题·单选题】（2016）2002年，小王在市区黄金位置开了一家咖啡店。由于经营有方，小店开业不到一个月就创造了销售佳绩。正在小王准备大干一场时，社会上一场流行性疾病袭来，小店经营陷入困境。小王采取各种措施试图挽救失败后，不得不关闭了咖啡店。根据战略失效理论，小王创业没达到预期目标属于（　　）。

A. 前期失效

B. 正常失效

C. 偶然失效

D. 晚期失效

【答案】 C

【解析】 “社会上一场流行性疾病袭来，小店经营陷入困境。小王采取各种措施试图挽救失败后，不得不关闭了咖啡店”体现出小王在战略实施的过程中，因为一些意想不到的因素（流行性疾病）导致战略失效，这属于偶然失效。

【例题·多选题】企业通过执行策略检查，之后根据企业的使命和目标，来识别战略目标，设定目标的实现层次，对战略过程进行正式监控，最终对于有效实现战略目标的业绩给予奖励。构建上述过程时，应考虑的方面包括（　　）。

A. 多样性

B. 风险

C. 链接性

D. 竞争优势

【答案】 ABCD

【解析】 “企业通过执行策略检查，之后根据企业的使命和目标，来识别战略目标，设定目标的实现层次，对战略过程进行正式监控，最终对于有效实现战略目标的业绩给予奖励”属于战略控制系统的步骤。因此本题其实在考察“构建战略控制系统时，应考虑哪些方面”，包括五方面：①链接性；②多样性；③风险；④变化；⑤竞争优势。

重难点8：预算与预算控制★★★

（一）预算与预算控制的目的

预算就是财务计划。短期计划试图在长期战略计划的框架内提供一个短期目标。目标通常是用预算的形式来完成的。预算是一个多目标的活动，并在每个企业中广泛应用。

预算控制是一个过程，总预算移交给责任中心，允许对于实际结果和预算的比较进行持续的监控，通过个人行为保证预算目标的实现，或者为修改预算提供基础。预算集中于资源的有效利用、生产成本和提供服务。应当认识到，成本并不是唯一的成功关键因素，因此预算控制系统通常是和其他绩效管理体系相辅相成的，从而产生了业绩计量的平衡计分卡。

（二）预算的类型

编制预算最常用的方法有增量预算和零基预算。

1. 增量预算（incremental budgeting）。

这种预算是指新的预算使用以前期间的预算或者实际业绩作为基础来编制，在此基础上增加相应的内容。资源的分配是基于以前期间的资源分配情况。这种方法并没有考虑具体情况的变化。这种预算关注财务结果，而不是定量的业绩计量，并且和员工的业绩没有联系。

优点	缺点
（1）预算是稳定的，并且变化是循序渐进的； （2）经理能够在一个稳定的基础上经营他们的部门； （3）系统相对容易操作和理解； （4）遇到类似威胁的部门能够避免冲突； （5）容易实现协调预算。	（1）它假设经营活动以及工作方式都以相同的方式继续下去； （2）不能拥有启发新观点的动力； （3）没有降低成本的动力； （4）它鼓励将预算全部用光以便明年可以保持相同的预算； （5）它可能过期，并且不再和经营活动的层次或者执行工作的类型有关

2. 零基预算（zero-based budgeting）。

这种预算方法是指在每一个新的期间必须重新判断所有的费用。零基预算开始于“零基础”，需要分析企业中每个部门的需求和成本。无论这种预算比以前的预算高还是低，都应当根据未来的需求编制预算。

零基预算通过在企业中的特定部门的试行而在预算过程中实施高层次的战略性目标。此时应当归集成本，然后根据以前的结果和当前的预测进行计量。

优点	缺点
（1）能够识别和去除不充分或者过时的行动； （2）能够促进更为有效的资源分配； （3）需要广泛的参与； （4）能够应对环境的变化； （5）鼓励管理层寻找替代方法	（1）它是一个复杂的、耗费时间的过程； （2）它可能强调短期利益而忽视长期目标； （3）管理团队可能缺乏必要的技能

【经典例题】

【真题·多选题】（2016）南汇公司实行全面预算管理，每年年底都以当年的实际业绩为基础编制下一年的预算。南汇公司编制预算使用的方法的特征有（　　）。

A. 没有降低成本的动力

B. 能够应对环境的变化

C. 不能拥有启发新观点的动力

D. 能够促进更为有效的资源分配

【答案】AC

【解析】本题中，“每年年底都以当年的实际业绩为基础编制下一年的预算”说明南汇公司采用的是增量预算方法，该预算方法的优点包括：①预算是稳定的，并且变化是循序渐进的；②经理能够在一个稳定的基础上经营他们的部门；③系统相对容易操作和理解；④遇到类似威胁的部门能够避免冲突；⑤容易实现协调预算。因此，选项A、C正确，选项B、D属于零基预算的方法。

【真题·多选题】（2017）富友公司实行全面预算管理，每年年底都在深入分析每个部门的需求和成本的基础上，根据未来的需求编制预算。富友公司编制预算采用的方法的优点有（　　）。

A. 容易实现协调预算

B. 系统相对容易操作和理解

C. 鼓励管理层寻找替代方法

D. 能够促进更为有效的资源配置

【答案】CD

【解析】本题中，“每年年底都在深入分析每个部门的需求和成本的基础上，根据未来的需求编制预算”说明富友公司采用的是零基预算方法，该预算方法的优点包括：①能够识别和去除不充分或者过时的行动；②能够促进更为有效的资源分配；③需要广泛的参与；④能够应对环境的变化；⑤鼓励管理层寻找替代方法。因此，选项C、D正确，选项A、B属于增量预算的优点。

【真题·多选题】（2018）信达银行每年都依据实际业绩编制预算。2016年底信达银行在某地开设了一家分行，该分行2017年预算编制类型的优点有（　　）。

A. 系统相对容易操作和理解

B. 能够促进更为有效的资源分配

C. 能够应对环境的变化

D. 容易实现协调预算

【答案】BC

【解析】零基预算是指在每一个新的期间必须重新判断所有的费用。本题中，信达银行的分行是2016年年底新开设的，所以该分行2017年预算编制类型属于零基预算，该种预算的优点包括：①能够识别和去除不充分或者过时的行动；②能够促进更为有效的资源分配；③需要广泛的参与；④能够应对环境的变化；⑤鼓励管理层寻找替代方法。因此，选项B、C正确，选项A、D属于增量预算的优点。

【例题·多选题】增量预算是指新的预算使用以前期间的预算或者实际业绩作为基础来编制。下列关于增量预算的说法中，正确的有（　　）。

A. 容易实现协调预算

B. 没有降低成本的动力

C. 能够促进更为有效的资源分配

D. 重视短期利益而忽视长期目标

【答案】AB

【解析】增量预算的优点包括：①预算是稳定的，并且变化是循序渐进的；②经理能够在一个稳定的基础上经营他们的部门；③系统相对容易操作和理解；④遇到类似威胁的部门能够避免冲突；⑤容易实现协调预算。缺点包括：①它假设经营活动以及工作方式都以相同的方式继续下去；②不能拥有启发新观点的动力；③没有降低成本的动力；④它鼓励将预算全部用光以便明年可以保持相同的预算；⑤它可能过期，并且不再和经营活动的层次或者执行工作的类型有关。因此，选项A、B正确；选项C、D属于零基预算的特点。

重难点9：企业业绩衡量指标★★★

（一）财务衡量指标

1. 盈利能力和回报率指标。

（1）毛利率与净利润率。

利润通常由成本和收益两部分组成。因此企业的盈利水平与成本和收益两个方面息息相关。反映企业盈利水平和能力的指标主要有毛利率与净利润率。

毛利率 =［（营业收入 − 销售成本）/营业收入］× 100%

净利润率 =［（营业收入 − 销售成本 − 期间费用）/营业收入］× 100%

（2）已动用资本报酬率（ROCE）。

已动用资本回报率又称作投资回报率（ROI）或净资产回报率（RONA）。计算公式如下：

资本报酬率（ROCE）=（息税前利润/当期平均已动用资本）× 100%

2. 股东投资指标。

（1）每股盈余或市净率。

每股盈余或者每股股利是确认企业为股东带来收益的主要指标。没有令人满意的每股盈余或每股股利将导致股东抛售他们的股票。比率的计算方法是：

每股盈余 = 净利润/股票数量

每股股利 = 股利/股数

市净率 = 每股盈余/每股市价

（2）股息率。

股息率低表示企业保留大量利润进行再投资。股息率通常高于利息率。股东希望价格上升，并希望得到的回报（股息 + 资本利得）超过投资者从固定收益证券中得到的回报。

股息率 = 每股股利/每股市价 × 100%

（3）市盈率。

流通市值是指企业在股票市场中的股票总值。在收益和股利很低的情况下，股票的市值也将下降，除非股利成长的前景很好。股东关心他们得到的报酬，以及获得这种报酬需要投资的规模。为了解决这个问题，收益和股利增长应当表示为收到股利加上市值中的资本增加。市盈率表示每股盈余和每股市价之间的关系。市盈率的计算公式是：

市盈率 = 每股市价/每股盈余 × 100%

市盈率高反映了市场对盈余的高速增长或低风险的信心。市盈率会受到利率变动的影响；利率的增加意味着股票的吸引力下降，这意味着市盈率的下降。市盈率也取决于市场预期和信心。

3. 流动性指标。

计量企业提供服务和避免拖欠债务的能力最常用的指标包括：

流动比率 = 流动资产/流动负债 × 100%

速动比率 =（流动资产 − 存货）/流动负债 × 100%

存货周转期 = 存货 × 365/销售成本

应收账款周转期 = 应收账款借方余额 × 365/销售收入

应付账款周转期 = 应付账款贷方余额 × 365/购买成本

4. 负债和杠杆作用。

为了评估企业的财务杠杆和评价企业经营所得的现金是否能够满足预计负债未来承诺债务，通常使用下列计量方法：

负债率 = 有息负债/股东权益 × 100%

现金流量比率 = 经营现金净流量/（流动负债 + 非流动负债）× 100%

总体而言，使用比率来进行绩效评价的主要原因有：

①通过比较各个时期的相应比率可以很容易地发现这些比率的变动。

②相对于实物数量或货币价值的绝对数，比率更易于理解。

③比率可以进行项目比较并有助于计量绩效。

④比率可以用作目标。

⑤比率提供了总结企业结果的途径，并在类似的企业之间进行比较。

但是比率评价仍有如下局限性：

①可比信息的可获得性。

②历史信息的使用。

③比率不是一成不变的。

④需要仔细解读。

⑤被扭曲的结果。

⑥鼓励短期行为。

⑦忽略战略目标。

⑧无法控制无预算责任的员工。

（二）非财务指标

非财务业绩计量是基于非财务信息的业绩计量方法，可能产生于经营部门或者在经营部门使用，以监控非财务方面的活动。非财务业绩计量可能比财务业绩计量提供的业绩信息更为及时，也可能容易受到一些市场因素等不可控变化的影响。下表中列出了一些非财务指标。

评价的领域	业绩计量
服务质量	诉讼数量、客户等待时间
人力资源	员工周转率、旷工时间、每个员工的培训时间
市场营销效力	销售增长、每个销售人员的客户访问量、客户数量

和传统的财务报告不同，非财务信息计量能够很快地提供给管理层，而且很容易计算和被非财务管理层理解并有效使用。选择这些非财务指标也有很多问题，并且报告太多这种计量指标也有很多危险。管理层的信息过多其实是无用的，或者传递了矛盾的信号。信息提供者必须和管理层紧密合作，才能使管理层确信他们的需求得到了适当的理解。

【经典例题】

【真题·多选题】（2020）甲公司采用流动比率、资产负债率等财务指标进行绩效评价。下列各项中，属于甲公司上述做法的局限性的有（　　）。

A. 鼓励短期行为

B. 难以进行项目比较

C. 忽视战略目标

D. 比率不可以用作目标

【答案】AC

【解析】比率评价有如下局限性：①可比信息的可获得性；②历史信息的使用；③比率不是一成不变的；④需要仔细解读；⑤被扭曲的结果；⑥鼓励短期行为；⑦忽略战略目标；⑧无法控制无预算责任的员工。选项 A、C 正确。

【真题·多选题】（2018）龙都钢铁公司每年都用投资报酬率、销售利润率、资产周转率等比率对经营绩效进行评价。下列各项中，属于该公司采用上述绩效评价指标的主要原因有（　　）。

A. 相对于实物数量或货币价值的绝对值，比率更易于理解

B. 比率可以用作目标

C. 能够控制无预算责任的员工

D. 可以避免短期行为

【答案】AB

【解析】本题中，“龙都钢铁公司每年都用投资报酬率、销售利润率、资产周转率等比率对经营绩效进行评价”，使用比率来进行绩效评价的主要原因：①通过比较各个时期的相应比率可以很容易地发现这下比率的变动；②相对于实物数量或货币价值的绝对数，比率更易于理解；③比率可以进行项目比较并有助于计量绩效；④比率可以用作目标；⑤比率提供了总结企业结果的途径，并在类似的企业之间进行比较。因此，选项 A、B 正确。

【真题·多选题】（2019）美邦服装公司每年都采用投资回报率、销售利润率、资产周转率等比率指标对经营业绩进行评价，下列各项中，属于该公司采用的绩效评价指标局限性的有（　　）。

A. 鼓励短期行为

B. 可比信息的可获得性较差

C. 比率不可以用作目标

D. 比率不是一成不变的

【答案】ABD

【解析】本题中，“美邦服装公司每年都采用投资回报率、销售利润率、资产周转率等比率指标对经营业绩进行评价”，采用比率评价具有的局限性包括：①可比信息的可获得性（较差）；②历史信息的使用；③比率不是一成不变

的；④需要仔细解读；⑤被扭曲的结果；⑥鼓励短期行为；⑦忽略战略目标；⑧无法控制无预算责任的员工。因此，选项 A、B、D 正确。

【例题·多选题】下列关于非财务指标的说法中，正确的有（　　）。

A. 非财务业绩计量是基于财务信息和非财务信息的综合业绩计量方法

B. 非财务业绩计量产生于经营部门

C. 财务业绩计量要比非财务业绩计量提供的业绩信息更为及时

D. 报告过多的非财务计量指标可能有较多危险

【答案】BD

【解析】非财务业绩计量是基于非财务信息的业绩计量方法，可能产生于经营部门或者在经营部门使用，以监控非财务方面的活动，选项 A 错误，选项 B 正确；非财务业绩计量可能比财务业绩计量提供的业绩信息更为及时，也可能容易受到一些市场因素等不可控变化的影响，选项 C 错误；选择这些非财务指标也有很多问题，并且报告太多这种计量指标也有很多危险，选项 D 正确。

重难点 10：平衡计分卡的业绩衡量方法★★★★★

（一）平衡计分卡的基本概念

卡普兰（Kaplan）和诺顿（Norton）提出了名为平衡计分卡的方法，它是一种平衡 4 个不同角度的衡量方法。具体而言，平衡计分卡平衡了短期与长期业绩、外部与内部的业绩、财务与非财务业绩以及不同利益相关者的角度，包括：财务角度、顾客角度、内部流程角度、创新与学习角度。**平衡计分卡**的定义是：平衡计分卡表明了企业员工需要什么样的知识技能和系统，分配创新和建立适当的战略优势和效率，使企业能够把特定的价值带给市场，从而最终实现更高的股东价值。下图是对这四个不同角度进行衡量的应用实例。

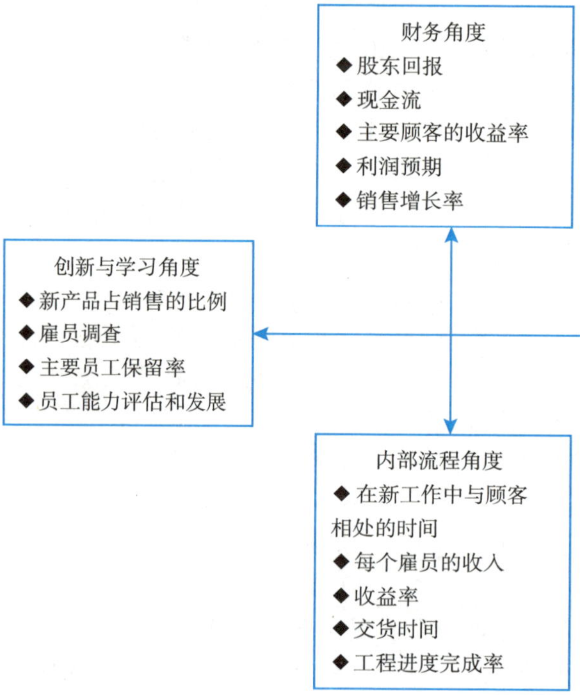

1. 财务角度。

平衡计分卡在财务角度中包含了股东的价值。企业需要股东提供风险资本，它也同样需要顾客购买产品和服务及需要员工生产这些产品和服务。财务角度主要关注股东对企业的看法，以及企业的财务目标。用来评估这些目标是否已达到的方法主要是考察管理层过去的行为，以及这些行为导致的财务层面的结果，通常包括**利润**、**销售增长率**、**投资回报率**以及**现金流**。

2. 顾客角度。

运用平衡计分卡从更广、更平衡的角度来考虑企业的战略目标和绩效考核时，一定要非常重视客户。企业的平衡计分卡最典型的客户角度通常包括：定义目标市场和扩大关键细分市场的市场份额。

客户角度的目标和指针可以包括**目标市场的销售额**（或**市场份额**）以及**客户保留率**、**新客户开发率**、**客户满意度**和**盈利率**。卡普兰和诺顿把这些称为**滞后指标**。他们建议经理人要明确对客户提供的价值定位。在明确价值定位的过程中，卡普兰和诺顿定义了几个与客户满意度有关的驱动指标：**时间**、**质量**、**价格**、**可选性**、**客户关系**和**企业形象**。他们把这些称为潜在的**领先指标**，领先指标的设定取决于企业的战略和对目标市场的价值定位。在开发平衡计分卡时，需要考虑到这些领先指标。

3. 内部流程角度。

把管理重心放在流程再造上将对促进组织改进起到十分重要的作用，运用平衡计分卡的一个重要原因就在于它对业务流程的关注。

业务流程角度包括一些驱动目标，它们能够使企业更加专注于客户的满意度，并通过开发新产品和改善客户服务来提高生产力、效率、产品周期与创新。至于重点要放在哪些方面或设定哪些目标，必须以企业战略和价值定位为依据。常用的内部流程指标主要有**处理过程中的缺陷率**、**投入产出比率**、**安排产品批量**、**原材料整理时间或批量生产准备时间**、**订单发送准确率**、**售后保证**、**保修和退还以及账款回收管理**。

4. 创新与学习角度。

平衡计分卡最大的优点就是能够把创新与学习列为4个角度中的一个。创新与学习角度对任何企业能否成功执行战略都起到了举足轻重的作用。常用的创新与学习指标主要有**职工的满意程度**、**职工的稳定性**、**职工的培训和技能**、**职工的创新性**和**信息系统的开发能力**。

平衡计分卡能否成功运用的关键就是能否把企业战略和这个角度很好地衔接起来。很多企业都对人力资源投入了很多精力，但它们没能将企业战略与组织的学习和成长衔接起来。卡普兰和诺顿在对其创立的平衡计分卡工具进行描述时，特别强调了这个问题。

企业的成长与员工和企业素质能力的提高是息息相关的，从长远角度来看，企业唯有不断学习与创新，才能实现长远的发展。

（二）平衡计分卡的特点

平衡计分卡方法因为突破了财务作为唯一指标的衡量工具，做到了多个方面的平衡。与传统评价体系比较，平衡计分卡具有如下特点：

1. 平衡计分卡为企业战略管理提供强有力的**支持**。

随着全球经济一体化进程的不断发展，市场竞争的不断加剧，战略管理对企业持续发展而言更为重要。平衡计分卡的评价内容与相关指标和企业战略目标紧密相连，企业战略的实施可以通过对平衡计分卡的全面管理来完成。

2. 平衡计分卡可以提高企业整体管理**效率**。

平衡计分卡所涉及的四项内容，都是企业未来发展成功的关键要素，通过平衡计分卡所提供的管理报告，将看似不相关的要素有机地结合在一起，可以大大节约企业管理者的时间，提高企业管理的整体效率，为企业未来成功发展奠定坚实的基础。

3. 注重团队**合作**，防止企业管理机能失调。

团队精神是一个企业文化的集中表现，平衡计分卡通过对企业各要素的组合，让管理者能同时考虑企业各职能部门在企业整体中的不同作用与功能，使他们认识到某一领域的工作改进可能是以其他领域的退步为代价换来的，促使企业管理部门考虑决策时要从企业出发，慎重选择可行方案。

4. 平衡计分卡可增强企业**激励**作用，扩大员工的参与意识。

平衡计分卡则强调目标管理，鼓励下属创造性地（而非被动）完成目标，这一管理系统强调的是激励动力。因为在具体管理问题上，企业高层管理者并不一定会比中下层管理人员更了解情况、所作出的决策也不一定比下属更明智。所以由企业高层管理人员规定下属的行为方式是不恰当的。另外，目前企业业绩评价体系大多是由财务专业人士设计并监督实施的，但是，由于专业领域的差别，财务专业人士并不清楚企业经营管理、技术创新等方面的关键性问题，因而无法对企业整体经营的业绩进行科学合理的计量与评价。

5. 平衡计分卡可使企业信息负担降到最少。

在当今信息时代，企业很少会因为信息过少而苦恼，随着全员管理的引进，当企业员工或顾问向企业提出建议时，新的信息指标总是不断增加。这样，会导致企业高层决策者处理信息的负担大大加重。而平衡计分卡可以使企业管理者仅仅关注少数而又非常关键的相关指标，在保证满足企业管理需要的同时，尽量减少信息负担成本。

（三）平衡计分卡的作用

（1）平衡计分卡的出现，使传统的绩效管理从人员考核和评估的工具转变成为战略实施的工具。

（2）平衡计分卡的出现，使领导者拥有了全面的统筹战略、人员、流程和执行四个关键因素的管理工具。

（3）平衡计分卡的出现，使领导者拥有了可以平衡长期和短期、内部和外部，确保持续发展的管理工具。

（4）平衡计分卡被誉为近75年来世界上最重要的管理工具和方法。

【经典例题】

【真题·单选题】（2019）为高净值客户提供理财咨询服务的天元公司采用平衡计分卡衡量企业业绩，并把主要客户的收益率作为一项重要考核指标。该指标属于平衡计分卡的（　　）。

A. 财务角度

B. 顾客角度

C. 内部流程角度

D. 创新与学习角度

【答案】A

【解析】本题中，“主要客户的收益率”是财务指标，属于平衡计分卡的财务角度。

【真题·多选题】（2016）甲公司是一家不锈钢生产企业。为了提高企业竞争力，甲公司决定运用平衡计分卡衡量公司绩效，并选取了销售增长率、预期利润、交货时间、客户满意度等作为绩效衡量指标。甲公司选取的绩效衡量指标涵盖的角度有（　　）。

A. 财务角度

B. 顾客角度

C. 内部流程角度

D. 创新与学习角度

【答案】ABC

【解析】本题中，销售增长率、预期利润属于财务角度，交货时间既属于顾客角度也属于内部流程角度；客户满意度属于顾客角度。

【真题·多选题】（2017）顺通公司是一家快递公司，2016年，顺通公司开始使用平衡计分卡衡量公司业绩，并选取了业务量增长率、交货时间、主要员工保留率、预期利润等指标作为业绩衡量指标。上述指标涵盖的角度有（　　）。

A. 财务角度

B. 顾客角度

C. 内部流程角度

D. 创新与学习角度

【答案】ABCD

【解析】本题中，业务量增长率、预期利润属于平衡计分卡中的财务角度；交货时间既属于顾客角度也属于内部流程角度；主要员工保留率属于平衡计分卡中的创新与学习角度。

【真题·多选题】（2018）研发、生产治疗糖尿病药品的仁康公司采用平衡计分卡进行绩效管理。下列各项中，属于该公司的平衡计分卡从内部流程角度包括的内容有（　　）。

A. 收益率

B. 每个员工的收入

C. 新药品占销售的比例

D. 药品研发人员和生产技术人员的保留率

【答案】AB

【解析】本题中，收益率和每个员工的收入属于平衡计分卡中的内部流程角度，新药品占销售的比例和药品研发人员和生产技术人员的保留率属于平衡计分卡中的创新与学习角度。

【真题·多选题】（2019）东亚建筑公司采用平衡计分卡衡量公司业绩，并选取了利润预期、工程进度完成率、市场份额、工程交付时间等作为绩效衡量标准。该公司选取的上述指标涵盖的平衡计分卡角度有（　　）。

A. 创新与学习角度

B. 财务角度

C. 顾客角度

D. 内部流程角度

【答案】BCD

【解析】平衡计分卡包括四个角度：财务角度、顾客角度、内部流程角度和创新与学习角度。本题中，利润预期属于财务角度；工程进度完成率属于内部流程角度；市场份额属于顾客角度和内部流程角度，因此，选项B、C、D正确。

【例题·多选题】下列关于平衡计分卡特点的说法中，正确的有（　　）。

A. 可以降低信息负担成本

B. 可以提高企业整体管理效率

C. 可以防止企业管理机能失调

D. 可以鼓励企业员工主动完成目标

【答案】ABCD

【解析】平衡计分卡的特点包括：①平衡计分卡为企业战略管理提供强有力的支持。②平衡计分卡可以提高企业整体管理效率。③注重团队合作，防止企业管理机能失调。④平衡计分卡可增强企业激励作用，扩大员工的参与意识。平衡计分卡则强调目标管理，鼓励下属创造性地（而非被动）完成目标，这一管理系统强调的是激励动力。⑤平衡计分卡可以使企业信息负担降到最少。

重难点11：企业利益相关者的利益矛盾与均衡★★

利益相关者是对企业产生影响的，或者受企业行为影响的任何团体和个人。利益相关者理论认为企业各类利益相关者的利益期望、利益冲突、利益均衡以及相对权力是问题的关键。

（一）企业主要的利益相关者

企业主要利益相关者可分为内部利益相关者和外部利益相关者。

类别	利益相关者	利益期望
内部利益相关者	股东与机构投资者	资本收益——股息、红利
	经理阶层	销售额最大化（利用信息不对称控制企业）
	企业员工	追求个人收入和职业稳定的极大化
外部利益相关者	政府	最直接的利益期望是税收
	购买者和供应者	各自阶段的价值增值
	债权人	按时偿付贷款本息
	社会公众	社会责任（部分股民的特殊期望）

（二）企业利益相关者的利益矛盾与均衡

企业的发展是企业各种利益实现的根本条件，是企业利益相关者的共同利益所在。但是，由于利益相关者的利益期望不同，他们对企业发展的方向和路径也就有不同的要求，因而会产生利益的矛盾和冲突。这些矛盾和均衡冲突主要表现在以下几方面。

1. 投资者与经理人员的矛盾与均衡。

关于投资者与经理人员利益的矛盾与冲突，管理学界已有不少论述。以下的3个模型具有一定的代表性。

（1）鲍莫尔（Baumol W. J.）“销售最大化”模型。

鲍莫尔用“销售最大化”模型表达了他对经理人员强调销售额的重要性的理解。作为企业的实际代表，经理总是期望企业获得最大化销售收益，但企业赚得的利润并不一定能满足股东对红利的需求，也不一定能达到资本市场的需求（如果企业要筹集补充资金的话）；另外利润最大化的产出点则往往要求企业的经营活动低于其全部生产能力。事实上，往往企业并不会去追求这两种产出量中的任何一种，各方利益均衡的结果是企业可能在这两种产出量中选择一个中间点，这个产出量反映了代表经理人员利益的销售额最大化与代表股东利益的利润最大化的均衡结果。

（2）马里斯（Marris R. L.）的增长模型。

马里斯的增长模型是一种“平衡状态”模型。企业经理人员的主要目标是公司规模的增长，但这将受到那些分享某些共同利益的股东们的利益的制约。当然，较高的股票市场价格对经理和股东双方都有利，它有助于新资本证券发行和资产估价，有助于避免被廉价兼并等。事实上，由于市场评价、兼并的风险和其他共同利益，经理与股东利益均衡的结果可能会使企业的增长率确定在双方都可能接受的一个区域内。

（3）威廉姆森（Williamson O. E.）的管理权限理论。

威廉姆森在他的管理权限理论中也很强调经理人员的管理动机。他的基本论点是：经理们必须把他们的个人利益和作为经理本身所作出的决定区别开来。经理们将力求最大化他们自己的效用函数，从而使他们的权力和声望最大化。这主要体现在三个重要变量中：雇员开支（雇用人员的数量和质量）、酬金开支（支出账目、高质量办公服务等）和可支配的投资开支（超越严格经济动机，反映管理者权力和偏好的投资）。

2. 企业员工与企业（股东或经理）之间的利益矛盾与均衡。

列昂惕夫（Leontief W.）模型描述了企业员工与企业之间的利益的矛盾与均衡。在这个模型中，企业员工代表企业工会决定工资，企业决定就业水平。企业员工追求工资收入最大化和工作稳定（反映在企业就业水平高）；而企业追求利润最大化，就要选择最佳就业水平，在工资水平的约束下以实现企业利润最大化。那么，企业员工与企业讨价还价的博弈结果将在一条直线上实现均衡，而最终均衡点更偏于哪一方的利益，要取决于双方讨价还价的实力大小。

3. 企业利益与社会效益的矛盾与均衡。

“社会效益”代表所有企业外部利益相关者的共同利益。企业外部利益相关者对企业的共同期望是企业应承担一系列社会责任。这些**社会责任**包括三个方面：

（1）保证企业利益相关者的基本利益要求。例如，履行缴纳国家税金的义务；保证按时按量偿还债权人的债务；保护广大股民的基本权益；正确处理与供应者、购买者的利益分配等。

（2）保护自然环境。例如，处理好与企业生产有关的污水、有毒废料和一般废料；制定安全政策，减少可能引起的灾难性环境问题的事故；珍惜稀缺资源等。

（3）赞助和支持社会公益事业。例如，赞助慈善事业和非营利基金会或协会；积极支持公共卫生和教育事业；反对世界上存在的政治不平等，如种族隔离和独裁政治等；支援落后国家和地区等。

【经典例题】

【例题·多选题】威廉姆森所提出的管理

权限理论中重要的效用函数变量有（　　）。

A. 高质量办公服务

B. 雇员的质量

C. 反映管理者偏好的投资

D. 公司规模的大小

【答案】ABC

【解析】威廉森在他的管理权限理论中的基本论点是：经理们必须把他们的个人利益和作为经理本身所作出的决定区别开来。经理们将力求最大化他们自己的效用函数，从而使他们的权力和声望最大化。这主要体现在三个重要变量中：雇员开支（雇用人员的数量和质量）、酬金开支（支出账目、高质量办公服务等）和可支配的投资开支（超越严格经济动机，反映管理者权力和偏好的投资）。

重难点12：权力与战略过程★★★

（一）企业利益相关者的权力来源

1. 对资源的控制与交换的权力。

企业的利益相关者由于控制着企业所需的具体资源，而存在着许多交换权力的机会。他们可以利用这些权力争取和保卫自己的利益。但是他们争取和保卫利益行动的有效性取决于他们所提供的资源的稀缺程度与企业对这些资源的依赖程度。

2. 在管理层次中的地位。

企业管理层次的不同地位使处在层次高的位置上的人比处于层次低的位置上的人拥有更多的正式权力，这种权力被称为职权。职权也是权力的一种类型，但权力不一定是职权。由于在管理层次中的地位而获得的权力主要有三个基础：法定权（legitimate power）、奖励权（reward power）和强制权（coercive power）。法定权力意味着通过他或她的职位优势，在做出具体决策时，企业中其他人要遵从。法定权力又来源于对奖励或惩罚的行使。奖励权的行使，会使下属执行命令，因为下属相信他们会因此得到某种金钱上的或者精神上的奖励；强制权（或惩罚权）也会有同样作用，下属由于怕受到惩罚或怕被剥夺奖励而不得不服从命令。奖励权与强制权的区别在于实施者和被实施者之间关系强度的含义不一样。强制权意味着实施者和被实施者之间产生一种敌对关系而且会减少长期合作的预期；而奖励权则更为积极并能发展为一种长期关系。

3. 个人的素质和影响。

个人的素质和影响是一种非正式职权的权力的重要来源。约翰·科特（Kotter J.）提出，成功的管理者需要建立起一些基本权力，尤其是榜样权（referent power）和专家权（expert power），这两者比正式职权、奖励权或强制权更具有持久性。榜样权和专家权是个人素质和影响的重要方面。专家权来源于对其他人或作为整体组织而言有价值的特殊知识的占有，它也可以被认为是在特定情景中对专家的理所当然的遵从。榜样权为那些受人尊敬的人所拥有，他们得到尊重是因为他们具有某些特殊的能力或性格特征，或是具有能保证他人服从的个人气质或形象。榜样权与专家权不仅存在于正式组织之中，企业的非正式组织中也大量存在。

4. 参与或影响企业的战略决策与实施过程。

参与或影响企业战略决策与实施也会形成一定权力。例如，企业内部那些和外部环境打交道的个人或利益相关者，能够减少、控制或者吸收环境当中的不确定因素而影响战略的制定与实施，往往也因此而具有一定权力。

5. 利益相关者集中或联合的程度。

团结就是力量，这是众人皆知的真理。股东、经理、劳动者影响企业决策的实力与他们自身的联合程度有关。

（二）在战略决策与实施过程中的权力运用

权力本身是战略管理过程中的重要基础，制定战略和有效地实施战略需要权力和影响力。下面介绍的是5种一般的政治性策略，代表了企业各方利益相关者在企业战略决策与实施过程中权力的应用。

如果用合作性和坚定性两维坐标来描述企业某一利益相关者在企业战略决策与实施过程中的行为模式，可以分为以下 5 种类型，见下图：

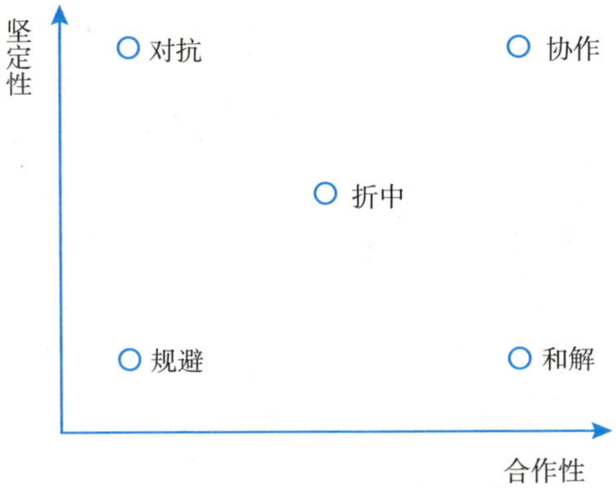

1. 对抗。

对抗是坚定行为和不合作行为的组合。企业利益相关者运用这种模式处理矛盾与冲突，目的在于使对方彻底就范，根本不考虑对方的要求，并坚信自己有能力实现所追求的目标。

2. 和解。

和解是不坚定行为与合作行为的组合。一方利益相关者面对利益矛盾与冲突时，设法满足对方的要求，目的在于保持或改进现存的关系。和解模式通常表现为默认和让步。

3. 协作。

协作是坚定行为与合作行为的组合。在对待利益矛盾与冲突时，既考虑自己利益的满足，也考虑对方的利益，力图寻求相互利益的最佳结合点，并借助于这种合作，使双方的利益都得到满足。

4. 协作。

折中是中等程度的坚定性和中等程度的合作性行为的组合。通过各方利益相关者之间的讨价还价，相互做出让步，达成双方都能接受的协议。折中模式既可以采取积极的方式，也可以采取消极的方式。前者是指对冲突的另一方做出承诺，给予一定的补偿，以求得对方的让步；后者则以威胁、惩罚等要挟对方做出让步。多数场合，则是双管齐下。

5. 规避。

规避模式是不坚定行为与不合作行为的组合。以时机选择的早晚来区分，这种模式可分为两种情况：一种是当预期将要发生矛盾与冲突时，通过调整来躲避冲突；另一种情况是当矛盾与冲突实际发生时主动或被动撤出。

【经典例题】

【真题·单选题】（2020）国内大型制冷设备制造商西奥公司拟在欧洲 N 国建立生产基地并雇佣当地操作员工。当得知 N 国劳动者工资水平高且经常在工会支持下提出增加福利的要求后，西奥公司修改了投资和建设方案，所需操作员工全部由机器人代替。西奥公司在战略决策与实施过程中的行为方式是（　　）。

A. 对抗

B. 折中

C. 协作

D. 规避

【答案】 D

【解析】 规避模式是不坚定行为与不合作行为的组合。以时机选择的早晚来区分，这种模式可分为两种情况：一种是当预期将要发生矛盾与冲突时，通过调整来躲避冲突；另一种情况是当矛盾与冲突实际发生时主动或被动撤出。在本题中，西奥公司“当得知 N 国劳动者工资水平高且经常在工会支持下提出增加福利的要求后，西奥公司修改了投资和建设方案，所需操作员工全部由机器人代替”来躲避冲突，选项 D 正确。

【真题·单选题】（2018）截至 2015 年秋，U 国 N 航空公司与 M 航空公司合并已有 5 年，但原 N 公司和 M 公司机舱服务员的劳工合约仍未统一。为此，原 N 公司与 M 公司的机舱服务员在临近圣诞节期间，发起抗议行动，有效推动了该问题的解决。本案例中原 N 公司与 M 公司机舱服务员的权力来源于（　　）。

A. 个人的素质和影响

B. 在管理层次中的地位

C. 利益相关者集中或联合的程度

D. 参与或影响企业战略决策与实施过程

【答案】C

【解析】本题中，“原 N 公司与 M 公司的机舱服务员在临近圣诞节期间，发起抗议行动”属于团结带来的结果，因此，原 N 公司与 M 公司机舱服务员的权力来源于属于利益相关者集中或联合的程度。

【真题·单选题】（2018）专营化妆品销售的雅兰公司取得某外商产品的独家经销权后发现，该外商把部分产品批发给另一家化妆品经销商，于是向该外商提出抗议并威胁将诉诸法律。对方当即表示将杜绝同类事情发生并向雅兰公司做出赔偿。雅兰公司接受了对方的意见。在本案例中，雅兰公司对待矛盾与冲突的行为方式是（　　）。

A. 对抗

B. 和解

C. 折中

D. 协作

【答案】A

【解析】本题中，“于是向该外商提出抗议并威胁将诉诸法律。对方当即表示将杜绝同类事情发生并向雅兰公司做出赔偿。雅兰公司接受了对方的意见”体现雅兰公司是为了使对方彻底就范，根本不考虑对方的要求，并坚信自己有能力实现所追求的目标，属于对抗。

【真题·单选题】（2019）2015 年，大型冶金企业金通公司为获得稳定的原料来源，向某稀土开采企业提出以 20 亿元人民币并购该企业的要求，遭到后者拒绝。后来双方经多次谈判，最终达成以部分股权互换的方式结为战略联盟的协议，金通公司在战略决策与实施过程中的行为模式属于（　　）。

A. 对抗

B. 折中

C. 和解

D. 规避

【答案】B

【解析】本题中，“向某稀土开采企业提出以 20 亿元人民币并购该企业的要求，遭到后者拒绝。后来双方经多次谈判，最终达成以部分股权互换的方式结为战略联盟的协议”体现出中等程度的坚定性和中等程度的合作性行为组合，属于折中。

【例题·多选题】下列各项中，关于权力与职权概念的说法正确的有（　　）。

A. 权力是可以沿着企业的管理层次方向自上而下的

B. 个人的素质和影响是一种非正式职权的权力的重要来源

C. 职权是权力的一种类型

D. 正式职权往往要比专家权更具有持久性

【答案】ABC

【解析】职权是权力的一种类型，而职权是沿着企业的管理层次方向自上而下的，所以权力是可以沿着企业的管理层次方向自上而下的，选项 A 正确。榜样权和专家权，这两者比正式职权、奖励权或强制权更具有持久性，选项 D 错误。

重难点 13：数字化技术

数字化技术（Digital Technology）就是通过利用电子计算机软硬件、周边设备、协议、网络和通讯技术，实现信息离散化表述、定量、感知、传递、存储、处理、控制、联网的集成技术。在企业数字化管理过程中，管理者以数字化技术为手段，以企业发展战略为方向，针对企业的产业资源、人力资源、技术资源、市场资源设置及运作现状，以计算机网络技术为基础，以管理应用软件开发为核心，建立企业的管理信息系统。

（一）数字化技术

1. 数字化技术的发展历程。

信息化、数字化、智能化联系紧密，相互衔接，推动产业升级。数字化是信息化的高阶阶段，是信息化的广泛深入运用，是从收集、分析数据到预测数据、经营数据的延伸。而智能化是信息化、数字化的最终目标，也是发展的必然趋势。

（1）信息化。

信息化（Informatization）通常指现代信息技术应用，特别是促成应用对象或领域（比如企业或社会）发生转变的过程。

信息化的基本功能是开发信息资源。其主要任务是通过测量记录、筛选加工、安全存储、互联传送，让人们随时获得必要的信息。信息化的评价标准主要是组织在战略决策和行动中能否便捷地得到准确、及时、足够的信息。

（2）数字化。

数字化是利用数学量化、统计分析方法和数字数据技术以提高人们的认识能力和实践能力、提高产品或工作系统功效的过程或活动。

数字化的基本功能是信息形式的统一化、信息表达的准确化、信息利用的高效化。其主要任务是通过信息的量化、模数转换、统一贯通、建模解算、模拟仿真等实现信息的增值。数字化的评价标准主要是组织数字信息的应用范围和增值水平。

（3）智能化。

智能化是在产品、工具和工作系统中协同应用人类智能和人工智能，以提高其功效的过程。

智能化的本质特征在于智能的协同发展和应用。智能化既不是单纯的人脑功能开发，也不是单纯的信息技术开发和计算机网络应用。智能化是人类智能与工具智能协同发展，个人智能与组织智能及社会智能协同发展，不断提升科技、经济和社会活动功效的过程。

2. 数字化技术的定义。

（1）大数据。

大数据（Big Data）是维克托·迈尔－舍恩伯格（Viktor Mayer-Schönberger）在2008年的著作《大数据时代》中提出的概念。大数据所涉及的资料规模巨大，无法通过目前常规软件工具，在合理时间内达到撷取、管理、处理、整理成为有用信息的数据集合。大数据的主要特征为大量性（Volume）、多样性（Variety）、高速性（Velocity）、价值性（Value）。

①大量性。指大数据的数量巨大。在大数据时代，个人电脑、手机、平板电脑等网络工具的使用和高度发达的网络技术的普及，使数据资料的来源范围不断拓展，数据的计量单位从PB到EB到ZB，数据量增长发生了质的飞跃。

②多样性。指数据类型繁多。大数据不仅包括传统的以文本资料为主的结构化数据，还包括信息化时代所有的文本、图片、音频、视频等半结构数据和非结构化数据，且以半结构化和非结构化数据为主。

③高速性。指大数据处理时效性高。大数据产生速度快，有价值信息存在时间短，时效性强，在海量的数据面前，处理数据的效率关乎数据是否有使用价值，因此，迅速有效地提取大量复杂数据中的有价值信息显得非常重要。

④价值性。指大数据价值巨大，但价值密度低。大数据中存在反映人们生产、生活、商业等各方面极具价值的信息，但由于大数据规模巨大，数据时时刻刻都在更新变化，这些有价值的信息可能转瞬即逝。因此，如何通过强大的机器算法迅速高效地完成数据的价值“提纯”，成为大数据时代亟需解决的难题。

（2）人工智能。

人工智能是一门新兴的边缘学科，是自然科学和社会科学的交叉学科，它吸取了自然科学和社会科学的最新成果，以智能为核心，形成了具有自身研究特点的新的体系。人工智能的研究涉及广泛的领域，包括知识表示、搜索技术、机器学习、求解数据和知识不确定问题的各种方法等。人工智能的应用领域包括专家系统、博弈、定理证明、自然语言理解、图像理解和机器人等。人工智能也是一门综合性学科，它是在控制论、信息论和系统论的基础上诞生的，涉及哲学、心理学、认知科学、计算机科学、数学以及各种工程学方法，这些学科为人工智能的研究提供了丰富的知识和研究方法。

（3）移动互联网。

移动互联网是PC互联网发展的必然产物，它将移动通信和互联网二者结合起来，成为一体。它是互联网的技术、平台、商业模式和应用与移动通信技术结合并实践的活动的总称。移动互联网是移动和互联网融合的产物，继承了移动随时、随地、随身和互联网开放、分享、互动的优势，是一个全国性、以宽带IP为技术核心的，可同时提供话音、传真、数据、图像、多媒体等高品质电信服务的新一代开放的电信基础网络，由运营商提供无线接入，由互联网企业提供各种成熟的应用（APP）。

（4）云计算。

云计算（cloud computing）是分布式计算的一种，指的是通过网络“云”将巨大的数据计算处理程序分解成无数个小程序，然后，通过多部服务器组成的系统处理和分析这些小程序得到结果并返回给用户。早期的云计算就是简单的分布式计算，解决任务分发，并进行计算结果的合并。因而，云计算又称为网格计算。通过这项技术，可以在很短的时间内（几秒钟）完成对数以万计的数据的处理，从而达到强大的网络服务。

云计算包括以下几个层次的服务：基础设施级服务（IaaS）、平台级服务（PaaS）和软件级服务（SaaS）。这里所谓的层次是分层体系架构意义上的“层次”。IaaS、PaaS、SaaS分别在基础设施层、软件开放运行平台层、应用软件层实现。

①IaaS（Infrastructure-as-a-Service）：基础设施级服务，消费者通过Internet可以从完善的计算机基础设施获得服务。IaaS是把数据中心、基础设施等硬件资源通过Web分配给用户的商业模式。

②PaaS（Platform-as-a-Service）：平台级服务。PaaS实际上是指将软件研发的平台作为一种服务，以SaaS的模式提交给用户。因此，PaaS也是SaaS模式的一种应用。同时，PaaS的出现可以加快SaaS的发展，尤其是加快SaaS应用的开发速度。PaaS服务使得软件开发人员可以在不购买服务器等设备环境的情况下开发新的应用程序。

③SaaS（Software-as-a-Service）：软件级服务。它是一种通过Internet提供软件的模式，用户无需购买软件，而是向提供商租用基于Web的软件，来管理企业经营活动。

软件级服务模式大大降低了软件尤其是大型软件的使用成本，并且由于软件是托管在服务商的服务器上，减少了客户的管理维护成本，可靠性也更高。

（5）物联网。

物联网（IoT，Internet of things）即“万物相连的互联网”，是在互联网基础上延伸和扩展的网络。它将各种信息传感设备与互联网结合起来形成一个巨大网络，实现在任何时间、任何地点，人、机、物的互联互通。

物联网是新一代信息技术的重要组成部分，意指“物物相连的互联网”。这有两层意思：第一，物联网的核心和基础仍然是互联网，是在互联网基础上的延伸和扩展的网络；第二，其终端延伸和扩展到了所有物品，任何物品都可通过信息传播媒介进行信息交换和通信。因此，物联网的定义是通过射频识别、红外感应器、全球定位系统、激光扫描器等信息传感设备，按约定的协议，把任何物品与互联网相连接，进行信息交换和通信，以实现对物品的智能化识别、定位、跟踪、监控和管理的一种网络。

物联网应用中的以下三项关键技术融合了信息化、数字化和智能化的内容：

①传感器技术：传感器把模拟信号转换成计算机能够处理的数字信号；

②RFID 技术：这是把无线射频技术和嵌入式技术融合为一体的综合技术，主要应用于自动识别、物品物流管理；

③嵌入式系统技术：这是综合了计算机软硬件、传感器技术、集成电路技术、电子应用技术的复杂技术。如果把物联网比作人体，传感器相当于人的眼睛、鼻子、皮肤等感官，网络就是传递信息的神经系统，嵌入式系统就相当于人的大脑，在接收到信息后要进行分类处理。

（6）区块链。

区块链是分布式数据存储、点对点传输、共识机制、加密算法等计算机技术的新型应用模式。区块链（block chain）是比特币的一个重要概念，它本质上是一个去中心化的数据库，同时作为比特币的底层技术，是一串使用与密码学相关联的方法产生的数据块，每一个数据块中包含了一批次比特币网络交易的信息，用于验证其信息的有效性（防伪）和生成下一个区块。

从科技层面看，区块链涉及数学、密码学、互联网和计算机编程等很多科学技术问题。从应用视角看，简单来说，区块链是一个分布式的共享账本和数据库，具有去中心化、不可篡改、全程留痕、可以追溯、集体维护、公开透明等特点。这些特点保证了区块链的“诚实”与“透明”，为区块链创造信任奠定了基础。区块链丰富的应用场景，基本上都基于区块链能够解决信息不对称问题，实现多个主体之间的信任协作与一致行动。

区块链由算法驱动，天然支持资产数字化。区块链技术采用公钥密码标识资产所有者，将资产认证信息进行加密和资产锁定，从而实现财产权利的自治。持有对应私钥的用户可以实时对外转移资产。所有交易过程算法化、智能化。

随着信息技术的高速发展，语音、图片和视频等非结构化数据经过数字化后形成数字化资产进行流通，未来房屋、汽车、土地等实物资产在区块链上登记、确权后，也可能由一纸证明演变为可度量的数字化资产，甚至进化为新时代的“实物货币”，实现真正的万物互联，所有个体都可能成为重要的节点。

（二）数字化技术对公司战略的影响

1. 数字化技术对组织结构的影响。

数字经济背景下，构建于互联网和信息技术基础之上的智能化和数字化为现代企业提供了全新的生存、生产、经营、竞争和创新方式。数字化转型的本质是依托数字技术对企业进行智能化、数字化改造，并借助大数据的海量性和流动性，通过不断化解企业面临的不确定性，提升企业的生产效率。从组织结构变革的程度而言，“数字优先”的外部环境发生的剧变，组织目标也发生根本性的调整，从传统的组织结构变革为提供数字化社会信息服务的互联网组织。具体而言，企业数字化技术对组织结构变革的影响表现在以下几个方面：

①组织结构向平台化转型。

数字化时代，复杂性、动态性和不可预测性成为组织面临的主要环境生态，无处不在的不确定性，频繁的组织内、外部沟通互动，日益模糊的组织边界，都迫使企业不断提升市场竞争能力，增强环境适应能力，在组织架构上更加包容和开放，在组织沟通上更加务实和高效。

在数字经济时代，组织形态趋于柔性化、扁平化和网络化，并呈现出大平台、小前端的特征。未来的组织形态必须更敏捷地应对动态市场环境的变化，通过建立以流程驱动为基本特征的扁平化动态组织，围绕为用户创造价值，以跨部门的业务流程梳理与优化为切入点，从横向上逐步打通部门壁垒，彻底改造因部门分割而产生的流程中断、分散等状态。

②构建传统与数字的融合结构。

数字化技术是构建传统与数字的融合结构是现阶段的核心变革举措。一方面，融合结构中包含传统和新兴的两类人才、观念、技术、流程和传播渠道。在媒介融合战略的引导下，新兴的知识和理念在组织内部扩散，新生元素对传统元素会发挥强有力的引导和转化作用。因此，在组织变革中，融合结构是实现传统中人才、观念、流程等要素向互联网路向转变的重要机制，这是其核心价值。另一方面，如果从促进传统要素转型的角度而言，融合结构只是一种过渡性的结构，而非最终的形式。原因在于通过新兴的知识、观念、技术的引导与洗礼，无法适应数字内容生产和分发的人员、介质等要素需要被清除，从而使组织转向更加纯粹地适宜网络端，尤其是移动端的形态。

③以新型组织结构为主要形式。

在数字化技术的支持下，一些组织设计并采用了一些新型的组织结构以增强组织竞争其中最为重要的是团队结构和虚拟组织。团队结构和虚拟结构是将具有不同技能的员工组合在一起共同完成多环节任务或工作的人员组合形式，它的优势在于不同专业技能的员工之间可以进行充分的协作与沟通；结构扁平化能够实现信息的保真和快速流通；较高的决策权能够为团队快速回应环境变化提供条件；充足的资源能够保障创新的成功率；相对较低的试错成本，也适宜于对新领域和新项目的探索。

a. 团队结构（team structure），是以团队作为协调组织活动的主要方式，团队成员在动机、价值取向和目标追求上具有高度的一致性，要求成员既是全才又是专才。团队具有高度的自主性，对大多数操作性工作负全部责任。信息技术使得团队之间的沟通和组织对团队的有效监督成为可能。

b. 虚拟组织（virtual organization），是组织扁平化在企业之间的形式，是当市场出现新机遇时，具有不同资源与优势的企业为了共同开拓市场，共同对付其他的竞争者而组织、建立在信息网络基础上的共享技术与信息，分担费用，联合开发的、互利的企业联盟体。虚拟企业运用网络来联系人员、资产和创意，不受传统组织边界或地理位置的限制，制造产品，提供服务。通过组建虚拟企业，企业可以突破自身能力的限制，追求一种完全靠自身资源或能力难以达到的目标。只有依托于强有力的计算机网络，这种以信息流管理为核心能力的组织形式才可能存在。这种结构的优点在于灵活性强，有利于很快地重组社会的资源适应市场的需要。

2. 数字化技术对经营模式的影响。

目前，数字信息资源服务大体存在两种经营模式，即国家或部门投入的公益性经营模式和产业化经营模式（又称企业化经营模式）。产业化模式的主体包括数据库生产商、信息内容服务商和出版商，其投资主体主要是专业机构或企业。具体而言，数字化技术对企业经营模式的影响主要体现在以下几个方面：

①互联网思维的影响。

企业思维经历了由工业化思维向互联网思维的转型过程。工业化思维以大规模生产、大规模销售和大规模传播为主要标志。在这种思维模式下，企业也会根据市场反馈进行调整，但周期缓慢。处于工业化思维的传统企业，最大的困境是由于信息不足而导致信息不对称，并由此产生了与之相适应的商业模式。数字经济催生了互联网思维。互联网思维颠覆了我们对传统企业经营的固有认知，我们需要对传统企业的战略、业务、运营及管理等各个层面重新审视。最为显著和重要的变化是，信息技术的飞速发展使得传统的销售与传播环节变得不再重要。依托数字技术，企业能以更好的产品和服务满足消费者的个性化需求，且价格更低、速度更快。

②多元化经营的影响。

多元化经营已经是经营者的共识。在数字技术的促进下，随着“互联网 + 流通”的快速发展，实体零售企业加快线上线下 O2O 全渠道布局，通过线上线下融合对全渠道范围零售要素（店铺、产品、服务、渠道、技术、营业模式、业态）进行重新整合，从而推动实体零售业态多元化发展。从营业模式上看，O2O

模式下的实体零售运用现代信息技术，充分整合线上线下全渠道资源和价值链上下游合作伙伴，打破了线下店铺传统经营模式的时空限制，促进跨界经营融合。O2O模式下线上线下加速融合使实体零售通过商品结构和服务的调整，不断扩充商品经营品类，陆续推出无人商店、“餐厅＋生鲜超市”等多种零售新业态，并融入了更多娱乐和休闲元素。

③消费者参与的影响。

数字化时代，网络空间得到极大的拓展和延伸，互联网将现实世界和虚拟世界紧密连接起来，为消费者参与企业商业模式创新提供了广泛的渠道。借助大数据平台，消费者可以实现将历史数据和实时数据高度融合匹配，充分发挥主观能动性，为企业商业模式创新贡献个性化智慧。消费者的深度参与使得商业模式创新更加开放，更加科学，也更加有效。新一代数字技术不仅通过信息的透明降低了企业与消费者的信息不对称程度，而且通过信息的即时交互使消费者广泛介入到企业的运作过程中，使松散的消费者个体凝聚成为有价值的群体，形成消费者增权。随着消费者增权程度的提升，逐步形成以企业与消费者互动为基础的各种新型商业模式。这些商业模式的出现使企业与消费者之间的协同比以前更为迫切和重要。企业应借助数字网络平台形成与消费者的互动关系，并借助大数据技术了解主要客户对于现有产品和服务的改进建议，找到真实的市场需求，提供更高质量的产品和服务。

3. 数字化技术对产品和服务的影响。

随着产品技术趋向同质和服务经济兴起，产品制造为企业创造价值的空间不断受到侵蚀，而移情性服务开发不仅能够有效解决客户问题，而且有助于企业优势制造业向价值链高端环节攀升。服务化逐渐成为企业赢得订单、获取竞争优势的重要手段。但当企业服务化出现产品与服务匹配错位、制造业务与服务业务互斥、服务化尺度把握不足时，企业容易陷入“服务悖论”困境，造成其服务化进程受阻。数字化技术的涌现能够有效缓解上述问题，尤其当制造企业向客户提供“软件＋产品＋服务”的数字化集成解决方案时，将极大地推动制造企业服务化进程。具体而言，数字化技术对产品和服务的影响主要体现在以下几个方面：

①个性化。

数字化时代，消费者的需求发生了显著变化，个性化成为消费者需求的重要特征。消费者诉求已经由传统的价格、质量、实用等功能性诉求转向服务、社交、分享、沟通、参与等体验性诉求。消费者对产品和服务的需求由被动接受向主动要求转变，这就倒逼企业要具备较强的信息挖掘、整理和使用能力。数字化时代提供了高效便捷的数据获取和分析工具，企业可以在消费者“留痕”的平台（社交平台、购物平台和搜索平台）上将零散的信息收集、加工、处理，充分提取消费者的偏好信息，发现消费者的隐性需求和个性化需求。数字经济时代，互联网技术使得万物互联成为现实，消费者的信息获取能力大大增强，且参与成本变低、方式变多、难度变小，多样化、个性化需求表达成为可能，由此驱动企业产品理念向定制化、个性化和多样化转型。

②智能化。

在以数字化为标志的新时代，产品的一个重要特征是智能化。通过大量的传感器、处理器、存储器等电子元器件，智能产品实现了对使用数据的实时抓取这些数据被企业用于分析消费者的使用行为，或者用于智能产品的自主学习，以便为消费者提供更好的使用体验；而配套的操作系统和应用软件，使得消费者能够在购买到产品后，自行完成最后的定制环节，从而可以按照个性化需求控制和使用智能化产品。

③连接性。

数字化环境下产品的另一重要特征是不断增强的连接性。事实上这种连接不但发生在产品之间，而且发生在所有事物之间，即所谓的万物互联。例如智能家居网络通过将音响、电视、照明、空调等不同产品连接起来，在各类智能产品之间进行数据的交互，共同为消费者提供一个无缝的使用场景。通过智能产品之间的连接，将看似不相关的活动主体连接起来，能够创造出更多的商业机会。

4. 数字化技术对业务流程的影响。

传统的企业管理模式下的业务流程，非增值的环节比较多，信息传递较为缓慢，流程中各环节的关系混乱。特别是一个完整的业务流程被不同的职能部门分割开来，降低了流程的效率和效益。因此，企业只有对其流程进行改造与创新，才能在新的环境中得以生存与发展。

20 世纪 90 年代初，“重新设计”的思想被引入管理领域，业务流程重组（Business Process Reengineering，BPR）的概念应运而生。业务流程重组，简称重组，是通过对业务流程彻底地再设计而大幅度改善成本、质量、进度和服务效益，企业从而可以在市场上成为一名成功的竞争者的过程。业务流程重组是企业过程创新活动，需要人们用归纳推理的方式来看待信息技术信息处理能力以及计算机与互联网技术的连通性增加了组织信息和知识的存取性、存储量和传播性，不仅可以大大提高业务流程的效率，使现有过程运行得更快、更好，还在于使组织打破传统的规则，建立全新的工作方式。企业过程创新不是简单的自动化，而是利用技术的最新潜能达到崭新的目标。数字化技术在重组业务流程中起到重要的作用。

数字化信息系统是企业重组业务流程的核心。对企业来说，传统的文档管理，都是在员工的电脑上的，对员工个人电脑上的软件数据有一定的隐私保护限制，不能做到统一管理，而对于一个公司来说，大量的文档都是从一台台的电脑上生成和发布的，这就意味着原始文档中的数据几乎都在一台台的电脑上，这就造成了重要文件和数据的泄露。企业为了避免重要文档和数据泄露，或者统一配置电脑，或者统一配置办公系统，以确保所有文件在企业内部局域网内使用，但这种方式仅适用于大型企业，对中小企业型来说，成本过高，包括配置费用和维护费用。数字化信息系统的出现，推动了大量基于云端的协作工具和软件的出现。比如企业云盘，可以帮助企业更好地完成知识沉淀，从而便于管理者做出更有利于企业发展的决策。无论是内部管理还是外部协同，基于云的办公场景构建，都是企业数字化转型中必须考虑的场景。工欲善其事必先利其器，企业团队经常使用的工具是否适合企业的数字化场景，也是推动数字化进程的重要一步。在服务理念方面，应该从“人工”服务转为“智能”服务。应充分发掘和融合各个方面的资源、数据等去满足不同消费者的各类需求，并在满足其显性需求的基础上，释放其隐性的深度需求，再根据深度需求进行充分的数据挖掘，形成数据模型，进而产生智能化服务提供给用户。在服务重组的实施过程中，企业需要基于新型的服务平台，利用大数据分析、传感器以及人工智能技术，从丰富的内外各类信息资源中分析其潜在的价值，然后进行有目的的开发组织，把相对独立的信息等转化成为更为增值、多元化的服务模式，并升级各类用户的贡献力度，将原来重复的人工行为转化为半智能或全智能服务的形式。

重难点 14：数字化战略转型

（一）数字化战略的定义

数字化并不是对企业以往的信息化建设推倒重来，而是整合优化以往的企业信息化系统，在此基础上提升管理和运营水平，同时用新的技术手段提升企业的技术能力，以支撑企业适应数字化转型变化带来的新要求。数字化战略就是全面评估企业数字资产，制定持续改进计划并积极服务于企业业务增长目标的战略举措。

（二）数字化战略转型的主要方面

1. 技术变革。

5G、工业互联网等新一代信息技术的发展促使企业对基础条件如网络、通信设备和原有系统等进行重构与变革，为企业的创新行为提供技术资源的支撑，加速企业产品与服务的创新，探索新的市场机遇。

（1）数字化基础设施建设。数字化基础设施建设是企业进行数字化转型的基石。选取主干网与互联网接口带宽、主干网网络覆盖率和数据安全措施应用率作为数字化基础设施的主要评价指标。主干网是企业所有通信和数字化相关系统的承载体，将企业生产管理的全流程进行连接，并延伸到每一个岗位。主干网与互联网接口带宽是反映企业数据传输量的重要指标。主干网网络覆盖率反映企业各部门间的网络覆盖情况，是企业生产管理数据精准、低延时互联互通的重要前提。安全措施应用率反映企业当前在智能设备、网络、平台与数据方面的安全建设状况，比值越大，则企业信息网络安全可靠性越高。

（2）数字化研发。数字化研发是企业转型升级的主要动力，选取新产品产值率、R&D投入强度和员工人均专利数作为评价企业数字化研发的主要指标。新产品产值率指一定报告期内新产品产值与企业总产值的比重，是反映企业研究成果快速转化为新产品和适应市场变化能力的重要指标。R&D 投入强度反映企业对科技和创新的投入力度，比值越高越能提升企业的技术创新能力，越能促进企业转型。员工人均专利数可以直观反映企业对新技术、新产品开发的实际情况，其中发明专利相比于实用新型和外观设计更具有在未来创造更大价值的潜力。

（3）数字化投入。数字化投入为推动企业数字化转型提供支持，选取数字化投入占比、数字化设备投入占比、数字化运维投入占比和数据安全投入占比作为数字化投入的评价指标。数字化投入占比指企业数字化总投入与企业总投入的比值，反映企业对数字化转型的重视程度，数字化投入占比越高，企业对数字化转型越重视，数字化转型效果越明显。数字化设备投入占比、数字化运维占比和数据安全投入占比分别指企业在数字化设备、运维和数据安全上的投入与数字化总投入的比重。对数字化转型的合理投入可以加速企业转型进程，增强转型效果。

2. 组织变革。

消费需求日益个性化，迫使企业利用数字化技术变革组织结构，以增强对市场的反应速度。同时也需要员工之间加强直接沟通与信息获取，提高数字化技能与管理能力，进而拉动企业对数字化应用人才的需求。

（1）组织架构。数字化转型为企业组织架构带来重要变革，选取数字化部门领导者地位和企业管理层级数量作为组织架构的评价指标。数字化部门领导者在企业地位越高，数字化的推进越明显。企业数字化转型所带来的最明显的组织变革即敏捷制造。企业管理层级数量可以反映企业的组织架构模式，企业管理层级数量合理减少，企业组织架构扁平化，能够降低部门与部门、员工与员工间的信息壁垒，使企业快速适应技术变革带来的不确定性，提升整体效率。如海尔在数字化的驱动下，完全摈弃了过去科层制的架构模式，代之以自创的平台化组织模式，而这种模式所依赖的就是所谓的“三化”机制——企业平台化、用户个性化和员工创客化。

（2）数字化人才。数字化人才是推动企业数字化转型的关键要素之一，选取数字化人才比重、数字化技能员工覆盖率和初级数字化技能人才培训支出比作为数字化人才的评价指标。数字化人才比重是企业数字化相关人才数与企业员工总数之比，它反映企业数字化转型在人力资源方面的软实力情况。数字化技能员工覆盖率反映企业员工对数字化技术的应用情况，比值越高，说明员工对数字化设备的操作越熟练，数字化设备的利用程度越高。初级数字化技能培训支出与企业员工培训支出的比重反映企业员工数字化技术的应用状况。

3. 管理变革。

企业通过数字化转型打通生产与管理全流程的数据链，促进业务流程变革、生产变革和财务变革，提高产品质量和生产效率。

（1）业务数字化管理。业务数字化管理是企业数字化转型的重点之一，选取电子商务采购比率、数字化仓储物流设备占比、订单准时交付率以及数据可视化率作为业务管理的评价指标。电子商务采购比率指企业利用电子商务采购金额与总采购金额的比值。电子商务采购在信息传递方面的特点可以打破时间与空间的限制，缩短采购周期，降低企业的交易成本。数字化仓储物流设备是企业减少库存的物质技术基础，是企业降低物流与库存成本的主要标志。订单准时交付率是反映企业通过大数据，联动供应链上下游资源，提升协作配套生产能力，以快速响应市场变化、满足客户要求的重要指标。数据可视化率用于评估生产现场可视化对象的管理水准，可帮助企业实现生产全流程精准管控。

（2）生产数字化管理。数字化生产是企业数字化转型的关键，选取作业自动化编制及优化排程比例、与 PCS 或 MES 直接相连的数字化设备占比、数字化检测设备占比和在线设备管理与运维比例作为衡量企业数字化生产能力的指标。自动化编制及优化排程比例反映企业数字化生产作业计划与车间调度的覆盖范围与控制精度。与 PCS 或 MES 直接相连的数字化设备占比反映企业数字化生产设备接入、数据采集与互通情况。生产设备的互联互通可以帮助企业对生产过程中的各种数据进行收集、分析与处理，优化生产方案，进行数字化、柔性化生产管理。数字化检测设备占比反映企业在生产过程中对产品质量进行在线检测与控制，以及对产品全生命周期进行追溯管理的能力。在线设备管理与运维比例反映企业在生产过程中对企业用料、用物、用能等进行在线监测，分析其使用是否合理的能力。

（3）财务数字化管理。财务数字化管理为企业数字化转型提供保障，选取 ERP 系统覆盖率、资金周转率和库存资金占有率反映企业财务数字化管理指标。ERP 系统可以打通企业生产与管理全流程数据，为企业的经营决策提供数据支持。企业资金周转率反映在保证生产经营正常进行的情况下流动资金的周转速度。库存资金占有率是反映企业库存信息化效益状况的指数。如华为通过交易核算自动化、ERP 优化等多种方法实现全球核算实时可视，过程可跟踪、可管理，仅需 3 天即可完成月度财务报告，11 天完成年度财务报告，全面数字化已成为华为新的竞争优势。

（4）营销数字化管理。很多行业发展的历史路径依赖性决定了目前产品的销售导向性。比如营销长期依靠营销人员的人海战术和销售费用的大规模投放，一直走的是依靠人力规模扩大带动业务增长的发展方式。进入数字经济时代，许多行业传统营销方式的弊端日益凸显。新兴技术的不断发展，为解决传统营销问题、重塑企业营销能力提供了有利契机。凭借多种数字化媒介，企业可以整合不同渠道为客户提供线上和线下全面的无缝式体验，打造全渠道营销的服务模式。通过大数据技术对海量客户信息进行挖掘和利用，将结果数据转化为改进营销方式的切入点，有利于企业实现精准营销。人工智能技术的加入，加深了人与信息、人与服务、人与商品的连接，使营销进入人工智能时代，让营销变得更为智能、高效。因此要利用数字化技术有效拓展客群范围，通过数字挖掘发现客户的行为模式和动态需求，发展潜在客户，服务低收入人群，实现客户多元化。要运用客户管理系统（CRM）、数据仓库（DW）和商业智能（BI）技术，获取全面完整的客户信息，实现整合营销和交叉销售。在数字化客户管理的基础上，通过大数据分析实现精准营销、内容营销、数字化的客户生命周期管理等。

（三）公司数字化战略转型面临的困难

1. 网络安全问题。

网络对公司数字化转型起着重要作用。数据在云化以后，数据集中化程度不高，造成数据安全性得不到保障，数据非法访问风险加剧；传统的应用服务器是独立的，但上了云系统以后，应用服务器的安全边界越来越小，甚至还会出现很多漏洞，虚拟机和虚拟机保护机制不完善；公司希望扩大数字应用范围，但安全匹配落后；公司都希望运行速度更快，这也是云计算的明显优势，但授权也会呈现静态变化，从而导致匹配难度较大。

2. 数据容量问题。

在传统的管理模式下，无论数据储备还是数据整合分析的工作量在企业经营管理中所占比重并不大，甚至不需要使用信息技术即可进行统计、处理，也无需担心数据的储存问题，更不需要先进的储存设备。公司数字化转型中数据飞速剧增，传统的普通计算机已经无法容纳海量的数据。与此同时，对后台运行、终端处理技术也提出了更高的要求。

3. “数据孤岛”问题。

开发时间与部门的差异，导致异构以及多个软硬件平台的信息系统同时运行，但这些系统数据相互独立、隔离，无法实现数据共享，由此产生了“数据孤岛”。随着数字化进入全新的发展阶段，公司对外部信息包括产业链上下游企业信息的需求呈现不断上升的趋势，需要对这些数据资源进行整合，实现行业信息共享。

4. 核心数字技术问题。

公司数字化转型面临成本较高、核心数字技术供给不足等问题，也缺乏有能力承担集战略咨询、架构设计、数据运营等关键任务于一体，且能够实施“总包”的第三方服务商。目前市场上的方案多是通用型解决方案，无法满足企业、行业的个性化、一体化需求。更为重要的是，对于很多中小企业而言，市场上的软件、大数据、云计算等各类业务服务商良莠不齐，缺乏行业标准，选择难度较大。

（四）公司数字化战略转型的主要任务

1. 构建数字化组织设计，转变经营管理模式。

（1）制定数字化转型战略。由企业领导层亲自负责，制定企业级的数字化转型战略，做好数字化转型的顶层设计，对企业数字化转型进行全面、系统、整体的规划布局，明确企业数字化转型的战略定位、战略目标，确定数字化战略的具体内容，指明数字化转型战略的实施步骤和实施路径。

（2）建立数字化企业架构。推动企业传统架构向新一代数字化企业架构转变，重构企业业务架构、数据架构和技术架构，建立以混合云为基础，以企业数字化云平台为载体，实现业务自由扩展、应用高效支撑、服务灵活部署、数据融合应用的新一代企业架构。

（3）推动数字化组织变革。建立数字化组织变革领导小组，调整组织架构，建立适应数字化转型的组织体系，构建起以业务为核心，灵活机动、分布式、扁平化、网状化的组织体系，形成适应数字经济条件的新的组织体系。

2. 加强核心技术攻关，夯实技术基础。

建立公司数字化技术管理体系，对互联网、移动互联网、大数据、人工智能、区块链、云计算等各类技术进行统筹管理，融合企业内外技术团队的能力，建立一个开放式的技术开发应用生态，推动各项技术在企业数字化转型中的实时响应、有力支撑、高效应用。增加企业牵头的科研项目数量，并在技术专利方面有所突破。

3. 打破“数据孤岛”，打造企业数字化生态体系。

围绕实现数据、技术、流程、组织等四要素和有关活动的统筹协调、协同创新管理和动态优化，建立适宜的标准规范和治理机制，打破“数据孤岛”。建立企业数字化生态体系，建立企业级数字生态服务平台，以开放共享的理念，连接企业客户和上下游合作伙伴、第三方服务商等各类主体，形成以企业价值创造为核心的全面开放、协同共生、共建共享的企业级数字化生态共同体。

4. 加快企业数字文化建设。

建立企业数字化转型的文化氛围，让数字化转型深入人心，成为企业的主流文化。用数字化转型推动企业各个部门、各个小组、全体员工学习数字化转型相关内容，了解数字化转型给企业、部门、小组、个人带来的价值，形成自上而下，自下而上双向驱动的数字化转型文化。

5. 利用新兴技术，提升公司网络安全水平。

每个企业都需要某种形式的网络保护系统，否则就有可能成为网络攻击的牺牲品。通常，公司会使用网络安全程序来控制谁可以查看和使用公司数据，员工需要 ID 和密码组合才能进入公司网络。在云计算、虚拟化和移动计算技术的应用下，利用支持架构和技术控制来进行安全监控，提供可用于增强服务质量和性能指标的数据。企业和 IT 专业人员都应明确意识到网络安全必须与时俱进。

通关练习

（一）单选题

1. 下列不属于大数据的主要特征的是（　　）。

A. 价值性

B. 多样性

C. 有效性

D. 高速性

2. 圣诗公司是一家集团企业，主要的核心业务是全球高级化妆品的制造和销售业务。近期，圣诗公司并购了国外 8 家女性内衣连锁分店的甲公司，并且同时与乙公司签订了战略联盟为进军服装业做准备。如果圣诗公司想更有效地开展各项业务，其可以选择的组织结构类型是（　　）。

A. 创业型组织结构

B. 职能制组织结构

C. 矩阵制组织结构

D. M 型企业组织结构

3. 甲公司是已经经营二十年的快餐企业。随着企业规模的增大，对于各种快餐食品已经有了严格的制作标准和制作流程，因此甲公司的员工可以据此来进行检查和调整。根据横向分工结构的协调机制理论，甲公司的组织协调机制是（　　）。

A. 工作成果标准化

B. 共同价值观

C. 工作过程标准化

D. 直接指挥，直接控制

4. 福特公司曾经生产过一种 T 型车，其当时的宗旨是让世界上所有人都可以买得起车，随着销量的增加，福特公司创建了世界上第一条汽车生产线，T 型车的售价也越来越低，20 年内销量超过了 1 500 万辆，占据市场大比例份额。但随着低端市场的饱和以及消费者的需求变化，通用公司推出的新样式及颜色的汽车，迅速抢占市场，使当时的福特公司惨败。通过上述案例，福特公司当时采用的组织战略类型是（　　）。

A. 防御型战略组织

B. 开拓型战略组织

C. 分析型战略组织

D. 反应型战略组织

5. 格尔信集团是一家白色家电生产企业，于 2019 年并购了一家绿色家电生产企业，格尔信集团保留了被并购企业的组织结构，两家公司的企业文化与管理制度也极为相似。通过上述案例，从战略稳定性与文化适应性角度来看，格尔信集团应当（　　）。

A. 以企业使命为基础

B. 加强协调作用

C. 根据文化的要求进行管理

D. 重新制定战略

6. 顺兴公司采用成本领先战略，建立数条全自动生产线，加大投资金额，加强企业建设。席卷全球的金融危机，导致全球购买力下降，市场需求大大降低，导致顺兴公司的战略难以继续实施。通过上述案例，顺兴公司面临的战略失效属于（　　）。

A. 早期失效

B. 正常失效

C. 晚期失效

D. 偶然失效

7. 甲公司是一家健身器材制造公司，对其子公司都实行预算管理并都使用增量预算，子公司的预算计划需要提交甲公司，经批准后才可执行。2019 年 8 月，甲公司实行一体化战略，收购了一家健身器材销售公司，实现了产销一体化，并且甲公司计划改变销售公司的经营策略。2019 年 12 月，甲公司要求所有子公司启动 2020 年度预算编制工作，那么健身器材销售公司应该采用的预算编制方法是（　　）。

A. 静态预算

B. 动态预算

C. 零基预算

D. 增量预算

8. 西蕾面包坊是全国连锁的蛋糕店，在全国 34 个省都有开设，总公司通过平衡计分卡方法进行业绩衡量，下列衡量指标属于创新与学习角度的是（　　）。

A. 公司的市场份额

B. 各品种蛋糕的销售增长率

C. 面包坊的盈利率

D. 新品种蛋糕占销售量的比例

9. 专题报告有助于企业对具体问题进行控制，有助于企业管理人员开阔战略视野，有助于企业内外的信息沟通。下列选项中，不属于专题报告的是（　　）。

A. 对上市公司治理结构的研究报告

B. 关于商业银行投资项目的调查研究

C. 消费群体偏好的统计分析报告

D. 关于电子商务受众群体的调查报告

（二）多选题

1. 下列选项中，属于扁平型组织结构特点的有（　　）。

A. 内部管理层次较多

B. 管理人员的控制幅度较宽

C. 可以及时地反映市场的变化

D. 容易造成管理失控

2. 某汽车销售公司给予下属的汽车旗舰店店长及销售员不同程度上的权限，即可以对购买汽车的客户给予不同程度的优惠或者赠送一定的礼品。根据组织纵向分工结构集权与分权理论，该公司这种组织方式的特点有（　　）。

A. 公司呈现扁平型结构

B. 减少了信息沟通的障碍

C. 降低了企业对市场的反应能力

D. 级别较低的管理者的职业发展有限

3. 随着企业的快速发展，甲公司的产品逐渐遍布全球，企业将组织结构调整为全球区域分部结构，开始实施多国本土化战略。下列属于该组织结构特点的有（　　）。

A. 全球的协作程度较低

B. 容易形成全球的规模经济

C. 地区经理拥有高度自主权

D. 本土独立性和适应能力较低

4. 战略失效是指企业战略实施的结果偏离了预定的战略目标或战略管理的理想状态。那么下列关于导致战略失效原因的说法中，正确的有（　　）。

A. 企业内部缺乏沟通

B. 战略实施过程中信息反馈受阻

C. 外部环境出现了较大变化

D. 企业人员组织战略实施

5. 战略控制系统的特点可以通过以下哪些方面来反映（　　）。

A. 战略控制系统环境的变化

B. 程序的正式程度

C. 企业战略决策状态的风险程度

D. 能被识别的业绩评价指标的数目

6. 成功关键因素是指公司在特定市场获得盈利必须拥有的技能和资产，是对于企业的成功至关重要的少数关键指标，那么识别成功关键因素的优点有（　　）。

A. 可以提醒管理层那些需要控制的事项，并显示出次要的事项

B. 可以将组织的业绩进行内部对比

C. 能够转化为按照相同方式定期报告的关键性业绩指标

D. 能够保证管理层定期收到有关企业的关键信息

7. 下列关于财务衡量指标的计算公式中，正确的有（　　）。

A. 负债率 = 扣除利息后负债/股东权益 ×100%

B. 速动比率 = 流动资产/流动负债 ×100%

C. 资本报酬率 =（息税前利润/当期平均已动用资本）×100%

D. 存货周转期 = 存货 ×365/销售成本

8. 下列关于企业利益相关者的利益矛盾与均衡的说法中，正确的有（　　）。

A. 马里斯的增长模型是一种“平衡状态”模型

B. “商业伦理”问题实质就是企业如何对待社会效益

C. 鲍莫尔“销售最大化”模型会使企业达到最大销售收益

D. “组织呆滞”导致的额外“支付”由各利益相关者承担

（三）简答题

凌美公司是国内一家白色家电生产企业，主营产品包括冰箱、空调、洗衣机等。目前，该公司在国内占据较大的市场份额，在外国市场也具有较好的市场表现。公司目前主要提供的是标准化产品，产品品类和款式较少。

为了明确公司下一步的发展方向，凌美公司管理层对企业主要产品的市场状况做了全面的调查。调查发现，目前白色家电行业整体增长缓慢。其中一个原因便是“家电下乡”政策的后遗症。2008 年全球遭遇“金融危机”，为了刺激国内消费，促进经济复苏，政府推出了“家电下乡”政策。这一政策的实施促使国内城乡家庭的白色家电保有量在短时间内得到大幅增加。而白色家电的使用寿命普遍较长，这就导致当前国内白色家电的市场需求量大幅减少。与此同时，公司管理层也注意到，目前国内中低档家电的市场需求渐趋饱和，而中高端环保型家电市场有待进一步开发。政府在 2015 年提出了“供给侧改革”，随着这一政策的推进，必将迎来新一轮消费升级，城乡内 GDP 增速放缓，但整体上仍保持平稳较快增长，家庭收入持续增加，尤其是农村居民收入得到了显著增加。因此，农村中高端白色家电市场很值得进一步开发。并且，随着消费者消费能力的提升，消费者的需求将会呈现出更加个性化的态势。

国内在线小额信贷的兴起，也让很多的年轻人具备中高端家电消费能力。由于消费者网络购物习惯的养成，物流运输效率的提升，在线购买家电成为可能。柔性生产线技术和大规模定制技术的发展，使购买高值低价的产品不再是奢望。物联网、人工智能等技术的发展，使得智能家居成为新的消费热点。“创新、协调、绿色、开放、共享”的发展理念成为时代主旋律，为新一代环保型产品提供了巨大的发展空间。

凌美公司意识到，这是一个机遇与挑战并存的时代。公司要想实现长远的发展，必须要瞄准市场，把握机遇，顺势而上。

考虑到国内白色家电市场渐趋饱和，而国外市场仍处于高增长阶段，凌美公司启动了国际化战略，以开拓国际市场。

凌美集团管理层考虑，先进入最为苛刻的发达国家消费市场，能够在消费者高标准的质量要求和激烈的市场竞争中获得相关市场经验和领先技术，尽快提升企业在世界市场的竞争优势。2012 年 4 月，凌美公司在发达国家 D 国建立生产厂，随后几年内又在 D 国建立了销售中心和设计中心，以深入把握 D 国市场的产品需求。由于自身产品过硬的质量和有格调的设计，凌美公司在短短两年内就占据了 D 国较大的市场份额。

为了其国际化战略的成功，凌美公司决定整合全球优势资源。凌美公司在德国和美国成立了研发中心；在意大利成立了设计中心；在中国、东南亚、印度等市场需求较大、劳动力成本较低的国家和地区成立了 7 个高效率的生产制造基地。公司提供的产品系列少而精，面向全球市场提供高质量的标准化产品。

为了配合公司国际化经营战略的实施，凌美公司在全球的组织结构按产品划分为事业部，公司总部确定企业的总目标和经营战略，各产品事业部经理根据总部的经营目标和战略分别制订本事业部的经营计划，并根据各国成本和技术的差异来设置活动。

万灵公司是国内G省一家空调制造企业。该公司拥有自主研发的达到国际领先水平的“新一代G10低频控制技术”“高效离心式冷水机组”和“新型超高效定速压缩机”等核心科技。但是，万灵公司以前主要专注在南方市场，没有在北方建立起自己的销售渠道，其生产基地和仓储基地也全部集中在南方。而凌美公司目前在北方市场遇到了多个劲敌。尽管凌美公司在销售渠道、营销能力、品牌认知度等方面拥有优势，但是由于缺乏核心技术，公司的产品正在逐渐失去竞争力，公司上下为此焦虑不安。

鉴于双方的资源与能力具有显著的互补性，凌美公司与万灵公司都有进行合作的意愿。双方管理层就合作的相关事宜进行了协商和谈判。从降低协调成本考虑，最终双方决定建立产销合作联盟：万灵公司以较低的价格为凌美公司提供技术支持；凌美公司为万灵公司提供组装、仓储等服务，并以较低的价格让万灵公司的空调进驻凌美公司的线下门店。双方约定按照一定的比例共享收益、共担风险，并对双方的违约责任和联盟解体等问题都做出了具体的规定。

对于和万灵公司结成战略联盟的计划，凌美公司也对可能会面临的风险进行了分析。公司内部一致认为，产销合作联盟实施过程中可能存在下列风险：首先，双方分别提供的技术与渠道难以按照合适的比例参与利益分配，并且各项成本一直在变动，很难建立合理的动态的利润分配机制；其次，双方同为白色家电制造企业，存在相互竞争的关系，帮助万灵公司销售产品可能会损害自身的利益，合作过程中可能存在商业机密泄露的风险；再次，近期政府的环保标准提升还可能会导致凌美公司自身大量产品不合格，而对于万灵公司提供的技术支持，凌美公司由于专业人员的知识结构不全面、专业经验不足等原因在短期内难以消化吸收。

为了规避这些风险，公司领导层决定，一方面，努力巩固和完善与万灵公司已建立的信任合作的联盟关系；另一方面，尽快建立风险预控机制，成立风险管理委员会。

要求：

（1）从宏观环境角度，简要分析凌美公司当前所面临的机会与威胁。

（2）简要分析凌美公司采取的国际化经营战略类型及其为了实现组织结构与国际化经营战略的匹配，凌美公司所采用的组织结构类型。

（3）简要分析凌美公司对外投资的主要动机。

（4）简要分析凌美公司国际化经营选择目标市场区域路径的方式。

（5）简要分析凌美公司在D国选择的发展途径及其动机。

（6）简要分析凌美公司与万灵公司结成战略联盟的类型与动因，以及凌美公司如何实施对战略联盟的管控。

（7）简要分析凌美公司与万灵公司结成战略联盟之后需要规避的主要运营风险。

通关练习答案及解析

（一）单选题

1. 【答案】C

【解析】大数据的主要特征包括：①大量性；②多样性；③高速性；④价值性。因此，有效性不属于大数据的主要特征。

2.【答案】D

【解析】通过产品线的增加，企业会不断扩张；随着企业规模的扩大，上述结构将不再适用。在这一阶段，具有多个产品线的企业应采用 M 型结构。M 型结构将该企业划分成若干事业部，每一个事业部负责一个或多个产品线。M 型结构便于企业的持续成长。随着新产品线的创建或收购，这些新产品线可能被整合到现有的事业部中，或者作为新开发的事业部的基础。

3.【答案】C

【解析】横向分工结构的协调机制包括：①相互适应，自行调整；②直接指挥，直接控制；③工作过程标准化；④工作成果标准化；⑤技艺（知识）标准化；⑥共同价值观。工程过程标准化是指组织通过预先制定的工作标准，来协调生产经营活动，据此标准进行检查和调整。企业的成员在执行标准的同时，就形成了某种程度的协调。本题中，“对于各种快餐食品已经有了严格的制作标准和制作流程，因此甲公司的员工可以据此来进行检查和调整”体现出甲公司的组织协调机制是工作过程标准化。

4.【答案】A

【解析】防御型战略组织主要是追求一种稳定的环境，试图通过解决开创性问题来达到自己的稳定性，其通常采用竞争性定价或高质量产品等经济活动来阻止竞争对手进入自己的领域，保持自己的稳定。本题中，“随着销量的增加，福特公司创建了世界上第一条汽车生产线，T 型车的售价也越来越低”“占据市场大比例份额”“但随着低端市场的饱和以及消费者的需求变化，通用公司推出的新样式及颜色的汽车，迅速抢占市场，使得当时的福特公司惨败”体现出福特公司采用竞争性定价来保持自己在产业中地位的稳定，没有对市场环境的变化做出重大改变，因此，福特公司采用的组织战略类型是防御型战略组织。

5.【答案】B

【解析】本题中，“格尔信集团保留了被并购企业的组织结构，两家公司的企业文化与管理制度也极为相似”体现了各种组织要素的变化较少，并且潜在的一致性较大，因此格尔信集团应当加强协调作用。

6.【答案】D

【解析】本题中，“席卷全球的金融危机，导致全球购买力下降，市场需求大大降低，导致顺兴公司的战略难以继续实施”体现出顺兴公司在战略实施的过程中，因为一些意想不到的因素（金融危机）导致战略失效，这属于偶然失效。

7.【答案】C

【解析】本题中，“甲公司实行一体化战略，收购了一家健身器材销售公司，实现了产销一体化，并且甲公司计划改变销售公司的经营策略”说明健身器材销售公司在收购前的预算编制方法没有参考性，因此应该采用零基预算方法。

8.【答案】D

【解析】平衡计分卡中创新与学习角度的常用指标主要有：新产品占销售的比例、雇员调查、主要员工保留率、员工能力评估和发展等，因此，选项 D 正确。选项 A、C 属于顾客角度、选项 B 属于财务角度。

9.【答案】C

【解析】专题报告是根据企业管理人员的要求，指定专人对特定问题进行深入、细致的调查研究，形成包括现状与问题、对策与建议等有关内容的研究报告，以供决策者参考。因此，选项 A、B、D 属于专题报告，选项 C 属于统计分析报告。

（二）多选题

1.【答案】BCD

【解析】扁平型组织结构是指具有一定规模的企业的内部管理层次较少。在每个层次上，管理人员的控制幅度较宽。这种结构可以及时地反映市场的变化，并做出相应的反应，但容易造成管理的失控。因此，选项 B、C、D 正确，选项 A 属于高长型组织结构。

2. 【答案】AB

【解析】本题中，“某汽车销售公司给予下属的汽车旗舰店店长及销售员不同程度上的权限，即可以对购买汽车的客户给予不同程度的优惠或者赠送一定的礼品”说明该公司实行的是分权型决策，其特点包括：包含更少的管理层次，并将决策权分配到较低的层级，从而具有较宽的管理幅度并呈现出扁平型结构，选项 A 正确；减少了信息沟通的障碍，提高了企业反应能力，能够为决策提供更多的信息并对员工产生激励效应，选项 B 正确，选项 C、D 错误。

3. 【答案】AC

【解析】本题中，与“多国本土化战略”相配套的是“全球区域分部结构”，该结构使地区和国家经理有高度的自主权，可以改变本国的产品战略，使它能适应于所在国家或地区的特殊环境，因此难以形成全球的规模经济，选项 B 错误。全球区域分部结构可以使公司能够获得更高的当地反应能力和灵活性，本土独立性和适应能力较高，选项 D 错误。

4. 【答案】ABC

【解析】导致战略失效的原因主要有以下几点：①企业内部缺乏沟通，企业战略未能成为全体员工的共同行动目标，企业成员之间缺乏协作共事的愿望；②战略实施过程中各种信息的传递和反馈受阻；③战略实施所需的资源条件与现实存在的资源条件之间出现较大缺口；④用人不当，主管人员、作业人员不称职或玩忽职守；⑤公司管理者决策错误，使战略目标本身存在严重缺陷或错误；⑥企业外部环境出现了较大变化，而现有战略一时难以适应等。

5. 【答案】BD

【解析】战略控制系统的特点可以通过两个方面来反映：①程序的正式程度；②能被识别的业绩评价指标的数目。因此，选项 B、D 正确，选项 A、C 属于构建战略控制系统时，应当考虑的重点。

6. 【答案】ABCD

【解析】识别成功关键因素具有如下好处：①识别成功关键因素的过程可以提醒管理层那些需要控制的事项，并显示出次要的事项。②传统的预算控制可能使报告的成本与标准成本存在差异。而成功关键因素能够转化为按照相同方式定期报告的关键性业绩指标。③成功关键因素能够保证管理层定期收到有关企业的关键信息，以指导信息系统的发展。④它们能够用于将组织的业绩进行内部对比或者与竞争对手比较。

7. 【答案】CD

【解析】负债率 = 有息负债/股东权益 × 100%，选项 A 错误；速动比率 =（流动资产 − 存货）/流动负债 × 100%，选项 B 错误。

8. 【答案】ABD

【解析】鲍莫尔的“销售最大化”模型指出，企业经理总是期望企业获得最大化销售收益，但企业赚得的利润并不一定能满足股东对红利的需求；另外利润最大化的产出点则往往要求企业的经营活动低于其全部生产能力。事实上，往往企业并不会去追求这两种产出量中的任何一种，各方利益均衡的结果是企业可能在这两种产出量中选择一个中间点，这个产出量反映了代表经理人员利益的销售额最大化与代表股东利益的利润最大化的均衡结果，所以选项 C 错误。

（三）简答题

【答案】

（1）威胁主要体现在政治与法律因素，“目前白色家电行业整体增长缓慢。其中一个原因便是‘家电下乡’政策的后遗症”。

机会：

①政治和法律因素。“政府在 2015 年提出了‘供给侧改革’，随着这一政策的推进，必将迎来新一轮消费升级”。

②经济因素。“城乡内 GDP 增速放缓，但整体上仍保持平稳较快增长，家庭收入持续增加，尤其是农村居民收入得到了显著增加。因此，农村中高端白色家电市场很值得进一步开发。并且，随着消费者消费能力的提升，消费

者的需求将会呈现出更加个性化的态势”；“在线小额信贷的兴起，也让很多的年轻人具备中高端家电消费能力”；“……物流运输效率的提升，在线购买家电成为可能”。

③社会和文化因素。“消费者网络购物习惯的养成……在线购买家电成为可能”；“‘创新、协调、绿色、开放、共享’的发展理念成为时代主旋律，为新一代环保型产品提供了巨大的发展空间”。

④技术因素。“柔性生产线技术和大规模定制技术的发展，使购买高值低价的产品不再是奢望。物联网、人工智能等技术的发展，使得智能家居成为新的消费热点”。

（2）凌美公司采取的国际化经营战略类型是全球化战略。全球化战略是向全世界的市场推销标准化的产品和服务，并在较有利的国家集中地进行生产经营活动，由此形成经验曲线和规模经济效益，以获得高额利润。“凌美公司在德国和美国成立了研发中心；在意大利成立了设计中心；在中国、东南亚、印度等市场需求较大、劳动力成本较低的国家和地区成立了7个高效率的生产制造基地。公司提供的产品系列少而精，面向全球市场提供高质量的标准化产品”。

为了实现组织结构与国际化经营战略的匹配，凌美公司所采用的组织结构类型为“全球产品分部结构”。“凌美公司在全球的组织结构按产品划分为事业部，公司总部确定企业的总目标和经营战略，各产品事业部经理根据总部的经营目标和战略分别制订本事业部的经营计划，并根据各国成本和技术的差异来设置活动”，这些都是产品分部结构的基本特征。

（3）发展中国家跨国公司对外投资的四大动机有：寻求市场；寻求效率；寻求资源；寻求现成资产。

凌美公司对外投资的主要动机有：

①寻求市场。“考虑到国内白色家电市场渐趋饱和，而国外市场仍处于高增长阶段，凌美公司启动了国际化战略，以开拓国际市场”；“以深入把握D国市场的产品需求”。

②寻求效率。“在中国、东南亚、印度等市场需求较大、劳动力成本较低的国家和地区成立了7个高效率的生产制造基地”。

③寻求现成资产。“凌美集团管理层考虑，先进入最为苛刻的发达国家消费市场，能够在消费者高标准的质量要求和激烈的市场竞争中获得相关市场经验和领先技术，尽快提升企业在世界市场的竞争优势”；“凌美公司在德国和美国成立了研发中心；在意大利成立了设计中心”。

（4）凌美公司国际化经营目标市场区域路径的方式是新型方式（或不连续方式）。“凌美集团管理层考虑，先进入最为苛刻的发达国家消费市场，能够在消费者高标准的质量要求和激烈的市场竞争中获得相关市场经验和领先技术，尽快提升企业在世界市场的竞争优势”。

（5）凌美公司在D国选择的发展途径为内部发展（新建）。“凌美公司在发达国家D国建立生产厂，随后几年内又在D国建立了销售中心和设计中心”。

凌美公司采用新建战略的主要动因是：开发新产品的过程使企业能深刻了解市场及产品。“以深入把握D国市场的产品需求”。

凌美公司采用新建战略的应用条件是：企业有能力克服结构性与行为性障碍。“由于自身产品过硬的质量和有格调的设计，凌美公司在短短两年内就占据了D国较大的市场份额”。

（6）凌美公司与万灵公司结成战略联盟的类型是功能性协议（或契约式战略联盟）。“双方决定建立产销合作联盟”。

凌美公司与万灵公司结成战略联盟的动因：

①促进技术创新。“万灵公司……拥有自主研发的达到国际领先水平的‘新一代G10低频控制技术’‘高效离心式冷水机组’‘新型超高效定速压缩机’等核心科技”；“而凌美公司……缺乏核心技术”。

②避免经营风险。“公司的产品正在逐渐失去竞争力，公司上下为此焦虑不安”；“万灵公司以前主要专注在南方市场，没有在北方

建立起自己的销售渠道”。

③避免或减少竞争。“凌美公司目前在北方市场遇到了多个劲敌”。

④实现资源互补。“凌美公司在销售渠道、营销能力、品牌认知度等方面拥有优势”；“万灵公司……拥有自主研发的达到国际领先水平的……核心科技”。

⑤开拓新的市场。“万灵公司以前主要专注在南方市场，没有在北方建立起自己的销售渠道，其生产基地和仓储基地也全部都集中在南方”。

⑥降低协调成本。“从降低协调成本考虑”。

凌美公司对战略联盟的管控主要有：

①订立协议。“双方约定按照一定的比例共享收益，共担风险，并对双方的违约责任和联盟解体等问题都做出了具体的规定”。

②建立合作信任的联盟关系。“努力巩固与完善与万灵公司已建立的合作信任的联盟关系”。

（7）①企业产品结构、新产品研发方面可能引发的风险。“政府的环保标准提升还可能会导致凌美公司自身大量产品不合格”。

②企业新市场开发，市场营销策略（包括产品或服务定价与销售渠道，市场营销环境状况等）方面可能引发的风险。“双方同为白色家电制造企业，存在相互竞争的关系，帮助万灵公司销售产品可能会损害自身的利益”。

③企业现有业务流程和信息系统操作运行情况的监管、运行评价及持续改进能力方面引发的风险。“双方分别提供的技术与渠道难以按照合适的比例参与利益分配，并且各项成本一直在变动，很难建立合理的动态的利润分配机制”。

第五章　公司治理

2021 年教材内容主要变化

2021 年本章教材内容基本无变化，只做了个别字句的修改。

本章近五年考情统计分析

本章属于非重点章，考题一般以单选题、多选题、简答题形式出现，近五年平均考试分值为 2 分。

（一）近五年考试分值分布

题型	2016 年	2017 年	2018 年	2019 年	2020 年
单选题	—	—	—	1	1
多选题	—	1.5	—	—	—
简答题	—	—	6	—	—
合计	0	1.5	6	1	1

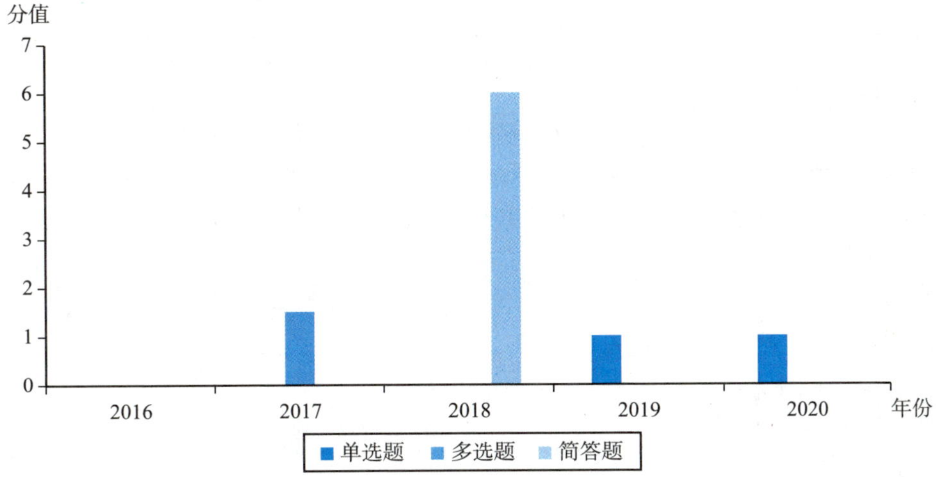

（二）近五年考试考点分布

高频考点内容	年度及题型分布
经理人对于股东的“内部人控制”问题	2018 年简答
终极股东对于中小股东的“隧道挖掘”问题	2017 年多选、2019 年单选
公司内部治理结构	2020 年单选

重难点解析

本章介绍公司治理相关知识，主要内容包括公司治理的概念、公司治理理论，三大公司治理问题，内部治理结构和外部治理机制，公司治理基础设施以及公司治理原则。

重难点1：企业的起源与演进★

纵观企业制度的演进发展史，基本可以划分为两大阶段：古典企业制度时期——以业主制企业和合伙制企业为代表；现代企业制度时期——以公司制企业为代表。随着生产经营规模的扩大和资本筹措与供应途径的变化，企业的形式经历了“业主制—合伙制—公司制”的发展。

（一）业主制企业

最早存在的企业制度，是由**自然人个人**投资成立和经营控制的组织。业主制企业**不具有法人资格，对企业的负债承担无限责任**，即当企业资不抵债的时候，业主需要拿出个人财产偿还企业债务。

优点	缺点
①企业内部组织形式简单，经营管理的制约因素少，经营管理灵活，法律登记手续简单，容易创立和解散。 ②企业的资产所有权、控制权、经营权、收益权均归业主所有，业主享有完全自主权，便于发挥其个人能动性、生产力及创造力。 ③业主自负盈亏，对企业负债承担无限责任，个人资产与企业资产不存在绝对的界限，当企业出现资不抵债时，业主要用其全部资产来抵偿。因此业主会更加关注于预算和成本控制以降低经营风险。	①所有者只有一人，企业资产规模小，资金筹集困难，企业容易因资金受限而难以扩大生产和规模。 ②企业所有权、收益权、控制权、经营权高度统一归业主所有，使企业存续受制于业主的经营意愿、生命期、继承者能力等因素。 ③企业经营者也只是所有者一人，当企业发展到一定规模后，限制在个人内的人力资本就很可能会影响到组织决策的质量。 ④因业主承担无限责任所带来的风险较大，企业为规避风险而缺乏动力进行创新，不利于新产业发展。

（二）合伙制企业

由两个或多个出资人联合组成的企业，**不具有法人地位**，合伙人才是民事主体。企业归出资人共同所有、共同管理，并分享企业剩余或承担亏损，**对企业债务承担无限责任**。

一般意义上，合伙制企业运行在共同出资、共同经营、共享利润、共担风险的契约关系之下。合伙人原则上拥有平等参与企业决策的权力，以及平等承担企业责任的义务。

优点	缺点
①扩大了资金来源，有助于企业扩大规模、生产发展，部分缓解了业主制资金不足的问题。 ②合伙企业虽然拥有多个产权主体，但其产权结构完整统一，更有利于整合发挥合伙人的资源优势，促进人力、技术、土地、资金等资源共享，部分缓解了业主制人力资本不足的问题。 ③合伙人共同经营企业、共担风险，在企业经营管理上可以实现优势互补、集思广益，一定程度上分散了经营压力。	①合伙人对企业债务承担无限责任，风险较大。 ②合伙人间缺乏有效制约机制，监督履责困难，可能产生“搭便车”行为。 ③在经营管理决策中合伙人之间产生的分歧带来很多的组织协调成本，降低了决策效率。 ④**合伙人的退伙会影响企业的生存和寿命。**

（三）公司制企业

在最简单的公司制企业中，公司由三类不同的利益主体即股东、公司管理者、雇员组成。

公司制企业具有三个重要特点：**有限责任制，股东财产所有权与企业控制权分离，规模增长和永续生命。**

1. 有限责任制。

有限责任制指**公司应当以其全部财产承担清偿债务**的责任，**公司的股东以其认购的股份为限对公司承担责任**。具体而言，有两层含义：一是公司以其全部法人财产对其债务承担有限责任；二是当公司破产清算时，股东仅以其出资额为限，对其公司承担有限责任。

有限责任可以：降低股东风险，激励投资行为；促进资本流动，股东自由转让股票转移投资风险的行为也推动了现代证券市场的发展；有限责任制可转移，多样化、分散化的投资风险极大地降低了大部分中小股东的监督成本，实现了减少交易费用，降低管理成本的目标。

虽然有限责任制**减少了股东的投资风险**，但与之相对应的**经营风险**并没有消失，而是**转移到了包括外部债权人在内的利益相关者身上**；股东可能产生不谨慎的投资行为，做出错误的经营决策，间接损害了利益相关方利益。

股东还更有可能利用有限责任的制度漏洞规避法律义务甚至从事违法活动，做出损害公众利益的行为。

有限责任制度对现代市场经济的法律监管、市场秩序、社会稳定、公平交易提出了更高的要求。

2. 股东财产所有权与企业控制权分离。

在业主制和合伙制企业中，企业的所有权和经营权紧密结合。而职业经理人出现后，决策活动中最需要专业能力的部分由职业经理人来承担。一般来说，一项决策活动可以分为四个阶段：**决策制定、决策审批、决策执行和执行监督**，其中的决策制定和决策执行可称为决策管理，决策审批和执行监督可称为决策控制。在公司制企业中，**股东保留决策控制权，职业经理人获得决策管理权**，这大大缓解了公司对经营管理方面的人力资本的需求问题。

股东财产所有权与企业控制权两权分离是公司治理的基础。其最大优势是可以将掌握资产但缺乏管理能力的投资者与富有经营管理经验却缺乏资产的经理人结合在一起，实现企业资源与经营管理人员的最优组合，从而实现企业利润最大化的经营目标。

3. 规模增长和永续生命。

公司制企业初始即实现了产权与经营权的分离，**所有者与法人财产权的分离，使企业实现永续运行**，理论上可以多达几千万的股东数量极大提升了公司筹集资金的能力，公司规模可以迅速增长，在很多领域能够实现规模经济，迅速提升运行效率和降低成本，在市场竞争中取得核心竞争力。

公司制企业的形式：公司制企业主要包括有限责任公司和股份有限公司，除此之外，还有两种特殊的形式，即一人有限责任公司、国有独资公司。

有限责任公司	股份有限公司
有限责任公司是指依法设立的由一定人数（我国的规定是50人之内）的股东出资组成，每个股东以其出资额为限对公司承担责任，公司以其全部资产对公司债务承担责任的企业法人。 有限责任公司具有以下的特征： ①有限责任公司的股东数量有最高数额的限制。 ②有限责任公司的资本不划分为等额股份，也不能公开筹集股份，**不能发行股票**，对股东出资的转让限制严格，一般要经过其他股东的同意，而且其他股东有优先购买权。 ③有限责任公司只有发起设立而无募集设立，程序较为简单，可以由一个或几个人发起，管理机构也较为简单、灵活，公司账目及资	股份有限公司是指将全部资本划分为等额股份，股东以其认购的股份为限对公司承担责任，公司以全部财产对公司债务承担责任的法人。 股份有限公司具有以下的特征： ①股份有限公司的设立，可以采取**发起设立或者募集设立**的方式。发起设立，是指由发起人认购公司应发行的全部股份而设立公司。募集设立，是指由发起人认购公司应发行股份的一部分，其余股份向社会公开募集或者向特定对象募集而设立公司。 ②对发起人有明确规定。我国《公司法》规定，设

续表

有限责任公司	股份有限公司
产负债情况无须向公众公开。 ④有限公司的经营管理机构比较简单。股东会是最高权力机构，有权决定公司的一切活动事项，由股东按照出资比例行使表决权。有限公司董事会可设可不设，不设董事会的，股东会会议由执行董事召集和主持。有限责任公司设监事会，其成员不得少于三人。股东人数较少或者规模较小的有限责任公司，可以设一至二名监事，不设监事会。 由于有限责任公司的上述特点，许多中小规模的企业往往采取这种公司制度。有限责任公司为非上市公司，不能公开发行股票，受股东人数限制，筹集资金的范围和规模一般也有限，因此难以适应大规模生产经营活动的需要。	立股份有限公司，应当有二人以上二百人以下为发起人，其中须有半数以上的发起人在中国境内有住所。股份有限公司发起人承担公司筹办事务。 ③股份有限公司可以向社会公开发行股票，股票可以依法转让或交易。股份有限公司必须向全体股东以及有关部门、潜在的投资者、债权人及其他社会公众公开披露财务状况，包括董事会的年度报告、公司损益表和资产负债表等，以便股东了解公司的财务状况。

【小贴士】现行《公司法》已取消公司注册资本最低限额制度，教材内容并未更正。

【经典例题】

【例题·多选题】下列关于企业的表述中，正确的有（　　）。

A. 业主制企业和合伙制企业均不具有法人地位

B. 合伙人对企业债务承担有限责任

C. 有限责任公司可以不设董事会

D. 募集设立由发起人认购公司应发行的全部股份

【答案】AC

【解析】合伙人对企业债务承担无限责任，选项B错误；发起设立由发起人认购公司应发行的全部股份，选项D错误。

重难点2：公司治理问题的产生★

随着公司制企业的不断发展，现代公司呈现出股权结构分散化、所有权与经营权分离等典型特征，由此产生了治理问题，使公司治理成为现代企业所应关注的核心问题。

（一）股权结构分散化

高度分散化的公司股权结构，对经济运行产生了重要的影响。

一方面，明确、清晰的财产权利关系为资本市场的有效运转奠定了牢固的制度基础。

另一方面，高度分散化的个人产权制度是现代公司赖以生存和资本市场得以维持和发展的润滑剂。

公司股权分散化也对公司经营造成了不利影响：

首先，股权分散化的最直接的影响是公司的股东们无法在集体行动上达成一致，从而提高了治理成本。

其次，是对公司的经营者的监督弱化，特别是大量存在的小股东，他们不仅缺乏参与公司决策和对公司高层管理人员进行监督的积极性，而且也不具备这种能力。

最后，分散的股权结构使得股东和公司其他利益相关者处于被机会主义行为损害、掠夺的风险之下。

（二）所有权和控制权的分离

公司所有权与经营权出现了分离，现代公司已由受所有者控制转变为受经营者控制，管理者权力的增大有损害资本所有者利益的危害。

所有权和控制权的分离，自然是在两个利益主体之间的分割，由此产生了公司行为目标的冲突以及两种权利、两种利益之间的竞争。

在这种条件下，股东利益目标就有可能与经营管理者的利益目标发生偏离，甚至冲突，而在实践中也确实出现了经营者损害股东权益的倾向。

【经典例题】

【例题·多选题】现代公司治理问题产生

的原因包括（　　）。

A. 所有权与经营权紧密结合

B. 股权结构分散化

C. 所有权与经营权分离

D. 企业以独立法人的形态存在

【答案】BC

【解析】现代公司呈现出股权结构分散化、所有权与经营权分离等典型特征，由此产生了治理问题，选项 B、C 正确。

重难点 3：公司治理的概念★★

（一）公司治理的定义

狭义的公司治理	广义的公司治理
所有者（主要是股东）对经营者的一种监督与制衡机制，即通过一种制度安排，合理地配置所有者和经营者之间的权力和责任关系。 借助股东大会、董事会、监事会、经理层所构成的公司治理结构来实现的内部治理。 目标是保证股东利益的最大化，防止经营者对所有者利益的背离。	不局限于股东对经营者的制衡，还涉及广泛的利益相关者，包括股东、雇员、债权人、供应商和政府等与公司有利害关系的集体或个人。 通过一套包括正式或非正式的、内部或外部的制度或机制来协调公司与所有利益相关者之间的利益关系，以保证公司决策的科学性与公正性，从而最终维护各方面的利益。 公司已不仅是股东的公司，而是一个利益共同体，公司的治理机制也不仅限于以治理结构为基础的内部治理，而是利益相关者通过一系列的内部、外部机制来实施的共同治理。 目标不仅是股东利益的最大化，而且是保证所有利益相关者的利益最大化。 公司治理不能局限于权力制衡，而必须着眼和确保企业决策的科学化与公正性；不仅需要建立完备有效的公司治理结构，更需要建立行之有效的公司治理机制。

在广义的公司治理概念基础上，学术界产生了泛广义的公司治理概念，认为公司治理是董事和高级管理人员为了股东、职员、顾客、供应商及提供间接融资的金融机构的利益而管理与控制公司的制度或方法。也就是说，泛广义的公司治理概念在涵盖狭义与广义的公司治理内涵的同时，还包括了企业的战略决策系统、企业文化、企业高管控制制度、收益分配激励制度、财务制度、人力资源管理等制度。

（二）公司治理的概念理解

1. 公司治理结构与治理机制。

依据公司内外部环境差异，公司治理可以被划分为治理结构和治理机制两个维度。

治理结构主要侧重于公司的内部治理，包括股东大会、董事会、监事会、高级管理团队及公司员工间权责利相互监督制衡的制度体系。	治理机制主要指除企业内部的各种监督机制外的各项市场机制对公司多维度的监督与约束。公司治理机制主要有三大类，即权益机制、市场机制和管理机制。此处对权益的界定是对专用性资产的求偿权。权益性的公司治理机制主要是与利益相关者的专用性资产相对应，包括股权机制、债权机制、经营者机制、工会机制和消费者供给者机制。

2. 从权力制衡到科学决策。

公司治理的实质就是委托代理关系下利益相关方的权、责、利配置问题。

由于市场信息不对称、合约不完备及代理成本的存在，在利益不一致的委托人和代理人间可能产生逆向选择和道德风险等代理问题。因此，需要通过信号显示机制、契约的完善、委托人的监督及对经理人的激励来降低代理问题发生的可能性。

传统公司的治理理论一般只关注在两权分离的条件下，力求通过建立一种制度体系以实现权力的配置与制衡来降低代理成本、减少代理风险。但在现实生活中，公司治理仅仅关注权力的分配与制衡，很难实现各方利益最大化的目标，应当理顺各利益相关方的权、责、利关系，使其利益在公司实体中得到最大限度的满足，才能保证公司可持续的良好经营与发展。

即“公司治理的目标不是相互制衡，它只是保证公司科学决策的方式与途径”，权力制衡只是方法，科学决策才是公司治理的核心。

3. 公司治理能力。

公司治理结构与治理机制对公司治理具有重要性，但这并不证明只要建立健全了公司治理结构与治理机制就能取得良好的治理效果。

在实践中，拥有相同或类似的治理结构和治理机制的企业，绩效却存在着差异。同一企业处于建立初期、成长期、成熟期等不同发展阶段时，相同的治理结构与治理机制也会表现出不同的绩效。这是由于在理论上，治理结构和治理机制可被视作企业的两种重要资源，究其本源这两种资源只是公司治理能力的载体和构成要素。

治理能力与公司领导者的个人能力、治理工具、治理环境等要素密切相关。这些要素相互影响、相互作用，综合体现了公司的治理能力。一个公司的治理结构与治理机制是可以模仿的，但其背后的治理能力是难以学习和替代的。公司治理结构、治理机制、治理能力以及治理环境等因素共同组成了完整的公司治理体系，并综合地形成了公司的治理能力系统。

【经典例题】

【例题·单选题】下列关于公司治理概念的说法中，错误的是（　　）。

A. 狭义的公司治理是指所有者对经营者的一种监督与制衡机制

B. 广义的公司治理目标是股东利益最大化

C. 治理结构主要侧重于公司的内部治理

D. 治理机制包括权益机制、市场机制和管理机制

【答案】B

【解析】广义的公司治理目标不仅是股东利益的最大化，而且是保证所有利益相关者的利益最大化。选项 B 错误。

重难点 4：公司治理理论★★

（一）委托代理理论

委托代理理论是制度经济学契约理论的主要内容之一。

委托代理关系是指一个或多个行为主体（股东等）根据一种明示或隐含的契约，指定、雇佣另一些行为主体（经理等）为其服务，同时授予后者一定的决策权利，并根据后者提供的服务数量和质量对其支付相应的报酬。授权者就是委托人，被授权者就是代理人。

委托代理理论的主要观点认为：委托代理关系是随着生产力大发展和规模化大生产的出现而产生的。其原因一方面是生产力发展使分工进一步细化，权利的所有者由于知识、能力和精力的原因不能行使所有的权利了；另一方面是专业化分工产生了一大批具有专业知识的代理人，他们有精力、有能力代理行使好委托的权利。

（二）资源依赖理论

资源依赖理论认为组织需要通过获取环境中的资源来维持生存，没有组织可以完全实现资源自给，企业经营所需的资源大多需要在环境中进行交换获得。强调组织权力，把组织视为一个政治行动者，认为组织的策略无不与组织试图获取资源、控制其他组织的权力行为相关。

资源依赖理论也考虑了组织内部的因素，认为组织对某些资源的需要程度、该资源的稀缺程度、该资源能在多大程度上被利用并产生绩效以及组织获取该项资源的能力，都会影响组织内部的权力分配格局。因此，那些能帮助组织获得稀缺性资源的利益相关者往往能在组织中获得更多话语权，即资源的依赖状况决定组织内部的权力分配状况。

（三）利益相关者理论

利益相关者管理理论是指企业的经营管理

者为综合平衡各个利益相关者的利益要求而进行的管理活动。认为任何一个公司的发展都离不开各利益相关者的投入或参与，**企业追求的是利益相关者的整体利益**，而不仅仅是某些主体的利益。

企业的利益相关者是指那些与企业决策行为相关的现实及潜在的、有直接和间接影响的人和群体，**包括**企业的管理者、投资人、雇员、消费者、供应商、债权人、社区、政府等，这既包括股东在内，又涵盖了股东之外与企业发展相关的群体。从利益相关者视角来分析企业的公司治理问题，如今得到了普遍的认可。

利益相关者理论要点主要体现在以下几个方面：

（1）在现代公司中，所有权是一个复杂的概念。**股东并不是唯一的所有者**，他们只能拥有企业的一部分。

（2）并不是只有股东承担剩余风险，职工、债权人、供应商等**所有利益相关者都可能是剩余风险的承担者。所有的利益相关者都应该参与公司治理。**

（3）从对企业发展的贡献上说明了**重视非股东的其他利益相关者**的必要性。在现代经济生活中，绝大多数资本所有者只是小股东，只不过是市场上的寻利者，大多只会“用脚投票”，而放弃“用手投票”权，对企业承担的责任日益减少；真正为企业的生存和发展操心的，是与企业利害关系更为密切的经理人员和广大职工。公司治理结构不能仅仅局限于调节股东与经理之间的关系，董事会等决策机构中除了股东代表以外还应有其他利益相关者的代表。

（4）从产权角度论证了其“新所有权观”的合理性。出资者投资形成的资产、公司经营过程中的财产增值和无形资产共同组成公司的**法人财产**，法人财产是相对独立的。

【经典例题】

【例题·单选题】 下列关于公司治理理论的说法中，错误的是（　　）。

A. 委托——代理问题产生的直接原因是所有权与控制权的分离

B. 资源依赖理论强调组织权力

C. 利益相关者理论认为企业追求的是利益相关者的整体利益

D. 委托代理理论比资源依赖理论更好地解释企业董事会的功能

【答案】 D

【解析】 相较于委托代理理论，资源依赖理论可以更好地解释企业董事会的功能，选项D错误。

【例题·多选题】 根据资源依赖理论，董事会为获取资源发挥的作用主要包括（　　）。

A. 为企业带来忠告、建议形式的信息

B. 获得公司和外部环境之间的信息通道

C. 取得资源的优先条件

D. 提升企业的合法性

【答案】 ABCD

【解析】 董事会为获取资源发挥的作用主要包括：①为企业带来忠告、建议形式的信息；②获得公司和外部环境之间的信息通道；③取得资源的优先条件；④提升企业的合法性。

重难点5：公司治理的重要性★

公司治理被人们高度重视的实践根源在于，公司发展所产生的各式各样的问题引起了股东、经理、员工等利益相关者的不满。面对这些问题，**公司治理的直接功能**是在现代公司制度的安排上，**建立一种保障机制，以减小公司权力结构安排的负面影响。**

影响公司治理重要性的主要因素有：

①公司高管的高薪酬引起了股东及其他利益相关者的不满。

②机构投资者的监管意识在不断提高。

③更多的利益相关者介入到公司治理中。

④随着公司的市场化，“内部人控制”现象更为明显。

⑤大股东和中小股东的冲突加剧。

良好的公司治理可以促进企业的股权结构合理化，既需要国家强制性法规的作用，还需要那些与市场环境变化相适应的、具有非约束性的、灵活的公司治理原则。

公司治理问题的根源是公司制度本身，因此公司治理是针对公司制度的治理。然而企业制度的不断演进，公司治理过程并非一劳永逸。企业制度、国家制度的演进引发了公司治理的改革。

公司治理最大的特点是动态性。企业需要基于自身特点及股东权责分配过程建立不同的公司治理机制。公司治理模式因不同国家的制度环境而具有明显的国别差异。受到制度环境、资源稀缺性、竞争全球化等多种原因的影响，公司治理具有动态发展特征。

公司治理的问题主要包括：代理型公司治理问题和剥夺型公司治理问题。就本质而言，这两类公司治理问题都属于委托代理问题。企业与其他利益相关者之间的关系问题是公司治理的第三类问题。

代理型公司治理问题	剥夺型公司治理问题
面对的是股东与经理之间的关系，即传统意义上的委托代理关系。 是公司所有者与经营者（亦即股东与经理之间）的代理问题。 称作“经理人对于股东的内部人控制”问题。	涉及股东与股东间的利益关系。 是大股东与中小股东之间的代理问题。 称作“终极股东对于中小股东的隧道挖掘”问题。

【经典例题】

【例题·多选题】影响公司治理重要性的主要因素包括（　　）。

A. 机构投资者的监管意识在不断提高

B. 更多的利益相关者介入到公司治理中

C. 大股东和中小股东的冲突加剧

D. “内部人控制”现象更为明显

【答案】ABCD

【解析】影响公司治理重要性的主要因素有：①公司高管的高薪酬引起了股东及其他利益相关者的不满；②机构投资者的监管意识在不断提高；③更多的利益相关者介入到公司治理中；④随着公司的市场化，“内部人控制”现象更为明显；⑤大股东和中小股东的冲突加剧。

重难点6：经理人对股东的“内部人控制”问题★★

“内部人控制”现象：所有者与经营者之间虽然具有委托代理关系，但是由于存在着目标利益的不一致与信息的不对称，企业的外部成员（股东、债权人、主管部门等）无法实施有效的监督，从而使企业的内部成员（厂长、经理或工人）能够直接参与企业的战略决策，并掌握了大部分企业的实际控制权，在公司战略决策中追求自身利益，甚至内部各方面联手谋取各自的利益，从而架空所有者的有效控制，并以此来侵蚀作为外部人（股东）的合法权益。

（一）“内部人控制”的成因

内部人控制问题的形成，实际上是在所有权和经营权分离的公司制度下，委托代理关系所带来的必然结果。

所有者与经营者利益目标不一致，所有者目标较为单一，追求企业利益最大化；而代理人的目标更为多元化，既追求个人收入也追求权力、地位与在职消费等。当两者之间发生利益冲突时，经营者往往会利用控制公司的特殊地位和拥有公司大量信息的有利条件，设法弱化所有者的约束，放弃甚至侵害所有者的权益以实现自身利益的最大化。

公司治理机制的不完善为内部人控制提供了有利条件。许多公司的内部治理结构是扭曲的，如股东大会流于形式，董事会凌驾于股东大会之上，董事会、监事会难以产生监督和制衡的作用。

（二）“内部人控制”问题的主要表现

经理人对股东负有忠诚、勤勉的义务，然而由于委托代理问题和缺乏足够的监督，**经理人**在经营管理中通常会**违背忠诚和勤勉义务**，从而导致内部人控制问题。

一般认为**违背忠诚义务**导致的内部人控制问题主要表现有：过高的在职消费，盲目过度投资，经营行为短期化；侵占资产，转移资产；工资、奖金等收入增长过快，侵占利润；会计信息作假、财务作假；建设个人帝国。	一般认为**违背勤勉义务**导致的内部人控制问题主要表现有：信息披露不规范、不及时；敷衍偷懒不作为；财务杠杆过度保守；经营过于稳健、缺乏创新等等。

国有资产流失、会计信息失真是我国国企改革过程中的“内部人控制”的主要表现形式。

（三）治理“内部人控制”问题的基本对策

当前公司治理中存在的内部人控制问题虽然出现在企业内部，但**根源却在企业外部的制度和机制，即外部职责的懈怠和治理功能的缺失**。

解决内部人控制问题可以从以下三方面着手：

首先，**完善公司治理体系**，加大监督力度。在明确股东大会、董事会、监事会和经理层职责的基础上，使其运作流程更加规范，信息更加透明、公开。这既有利于监管企业的日常经营活动，也能为建立更好的经理人激励机制提供条件。

其次，**强化监事会的监督职能**，形成企业**内部权力制衡体系**。吸纳具有良好专业素质的外部人员担任**独立董事**，以此削弱监事会对董事会的依附，从而加强对企业经理人员的监督。监督机构独立运作，与日常经营相互制约、相互扶持。从长远看，这有助于形成内部不同利益集团间的监督制衡机制。

再次，加强内部审计工作，充分发挥内部审计的监督职能，完善企业内部约束机制。

最后，完善和加强公司的**外部监督体系**，使利益相关者参与公司的监管中，再结合以经济、行政、法律等手段，构建对企业经营者的外部监督机制。

【经典例题】

【例题·多选题】违背勤勉义务导致内部人控制问题的主要表现包括（　　）。

A. 信息披露不及时

B. 信息披露不规范

C. 会计信息作假

D. 缺乏创新

【答案】ABD

【解析】一般认为违背勤勉义务导致的内部人控制问题主要表现有：信息披露不规范、不及时；敷衍偷懒不作为；财务杠杆过度保守；经营过于稳健、缺乏创新等等，选项A、B、D正确。选项C属于违背忠诚义务导致内部人控制问题的主要表现。

重难点7：终极股东对于中小股东的“隧道挖掘”问题★★

大股东与中小股东之间利益冲突的委托代理问题。

（一）“隧道挖掘”问题的成因

当资本市场缺乏对小股东利益的保护机制时，对公司经营活动具有控制力的大股东的行为就更加不容易被约束，他们可能以牺牲众多的中小股东利益为代价。通过追求自利目标而非公司价值目标来实现自身福利最大化，从而导致终极股东的“隧道挖掘”问题。

“隧道挖掘”行为的产生，在于**控制股东“隧道挖掘”的收益大于其“隧道挖掘”的成本**。而收益来源于控制股东所掌控的权力，成本则反映了控制股东对其行为所承担的责任。

（二）“隧道挖掘”问题的表现

剥夺型公司治理问题主要是控制股东剥夺其他中小股东利益的行为，即“隧道挖掘”

行为。剥夺是指终极股东利用控制股东身份侵犯公司资源，进而损害其他股东（以及其他利益相关者）利益的行为，其可以分为以下两种类型：

1. 滥用公司资源。

滥用公司资源是指并非以占有公司资源为目的，但也未按照公司整体目标为行动导向的行为。终极股东滥用公司资源违背了其作为代理人的勤勉义务。

2. 占用公司资源。

占用公司资源是指终极股东通过各种方法将公司的利益输送至自身的行为，即“隧道挖掘”行为。违背了其作为代理人的忠实义务。

占用公司资源的利益输送行为，又可以分为直接占用资源、关联性交易和掠夺性财务活动三类。

（1）直接占用资源。

直接占用资源是指终极股东直接从公司将利益输送给自己，表现为直接借款、利用控制的企业借款，代垫费用、代偿债务、代发工资、利用公司为终极股东违规担保、虚假出资、预付账款等。终极股东占用公司商标、品牌、专利等无形资产以及抢占公司商业机会等行为也属于直接的利益输送，即终极股东违规占用公司的资源，为其进行利益输送也属于直接的利益。

（2）通过关联交易进行利益输送。

关联交易的利益输送又可以分为商品服务交易活动、资产租用和交易活动、费用分摊活动。这些活动本属企业的正常经营管理业务，但是如果这些活动都以非市场的价格进行交易，就容易成为终极股东进行隧道挖掘谋取私利的工具。

商品服务交易活动	终极股东经常以高于市场价格向公司销售商品和提供服务，以低于市场价格向公司购买商品和服务，利用明显的低价或高价来转移利润、进行利益输送。
资产租用和交易活动	资产租用和交易活动与商品服务交易活动很相似，仅仅是交易的标的物不同。租用和交易的资产有房屋、土地使用权、机器设备、商标和专利等无形资产。托管经营活动中的非市场交易，也属于这一类。
费用分摊活动	上市公司和控股母公司常常要共同分担一系列费用，比如广告费用、离退员工费用、各类员工福利费用如医疗、住房、交通等费用，这些费用的分摊过程经常充满了随意性，且属于内部信息，控股的终极股东常常利用费用分摊活动从上市公司获取利益，进行“隧道挖掘”。另外，终极股东自己或者派人到公司担任董事、监事和高管等职位后，将相关的高额薪酬、奖金、在职消费等费用分摊到公司，这样终极股东就变相地从公司进行了利益输送。

（3）掠夺性财务活动。

更为复杂和隐蔽，具有多种表现形式，具体可以分为掠夺性融资、内幕交易、掠夺性资本运作和超额股利等。

掠夺性融资	一些公司通过财务作假骗取融资资格、虚假包装以及过度融资的行为，损害外部中小投资者利益。另外，公司向终极股东低价定向增发股票也属于掠夺性融资行为。
内幕交易	内幕交易是指内幕人员根据内幕消息买卖证券或者帮助他人，违反了证券市场“公开、公平、公正”的原则，内幕交易行为必然会损害证券市场的秩序，因此《证券法》明文规定禁止这种行为。终极股东经常利用信息优势，利用所知悉、尚未公开的可能影响证券市场价格的重大信息来进行内幕交易，谋取不当利益。

续表

掠夺性资本运作	掠夺性资本运作活动，有点类似于资产租用和交易活动，但是掠夺性资本运作的标的物是公司的股权，终极股东经常利用公司进行资本运作，实现相关公司的股权交易，经常是公司高价收购终极股东持有的其他公司股权，造成公司的利益流向了终极股东，这属于典型的“隧道挖掘”行为。
超额股利	以终极股东需求为导向的股利政策操纵也是一种“隧道挖掘”行为。对于我国上市公司的终极股东和小股东而言，现金股利并非利益均沾。我国股权分置改制之前上市公司的“二元”股权结构使通常持有非流通股的大股东与通常持有流通股的小股东在股权成本与股权利益上都存在明显的差异，大股东所持股份无法在股票市场流通，股权转让只能通过协议转让等形式进行，而且转让价格的确定一般依据账面净资产，而非股票市价，与小股东相比，大股东无法分享股票价格上涨带来的好处，因此其正常的利益实现形式只有现金股利。

（三）如何保护中小股东的权益

1. 累积投票制。

累积投票制，即当股东应用累积投票制度行使表决权时，每一股份代表的表决权数不是一个，而是与待选人数相同，并且股东可以将与持股数目相对应的表决票数以任何集中组合方式投向所选择的对象。累积投票制对应的是直接投票制，直接投票制是指将董事会席位逐一进行表决，根据投票多少决定人选，直接投票制体现的是一种由大股东控制公司的权利义务对等的理念。

2. 建立有效的股东民事赔偿制度。

为了加强对终极股东的权力滥用的监控，限制其“隧道挖掘”行为，我国也出台了相应的法律规定。

3. 建立表决权排除制度。

表决权排除制度也被称为表决权回避制度，是指当某一股东与股东大会讨论的决议事项有特别的利害关系时，该股东或其代理人均不得就其持有的股份行使表决权的制度。建立表决权排除制度实际上是对利害关系和控股股东表决权的限制。有利害关系的终极股东不参与表决使表决更能体现公司整体利益，从而保护了中小股东的权益。

4. 完善小股东的代理投票权。

代理投票制是指股东委托代理人参加股东大会并代行投票权的法律制度。在委托投票制度中，代理人以被代理人的名义，按自己的意志行使表决权。

表决权代理制度可分为：①股东本人主动委托他人代为行使表决权；②他人劝诱股东将表决权委托给自己代为行使。后者引出了一种有价值的公司治理工具，称为股东表决权征集。表决权代理制度可以给中小股东更多参与公司治理的机会。

5. 建立股东退出机制。

当公司被终极股东控制时，为了降低中小股东的投资风险，降低其受终极股东剥夺的程度，当作为少数派的外部中小股东无法实现其诉求时，退出就成为中小股东降低风险的最后退路。股东退出机制，包括两类方式：

（1）转股。

转股是指股东将股份转让给他人从而退出公司，也称为“用脚投票”。

（2）退股。

退股是指在特定条件下股东要求公司以公平合理价格回购其股份从而退出公司，这种机制来源于异议股东股份回购请求权制度。

【经典例题】

【真题·单选题】（2020）建安集团是一家上市公司，公开信息显示该公司2016年实现净利润3.8亿元。当年该公司股价波动区间为12～22元，市盈率波动区间为6～11倍，公司以每股5元的价格向控股股东定向增发1 000万股。从掠夺性财务活动角度分析，建安集团的上述定向增发行为属于（　　）。

A. 内幕交易

B. 掠夺性融资

C. 超额股利

D. 掠夺性资本运作

【答案】B

【解析】公司向终极股东定向增发股票属于掠夺性融资行为。“当年该公司股价波动区间为 12～22 元，市盈率波动区间为 6～11 倍，公司以每股 5 元的价格向控股股东定向增发 1 000 万股”属于掠夺性融资，选项 B 正确。

【真题·单选题】（2019）甲公司在 2017 年完成发行上市后的首次定增，以每股 1 元的价格向两名控股股东发行 5 000 万股。当时该公司股价为每股 5 元。甲公司披露的 2017 年报显示，当年有净利润 1.2 亿元，市盈率为 2.8 倍。从终极股东对于中小股东的“隧道挖掘”问题角度看，甲公司的上述作法属于掠夺性财务活动中的（　　）。

A. 掠夺性融资

B. 内幕交易

C. 直接占用资源

D. 超额股利

【答案】A

【解析】公司向终极股东低价定向增发股票属于掠夺性融资行为。

【真题·多选题】（2017）当前，在国内上市公司中，终极股东对中小股东的“隧道挖掘”问题有多种表现形式，其中包括（　　）。

A. 产品购销的关联交易

B. 过高的在职消费

C. 以对大股东有利的形式转移定价

D. 扩股发行稀释其他股东利益

【答案】ACD

【解析】隧道挖掘有许多种表现形式，例如，资产购销、产品购销的关联交易，以对大股东有利的形式转移定价，还可以利用金融手段直接实现利益侵占，如采用通过扩股发行稀释其他股东利益，冻结少数股权等其他旨在侵害小股东的各种财务交易行为。

【例题·多选题】关于“隧道挖掘”问题，下列说法中正确的有（　　）。

A. 终极股东滥用公司资源违背了其作为代理人的忠实义务

B. 终极股东占用公司资源违背了其作为代理人的勤勉义务

C. 终极股东占用公司资源的行为包括关联性交易

D. 超额股利属于掠夺性财务活动

【答案】CD

【解析】终极股东滥用公司资源违背了其作为代理人的勤勉义务，占用公司资源违背了其作为代理人的忠实义务，选项 A、B 错误。

重难点 8：企业与其他利益相关者之间的关系问题★

大量公司治理实践证明，现代社会任何一个公司的发展均离不开各种利益相关者的投入与参与。企业并不单纯是所有者的企业，而是所有其他利益相关者共同的企业。这些利益相关者都对企业的生存和发展注入了一定的专用型投资，或者是分散了一定程度的经营风险，因此应当拥有企业的剩余控制权，企业的经营决策者必须要考虑他们的利益并给予相应的报酬或是补偿。

只有当各利益相关者的利益得到合理的配置与满足时，才能建立更有利于企业长远可持续发展的外部环境，这有利于实现企业价值最大化，股东财富积累增加的目标。在利益相关者对企业经营和公司治理的影响越来越明显的背景下，企业经营必须重视将利益相关者融入企业的治理模式中，让外部与企业利益相关的主体共同参与公司治理。

让所有利益相关者直接参与公司治理事务的弊端：所有利益相关者共同参与公司治理会产生权责不清的问题，从而降低公司运作效率，企业容易陷入“泛利益相关者治理”的困境。

【经典例题】

【例题·多选题】关于公司治理问题，下

列说法中错误的是（　　）。

A. “内部人控制”问题体现为经理人与股东之间的利益冲突

B. “隧道挖掘”问题体现为大股东与中小股东之间的利益冲突

C. 国有资产流失是我国国企改革过程中的“隧道挖掘”的主要表现形式

D. 所有利益相关者共同参与公司治理会降低公司运作效率

【答案】ABD

【解析】国有资产流失、会计信息失真是我国国企改革过程中的“内部人控制”的主要表现形式，选项C错误。

重难点9：公司内部治理结构★★

公司内部治理结构是指主要涵盖股东大会、董事会（监事会）、高级管理团队以及公司员工之间责权利相互制衡的制度体系。

在实践中股东并不是将公司的控制权直接交给经理人员，而是以一种信托关系首先交给了董事会，董事会再通过委托代理关系聘用经理人员进行经营管理。为了使公司能够有效地运作，各层权力机构应明确自身的权利与义务，避免出现越级管理的现象。

（一）股东大会

1. 股东及股东权利。

股东是出资设立公司并对公司债务负责的人。**股东可以是自然人，也可以是各种类型的法人实体。**股东与其所持股的公司互为独立的法律人格并互为权利义务关系，是相互独立的两个民事主体。依据《公司法》及公司章程的规定，股东拥有公司，公司拥有法人财产，因而二者之间存在互动关系。

股东可以分为普通股股东和优先股股东。

（1）普通股股东。

普通股是股份公司发行的无特别权利的股份，也是最基本、最标准的股份。所有的普通股股东都享有同样的权利和义务。

普通股股东享有的权利可以概述如下：

剩余收益请求权和剩余财产清偿权	剩余收益请求权：普通股股东的投资收益是公司经营收益被所有其他利益相关者分割完毕后剩余的部分。 剩余财产清偿权：公司因故解散清算，普通股股东有权按照其出资比例分得公司的剩余财产，这种清偿权是在所有其他有关人员的清偿要求得到满足之后才能实现。 由于普通股股东的剩余收益请求权和剩余财产清偿权的特征加大了投资风险，普通股股东必然要求较高的报酬率。所以，**普通股的资本成本一般是最高的。**
监督决策权	监督权和决策参与权是多方面的，包括对选举公司董事、公司利润分配、公司合并分立等重大事项依其持有的股份行使表决权，是普通股股东“**用手投票**”的途径和体现。
优先认股权	公司增发新股时，普通股股东有权按其持股比例优先认购一定比例的新股，因此在公司扩股时，他们有机会保持自己对公司的控股比例，即不稀释控制权。普通股股东可以根据自己的意愿转让甚至放弃这一权利。
股票转让权	公司的股东有权按照自己的意愿随时转让手中的公司股票。转让股票是普通股股东“**用脚投票**”的途径和体现。

（2）优先股股东。

优先股的根本特征在于优先股股东在公司**收益分配和财产清算**方面比普通股股东享有优先权。优先股股东一般不享有股东大会投票权。

从公司资本结构上看，优先股属于公司的权益资本，是介于公司债和普通股之间的一种筹资工具。

第五章 公司治理

优先股股东的权利主要集中于以下几方面：

利润分配权	优先股股东在利润分配上有优于普通股股东的权利
剩余财产清偿权	优先股具有收益凭证和产权凭证的双重属性。当公司因经营不善而破产时，在偿还全部债务和清理费用之后，如有剩余财产，优先股股东有权按票面价值优先于普通股股东得到清偿
管理权	优先股股东的管理权是有严格限制的。通常，在公司的股东大会上，优先股股东没有表决权。但是，当公司研究与优先股有关的问题时有权参加表决

2. 股东大会。

一般来说，股东主要是通过其参与股东大会来行使权利。

股东大会具有两个基本特征：第一，是公司内部的**最高权力机构**和决策机构；第二，是公司的**非常设机构**，除了每年的例行年会和特别会议外，股东大会并不会在公司出现。

股东大会是公司的权力机构，行使**决定公司重大问题**的权力，**决定合并、分立、解散、年度决算、利润分配、董事会成员等重大事项**。股东大会按照股东持有的股份进行表决。公司设立的**董事会，是公司的决策机构**。

股东大会分为一年一度定期召开的年度股东大会和非定期的、因公司特殊事项而组织召开的临时性股东大会。

我国《公司法》规定，股东大会应当每年召开一次年会。年度股东大会应当于上一会计年度结束后的6个月内举行	有下列情形之一的，应当在2个月内召开**临时股东大会**。 ①董事人数不足法定人数或章程规定的2/3。 ②未弥补的亏损达股本总额的1/3时。 ③持有公司股份10%以上股东请求时。 ④董事会认为必要时。 ⑤监事会提议召开时

法律上，股东大会主要行使以下职权：

（1）**决定**公司的经营方针和投资计划；
（2）**选举和更换**非由职工代表担任的董事、监事，**决定**有关董事、监事的报酬事项；
（3）**审议批准**董事会的报告；
（4）审议批准监事会或者监事的报告；
（5）审议批准公司的年度财务预算方案、决算方案；
（6）审议批准公司的利润分配方案和弥补亏损方案；
（7）对公司增加或者减少注册资本作出**决议**；
（8）对发行公司债券作出决议；
（9）对公司合并、分立、解散、清算或者变更公司形式作出决议；
（10）**修改**公司章程；
（11）公司章程规定的其他职权

【小贴士】股东大会、董事会和经理层职权应对比学习，应对客观题考查。

3. 机构投资者。

（1）机构投资者。

指用自有资金或者从分散的公众手中筹集的资金专门进行有价证券投资活动的法人机构，证券投资基金、证券公司，信托公司、财务公司、社保基金、保险公司、合格的外国机构投资者（QFII）、三类企业（国有企业、国有控股企业、上市公司）是我国证券市场中的**主要机构投资者**。

随着公司投资者中机构投资者规模的扩

大，机构投资者的所有权不再被视作是被动的，而通过参与股东大会表决参与公司管理，这就形成了机构投资者的行动主义，从而使公司治理变得更加有效。

（2）机构投资者的特征。

机构投资者作为证券市场中一个重要市场主体，具有如下特征：

①相对个人投资者而言，机构投资者具有显著的人才优势。

②机构投资者往往奉行稳健的价值投资理念，投资具有中长期投资价值的股票。

③相对个人投资者而言，机构投资者可以利用股东身份，从而更可能参与上市公司的治理。

（3）机构投资者参与公司治理。

机构投资者主要通过以下两种途径参与公司治理、改善上市公司治理结构：

"用脚投票"	"用脚投票"就是机构投资者作为投资人通过买入或卖出公司股票而参与被投资公司的管理的行为。 如果机构投资者认为一家公司的股价被低估，就会大量购买该公司的股票，从而给市场传递一个积极的信号，股价显著增长，使包括机构投资者在内的全体股东获取了投资回报。反之，如果机构投资者发现一家公司董事会或经理层存在各类委托代理问题时，就会大量抛售该公司股票，迫使董事会或经理层能够及时对股东等利益相关者的要求做出反应，从而使其行为受到市场的约束
"用手投票"	"用手投票"就是机构投资者通过董事会选举获取董事会席位，入驻董事会和出席股东大会，对公司投资、融资、人事、分配等重大问题议案进行表决或否决，参与公司的重要决策，直接对公司董事会和经理层的行为施加影响

（二）董事会

董事会是由股东大会选举产生的，负责公司及其经营活动的指挥与管理。对股东大会负责，是股东大会闭幕期间公司常设的权力机构，是集体行使权力的机构。股东大会所作的公司重大事项的决定，董事会必须执行。

1. 董事会的职能。

《公司法》规定，董事会行使下列职权：

①负责召集股东大会（有限责任公司称"股东会"），并向股东大会报告工作；
②执行股东大会的决议；
③决定公司的经营计划和投资方案；
④制订公司的年度财务预算方案、决算方案；
⑤制订公司的利润分配方案和弥补亏损方案；
⑥制订公司增加或者减少注册资本以及发行公司债券的方案；
⑦制订公司合并、分立、解散或者变更公司形式（有限责任公司适用）的方案；
⑧决定公司内部管理机构的设置；
⑨聘任或者解聘公司经理及其报酬事项，并根据经理的提名决定聘任或者解聘公司副经理、财务负责人及其报酬事项；
⑩制定公司的基本管理制度

2. 董事及其分类。

董事是指由公司股东大会选举产生的具有实际权力和权威的管理公司事务的人员，是公司内部治理的主要力量，对内管理公司事务，对外代表公司进行经济活动。占据董事职位的人可以是自然人，也可以是法人。当法人充当公司董事时，应指定一名有行为能力的自然人为代理人。

董事按照其与公司的关系分为内部董事与外部董事。

内部董事	也称执行董事，主要指担任董事的本公司管理人员，如总经理、常务副总经理等
外部董事	不在公司担任除董事以外的其他职务的董事，如其他上市公司总裁、公司咨询顾问和大学教授等

外部董事可进一步分为关联董事和独立董事。

关联董事	虽然不在公司中担任其他职位，但仍与公司保持着利益关系的董事，如公司关联机构的雇员或咨询顾问等
独立董事	是真正的具有独立性的董事。他们不仅是公司的外部董事，而且还与公司或公司经营管理者没有重要的业务联系或专业联系，并能对公司事务作出独立判断的董事。如大学的教授、退休的政府官员等

3. 董事的权利及义务。

董事的权利主要见于公司章程。包括：①出席董事会会议；②表决权；③董事会临时会议召集的提议权；④通过董事会行使职权而行使权利。

董事义务又称作勤勉义务或专项，主要包括善管义务和竞业禁止业务。

善管义务	董事必须忠于公司	忠实义务是对善管义务的具体化。 对董事的要求是：遵守公司章程，忠实履行职务，维护公司利益，不得利用在公司的地位和职权为自己谋取私利；不得利用职权收受贿赂或者其他非法收入，不得侵占公司的财产；除依照法律规定或者经股东大会同意外，不得泄露公司秘密。公司董事应当向公司申报所持有的本公司的股份，并在任职期内不得转让
	董事必须维护公司资产	是对董事最基本的要求。 董事应该做到：不私自挪用公司资金或者擅自将公司资金借贷给他人；不将公司资产以其个人名义或者以其他个人名义开立账户存储；不以公司资产为本公司的股东或者其他个人债务提供担保
	董事在董事会上有审慎行使决议权的义务	董事不仅负有上述对公司的善管义务，也承担因未尽到义务而应负的责任。 董事不得从事损害本公司利益的活动。否则，公司可对其行使归入权，即将从事上述活动的所得收入归公司所有
竞业禁止义务	竞业禁止即竞业行为的禁止，指特定地位的人不得实施与其所服务的营业具有竞争性质的行为。在股份有限公司中，董事是具有特定地位的人之一。依公司法规定，董事不得自营或者为他人经营与其所任职公司同类的营业。 董事违反上述竞业禁止义务，公司可以依法行使归入权。 董事从事上述竞业行为，极有可能夺取公司交易机会，还可能利用对公司秘密的了解，对公司造成损害	

4. 几个专门委员会。

专门委员会原则上都应由独立董事构成，分别召开会议，承担各自的工作。最常见的专门委员会包括审计委员会、薪酬委员会、提名委员会与战略委员会。

（1）审计委员会。

①检查公司会计政策、财务状况和财务报告程序；

②与公司外部审计机构进行交流；

③对内部审计人员及其工作进行考核；

④对公司的内部控制进行考核；

⑤检查、监督公司存在或潜在的各种风险；

⑥检查公司遵守法律、法规的情况。

（2）薪酬与考核委员会。

①负责制定董事、监事与高级管理人员考核的标准，并进行考核；

②负责制定、审查董事、监事、高级管理人员的薪酬政策与方案。

（3）提名委员会。

①分析董事会构成情况，明确对董事的要求；

②制定董事选择的标准和程序；

③广泛搜寻合格的董事候选人；

④对股东、监事会提名的董事候选人进行形式审核；

⑤确定董事候选人，提交股东大会表决。

（4）战略决策委员会。

①制定公司长期发展战略；

②监督、核实公司重大投资决策等。

（三）监事会

依据董事会的模式，监事会的设置在国际上有以下三种类型：

①公司内部不设监事会，相应的监督职能由独立董事发挥，以美国为代表。在这种模式下，董事会既有监督职能又有决策职能。

②设立监事会，且监事会的权力在董事会之上，这种董事会模式又名为双层董事会，以德国为代表。在这种模式下，监事与董事不能兼任，从而使监督权与执行权从机构上明确分开，而且监事会具有任命和监督董事会成员的权利。

③设立监事会，但监事会与董事会是平行机构，也叫复合结构。这种董事会模式以日本最为典型，在我国大陆和台湾地区、韩国以及东南亚的一些国家也采取类似模式。这种模式下的董事会具有决策职能，但由于董事会大都由执行董事构成，因此同时具有执行职能。为了避免监督者监督自己，法律规定由股东大会选举法定审计人或监事，对董事和经理层进行监督。

我国《公司法》第五十二条规定：

有限责任公司，经营规模较大的，设立监事会，其成员不得少于 3 人。监事会应在其组成人员中推选 1 名召集人。监事会由股东代表和适当比例的公司职工代表组成，具体比例由公司章程规定。监事会中的职工代表由公司职工民主选举产生。有限责任公司，股东人数较少和规模较小的，可以设 1 至 2 名监事。董事、经理及财务负责人不得兼任监事。

我国《公司法》第一百二十四条规定：

股份有限公司设监事会，其成员不得少于 3 人。关于监事会组成和人员产生方式的要求与有限责任公司相同。

（四）经理层

经理人是公司日常经营管理和行政事务的负责人，由公司董事会聘任，在法律、法规及公司章程规定和董事会授权范围内，代表公司从事业务活动的高级管理人员。

1. 经理人的职权。

在我国，总经理虽受聘于董事会，但其职权的主体部分却不为董事会所授权，而是由《公司法》明文规定。公司经理人员的职权包括：

（1）主持公司的生产经营管理工作，组织实施董事会决议；
（2）组织实施公司年度经营计划和投资方案；
（3）拟订公司内部管理机构设置方案；
（4）拟订公司的基本管理制度；
（5）制定公司的具体规章；
（6）提请聘任或者解聘公司副经理、财务负责人；
（7）决定聘任或者解聘除应由董事会决定聘任或者解聘以外的负责管理人员；
（8）董事会授予的其他职权。
公司章程对经理职权另有规定的，从其规定

2. 经理人的薪酬激励。

薪酬激励一直是委托人用来解决代理问题的主要手段。

年薪制	是指以企业经营者为实施对象，以一个经营周期即年度为单位，确定经营者的基本报酬，并视其经营业绩发放风险收入的一种薪酬制度。 将经营者的收入与其经营业绩挂钩，体现出了经营者人力资本的价值，从而能更好地发挥经营者的积极性和创造性。 根本缺陷在于易导致经营者的短期行为，不利于企业的未来发展
股权激励	是一种通过经营者获得公司股权的形式给予企业经营者一定经济权利，使他们能够以股东的身份参与企业决策、分享利润、承担风险，从而勤勉尽责地为公司的长期发展服务的一种激励方法。兼具“报酬激励”和“所有权激励”双重作用。股权激励的目的是通过报酬机制把经营者的行为与公司所有者的利益体系相互联系在一起，可以通过所有权机制保证经营者行为与所有者的利益保持一致。 具体方式：股票期权、股票增值权、虚拟股票、业绩股票及限制性股票、延期支付、经理人持股等

【经典例题】

【例题·单选题】为了更加有效地解决公司内部治理问题，董事会可下设审计委员会，下列各项中，不属于审计委员会主要职责的是（　　）。

A. 检查公司会计政策、财务状况和财务报告程序

B. 对内部审计人员及其工作进行考核

C. 监督、核实公司重大投资决策

D. 对公司的内部控制进行考核

【答案】C

【解析】选项C属于战略决策委员会的主要职责。

重难点10：外部治理机制★★

外部治理机制主要是指除企业内部的各种监控机制外的各个市场机制（如产品市场、资本市场、经理人市场）对公司的监控和约束。

（一）产品市场

产品市场的竞争对经理人员的约束主要来自两个方面：

一方面，在充分竞争的市场上，只有最有效率的企业才能生存，作为企业的经理人员面临更大压力。市场竞争越激烈，经理人员败德行为的空间就越小。

另一方面，产品市场的竞争可提供有关经理人员行为的更有价值的信息。

（二）资本市场

资本市场也称为控制权市场。资本市场对经理人员行为的约束是通过接管和兼并方式进行的，也就是通过资本市场上对企业控制权的争夺的方式进行的。

即使收购不成功，在位管理者也会因面临被替代的威胁而主动改变经营行为。收购和重组的威胁被认为是控制经理人员行为的最有效方法之一。

（三）经理人市场

存在于公司所有者和管理者之间的委托代理问题会因为管理者对自己的职业生涯的关注而得到缓解，而管理者对自己职业生涯的关注主要来源于经理人市场。经理人市场之所以对经理人员的行为有约束作用，是因为在竞争的市场上声誉是决定个人价值的重要因素。

【经典例题】

【例题·多选题】外部治理机制包括（　　）。

A. 产品市场

B. 资本市场

C. 经理人市场

D. 机构投资者

【答案】ABC

【解析】外部治理机制主要是指除企业内部的各种监控机制外的各个市场机制（如产品市场、资本市场、经理人市场）对公司的监控和约束。

重难点 11：公司治理基础设施★

影响公司治理效率的因素不仅包括公司内部治理结构和公司外部治理机制，还包括公司治理的基础设施。公司治理的基础设施的建设情形不仅影响其自身对公司治理效率的作用程度，还对公司内部治理结构、公司外部治理机制以及二者的互补关系产生影响。

公司治理基础设施主要包括公司披露制度、评价公司财务信息和治理水平的信用中介机构、保护投资者利益的法律法规、政府监管以及媒体人和专业人士的舆论监督等。这几个方面可以围绕确保披露高质量的公司信息而被有机地联系起来。**公司治理的一个重要目标是提供高质量的公司信息。**

（一）信息披露制度

信息披露制度，是上市公司为保障投资者利益、接受社会公众的监督而依照法律规定必须将自身的财务变化、经营状况等信息和资料向证券管理部门和证券交易所报告，并向社会公开或公告，以便使投资者充分了解情况的制度
信息披露制度包括公司证券**发行前的披露和上市后的持续信息公开**，主要由招股说明书制度、定期报告制度和临时报告制度组成
信息披露制度的特征主要包括：信息披露义务的强制性和自愿性、信息披露内容的多样性和信息披露时间的持续性等
中国上市公司信息披露包括三类： （1）上市披露：对一级市场的招股说明书；对二级市场的上市公告书。上市阶段信息披露在公司完成上市以后结束。 （2）定期披露：年度报告、中期报告。公司年度报告基本上包括了所有最重要的、正式的应披露信息。上市公司信息披露，主要采取定期披露方式。 （3）临时披露：重要事件公告、收购与合并公告等。 后两类信息披露在上市公司运营期间长期存在
四个方面评估信息披露的质量： ①财务信息。包括使用的会计准则、公司的财务状况、关联交易等。 ②审计信息。包括注册会计师的审计报告、内部控制评估等，审计及信息披露比较注重评价当前审计关系本身的合规性、独立性。 ③合规要求。披露的公司治理信息是否符合相关规定，目前虽具有较高的定性标准，但缺乏具体量化标准。 ④披露及时。信息披露的及时性，公司应建立网址、网站，便于投资者及时查阅有关信息。 总体而言，信息透明度的核心是完整性、真实性、及时性
会计信息披露在公司治理结构中的作用： 1. 信息披露在内部治理结构中的监督作用。 2. 信息披露在内部治理结构中的激励作用。 3. 信息披露在内部治理结构中的契约沟通作用。 4. 信息披露有助于外部治理机制的有序运作

（二）中介机构

1. 主要信用中介机构及业务。

信息披露制度旨在向公司利益相关者提供必要的公司信息，基于此，通过信用中介机构让公司利益相关者相信公司所提供信息的**真实性和可靠性**。

信用中介机构需要保持足够的**独立性**，对公司披露的信息出具客观公正的评估，为公司的利益相关者负责，避免公司利益相关者的利益受到损害。

主要的信用中介机构包括：会计师事务所、投资银行和律师事务所等。

会计师事务所	一方面为公司起草和审查财务报告；另一方面还要查找公司账目的漏洞，防止虚假信息的出现，从而保证真实、准确地描述公司财务状况。专业会计师是保证会计师事务所信用的关键
投资银行	主要从事证券发行、承销、交易、企业重组、兼并与收购、投资分析、风险投资及项目融资等业务的非银行金融机构。主要由一些专业金融投资分析师组成
律师事务所	综合考虑接受发行公司准备的相关文件，提醒发行公司和投资银行遵守信息披露制度

2. 信用中介机构的公司治理作用。

信用中介机构的主要作用是保证公司披露信息的质量，以减少利益相关者的信息不对称程度。

中介机构独立性的制度安排对于中介机构信用机制的建立至关重要。这些制度的有效性一方面依赖于中介机构人员的职业道德和专业能力，另一方面取决于有效的制度设计。

提高中介机构的独立性可以采取两种方案：一方面，通过制定一系列法律法规促使信用中介机构对投资者承担责任，如设立代表最低质量标准的信用中介机构许可证、调查中介机构违规案件、取消中介机构经营许可证，对情节严重者追究其刑事责任。另一方面，建立评价二级信用中介机构以保证一级信用中介机构的质量，比如行业协会和自律组织等。

（三）法律法规

公司治理以法治为基础。公司法、银行法、证券法、破产法、劳工法等各部门法律均会对公司治理产生重大影响。

投资者法律保护主要是指一个国家的法律法规对投资者的保护条款及这些条款的执行情况。对中小投资者法律保护越好，公司价值越高。

（四）政府监管

政府监管的必要性和重要性在于：一是信息不对称问题导致市场失灵；二是法律不完备；三是为了促进就业、经济增长、收取税收；以上问题都需要通过政府对公司实施监管。

有效的政府监管体系包括以下四方面：

法律监管	法律具有权威性与强制性，对公司治理中各主体和客体的行为具有最高权威的强制性约束，是其他形式监督的依据和基础。 法律监管应从两个方面进行：①制定法律规章，即立法监管；②法院执行，即司法介入监管
行政监管	法律监管有其不足之处：①法律规章的制定不完善、不健全；②司法介入监管一般是被动的和事后的，不利于保护受损人的利益。因此，有必要引入一个能主动执法的机构，即政府各级行政机关。 行政监管就是指各级行政机关依法律的授权和规定对公司治理中各主体和客体的行为进行的监督。行政监管的主体主要有证券委及其派出机构、财政部、国资委、保监会等
市场环境监管	是指政府通过对市场环境的建设来达到公司治理的目的。 良好的公司治理依赖充分竞争和完备的市场体系，如竞争的产品市场、资本市场、经理人市场、劳动力市场、健康的破产机制等，这些是有效公司治理体系的重要组成部分。 良好的市场体系，必然要依靠政府去培育和建设
信息披露监管	上市公司信息披露的管理体制是一国或地区对上市公司信息披露行为所采取的管理体系、管理结构和管理手段的总称，是上市公司监管体制的重要组成部分。 负责上市公司信息披露监管的管理机构主要包括证券主管机关和证券交易所

（五）媒体、专业人士的舆论监督

舆论监督的实施主体主要分为两个层次，即公众和媒体层次。

公众作为舆论监督的主体，是舆论话题的发现者和提供者。 公众监督对公司治理的影响主要来自包括公司治理、公司财务等方面的专家和学者等专业人士的作用
媒体一方面是公众舆论监督的实现途径和输出管道；另一方面也是舆论监督话题的发现者和供应者；媒体在舆论监督中负有双重任务。媒体监督具有全方位性和独立性，对公司治理主体和客体构成现实的和潜在的监督

【经典例题】

【例题·多选题】关于公司治理基础设施，下列说法正确的有（　　）。

A. 上市公司的信息披露，主要采取定期披露方式

B. 上市披露和定期披露在上市公司运营期间长期存在

C. 信用中介机构需要保持足够的独立性

D. 负责上市公司信息披露监管的管理机构包括证券主管机关和证券交易所

【答案】ACD

【解析】上市阶段信息披露在公司完成上市以后结束，定期披露和临时披露在上市公司运营期间长期存在，选项 B 错误。

重难点 12：公司治理原则★

《OECD 公司治理原则》（1999 年出台，2004 年修改）主要包括以下内容：

1. 确保有效的公司治理框架。 2. 股东权利和关键所有权功能。 3. 平等对待全体股东。 4. 利益相关者在公司治理中的作用。 5. 信息披露和透明度。 6. 董事会的义务

1. 确保有效的公司治理框架。

公司治理框架应当促进市场的透明度和有效性，符合依法原则，并明确划分各类监督、管理和执行部门的责任。

（1）公司治理框架的构建应着眼于其对于整体经济运行的影响，着眼于其对市场参与者的激励，着眼于提升市场的透明度和效率。

（2）影响一国公司治理实践的法律和监管应符合法治原则，并且具有透明性和可执行性。

（3）一国监管当局的责任划分应明确并且确保维护公众的利益。

（4）监督、管理和执行当局应当拥有相关的权力、操守和资源，以专业、客观的方式行使职责，对他们的决定应给予及时、透明和全面的解释。

2. 股东权利和关键所有权功能。

公司治理框架应该保护和促进股东权利的行使。

（1）股东的基本权利。包括：①可靠的所有权登记办法；②委托他人管理股份或向他人转让股份；③及时、定期地获得公司实质性信息；④参加股东大会和参与投票表决；⑤选举和罢免董事会成员；⑥分享公司利润
（2）股东有权参与涉及公司重大变化的决策并为此获得充分信息，重大变化包括：①修改公司规章、公司章程或其他类似的公司治理文件；②授权增发股份；③重大交易，包括转让全部或大部分资产而造成公司被出售的结果

续表

（3）股东应有机会参加股东大会并行使投票权，有权了解包括投票程序在内的股东大会的有关规则。 ①股东应当充分、及时收到关于股东大会召开的日期、地点、议程等信息，也包括关于会议将要做出决定的事项的全部信息。 ②在合理的范围内，股东应当有机会对董事会提出问题，包括与年度审计报告的问题，应当有机会增加股东大会议程中的议题并提出议案。 ③应当创造便利条件，使股东能有效参与关键的公司治理决策，如提名和选举董事会成员。股东应能够对董事会成员和关键经理人员的薪酬公开发表意见。董事会成员和雇员的薪酬方案中的股权部分应得到股东的批准。 ④股东可以亲自或由代理人投票，两者都赋予投票结果以同等效力
（4）如果公司的资本结构和安排使得一部分股东享有与所有权不相称的控制权，相关的情形应予以披露
（5）应允许公司控制权市场以有效率和透明方式运作。 ①有关资本市场中公司控制权收购、较大比例公司资产的出售、类似于合并的特别交易的规则和程序，都应明确制定和披露，以便投资者理解他们的权利和追索权。交易应在透明的价格和公平的条件下进行，以便各类股东的权利都受到保护。 ②反并购机制不应作为董事会和管理层免受监督的借口
（6）应为包括机构投资者在内的所有股东行使权利创造有利条件。 ①作为受托人的机构投资者，应当披露与其投资有关的全部公司治理及投票的政策，包括决定使用其投票权的现有程序。 ②作为受托人的机构投资者，对于那些可能影响其行使与其投资相关的关键性的所有者权利的实质性的利益冲突，应予以披露
（7）包括机构投资者在内的全体股东应有权利就与上述基本股东权利有关的问题互相咨询，可能造成不正当密谋的情形除外

3. 平等对待全体股东。

公司治理框架确保所有股东（包括少数股东和外国股东）受到平等对待。所有股东在权利受到侵害时都有权得到有效的赔偿。

（1）同一类别、同一系列的股东应当得到同样的公平待遇。 ①在同一类别任何系列内，所有的股份都应该具有同样的权利。 ②小股东应当受到保护，使其不受控股股东滥用权力的行为的直接或间接伤害，且有赔偿的实际手段。 ③托管人或代理人投票，应该按照有表决权的股权所有者同意的方式进行。 ④对远程投票的妨碍应当去除。 ⑤股东大会的议程和程序应该使所有股东都得到公平对待。公司程序不应使得投票过分复杂困难和花费昂贵
（2）禁止内部交易和滥用权力的自我交易
（3）在直接影响到企业的任何交易或事件中，如果董事会成员和关键经营人员有直接、间接或代表第三方的实质性利益都应当被要求公开

4. 利益相关者在公司治理中的作用。

公司治理框架应承认法律规定的利益相关者在公司治理中的权利，并鼓励公司与利益相关者在创造财富和工作岗位以及促进企业财的持续稳健性等方面开展积极合作。

（1）受法律保护的利益相关者的权利应得到尊重。

（2）如果利益相关者的权利受法律保护，利益相关者在权利受到侵害时应能够获得有效的赔偿。

（3）应允许开发那些有利于业绩提升的员工参与机制。

（4）如果利益相关者参加了公司治理程序，则他们有权及时、定期获取与他们的权利有关的充分信息。

（5）利益相关者（包括个人雇员及其代表团体）应有权自由地同公司董事会就公司的非法或不道德的做法进行交流，并不得因行使该权利而妨碍其他权利的行使。

（6）公司治理框架应以有作用、有效率的破产制度框架和有效的债权人权利执行机制作为补充。

5. 信息披露和透明度。

公司治理框架应确保及时、准确地披露公司所有重大事件的信息，其中包括财务状况、业绩、所有权及公司的治理情况。

（1）**应当披露的重大信息至少包括：**①公司的财务和业绩状况；②公司经营目标；③公司主要的股票所有权及相关的投票权；④董事会成员和主要行政人员的薪酬政策；董事会成员的其他信息，包括他们的资格、选择过程、就任其他公司董事职务情况、是否被董事会认定是独立董事等；⑤关联方交易；⑥可预期的重大风险因素；⑦与雇员和其他利益相关者有关的重要问题；⑧公司的治理结构和政策，尤其是其执行所依据的任何公司治理规则或政策及程序的内容。

（2）应根据会计、财务和非财务披露的高质量标准，准备并披露信息。

（3）公司每年应聘请独立、尽职、有执业资格的审计人员出具年度审计报告，由外部人员为董事会和股东对财务报表的编制和呈报的方式提供客观的依据。

（4）外部审计人员向股东负责，对公司负有在审计中发挥应有的职业审慎的义务。

（5）信息传播的途径应确保信息使用人能够平等、及时、低成本地获取有关信息。

（6）作为公司治理框架的补充，应有一种有效措施，促使分析师、经纪人、评级机构以及其他机构提出与投资者决策有关的分析或建议，并避免可能影响其分析或建议诚实性的利益冲突。

6. 董事会的义务。

公司治理结构应确保董事会对公司的战略指导和对管理层的有效监督，确保董事会对公司和股东的责任和忠诚。

（1）董事会成员应在全面了解情况的基础上，诚实、尽职、谨慎地开展工作，最大程度地维护公司和股东的利益
（2）当董事会的决策可能对不同股东团体造成不同的影响时，董事会应做到公平对待所有股东
（3）董事会应具备高度的道德准则，并考虑利益相关者的利益
（4）董事会应履行以下主要职责，包括： ①审查和指导公司的战略、重要行动计划、风险政策、年度预算和商业计划；设定公司的业绩目标；监督业绩目标的执行情况和公司的行为；监督重大的资本支出、并购和出售等行为。 ②对公司治理的有效性进行监督并根据实际需要加以调整。 ③选举主要经理人员，确定其薪酬，监督他们的行为和业绩，在必要的时候更换新的人员并对他们职务的交接进行监督。 ④促使主要行政人员和董事会成员的报酬与公司的长期利益相一致。 ⑤确保董事会成员的提名和选举过程的正规性和透明度。 ⑥对管理层、董事会成员和股东之间的潜在的利益冲突进行监督和管理，其中包括滥用公司资产和不当关联方交易。 ⑦确保包括独立审计在内的公司会计和财务报告系统诚实可靠；确保公司具备恰当的控制制度，特别是风险管理制度、财务和营运控制制度等，确保公司的行为不违反法律和相关的准则等。 ⑧监督信息披露和对外交流的过程
（5）董事会应能够在公司事务中做出客观独立的判断。 ①董事会应考虑委派相当数量的非执行董事对可能存在利益冲突的事项进行判断。例如，确保财务和非财务报告制度的完整性、对关联方交易进行审查、董事会的提名以及主要经理人员和董事会成员的薪酬等。 ②如果董事会成立了专门的委员会，他们的职责、组成和工作程序应予以明确并由董事会进行披露。 ③董事会成员应有足够的精力和时间履行职责
（6）为了更好地履行其职责，董事会成员应能够及时、准确地获取有关信息

【经典例题】

【例题·多选题】股东的基本权利包括（ ）。

A. 选举主要经理人员

B. 选举董事会成员

C. 参加股东大会并行使投票权

D. 委托他人管理

【答案】BCD

【解析】股东的基本权利。包括：①可靠的所有权登记办法；②委托他人管理股份或向他人转让股份；③及时、定期地获得公司实质性信息；④参加股东大会和参与投票表决；⑤选举和罢免董事会成员；⑥分享公司利润，选项B、C、D正确。选项A属于董事会的义务。

通关练习

（一）单选题

1. 下列关于董事会的表述中，错误的是（ ）。

A. 董事会对股东大会负责

B. 公司常设的权力机构

C. 决定公司的经营方针和投资计划

D. 聘任或解聘公司经理

2. 关于不同类型企业的特点，表述错误的是（ ）。

A. 业主制企业不具有法人资格，对企业的负债承担无限责任

B. 合伙人的退伙会影响企业的生存和寿命

C. 公司制企业的股东对公司债务承担无限责任

D. 公司制企业以独立法人的形态存在

3. 治理“内部人控制”问题的基本对策不包括（ ）。

A. 完善小股东的代理投票权

B. 完善公司治理体系

C. 强化监事会的监督功能

D. 完善和加强公司的外部监督体系

4. 下列关于有限责任公司的表述中，正确的是（ ）。

A. 有限责任公司必须设立监事会

B. 有限责任公司必须设立董事会

C. 有限责任公司可以采取发起设立或者募集设立的方式

D. 有限责任公司不能发行股票

5. 占用公司资源的利益输送行为不包括（ ）。

A. 直接占用资源

B. 关联性交易

C. 滥用公司资源

D. 掠夺性财务活动

6. 不属于公司治理机制的是（ ）。

A. 权益机制

B. 市场机制

C. 管理机制

D. 内部结构

7. 甲公司连续多年向公司高级管理人员提供购房借款，金额高达500万元。甲公司该行为体现了三大公司治理问题中的（ ）。

A. 经理人对于股东的“内部人控制”问题

B. 终极股东对于中小股东的“隧道挖掘”问题

C. 剥夺型公司治理问题

D. 企业与其他利益相关者之间的关系问题

8. 2019年4月，甲公司发布一份收购方案，计划向其终极股东乙公司定向发行4亿股股份，发行价格为每股8元，用于收购乙公司100%持有的丙公司的全部股权，然而丙公司被收购前账面净资产仅为3 200万元。甲公司该收购行为构成了（ ）。

A. 内幕交易

B. 掠夺性资本运作

C. 直接占用资源

D. 滥用公司资源

9. F公司董事李某擅自将公司20万元资金借给好友丁某，李某的行为违反了董事（　　）。

A. 竞业禁止义务

B. 善管义务

C. 审慎决议义务

D. 监督义务

10. 甲公司发布第一季度业绩预告，显示净利润比上年同期下降50%，公司股价随之下跌。体现了外部治理机制中（　　）对公司的监控和约束。

A. 产品市场

B. 经理人市场

C. 资本市场

D. 货币市场

11. 公司治理框架应该保护和促进股东权利的行使。下列说法错误的是（　　）。

A. 股东有权参与涉及公司重大变化的决策并为此获得充分信息

B. 反并购机制可以作为董事会和管理层免受监督的借口

C. 股东可以亲自或由代理人投票，两者都赋予投票结果以同等效力

D. 股东应能够对董事会成员和关键经理人员的薪酬公开发表意见

12. 某研究所L教授发表了一篇论文，直指甲上市公司经营业绩存在虚假成分，甲公司根本无力偿还巨额银行贷款。各银行相继停止对甲公司发放新的贷款，甲公司资金链断裂，被强制停牌。上述信息体现了公司治理基础设施中的（　　）。

A. 信息披露制度

B. 中介机构

C. 法律法规

D. 媒体、专业人士的舆论监督

（二）多选题

1. 随着公司制企业的不断发展，现代公司呈现出（　　）等典型特征，导致产生了公司治理问题。

A. 股权结构分散化

B. 有限责任制

C. 所有权与经营权分离

D. 永续生命

2. 下列关于机构投资者的说法中，正确的有（　　）。

A. “用脚投票”是机构投资者作为投资人通过买卖公司股票参与公司治理

B. 机构投资者是法人机构

C. “用手投票”是机构投资者通过参与公司的重要决策，直接对公司董事会和经理层的行为施加影响

D. 相对个人投资者，机构投资者投入的资金数量很大

3. 关于公司治理的概念，下列表述正确的有（　　）。

A. 狭义的公司治理目标是保证股东利益最大化

B. 广义的公司治理不局限于股东对经营者的制衡，还涉及广泛的利益相关者

C. 公司治理结构主要侧重于公司的内部治理

D. 公司治理的核心是权力制衡

4. 违背忠诚义务导致的内部人控制问题的主要表现包括（　　）。

A. 过高的在职消费

B. 信息披露不完整

C. 侵占资产

D. 资产转移

5. 终极股东直接占用资源的表现包括（　　）。

A. 预付账款

B. 内幕交易

C. 直接借款

D. 抢占公司的商业机会

6. 关于公司治理理论，下列说法中正确的有（　　）。

A. 委托代理问题产生的主要原因在于目标利益不一致与信息不对称

B. 资源依赖理论认为资源的依赖状况决定组织内部的权力分配状况

C. 利益相关者理论认为所有的利益相关者都应该参与公司治理

D. 公司治理问题的根源是公司制度本身，公司治理是针对公司制度的治理

7. 公司外部治理机制包括（　　）。

A. 股东大会

B. 产品市场

C. 资本市场

D. 经理人市场

8. 保护中小股东权益的途径包括（　　）。

A. 累积投票制

B. 建立表决权排除制度

C. 建立有效的股东民事赔偿制度

D. 建立股东退出机制

9. 董事会可以下设战略决策委员会，其主要职责有（　　）。

A. 制定公司长期发展战略

B. 制定董事选择的标准和程序

C. 监督、核实公司重大投资决策等

D. 检查、监督公司存在或潜在的各种风险

10. 公司治理框架应确保及时、准确地披露公司所有重大事件的信息。应当披露的重大信息有（　　）。

A. 可预期的重大风险因素

B. 关联方交易

C. 公司经营目标

D. 董事会成员的薪酬政策

（三）简答题

WR 房地产股份有限公司成立于 20 世纪 80 年代，总部设在 S 市。1995 年，WR 公司成功上市。经过几次股份转让，HY 集团总共持有 WR 公司 16% 的股份，成为 WR 公司的第一大股东。HY 集团与 WR 公司强强联合，开启了 WR 公司在房地产行业快速发展的黄金十年，而 HY 集团一直扮演着不干涉 WR 公司经营的财务投资人角色，充分放权 WR 公司管理层。以马某为首的 WR 管理层也在恪尽职守回报全体股东，WR 股价走势与地产指数走势相吻合。然而 2008 年以后，WR 公司大比例计提任意盈余公积，股东分红水平不断下降，管理层控制大量资金，忽视广大投资者的利益诉求，公司股价偏离地产指数，处于低迷状态。董事长马某常年在国外游学，却可以领取上千万元的薪酬。同时，WR 公司信息披露涉嫌重大遗漏。2014 年，WR 公司通过了“事业合伙人”计划，但是该计划的具体内容，以及公司的董事、监事在该计划中能够获得的报酬及获得该等报酬的依据，董事会从未向广大投资者披露过，违反了上市公司信息披露的有关要求。

要求：（1）简要分析 WR 公司存在的公司治理问题的类型与主要表现。

（2）简要分析该公司治理问题的成因及对策。

通关练习答案及解析

（一）单选题

1. 【答案】C

【解析】选项 C 是股东大会的职权。

2. 【答案】C

【解析】公司的股东以其认购的股份为限对公司承担有限责任。

3. 【答案】A

【解析】选项 A 属于治理“隧道挖掘”问题、保护中小股东权益的基本对策。

4. 【答案】D

【解析】股东人数较少或规模较小的有限责任公司，可以设一至二名监事，不设监事会，选项 A 错误。有限公司董事会可设可不设，不设董事会的，股东会会议由执行董事召集和主持，选项 B 错误。有限责任公司只有发起设立而无募集设立，选项 C 错误。

5. 【答案】C

【解析】占用公司资源的利益输送行为，

可以分为直接占用资源、关联性交易和掠夺性财务活动三类。

6. 【答案】D

【解析】公司治理机制主要有三大类，即权益机制、市场机制和管理机制，选项 D 错误。

7. 【答案】A

【解析】甲公司连续多年向公司高级管理人员提供购房借款，表明经理人为追求自身利益进行资产转移，侵害股东利益，属于“内部人控制”问题。

8. 【答案】B

【解析】掠夺性资本运作的标的物是公司股权，终极股东利用公司进行资本运作，实现相关公司的股权交易，经常是公司高价收购终极股东持有的其他公司股权，造成公司的利益流向了终极股东。

9. 【答案】B

【解析】董事善管义务：必须维护公司资产。董事应该做到：不私自挪用公司资金或者擅自将公司资金借贷给他人；不将公司资产以其个人名义或者以其他个人名义开立账户存储；不以公司资产为本公司的股东或者其他个人债务提供担保。所以，李某的行为违反了董事善管义务。

10. 【答案】C

【解析】当公司现有经理人员经营不努力时，企业的业绩就可能下降，企业的股票价格就会下跌，股票价格的波动体现了资本市场对公司的监控和约束。

11. 【答案】B

【解析】反并购机制不应作为董事会和管理层免受监督的借口，选项 B 错误。

12. 【答案】D

【解析】公司治理基础设施主要包括公司披露制度、评价公司财务信息和治理水平的信用中介机构、保护投资者利益的法律法规、政府监管以及媒体人和专业人士的舆论监督等。L 教授发表论文揭示甲公司业绩虚假，属于专业人士监督。

（二）多选题

1. 【答案】AC

【解析】股权结构分散化、所有权与经营权分离是现代公司的典型特征，导致了公司治理问题的产生。

2. 【答案】ABCD

【解析】教材原文。

3. 【答案】ABC

【解析】权力制衡只是方法，科学决策才是公司治理的核心。

4. 【答案】ACD

【解析】选项 B 属于违背勤勉义务导致的内部人控制问题的主要表现。

5. 【答案】ACD

【解析】选项 B 属于掠夺性财务活动。

6. 【答案】ABCD

【解析】选项均是教材原文表述。

7. 【答案】BCD

【解析】股东大会属于内部治理结构，选项 A 错误。

8. 【答案】ABCD

【解析】选项 A、B、C、D 都是保护中小股东权益的途径。

9. 【答案】AC

【解析】选项 B 属于提名委员会的职责；选项 D 属于审计委员会的职责。

10. 【答案】ABCD

【解析】应当披露的重大信息至少包括：①公司的财务和业绩状况；②公司经营目标；③公司主要的股票所有权及相关的投票权；④董事会成员和主要行政人员的薪酬政策；董事会成员的其他信息，包括他们的资格、选择过程、就任其他公司董事职务情况、是否被董事会认定是独立董事等；⑤关联方交易；⑥可预期的重大风险因素；⑦与雇员和其他利益相关者有关的重要问题；⑧公司的治理结构和政策，尤其是其执行所依据的任何公司治理规则或政策及程序的内容。

（三）简答题

（1）WR 公司存在的公司治理问题的类型是经理人对于股东的“内部人控制”问题。主要表现有：

①违背忠诚义务，工资、奖金等收入增长过快，侵占利润。“WR公司大比例计提任意盈余公积，股东分红水平不断下降，管理层控制大量资金，忽视广大投资者的利益诉求，公司股价偏离地产指数，处于低迷状态。董事长马某常年在国外游学，却可以领取上千万元的薪酬”。

②违背勤勉义务，信息披露不完整、不及时。“WR公司信息披露涉嫌重大遗漏。2014年，WR公司通过了‘事业合伙人’计划，但是该计划的具体内容，以及公司的董事、监事在该计划中能够获得的报酬及获得该等报酬的依据，董事会从未向广大投资者披露过，违反了上市公司信息披露的有关要求”。

（2）“内部人控制”的成因：内部人控制问题的形成，实际上是在所有权和经营权分离的公司制度下，委托代理关系所带来的必然结果。公司治理机制的不完善为内部人控制提供了有利条件。许多公司的内部治理结构是扭曲的，如股东大会流于形式，董事会凌驾于股东大会之上，董事会、监事会难以产生监督和制衡的作用。

治理“内部人控制”问题的基本对策：首先，完善公司治理体系，加大监督力度。其次，强化监事会的监督职能，形成企业内部权力制衡体系。最后，完善和加强公司的外部监督体系，使利益相关者参与到公司的监管中，再结合以经济、行政、法律等手段，构建对企业经营者的外部监督机制。

第六章　风险与风险管理

2021 年教材内容主要变化

2021 年教材本章的内容变化在于修改了案例，并对章节顺序进行了重新梳理，内容大体一致。

本章近五年考情统计分析

本章属于重点章，历年考题在客观题和主观题中均有涉及，近五年平均考试分值为 25 分。

（一）近五年考试分值分布

题型	2016 年	2017 年	2018 年	2019 年	2020 年
单选题	8	8	6	7	4
多选题	10. 5	7. 5	6	1. 5	1. 5
简答题	8	6	2	8	2
综合题	—	6	4	5	1. 5
合计	26. 5	27. 5	18	21. 5	9

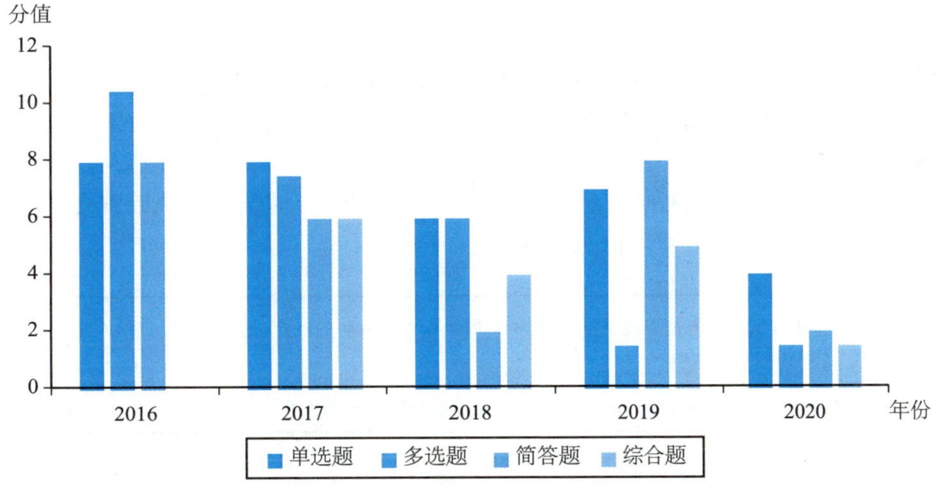

（二）近五年考试考点分布

高频考点内容	年度及题型分布
企业面对的风险种类	2016 年单选和多选、2017 年单选、多选和综合、2018 年单选、多选、简答和综合、2019 年单选、简答和综合、2020 年简答和综合
风险管理的概念	2016 年多选、2018 年单选
收集风险管理初始信息	2017 年多选、2019 年多选
进行风险评估	2016 年多选
提出和实施风险管理解决方案	2017 年单选
风险管理策略	2016 年单选、2017 年多选、2018 年单选、2019 年单选、2020 年单选和多选
内部控制系统	2016 年单选和多选、2017 年单选、2018 年单选和多选、2019 年单选
风险理财措施	2017 年单选、2018 年多选、2019 年单选、2020 年单选
德尔菲法	2016 年单选
流程图分析法	2018 年单选
马尔科夫分析法	2016 年单选、2020 年单选
风险评估系图法	2019 年单选
情景分析法	2017 年单选
敏感性分析法	2017 年单选、2019 年单选
事件树分析法	2018 年多选
决策树法	2017 年单选
统计推论法	2017 年单选

重难点解析

本章全面介绍了风险与风险管理相关知识，主要内容包括企业风险的概念及种类，风险管理的概念、目标，风险管理基本流程，风险管理策略、风险管理组织职能体系、内部控制系统、风险理财措施、风险管理信息系统，以及风险管理技术与方法。

重难点 1：风险的概念★

随着社会的发展，风险观念发生转变。

传统观念	19 世纪，西方古典经济学派认为：风险是经营活动的副产品，经营者的收入是其在经营活动中承担风险的报酬
现代观念	在现代市场经济中，必须重视“**风险能够导致变革和机会**”

2006 年国务院国有资产监督管理委员会发布《中央企业全面风险管理指引》，将企业风险定义为“未来的**不确定性**对企业实现其经营目标的影响”。

根据能否为企业带来盈利等机会，将风险分为纯粹风险和机会风险。

纯粹风险	只有带来损失一种可能性
机会风险	带来损失和盈利的可能性并存

从四方面对风险定义进行理解：

（1）企业风险与企业战略相关。	企业风险是影响企业实现战略目标的各种因素和事项，公司经营中战略目标不同，企业面临的风险也就不同
（2）风险是一系列可能发生的结果，不能简单理解为最有可能的结果。	由于风险的可能结果不是单一的，而是一系列的，所以理解和评估风险时，"范围"这个概念对应了众多的不确定性
（3）风险既具有客观性，又具有主观性。	风险是事件本身的不确定性，但却是在一定具体情况下的风险，可以由人的主观判断来决定选择不同的风险
（4）风险往往与机遇并存。	大多数人只关注风险不利面，如风险带来的竞争失败、经营中断等，因而害怕风险。风险本身并不一定是坏事。必须学会平衡风险可能导致的相反结果所带来的机遇。有风险才有机会，风险是机会存在的基础。为此，可以把负面的风险称为威胁，而把正面的风险称为机会

【经典例题】

【例题·单选题】关于现代市场经济中人们对风险观念的理解，下列表述中错误的是（　　）。

A. 可以由人的主观判断来决定选择不同的风险

B. 风险是一系列可能发生的结果而不是最有可能的结果

C. 风险总是与机遇并存

D. 风险只有带来损失一种可能性

【答案】D

【解析】风险分为纯粹风险和机会风险，机会风险带来损失和盈利的可能性并存，选项D错误。

重难点2：企业面对的风险种类★★★

企业面对的主要风险分为两大类：外部风险和内部风险。

外部风险	政治风险、法律风险与合规风险、社会文化风险、技术风险、市场风险
内部风险	战略风险、运营风险、财务风险

（一）外部风险

1. 政治风险。

政治风险是指完全或部分由政府官员行使权力和政府组织的行为而产生的不确定性。

政治风险常常表现为：

（1）限制投资领域	出于对东道国产业安全保护的目的，大多数国家对于外国企业对本国的投资领域进行限制。 例如，2018年某发达国家出台相关政策，限制外国企业对该国科技公司投资，以保护该国敏感技术外流
（2）设置贸易壁垒	一些发达国家对于新兴经济体企业与本国的贸易设置了多种壁垒。如制定限制本国高新科技产品出口等知识产权保护政策，开展对进口产品反倾销、反补贴、反垄断等的调查与诉讼等

续表

(3) 外汇管制规定	通常欠发达国家制定的外汇管制规定更为严格。 例如，外币供应实行定量配给，从而限制东道国的企业从外国购买商品和禁止其向外国股东支付股利，这些企业继而可能会陷入资金被冻结的局面
(4) 进口配额和关税	规定进口配额可以限制在东道国内的子公司从其控股公司购买以投放到国内市场上销售的商品数量。 有些时候东道国会要求征收额外税收，即对外国企业按高于本地企业的税率征税，目的是为本地企业提供优势条件，甚至有可能故意按超高税率征税，使得外国企业难以盈利
(5) 组织结构及要求最低持股比例	凭借要求所有投资必须采取与东道国公司联营的方式，东道国政府可决定组织结构。 最低持股比例是指外资公司的部分股权必须由当地投资人持有
(6) 限制向东道国的银行借款	限制甚至包括禁止外资企业向东道国的银行和发展基金按最低利率借款。某些国家仅向本国的企业提供获取外币的渠道，以迫使外资企业将外币带入本国
(7) 没收资产	出于国家利益的考虑，东道国可能会没收外国财产

2. 法律风险与合规风险。

两者各有重合，又各有侧重。

法律风险是指企业在经营过程中因自身经营行为的不规范或者外部法律环境发生重大变化而造成的不利法律后果的可能性。

法律风险通常包括以下三方面：

(1) 法律环境因素：立法不完备、执法不公正等。

(2) 市场主体自身法律意识淡薄，在经营活动中不考虑法律因素等。

(3) 交易对方的失信、违约或欺诈等。

合规风险是指因违反法律或监管要求而受到制裁、遭受金融损失以及因未能遵守所有适用法律、法规、行为准则或相关标准而给企业信誉带来损失的可能性。

合规风险侧重于行政责任和道德责任的承担，而法律风险则侧重于民事责任的承担。两者有时会同时发生，有时会发生分离。

3. 社会文化风险。

文化风险是指文化这一不确定性因素给企业经营活动带来的影响。文化风险存在并作用于企业经营的更深领域，主要有以下方面：

(1) 跨国经营活动引发的文化风险。

(2) 企业并购活动引发的文化风险。尤其对于跨国并购而言，面临组织文化与民族文化的双重风险。

(3) 组织内部因素引发的文化风险。组织文化的变革、组织员工队伍的多元文化背景导致的个人层面的文化风险。

4. 技术风险。

从技术风险范围考察，技术风险的定义有广义和狭义之分。

(1) 广义技术风险是指当某一种新技术给某一行业或某些企业带来增长机会的同时，可能对另一行业或另一些企业形成巨大威胁。

(2) 狭义技术风险是指技术在创新过程中，由于技术本身复杂性和其他相关因素变化产生的不确定性而导致技术创新遭遇失败的可能性。

从技术活动过程所处的不同阶段考察，技术风险可以划分为技术设计风险、技术研发风险和技术应用风险。

技术设计风险	技术在设计阶段，由于技术构思或设想的不全面性致使技术及技术系统存在先天“缺陷”或创新不足而引发的各种风险

续表

技术研发风险	在技术研究或开发阶段，由于外界环境变化的不确定性、技术研发项目本身的难度和复杂性、技术研发人员自身知识和能力的有限性都可能导致技术的研究面临着失败的危险
技术应用风险	由于技术成果在产品化、产业化的过程中所带来的一系列不确定性的负面影响或效应

5. 市场风险。

市场风险是指企业所面对的外部市场的复杂性和变动性所带来的与经营相关的风险。至少要考虑以下几个方面：

（1）产品或服务的价格及供需变化带来的风险；

（2）能源、原材料、配件等物资供应的充足性、稳定性和价格的变化带来的风险；

（3）主要客户、主要供应商的信用风险；

（4）**税收政策和利率、汇率、股票价格指数的变化带来的风险**；

（5）潜在进入者、竞争者、与替代品的竞争带来的风险。

【小贴士】“市场风险”的五方面表现很重要，历年多有考查，可结合第二章波特“产业的五种竞争力”进行强化记忆。

（二）内部风险

1. 战略风险。

战略风险指企业在战略管理过程中，由于内外部环境的复杂性和变动性以及主体对环境的认知能力和适应能力的有限性，而导致企业**整体性损失和战略目标无法实现**的可能性及损失。

我国《企业内部控制应用指引第 2 号——发展战略》从企业制定与实施发展战略角度阐明企业战略风险具体体现在以下 3 个方面：

（1）缺乏明确的发展战略或发展战略实施不到位，可能导致企业盲目发展，难以形成竞争优势，丧失发展机遇和动力。

（2）发展战略过于激进，脱离企业实际能力或偏离主业，可能导致企业过度扩张，甚至经营失败。

（3）发展战略因主观原因频繁变动，可能导致资源浪费，甚至危及企业的生存和持续发展。

2. 运营风险。

运营风险是指企业在运营过程中，由于内外部环境的复杂性和变动性以及主体对环境的认知能力和适应能力的有限性，而导致的**运营失败或使运营活动达不到预期的目标**的可能性及损失。

（1）运营风险考虑因素。

①企业产品结构、新产品研发方面可能引发的风险；

②企业新市场开发，市场营销策略（包括产品或服务定价与销售渠道，市场营销环境状况等）方面可能引发的风险；

③企业组织效能、管理现状、企业文化，高、中层管理人员和重要业务流程中专业人员的知识结构、专业经验等方面可能引发的风险；

④期货等衍生产品业务发生失误带来的风险；

⑤质量、安全、环保、信息安全等管理发生失误导致的风险；

⑥因企业内、外部人员的道德风险或业务控制系统失灵导致的风险；

⑦**给企业造成损失的自然灾害等风险**；

⑧企业现有业务流程和信息系统操作运行情况的监管、运行评价及持续改进能力方面引发的风险。

（2）从内部控制角度展开几个主要运营风险。

A. 组织架构
依据《企业内部控制应用指引第 1 号——组织架构》需关注的主要风险：
第一，**治理结构**形同虚设，缺乏科学决策、良性运行机制和执行力，可能导致企业经营失败，难以实现发展战略。
第二，**内部机构**设计不科学，权责分配不合理，可能导致机构重叠、职能交叉或缺失、推诿扯皮，运行效率低下

续表

B. 人力资源 依据《企业内部控制应用指引第 3 号——人力资源》，人力资源管理需关注的主要风险包括： 第一，人力资源缺乏或过剩、结构不合理、开发机制不健全，可能导致企业发展战略难以实现。 第二，人力资源激励约束制度不合理、关键岗位人员管理不完善，可能导致人才流失、经营效率低下或关键技术、商业秘密和国家机密泄露。 第三，人力资源退出机制不当，可能导致法律诉讼或企业声誉受损
C. 社会责任 依据《企业内部控制应用指引第 4 号——社会责任》，履行社会责任方面需关注的主要风险包括： 第一，安全生产措施不到位，责任不落实，可能导致企业发生安全事故。 第二，产品质量低劣，侵害消费者利益，可能导致企业巨额赔偿、形象受损，甚至破产。 第三，环境保护投入不足，资源耗费大，造成环境污染或资源枯竭，可能导致企业巨额赔偿、缺乏发展后劲，甚至停业。 第四，促进就业和员工权益保护不够，可能导致员工积极性受挫，影响企业发展和社会稳定
D. 企业文化 依据《企业内部控制应用指引第 5 号——企业文化》，企业文化建设需关注的主要风险包括： 第一，缺乏积极向上的企业文化，可能导致员工丧失对企业的信心和认同感，企业缺乏凝聚力和竞争力。 第二，缺乏开拓创新、团队协作和风险意识，可能导致企业发展目标难以实现，影响可持续发展。 第三，缺乏诚实守信的经营理念，可能导致舞弊事件的发生，造成企业损失，影响企业信誉。 第四，忽视企业间的文化差异和理念冲突，可能导致并购重组失败
E. 采购业务 依据《企业内部控制应用指引第 7 号——采购业务》，采购业务需关注的主要风险包括： 第一，采购计划安排不合理，市场变化趋势预测不准确，造成库存短缺或积压，可能导致企业生产停滞或资源浪费。 第二，供应商选择不当，采购方式不合理，招投标或定价机制不科学，授权审批不规范，可能导致采购物资质次价高，出现舞弊或遭受欺诈。 第三，采购验收不规范，付款审核不严，可能导致采购物资、资金损失或信用受损
F. 资产管理 依据《企业内部控制应用指引第 8 号——资产管理》，资产管理需关注的主要风险包括： 第一，存货积压或短缺，可能导致流动资金占用过量、存货价值贬损或生产中断。 第二，固定资产更新改造不够、使用效能低下、维护不当、产能过剩，可能导致企业缺乏竞争力、资产价值贬损、安全事故频发或资源浪费。 第三，无形资产缺乏核心技术、权属不清、技术落后、存在重大技术安全隐患，可能导致企业出现法律纠纷、缺乏可持续发展能力
G. 销售业务 依据《企业内部控制应用指引第 9 号——销售业务》，销售业务需关注的主要风险包括： 第一，销售政策和策略不当，市场预测不准确，销售渠道管理不当等，可能导致销售不畅、库存积压、经营难以为继。 第二，客户信用管理不到位，结算方式选择不当，账款回收不力等，可能导致销售款项不能收回或遭受欺诈。 第三，销售过程存在舞弊行为，可能导致企业利益受损
H. 研究与开发 依据《企业内部控制应用指引第 10 号——研究与开发》，开展研发活动需关注的主要风险包括： 第一，研究项目未经科学论证或论证不充分，可能导致创新不足或资源浪费。 第二，研发人员配备不合理或研发过程管理不善，可能导致研发成本过高、舞弊或研发失败。 第三，研究成果转化应用不足、保护措施不力，可能导致企业利益受损

续表

I. 工程项目 依据《企业内部控制应用指引第 11 号——工程项目》，工程项目需关注的主要风险包括： 第一，立项缺乏可行性研究或者可行性研究流于形式，决策不当，盲目上马，可能导致难以实现预期效益或项目失败。 第二，项目招标暗箱操作，存在商业贿赂，可能导致中标人实质上难以承担工程项目、中标价格失实及相关人员涉案。 第三，工程造价信息不对称，技术方案不落实，概预算脱离实际，可能导致项目投资失控。 第四，工程物资质次价高，工程监理不到位，项目资金不落实，可能导致工程质量低劣，进度延迟或中断。 第五，竣工验收不规范，最终把关不严，可能导致工程交付使用后存在重大隐患
J. 担保业务 依据《企业内部控制应用指引第 12 号——担保业务》，担保业务需关注的主要风险包括： 第一，对担保申请人的资信状况调查不深。审批不严或越权审批，可能导致企业担保决策失误或遭受欺诈。 第二，对被担保人出现财务困难或经营陷入困境等状况监控不力，应对措施不当，可能导致企业承担法律责任。 第三，担保过程中存在舞弊行为，可能导致经办审批等相关人员涉案或企业利益受损
K. 业务外包 依据《企业内部控制应用指引第 13 号——业务外包》，企业的业务外包需关注的主要风险包括： 第一，外包范围和价格确定不合理，承包方选择不当，可能导致企业遭受损失。 第二，业务外包监控不严、服务质量低劣，可能导致企业难以发挥业务外包的优势。 第三，业务外包存在商业贿赂等舞弊行为，可能导致企业相关人员涉案
L. 合同管理 依据《企业内部控制应用指引第 16 号——合同管理》，合同管理需关注的主要风险包括： 第一，未订立合同、未经授权对外订立合同、合同对方主体资格未达要求、合同内容存在重大疏漏和欺诈，可能导致企业合法权益受到侵害。 第二，合同未全面履行或监控不当，可能导致企业诉讼失败、经济利益受损。 第三，合同纠纷处理不当，可能损害企业利益、信誉和形象
M. 内部信息传递 依据《企业内部控制应用指引第 17 号——内部信息传递》，内部信息传递需关注的主要风险包括： 第一，内部报告系统缺失、功能不健全、内容不完整，可能影响生产经营有序运行。 第二，内部信息传递不通畅、不及时，可能导致决策失误、相关政策措施难以落实。 第三，内部信息传递中泄露商业秘密，可能削弱企业核心竞争力
N. 信息系统 依据《企业内部控制应用指引第 18 号——信息系统》，信息系统需关注的主要风险包括： 第一，信息系统缺乏或规划不合理，可能造成信息孤岛或重复建设，导致企业经营管理效率低下。 第二，系统开发不符合内部控制要求，授权管理不当，可能导致无法利用信息技术实施有效控制。 第三，系统运行维护和安全措施不到位，可能导致信息泄露或毁损，系统无法正常运行

3. 财务风险。

财务风险是指企业在生产经营过程中，由于内外部环境的各种难以预料或无法控制的不确定性因素的作用，使企业在一定时期内**所获得的财务收益与预期收益发生偏差**的可能性。企业管理者对财务风险只有采取有效措施来降低风险，而**不可能完全消除风险**。

从企业内部控制角度考察，财务风险可以从以下三方面展开。

（1）全面预算 依据《企业内部控制应用指引第 15 号——全面预算》，实行全面预算管理需关注的主要风险包括： ①不编制预算或预算不健全，可能导致企业经营缺乏约束或盲目经营。 ②预算目标不合理、编制不科学，可能导致企业资源浪费或发展战略难以实现。 ③预算缺乏刚性、执行不力、考核不严，可能导致预算管理流于形式

续表

(2) 资金活动 依据《企业内部控制应用指引第6号——资金活动》，资金活动需关注的主要风险包括： ①筹资决策不当，引发资本结构不合理或无效融资，可能导致企业筹资成本过高或债务危机。 ②投资决策失误，引发盲目扩张或丧失发展机遇，可能导致资金链断裂或资金使用效益低下。 ③资金调度不合理、营运不畅，可能导致企业陷入财务困境或资金冗余。 ④资金活动管控不严，可能导致资金被挪用、侵占、抽逃或企业遭受欺诈
(3) 财务报告 依据《企业内部控制应用指引第14号——财务报告》，编制、对外提供和分析利用财务报告需关注的主要风险包括： ①编制财务报告违反会计法律法规和国家统一的会计准则制度，可能导致企业承担法律责任和声誉受损。 ②提供虚假财务报告，误导财务报告使用者，造成决策失误，干扰市场秩序。 ③不能有效利用财务报告，难以及时发现企业经营管理中存在的问题，可能导致企业财务和经营风险失控

【经典例题】

【真题·单选题】（2016）我国某纺织生产企业甲公司向欧洲H国出口“双羊”牌高档羊绒被，其英文商标名为“Goats”。该产品虽然质量上乘，但在H国一直销路不佳。甲公司进行详细调查后发现，在H国，“Goats”除了有山羊的意思以外，还有其他的贬义，一些消费者因此产生不好的联想，影响了产品的销售。这个案例表明，企业跨国营销可能面临（　　）。

A. 市场风险

B. 政治风险

C. 文化风险

D. 品牌风险

【答案】C

【解析】在H国，“Goats”除了有山羊的意思以外，还有其他的贬义，一些消费者因此产生不好的联想，企业跨国营销可能导致社会文化风险。

【真题·单选题】（2017）思达集团原是一家房地产企业。2016年，思达集团以银行贷款为主要资金来源，开始大举并购一些发达国家的酒店和娱乐、体育健身等方面的业务。最近，思达集团由于收购规模过大，资金出现短缺。同时银行收紧了银根，不再向思达集团发放贷款。因此，思达集团被迫中止了收购活动，并为弥补资金漏洞出售了一些已购的业务。根据《企业内部控制应用指引第2号——发展战略》，思达集团在制定和实施发展战略方面存在的主要风险是（　　）。

A. 发展战略实施不到位

B. 发展战略过于激进，脱离企业实际能力或偏离主业

C. 发展战略因主观原因频繁变动

D. 缺乏明确的发展战略

【答案】B

【解析】思达集团原是一家房地产企业。思达集团以银行贷款为主要资金来源，大举并购一些发达国家的酒店和娱乐、体育健身等方面的业务。由于收购规模过大，资金出现短缺。同时银行收紧了银根，不再向思达集团发放贷款。因此，思达集团被迫中止了收购活动，并为弥补资金漏洞出售了一些已购的业务。说明思达集团发展战略过于激进，脱离企业实际能力或偏离主业。所以，选项B正确。

【真题·单选题】（2018）惠通公司开发出一种用于少儿英语学习的智能机器人。该产品投放市场不久，便被其他公司仿制。从技术活动过程所处的不同阶段考察，惠通公司面临的技术风险属于（　　）。

A. 技术设计风险

B. 技术选择风险

C. 技术研发风险

D. 技术应用风险

【答案】D

【解析】“该产品投放市场不久，便被其他公司仿制”，说明惠通公司面临技术应用风

险。技术应用风险是指由于技术成果在产品化、产业化的过程中所带来的一系列不确定性的负面影响或效应。

【真题·单选题】（2019）随着云计算技术的崛起，传统数据技术受到严峻挑战。此前引领世界数据库软件市场的 J 公司对环境变化反应迟钝，没有及时研究云计算技术。当公司意识到云技术是未来方向时，转型为时已晚。2018 年，J 公司营业收入基本零增长，净利润比前一年暴跌 59%。J 公司面对的主要风险是（　　）。

A. 法律风险

B. 运营风险

C. 财务风险

D. 社会文化风险

【答案】B

【解析】J 公司作为专注于数据库软件的公司，“没有及时研究云计算技术”，说明公司面临“企业产品结构、新产品研发方面可能引发的风险”，属于运营风险。

【真题·多选题】（2016）根据《企业内部控制应用指引第 4 号——社会责任》，企业在履行社会责任方面需要关注的主要风险有（　　）。

A. 缺乏诚实守信的经营理念，可能导致舞弊事件的发生

B. 安全生产措施不到位，责任不落实，可能导致安全事故的发生

C. 产品质量低劣，侵害消费者利益，可能导致企业巨额赔偿、形象受损

D. 促进就业和员工权益保护不够，可能导致员工积极性受挫

【答案】BCD

【解析】履行社会责任方面需关注的主要风险：

（1）安全生产措施不到位，责任不落实，可能导致企业发生安全事故。

（2）产品质量低劣，侵害消费者利益，可能导致企业巨额赔偿、形象受损，甚至破产。

（3）环境保护投入不足，资源耗费大，造成环境污染或资源枯竭，可能导致企业巨额赔偿、缺乏发展后劲，甚至停业。

（4）促进就业和员工权益保护不够，可能导致员工积极性受挫，影响企业发展和社会稳定。选项 A 属于企业文化需关注的主要风险。

所以选项 B、C、D 正确。根据《企业内部控制应用指引第 5 号——企业文化》选项 A 属于企业文化建设需关注的主要风险。

【真题·多选题】（2018）智博公司是一家连锁书店。面对电子图书的冲击和网上售书模式的兴起，智博公司陆续开辟了“名师书架”，“读者乐园”和“网上书城”等，通过优化图书结构和经营模式吸引消费者，取得了显著效果。在本案例中，智博公司规避的风险有（　　）。

A. 市场风险

B. 运营风险

C. 产业风险

D. 战略风险

【答案】AB

【解析】电子图书的冲击和网上售书模式的兴起，属于市场风险。通过优化图书结构和经营模式吸引消费者，规避的是运营风险。

【例题·单选题】亚洲 R 国 H 公司推出了一个名为“东大机器人”的项目，该项目的目标是通过 R 国顶级学府 J 大学的入学考试。2013 年以来，“东大机器人”每年都参加 J 大学的入学考试，但连续 3 年的得分均低于 J 大学的录取分数线。H 公司于 2016 年 11 月正式宣布因项目过于复杂而最终放弃该项目。根据上述描述，H 公司研发“东大机器人”项目面临的风险是（　　）。

A. 战略风险

B. 市场风险

C. 法律风险

D. 技术风险

【答案】D

【解析】“最终因项目过于复杂而最终放

弃该项目”，表明公司面临技术风险。狭义技术风险是指技术在创新过程中，由于技术本身复杂性和其他相关因素变化产生的不确定性而导致技术创新遭遇失败的可能性。

【例题·单选题】有关研究机构证实，从事中成药生产的上市公司天康公司的主打产品含有对人体健康有害的成分。该研究结果被媒体披露后，天康公司的股价大跌，购买其产品的部分消费者和经销商纷纷要求退货，致使其经营陷入危机。上述案例中，天康公司面临的风险属于（　　）。

A. 运营风险

B. 技术风险

C. 战略风险

D. 财务风险

【答案】A

【解析】“主打产品含有对人体健康有害的成分”，说明天康公司面临“质量、安全、环保、信息安全等管理发生失误导致的风险”，属于运营风险。

【例题·简答题】2010 年 4 月，由 6 名工程师、2 名设计师组成的联合团队创建的 KT 科技公司正式成立。公司成立之初，公司 CEO 刘毅与股东们就有一个想法：要做一款设计好、品质高、价格便宜的智能手机。短短 5 年时间，KT 公司的估值增长 180 倍，高达 460 亿美元。KT 成为国内乃至全球成长最迅猛的企业，一度是全球估值最高的初创企业。

然而，在 2015 年，迅猛增长的 KT 遇到了前所未有的危机。一方面，销量越来越大就意味着要与数百个零部件供应商建立良好高效的合作协同关系，不能有丝毫闪失。而 KT 的供货不足、发货缓慢被指为“饥饿营销”，开始颇受质疑。另一方面，竞争对手越来越多、越来越强大。H 公司推出的互联网手机品牌 R 手机成为 KT 手机强劲的对手，O 公司和 V 公司也借助强大的线下渠道开始崛起。芯片供应商 G 公司的一脚急刹车成为导火线。在经历了 5 年的超高速增长后，2015 年下半年，KT 公司放缓了飞速前进的脚步。由于市场日趋饱和，整个智能手机行业的增速下滑，虽然 KT 手机 2015 年 7 000 万部的销量依然是国内出货量最高的手机，但刘毅在年初喊出的 8 000 万部销量的目标没能实现。KT 手机销量下滑的趋势并没有止住。KT 手机首次跌出全球出货量前五；在国内市场，KT 手机也从第一跌到了第五，季度出货量跌幅一度超过 40%，全年出货量暴跌 36%。而这一年，以线下渠道为主的 O 公司和 V 公司成为手机行业的新星，其手机出货量不仅增幅超过 100%，而且双双超过 KT 公司进入全球前五、国内前三。

因为增速放缓，一直被顶礼膜拜的 KT 模式在这一年开始遭遇前所未有的质疑。KT 公司似乎自己也乱了节奏，在渠道、品牌和产品等方面都出现了不少问题。

【要求】简要分析 KT 公司在 2015 年面临的市场风险。

【解析】KT 公司在 2015 年所面临的市场风险主要表现在两个方面：

（1）能源、原材料、配件等物资供应的充足性、稳定性和价格的变化带来的风险。“销量越来越大就意味着要与数百个零部件供应商建立良好高效的合作协同关系，不能有丝毫闪失。而 KT 的供货不足、发货缓慢被指为‘饥饿营销’，开始颇受质疑”；“芯片供应商 G 公司的一脚急刹车成为导火线”。

（2）潜在进入者、竞争者、与替代品的竞争带来的风险。“竞争对手越来越多、越来越强大。H 公司推出的互联网手机品牌 R 手机成为 KT 手机强劲的对手，O 公司和 V 公司也借助强大的线下渠道开始崛起”；“以线下渠道为主的 O 公司和 V 公司成为手机行业的新星，其手机出货量不仅增幅超过 100%，而且双双超过 KT 公司进入全球前五、国内前三”。

重难点 3：风险管理的概念★★

（一）风险管理的概念

《中央企业全面风险管理指引》对风险管理给出如下定义：“全面风险管理，指企业围绕总体经营目标，通过在企业管理的各个环节和经营过程中执行风险管理的基本流程，培育良好的风险管理文化，建立健全全面风险管理体系，包括风险管理策略、风险理财措施、风险管理的组织职能体系、风险管理信息系统和内部控制系统，从而为实现风险管理的总体目标提供合理保证的过程和方法。”

这一定义体现了企业风险管理以下五个主要特征：

（1）战略性	尽管风险管理渗透现代企业各项活动中，存在于企业管理者对企业的日常管理当中，但它主要运用于企业战略管理层面，站在战略层面整合和管理企业层面风险是全面风险管理的价值所在
（2）全员化	企业全面风险管理是一个由企业治理层、管理层和所有员工参与，旨在把风险控制在风险容量以内，增进企业价值的过程
（3）专业性	要求风险管理的专业人才实施专业化管理
（4）二重性	企业全面风险管理的商业使命在于：①损失最小化管理；②不确定性管理；③绩效最优化管理。全面风险管理既要管理纯粹的风险，也要管理机会风险
（5）系统性	全面风险管理必须拥有一套系统的、规范的方法，建立健全全面风险管理体系，包括风险管理策略、风险理财措施、风险管理的组织职能体系、风险管理信息系统和内部控制系统，从而为实现风险管理的总体目标提供合理保证

风险管理的新旧理念对比

	传统风险管理	全面风险管理
涉及面	主要是财务会计主管和内部审计等部门负责；就单个风险个体实施风险管理，主要是可保风险和财务风险	在高层的参与下，每个成员都承担与自己行为相关的风险管理责任；从总体上集中考虑和管理所有风险（包括纯企业风险和机会风险）
连续性	只有管理层认为必要时才进行	是企业系统的、有重点的、持续的行为
态度	被动地将风险管理作为成本中心	主动积极地将风险管理作为价值中心
目标	与企业战略联系不紧，目的是转移或避免风险	紧密联系企业战略，目的是寻求风险优化措施
方法	事后反应式的风险管理方法，即先检查和预防经营风险，然后采取应对措施	事前风险防范，事中风险预警和及时处理，事后风险报告、评估、备案及其他相应措施
注意焦点	专注于纯粹和灾害性风险	焦点在所有利益相关者的共同利益最大化上

（二）风险偏好与风险承受度

风险偏好和风险承受度是风险管理概念的重要组成部分。

风险偏好是企业希望承受的**风险范围**，分析风险偏好要回答的问题是公司希望承担什么风险和承担多少风险。

风险承受度是指企业**风险偏好的边界**，分析风险承受度可以将其作为企业采取行动的预警指标，企业可以设置若干承受度指标以显示不同的警示级别。

风险偏好和风险承受度概念的提出基于企业风险管理理念的变化。传统风险管理理念认为风险只是灾难，被动地将风险管理作为成本中心；而全面风险管理的理念认为风险具有二重性，风险总是与机遇并存。企业风险管理要在机遇和风险中寻求平衡点，以实现企业价值最大化的目标。

风险偏好概念提出的意义在于研究企业风

险和收益的关系，明确了企业的风险偏好和风险承受度，就能够把握企业如何在风险和收益之间作出选择。

【经典例题】

【真题·单选题】（2018）永泽公司是一家餐饮公司。2010 年，一场传染病的流行使餐饮业进入“寒冬”。该公司在进行风险评估后认为，这场传染病的流行将使消费者的健康饮食意识大大增强，于是组织员工迅速开发并推出系列健康菜品，使公司营业额逆势上升。永泽公司的上述做法体现的风险管理特征是（　　）。

A. 专业性

B. 二重性

C. 系统性

D. 战略性

【答案】B

【解析】传染病的流行使餐饮业进入“寒冬”，而永泽公司推出健康菜品，将风险转化为增加企业价值的机会，体现了风险管理二重性的特征。

【真题·多选题】（2016）下列各项关于企业全面风险管理的表述中，正确的有（　　）。

A. 企业全面风险管理是增进企业价值的过程

B. 企业全面风险管理旨在把风险控制在风险容量以内

C. 企业全面风险管理的参与者由管理层和全体员工组成

D. 企业全面风险管理对企业所有风险进行管理

【答案】ABD

【解析】企业全面风险管理是一个由企业治理层、管理层和所有员工参与，对企业所有风险进行管理，旨在把风险控制在风险容量以内，增进企业价值的过程。所以，选项 C 错误，选项 A、B、D 正确。

【例题·单选题】下列关于全面风险管理特征的表述中，错误的是（　　）。

A. 全面风险管理体系为实现风险管理的总体目标提供合理保证

B. 全面风险管理主要运用于企业的日常管理层面

C. 全面风险管理对企业所有风险进行管理

D. 全面风险管理由风险管理专业人才实施专业化管理

【答案】B

【解析】全面风险管理主要运用于企业战略管理层面，选项 B 错误。

重难点 4：风险管理的目标★

传统的风险管理与企业战略联系不紧，目标是转移或避免风险，重点放在对公司行为的监督和检查上，因而传统的风险管理的目标一般与实现公司战略目标没有关系。全面风险管理紧密联系企业战略，为实现公司总体战略目标寻求风险优化措施，因而风险管理目标的设计要充分体现这一思想。

我国《中央企业全面风险管理指引》设定了风险管理总体目标：

（1）确保将风险控制在与公司总体目标相适应并可承受的范围内；

（2）确保内外部，尤其是企业与股东之间实现真实、可靠的信息沟通，包括编制和提供真实、可靠的财务报告；

（3）确保遵守有关法律法规；

（4）确保企业有关规章制度和为实现经营目标而采取重大措施的贯彻执行，保障经营管理的有效性，提高经营活动的效率和效果，降低实现经营目标的不确定性；

（5）确保企业建立针对各项重大风险发生后的危机处理计划，保护企业不因灾害性风险或人为失误而遭受重大损失。

接下来介绍风险管理基本流程，包括以下主要工作：

（1）收集风险管理初始信息；

（2）进行风险评估；

（3）制定风险管理策略；

（4）提出和实施风险管理解决方案；

（5）风险管理的监督与改进。

重难点5：收集风险管理初始信息★★

要广泛地、持续不断地收集与本企业风险和风险管理相关的内部、外部初始信息，包括历史数据和未来预测。应把收集初始信息的职责分工落实到各有关职能部门和业务单位。

收集初始信息要根据所分析的风险类型具体展开。例如：

（1）分析战略风险。

企业应广泛收集国内外企业战略风险失控导致企业蒙受损失的案例，并至少收集与本企业相关的以下重要信息：

①国内外宏观经济政策以及经济运行情况、企业所在产业的状况、国家产业政策；

②科技进步、技术创新的有关内容；

③市场对该企业产品或服务的需求；

④与企业战略合作伙伴的关系，未来寻求战略合作伙伴的可能性；

⑤该企业主要客户、供应商及竞争对手的有关情况；

⑥与主要竞争对手相比，该企业实力与差距；

⑦本企业发展战略和规划、投融资计划、年度经营目标、经营战略，以及编制这些战略、规划、计划、目标的有关依据；

⑧该企业对外投融资流程中曾发生或易发生错误的业务流程或环节。

（2）分析财务风险。

企业应广泛收集国内外企业财务风险失控导致危机的案例，并至少收集本企业的以下重要信息：

①负债、或有负债、负债率、偿债能力；

②现金流、应收账款及其占销售收入的比重、资金周转率；

③产品存货及其占销售成本的比重、应付账款及其占购货额的比重；

④制造成本和管理费用、财务费用、营业费用；

⑤盈利能力；

⑥成本核算、资金结算和现金管理业务中曾发生或易发生错误的业务流程或环节；

⑦与本企业相关的产业会计政策、会计估算、与国际会计制度的差异与调节（如退休金、递延税项等）等信息。

（3）分析市场风险。

企业应广泛收集国内外企业忽视市场风险、缺乏应对措施导致企业蒙受损失的案例，并至少收集与本企业相关的以下重要信息：

①产品或服务的价格及供需变化；

②能源、原材料、配件等物资供应的充足性、稳定性和价格变化；

③主要客户、主要供应商的信用情况；

④税收政策和利率、汇率、股票价格指数的变化；

⑤潜在竞争者、竞争者及其主要产品、替代品情况。

（4）分析运营风险。

企业应至少收集与本企业、本行业相关的以下信息：

①产品结构、新产品研发；

②新市场开发，市场营销策略，包括产品或服务定价与销售渠道，市场营销环境状况等；

③企业组织效能、管理现状、企业文化，高、中层管理人员和重要业务流程中专业人员的知识结构、专业经验；

④期货等衍生产品业务中曾发生或易发生失误的流程和环节；

⑤质量、安全、环保、信息安全等管理中曾发生或易发生失误的业务流程或环节；

⑥因企业内、外部人员的道德风险致使企业遭受损失或业务控制系统失灵；

⑦给企业造成损失的自然灾害以及除上述有关情形之外的其他纯粹风险；

⑧对现有业务流程和信息系统操作运行情况的监管、运行评价及持续改进能力；

⑨企业风险管理的现状和能力。

（5）分析法律风险。

企业应广泛收集国内外企业忽视法律法规风险、缺乏应对措施导致企业蒙受损失的案例，并至少收集与该企业相关的以下信息：

①国内外与该企业相关的政治、法律环境；

②影响企业的新法律法规和政策；

③员工道德操守的遵从性；

④该企业签订的重大协议和有关贸易合同；

⑤该企业发生重大法律纠纷案件的情况；

⑥企业和竞争对手的知识产权情况。

【小贴士】针对不同风险类型，需要收集的初始信息内容较多，为了应对客观题考查，对容易混淆的信息做了特别标注，方便读者区分、掌握。

【经典例题】

【真题·多选题】（2017）分析企业运营风险，企业应至少收集与该企业、本行业相关的信息，其中包括（　　）。

A. 企业风险管理的现状和能力

B. 潜在竞争者、竞争者及其主要产品、替代品情况

C. 期货等衍生产品业务曾发生或易发生失误的流程和环节

D. 新市场开发、市场营销策略

【答案】ACD

【解析】选项B属于分析“市场风险”应收集的初始信息。

【真题·多选题】（2019）宝胜公司是一家全球性的手机生产企业。近年来公司在高速发展的同时，面临的风险也与日俱增。为了更好地分析面临的市场风险，宝胜公司应该至少收集的与该公司相关的重要信息有（　　）。

A. 全球汇率变动状况

B. 全球手机价值链生产供应状况

C. 各国对手机及其零部件进出口的政策导向

D. 各国手机的价格及供需变化

【答案】ABD

【解析】选项C属于分析“战略风险”应收集的初始信息。

重难点6：进行风险评估★★

完成了风险管理初始信息收集之后，企业要对收集的风险管理初始信息和企业各项业务管理及其重要业务流程进行风险评估。

风险评估包括风险辨识、风险分析、风险评价三个步骤。

进行风险辨识、分析和评价，应将定性与定量方法相结合。

定性方法可采用问卷调查、集体讨论、专家咨询、情景分析、政策分析、行业标杆比较、管理层访谈、由专人主持的工作访谈和调查研究等。

定量方法可采用统计推论（如集中趋势法）、计算机模拟（如蒙特卡洛分析法）、失效模式与影响分析、事件树分析等。

进行风险定量评估时，应统一制定各风险的度量单位和风险度量模型，并通过测试等方法，确保评估系统的假设前提、参数、数据来源和定量评估程序的合理性和准确性。

要根据环境变化，定期对假设前提和参数进行复核和修改，并将定量评估系统的估算结果与实际效果对比，据此对有关参数进行调整和改进。

风险辨识是指查找企业各业务单元、各项重要经营活动及其重要业务流程中有无风险，有哪些风险
风险分析是对辨识出的风险及其特征进行明确的定义描述，分析和描述风险发生可能性的高低、风险发生的条件。风险分析应包括风险之间的关系分析，以便发现各风险之间的自然对冲、风险事件发生的正负相关性等组合效应，从风险策略上对风险进行统一集中管理
风险评价是评估风险对企业实现目标的影响程度、风险的价值等。 风险评价应由企业组织有关职能部门和业务单位实施，也可聘请有资质、信誉好、风险管理专业能力强的中介机构协助实施

企业在评估多项风险时，应根据对风险发生**可能性**的高低和对目标的**影响程度**的评估，**绘制风险坐标图**，对各项风险进行比较，初步确定对各项风险的管理优先顺序和策略。

企业应对风险管理信息实行**动态管理**，定期或不定期实施风险辨识、分析、评价，以便对新的风险和原有风险的变化重新评估。

【经典例题】

【例题·多选题】分析战略风险，企业应至少收集与本企业相关的重要信息，其中包括（　　）。

A. 产品结构、新产品研发

B. 科技进步、技术创新的有关内容

C. 市场对该企业产品或服务的需求

D. 盈利能力

【答案】BC

【解析】分析战略风险，企业应广泛收集国内外企业战略风险失控导致企业蒙受损失的案例，并至少收集与本企业相关的以下重要信息：①国内外宏观经济政策以及经济运行情况、企业所在产业的状况、国家产业政策；②科技进步、技术创新的有关内容；③市场对该企业产品或服务的需求；④与企业战略合作伙伴的关系，未来寻求战略合作伙伴的可能性；⑤该企业主要客户、供应商及竞争对手的有关情况；⑥与主要竞争对手相比，该企业实力与差距；⑦本企业发展战略和规划、投融资计划、年度经营目标、经营战略，以及编制这些战略、规划、计划、目标的有关依据；⑧该企业对外投融资流程中曾发生或易发生错误的业务流程或环节，选项 B、C 正确。选项 A 属于分析"运营风险"应收集的信息，选项 D 属于分析"财务风险"应收集的信息。

【真题·多选题】（2016）下列各项关于风险评估的表述中，正确的有（　　）。

A. 风险评估包括风险辨识、风险分析和风险评价三个步骤

B. 风险定性评估时应统一制定各风险的度量单位和度量模型

C. 企业应当定期或不定期对新风险或原有风险的变化进行重新评估

D. 风险评估应当将定性方法和定量方法相结合

【答案】ACD

【解析】风险评估包括风险辨识、风险分析、风险评价三个步骤，所以选项 A 正确。进行风险定量评估时，应统一制定各风险的度量单位和风险度量模型，所以选项 B 错误。企业应对风险管理信息实行动态管理，定期或不定期实施风险辨识、分析、评价，以便对新的风险和原有风险的变化重新评估，所以选项 C 正确。进行风险辨识、分析、评价，应将定性与定量方法相结合，所以选项 D 正确。

【例题·多选题】风险评估的定量方法包括（　　）。

A. 统计推论

B. 行业标杆比较

C. 计算机模拟

D. 专家咨询

【答案】AC

【解析】定量方法可采用统计推论（如集中趋势法）、计算机模拟（如蒙特卡洛分析法）、失效模式与影响分析、事件树分析等。选项 B、D 属于定性方法。

重难点 7：制定风险管理策略★★

风险管理策略，是指企业根据自身条件和外部环境，围绕企业发展战略，确定风险偏好、风险承受度、风险管理有效性标准，选择风险承担、风险规避、风险转移、风险转换、风险对冲、风险补偿、风险控制等适合的风险管理工具的总体策略，并确定风险管理所需人力和财力资源的配置原则。

企业在制定风险管理策略时，要根据风险的不同类型选择其**适宜**的风险管理策略。例如，一般认为，对战略、财务、运营、政治风险、法律风险等，可采取风险承担、风险规避、风险转换、风险控制等方法。对能够通过

保险、期货、对冲等金融手段进行理财的风险，可以采用风险转移、风险对冲、风险补偿等方法。

制定风险管理策略的一个关键环节是企业应根据不同业务特点统一确定风险偏好和风险承受度，即企业愿意承担哪些风险，明确风险的最低限度和不能超过的最高限度，并据此确定风险的预警线及相应采取的对策。

确定风险偏好和风险承受度，要正确认识和把握风险与收益的平衡，防止和纠正两种错误倾向：一是忽视风险，片面追求效益；二是单纯为规避风险而放弃发展机遇。

在制定风险管理策略时，还应根据风险与收益相平衡的原则以及各风险在风险坐标图上的位置，进一步确定风险管理的优选顺序，明确风险管理成本的资金预算和控制风险的组织体系、人力资源、应对措施等总体安排。

对于已经制定和实施的风险管理策略，企业应定期总结和分析，结合实际不断修订和完善。其中，重点检查依据风险偏好、风险承受度和风险控制预警线实施的结果是否有效，并提出定性或定量的有效性标准。

【经典例题】

【例题·多选题】一般认为，对战略、财务、运营等风险，可采取的风险管理工具有（　　）。

A. 风险规避

B. 风险转换

C. 风险对冲

D. 风险控制

【答案】ABD

【解析】一般认为，对战略、财务、运营、政治风险、法律风险等，可采取风险承担、风险规避、风险转换、风险控制等方法。对能够通过保险、期货、对冲等金融手段进行理财的风险，可以采用风险转移、风险对冲、风险补偿等方法。

重难点8：提出和实施风险管理解决方案★★

企业应根据风险管理策略，针对各类风险或每一项重大风险制定风险管理解决方案。

方案一般应包括：风险解决的具体目标，所需的组织领导，所涉及的管理及业务流程，所需的条件、手段等资源，风险事件发生前、中、后所采取的具体应对措施以及风险管理工具（如关键风险指标管理、损失事件管理等）。

（一）风险管理解决方案的两种类型

从大的分类看，风险管理解决方案可以分为外部和内部解决方案。

1. 外部解决方案。

外部解决方案一般指外包。

外包可以使企业规避一些风险，但同时可能带来另一些风险，应适当加以控制。

企业制定风险管理解决的外包方案，应注重成本与收益的平衡、外包工作的质量、自身商业秘密的保护以及防止自身对风险解决外包产生依赖性风险等，并制定相应的预防和控制措施。

2. 内部解决方案。

内部解决方案是风险管理体系的运转。在具体实施中，一般是以下几种手段的综合应用：风险管理策略；组织职能；内部控制（简称内控），包括政策、制度、程序；信息系统（包括报告体系）；风险理财措施。

内部控制是通过有关企业流程的设计和实施的一系列政策、制度、程序和措施，控制影响流程目标的各种风险的过程。一般说来，内部控制系统针对的风险是可控纯粹风险，其控制对象是企业中的个人，其控制目的是规范员工的行为，其控制范围是企业的业务和管理流程。

企业制定风险解决的内控方案，应满足合规的要求，坚持经营战略与风险策略一致、风险控制与运营效率及效果相平衡的原则，针对重大风险所涉及的各管理及业务流程，制定涵盖各个环节的全流程控制措施；对其他风险所涉及的业务流程，要把关键环节作为控制点，采取相应的控制措施。

企业制定内控措施，一般至少包括以下内容：

（1）建立内控岗位授权制度。

任何组织和个人不得超越授权做出风险性决定。

（2）建立内控报告制度。

（3）建立内控批准制度。

对内控所涉及的重要事项，明确规定批准的程序、条件、范围和额度、必备文件以及有权批准的部门和人员及其相应责任。

（4）建立内控责任制度。

（5）建立内控审计检查制度。

（6）建立内控考核评价制度。

（7）建立重大风险预警制度。

（8）建立健全以总法律顾问制度为核心的企业法律顾问制度。

形成由企业决策层主导、企业总法律顾问牵头、企业法律顾问提供业务保障、全体员工共同参与的法律风险责任体系。

（9）建立重要岗位权力制衡制度，明确规定不相容职责的分离。

主要包括授权批准、业务经办、会计记录、财产保管和稽核检查等职责。

（二）关键风险指标管理

关键风险指标管理是对引起风险事件发生的关键成因指标进行管理的方法。关键风险指标管理可以管理单项风险的多个关键成因，也可以管理影响企业主要目标的多个主要风险。

1. 关键风险指标管理的步骤。

（1）分析风险成因，从中找出关键成因。

（2）将关键成因量化，确定其度量，分析确定导致风险事件发生（或极有可能发生）时该成因的具体数值。

（3）以该具体数值为基础，以发出风险信息为目的，加上或减去一定数值后形成新的数值，该数值即为关键风险指标。

（4）建立风险预警系统，即当关键成因数值达到关键风险指标时，发出风险预警信息。

（5）制定出现风险预警信息时应采取的风险控制措施。

（6）跟踪监测关键成因的变化，一旦出现预警，即实施风险控制措施。

2. 关键风险指标分解。

企业的关键风险指标要分解到企业的各个职能部门和业务单位。要注意职能部门和业务单位之间的协调，兼顾各职能部门和业务单位的诉求，关键是从企业整体出发和把风险控制在一定范围内。

（三）落实风险管理解决方案

（1）高度重视，要认识到风险管理是企业时刻不可放松的工作，是企业价值创造的根本源泉。

（2）风险管理是企业全员的分内工作，没有风险的岗位是不创造价值的岗位，没有理由存在。

（3）落实到组织，明确分工和责任，全员进行风险管理。

（4）为确保落实到位，要对风险管理解决方案的实施进行持续监控改进，并与绩效考核联系起来。

【经典例题】

【真题·单选题】（2017）下列各项关于风险管理解决方案的表述，错误的是（　　）。

A. 风险管理解决方案中的外部解决方案一般指外包

B. 风险管理解决方案应有风险解决具体目标和风险管理工具等方面的内容

C. 落实风险管理解决方案必须认识到风险管理是企业价值创造的根本源泉

D. 风险管理解决方案中的内部解决方案一般指风险管理策略

【答案】D

【解析】风险管理解决方案中的内部解决方案是指风险管理体系的运转。在具体实施中，一般是以下几种手段的综合应用：风险管理策略；组织职能；内部控制，包括政策、制度、程序；信息系统，包括报告体系；风险理财措施。选项D错误。

【例题·多选题】风险管理内部解决方案的具体措施包括（　　）。

A. 外包

B. 内部控制

C. 风险理财措施

D. 信息系统

【答案】BCD

【解析】内部解决方案是风险管理体系的运转。在具体实施中，一般是以下几种手段的综合应用：风险管理策略；组织职能；内部控制（简称内控），包括政策、制度、程序；信息系统（包括报告体系）；风险理财措施，选项B、C、D正确。选项A属于风险管理外部解决方案。

重难点9：风险管理监督与改进★★

企业应以重大风险、重大事件和重大决策、重要管理及业务流程为重点，对风险管理初始信息、风险评估、风险管理策略、关键控制活动及风险管理解决方案的实施情况进行监督，采用**压力测试、返回测试、穿行测试以及风险控制自我评估等方法**对风险管理的有效性进行检验，根据变化情况和存在的缺陷及时加以改进。

企业应建立贯穿于整个风险管理基本流程，连接各上下级、各部门和业务单位的风险管理信息沟通渠道，确保信息沟通的及时、准确、完整，为风险管理监督与改进奠定基础。

企业**各有关部门和业务单位**应定期对风险管理工作进行自查和检验，及时发现缺陷并改进，其检查、检验报告应及时报送企业风险管理职能部门。
企业**风险管理职能部门**应定期对各部门和业务单位风险管理工作实施情况和有效性进行检查和检验，要根据在制定风险策略时提出的有效性标准的要求对风险管理策略进行评估，对跨部门和业务单位的风险管理解决方案进行评价，提出调整或改进建议，出具评价和建议报告，及时报送企业**总经理或其委托分管风险管理工作的高级管理人员**。
企业**内部审计部门**应至少每年一次对包括风险管理职能部门在内的各有关部门和业务单位能否按照有关规定开展风险管理工作及其工作效果进行监督评价，监督评价报告应直接**报送董事会或董事会下设的风险管理委员会和审计委员会**。

【小贴士】此处读者应结合“风险管理组织职能体系”，重点关注各行为主体（董事会、管理层、各有关部门和业务单位、风险管理职能部门、内部审计部门等）在风险管理工作中的职责。

企业可聘请有资质、信誉好、风险管理专业能力强的**中介机构**对企业全面风险管理工作进行评价，出具风险管理评估和建议专项报告。报告一般应包括以下几方面的实施情况、存在缺陷和改进建议：

（1）风险管理基本流程与风险管理策略；

（2）企业重大风险、重大事件和重要管理及业务流程的风险管理及内部控制系统的建设；

（3）风险管理组织体系与信息系统；

（4）全面风险管理总体目标。

【经典例题】

【例题·多选题】某公司设置了审计委员会、内部审计部和风险管理职能部，制定了本企业的风险管理监督与改进措施。下列选项中，符合《中央企业全面风险管理指引》要求的有（　　）。

A. 各有关部门定期对风险管理工作进行自查和检验，及时发现缺陷并改进，将风险管理报告报送企业总经理

B. 内部审计部门每年至少一次对风险管理部门和各业务部门的风险管理工作及效

果进行监督评价，评价报告直接报送审计委员会

C. 可外聘风险管理中介机构进行风险管理评价并出具报告

D. 风险管理部对跨部门和业务单位的风险管理解决方案进行评价，提出建议和出具报告，报送公司决策层

【答案】BCD

【解析】企业各有关部门和业务单位应定期对风险管理工作进行自查和检验，及时发现缺陷并改进，其检查、检验报告应及时报送企业风险管理职能部门，选项 A 错误。

接下来介绍风险管理体系。《中央企业全面风险管理指引》指出，企业风险管理体系包括五大体系：

（1）风险管理策略；

（2）风险理财措施；

（3）风险管理的组织职能体系；

（4）风险管理信息系统；

（5）内部控制系统。

重难点 10：风险管理策略★★

（一）风险管理策略总体定位与作用

风险管理策略指企业根据自身条件和外部环境，围绕企业发展战略，确定风险偏好、风险承受度、风险管理有效性标准，选择风险承担、风险规避、风险转移、风险转换、风险对冲、风险补偿、风险控制等适合的风险管理工具的总体策略，并确定风险管理所需人力和财力资源的配置原则。

风险管理策略的总体定位 （1）风险管理策略是根据企业经营战略制定的全面风险管理的总体策略； （2）风险管理策略在整个风险管理体系中起着统领全局的作用； （3）风险管理策略在企业战略管理的过程中起着承上启下的作用，制定与企业战略相一致的风险管理策略，减少了企业战略错误的可能性。
风险管理策略的作用 （1）为企业的总体战略服务，保证企业经营目标的实现； （2）连接企业的整体经营战略和运营活动； （3）指导企业的一切风险管理活动； （4）分解为各领域的风险管理指导方针。

（二）风险管理策略的组成部分

（1）风险偏好和风险承受度。明确公司要承担什么风险，承担多少。

（2）全面风险管理的有效性标准。明确怎样衡量风险管理工作成效。

（3）风险管理的工具选择。明确怎样管理重大风险。

（4）全面风险管理的资源配置。明确如何安排人力、财力、物资、外部资源等风险管理资源。

（三）风险管理策略工具

风险管理策略工具共有七种：风险承担、风险规避、风险转移、风险转换、风险对冲、风险补偿和风险控制。

风险承担	也称风险保留、风险自留。是指企业对所面临的风险采取接受的态度，从而承担风险带来的后果。 对未能辨识出的风险，企业只能采用风险承担。 对于辨识出的风险，企业也可能由于以下几种原因采用风险承担： ①缺乏能力进行主动管理，对这部分风险只能承担； ②没有其他备选方案； ③从成本效益考虑，这一方案是最适宜的方案。 对于企业的重大风险，即影响到企业目标实现的风险，企业一般不应采用风险承担

续表

风险规避	是指企业回避、停止或退出蕴含某一风险的商业活动或商业环境，避免成为风险的所有人。例如： （1）退出某一市场以避免激烈竞争； （2）拒绝与信用不好的交易对手进行交易； （3）外包某项对工人健康安全风险较高的工作； （4）停止生产可能有客户安全隐患的产品； （5）禁止各业务单位在金融市场进行投机； （6）不准员工访问某些网站或下载某些内容
风险转移	是指企业通过合同将风险转移到第三方，企业对转移后的风险不再拥有所有权。转移风险不会降低其可能的严重程度，只是从一方移除后转移到另一方。例如： （1）保险：保险合同规定保险公司为预定的损失支付补偿，作为交换，在合同开始时，投保人要向保险公司支付保险费。 （2）非保险型的风险转移：将风险可能导致的财务风险损失负担转移给非保险机构。例如，服务保证书等。 （3）风险证券化：通过证券化保险风险构造的保险连接型证券（ILS）。这种债券的利息支付和本金偿还取决于某个风险事件的发生或严重程度
风险转换	是指企业通过战略调整等手段将企业面临的风险转换成另一个风险。风险转换的手段包括战略调整和衍生产品等。 风险转换一般不会直接降低企业总的风险，其简单形式就是在减少某一风险的同时，增加另一风险。例如，企业为了多销售产品，而放宽客户信用标准，这样企业就将产品销售不出去的风险，转换成了款项收不回来的风险。 企业可以通过风险转换在两个或多个风险之间进行调整，以达到最佳效果。风险转换可以在低成本或者无成本的情况下达到目的
风险对冲	是指采取各种手段，引入多个风险因素或承担多个风险，使得这些风险能够互相对冲，也就是，使这些风险的影响互相抵消。 常见的例子有资产组合使用、多种外币结算的使用和战略上的多种经营等。在金融资产管理中，对冲也包括使用衍生产品，如利用期货进行套期保值。在企业的风险中，有些风险具有自然对冲的性质，应当加以利用。例如，不同行业的经济周期风险对冲。 风险对冲必须涉及风险组合，而不是对单一风险；对于单一风险，只能进行风险规避、风险控制
风险补偿	是指企业对风险可能造成的损失采取适当的措施进行补偿。风险补偿表现在企业主动承担风险，并采取措施以补偿可能的损失。 风险补偿的形式有财务补偿、人力补偿、物资补偿等。 财务补偿是损失融资，包括企业自身的风险准备金或应急资本等。例如，某公司历史上一直购买灾害保险，但经过数据分析，认为保险公司历年的赔付不足以平衡相应的保险费用支出，而不再续保；同时，为了应付可能发生的灾害性事件，公司与银行签订应急资本协议，规定在灾害发生时，由银行提供资本以保证公司的持续经营
风险控制	是指控制风险事件发生的动因、环境、条件等，来达到减轻风险事件发生时的损失或降低风险事件发生的概率的目的。 通常影响某一风险的因素有很多。风险控制可以通过控制这些因素中的一个或多个来达到目的。控制风险事件发生的概率的例子如室内使用不易燃地毯、山上禁止吸烟等，而控制风险事件发生后的损失的例子如修建水坝防洪、设立质量检查防止次品出厂等。 风险控制对象一般是可控风险，包括多数运营风险，如质量、安全和环境风险，以及法律风险中的合规性风险

（四）确定风险偏好和风险承受度

风险偏好和风险承受度是风险管理策略的重要组成部分，《中央企业全面风险管理指引》指出，“确定风险偏好和风险承受度，要正确认识和把握风险与收益的平衡，防止和纠正忽视风险，片面追求收益而不讲条件、范围，认为风险越大、收益越高的观念和做法；同时，也要防止单纯为规避风险而放弃发展机遇”。

确定企业整体风险偏好要考虑以下因素：

（1）风险个体：对每一个风险都可以确定风险偏好和风险承受度。

（2）相互关系：既要考虑同一个风险在各个业务单位或子公司之间的分配，又要考虑不同风险之间的关系。

（3）整体形状：一个企业的整体风险偏好和风险承受度是基于针对每一个风险的风险偏好和风险承受度。

（4）行业因素：同一风险在不同行业风险偏好不同。

一般来讲，风险偏好和风险承受度是针对公司的**重大风险**制定的，对企业的非重大风险的风险偏好和风险承受度不一定要十分明确，甚至可以先不提出。企业的**风险偏好依赖于企业的风险评估的结果**，由于企业的风险不断变化，企业需要持续进行风险评估，并调整自己的风险偏好。

重大风险的风险偏好是企业的重大决策，应由董事会决定。

（五）风险度量

1. 关键在于量化。

风险承受度的表述需要对所针对的风险进行量化描述，**风险偏好可以定性，但风险承受度一定要定量。**

2. 风险度量。

风险度量模型是指度量风险的方法。确定合适的企业风险度量模型是建立风险管理策略的需要。企业应该采取统一制定的风险度量模型，对所采取的风险度量方法取得共识；但不一定在整个企业使用唯一的风险度量方法，允许对不同的风险采取不同的度量方法。

3. 风险度量方法。

常用的风险度量指标和方法包括：最大可能损失；概率值；期望值；波动性；方差或均方差；在险值，又称 VaR，以及其他类似的度量。

（1）最大可能损失。是指风险事件发生后可能造成的最大损失。用最大可能损失来定义风险承受度是最差情形的思考逻辑。**企业一般在无法判断发生概率或无须判断概率的时候，使用最大可能损失作为风险的衡量。**

（2）概率值。是指风险事件发生的概率或造成损失的概率。

（3）期望值。即概率加权平均值，所有事件中，每一事件发生的概率乘以该事件的影响的乘积，然后将这些乘积相加得到和。综合了概率和最大损失两种方法。

（4）波动性。波动性反映数据的离散程度。也就是该变量离其期望值的距离。一般用方差或均方差（标准差）来描述波动性。方差是各个数据与其期望值的离差平方和的平均数；方差的算术平方根称为该变量的**标准差**，也称均方差。

（5）在险值。又称 VaR，是指在正常的市场条件下，在给定的时间段中，在给定的置信区间内，预期可能发生的最大损失。

4. 概率方法与直观方法。

不依赖于概率统计结果的度量是人们直观的判断，如**专家意见**。

当统计数据不足或需要度量结果包括人们的偏好时，可以使用直观的度量方法，如**层次分析法**（AHP）等。

5. 选择适当的度量。

对不同种类的风险要使用不同的度量模型。对**外部风险的度量**包括市场指标、景气指数等。对**内部运营风险的度量**包括各种质量指标、执行效果、安全指数等。

6. 风险量化的困难。

方法误差：企业情况很复杂，致使建立的风险度量不能够准确反映企业的实际情况。

数据：很多情况下，企业的有关风险数据不足，质量不好。

信息系统：企业的信息传递不够理想，导致需要的信息未能及时到达。

整合管理：在数据和管理水平的现实条件下，不能与现存的管理连接，因而不能有效应用结果。

（六）风险管理的有效性标准

风险管理的有效性标准是衡量企业风险管理是否有效的标准。

风险管理有效性标准的作用是帮助企业了解：

（1）企业现在的风险是否在风险承受度范围之内，即风险是否优化；

（2）企业风险状况的变化是否是所要求的，即风险的变化是否优化。

量化的企业风险管理的有效性标准与企业风险承受度有相同的度量基础。

风险管理有效性标准的原则如下：

（1）风险管理的有效性标准要针对企业的重大风险，能够反映企业重大风险管理的现状；

（2）风险管理有效性标准应当对照全面风险管理的总体目标，在所有五个方面保证企业的运营效果；

（3）风险管理有效性标准应当在企业的风险评估中应用，并根据风险的变化随时调整；

（4）风险管理有效性标准应当用于衡量全面风险管理体系的运行效果。

（七）风险管理的资源配置

风险管理的资源包括人才、组织设置、政策、设备、物资、信息、经验、知识、技术、信息系统、资金等。

由于全面风险管理覆盖面广，资源的使用一般是多方面的、综合性的。企业应当统筹兼顾，将资源用于需要优先管理的重大风险。

（八）确定风险管理的优先顺序

企业应根据风险与收益相平衡的原则以及各风险在风险坐标图上的位置，进一步确定风险管理的优先顺序，明确风险管理成本的资金预算和控制风险的组织体系、人力资源、应对措施等总体安排。

1. 风险管理的优先顺序。

风险管理的优先顺序决定企业优先管理哪些风险，对哪些风险管理进行资源优先配置。

风险管理的优先顺序体现了企业的风险偏好。

一个很重要的原则是风险与收益相平衡的原则，在风险评估结果的基础上，全面考虑风险与收益。要特别重视对企业有影响的重大风险，要首先解决“颠覆性”风险问题，保证企业持续发展。

2. 确定风险管理的优先顺序。

根据风险与收益平衡原则，确定风险管理的优先顺序可以考虑以下几个因素：

（1）风险事件发生的可能性和影响；

（2）风险管理的难度；

（3）风险的价值或管理可能带来的收益；

（4）合规的需要；

（5）对企业技术准备、人力、资金的需求；

（6）利益相关者的要求。

（九）风险管理策略检查

企业应定期总结和分析已制定的风险管理策略的有效性和合理性，结合实际不断修订和完善。其中，应重点检查依据风险偏好、风险承受度和风险控制预警线实施的结果是否有效，并提出定性或定量的有效性标准。

风险管理策略要随着企业经营状况的变化、经营战略的变化，外部环境风险的变化而调整。

风险管理策略定期检查的频率依赖于企业面临的风险。

企业经营战略回顾时应该同时总结和分析风险管理策略。

要重新评估风险以便确认风险管理策略的有效性。

必要时，调整有效性标准。

【经典例题】

【真题·单选题】（2020）桐城钢铁公司

需要的铁矿石购自U国的山谷矿山公司，后者曾多次在前者急需大量铁矿石时大幅提高产品价格，使前者遭受很大损失。后来桐城钢铁公司买下山谷矿山公司51%的股权并获得定价权。下列各项中，属于桐城钢铁公司采用的风险管理策略的是（　　）。

A. 风险规避

B. 风险转移

C. 风险控制

D. 风险补偿

【答案】C

【解析】风险控制是指控制风险事件发生的动因、环境、条件等，来达到减轻风险事件发生时的损失或降低风险事件发生概率的目的。“后者曾多次在前者急需大量铁矿石时大幅提高产品价格，使前者遭受很大损失。后来桐城钢铁公司买下山谷矿山公司51%的股权并获得定价权”属于风险控制，选项C正确。

【真题·单选题】（2016）R国W公司于2002年发行了名为Ploneer的巨灾债券。该债券能够同时为北美飓风、欧洲风暴以及美国加利福尼亚和日本地震提供救灾资金保障。这种具有金融衍生品特性的债券，属于风险管理策略工具中的（　　）。

A. 风险补偿

B. 风险转换

C. 风险转移

D. 风险对冲

【答案】C

【解析】R国W公司于2002年发行了名为Ploneer的巨灾债券。该债券能够同时为北美飓风、欧洲风暴以及美国加利福尼亚和日本地震提供救灾资金保障，属于风险转移策略中的风险证券化。选项C正确。

【真题·单选题】（2016）下列各项中，属于企业一般不应把风险承担作为风险管理策略的情况是（　　）。

A. 企业管理层及全体员工都未辨识出风险

B. 企业从成本效益考虑认为选择风险承担是最适宜的方案

C. 企业缺乏能力对已经辨识出的风险进行有效管理与控制

D. 企业面临影响企业目标实现的重大风险

【答案】D

【解析】对未能辨识出的风险，企业只能采用风险承担。对于辨识出的风险，企业也可能由于以下几种原因采用风险承担：（1）缺乏能力进行主动管理，对这部分风险只能承担；（2）没有其他备选方案；（3）从成本效益考虑，这一方案是最适宜的方案。对于企业的重大风险，即影响到企业目标实现的风险，企业一般不应采用风险承担。选项D正确。

【真题·单选题】（2018）M国某地区位于地震频发地带，那里的居民具有较强的防震意识，住房普遍采用木制结构，抗震性能优越。不少家庭加装了地震时会自动关闭煤气的仪器，以防范地震带来的相关灾害。根据上述信息，该地区居民采取的风险管理策略工具是（　　）。

A. 风险规避

B. 风险转移

C. 风险控制

D. 风险转换

【答案】C

【解析】“住房普遍采用木制结构，抗震性能优越。不少家庭加装了地震时会自动关闭煤气的仪器，以防范地震带来的相关灾害”，有利于减轻风险事件（地震）发生时的损失，属于风险控制。选项C正确。

【真题·单选题】（2019）中科公司是国内一家著名的印刷机制造商。面对G国先进印刷机在中国的市场占有率迅速提高，中科公司将业务转型为给G国印刷机的用户提供零配件和维修保养服务，取得比业务转型前更高的收益率。从风险管理策略角度看，中科公司采取的策略是（　　）。

A. 风险规避

B. 风险转换

C. 风险补偿

D. 风险转移

【答案】A

【解析】中科公司将业务转型，退出印刷机市场，从而避免与G国印刷机制造商展开激烈竞争，属于风险规避。选项A正确。

【真题·单选题】（2019）甲基金公司在对基金管理、受托资产管理、基金销售和咨询等业务活动进行风险度量时，首先对所有事件中每一事件发生的概率乘以该事件的影响，然后将这些乘积相加得到风险数值。甲基金公司采用的风险度量方法是（　　）。

A. 最大可能损失

B. 概率值

C. 期望值

D. 在险值

【答案】C

【解析】对所有事件中每一事件发生的概率乘以该事件的影响，然后将这些乘积相加得到的风险数值，是期望值。选项C正确。

【真题·多选题】（2017）星云公司制造手机所需要的部分零部件由奇象公司提供。星云公司为了防范和应对采购过程中可能出现的风险，与奇象公司签订了严格而规范的合同，其中一项规定是：如果由于外界不可抗力因素造成奇象公司不能按时供货并给星云公司带来损失，只要损失额超过一定数量，那么超过的部分由奇象公司予以赔偿。在上述案例中，星云公司采取的风险管理工具有（　　）。

A. 风险承担

B. 风险转移

C. 风险补偿

D. 风险规避

【答案】AB

【解析】“与奇象公司签订了严格而规范的合同，其中一项规定是：如果由于外界不可抗力因素造成奇象公司不能按时供货并给星云公司带来损失，只要损失额超过一定数量，那么超过的部分由奇象公司予以赔偿”，星云公司采取的风险管理工具有风险承担（损失额未超过规定数量）和非保险型的风险转移（超过的部分由奇象公司予以赔偿）。选项A、B正确。

【例题·多选题】甲公司是一家生产高档不锈钢表壳的企业，产品以出口为主，以美元为结算货币。公司管理层召开会议讨论如何管理汇率风险，与会人员提出不少对策。关于这些对策，以下表述正确的有（　　）。

A. 部门经理刘某提出“风险转移”策略：从国外进口相关的原材料，这样可以用外币支付采购货款，抵消部分人民币升值带来的影响

B. 业务员李某提出“风险对冲”策略：运用套期保值工具来控制汇率风险

C. 财务部小王提出“风险规避”策略：干脆公司把目标客户群从国外转移到国内，退出国外市场，这样就从根本上消除了汇率风险

D. 负责出口业务的副总张某提出“风险控制”策略：加强对汇率变动趋势的分析和研究，以减少汇率风险带来的损失

【答案】BCD

【解析】选项A属于“风险对冲”策略。

重难点11：风险管理组织职能体系★★

企业风险管理组织体系，主要包括规范的公司法人治理结构，风险管理职能部门、内部审计部门和法律事务部门以及其他有关职能部门、业务单位的组织领导机构及其职责。

（一）规范的公司法人治理结构

企业应建立健全规范的公司法人治理结构，股东（大）会、董事会、监事会、经理层依法履行职责，形成高效运转、有效制衡的监督约束机制。同时，还应建立外部董事、独立董事制度，以保证董事会能够在重大决策、重大风险管理等方面做出独立于经理层的判断和选择。

董事会就全面风险管理工作的有效性对股东（大）会负责。董事会在全面风险管理方面主要履行以下职责：

(1) 审议并向股东（大）会提交企业全面风险管理年度工作报告； (2) 确定企业风险管理总体目标、风险偏好、风险承受度，批准风险管理策略和重大风险管理解决方案； (3) 了解和掌握企业面临的各项重大风险及其风险管理现状，做出有效控制风险的决策； (4) 批准重大决策、重大风险、重大事件和重要业务流程的判断标准或判断机制； (5) 批准重大决策的风险评估报告； (6) 批准内部审计部门提交的风险管理监督评价审计报告； (7) 批准风险管理组织机构设置及其职责方案； (8) 批准风险管理措施，纠正和处理任何组织或个人超越风险管理制度做出的风险性决定的行为； (9) 督导企业风险管理文化的培育； (10) 全面风险管理的其他重大事项

【小贴士】董事会在风险管理工作中的职责主要体现为“批准”。

（二）风险管理委员会

具备条件的企业，董事会可下设风险管理委员会。

该委员会的召集人应由不兼任总经理的董事长担任；董事长兼任总经理的，召集人应由外部董事或独立董事担任。该委员会成员中需有熟悉企业重要管理及业务流程的董事，以及具备风险管理监管知识或经验、具有一定法律知识的董事。

风险管理委员会对董事会负责，主要履行以下职责：

(1) 提交全面风险管理年度报告； (2) 审议风险管理策略和重大风险管理解决方案； (3) 审议重大决策、重大风险、重大事件和重要业务流程的判断标准或判断机制，以及重大决策的风险评估报告； (4) 审议内部审计部门提交的风险管理监督评价审计综合报告； (5) 审议风险管理组织机构设置及其职责方案； (6) 办理董事会授权的有关全面风险管理的其他事项

企业总经理对全面风险管理工作的有效性向董事会负责。总经理或总经理委托的高级管理人员，负责主持全面风险管理的日常工作，负责组织拟订企业风险管理组织机构设置及其职责方案。

【小贴士】风险管理委员会不是企业常设机构，召集人不能由总经理或管理层担任。风险管理委员会在风险管理工作中的职责主要体现为“审议”。

对于“风险管理组织机构设置及其职责方案”，由总经理或总经理委托的高级管理人员“拟订”，风险管理委员会“审议”，董事会“批准”。

（三）风险管理职能部门

企业应设立专职部门或确定相关职能部门履行全面风险管理的职责。该部门对总经理或其委托的高级管理人员负责，主要履行以下职责：

(1) 研究提出全面风险管理工作报告； (2) 研究提出跨职能部门的重大决策、重大风险、重大事件和重要业务流程的判断标准或判断机制； (3) 研究提出跨职能部门的重大决策风险评估报告； (4) 研究提出风险管理策略和跨职能部门的重大风险管理解决方案，并负责该方案的组织实施和对该风险的日常监控； (5) 负责对全面风险管理有效性的评估，研究提出全面风险管理的改进方案； (6) 负责组织建立风险管理信息系统； (7) 负责组织协调全面风险管理日常工作； (8) 负责指导、监督有关职能部门、各业务单位以及全资、控股子企业开展全面风险管理工作； (9) 办理风险管理的其他有关工作

（四）审计委员会

企业应在董事会下设立审计委员会，企业内部审计部门对审计委员会负责。内部审计部门在风险管理方面，主要负责研究提出全面风险管理监督评价体系，制定监督评价相关制度，开展监督与评价，出具监督评价审计报告。

1. 审计委员会履行职责的方式。

董事会应决定委派给审计委员会的责任，审计委员会的任务会因企业的规模大小、复杂性及风险状况而有所不同。

审计委员会应满足其职责的要求。建议审计委员会每年至少举行三次会议，并于审计周期的主要日期举行。审计委员会应每年至少与外聘及内部审计师会面一次，讨论与审计相关的事宜，但管理层无须出席。审计委员会成员之间的不同意见如无法内部调解，应提请董事会解决。

此外，审计委员会应每年对其权限及其有效性进行复核，并就必要的人员变更向董事会报告。为了很好地完成这项工作，行政管理层必须向审计委员会提供恰当的信息。管理层对审计委员会有告知义务，并应主动提供信息，而不应等待审计委员会索要。

2. 审计委员会与合规。

审计委员会的主要活动之一是核查对外报告规定的遵守情况。审计委员会一般有责任确保企业履行对外报告的义务。审计委员会应结合企业财务报表的编制情况，对重大的财务报告事项和判断进行复核。管理层的责任是编制财务报表，审计师的责任是编制审计计划和执行审计。

3. 审计委员会与内部审计。

确保充分且有效的内部控制是审计委员会的义务，其中包括负责监督内部审计部门的工作。审计委员会应监察和评估内部审计职能在企业整体风险管理系统中充当的角色和发挥的作用。它应该核查内部审计的有效性，并决定对内部审计主管的任命和解聘，还应确保内部审计部门能直接与董事会主席接触，并负有向审计委员会说明的责任。审计委员会复核及评估年度内部审计工作计划。审计委员会收到关于内部审计部门工作的定期报告，复核和监察管理层对内部审计的调查结果的反应。审计委员会还应确保内部审计部门提出的建议已执行。审计委员会有助于保持内部审计部门的独立性。审计委员会及内部审计师需要确保内部审计部门正在有效运作，它将在四个主要方面对内部审计进行复核，即组织中的地位、职能范围、技术才能和专业应尽义务。

（五）企业其他职能部门及各业务单位

企业其他职能部门及各业务单位在全面风险管理工作中，应接受风险管理职能部门和内部审计部门的组织、协调、指导和监督。主要履行以下职责：

（1）执行风险管理基本流程；
（2）研究提出本职能部门或业务单位重大决策、重大风险、重大事件和重要业务流程的判断标准或判断机制；
（3）研究提出本职能部门或业务单位的重大决策风险评估报告；
（4）做好本职能部门或业务单位建立风险管理信息系统的工作；
（5）做好培育风险管理文化的有关工作；
（6）建立健全本职能部门或业务单位的风险管理内部控制子系统；
（7）办理风险管理其他有关工作

（六）下属公司

企业应通过法定程序，指导和监督其全资、控股子企业建立与企业相适应或符合全资、控股子企业自身特点、能有效发挥作用的风险管理组织体系。

【经典例题】

【例题·单选题】关于风险管理组织职能体系，下列说法中错误的是（　　）。

A. 企业内部审计部门对审计委员会负责

B. 总经理对董事会负责

C. 风险管理委员会对总经理负责

D. 董事会对股东（大）会负责

【答案】C

【解析】风险管理委员会对董事会负责，选项 C 错误。

【例题·多选题】下列各项对审计委员会职责的表述中，正确的有（　　）。

A. 审计委员会应结合企业财务报表的编制情况，对重大的财务报告事项和判断进行复核

B. 审计委员会应每年至少与外聘及内部审计师会面一次，讨论与审计相关的事宜，管理层应当出席

C. 审计委员会负责监督内部审计部门的工作

D. 审计委员会决定对内部审计主管的任命和解聘

【答案】ACD

【解析】审计委员会应每年至少与外聘及内部审计师会面一次，讨论与审计相关的事宜，但管理层无须出席。选项 B 错误。

重难点 12：内部控制系统★★

内部控制系统，指围绕风险管理策略目标，针对企业战略、规划、产品研发、投融资、市场运营、财务、内部审计、法律事务、人力资源、采购、加工制造、销售、物流、质量、安全生产、环境保护等各项业务管理及其重要业务流程，通过执行风险管理基本流程，制定执行的规章制度、程序和措施。

（一）COSO 委员会关于内部控制的定义与框架

COSO 委员会对内部控制的定义是“公司的董事会、管理层及其他人士为实现以下目标提供合理保证而实施的程序：运营的效益和效率、财务报告的可靠性和遵守适用的法律法规”。

COSO 委员会的上述定义对内部控制的基本概念提供了一些深入的见解，并特别指出：

（1）内部控制是一个实现目标的程序及方法，而其本身并非目标。

（2）**内部控制只提供合理保证，而非绝对保证。**

（3）内部控制要由企业中各级人员实施与配合。

《内部控制——整合框架》提出了内部控制的三项目标和五大要素。

内部控制的**三项目标**包括取得经营的效率和有效性、确保财务报告的可靠性、遵循适用的法律法规。

内部控制的**五大要素**包括：**控制环境**（包括员工的正直、道德价值观和能力，管理当局的理念和经营风格，管理当局确立权威性和责任、组织和开发员工的方法等）、风险评估（为了达成组织目标而对相关的风险所进行的辨别与分析）、控制活动（为了确保实现管理当局的目标而采取的政策和程序，包括审批、授权、验证、确认、经营业绩的复核、资产的安全性等）、信息与沟通（为了保证员工履行职责而必须识别、获取的信息及其沟通）、**监控**（对内部控制实施质量的评价，主要包括经营过程中的持续监控，即日常管理和监督、员工履行职责的行动等，也包括个别评价，或者是两者的结合）。

（二）我国内部控制规范体系

我国企业内部控制规范体系包括：基本规范、应用指引、评价和审计指引三个类别。

1.《企业内部控制基本规范》。

《企业内部控制**基本规范**》规定内部控制的目标、要素、原则和总体要求，是内部控制的**总体框架**，在内部控制标准体系中起**统领作用**。

《基本规范》要求企业建立内部控制体系时应符合以下**目标**：合理保证企业经营管理合法合规、**资产安全**、财务报告及相关信息真实完整；提高经营效率和效果；促进企业实现**发展战略**。

《基本规范》要求企业所建立与实施的内部控制应当包括下列 **5 个要素**：（1）**内部环**

境；（2）风险评估；（3）控制活动；（4）信息与沟通；（5）内部监督。

【小贴士】对比我国内部控制5项目标、5个要素与COSO委员会内部控制的3项目标、5个要素。

2.《企业内部控制应用指引》。

《企业内部控制应用指引》是对企业按照内部控制原则和内部控制“五要素”建立健全本企业内部控制所提供的指引，在配套指引乃至整个内部控制规范体系中占据主体地位。

《应用指引》针对组织架构、发展战略、人力资源、社会责任、企业文化、资金活动、采购业务、资产管理、销售业务、研究与开发、工程项目、担保业务、业务外包、财务报告、全面预算、合同管理、内部信息传递、信息系统共18项企业主要业务的内控领域或内控手段，提出了建议性的应用指引，为企业以及外部审核人建立与评价内控体系提供了参照性标准。

3.《企业内部控制评价指引》和《企业内部控制审计指引》。

《企业内部控制评价指引》和《企业内部控制审计指引》是对企业按照内部控制原则和内部控制“五要素”建立健全本企业“事后控制”的指引，是对企业贯彻《基本规范》和《应用指引》效果的评价与检验。

《评价指引》为企业对内部控制的有效性进行全面评价，形成评价结论、出具评价报告提供了指引。

《审计指引》为会计师事务所对特定基准日与财务报告相关内部控制设计与执行有效性进行审计提供了指引。明确注册会计师应对财务报告内部控制的有效性发表审计意见，并对内部控制审计过程中注意到的非财务报告内部控制的重大缺陷予以披露。

（三）内部控制的要素

1. 控制环境。

（1）COSO《内部控制框架》关于控制环境要素的要求与原则。

COSO《内部控制框架》关于控制环境要素的要求为：控制环境决定了企业的基调，直接影响企业员工的控制意识。控制环境提供了内部控制的基本规则和构架，是其他四要素的基础。控制环境包括员工的诚信度、职业道德和才能；管理哲学和经营风格；权责分配方法、人事政策；董事会的经营重点和目标等。

控制环境要素应当坚持以下原则：

①企业对诚信和道德价值观做出承诺。

②董事会独立于管理层，对内部控制的制定及其绩效施以监控。

③管理层在董事会的监控下，建立目标实现过程中所涉及的组织架构、报告路径以及适当的权利和责任。

④企业致力于吸引、发展和留任优秀人才，以配合企业目标达成。

⑤企业根据其目标，使员工各自担负起内部控制的相关责任。

（2）我国《企业内部控制基本规范》关于内部环境要素的要求。

①企业应当根据国家有关法律法规和企业章程，建立规范的公司治理结构和议事规则，明确决策、执行、监督等方面的职责权限，形成科学有效的职责分工和制衡机制。

②董事会负责内部控制的建立健全和有效实施。监事会对董事会建立与实施内部控制进行监督。经理层负责组织领导企业内部控制的日常运行。企业应当成立专门机构或者指定适当的机构具体负责组织协调内部控制的建立实施及日常工作。

③企业应当在董事会下设立审计委员会。审计委员会负责审查企业内部控制，监督内部控制的有效实施和内部控制自我评价情况，协调内部控制审计及其他相关事宜等。审计委员会负责人应当具备相应的独立性、良好的职业操守和专业胜任能力。

④企业应当结合业务特点和内部控制要求设置内部机构，明确职责权限，将权利与责任落实到各责任单位。企业应当通过编制内部管理手册，使全体员工掌握内部机构设置、岗位职责、业务流程等情况，明确权责分配，正确

行使职权。

⑤企业应当加强**内部审计**工作，保证内部审计机构设置、人员配备和工作的独立性。内部审计机构应当结合内部审计监督，对内部控制的有效性进行监督检查。内部审计机构对监督检查中发现的内部控制缺陷，应当按照企业内部审计工作程序进行报告；**对监督检查中发现的内部控制重大缺陷，有权直接向董事会及其审计委员会、监事会报告**。

⑥企业应当制定和实施有利于企业可持续发展的**人力资源政策**。人力资源政策应当包括下列内容：a. 员工的聘用、培训、辞退与辞职；b. 员工的薪酬、考核、晋升与奖惩；c. 关键岗位员工的强制休假制度和定期岗位轮换制度；d. 掌握国家秘密或重要商业秘密的员工离岗的限制性规定；e. 有关人力资源管理的其他政策。

⑦企业应当将职业道德修养和专业胜任能力作为选拔和聘用员工的重要标准，切实加强员工培训和继续教育，不断**提升员工素质**。

⑧企业应当加强**文化建设**，培育积极向上的价值观和社会责任感，倡导诚实守信、爱岗敬业、开拓创新和团队协作精神，树立现代管理理念，强化风险意识。董事、监事、经理及其他高级管理人员应当在企业文化建设中发挥主导作用。企业员工应当遵守员工行为守则，认真履行岗位职责。

⑨企业应当加强**法制教育**，增强董事、监事、经理及其他高级管理人员和员工的法制观念，严格依法决策、依法办事、依法监督，建立健全法律顾问制度和重大法律纠纷案件备案制度。

2. 风险评估。

（1）COSO《内部控制框架》关于风险评估要素的要求与原则。

COSO《内部控制框架》关于风险评估要素的要求为：每个企业都面临诸多来自内部和外部的有待评估的风险。风险评估的前提是使经营目标在不同层次上相互衔接、保持一致。风险评估指识别、分析相关风险以实现既定目标，从而形成风险管理的基础。

风险评估要素应当坚持以下原则：

①企业制定足够清晰的目标，以便识别和评估有关目标所涉及的风险。

②企业从整个企业的角度来识别实现目标所涉及的风险，分析风险，并据此决定应如何管理这些风险。

③企业在评估影响目标实现的风险时，考虑潜在的舞弊行为。

④企业识别并评估可能会对内部控制系统产生重大影响的变更。

（2）我国《企业内部控制基本规范》关于**风险评估**要素的要求。

①企业应当根据设定的**控制目标**，全面系统持续地收集相关信息，结合实际情况，及时进行风险评估。

②企业开展风险评估，应当准确识别与实现控制目标相关的**内部风险和外部风险**，确定相应的风险承受度。**风险承受度**是企业能够承担的风险限度，包括**整体风险承受能力和业务层面的可接受风险水平**。

③企业识别**内部风险**，应当关注下列因素：董事、监事、经理及其他高级管理人员的职业操守、员工专业胜任能力等人力资源因素；组织机构、经营方式、资产管理、业务流程等管理因素；研究开发、技术投入、信息技术运用等自主创新因素；财务状况、经营成果、现金流量等财务因素；营运安全、员工健康、环境保护等安全环保因素；其他有关内部风险因素。

④企业识别**外部风险**，应当关注下列因素：经济形势、产业政策、融资环境、市场竞争、资源供给等经济因素；法律法规、监管要求等法律因素；安全稳定、文化传统、社会信用、教育水平、消费者行为等社会因素；技术进步、工艺改进等科学技术因素；自然灾害、环境状况等自然环境因素；其他有关外部风险因素。

⑤企业应当采用**定性与定量相结合的方法**，按照风险发生的可能性及其影响程度等，

对识别的风险进行分析和排序，确定关注重点和优先控制的风险。企业进行风险分析，应当充分吸收专业人员，组成风险分析团队，严格按照规范的程序开展工作，确保风险分析结果的准确性。

⑥企业应当根据风险分析的结果，结合风险承受度，权衡风险与收益，确定风险应对策略。企业应当合理分析、准确掌握董事、经理及其他高级管理人员、关键岗位员工的风险偏好，采取适当的控制措施，避免因个人风险偏好给企业经营带来重大损失。

⑦企业应当综合运用风险规避、风险降低、风险分担和风险承受等风险应对策略，实现对风险的有效控制。

⑧企业应当结合不同发展阶段和业务拓展情况，持续收集与风险变化相关的信息，进行风险识别和风险分析，及时调整风险应对策略。

3. 控制活动。

（1）COSO《内部控制框架》关于控制活动要素的要求与原则。

COSO《内部控制框架》关于控制活动要素的要求为：控制活动指那些有助于管理层决策顺利实施的政策和程序。控制行为有助于确保实施必要的措施以管理风险，实现经营目标。控制行为体现在整个企业的不同层次和不同部门中。它们包括诸如批准、授权、查证、核对、复核经营业绩、资产保护和职责分工等活动。

控制活动要素应当坚持以下原则：

①企业选择并制定有助于将目标实现风险降低至可接受水平的控制活动。

②企业用以支持目标实现的技术选择并制定一般控制政策。

③企业通过政策和程序来部署控制活动：政策用来确定所期望的目标；程序则将政策付诸行动。

（2）我国《企业内部控制基本规范》关于控制活动要素的要求。

①企业应当结合风险评估结果，通过手工控制与自动控制、预防性控制与发现性控制相结合的方法，运用相应的控制措施，将风险控制在可承受度之内。控制措施一般包括不相容职务分离控制、授权审批控制、会计系统控制、财产保护控制、预算控制、运营分析控制和绩效考评控制等。

②不相容职务分离控制要求企业全面系统地分析、梳理业务流程中所涉及的不相容职务，实施相应的分离措施，形成各司其职、各负其责、相互制约的工作机制。

③授权审批控制要求企业根据常规授权和特别授权的规定，明确各岗位办理业务和事项的权限范围、审批程序和相应责任。企业应当编制常规授权的权限指引，规范特别授权的范围、权限、程序和责任，严格控制特别授权。常规授权是指企业在日常经营管理活动中按照既定的职责和程序进行的授权。特别授权是指企业在特殊情况、特定条件下进行的授权。企业各级管理人员应当在授权范围内行使职权和承担责任。企业对于重大的业务和事项，应当实行集体决策审批或者联签制度，任何个人不得单独进行决策或者擅自改变集体决策。

④会计系统控制要求企业严格执行国家统一的会计准则制度，加强会计基础工作，明确会计凭证、会计账簿和财务会计报告的处理程序，保证会计资料真实完整。企业应当依法设置会计机构，配备会计从业人员。从事会计工作的人员，必须取得会计从业资格证书。会计机构负责人应当具备会计师以上专业技术职务资格。大中型企业应当设置总会计师。设置总会计师的企业，不得设置与其职权重叠的副职。

⑤财产保护控制要求企业建立财产日常管理制度和定期清查制度，采取财产记录、实物保管、定期盘点、账实核对等措施，确保财产安全。企业应当严格限制未经授权的人员接触和处置财产。

⑥预算控制要求企业实施全面预算管理制度，明确各责任单位在预算管理中的职责权限，规范预算的编制、审定、下达和执行程

序，强化预算约束。

⑦运营分析控制要求企业建立运营情况分析制度，经理层应当综合运用生产、购销、投资、筹资、财务等方面的信息，通过因素分析、对比分析、趋势分析等方法，定期开展运营情况分析，发现存在的问题，及时查明原因并加以改进。

⑧绩效考评控制要求企业建立和实施绩效考评制度，科学设置考核指标体系，对企业内部各责任单位和全体员工的业绩进行定期考核和客观评价，将考评结果作为确定员工薪酬以及职务晋升、评优、降级、调岗、辞退等的依据。

⑨企业应当根据内部控制目标，结合风险应对策略，综合运用控制措施，对各种业务和事项实施有效控制。

⑩企业应当建立重大风险预警机制和突发事件应急处理机制，明确风险预警标准，对可能发生的重大风险或突发事件，制定应急预案、明确责任人员、规范处置程序，确保突发事件得到及时妥善处理。

4. 信息与沟通。

（1）COSO《内部控制框架》关于信息与沟通要素的要求与原则。

COSO《内部控制框架》关于信息与沟通要素的要求为：公允的信息必须被确认、捕获并以一定形式及时传递，以便员工履行职责。信息系统产出涵盖经营、财务和遵循性信息的报告，以助于经营和控制企业。信息系统不仅处理内部产生的信息，还包括与企业经营决策和对外报告相关的外部事件、行为和条件等。有效的沟通从广义上说是信息的自上而下、横向以及自下而上的传递。所有员工必须从管理层得到准确的信息，认真履行控制职责。员工必须理解自身在整个内控系统中的位置，理解个人行为与其他员工工作的相关性。员工必须有向上传递重要信息的途径。同时，与外部诸如客户、供应商、管理当局和股东之间也需要有效的沟通。

信息与沟通要素应当坚持以下原则：

①企业获取或生成和使用相关的高质量信息，以支持内部控制其他要素发挥效用。

②企业于内部沟通的内部控制信息，包括内部控制目标和职责范围，必须能够支持内部控制的其他要素发挥效用。

③企业就影响内部控制其他要素发挥效用的事项与外部方进行沟通。

（2）我国《企业内部控制基本规范》关于信息与沟通要素的要求。

①企业应当建立信息与沟通制度，明确内部控制相关信息的收集、处理和传递程序，确保信息及时沟通，促进内部控制有效运行。

②企业应当对收集的各种内部信息和外部信息进行合理筛选、核对、整合，提高信息的有用性。企业可以通过财务会计资料、经营管理资料、调研报告、专项信息、内部刊物、办公网络等渠道，获取内部信息。企业可以通过行业协会组织、社会中介机构、业务往来单位、市场调查、来信来访、网络媒体以及有关监管部门等渠道，获取外部信息。

③企业应当将内部控制相关信息在企业内部各管理级次、责任单位、业务环节之间，以及企业与外部投资者、债权人、客户、供应商、中介机构和监管部门等有关方面之间进行沟通和反馈。信息沟通过程中发现的问题，应当及时报告并加以解决。重要信息应当及时传递给董事会、监事会和经理层。

④企业应当利用信息技术促进信息的集成与共享，充分发挥信息技术在信息与沟通中的作用。企业应当加强对信息系统开发与维护、访问与变更、数据输入与输出、文件储存与保管、网络安全等方面的控制，保证信息系统安全稳定运行。

⑤企业应当建立反舞弊机制，坚持惩防并举、重在预防的原则，明确反舞弊工作的重点领域、关键环节和有关机构在反舞弊工作中的职责权限，规范舞弊案件的举报、调查、处理、报告和补救程序。企业至少应当将下列情形作为反舞弊工作的重点：a. 未经授权或者采取其他不法方式侵占、挪用企业资产，牟取

不当利益；b. 在财务会计报告和信息披露等方面存在的虚假记载、误导性陈述或者重大遗漏等；c. 董事、监事、经理及其他高级管理人员滥用职权；d. 相关机构或人员串通舞弊。

⑥企业应当建立举报投诉制度和举报人保护制度，设置举报专线，明确举报投诉处理程序、办理时限和办结要求，确保举报、投诉成为企业有效掌握信息的重要途径。举报投诉制度和举报人保护制度应当及时传达至全体员工。

5. 监控。

（1）COSO《内部控制框架》关于监控要素的要求与原则。

COSO《内部控制框架》关于监控要素的要求为：内部控制系统需要被监控，即对该系统有效性进行评估的全过程。可以通过持续性的监控行为、独立评估或两者的结合来实现对内控系统的监控。持续性的监控行为发生在企业的日常经营过程中，包括企业的日常管理和监督行为、员工履行各自职责的行为。独立评估活动的广度和频度有赖于风险预估和日常监控程序的有效性。内部控制的缺陷应该自下而上进行汇报，性质严重的应上报最高管理层和董事会。

监控要素应当坚持以下原则：

①企业选择并制定有助于将目标实现风险降低至可接受水平的控制活动。

②企业为用以支持目标实现的技术选择制定一般控制政策。

③企业通过政策和程序来部署控制活动：政策用来确定所期望的目标；程序则将政策付诸于行动。

（2）我国《企业内部控制基本规范》关于内部监督要素的要求。

①企业应当根据本规范及其配套办法，制定内部控制监督制度，明确内部审计机构（或经授权的其他监督机构）和其他内部机构在内部监督中的职责权限，规范内部监督的程序、方法和要求。内部监督分为日常监督和专项监督。日常监督是指企业对建立与实施内部控制的情况进行常规、持续的监督检查；专项监督是指在企业发展战略、组织结构、经营活动、业务流程、关键岗位员工等发生较大调整或变化的情况下，对内部控制的某一或者某些方面进行有针对性的监督检查。

②企业应当制定内部控制缺陷认定标准，对监督过程中发现的内部控制缺陷，应当分析缺陷的性质和产生的原因，提出整改方案，采取适当的形式及时向董事会、监事会或者经理层报告。内部控制缺陷包括设计缺陷和运行缺陷。企业应当跟踪内部控制缺陷整改情况，并就内部监督中发现的重大缺陷，追究相关责任单位或者责任人的责任。

③企业应当结合内部监督情况，定期对内部控制的有效性进行自我评价，出具内部控制自我评价报告。内部控制自我评价的方式、范围、程序和频率，由企业根据经营业务调整、经营环境变化、业务发展状况、实际风险水平等自行确定。国家有关法律法规另有规定的，从其规定。

④企业应当以书面或者其他适当的形式，妥善保存内部控制建立与实施过程中的相关记录或者资料，确保内部控制建立与实施过程的可验证性。

【经典例题】

【真题·多选题】（2020）甲公司在加强风险管理过程中采取了下列做法，其中符合我国《企业内部控制基本规范》关于信息与沟通要素要求的有（　　）。

A. 加强法制教育，建立健全法律顾问制度和重大法律纠纷案件备案制度

B. 建立反舞弊机制，坚持惩防并举、重在预防的原则

C. 建立举报投诉制度和举报人保护制度

D. 建立重大风险预警机制和突发事件应急处理机制

【答案】BC

【解析】选项 A 属于内部环境，选项 D 属于控制活动，选项 B、C 属于信息与沟通。

【真题·单选题】（2016）下列各项中，属于控制活动要素的是（　　）。

A. 企业制定内部控制缺陷认定标准

B. 企业实施全面预算管理制度

C. 企业根据设立的控制目标，及时进行风险评估

D. 董事会下设立审计委员会

【答案】B

【解析】选项A属于内部监督要素；选项B属于控制活动要素；选项C属于风险评估要素；选项D属于内部环境要素。因此，选项B正确。

【真题·单选题】（2017）凌云公司近年来不断加强企业内部控制体系建设，在董事会下设立了审计委员会。审计委员会负责审查企业内部控制，监督内部控制的有效实施和内部控制自我评价情况，协调内部控制审计及其他相关事宜。根据COSO《内部控制框架》，凌云公司的上述做法属于内部控制要素中的（　　）。

A. 内部环境

B. 内部监督

C. 风险评估

D. 控制活动

【答案】A

【解析】我国《企业内部控制基本规范》关于内部环境要素的要求之一：企业应当在董事会下设立审计委员会。审计委员会负责审查企业内部控制，监督内部控制的有效实施和内部控制自我评价情况，协调内部控制审计及其他相关事宜等。审计委员会负责人应当具备相应的独立性、良好的职业操守和专业胜任能力。

【真题·单选题】（2018）众城银行是一家股份制商业银行。自成立以来，该银行坚持将职业道德修养和专业胜任能力作为选拔和聘用员工的重要标准，切实加强员工培训和继续教育，不断提升员工素质，保证了该银行规范高效运营。根据我国《企业内部控制基本规范》，众城银行的上述做法涉及的内部控制要素是（　　）。

A. 控制环境

B. 控制活动

C. 风险评估

D. 信息与沟通

【答案】A

【解析】"该银行坚持将职业道德修养和专业胜任能力作为选拔和聘用员工的重要标准，切实加强员工培训和继续教育，不断提升员工素质"，这是我国《企业内部控制基本规范》关于内部环境要素的要求，选项A正确。

【真题·单选题】（2019）甲公司在实施全面风险管理过程中，注重加强法制教育，增强董事、监事、经理及其他高级管理人员和员工的法制观念，严格依法决策、依法办事、依法监督。甲公司的上述作法所涉及的内部控制要素是（　　）。

A. 内部环境

B. 风险评估

C. 控制活动

D. 内部监督

【答案】A

【解析】我国《企业内部控制基本规范》关于内部环境要素的要求之一：企业应当加强法制教育，增强董事、监事、经理及其他高级管理人员和员工的法制观念，严格依法决策、依法办事、依法监督，建立健全法律顾问制度和重大法律纠纷案件备案制度。

【真题·多选题】（2016）下列各项中，属于《企业内部控制基本规范》对内部环境要素要求的有（　　）。

A. 企业应当建立举报投诉制度和举报人保护制度

B. 企业应当制定和实施有利于企业可持续发展的人力资源政策

C. 企业应当建立重大风险预警机制和突发事件应急处理机制

D. 企业应当加强内部审计工作

【答案】BD

【解析】选项A属于信息与沟通要素的要求，选项C属于控制活动要素的要求，选项B、D正确。

【真题·多选题】（2018）隆盛信托投资公司自成立以来，结合业务特点和内部控制要求设置内部机构，明确职责权限，将权力和责任落实到责任单位，同时综合运用风险规避、风险降低、风险分担和风险承受等风险应对策略，实现对风险的有效控制。根据我国《企业内部控制基本规范》，该公司的上述做法涉及的内部控制要素有（　　）。

A. 风险评估

B. 内部环境

C. 信息与沟通

D. 控制活动

【答案】AB

【解析】“结合业务特点和内部控制要求设置内部机构，明确职责权限，将权力和责任落实到责任单位”属于内部环境要素的要求，选项B正确。“综合运用风险规避、风险降低、风险分担和风险承受等风险应对策略，实现对风险的有效控制”属于风险评估要素的要求，选项A正确。

【例题·单选题】下列选项中，不属于内部控制内部环境要素要求的是（　　）。

A. 董事会下设审计委员会

B. 企业应加强文化建设

C. 企业应加强内部审计工作

D. 企业应当建立反舞弊机制

【答案】D

【解析】企业应当建立反舞弊机制，属于信息与沟通要素的要求。选项D错误。

【例题·多选题】下列选项中，属于内部控制活动要素要求的有（　　）。

A. 企业应当识别内部风险和外部风险

B. 企业应当严格限制未经授权的人员接触资产

C. 企业实施全面预算管理制度

D. 企业应当建立规范的公司治理结构

【答案】BC

【解析】选项A属于风险评估要素的要求，选项D属于内部环境要素的要求。选项B、C正确。

重难点13：风险理财措施★★

（一）风险理财的概述

风险理财是用金融手段管理风险。

1. 风险理财的历史发展（略）。

2. 风险理财的必要性。

风险理财是全面风险管理的重要组成部分。

对于**可控的风险**，所有的风险控制措施，除了规避风险在特定范畴内完全有效外，其余均无法保证不会发生。

风险理财可以针对不可控的风险。

3. 风险理财的特点。

（1）风险理财的手段**既不改变**风险事件发生的**可能性**，**也不改变**风险事件可能引起的**直接损失程度**。

（2）风险理财需要判断风险的定价，因此**量化**的标准较高，即不仅需要风险事件的可能性和损失的分布，更需要量化风险本身的价值。

（3）风险理财的应用范围一般**不包括声誉等难以衡量其价值的风险**，也难以消除战略失误造成的损失。

（4）风险理财手段技术强，许多风险理财工具本身有着比较复杂的风险特性，使用不当容易造成重大损失。

4. 风险理财与公司理财。

风险理财过去被认为是公司财务管理的一部分，现在则认为其在很多情况下超出了公司财务管理的范畴。具体表现在：

（1）风险理财注重风险因素对现金流的影响；

（2）风险理财影响公司资本结构，注意以最低成本获得现金流；

（3）风险理财成为公司战略的有机部分，其风险经营的结果直接影响公司整体价值的提升。

5. 风险理财创造价值。

传统的风险理财是损失理财，即为可能发生的损失融资，补偿风险造成的财务损失，如购买保险。传统的风险理财的目的是降低公司承担的风险。

与损失理财相反，公司可能通过使用金融工具来承担额外的风险，改善公司的财务状况，创造价值。风险理财对机会的利用是整个经营战略的有机组成部分和战略举措。

（二）风险理财的策略与方案

风险理财是运用金融手段来实施风险管理策略的。

1. 选择风险理财策略的原则和要求。

（1）与公司整体风险管理策略一致。选择风险理财的策略，要与公司整体风险管理策略通盘考虑。应根据公司风险管理整体策略确定的风险偏好和承受度确定风险理财的目标，并量化风险的特性及其价值。要考虑到诸如对公司的资产负债率等方面的影响，以及对诸如"零容忍度"的具体安排等问题。

（2）与公司所面对风险的性质相匹配。要采用与公司所面对风险的性质相匹配的风险理财手段。

（3）选择风险理财工具的要求。风险理财工具有多种，如准备金、保险、应急资本、期货、期权、其他衍生产品等，企业在选择这些风险理财工具时，要考虑如下几点：**合规的要求；可操作性；法律法规环境；企业的熟悉程度；风险理财工具的风险特征**。不同的风险理财手段可能适用同一风险。

（4）成本与收益的平衡。选择风险理财策略时，要考虑风险管理的成本与收益的平衡原则。风险理财的基础是对风险的定价，相对于其他的风险手段，风险理财的成本与收益比较容易计算。但是要**注意纠正忽视风险价值的心理**。

企业选择的风险理财方案的复杂程度取决于风险的性质、企业的资源能力等多方面因素。

2. 对金融衍生产品的选择。

在企业选择风险理财的策略与方案时，涉及对金融衍生产品的选择。

（1）金融衍生产品的概念和类型

衍生产品是其价值决定于一种或多种基础资产或指数的金融合约。常用衍生产品包括：远期合约、互换交易、期货、期权等。

①远期合约（Forward Contract）

远期合约指合约双方同意在未来日期按照固定价格交换金融资产的合约，承诺以当前约定的条件在未来进行交易的合约，会指明买卖的商品或金融工具种类、价格及交割结算的日期。

远期合约是必须履行的协议，不像可选择不行使权利（即放弃交割）的期权。远期合约亦与期货不同，其**合约条件是为买卖双方量身定制的，通过场外交易（OTC）达成**，而后者则是在交易所买卖的标准化合约。

远期合约规定了将来交换的资产、交换的日期、交换的价格和数量，合约条款因合约双方的需要不同而不同。远期合约主要有远期利率协议、远期外汇合约、远期股票合约。

远期合约是现金交易，买方和卖方达成协议在未来的某一特定日期交割一定质量和数量的商品，价格可以预先确定或在交割时确定。

远期合约是场外交易，如同即期交易一样，交易双方都存在风险。

在远期市场中经常用到两个术语：

如果即期价格低于远期价格，则市场状况被描述为正向市场或溢价。

如果即期价格高于远期价格，则市场状况被描述为反向市场或差价。

②互换交易（Swap Transaction，Swaps）

互换交易主要指对相同货币的债务和不同货币的债务通过金融中介进行互换的一种行为。

互换的种类：

利率互换：双方同意在未来的一定期限内根据同种货币的同样的名义本金交换现金流，其中一方的现金根据浮动利率计算出来，而另一方的现金流根据固定利率计算。

货币互换：将一种货币的本金和固定利

息与另一货币的等价本金和固定利息进行交换。

商品互换：一种特殊类型的金融交易，交易双方为了管理商品价格风险，同意交换与商品价格有关的现金流。它包括固定价格及浮动价格的商品价格互换和商品价格与利率的互换。

其他互换：股权互换、信用互换、气候互换和期权互换等。

③期货（Futures）

期货是指在约定的将来某个日期按约定的条件（包括价格、交割地点、交割方式）买入或卖出一定标准数量的某种资产。期货合约是期货交易的买卖对象或标的物，是由期货交易所统一制定的、规定了某一特定的时间和地点交割一定数量和质量商品的标准化合约。期货价格是通过公开竞价而达成的。

按现货标的物之种类，期货可分为商品期货与金融期货两大类。

期货合约的主要类型：

商品期货：标的为实物商品的期货；

外汇期货：标的物是外汇，如美元、欧元、英镑、日元等；

利率期货：标的资产价格依赖于利率水平的期货合约，如长期国债、短期国债、商业汇票和欧洲美元期货；

股票指数期货：标的物是股价指数。

④期权（Option）

期权是在规定的一段时间内，可以以规定的价格购买或者出卖某种规定的资产的权利。

期权的买方将风险锁定在一定的范围之内。

从其本质上讲，期权实质上是在金融领域中将权利和义务分开进行定价，使得权利的受让人在规定时间内对于是否进行交易行使其权利，而义务方必须履行。

在期权的交易时，购买期权的合约方称作买方，而出售合约的一方则叫作卖方；买方即是权利的受让人，而卖方则是必须履行买方行使权利的义务人。

按交易主体划分，期权可分为买方期权和卖方期权两类：

买方期权，是指赋予期权持有人在期权有效期内按履约价格买进（但不负有必须买进的义务）规定的资产的权利。

卖方期权，是指赋予期权持有人在期权有效期内按履约价格卖出（但不负有必须卖出的责任）规定的资产的权利。

期权合约指以金融衍生产品作为行权品种的交易合约，指在特定时间内以特定价格买卖一定数量交易品种的权利。期权合约的内容一般包括：

标的资产：是指期权能够买入或者卖出的规定资产。

执行价格：是指行权时，可以以此价格买入或卖出规定资产的价格。

到期日：期权有效期截止的时间。

行权方式：如果在到期日之前的任何时间以及到期日都能执行，则称这种期权为美式期权。如果只能在到期日执行，则称为欧式期权。

期权价格：指为获得该期权，期权的持有人付出的代价。

（2）运用衍生产品进行风险管理的主要思路

①增加自己愿意承担的风险；

②消除或减少自己不愿承担的风险；

③转换不同的风险。

（3）衍生产品的特点。

①优点：准确性；时效；使用方便；成本优势；灵活性；对于管理金融市场等市场风险有不可替代的作用。

②缺点：衍生产品的杠杆作用很大，因而风险很大，如用来投机可能会造成巨大损失。

（4）运用衍生产品进行风险管理需具备的条件。

①满足合规要求；

②与公司的业务和发展战略保持一致；

③建立完善的内部控制措施，包括授权、计划、报告、监督、决策等流程和规范；

④采用能够准确反映风险状况的风险计量方法，明确头寸、损失、风险限额；

⑤完善的信息沟通机制，保证头寸、损失、风险敞口的报告及时可靠；

⑥合规的操作人员。

风险理财措施：损失事件管理与套期保值。

（三）损失事件管理

损失事件管理是指对可能给企业造成重大损失的风险事件的事前、事后管理的方法。损失的内容包括企业的资金、声誉、技术、品牌、人才等。

1. 损失融资。

损失融资是为风险事件造成的财物损失融资，是从风险理财的角度进行损失事件的事后管理，是损失事件管理中最有共性也是最重要的部分。

企业损失分为预期损失和非预期损失，因此损失事件融资也相应分为预期损失融资和非预期损失融资。

预期损失融资一般作为运营资本的一部分，而非预期损失融资则是属于风险资本的范畴。

2. 风险资本。

风险资本即除经营所需的资本之外，公司还需要额外的资本用于补偿风险造成的财务损失。传统的风险资本表现形式是风险准备金。风险资本是使一家公司破产的概率低于某一给定水平所需的资金，因此取决于公司的风险偏好。

例如，一家公司每年最低运营资本是5亿元，但是有5%的可能性需要7.5亿元维持运营，有1%的可能性需要10亿元才能维持运营。换句话说，如果风险资本为2.5亿元，那么这家公司的生存概率就是95%，而5亿元的风险资本对应的则是99%的生存概率。

3. 应急资本。

应急资本是风险资本的表现形式之一。

应急资本是一个金融合约，规定在某一个时间段内、某个特定事件（触发事件）发生的情况下公司有权从应急资本提供方处募集股本或贷款，并为此按时间向资本提供方缴纳权力费。

应急资本费用、利息和额度在合同签订时约定。

应急资本最简单的形式是公司为满足特定条件下的经营需要而从银行获得的信贷额度，一般通过与银行签订协议加以明确，比如信用证、循环信用工具等。

应急资本具有如下特点：

（1）应急资本的提供方并不承担特定事件发生的风险，而只是在事件发生并造成损失后提供用于弥补损失、持续经营的资金。事后公司要向资本提供者归还这部分资金，并支付相应的利息。

（2）应急资本是一个综合运用保险和资本市场技术设计和定价的产品。与保险不同，应急资本不涉及风险的转移，是企业风险补偿策略的一种方式。

（3）应急资本是一个在一定条件下的融资选择权，公司可以不使用这个权利。

（4）应急资本可以提供经营持续性的保证。

4. 保险。

保险是一种金融合约。保险合同规定保险公司为预定的损失支付补偿（也就是为损失进行融资），作为交换，在合同开始时，购买保险合同的一方要向保险公司支付保险费。

保险合同降低了购买保险一方的风险，因为它把损失的风险转移给了保险公司。而保险公司则是通过损失的分散化来降低自己的风险。例如，保险公司可以通过出售大量的涉及多种类型损失的保险合同来降低自己的风险。

保险是风险转移的传统手段，即投保人通过保险把风险可能导致的财务损失负担转移给保险公司。

可保风险是纯粹风险，机会风险不可保。

5. 专业自保。

专业自保公司又称专属保险公司，是非保险公司的附属机构，为母公司提供保险，并由其母公司筹集保险费，建立损失储备金。几乎所有的大跨国公司都有专业自保公司。

专业自保的特点：由被保险人所有和控制，要承保其母公司的风险，但可以通过租借的方式承保其他公司的保险，不在保险市场上开展业务。

专业自保公司的优点是：降低运营成本；改善公司现金流；保障项目更多；公平的费率等级；保障的稳定性；直接进行再保险；提高服务水平；减少规章限制；国外课税扣除和流通转移。

专业自保公司的缺点是：内部管理成本；资本与投入；管理人员的新核心；损失储备金不足和潜在损失；税收检查；成本增加或减少其他保险的可得性。

（四）套期保值

1. 套期保值与投机。

套期保值是指为冲抵风险而买卖相应衍生产品的行为	与套期保值相反的便是投机行为
套期保值的目的是降低风险	投机的目的是承担额外的风险以盈利
套期保值的结果是降低了风险	投机的结果是增加了风险

2. 期货套期保值。

（1）期货价格与现货价格

绝大多数期货合约不会在到期日用标的物兑现。

期货价格表现的是市场对标的物的远期预期价格。

“基差”的概念用来表示标的物的现货价格与所用合约的期货价格之差。

基差在期货合约到期日为零，在此之前可正可负。一般而言，离到期日越近，基差就越小。

（2）期货的套期保值

期货的套期保值亦称为期货对冲，是指为配合现货市场上的交易，而在期货市场上做与现货市场商品相同或相近但交易部位相反的买卖行为，以便将现货市场的价格波动的风险在期货市场上得到抵销。

期货的套期保值交易之所以能够回避价格风险，其基本原理就在于某一特定商品的期货价格和现货价格受相同经济因素的影响和制约。

利用期货套期保值有两种方式：

①空头期货套期保值：如果某公司要在未来某时间出售资产，可以通过持有该资产期货合约的空头来对冲风险。如果到期日资产价格下降，现货出售资产亏了，但期货的空头获得。如果到期日资产价格上升，现货出售获利（相对合约签订日期）但期货的空头亏了。

②多头期货套期保值：如果要在未来某时买入某种资产，则可采用持有该资产期货合约的多头来对冲风险。

利用期货套期保值一般涉及两个时间的四个交易。

（3）期货投机的风险。

期货投机：指基于对市场价格走势的预期，为了盈利在期货市场上进行的买卖行为。由于远期市场价格的波动性，与套期保值相反，期货的投机会增加风险。

3. 期权套期保值。

（1）利用期权套期保值。

期权作为对冲的工具可以起到保险的作用。

（2）期权投机的风险。

期权也可以作为投机的工具，但风险更大。

综上所述，运用风险理财措施要明确以下几点：

（1）风险理财是全面风险管理的重要组成部分，在对许多风险的管理上，有着不可替代的地位和作用；

（2）风险理财形式多样，应用灵活，时效性强，具有许多其他手段不可比拟的优点；

（3）风险理财技术性强，需要相关的人才、知识、组织结构、程序和法律环境；

（4）风险理财手段的不当使用，包括策略错误和内控失灵，可能带来巨大的损失。因此风险理财本身的风险管理尤为重要。

【经典例题】

【真题·单选题】（2020）为了对可能给企业造成重大损失的风险事件进行有效管理，南方石油公司成立了自己的专属保险公司，为母公司提供保险，并由母公司筹集总计 10 亿元的保险费，建立损失储备金。下列各项中，属于南方石油公司采用的上述损失事件管理办法的优点的是（　　）。

A. 降低内部管理成本

B. 损失储备金充足

C. 改善公司现金流

D. 增加了其他保险的可得性

【答案】C

【解析】“南方石油公司成立了自己的专属保险公司，为母公司提供保险，并由母公司筹集总计 10 亿元的保险费，建立损失储备金”说明南方石油公司采用的损失事件管理办法是专业自保。改善公司现金流属于专业自保的优点，选项 C 正确。

【真题·单选题】（2020）甲公司每年最低运营资本是 5 000 万元，有 10% 的可能性维持运营需要 5 800 万元；有 5% 的可能性维持运营需要 6 200 万元。若甲公司风险资本为 1 000 万元，则该公司的生存概率为（　　）。

A. 10%

B. 90%

C. 90% ~95%

D. 95% 以上

【答案】C

【解析】当风险资本为 800 万元时，其生存概率为 90%；当风险资本为 1 200 万元时，其生存概率为 95%。因此，当风险资本为 1 000 万元时，其生存概率在 90% ~95%，选项 C 正确。

【真题·单选题】（2017）宏远海运公司为了加强对损失事件的管理成立了一家附属机构，这家附属机构的职责是用母公司提供的资金建立损失储备金，并为母公司提供保险。宏远海运公司管理损失事件的方法属于（　　）。

A. 损失融资

B. 风险资本

C. 专业自保

D. 保险

【答案】C

【解析】专业自保公司又称专属保险公司，是非保险公司的附属机构，为母公司提供保险，并由其母公司筹集保险费，建立损失储备金。“宏远海运公司为了加强对损失事件的管理成立了一家附属机构，这家附属机构的职责是用母公司提供的资金建立损失储备金，并为母公司提供保险”，表明宏远海运公司管理损失事件的方法属于专业自保。选项 C 正确。

【真题·单选题】（2017）下列各项关于金融衍生产品的说法中，正确的是（　　）。

A. 远期合约价格不能预先确定

B. 期货价格不是通过公开竞价达成的

C. 远期合约是标准化合约

D. 欧式期权只能在到期日执行

【答案】D

【解析】远期合约是指合约双方同意在未来日期按照固定价格交换金融资产的合约，选项 A 错误；期货价格通过公开竞价达成，选项 B 错误；远期合约是非标准化合约，选项 C 错误。

【真题·单选题】（2019）甲公司每年最低运营资本是 10 亿元，但是有 5% 的可能性需要 12 亿元维持运营。该公司筹集了 12 亿元，将其生存概率提高到 95%。甲公司管理损失事件的方法是（　　）。

A. 风险资本

B. 损失融资

C. 保险

D. 专业自保

【答案】A

【解析】风险资本是使一家公司破产的概

率低于某一给定水平所需的资金，取决于公司的风险偏好。甲公司2亿元的风险资本对应95%的生存概率。选项A正确。

【真题·多选题】（2018）2017年初，甲公司与乙银行签订一份协议，约定甲公司一旦发生特定事件引起财务危机时，有权从乙银行取得500万元贷款来应对风险。在协议中，双方明确了甲公司归还贷款的期限以及获得贷款应当支付的利息和费用。针对甲公司采取的措施，下列各项中表述正确的有（　　）。

A. 甲公司采取的风险理财策略不涉及风险补偿

B. 甲公司采取的风险理财策略为其可持续经营提供了保证

C. 甲公司采取的风险理财策略是风险资本的表现形式之一

D. 乙银行向甲公司提供贷款不承担甲公司发生特定事件的风险

【答案】BCD

【解析】“甲公司与乙银行签订一份协议，约定甲公司一旦发生特定事件引起财务危机时，有权从乙银行取得500万元贷款来应对风险”，说明甲公司采用的损失事件管理方式是应急资本。应急资本不涉及风险转移，是企业风险补偿策略的一种方式。选项A错误。

【例题·多选题】某商品经销商在期货市场上做与现货市场商品相同或者相近但交易部位相反的买卖行为，以便将现货市场价格波动的风险在期货市场上抵消。下列各项中，对该经销商采用的风险管理方法表述正确的有（　　）。

A. 该经销商采用的风险管理方法是风险对冲

B. 该经销商采用的风险管理方法目的是为了盈利

C. 该经销商采用的风险管理方法降低了风险

D. 该经销商采用的风险管理方法有利于回避价格风险

【答案】ACD

【解析】该经销商采用的风险管理方法是套期保值，目的是降低风险，与套期保值相反的是投机行为，投机的目的是承担额外风险以盈利。

【例题·单选题】甲公司每年最低运营资本是1 000万元，但是有1%的可能性需要2 000万元才能维持运营。如果该公司风险资本为1 200万元，该公司生存的概率是（　　）。

A. 1%

B. 99%

C. 小于1%

D. 大于99%

【答案】D

【解析】有1%的可能性需要2 000万元维持运营，说明企业风险资本为2 000－1 000＝1 000（万元）时，企业的生存概率是99%，那么当风险资本是1 200万元，大于1 000万元，那么企业的生存概率大于99%，选项D正确。

重难点14：风险管理信息系统

企业应**将信息技术应用于风险管理的各项工作**，建立涵盖风险管理基本流程和内部控制系统各环节的风险管理信息系统，包括信息的采集、存储、加工、分析、测试、传递、报告、披露等。

企业应采取措施确保向风险管理信息系统输入的业务数据和风险量化值的一致性、准确性、及时性、可用性和完整性。**对输入信息系统的数据，未经批准，不得更改。**

风险管理信息系统应能够进行对各种风险的计量和定量分析、定量测试；能够实时反映风险矩阵和排序频谱、重大风险和重要业务流程的监控状态；能够对超过风险预警上限的重大风险实施信息报警；能够满足风险管理内部信息报告制度和企业对外信息披露管理制度的要求。

风险管理信息系统应是实现信息在**各职能部门、业务单位之间的集成与共享**，既能满足单项风险管理的要求，也能满足企业整体和跨职能部门、业务单位的风险管理综合要求。

企业应确保风险管理信息系统的稳定运行，并根据实际需要不断进行改进、完善或更新。

已建立或基本建立企业管理信息系统的企业，应补充、调整、更新已有的管理流程和管理程序，建立完善的风险管理信息系统；尚未建立企业管理信息系统的，应将风险管理与企业各项管理业务流程、管理软件统一规划、统一设计、统一实施、同步运行。

【经典例题】

【例题·多选题】下列关于风险管理信息系统功能的表述中，正确的有（　　）。

A. 能够对各种风险进行计量和定量分析

B. 能够满足风险管理内部信息报告制度和企业对外信息披露管理制度要求

C. 对超过风险预警上限的重大风险实施信息预警

D. 实现风险相关信息与企业外部利益相关者的共享

【答案】ABC

【解析】风险管理信息系统应是实现信息在各职能部门、业务单位之间的集成与共享，既能满足单项风险管理的要求，也能满足企业整体和跨职能部门、业务单位的风险管理综合要求。选项D错误。

重难点15：头脑风暴法

含义：头脑风暴法又称智力激励法、BS法、自由思考法，是指刺激并鼓励一群知识渊博、知悉风险情况的人员畅所欲言，开展集体讨论的方法。 分类：直接头脑风暴法（头脑风暴法）是专家群体决策，尽可能激发创造性，产生尽可能多设想的方法。质疑头脑风暴法（反头脑风暴法）则是对前者提出的设想、方案逐一质疑，分析其现实可行性的方法。 应用：将头脑风暴法应用于风险识别，就是由指定的主持人提出与风险有关的问题，然后要求小组成员依次在第一时间给出问题的看法。之后由风险管理小组对集体讨论后识别的所有风险进行复核，并且认定核心风险	
（一）适用范围	适用于充分发挥专家意见，在风险识别阶段进行定性分析
（二）主要优点	（1）激发了想象力，有助于发现新的风险和全新的解决方案； （2）让主要的利益相关者参与其中，有助于进行全面沟通； （3）速度较快并易于开展
（三）局限性	（1）参与者可能缺乏必要的技术及知识，无法提出有效的建议； （2）由于头脑风暴法相对松散，因此较难保证过程的全面性； （3）可能会出现特殊的小组状况，导致某些有重要观点的人保持沉默而其他人成为讨论的主角； （4）实施成本较高，要求参与者有较好的素质，这些因素是否满足会影响头脑风暴法实施的效果

重难点16：德尔菲法

德尔菲法又名专家意见法，是在一组专家中取得可靠共识的程序，其基本特征是专家单独、匿名表达各自的观点，同时随着过程的进展，他们有机会了解其他专家的观点。 德尔菲法采用背对背的通信方式征询专家小组成员的意见，专家之间不得相互讨论，不发生横向联系，只能与调查人员发生联系。通过反复填写问卷，搜集各方意见，以形成专家之间的共识	
（一）适用范围	适用于在专家一致性意见基础上，在风险识别阶段进行定性分析
（二）主要优点	（1）由于匿名表达观点，因此更可能表达出不受欢迎的看法。 （2）所有观点有相同的权重，避免重要人物占主导地位的问题。 （3）专家不必一次聚集在某个地方，比较方便。 （4）这种方法具有广泛的代表性

续表

（三）局限性	（1）权威人士的意见影响他人的意见。 （2）有些专家碍于情面，不愿意发表与其他人不同的意见。 （3）出于自尊心而不愿意修改自己原来不全面的意见。 德尔菲法的主要缺点是过程比较复杂，花费时间较长

【经典例题】

【真题·单选题】（2016）甲公司是一家计划向移动互联网领域转型的大型传统媒体企业。为了更好地了解企业转型中存在的风险因素，甲公司聘请了20位相关领域的专家，根据甲公司面临的内外部环境，针对六个方面的风险因素，反复征询每个专家的意见，直到每一个专家不再改变自己的意见、达成共识为止。该公司采取的这种风险管理方法是（　　）。

A. 德尔菲法

B. 情景分析法

C. 因素分析法

D. 头脑风暴法

【答案】A

【解析】德尔菲法又名专家意见法，是在一组专家中取得可靠共识的程序。其基本特征是专家单独、匿名表达各自的观点，同时随着过程的进展，他们有几乎了解其他专家的观点。德尔菲法采用背对背的通信方式征询专家小组的成员的意见，专家之间不得互相讨论，不发生横向联系，只能与调查人员发生关系。通过反复填写问卷，搜集各方意见，以形成专家之间的共识。所以选项A正确。

【例题·单选题】丁公司拟将部分加工业务外包给外部机构，为了更好地识别业务外包过程中可能存在的风险，丁公司组织了八名知识渊博、知悉相关风险情况的专家开展集体讨论。专家们畅所欲言，群体决策，尽可能激发创造性。关于丁公司采取的风险管理方法，表述错误的是（　　）。

A. 该方法速度较快并易于开展

B. 该方法相对松散，较难保证过程的全面性

C. 该方法是定量分析方法

D. 该方法可能会出现特殊的小组状况

【答案】C

【解析】丁公司采取的风险管理方法是头脑风暴法，属于定性分析方法。

重难点17：失效模式影响和危害度分析法（FMECA）

FMECA是一种bottom-up（自下而上）分析方法，可用来分析、审查系统的潜在故障模式。FMECA按规定的规则记录系统中所有可能存在的影响因素，分析每种因素对系统的工作及状态的影响，将每种影响因素按其影响的严重程度及发生概率排序，从而发现系统中潜在的薄弱环节，提出可能采取的预防改进措施，以消除或减少风险发生的可能性，保证系统的可靠性。根据其重性和危害程度，FMECA可对每种被识别的失效模式进行排序。FMECA可用协助挑选具有高可靠性的替代性设计方案，确保所有的失效模式及其对运行成功的影响得到分析；列出潜在的故障并识别其影响的严重性；为测试及维修工作的规划提供依据；为定量的可靠性及可用性分析提供依据。 FMECA可以为其他风险方法，例如，为定性及定量的故障树分析提供数据支持	
（一）适用范围	适用于对失效模式、影响及危害进行定性或定量分析，还可以对其他风险识别方法提供数据支持
（二）主要优点	（1）广泛适用于人力、设备和系统失效模式，以及硬件、软件和程序。 （2）识别组件失效模式及其原因和对系统的影响，同时用可读性较强的形式表现出来。 （3）通过在设计初期发现问题，从而避免了开支较大的设备改造。 （4）识别单点失效模式以及对冗余或安全系统的需要

续表

（三）局限性	（1）只能识别单个失效模式，无法同时识别多个失效模式。 （2）除非得到充分控制并集中充分精力，否则研究工作既耗时且开支较大

重难点18：流程图分析法（Flow Charts Analysis）

流程图分析法是对流程的每一阶段、每一环节逐一进行调查分析，从中发现潜在风险，找出导致风险发生的因素，分析风险产生后可能造成的损失以及对整个组织可能造成的不利影响。 在企业风险识别过程中，运用流程图绘制企业的经营管理业务流程，可以将与企业各种活动有影响的关键点清晰地表现出来，结合企业中这些关键点的实际情况和相关历史资料，就能够明确企业的风险状况	
（一）适用范围	通过业务流程图方法，对企业生产或经营中的风险及其成因进行定性分析
（二）主要优点	流程图分析是识别风险最常用的方法之一。 主要优点是清晰明了，易于操作，且组织规模越大，流程越复杂，流程图分析就越能体现出优越性。通过业务流程分析，可以更好地发现风险点，从而为防范风险提供支持
（三）局限性	该方法的使用效果依赖于专业人员的水平

【经典例题】

【真题·单选题】（2018）甲公司是一家白酒生产企业。为了进一步提高产品质量，甲公司通过图表形式将白酒生产按顺序划分为多个模块，并对各个模块逐一进行详细调查，识别出每个模块各种潜在的风险因素或风险事件，从而使公司决策者获得清晰直观的印象。根据上述信息，下列各项中，对甲公司采取的风险管理办法的描述错误的是（　　）。

A. 该方法的优点是简单明了易于操作

B. 该方法的使用效果依赖于专业人员的水平

C. 该方法适用于组织规模较小、流程较简单的业务风险分析

D. 该方法可以对企业生产或经营中的风险及其成因进行定性分析

【答案】C

【解析】“甲公司是一家白酒生产企业。为了进一步提高产品质量，甲公司通过图表形式将白酒生产按顺序划分为多个模块，并对各个模块逐一进行详细调查，识别出每个模块各种潜在的风险因素或风险事件，从而使公司决策者获得清晰直观的印象”表明甲公司采取的风险管理方法是流程图分析法。流程图分析法的主要优点是清晰明了，易于操作，且组织规模越大，流程越复杂，流程图分析法就越能体现出优越性。局限性主要是该方法的使用效果依赖于专业人员的水平。因此，选项C错误。

重难点19：马尔科夫分析法（Markov Analysis）

如果系统未来的状况仅取决于其现在的状况，那么就可以使用马尔科夫分析。马尔科夫分析通常用于对那些存在多种状态（包括各种降级使用状态）的可维修复杂系统进行分析。是一项定量技术，可以是不连续的（利用状态间变化的概率）或者连续的（利用各状态变化率）。更适合于计算机程序。主要围绕“状态”这个概念展开	
（一）适用范围	适用于对复杂系统中不确定性事件及其状态改变的定量分析
（二）主要优点	能够计算出具有维修能力和多重降级状态的系统的概率
（三）局限性	（1）无论是故障还是维修，都假设状态变化的概率是固定的； （2）所有事项在统计上具有独立性，因此未来的状态独立于一切过去的状态，除非两个状态紧密相连； （3）需要了解状态变化的各种概率； （4）有关矩阵运算的知识比较复杂，非专业人士很难看懂

【经典例题】

【真题·单选题】（2016）甲公司是一家化工企业，每年都对设备进行检修。甲公司在对设备故障风险进行分析时，先将设备运行情况划分为几种情景状态，然后用随机转移矩阵描述这几种状态之间的转移，最后用计算机程序计算出每种状态发生的概率。甲公司采用的这种风险管理方法是（　　）。

A. 事件树分析法

B. 失效模式影响和危害度分析法

C. 马尔科夫分析法

D. 情景分析法

【答案】 C

【解析】 如果系统未来的状况仅取决于其现在的状况，那么就可以使用马尔科夫分析（Markov Analysis）。这种分析通常用于对那些存在多种状态（包括各种降级使用状态）的可维修复杂系统进行分析。马尔科夫分析是一项定量技术，可以是不连续的（利用状态间变化的概率）或者连续的（利用各状态的变化率）。马尔科夫分析方法主要围绕“状态”这个概念展开。随机转移概率矩阵可用来描述状态间的转移，以便计算各种输出结果。选项C正确。

重难点20：风险评估系图法

用以评估风险影响的常见的定性方法是制作风险评估系图。风险评估系图识别某一风险是否会对企业产生重大影响，并将此结论与风险发生的可能性联系起来，为确定企业风险的优先次序提供框架	
（一）适用范围	适用于对风险初步的**定性分析**
（二）主要优点	风险评估系图法作为一种简单的定性方法，直观明了
（三）局限性	如需要进一步探求风险原因，则显得过于简单，缺乏有效的经验证明和数据支持

【经典例题】

【真题·单选题】（2019）甲公司在实施风险管理过程中，对由人为操作和自然因素引起的各种风险对企业影响的大小和发生的可能性进行分析，为确定企业风险的优先次序提供分析框架。该公司采取的上述风险管理方法属于（　　）。

A. 决策树法

B. 马尔科夫分析法

C. 风险评估系图法

D. 流程图分析法

【答案】 C

【解析】 风险评估系图识别某一风险是否会对企业产生重大影响，并将此结论与风险发生的可能性联系起来，为确定企业风险的优先次序提供框架。选项C正确。

重难点21：情景分析法

情景分析可用来预计威胁和机遇可能发生的方式，以及如何将威胁和机遇用于各类长期及短期风险。 在识别和分析那些反映诸如最佳情景、最差情景及期望情景的**多种情景**时，可用来识别在特定环境下可能发生的事件并分析潜在的后果及每种情景的可能性	
（一）适用范围	通过模拟不确定性情景，对企业面临的风险进行**定性和定量分析**
（二）主要优点	对于未来变化不大的情况能够给出比较精确的模拟结果
（三）局限性	（1）在存在较大不确定性的情况下，有些情景可能不够现实； （2）在运用情景分析时，主要的难点涉及数据的有效性以及分析师和决策者开发现实情境的能力，这些难点对结果的分析具有修正作用； （3）如果将情景分析作为一种决策工具，其危险在于所用情景可能缺乏充分的基础，数据可能具有随机性，同时可能无法发现那些不切实际的结果

【经典例题】

【真题·单选题】（2017）面对未来国内外经济形势不确定因素增加的局面，鑫华基金公司按照较好、一般、较差三种假设条件，对公司未来可能遇到的不确定因素及其对公司收入和利润的影响作出定性和定量分析。鑫华基金公司使用的风险管理技术与方法是（　　）。

A. 敏感性分析法

B. 情景分析法

C. 统计推论法

D. 马尔科夫分析法

【答案】B

【解析】情景分析法是通过模拟不确定性情景，对企业面临的风险进行定性和定量分析。鑫华基金公司按照较好、一般、较差三种假设条件，对公司未来可能遇到的不确定因素及其对公司收入和利润的影响作出定性和定量分析，使用风险管理技术与方法是情景分析法。

重难点22：敏感性分析法

敏感性分析是针对潜在的风险，研究项目的各种不确定因素变化至一定幅度时，计算其主要经济指标变化率及敏感程度的一种方法。 敏感性分析是在确定性分析的基础上，进一步分析不确定性因素对项目最终效果指标的影响及影响程度。 敏感性因素一般可选择主要参数（如销售收入、经营成本、生产能力、初始投资、寿命期、建设期、达产期等）进行分析。 若某参数的小幅变化能导致效果指标的较大变化，则称此参数为敏感性因素，反之则称其为非敏感性因素。 敏感性分析可以寻找出影响最大、最敏感的主要变量因素。 敏感性分析最常用的显示方式是龙卷风图。龙卷风图有助于比较具有较高不确定性的变量与相对稳定的变量之间的相对重要程度	
（一）适用范围	适用于对项目不确定性对结果产生的影响进行的定量分析
（二）主要优点	为决策者提供有价值的参考信息；可以清晰地为风险分析指明方向；可以帮助企业制定紧急预案
（三）局限性	分析所需要的数据经常缺乏，无法提供可靠的参数变化；分析时借助公式计算，没有考虑各种不确定因素在未来发生变动的概率，无法给出各参数的变化情况，因此其分析结果可能和实际相反
案例：某企业打算在A市兴建一座大桥，但这个项目的不确定性因素很多，如项目总投资、银行贷款利率、过桥费收入均不确定。这些因素变化的可能性较大：例如，工程设计变更、不可抗力、材料价格上涨，从而导致项目的投资增加；银行贷款利率也会在一定范围内变化，因而会较大地影响本工程贷款金额；能否取得优惠贷款，这对资金成本影响很大，进而对工程经济指标也产生影响；根据A市物价局的规定，本大桥开始收费后每三年需要重新报批收费标准，并且过桥车辆数量也会发生增减变化，这些都会导致过桥费收入的变化。这项新建项目总投资、银行贷款利率、过桥费收入都不是投资方所能控制的，因此敏感性分析将这三个因素作为分析对象，分析每一个因素的变化对本大桥内部收益率的影响	

【经典例题】

【真题·单选题】（2017）通达路桥公司拟在某省兴建一座大桥。这项工程将面临诸多不确定因素，如工程总投资、银行贷款、过桥费收入等。公司为了预测这项工程所产生的效益并防范可能发生的风险，组织相关人员分析了上述每一个因素的变化对该项目内部收益率的影响。通达路桥公司所采用的风险管理方法是（　　）。

A. 情景分析法

B. 敏感性分析法

C. 马尔科夫分析法

D. 风险评估分析法

【答案】B

【解析】通达路桥公司分析不确定因素

（如工程总投资、银行贷款、过桥费收入等）的变化对该项目内部收益率的影响，采用的风险管理方法是敏感性分析法。选项 B 正确。

【真题·单选题】（2019）科环公司计划在某市兴建一座垃圾处理场，并对占用土地的价格、垃圾处理收入和建设周期等不可控因素的变化对该垃圾处理场内部收益率的影响进行了分析。科环公司采取的风险管理方法是（　　）。

A. 失效模式影响和危害度分析法

B. 马尔科夫分析法

C. 情景分析法

D. 敏感性分析法

【答案】D

【解析】科环公司分析了占用土地的价格、垃圾处理收入和建设周期等不可控因素的变化对该垃圾处理场内部收益率的影响，采用的风险管理方法是敏感性分析法。选项 D 正确。

重难点 23：事件树分析法（ETA）

事件树（ETA）是一种表示初始事件发生之后互斥性后果的图解技术，其根据是为减轻其后果而设计的各种系统是否起作用。它可以定性地和定量地应用	
（一）适用范围	适用于对故障发生以后，在各种减轻事件严重性的影响下，对多种可能后果的定性和定量分析
（二）主要优点	（1）ETA 以清晰地图形显示了经过分析的初始事项之后的潜在情景，以及缓解系统或功能成败产生的影响。 （2）它能说明时机、依赖性以及故障树模型中很烦琐的多米诺效应。 （3）它生动地体现事件的顺序，而使用故障树是不可能表现的
（三）局限性	（1）为了将 ETA 作为综合评估的组成部分，一切潜在的初始事项都要进行识别，这可能有赖于其他方法；但总有可能会遗漏一些重要的初始事项。 （2）事件树只分析了某个系统的成功及故障状况，很难将延迟成功或恢复事项纳入其中。 （3）任何路径都取决于路径上以前分支点处发生的事项

【经典例题】

【真题·多选题】（2018）东风林场为了加强对火灾风险的防控工作，组织有关人员深入分析了由于自然或人为因素引发火灾、场内消防系统工作、火警和灭火直升机出动等不确定事件下产生各种后果的频率。下列各项中，属于该林场采用的风险管理方法优点的有（　　）。

A. 生动地体现事件的顺序

B. 不会遗漏重要的初始事项

C. 能说明时机、依赖性和多米诺效应

D. 能够将延迟成功或恢复事件纳入其中

【答案】AC

【解析】“东风林场为了加强对火灾风险的防控工作，组织有关人员深入分析了由于自然或人为因素引发火灾、场内消防系统工作、火警和灭火直升机出动等不确定事件下产生各种后果的频率”表明东风林场所选择的风险管理方法是事件树分析法。事件树分析法的主要优点：（1）ETA 以清晰的图形显示了经过分析的初始事项之后的潜在情景，以及缓解系统或功能成败产生的影响；（2）它能说明时机、依赖性，以及故障树模型中很烦琐的多米诺效应；（3）它生动地体现事件的顺序，而使用故障树是不可能表现的。选项 A、D 正确。

【例题·多选题】下列风险管理技术与方法中，能够对风险进行定量分析的有（　　）。

A. 德尔菲法

B. 事件树分析法

C. 流程图分析法

D. 马尔科夫分析法

【答案】BD

【解析】事件树分析法适用于对故障发生以后，在各种减轻事件严重性的影响下，对多种可能后果的定性和定量分析。适用于对复杂系统中不确定性事件及其状态改变的定量分析。

重难点 24：决策树法

决策树是考虑到在不确定性的情况下，以序列方式表示决策选择和结果。 类似于事件树，决策树开始于初因事项或是最初决策，同时由于可能发生的事项及可能做出的决策，它需要对不同路径和结果进行建模。决策树用于项目风险管理和其他环境中，以便在不确定的情况下选择最佳的行动步骤	
（一）适用范围	适用于对不确定性投资方案期望收益的**定量分析**
（二）主要优点	（1）对于决策问题的细节提供了一种清楚的图解说明。 （2）能够计算达到一种情形的最优路径
（三）局限性	（1）大的决策树可能过于复杂，不容易与其他人交流。 （2）为了能够用树形图表示，可能有过于简化环境的倾向

【经典例题】

【真题·单选题】（2017）为了适应市场需求，甲公司决定投资扩大手机生产规模。市场预测表明：该产品销路好的概率为 0.6，销路差的概率为 0.4。据此，公司计算出多个备选方案，并根据在产品销路不确定情况下净现值的期望值，选择出最优方案。根据上述信息，甲公司采用的风险管理技术与方法是（　　）。

A. 流程图分析法

B. 事件树分析法

C. 决策树分析法

D. 敏感性分析法

【答案】C

【解析】决策树法是考虑在不确定的情况下，以序列方式表示决策选择和结果。甲公司计算出多个备选方案，并根据在产品销路不确定情况下净现值的期望值，选择出最优方案，采用的风险管理技术与方法是决策树分析法，选项 C 正确。

重难点 25：统计推论法

统计推论是进行项目风险评估和分析的一种十分有效的方法，它可分为前推、后推和旁推三种类型。 **前推**就是根据历史的经验和数据推断出未来事件发生的概率及其后果。 **后推**是把未知的想象的事件及后果与一已知事件和后果联系起来，把未来风险事件归结到有数据可查的造成这一风险事件的初始事件上，从而对风险做出评估和分析。后推是在手头没有历史数据可供使用时所采用的一种方法。 **旁推**法就是利用类似项目的数据进行外推，用某一项目的历史记录对新的类似建设项目可能遇到的风险进行评估和分析，当然这还得充分考虑新环境的各种变化。 这三种外推法在项目风险评估和分析中都得到了广泛的采用	
（一）适用范围	适用于各种风险分析预测
（二）主要优点	（1）在数据充足可靠的情况下简单易行。 （2）结果准确率高
（三）局限性	（1）由于历史事件的前提和环境已发生了变化，不一定适用于今天或未来。 （2）没有考虑事件的因果关系，使外推结果可能产生较大偏差。为了修正这些偏差，有时必须在历史数据的处理中加入专家或集体的经验修正

【经典例题】

【真题·单选题】（2020）龙泉啤酒公司为了应对气候变化对产品销售的影响，对过去3年中气温与该公司啤酒销售量的变化进行了统计分析，找出其中气温炎热、温和及寒冷等不同状态下产品销量变动的规律，并依据此规律和气象部门的预测，计算、推测出该公司下一年应实现的产品销售量。龙泉啤酒公司采用的风险管理方法属于（　　）。

A. 敏感性分析法

B. 情景分析法

C. 马尔科夫分析法

D. 统计推论法

【答案】D

【解析】“对过去3年中气温与该公司啤酒销售量的变化进行了统计分析，找出其中气温炎热、温和及寒冷等不同状态下产品销量变动的规律，并依据此规律和气象部门的预测，计算、推测出该公司下一年应实现的产品销售量”属于统计推论法，选项D正确。

【真题·单选题】（2017）甲公司是一家大型商场。开业以来，公司积累了丰富的销售数据。公司战略部门每年都会对这些数据进行收集整理，据此推算出未来年度企业的销售风险。根据上述信息，甲公司采用的风险管理方法是（　　）。

A. 前推法

B. 后推法

C. 逆推法

D. 正推法

【答案】A

【解析】前推就是根据历史的经验和数据推断出未来事件发生的概率及其后果。甲公司战略部门每年都会对销售数据进行收集整理，据此推算出未来年度企业的销售风险，属于前推法。

通关练习

（一）单选题

1. 企业在无法判断发生概率或无须判断概率时，衡量风险一般使用（　　）。

A. 在险值

B. 最大可能损失

C. 期望值

D. 层次分析法

2. 在现代市场经济中，关于企业风险的表述，错误的是（　　）。

A. 风险能够导致变革和机会

B. 风险与企业战略相关

C. 风险是最有可能的结果

D. 风险既具有客观性，又具有主观性

3. 甲公司是一家生产遮阳用品的企业，2019年，公司在保留原有业务的同时，开展雨具生产业务。从风险管理策略的角度看，甲公司采取的策略性工具是（　　）。

A. 风险转移

B. 风险转换

C. 风险承担

D. 风险对冲

4. 企业对所面临的风险采取接受的态度，从而承担风险带来的后果，其可能的原因不包括（　　）。

A. 影响到企业目标实现的重大风险

B. 企业未能辨识出风险

C. 从成本效益考虑，风险承担是最适宜的方案

D. 企业缺乏能力进行主动的风险管理

5. 2019年，A国政府出台相关政策，限制外国企业对A国的科技公司投资，以保护A国敏感技术外流。根据该信息，C国某跨国科技公司计划在A国经营，面临的风险是（　　）。

A. 政治风险

B. 市场风险

C. 技术风险

D. 文化风险

6. 下列各项中，不属于常见的内部控制活动是（　　）。

A. 预算控制

B. 会计系统控制

C. 运营分析控制

D. 财务决算控制

7. 风险管理委员会的职责不包括（　　）。

A. 审议风险管理组织机构设置及其职责方案

B. 批准重大决策的风险评估报告

C. 审议内部审计部门提交的风险管理监督评价审计综合报告

D. 审议风险管理策略和重大风险管理解决方案

8. 为有效管理公司的信用风险，甲公司管理层决定将其全部的应收款项以应收总金额的85%出售给乙公司，由乙公司向有关债务人收取款项，甲公司不再承担有关债务人未能如期付款的风险。甲公司应对此项信用风险的策略属于（　　）。

A. 风险承担

B. 风险转移

C. 风险转换

D. 风险对冲

9. 在风险坐标图中，风险对企业所产生的影响是影响风险评估的重要参数，另一个影响风险评估的重要参数是（　　）。

A. 企业对风险的偏好

B. 应对风险措施的成本

C. 风险发生的可能性

D. 企业对风险的承受能力

10. 下列关于金融衍生产品的表述中，错误的是（　　）。

A. 远期合约通过场外交易达成

B. 期货合约是标准化合约

C. 期权持有人可以选择不行权

D. 期货投机降低了风险

11. 甲公司是一家国内知名的互联网企业。甲公司去年以来推出了多款新的互联网金融产品。为了消除部分客户对其产品风险的质疑，甲公司组织了来自学术界、企业界以及政府相关职能部门的专家，通过电子信箱发送问卷的调查方式征询专家对公司产品风险的意见。甲公司采取的风险管理方法是（　　）。

A. 德尔菲法

B. 情景分析法

C. 因素分析法

D. 头脑风暴法

12. 今年以来，受国内外各种不确定性因素的影响，房地产行业的发展进入了一个新阶段，甲房地产公司从定性和定量的角度，按照好、中、差3种不同的假设条件，预测了本公司本年度将面临的各种不确定因素以及由此给公司带来的各种不同后果，甲房地产公司采用的风险管理技术与方法是（　　）。

A. 敏感性分析法

B. 情景分析法

C. 决策树法

D. 统计推论法

13. 在COSO《内部控制——整合框架》中，没有作为内部控制目标的是（　　）。

A. 经营目标

B. 财务报告目标

C. 战略目标

D. 合规目标

14. 甲公司是一家食品加工企业，需要在4个月后采购一批大豆。目前大豆的市场价格是3 000元/吨。甲公司管理层预计4个月后大豆的市场价格将超过3 600元/吨，但因目前甲公司的仓储能力有限，现在购入大豆将不能正常存储。甲公司计划通过衍生工具交易抵消大豆市场价格上涨的风险。由此可知，甲公司采取的风险管理工具是（　　）。

A. 风险转移

B. 风险对冲

C. 风险转换

D. 风险补偿

15. 下列各项关于应对风险的措施中，属于风险转移的是（　　）。

A. 甲公司是一家规模较小的唱片制作企业。为了保护唱片版权，甲公司与其网络商场签订合作协议，由该网络商场每年支付固定版权费用，商场会员即可无限次下载收到版权保护的甲公司制作的唱片音乐

B. 乙公司是一家股票上市的商品零售企业。为了筹建更多商场，扩大市场占有率，乙公司要求母公司为其金额为 5 亿元的中长期贷款提供担保

C. 丙公司是一家区域性奶制品生产企业。为了推广高端乳酸菌饮料产品，丙公司决定按照“买一送一”的政策对乳酸菌饮料新产品和传统水果味酸奶产品进行捆绑销售

D. 丁公司是一家稀有资源开发企业。按照国际惯例，丁公司每年向矿区所在地政府预付一定金额的塌陷补偿费

16. 下列各项中，属于内部控制信息与沟通要素要求的是（　　）。

A. 财务部门经理不能兼任采购部门的审批主管

B. 企业应当出具内部控制自我评价报告

C. 企业应当明确职责权限，将权责落实到各责任单位

D. 企业应当建立举报投诉制度和举报人保护制度

17. 根据《企业内部控制应用指引第 6 号——资金活动》，以下需关注的主要风险是（　　）。

A. 提供虚假财务报告，误导报告使用者

B. 预算考核不严，预算管理流于形式

C. 投资决策失误，导致盲目扩张或丧失发展机遇

D. 采购付款审核不严，导致企业资金受损

18. 至家连锁酒店近期频频开展对地方酒店的并购活动。根据《企业内部控制应用指引第 2 号——发展战略》，下列选项中，与至家连锁酒店发展战略有关的风险是（　　）。

A. 发展战略过于激进，企业过度扩张，资金链紧张

B. 未及时向企业员工宣传企业规章制度，出现员工因不了解制度而违反管理规定的情形

C. 偏离主业，导致企业资源分散，难以形成核心竞争力

D. 并购后没有注重文化管理，导致不同企业间的文化差异带来新的矛盾

19. 某公司设置了审计委员会、内部审计部门和风险管理职能部门，制定了本企业的风险管理监督与改进措施。下列选项中，不符合《中央企业全面风险管理指引》要求的是（　　）。

A. 各业务单位应定期对风险管理工作进行自查和检验，及时发现缺陷并改进，其检查、检验报告应及时报送企业风险管理职能部门

B. 可聘请有资质、信誉好、风险管理专业能力强的中介机构对企业全面风险管理工作进行评价，出具风险管理评估和建议专项报告

C. 董事会下设审计委员会，内部审计部门对审计委员会负责

D. 内部审计部门对各职能部门开展风险管理工作及其工作效果进行监督评价，监督评价报告直接报送总经理或其委托分管风险管理工作的高级管理人员

20. 下列各项中，属于企业市场风险的是（　　）。

A. 泥石流导致公路中断，使某企业运输途中的设备未能按期送达

B. 技术构思不全面导致技术系统创新不足

C. 某高科技企业总经理管理知识缺乏，企业仍处于粗放式管理阶段

D. 人民币汇率升值导致某外贸企业损失 100 万元

21. 信息系统安全措施不到位导致的风险属于（　　）。

A. 技术风险

B. 市场风险

C. 运营风险

D. 战略风险

22. 属于风险管理定量分析方法的是（　　）。

A. 头脑风暴法

B. 敏感性分析法

C. 流程图分析法

D. 风险评估系图法

23. 下列各项中，不属于分析企业战略风险应收集的信息是（　　）。

A. 主要客户、供应商及竞争对手的有关情况

B. 市场对企业产品或服务的需求

C. 科技进步、技术创新的有关内容

D. 企业风险管理的现状和能力

24. 根据我国《企业内部控制基本规范》，反舞弊机制属于内部控制要素中的（　　）。

A. 内部环境

B. 控制活动

C. 信息与沟通

D. 内部监督

25. 下列各项中，属于内部控制内部环境要素要求的是（　　）。

A. 内部审计工作的独立性

B. 及时识别内外部风险

C. 董事长对经理的决策授权

D. 制定内部控制缺陷认定标准

（二）多选题

1. 下列选项中，属于运营风险的有（　　）。

A. 给企业造成损失的自然灾害等风险

B. 期货等衍生产品业务发生失误带来的风险

C. 主要客户、主要供应商的信用风险

D. 企业产品结构、新产品研发方面可能引发的风险

2. 某上市公司根据《企业内部控制基本规范》建立了反舞弊机制，关注的反舞弊工作重点应当包括（　　）。

A. 未经授权或者采取其他不法方式侵占、挪用企业资产，牟取不当利益

B. 在财务会计报告和信息披露等方面存在的虚假记载、误导性陈述或者重大遗漏等

C. 董事、监事、经理及其他高级管理人员滥用职权

D. 相关机构或人员串通舞弊

3. 我国《企业内部控制基本规范》规定内部控制的要素包括（　　）。

A. 宏观环境

B. 控制活动

C. 风险评估

D. 内部监督

4. 企业面对的外部风险包括（　　）。

A. 战略风险

B. 社会文化风险

C. 技术风险

D. 市场风险

5. 下列关于远期合约和期货的表述中，正确的有（　　）。

A. 远期合约是必须履行的协议

B. 远期合约是标准化合约

C. 期货合约是在交易所买卖的合约

D. 期货价格通过公开竞价达成

6. 甲公司为A国的一家电子公司，正在考虑应否把生产总部迁往C国的D市，然后上市筹资。甲公司管理层希望在投资前了解此项计划获得C国政府批准的可能性及其对公司未来现金流量的影响。甲公司管理层同时也考虑了将生产总部迁往其他国家如H国的可能性，以及与迁往D市方案相比的风险和回报。在整个分析中，甲公司管理层可用的分析工具有（　　）。

A. 波士顿矩阵

B. 情景分析法

C. 平衡计分卡

D. 决策树法

7. 企业面临的市场风险包括（　　）。

A. 原材料供应风险

B. 产品价格风险

C. 汇率变化风险

D. 市场营销策略风险

8. 下列各项中，属于审计委员会职责的有（　　）。

A. 对重大的财务报告事项和判断进行复核

B. 监督内部审计部门的工作

C. 决定内部审计主管的任命和解聘

D. 出具监督评价审计报告

9. F国某钢铁公司的铁矿石原料主要依赖从G国进口，下列各项中，属于该公司面临的市场风险有（　　）。

A. 汇率变化风险

B. G国设置贸易壁垒

C. 铁矿石价格变化风险

D. 铁矿石供应商的信用风险

10. 甲公司是一家房地产公司，计划进军互联网金融领域。为了更好地了解公司业务拓展中存在的风险因素，甲公司召集了10位相关领域的专家，在公司内召开专家会议，大家畅所欲言，针对企业面临的五个方面风险因素，开展充分的集体讨论。下列各项对甲公司采用的风险管理技术与方法优点的表述中，正确的有（　　）。

A. 这种方法速度较快，容易开展

B. 这种方法通过专家群体决策，产生尽可能多的设想

C. 这种方法更有可能表达出那些不受欢迎的看法

D. 这种方法能够激发专家们的想象力

11. 企业的下列各项活动中，属于内部控制活动的有（　　）。

A. 办公楼设立门禁系统

B. 人力资源部门安排员工年度考核评价

C. 员工如请事假，需向部门经理申请及获得批准

D. 审批材料采购的人员不能同时兼任采购员职务

12. 万乐公司自成立以来，加强文化建设，不断开拓创新，倡导团队协作精神，同时科学设置绩效考评体系，对公司全体员工的业绩进行定期考核和客观评价。根据我国《企业内部控制基本规范》，万乐公司的上述做法涉及的内部控制要素有（　　）。

A. 风险评估

B. 内部环境

C. 信息与沟通

D. 控制活动

13. B国的乙公司是一家大型基础设施承建企业，根据业务发展需要，乙公司需要在A国采购一套大型机械设备。根据《企业内部控制应用指引第7号——采购业务》，乙公司采购业务需要关注的风险有（　　）。

A. 公司招投标机制不科学，可能导致采购的设备质次价高

B. 采购部门不熟悉A国市场供应商的情况，可能导致供应商选择不当

C. 公司承接的项目缺乏可行性研究，可能导致难以实现预期效益

D. 设备在验收环节缺少必要的专业测试，可能导致生产的产品不合格率上升

14. 甲公司是一家非上市大型企业，为了有效实施全面风险管理，正在考虑设立风险管理委员会。下列各项关于甲公司设立风险管理委员会的具体方案内容中，正确的有（　　）。

A. 董事会下设风险管理委员会

B. 风险管理委员会的召集人由总经理担任

C. 风险管理委员会督导企业风险管理文化的培育

D. 风险管理委员会审议重大风险管理解决方案

15. 甲企业是一家大型纺织企业，主要生产原材料为棉花，甲企业预计未来棉花价格将持续上涨。为了降低已经承接的纺织品订单的生产成本上涨风险，甲企业决定以套期保值的方式规避棉花现货风险。下列选项中，符合套期保值特征的有（　　）。

A. 甲企业持有的棉花期货合约价格反映了市场对棉花的远期预期价格

B. 甲企业持有的棉花期货合约对应的“基差”反映了棉花现货和棉花期货的价格差

异，该差异在期货合约到期日之前可正可负

C. 甲企业采取的套期保值方式属于风险转移策略工具

D. 甲企业从事棉花套期保值的目的是为了承担额外风险而获利

16. 根据《企业内部控制应用指引第8号——资产管理》，资产管理需关注的主要风险有（　　）。

A. 存货积压，导致流动资金占用过多

B. 资金活动管控不严，导致资金被挪用、侵占

C. 固定资产更新改造不够，资产价值贬值

D. 无形资产缺乏核心技术，缺乏可持续发展能力

17. 风险管理定性分析方法包括（　　）。

A. 德尔菲法

B. 流程图分析法

C. 马尔科夫分析法

D. 风险评估系图法

18. 下列各项中，不属于分析企业市场风险应收集的信息有（　　）。

A. 主要客户、供应商的信用情况

B. 科技进步、技术创新的有关内容

C. 产品或服务的价格及供需变化

D. 企业组织效能和管理现状

19. 甲公司每年最低运营资本是5亿元，但是有5%的可能性需要7.5亿元维持运营，有1%的可能性需要10亿元才能维持运营。根据已知信息判断下列说法中正确的有（　　）。

A. 如果甲公司的风险资本为2亿元，那么这家公司的生存概率小于95%

B. 如果甲公司的风险资本为2.5亿元，那么这家公司的生存概率就是95%

C. 如果甲公司的风险资本为5亿元，那么这家公司的生存概率就是99%

D. 如果甲公司的风险资本为5.5亿元，那么这家公司的生存概率大于99%

20. 下列关于风险评估系图法的表述中，正确的有（　　）。

A. 是一种定量分析方法

B. 分析风险发生的可能性以及风险对企业的影响程度

C. 虽然直观明了，但是缺乏有效的数据支持

D. 根据风险评估系图，企业需要更加关注具有重大影响且发生可能性较高的风险

（三）简答题

“达达出行”创建于2012年。经过几年的发展，“达达出行”从一个出租车打车软件平台，成长为涵盖出租车、专车、快车、顺风车、代驾及大巴等多项业务的一站式出行平台。

“达达出行”的顺风车业务定位于“共享出行”，旨在进一步释放闲置车辆的利用效率。为了调动广大车主和乘客参与的积极性，“达达出行”有意突出了其社交属性，“就像咖啡馆、酒吧一样，私家车也能成为一个半公开、半私密的社交空间”。然而，这一思路给达达顺风车业务带来灾难性的后果。

2018年5月和8月，达达顺风车连续两次发生了女乘客被车主杀害事件，引发社会舆论轩然大波。有关政府部门在第一时间约谈“达达出行”，责令全面整改。在“达达出行”承诺给予被害者巨额赔偿后，国内一家主流报刊发文评论，“生命安全是人类最基本的需求，网络平台不能把资本思维凌驾于公共利益之上”。随后“达达出行”发布公告，自8月27日起下线全国顺风车业务，进行内部整改。之后，达达顺风车开展了多项整改措施。

（1）调整产品定位和属性。坚决摒弃社交思路，回归顺风车“顺路”属性。达达顺风车永久下线用户真实头像、性别等个人信息展示；限制车主接单次数，确保无法挑单；去掉非行程相关的评价标签，防止隐私泄露等。

（2）完善安全管理控制体系。达达顺风车安全管理优化了226项功能，聚焦真正顺路、真实身份核实以及全程的安全防护。

（3）改善激励机制与约束机制，打造友

善出行环境。达达顺风车将原有的“信任值”升级为“行为分”，更有效地引导车主和乘客双方在平台上的“好行为”。同时，达达顺风车为用户每次行程免费提供最高120万元/人保额的驾乘人员意外险。

下线整改一年多后，2019年11月20日上午9:00起，达达顺风车终于开启试运营。

要求：

（1）简要分析“达达出行”在2018年所面临的法律与合规风险。

（2）简要分析“达达出行”实施收缩战略的原因和方式。

（四）综合题

资料一

2005年，王浩在大学就读时将自己毕业论文的题目定为“直升机自主悬停技术”，终于在2006年1月成功做出了第一台样品，并在航拍爱好者中广受好评。

王浩开始了自主创业，他同两位一起做实验课题的伙伴，共同创立了天志公司，主营业务围绕航模飞控，致力于为航模飞行器提供精确的姿态感知和控制系统。经过不懈的努力，2008年，第一个较为成熟的直升机飞行系统XP3.1在天志公司问世，中国的直升机自主悬停技术在天志公司取得突破性的进展。

由于直升机自主悬停技术在民用市场十分稀缺，天志公司的技术很快就获得了业界认可，一个单品在当时卖到了20万元的售价。但是潜在的危机也随之而来。航拍爱好者购买了天志直升机后，相机还要另外购买，使用比较麻烦，而且产品价格过高，天志公司的新技术很难迅速推广。

天志公司开始了相机飞机一体化的研发设计，终于在2012年，天志精灵PH1横空出世，高度的集成一体化很快就获得了第一批消费者的认可，引爆了整个无人机领域的使用需求。随着生产技术的不断成熟，产品价格日趋下降，天志公司从此走上无人机领域的巅峰。截至2018年底，天志公司在全球无人机领域占据了74%的份额，牢牢锁定无人机市场的霸主地位。

资料二

天志公司的无人机产品和技术使得更多的人获得了认识世界的全新视角，让人们从地面的二维平面上升到三维空间去观察思考，其产品和技术也因此点燃了更多领域的创新。影视航拍、农业、能源、电力、测绘、安防等产业与无人机产业深度融合，天志公司的无人机技术成为这些产业创新所依赖的“基础设施”。在这一过程中，天志公司与各产业中的专业人员密切合作，优势互补，开辟了一个又一个新的发展空间。例如，天志公司推出第一代精灵无人机时，电网的工程师、第三方开发者和天志公司的研发人员一起，解决了许多技术问题，在2017年推出了能够执行电力巡逻任务的经纬M200系列无人机平台。又如，在农业植保领域，天志公司研发制造出用来进行农业植保作业的无人机。结合软件、地面站、RTK差分定位和人工智能，来实现自动化的精准喷洒。再如，天志公司与U国一家航空公司合作，使用便携式无人机进行民航客机的检修。

在全球范围内，已有越来越多的用户使用天志公司的产品和解决方案。全球有约10万名无人机技术开发者通过天志公司的平台完成各种各样的开发项目，有些项目远远超出了人们想象，伴随而至的是对天志公司技术深化及制造管理提出新的任务和要求。由于天志公司技术和管理的不断深化和创新，竞争对手不易模仿，更难以超越。

资料三

然而，天志公司这只迅猛成长的无人机独角兽，近年来却不得不面对内部暴露出的诸多问题。

天志公司2019年1月18日的内部反腐公告称，在2018年由于公司供应链贪腐造成平均采购价格超过合理水平20%以上，保守估计造成超过10亿元人民币损失。在公司运作的各个领域（采购、财务、研发设计、工厂制造、行政管理以及销售）均出现了舞弊行为，可见这次串通勾结行为范围极广，危害程度极大。该公告披露涉贪采购人员和研发人员采用的主要手法有：

（1）让供应商报底价，然后伙同供应商往上加价，加价部分双方按比例分成；

（2）利用手中权力，以技术规格要求为由指定供应商或故意以技术不达标把正常供应商踢出局，让可以给回扣的供应商进短名单，长期拿回扣；

（3）以降价为借口，淘汰正常供应商，让可以给回扣的供应商进短名单并做成独家垄断，然后涨价，双方分成；

（4）利用内部信息和手中权力与供应商串通收买验货人员，对品质不合格的物料不进行验证，导致质次价高的物料长期独家供应；

（5）内外勾结，搞皮包公司，利用手中权力以皮包公司接单，转手把单分给工厂，中间差价分成。

不仅如此，2017 年一名安全研究员在天志公司的网络安全方面发现了一个非常严重的漏洞。这个漏洞会导致天志公司的所有旧密钥毫无用处，从而可能造成天志公司服务器上的用户信息、飞行日志等私密信息能够被下载。尽管天志公司之后采取了合理的保密措施，但该次事件依然给天志公司造成 116.4 万元的经济损失。

业内人士分析，天志公司内部接连出现如此严重的问题，是由于以下几个原因。

（1）公司治理结构相对混乱。天志公司领导层面对业务的迅速扩张，将注意力集中在极力扩大经营规模、追求足够的市场份额和企业利润，而忽略组织内部治理，致使腐败、泄密等问题频繁产生。

（2）缺乏内部信息的披露。作为一家非上市的民营企业，天志公司没有对外披露重大事项的要求和压力，导致公司内部治理缺乏良性运行和监督机制，在信息不对称的情况下，舞弊、泄密等问题极易产生。

（3）“重结果，轻人才”的管理模式。公司创始人兼 CEO 王浩搞技术出身，对产品至上有着独特情怀，赛马机制一直是团队竞争发展的管理模式。产品在开发时由两个团队分头去做，谁的产品好就用谁的，产品未被选用的团队会被公司淘汰。这一管理模式带来诸多问题，如研发过程中两个团队恶性竞争、人才流失严重、被选用的团队为防以后被淘汰而滋生腐败动机等。“重结果，轻人才”的文化氛围大大地降低了员工的归属感，难以形成凝聚力、向心力，离职员工对天志公司负面评价很多。

天志公司管理层已经认识解决公司内部问题的重要性和紧迫性，强化公司内部治理、打击职务腐败正在天志公司全面展开。

要求：

（1）简要分析天志公司所创建的无人机新兴产业内部结构的共同特征，以及天志公司在无人机新兴产业中的战略选择。

（2）运用识别企业核心能力 3 个关键性测试，简要分析天志公司在无人机产业是否具备核心能力。

（3）简要分析天志公司研发的类型、动力来源、研究定位，并从安索夫矩阵角度，分析天志公司研发的战略作用。

（4）依据蓝海战略重建市场边界的基本法则（开创蓝海战略的途径），简要分析天志公司如何开辟一个又一个新的发展空间。

（5）简要分析天志公司存在的运营风险。

（6）依据《企业内部控制应用指引第 1 号——组织架构》，简要分析天志公司需关注的组织架构的主要风险。

（7）依据《企业内部控制应用指引第 3 号——人力资源》，简要分析天志公司需关注的人力资源的主要风险。

（8）依据《企业内部控制应用指引第 7 号——采购业务》，简要分析天志公司需关注的采购业务的主要风险。

通关练习答案及解析

（一）单选题

1.【答案】B

【解析】企业一般在无法判断发生概率或无须判断概率的时候，使用最大可能损失作为风险的衡量。

2.【答案】C

【解析】风险是一系列可能发生的结果，不能简单理解为最有可能的结果。选项C错误。

3.【答案】D

【解析】从生产遮阳用品发展为同时生产遮阳用品和雨具，采用的是相关多元化战略，甲公司采取的策略是风险对冲。

4.【答案】A

【解析】对于企业的重大风险，即影响到企业目标实现的风险，企业一般不应采用风险承担。

5.【答案】A

【解析】政治风险是指完全或部分由政府官员行使权力和政府组织的行为而产生的不确定性。政治风险可以表现为限制投资领域。出于对东道国产业安全保护的目的，大多数国家对于外国企业对本国的投资领域进行限制。

6.【答案】D

【解析】控制措施一般包括：不相容职务分离控制、授权审批控制、会计系统控制、财产保护控制、预算控制、运营分析控制、绩效考评控制。

7.【答案】B

【解析】选项B属于董事会职责。

8.【答案】B

【解析】甲公司将此项信用风险转移给了乙公司，对转移后的风险不再拥有所有权，属于风险转移策略。

9.【答案】C

【解析】企业应根据对风险发生可能性的高低和对目标的影响程度的评估，绘制风险坐标图。

10.【答案】D

【解析】期货套期保值降低了风险，期货投机增加了风险。

11.【答案】A

【解析】德尔菲法又名专家意见法，是在一组专家中取得可靠共识的程序。其基本特征是专家单独、匿名表达各自的观点，同时随着过程的进展，他们有几乎了解其他专家的观点。德尔菲法采用背对背的通信方式征询专家小组的成员的意见，专家之间不得互相讨论，不发生横向联系，只能与调查人员发生关系。通过反复填写问卷，搜集各方意见，以形成专家之间的共识。所以选项A正确。

12.【答案】B

【解析】情景分析法，在识别和分析那些反映诸如最佳情景、最差情景及期望情景的多种情景时，可用来识别在特定环境下可能发生的事件并分析潜在的后果及每种情景的可能性。情景分析法通过模拟不确定性情景，对企业面临的风险进行定性和定量分析。甲房地产公司从定性和定量的角度，按照好、中、差3种不同的假设条件，预测了本公司本年度将面临的各种不确定因素，属于情景分析法，选项B正确。

13.【答案】C

【解析】COSO《内部控制——整合框架》提出内部控制的三项目标：取得经营的效率和有效性、确保财务报告的可靠性、遵循适用的法律法规。

14.【答案】B

【解析】甲公司计划通过衍生工具交易抵消大豆市场价格上涨的风险，属于风险对冲。

15.【答案】A

【解析】选项A属于风险转移；选项B属于风险补偿；选项C属于风险控制；选项D属

于风险承担。

16.【答案】D

【解析】选项 A 属于控制活动，选项 B 属于内部监督，选项 C 属于内部环境。

17.【答案】C

【解析】选项 A 属于财务报告需关注的主要风险；选项 B 属于全面预算管理需关注的主要风险；选项 D 属于采购业务需关注的主要风险。

18.【答案】A

【解析】选项 B 属于内部信息传递需关注的主要风险；酒店并购并没有偏离主业，选项 C 错误；选项 D 属于企业文化建设需关注的主要风险。

19.【答案】D

【解析】企业内部审计部门应至少每年一次对包括风险管理职能部门在内的各有关部门和业务单位能否按照有关规定开展风险管理工作及其工作效果进行监督评价，监督评价报告应直接报送董事会或董事会下设的风险管理委员会和审计委员会。选项 D 错误。

20.【答案】D

【解析】选项 A、C 属于运营风险，"泥石流导致公路中断，使某企业运输途中的设备未能按期送达"是给企业造成损失的自然灾害风险；"某高科技企业总经理管理知识缺乏，企业仍处于粗放式管理阶段"是企业组织效能、管理现状、企业文化，高、中层管理人员和重要业务流程中专业人员的知识结构、专业经验等方面可能引发的风险。选项 B 属于技术风险。选项 D 属于市场风险，"人民币汇率升值导致某外贸企业损失 100 万元"是税收政策和利率、汇率、股票价格指数的变化带来的风险。

21.【答案】C

【解析】依据《企业内部控制应用指引第 18 号——信息系统》，信息系统需关注的主要风险包括：系统运行维护和安全措施不到位，可能导致信息泄露或毁损，系统无法正常运行。

22.【答案】B

【解析】敏感性分析法适用于对项目不确定性对结果产生的影响进行的定量分析。

23.【答案】D

【解析】选项 D 属于分析企业运营风险应收集的信息。

24.【答案】C

【解析】内部控制信息与沟通要素要求企业应当建立反舞弊机制。

25.【答案】A

【解析】选项 B 属于风险评估要素要求，选项 C 属于控制活动要素要求，选项 D 属于内部监督要素要求。

（二）多选题

1.【答案】ABD

【解析】选项 C 属于市场风险。

2.【答案】ABCD

【解析】企业至少应当将下列情形作为反舞弊工作的重点：a. 未经授权或者采取其他不法方式侵占、挪用企业资产，牟取不当利益；b. 在财务会计报告和信息披露等方面存在的虚假记载、误导性陈述或者重大遗漏等；c. 董事、监事、经理及其他高级管理人员滥用职权；d. 相关机构或人员串通舞弊。

3.【答案】BCD

【解析】我国《企业内部控制基本规范》要求企业所建立与实施的内部控制应当包括下列 5 个要素：（1）内部环境；（2）风险评估；（3）控制活动；（4）信息与沟通；（5）内部监督。

4.【答案】BCD

【解析】战略风险属于内部风险。

5.【答案】ACD

【解析】远期合约是为买卖双方量身定制的非标准化合约，选项 B 错误。

6.【答案】BD

【解析】"希望在投资前了解此项计划获得 C 国政府批准的可能性及其对公司未来现金流量的影响"，甲公司可采用情景分析法，分析 C 国政府是否批准的不同情景对公司影响；

“考虑了将生产总部迁往其他国家如 H 国的可能性，以及与迁往 D 市方案相比的风险和回报”，甲公司可采用决策树法，分析不同决策导致的不同路径和结果，通过对比选择最优方案。

7. 【答案】ABC

【解析】市场风险是指企业所面对的外部市场的复杂性和变动性所带来的与经营相关的风险。至少要考虑以下几个方面：（1）产品或服务的价格及供需变化带来的风险；（2）能源、原材料、配件等物资供应的充足性、稳定性和价格的变化带来的风险；（3）主要客户、主要供应商的信用风险；（4）税收政策和利率、汇率、股票价格指数的变化带来的风险；（5）潜在进入者、竞争者、与替代品的竞争带来的风险。选项 D 属于内部风险中的运营风险。

8. 【答案】ABC

【解析】内部审计部门负责出具监督评价审计报告，选项 D 错误。

9. 【答案】ACD

【解析】选项 B 属于政治风险。

10. 【答案】ABD

【解析】根据题干描述，甲公司采用的是头脑风暴法。选项 C 是德尔菲法的优点。

11. 【答案】ABCD

【解析】选项 A 属于财产保护控制，选项 B 属于绩效考评控制，选项 C 属于授权审批控制，选项 D 属于不相容职务分离控制。

12. 【答案】BD

【解析】“加强文化建设，不断开拓创新，倡导团队协作精神”属于内部环境要素的要求，选项 B 正确。“科学设置绩效考评体系，对公司全体员工业绩进行定期考核和客观评价”属于控制活动要素绩效考评控制的要求，选项 D 正确。

13. 【答案】ABD

【解析】选项 C 属于工程项目需要关注的风险。

14. 【答案】AD

【解析】风险管理委员会的召集人应由不兼任总经理的董事长担任；董事长兼任总经理的，召集人应由外部董事或独立董事担任，选项 B 错误。董事会负责督导企业风险管理文化的培育，选项 C 错误。

15. 【答案】AB

【解析】套期保值属于风险对冲策略工具，选项 C 错误；套期保值的目的是降低风险，选项 D 错误。

16. 【答案】ACD

【解析】选项 B 属于资金活动需关注的主要风险。

17. 【答案】ABD

【解析】马尔科夫分析法适用于对复杂系统中不确定性事件及其状态改变的定量分析，选项 C 错误。

18. 【答案】AC

【解析】选项 B 属于分析战略风险应收集的信息；选项 D 属于分析运营风险应收集的信息。

19. 【答案】ABCD

【解析】甲公司每年最低运营资本是 5 亿元，但是有 5% 的可能性需要 7.5 亿元维持运营，说明甲公司风险资本为 7.5 − 5 = 2.5（亿元）时，生存概率是 95%，那么风险资本为 2 亿元，即低于 2.5 亿元时，生存概率小于 95%，选项 A、B 正确；同理，有 1% 的可能性需要 10 亿元才能维持运营，说明甲公司风险资本为 10 − 5 = 5（亿元）时，生存概率是 99%，那么风险资本为 5.5 亿元，即高于 5 亿元时，生存概率大于 99%，选项 C、D 正确。

20. 【答案】BCD

【解析】风险评估系图法适用于对风险初步的定性分析，选项 A 错误。

（三）简答题

【答案】（1）合规风险侧重于行政责任和道德责任的承担。“达达出行”在 2018 年所面对的合规风险为“达达顺风车连续两次发生了女乘客被车主杀害事件，引发社会舆论轩然大波”；“有关政府部门在第一时间约谈‘达达出行’，责令全面整改”；“国内一家主流报刊发文评论，‘生命安全是人类最基本的需求，网络平台不能把资本思维凌驾于公共利益之上’”。

法律风险则侧重于民事责任的承担。“达达出行”在2018年所面对的法律风险为“‘达达出行’承诺给予被害者巨额赔偿”。

（2）①“达达出行”实施收缩战略的原因是被动原因，企业（或企业某业务）失去竞争优势。由于企业内部经营机制不顺、决策失误、管理不善等原因，企业经营陷入困境，不得不采用防御措施。“这一思路给达达顺风车业务带来灾难性的后果……2018年5月和8月，达达顺风车连续两次发生了女乘客被车主杀害事件，引发社会舆论轩然大波，‘达达出行’发布公告，自8月27日起下线全国顺风车业务，进行内部整改”。

②“达达出行”实施收缩战略的方式包括：

A. 紧缩与集中战略中的机制变革。包括：

a. 重新制定新的政策和管理控制系统。“完善安全管理控制体系……”。

b. 改善激励机制与约束机制。“改善激励机制与约束机制，打造友善出行环境……”。

B. 转向战略。

a. 重新定位或调整现有的产品和服务。“调整产品定位和属性。坚决摒弃社交思路，回归顺风车‘顺路’属性……”。

b. 调整营销策略。“达达顺风车为用户每次行程免费提供最高120万元/人保额的驾乘人员意外险”。

（四）综合题

（1）无人机新兴产业内部结构的共同特征：

①技术的不确定性。“终于在2006年1月成功做出了第一台样品，并在航拍爱好者中广受好评”；“航拍爱好者购买了天志直升机后，相机还要另外购买，使用比较麻烦，而且产品价格过高，天志公司的新技术很难迅速推广”；“天志公司的无人机产品和技术使得更多的人获得了认识世界的全新视角……开辟了一个又一个新的发展空间”。

②战略的不确定性。“天志公司的无人机产品和技术使得更多的人获得了认识世界的全新视角，让人们从地面的二维平面上升到三维空间去观察思考，其产品和技术也因此点燃了更多领域的创新。影视航拍、农业、能源、电力、测绘、安防等产业与无人机产业深度融合，天志公司的无人机技术成为这些产业创新所依赖的‘基础设施’”。

③成本的迅速变化。“天志公司的技术很快就获得了业界认可，一个单品在当时卖到了20万元的售价……而且产品价格过高，天志公司的新技术很难迅速推广”；“随着生产技术的不断成熟，产品价格日趋下降”。

④萌芽企业和另立门户。“王浩开始了自主创业，他同两位一起做实验课题的伙伴，共同创立了天志公司”。

⑤首次购买者。新兴产业中许多顾客都是第一次购买。在这种情况下，市场营销的中心活动是选择顾客对象并诱导初始购买行为。“终于在2012年，天志精灵PH1横空出世，高度的集成一体化很快就获得了第一批消费者的认可”。

天志公司在无人机新兴产业中的战略选择：

①塑造产业结构。在新兴产业中占压倒地位的战略问题是考虑企业是否有能力促进产业结构趋于稳定而且成型。这种战略选择使企业能够在产品策略、营销方法以及价格策略等领域建立一套有利于自身发展的竞争原则，从而有利于企业建立长远的产业地位。“天志公司开始了相机飞机一体化的研发设计，终于在2012年，天志精灵PH1横空出世”；“天志公司的无人机技术成为这些产业创新所依赖的‘基础设施’”；“产品价格日趋下降”；“牢牢锁定无人机市场的霸主地位”。

②正确对待产业发展的外在性。在一个新兴产业中，一个重要的战略问题是在对产业倡导和追求自身狭窄利益的努力之间做出平衡。产业的整体形象、信誉、与其他产业的关系、

产业吸引力、顾客对产业的认知程度、产业与政府及金融界的关系等都与企业的生产经营状况息息相关。产业内企业的发展，离不开与其他同类企业的协调以及整个产业的发展。“天志公司的无人机技术成为这些产业创新所依赖的‘基础设施’。在这一过程中，天志公司与各产业中的专业人员密切合作，优势互补，开辟了一个又一个新的发展空间”；“全球有约10万名无人机技术开发者通过天志公司的平台完成各种各样的开发项目，有些项目远远超出了人们想象，伴随而至的是对天志公司技术和管理深化及制造管理提出新的任务和要求”。

③注意产业机会与障碍的转变，在产业发展变化中占据主动地位。“中国的直升机自主悬停技术在天志公司取得突破性的进展”；“天志公司的无人机产品和技术使得更多的人获得了认识世界的全新视角，让人们从地面的二维平面上升到三维空间去观察思考，其产品和技术也因此点燃了更多领域的创新。影视航拍、农业、能源、电力、测绘、安防等产业与无人机产业深度融合，天志公司的无人机技术成为这些产业创新所依赖的‘基础设施’。在这一过程中，天志公司与各产业中的专业人员密切合作，优势互补，开辟了一个又一个新的发展空间”。

④选择适当的进入时机与领域。选择适当的进入时机在新兴产业中尤为重要。早期进入涉及高风险，但可以在关键市场取得“局内人的位置”，获得市场支配地位。“2008年，第一个较为成熟的直升机飞行系统XP3.1在天志公司问世，中国的直升机自主悬停技术在天志公司取得突破性的进展……牢牢锁定无人机市场的霸主地位”。

（2）①它对顾客是否有价值？“高度的集成一体化很快就获得了第一批消费者的认可，引爆了整个无人机领域的使用需求”；“天志公司的无人机产品和技术使得更多的人获得了认识世界的全新视角，让人们从地面的二维平面上升到三维空间去观察思考，其产品和技术也因此点燃了更多领域的创新”。

②它与企业竞争对手相比是否有优势？“天志公司从此走上无人机领域的巅峰”；“牢牢锁定无人机市场的霸主地位”。

③它是否很难被模仿或复制？“由于天志公司技术和管理的不断深化和创新，竞争对手不易模仿，更难以超越”。

天志公司在无人机产业同时满足3个关键测试，具备核心能力。

（3）①研发类型属于产品研究——新产品开发。“中国的直升机自主悬停技术在天志公司取得突破性的进展”。

②研发的动力来源既属于“技术推动”，即创新来自发明的应用。“中国的直升机自主悬停技术在天志公司取得突破性的进展”。又属于“需求拉动”，即市场的新需求拉动创新以满足需求。“天志公司的无人机产品和技术使得更多的人获得了认识世界的全新视角，让人们从地面的二维平面上升到三维空间去观察思考，其产品和技术也因此点燃了更多领域的创新。影视航拍、农业、能源、电力、测绘、安防等产业与无人机产业深度融合，天志公司的无人机技术成为这些产业创新所依赖的‘基础设施’”。

③研究定位属于成为向市场推出新技术产品的企业。“中国的直升机自主悬停技术在天志公司取得突破性的进展”；“天志公司从此走上无人机领域的巅峰”；“牢牢锁定无人机市场的霸主地位”。

④从安索夫矩阵角度，分析天志公司研发的战略作用。研发支持四个战略象限：

可以通过产品求精来实现市场渗透战略和市场开发战略。“天志公司从此走上无人机领域的巅峰”；“在全球范围内，已有越来越多的用户使用天志公司的产品和解决方案”。

产品开发和产品多元化需要更显著的产品创新。“天志公司的无人机产品和技术使得更多的人获得了认识世界的全新视角，让人们从地面的二维平面上升到三维空间去观察思考，其产品和技术也因此点燃了更多领域的创新。影视航拍、农业、能源、电力、测绘、安防等产业与无人机产业深度融合，天志公司的无人机技术成为这些产业创新所依赖的‘基础设施’。在这一过程中，天志公司与各产业中的专业人员密切合作，优势互补，开辟了一个又一个新的发展空间”。

（4）①重新界定产业的买方群体。“天志公司的无人机技术成为这些产业创新所依赖的‘基础设施’”。

②放眼互补性产品或服务。“影视航拍、农业、能源、电力、测绘、安防等产业与无人机产业深度融合”；“在 2017 年推出了能够执行电力巡逻任务的经纬 M200 系列无人机平台”；“研发制造出用来进行农业植保作业的无人机”；“使用便携式无人机进行民航客机的检修”。

③重设客户的功能性或情感性诉求。“航拍爱好者购买了天志直升机后，相机还要另外购买，使用比较麻烦，而且产品价格过高，天志公司的新技术很难迅速推广。天志公司开始了相机飞机一体化的研发设计，终于在 2012 年，天志精灵 PH1 横空出世，高度的集成一体化很快就获得了第一批消费者的认可，引爆了整个无人机领域的使用需求”。

④跨跃时间参与塑造外部潮流。“天志公司的无人机产品和技术使得更多的人获得了认识世界的全新视角，让人们从地面的二维平面上升到三维空间去观察思考，其产品和技术也因此点燃了更多领域的创新”。

（5）①企业组织效能、管理现状、企业文化，高、中层管理人员和重要业务流程中专业人员的知识结构、专业经验等方面可能引发的风险。“公司治理结构相对混乱”；“‘重结果，轻人才’的管理模式”。

②质量、安全、环保、信息安全等管理中发生失误导致的风险。“2017 年一名安全研究员在天志公司的网络安全方面发现了一个非常严重的漏洞。这个漏洞会导致天志公司的所有旧密钥毫无用处，从而可能造成天志公司服务器上的用户信息、飞行日志等私密信息能够被下载”。

③因企业内、外部人员的道德风险或业务控制系统失灵导致的风险。“在公司运作的各个领域（采购、研发设计、工厂制造、行政管理以及销售）均出现了舞弊行为，可见这次串通勾结行为范围极广，危害程度极大”。

④企业现有业务流程和信息系统操作运行情况的监管、运行评价及持续改进能力方面引发的风险。“缺乏内部信息的披露。作为一家非上市的民营企业，天志公司没有对外披露重大事项的要求和压力，导致公司内部治理缺乏良性运行和监督机制，在信息不对称的情况下，舞弊、泄密等问题极易产生”。

（6）①治理结构形同虚设，缺乏科学决策、良性运行机制和执行力，可能导致企业经营失败，难以实现发展战略。“天志公司领导层面对业务的迅速扩张，将注意力集中在极力扩大经营规模、追求足够的市场份额和企业利润，而忽略组织内部治理，致使腐败、泄密等问题频繁产生”。

②内部机构设计不科学，权责分配不合理，可能导致机构重叠、职能交叉或缺失、推诿扯皮，运行效率低下。“产品在开发时由两个团队分头去做，谁的产品好就用谁的，产品未被选用的团队会被公司淘汰。这一管理模式带来诸多问题，如研发过程中两个团队恶性竞争、人才流失严重、被选用的团队为防以后被淘汰而滋生腐败动机等”。

（7）①人力资源缺乏或过剩、结构不合理、开发机制不健全，可能导致企业发展战略难以实现。“赛马机制一直是团队竞争发展的管理模式……‘重结果，轻人才’的文化氛围大大地降低了员工的归属感，难以形成凝聚力、向心力”。

②人力资源激励约束制度不合理、关键岗位人员管理不完善，可能导致人才流失、经营效率低下或关键技术、商业秘密和国家机密泄露。“产品在开发时由两个团队分头去做，谁的产品好就用谁的，产品未被选用的团队会被公司淘汰。这一管理模式带来诸多问题，如研发过程中两个团队恶性竞争、人才流失严重、

被选用的团队为防以后被淘汰而滋生腐败动机等”。

③人力资源退出机制不当，可能导致法律诉讼或企业声誉受损。“产品未被选用的团队会被公司淘汰。这一管理模式带来诸多问题，如研发过程中两个团队恶性竞争、人才流失严重、被选用的团队为防以后被淘汰而滋生腐败动机等，离职员工对天志公司负面评价很多”。

（8）①供应商选择不当，采购方式不合理，招投标或定价机制不科学，授权审批不规范，可能导致采购物资质次价高，出现舞弊或遭受欺诈。“让供应商报底价，然后伙同供应商往上加价，加价部分双方按比例分成”；“利用手中权力，以技术规格要求为由指定供应商或故意以技术不达标把正常供应商踢出局，让可以给回扣的供应商进短名单，长期拿回扣”；“以降价为借口，淘汰正常供应商，让可以给回扣的供应商进短名单并做成独家垄断，然后涨价，双方分成”；“利用内部信息和手中权力与供应商串通收买验货人员，对品质不合格的物料不进行验证，导致质次价高的物料长期独家供应”；“内外勾结，搞皮包公司，利用手中权力以皮包公司接单，转手把单分给工厂，中间差价分成”。

②采购验收不规范，付款审核不严，可能导致采购物资、资金损失或信用受损。“在2018年由于公司供应链贪腐造成平均采购价格超过合理水平20%以上，保守估计造成超过10亿元人民币损失。在公司运作的各个领域（采购、财务、研发设计、工厂制造、行政管理以及销售）均出现了舞弊行为，可见这次串通勾结行为范围极广，危害程度极大”。

第二部分

跨章节综合题演练

跨章节综合练习题

1. （综合题·2019）

资料一：1984 年，国内最大的汽车零部件供应商万欣公司与 U 国 L 公司签订了每年贴牌生产 20 万套万向节的合作协议，开展代工生产 OEM 业务。1994 年，万欣 U 国公司在 U 国注册成立，万欣公司正式进入 U 国汽车零部件市场。

虽然有为 U 国客户代工生产的经历，但是作为中国第一个走进 U 国的汽车零部件企业，万欣 U 国公司来自新兴市场的低端形象很难得到 U 国企业和消费者的认同。万欣 U 国公司在注册时就被当地同行奚落“你们还不如养马有前途”；公司向 U 国企业出售经检验没问题的油脂时却以质量不合格为由屡遭退货；公司向客户提供自己擅长的低价供货方案，客户根本不买账；公司尝试向 U 国 K 公司推销产品时，业务员连门都进不去，只能在传达室谈业务；公司初次收购 U 国当地企业并调整员工假期遭到工会强烈反对，工会声称“即使倒闭也不会让中国企业兼并”。接踵而来的歧视和挫败让万欣 U 国公司意识到自己不能凭借母公司在国内资源能力的优势获得认可，要在 U 国生存必须适应 U 国规则，并彻底融入 U 国的经济和社会文化体系。

万欣 U 国公司将“瞄着 U 国主流社会”的本地化改造作为首要任务，不再沿用母国总部的管理理念和方法。万欣 U 国公司聘请 U 国人为首席运营官和首席财务官，在内部建立起一套符合 U 国国情的运营体系，重新设计了一整套规范的工作程序。在用人方面，万欣 U 国公司打破从国内大量派人的老框框，从当地招聘人才，按当地标准付薪。这一系列本地化举措使万欣 U 国公司弱化了中国企业的形象，满足了 U 国市场对一家普通汽车零部件企业的基本期望。此外，万欣 U 国公司在与客户交往中的表现也一步步获得认可，例如在市场出现波动时，一家积压了大量库存的客户向万欣 U 国公司求助，尽管当时公司自身经营也有困难，但还是立即收回了库存并换新货给客户。后来这家客户主动搭桥，使一家知名企业成为万欣 U 国公司的大客户。

万欣 U 国公司在 U 国逐步立稳脚跟后，开始收购一些品牌价值高但经营不善的公司。1999 年万欣 U 国公司收购 L 公司，这笔收购使它取代 L 公司成为世界上拥有最多万向节专利的公司。2000 年万欣 U 国公司收购 T 公司，从而成为 U 国最大的汽车轮毂加工装配基地和供应商。2001 年万欣 U 国公司又收购 U 国零售商 A 公司，获得了 A 公司的汽车制动器技术与品牌、U 国连锁维修店和采购渠道。万欣 U 国公司非常注重规避跨国并购可能带来的风险，例如在收购 L 公司时，为了绕开工会的制约，万欣 U 国公司联手当地企业一起收购；在收购 T 公司时，万欣 U 国公司不仅没有解雇富余员工，还扩建厂房并招收新员工，帮助 T 公司渡过难关。

万欣 U 国公司在与当地客户的积极互动中彰显自己的信誉和能力，让外界逐渐了解并默许这家零部件企业的发展壮大。

资料二：2003 年万欣 U 国公司正式成为主机厂的一级供应商，同年收购 K 公司，该公司是翼型万向节传动轴的发明者和全球最大的一级供应商；2005 年万欣 U 国公司收购 U 国 F 汽车公司的一级供应商 S 公司和轴承企业 G 公司。一系列成功的收购进一步为万欣 U 国公司的信誉和形象加码。

2008 年全球金融危机爆发，汽车产业是受影响最大的产业之一，U 国三大汽车公司都陷入困境。原本现金流耐受力就较差的 U 国企业在危机冲击下纷纷倒下，众多供应商走向破产。而谨慎的资金管控措施让万欣 U 国公司在金融危机中保持良好的经营状况。此前万欣 U 国公司成功地帮助一些危机企业扭转局面在业内积累了不错的声誉，危机爆发后很多企业主动找到万欣U国公司希望能够被其收购。万欣U国公司曾经在竞购H公司时败于一家私募基金公司，而在金融危机的冲击下这家基金公司被迫清盘，H公司的管理层主动沟通希望被万欣U国公司收购。

金融危机中万欣U国公司找到了进一步发展的突破口。万欣U国公司意识到金融危机前公司要尽可能适应和服从外部环境的要求，危机后公司则应当发挥自身优势，朝更有利的方向施加影响。

万欣U国公司运用自身和总部独有的优势整合内外部资源，帮助很多危机中的U国企业渡过难关，并做出"即使公司有困难，仍然保证一不裁员、二不减薪、三不减福利"的承诺。

DR公司是一家汽车电子感应器公司，在金融危机中不得不出售。出售前公司所有者联系了万欣U国公司收购过的公司，了解到这些公司被收购后得到万欣U国公司及其总部很好的资源整合，因此拒绝另外4家竞标收购者而决定出售给万欣U国公司。2007年U国AI公司被万欣U国公司并购后其大股东评价"万欣的并购会让现代化的U国汽车工业企业变得更加赚钱"。

2008年U国F汽车公司旗下的M工厂因严重亏损被迫剥离。万欣U国公司收购M工厂后对其生产经营方式进行全面改造。在并购H公司后停掉了该公司的一些生产线，将设备运到万欣公司中国公司进行生产，H公司主要负责组装、技术开发、测试、售后服务和物流，以发挥各自优势。在收购U国T-D公司后，万欣U国公司通过对T-D公司和中国总部进行优势和资源的对接，把等速驱动轴打造为继万向节之后又一个世界老大产品。2009年万欣U国公司收购U国DS汽车转向轴业务后，为十分不景气的U国汽车业挽救约150个工作岗位。一系列的并购及其之后的资源整合，不仅拯救了被并购公司，也让他们认识到万欣公司的强大实力与中国国内完备的产业配套能力。

同时，万欣U国公司收购一级供应商，通过财务支持帮助它们渡过难关，为3 500位U国人保住了工作，也让万欣U国公司生产的零部件得以在U国三分之一的汽车上使用。

资料三：新能源汽车的问世对传统汽车制造业带来严峻的挑战。在全球环境保护的压力下，万欣公司也开始向新能源汽车领域挺进。但是由于起步晚、缺少高端技术研发人员和营销人员，万欣公司的电动车零部件核心技术远远落后于国内外的领先企业，也缺少整合供应链的资源和能力，更没有早期进入者所具有的经验曲线等成本优势。为了克服公司进入新能源汽车领域的诸多障碍，2012年底，万欣U国公司协助集团总部参与竞购深陷破产危机的U国AB公司。

AB公司是U国一家研制和生产锂离子能量存储设备的厂商，曾被U国政府和市场寄予厚望。竞购期间U国诸多政府官员与行业专家强烈反对将AB公司卖给万欣公司，他们认为AB公司是U国重点企业且部分业务和军方有直接关联，被万欣公司收购会威胁U国国家安全。为了减少万欣公司在U国受到的政治压力，万欣公司向国内备案以获得国家的背书，增加谈判筹码；万欣公司始终承诺整体收购，并维持其2 000多名员工的工作岗位，这与其他8个竞标者只对AB公司的部分业务感兴趣不同；更关键的是，万欣公司只收购AB公司的民用业务，绝对避开涉及军方的业务。万欣公司的收购方案展现了愿意承担社会责任的企业形象，得到了AB公司首席执行官的高度认可，妥善化解了来自外界的压力。

对AB公司的收购完成之后，万欣U国公司代替总部开始直接接管万欣公司在U国的新能源汽车业务。2013年公司聘请U国人R先生管理AB公司，要求他在不影响研发的前提下不断削减开支。R先生削减医疗福利，取消了免费食物和卡布奇诺咖啡机等待遇。在甩债务、拓业务、削福利这三板斧之后，AB公司终于扭转了亏损，开始步入正轨。之后，万欣公司继续向AB公司提供培养核心业务必要的财务支持，推动AB公司进入汽车电动化、电网储能及其他全球性市场，包括进入中国市场。

2013年10月万欣公司将其所有的电池制造业务交给AB公司承担，这成为双方建立互信的重要里程碑。万欣公司还开放了AB公司的实验室并建立“AB创业技术项目”，与20多家电池公司开展联合研发。万欣公司通过收购AB公司获得了世界顶尖的电池技术，与全球主流客户建立了业务联系，在新能源电池领域也更具号召力。

2014年初，经过多轮角逐，U国批准了万欣U国公司对FS电动汽车公司的收购，标志着万欣公司全面进入新能源汽车整车制造产业。在收购FS公司期间，万欣U国公司同样遭到非议，被指责“偷窃U国技术”。然而FS公司所在州州长和议员对万欣U国公司表示支持：“万欣U国公司在U国20多年，形象一直比较靠谱”。并购后，万欣U国公司履行承诺，将FS公司的工厂从欧洲F国搬回U国，复产后创造了300多个工作岗位。

2015年11月，FS公司宣布与D国BM公司结成重要合作伙伴关系，万欣U国公司认为这一合作不仅将技术和资本绑在一起，而且将名誉与品牌绑在一起。万欣U国公司又一次向U国新能源市场展现自身实力，也让评价者认可其在新业务中的行为和战略。

要求：

（1）简要分析万欣U国公司成立之初所面对的社会文化风险。

（2）简要分析万欣公司国际化经营进入U国市场的主要动因。

（3）简要分析万欣U国公司在U国采用并购战略的动机与所规避的主要风险。

（4）依据新兴市场的企业战略，简要分析万欣U国公司协同总部是如何在U国实施“抗衡者”战略的。

（5）依据企业资源能力的价值链分析理论，简要分析金融危机后，万欣U国公司协同总部是如何整合资源能力，重新构筑被并购企业的竞争优势的。

（6）简要分析万欣公司进入新能源汽车新兴产业所面对的早期进入障碍。

（7）依据《企业内部控制应用指引第4号——社会责任》，简要分析万欣公司与万欣U国公司进入新能源汽车领域是如何规避履行社会责任风险的。

2.（综合题·2019）

资料一：1994年，电表行业的巨头升达公司进军空调行业。由于当时国内空调还是属于少数人的奢侈品，升达公司与专业内其他公司一样，产品定位于比较高档的空调。因为升达空调没有品牌优势，产品价格又与竞争对手不相上下，所以升达空调在规模上一直没有多大突破，年产量不到60万台。

经过几年的努力，升达公司生存下来。1999年之后，升达公司意识到，国内空调从少数人的奢侈品转为大众消费品的时机已经来临，市场需要大量百姓买得起、用得起的“民牌”空调。处于弱势地位的升达公司找到了挑战竞争对手、壮大自身的法宝——以价格制胜。

经过缜密的策划之后，2002年4月，面对百余名记着，升达公司突然抛出《空调成本白皮书》，文中指出，一台1.5匹的冷暖型空调的生产成本为1 378元，加上销售费用370元、商家利润80元、厂家利润52元，市场零售价应该是1 880元。而当时市场上同为1.5匹的其他空调价格大多在2 800元到3 800元之间。

升达公司在公布空调成本的同时，将其空调产品全线降价，平均降幅达20%。升达公司得罪了同行，却赢得无数的消费者。2003年，升达空调销量达到了250万台，进入国内前三强，比2002年高出近100万台。升达公司发动的价格战也使整个空调行业的产品价格节节下滑，市场均价从2002年的2 500元降到2003年的2 000元。

升达公司在空调制造业发动价格战并非鲁莽之举，而是以其自身优势为底气的。

首先，在升达公司家乡N市，做空调配件

的企业很多，整个空调产业链已经成型，升达公司通过整合这些企业，产品零部件自制率达到90%，与同类企业一般不超过50%的自制率相比，在零部件成本、生产率、设备利用率、规模经济等方面都具备整机制造成本优势。以空调的关键元器件冷凝器和蒸发器为例，其成本在空调总成本中一般占80%以上，而升达公司自2000年建立分厂以来，该种元器件的成本就下降至原来外购时的3/5左右，而且质量更好。

其次，公司在2001年引进全球最先进的信息化管理工具ERP，配合内部各个部门严格的承包制的实施，对提高企业效率和降低运营成本起到了极大的作用。

在采购环节，升达公司同时采用自制和外购两条路线，当自制的质量和价格有优势时，采用自制……自制明显不如外购有竞争力，就毫不犹豫地采用外购，甚至关掉自制部门。升达公司借鉴国外企业“全球论质比价采购”的模式，其加工蒸发器和冷凝器的自动生成设备购自J国；保证镀层10年不脱皮泛绣的瓦格纳喷涂设备是引进D国的；制造空调塑壳的ABS粉料来自H国；机身上的所有接插件购自M国。这些设备和原料共有的特点是品质在全球范围内相对较好，价格最低。

最后，以年轻人为主体的人员结构和灵活的民营企业机制是升达公司成本优势的又一源泉。升达公司是新办的企业，没有下岗职工和离退休人员的负担；升达公司发挥其灵活的民营企业机制，实施全方位的承包责任制，激发了各级人员的积极性、主动性和创造性，对于提高企业效率和降低运营成本发挥了重要作用。

资料二：然而，质疑甚至批评之声一直伴随着升达公司：“升达公司的‘价格屠夫’策略是不是在自断创新之路?”“升达公司低价营销得到了规模优势，但牺牲了品牌优势。”近年来随着国内消费升级与产品更新换代，大众的空调消费需求开始从“功能型”向“品质型”转变。升达公司日益认识到启动新的战略转型的必要性与紧迫性。

早在2012年，升达公司就敏锐察觉到互联网发展的大趋势，积极与电商平台合作，在整体布局上确定了互联网、智能化发展战略。

为了避开与国内空调行业优势品牌的正面较量，升达公司将目标客户聚焦在新一代网络消费群体，充分依托电商平台，用18～35岁年轻消费者熟悉的代言人和沟通方式，建立起年轻化、时尚化的品牌形象，打造了“倾国倾城”、“淑女窈窕”等情感化的明星产品，吸引了一批有时尚要求、重情感又注重性价比的年轻人群。这样的选择让升达公司的产品品质与创新力不断提升，从而实现了跨越式的增长。在随后的2013年，升达公司开始进行企业产品升级，累计投入超过30亿元用于技术创新、效率提升。先后推出一级供应链管理、引进全球领先检测设备、吸纳超过50%博硕人才组成创新研究团队，从根本上把控产品品质。2017年，升达公司智能工厂落成投产，以更加标准化、高周转率的技术实力，实现产品品质的又一提升；在J国建立研发中心，实现智能化产品占比超80%；筹建多个智能制造基地累计投资超过150亿元，为实现空调产业全智能一体化做好准备。

资料三：2017年下半年以来，升达公司意识到，虽然电商存量市场很大，但增长速度开始下降，线上流量红利在下滑。面对市场环境新的变化，升达公司采用了两个新的战略举措。

一是与国内著名电商普天组建联合团队，打通商家与平台的供应链，全面提升电商渠道供应链效率。升达公司和普天旗下天鸟、乐淘融合的智慧供应链系统销售预测准确率达到70%。升达空调原来的电商渠道供应链SOP（即标准操作程序）分为18个节点，操作共需33个小时，新的系统上线以后优化为6个节点，操作只需1个多小时，大大提升了供应链效率。

二是抓住国内电商平台纷纷下沉开店的机遇，向基层市场渗透，逐步熟悉终端零售商渠道。升达公司放弃了向经销商层层压货、完成销售任务后给予返利的销售模式，而是采用“互联网直卖”方式，只发展一层终端零售商，产品订货起点定为8台。这样做的好处是投资少，不压货。目前升达公司拥有1.5万多家终端零售商，这些终端零售商通过手机APP直接下单，升达公司接单后通过各区域的仓储中心调配，由第三方物流发货到店。升达公司已建成社会化的售后服务网点7 500个，覆盖国内98%的县市。终端零售商或用户通过云平台寻找所在地的升达公司售后服务人员，由他们抢单帮助安装、维修。在“互联网直卖”模式下，终端零售商不管卖多少台产品，每一台的利润都是固定的，不和总销量挂钩。这不仅有利于市场价格体系的稳定，也克服了传统模式下渠道库存严重、层层加价、经销商资金周转慢、利润不稳定等弊端。

2018年11月，升达公司与以线下销售为主的长宁家电零售公司合作，共创智慧零售新模式。升达公司作为长宁家电品牌主力军，通过长宁零售公司快递开启渠道下沉绿色通道，从线上渠道转移至线下渠道，在运营上借助长宁零售公司在市场上的口碑和服务，形成很强的品牌竞争力。

2018年12月，升达公司召开新闻发布会，宣布启动“双轮战略”规划，从以前“通过厂商直供的方式真正让利于经销商，打造至真至诚的利益共同体”，进一步延伸到“以升达公司主导产业为基准搭建O2O（即Online to Offline，线上到线下）平台为更多中小企业服务，全面赋能线下经销商”。“双轮战略”的实施，将进一步实现线上线下融合、深耕零售发展的模式。

2018年，升达空调总销售量达到1 500万台，在国内排名第三；在电商平台上，升达是销量最大的空调品牌。升达公司致力于推动模式创新、技术革新、品质升级，已然成为国内家电行业的佼佼者、互联网时代空调智能化的“领头羊”。

要求：

（1）从市场情况与资源能力两个方面，简要分析从2002年开始升达公司实施成本领先战略的条件。

（2）简要分析升达公司在1999年之后、2012年之后、2017年之后所意识到的市场风险，并简要说明升达公司相应的三次战略转型（变革）的类型。

（3）根据资料二，简要分析作为跟跑者的升达公司在与国内强大竞争对手竞争时所体现的蓝海战略特征（即红海战略与蓝海战略的关键性差异）；简要分析升达公司在竞争激烈的空调市场开辟新的生存与发展空间的途径（即蓝海战略重建市场边界的基本法则）。

（4）依据企业价值链两类活动，简要分析升达公司的主要竞争优势。

（5）依据信息技术与企业价值网相关理论，简要分析2017年下半年以后，升达公司所采用的新的战略举措，是如何在网络经济背景下，构建以顾客为核心的价值创造体系的。

（6）简要分析升达公司与普天公司、长宁公司结成战略联盟的动因。

（7）依据市场营销组合四个要素，简要分析升达公司在其三次战略转型进程中市场营销组合策略的变化。

3.（综合题·2018）

资料一：2010年4月，由6名工程师、2名设计师组成的联合团队创建的科通科技公司正式成立。公司成立之初，公司CEO刘毅与股东们就有一个想法：要做一款设计好、品质高、价格便宜的智能手机。

2010年的手机市场，还是国际品牌的天下，功能机仍是主体，智能手机的价格至少在3 000～4 000元。虽然也有一些国产品牌手机，但大多数是低质低价的山寨机。

为了开发物美价廉的智能手机，科通公司首先运用互联网工具，让用户参与到手机硬件的设计、研发之中，通过用户的反馈意见，了解市场的最新需求。而此前其他公司的研发模式都是封闭的，动辄一两年，开发者以为做到了最好，但其实未必是用户喜欢的，而且一两年时间过去，市场很可能已经变化。其次，坚持做顶级配置，真材实料，高性能，高体验，强调超用户预期的最强性价比。第三，以品牌和口碑积累粉丝，靠口口相传，节省大量广告费用。第四，开创了官网直销预订购买的发售方式，不必通过中间商，产品可以直接送到消费者手上，省去了实体店铺的各种费用和中间的渠道费用。

2011 年 8 月 16 日，科通公司发布了第一款“为发烧而生”的科通手机。这款号称顶级配置的手机定价只有 1 999 元，几乎是同配置手机价格的一半。科通手机 2012 年实现销售量 719 万部。2014 年二季度，科通手机占据国内智能手机市场的第一名，科通公司在全球也成为第三大手机厂商。

短短 5 年时间，科通公司的估值增长 180 倍，高达 460 亿美元。科通成为国内乃至全球成长最迅猛的企业，一度是全球估值最高的初创企业。刘毅总结科通公司成功的秘诀是“用互联网思维做消费电子，这是科通在过去 5 年取得成绩的理论基础”。在刘毅看来，“互联网思维”体现在两个关键点上：一是用户体验，利用互联网接近用户，了解他们的感受和需求；二是效率，利用互联网技术提高企业的运行效率，使优质的产品以高性价比的形式出现，做到“感动人心、价格厚道”。

科通的成功模式成为各行各业观摩学习的范本，大量企业开始对标科通，声称要用科通模式颠覆自己所在行业。“做 × × 行业的科通”，成为众多企业的口号。

资料二：然而，在 2015 年，迅猛增长的科通遇到了前所未有的危机。一方面，销量越来越大就意味着要与数百个零部件供应商建立良好高效的合作协同关系，不能有丝毫闪失。而科通的供货不足、发货缓慢被指为“饥饿营销”，开始颇受质疑。另一方面，竞争对手越来越多、越来越强大。H 公司推出的互联网手机品牌 R 手机成为科通手机强劲的对手，O 公司和 V 公司也借助强大的线下渠道开始崛起。芯片供应商 G 公司的一脚急刹车成为导火线。在经历了 5 年的超高速增长后，2015 年下半年，科通公司放缓了飞速前进的脚步。由于市场日趋饱和，整个智能手机行业的增速下滑，虽然科通手机 2015 年 7 000 万部的销量依然是国内出货量最高的手机，但刘毅在年初喊出的 8 000 万部销量的目标没能实现。

科通手机销量下滑的趋势并没有止住。2016 年，科通手机首次跌出全球出货量前五；在国内市场，科通手机也从第一跌到了第五，季度出货量跌幅一度超过 40%，全年出货量暴跌 36%。而这一年，以线下渠道为主的 O 公司和 V 公司成为手机行业的新星，其手机出货量不仅增幅超过 100%，而且双双超过科通公司进入全球前五、国内前三。

因为增速放缓，一直被顶礼膜拜的科通模式在这一年开始遭遇前所未有的质疑。科通公司似乎自己也乱了节奏，在渠道、品牌和产品等方面都出现了不少问题。

科通公司认识到过于迅猛的发展背后还有很多基础没有夯实，亟待主动减速、积极补课。2016 年，科通公司内部开始进行架构和模式多维调整。

（1）刘毅亲自负责科通手机供应链管理。前供应链负责人转任首席科学家，负责手机前沿技术研究。这意味着科通公司从组织架构上加大对供应链的管理力度。

（2）开启“新零售”战略。所谓新零售就是指通过线上线下互动融合的运营方式，将电商的经验和优势发挥到实体零售中。让消费者既能享用线下看得见摸得着的良好体验，又能获取电商一样的低价格。截至 2018 年 3 月 10 日，全国范围内已有 330 个实体店“科通之家”，覆盖 186 座城市。

（3）早年一直坚持口碑营销从未请过代言人的科通公司在 2016 年开始改变策略，先后邀请几位明星作为代言人，赢得不少新老客户。

2017 年科通公司开始重新恢复高速增长。2017 年第二季度，科通手机的出货量环比增长 70%，达 2 316 万部，开创了科通手机季度出货量的新纪录。2017 年第四季度，在其他全球前五名的智能手机厂商出货量全部负增长的情况下，科通手机出货量增长96.9%。

资料三：2014年，刘毅开始意识到“智能硬件”和“万物互联（Internet of Things，IoT）”可能是比智能手机更大的发展机遇。于是，科通公司开启了科通生态链计划，运用科通公司已经积累的大量资金，准备在5年内投资100家创业公司，在这些公司复制科通模式。

科通公司抽出20名工程师，让他们从产品的角度看待拟投资的创业公司，通过与创业公司团队的沟通，了解这家公司的未来走向。科通生态链团队不仅做投资，而且是一个孵化器，从ID、外观、结构、硬件、软件、云服务、供应链、采购、品牌等诸多方面给予创业公司全方位的支持。这些创业公司有一大半是科通生态链团队从零开始孵化的。但是，科通公司并没有控股任何一家科通生态链公司，所有的公司都是独立的。这样有利于在统一的价值观和目标下，生态链企业各自发挥技术创新优势，同时降低科通公司整体内部协调成本，规避经营风险。

科通生态链的投资主要围绕以下5大方向：（1）手机周边，如手机的耳机、移动电源、蓝牙音箱；（2）智能可穿戴设备，如科通手环、智能手表；（3）传统白电的智能化，如净水器、净化器；（4）极客酷玩类产品，如平衡车、3D打印机；（5）生活方式类，如科通插线板。

2016年，科通生态链宣布使用全新的麦家品牌，除了手机、电视、路由器等继续使用科通品牌，科通生态链的其他产品都将成为“麦家”成员。2016年，科通生态链企业的总营业收入超过了150亿元。至2018年5月，科通已经投资了90多家生态链企业，涉足上百个行业。在移动电源、空气净化器、可穿戴设备、平衡车等许多新兴产品领域，麦家的多个产品已经做到全球数量第一。科通生态链公司也出现多个独角兽（指那些估值达到10亿美元以上的初创企业）。

由于科通品牌给人们高性价比的印象已经根深蒂固，因而不少人认为科通生态链企业的产品无法赢利。但实际上，科通生态链企业已经有多家实现盈利。这是因为科通公司利用其规模经济带来的全球资源优势帮助这些生态链企业提高效率。科通公司运用其全球供应链优势能够让生态链上的小公司瞬间拥有几百亿供应链提供的能力。

科通公司还建成了全球最大消费类IoT平台，连接超过1亿台智能设备。通过这种独特的战略联盟模式，科通公司投资和带动了更多志同道合的创业者，围绕手机业务构建起手机配件、智能、生活消费产品三层产品矩阵；科通公司也从一家手机公司过渡到一个涵盖众多消费电子产品、软硬件和内容全覆盖的互联网企业。

2018年4月，科通公司成功上市。

要求：

（1）简要分析科通公司从初创时期到上市之前公司宗旨的变化。

（2）依据“战略钟”理论，简要分析科通智能手机与科通生态链产品所采用的竞争战略类型；依据信息技术与竞争战略关系的相关理论，简要分析科通智能手机与科通生态链产品所采用的竞争战略的实施条件。

（3）针对“科通的成功模式成为各行各业观摩学习的范本”，依据核心能力评价理论，简要分析本案例中向科通公司学习的企业进行基准分析的基准类型。

（4）简要分析科通公司在2015年面临的市场风险。

（5）简要分析科通公司2016年所采用的收缩战略（撤退战略）的主要方式。

（6）简要分析科通生态链所采用的发展战略的类型及其优点、途径及该途径的动因。

（7）简要分析科通公司的企业能力。

4.（综合题·2017）

资料一：广源天药集团是一家专门生产医药产品，并且拥有独一无二的国家级保密配方和百年老字号品牌的医药企业。其核心产品广源天药在治疗出血、消炎等方面有非常好的疗效，在国内外享有很高声誉。

广源天药集团最初生产销售的粉剂产品，产品结构较为单一。随着人们生活水平逐渐提高，医药企业竞争日趋激烈，消费者对医药产品功能的要求也日益多样化。广源天药集团顺应时代发展对药品剂型、便捷性、准确性等多方面的需求，从1975年开始，在广源天药秘方原有剂型的基础上研制出系列新剂型、新品种，历经30多年时间，逐步开发构建了广源天药完整、庞大的产品群。如主打止血消炎的广源天药膏、广源天药酊，用于外伤止痛的广源天药气雾剂，具有止血功效的创可贴等。同时，广源天药深入挖掘创新以天然植物为原料的民族药物，成功研发出具有地方特色的新产品，如脑脉通口服液、宫血宁胶囊等。广源天药集团坚持稳老扶新、循序渐进地优化产品群结构，将自身独特的技术优势与多变的市场需求相结合，不断开发出新的高品质药品，赢得了消费者的信赖。

广源天药新产品开发最具代表性的产品是广源天药创可贴。2000年，创可贴市场占领者国际品牌BD创可贴仅仅是一种卫生消毒材料，没有对伤口的止血和愈合的功效。而广源天药产品的药性具有很强的止血和愈合功效。如果将广源天药产品的药性与创可贴的功效结合起来，可与其他创可贴形成功能性差异。但是当时广源天药不具备生产透皮方面的技术，为了快速推出此类产品，广源天药选择暂时不进行自主研发，与国外创可贴企业合作，广源天药提供创可贴的敷料部分，国外企业负责成品生产。2001年3月广源天药投资成立专业透皮研究部门，主要对创可贴进行研究开发，引进日本更先进的生产透皮技术，委托国内企业加工生产8 000多万张，产量比2000年增长了近100倍。随后投资300万元建立广源天药创可贴生产线，并投资2 000多万元组建医药电子商务公司，完善创可贴销售网络。2004年广源天药创可贴年销售额达到4 000万元。2006年广源天药加大宣传攻势，着重宣传广源天药创可贴弥补了其他同类产品只能护理不能治疗的缺陷，彻底打破了BD独霸创可贴天下的局面，当年广源天药创可贴与BD创可贴的市场比率由2000年的1∶10涨到1∶2.6。随后广源天药集团成立了主要生产经营透皮产品的事业部，并于2011年收购国内一家制药厂，作为与透皮事业部相配套的生产企业。2012年广源天药创可贴销售额再创新高，达到4亿元。到目前为止，广源天药仍然是创可贴行业的翘楚。

资料二：广源天药没有止步于药品系列的开发。广源天药集团管理层考虑，一方面，广源天药集团进入国家基本药物目录的药品在价格上受到限制，招标采购模式也使得药品价格维持在一个较低的水平，毛利率较低；另一方面，一种药品从立项、临床报批到进入市场需要很长的周期和大量资金投入，进入市场的结果也存在着未知的风险。一旦产品销售不佳，会对广源天药集团产生较大影响。因此，广源天药集团希望开发非药品业务作为公司新的利润增长源泉，这样，一方面可以获得足够的资金支撑企业研发新的医药产品，另一方面也可以抵御医药市场的竞争压力，规避产业发展风险。此外，广源天药集团管理层还期望充分发挥企业在药品经营中各种有形资源和良好的品牌声誉优势，进一步扩大公司生存发展空间。

早在2002年，广源天药集团就开始进军日化产业。先从牙膏产品入手。一般传统牙膏的主要功能是解决牙齿防蛀和清洁问题，而80%左右的成年人或多或少都有口腔溃疡或者牙龈萎缩出血等问题。广源天药集团开始研发天药牙膏，利用天药的活性成分，开发出一种能够帮助消费者减轻牙龈出血等口腔问题的独特的药物牙膏。2004年广源天药牙膏开始投放市场，市场反映良好。2005年天药牙膏销售收入接近8 000万元。在此基础上，广源天药集团又对产品进行不断改进和完善。2014年广源天药牙膏销售额突破19亿元，在国内所有牙膏品牌中的市场份额位列第三。

开发广源天药牙膏的成功激励着企业进入

其他日化领域。2008年初与日本高端品牌化妆品企业S公司签订化妆品转让技术，进行护肤类化妆品研究、开发、生产和销售。2010年广源天药集团投资500万元组建健康产品事业部，主要进行健康护理产品类的生产经营。从2009年到2014年，公司相继推出健康类个人护理产品沐浴素、洗发水、护发素、面膜、护手霜、卫生棉等新产品。

从2003年以来国内房地产行业突飞猛进，房地产的巨大利润吸引了广源天药集团。2006年广源天药集团投资成立100%控股的广源天药置业有限公司，主营房地产开发，注册资本1 000万元。2011年又成立了物业服务公司，为集团的房地产公司提供配套物业服务。2012年集团又投资38亿元修建集旅游、休闲、养生、娱乐为一体的度假村。2013年7月广源天药集团出售了广源天药置业有限公司的所有股份。

资料三：广源天药集团多元化经营的各个领域的经营状况呈现出多种不同态势。

（1）医药板块稳步增长。公司医药产品中已经有6种产品销量过亿元。其中最高的销售额超过10亿元。

（2）日化板块仅有牙膏一枝独秀，其他产品业绩不佳。2004～2014年广源天药牙膏的销售额从3 000万元上升到19亿元，成为广源天药集团利润增长的主要产品之一。然而，其他日化产品都销售不佳，发展势头萎靡不振。几种主要产品的市场占有率大大低于外资品牌，也低于国内其他著名品牌。目前市场上已经很少能看到广源天药的沐浴素、洗发水、护发素、面膜、护手霜等产品的踪迹。

究其原因，广源天药日化产品的开发和发展，虽然都能依托集团公司强势的品牌效应，但是，只有牙膏产品，能够将广源天药集团的核心竞争力真正体现出来。其一，广源天药牙膏运用公司的关键资源——广源天药粉的神奇功效，使得广源天药牙膏具有独特的治疗功能；其二，广源天药牙膏首先采用的销售渠道是医院和药房、网络销售渠道，随后才进入超市等渠道，这样有利于在产品问世时显现出药企的背景，让消费者觉得质量有保障，并且巧妙避开了与行业龙头的直接竞争，还可降低前期的销售费用。而其他日化产品由于其功能和特点无法体现广源天药粉的独特优势，因而难以成功。

（3）房地产板块经营不善。广源天药集团在2006年房地产行业发展热火朝天的大好形势下进入房地产行业，但是房地产业务与广源天药集团的主营业务不存在联系，在生产技术、市场、营销等方面无法产生协同效应。广源天药集团没有强大的资源和人才来支撑这个庞大的房地产业务体系，致使房地产业务在5年内4年都是严重亏损，侵蚀了集团的资源，占用了人力，还占据了企业大量资金。广源天药集团管理层没有审时度势和合理分析房地产业的未来走势，没有结合集团房地产业务连续数年亏损的实际和房地产整个行业的发展现状及时作出调整，却于2012年反其道而行耗资38亿元兴建度假村。直到2013年才出售广源天药置业有限公司退出不良业务。

近年来，广源天药集团由于多元化经营资源分散，不仅导致其在缺乏优势的产业中经营绩效不佳，而且对其主业带来了负面影响。2007～2014年广源天药集团有4种药品进入国家药监局不合格药品名单，其中影响最大的是2012年国内某省药监局查出广源天药胶囊的水分不合格，相关产品被召回，广源天药集团被列入医药企业黑名单。该省药物采购联合办公室取消了广源天药胶囊的中标权利和网上采购资格，并且在2013～2016年严格禁止广源天药胶囊进入该省基本药物统一招标采购目录。从2007年至2016年9年间，广源天药至少10次因为部分药品质量不合格、广告夸大疗效等原因导致负面消息，这些负面消息无疑给广源天药集团的企业形象和口碑造成不良的影响。

要求：

（1）依据市场营销组合的产品策略，简要分析广源天药集团医药板块产品组合策略的类型及产品开发的原因。

(2) 简要分析广源天药集团开发广源天药创可贴过程中所实施的发展战略的几种途径。

(3) 简要分析广源天药集团实施多元化战略的动因（即多元化经营的优点）与风险。

(4) 运用辨别企业核心能力的3个关键性测试，简要分析广源天药集团在医药板块、牙膏、其他日化产品、房地产4个领域是否具备核心能力。

(5) 简要分析广源天药集团在医药板块、广源天药牙膏两个领域研发的类型、动力来源与研发定位。

(6) 简要分析广源天药集团在经营中面临的运营风险。

5.（综合题·2016）

资料一：20世纪90年代，兰微公司在C国推出微波炉产品。兰微公司充分利利用市场对微波炉产品价格的高度敏感，通过集中生产少数品种、规模经济、减少各种要素成本、提高生产效率、不断改进产品工艺设计、承接外包等多种手段降低成本，以“价格战”不断摧毁竞争对手的防线，抬高行业的进入门槛，使自己成为微波炉行业的“霸主”，国内市场占有率超过70%，全球产量占比超过30%。国内微波炉生产厂商从超过200家迅速下降到不足30家。

1999年，在众人的质疑声中，光美公司宣布大举进入微波炉行业。光美公司当时的战略决策是基于两点理由：一是从制造技术的角度看，微波炉和光美公司已生产的电饭煲、电磁炉等产品都是使用电能转换加热系统，因此对微波炉的技术研发、生产制造和营销网络都有着极其便利的条件和经验，还可以利用光美公司在其他厨具小家电市场上树立的品牌优势开拓市场；二是光美公司的主打产品空调、风扇等，销售旺季集中在每年的3~8月，在其余时间里资金和经销商资源的利用都明显不足，而推出微波炉产品可以弥补这一缺陷，有利于优化公司整体运作和产品结构，建立新的增长点。

对于光美公司的挑战，兰微公司予以迎击，不仅再次祭起了“价格战”的大旗，而且宣布大举进军光美公司已拥有优势的产业，如空调、冰箱、风扇、电暖气等产业。针对兰微公司的行为和兰微公司价格血洗形成的行业规模壁垒，光美公司的微波炉业务确立了“低成本、规模化”的跟随发展策略，利用光美公司强大的品牌优势、销售网络和资源实力，以“低价渗透”的方式与兰微公司展开正面的激烈对抗，开启了微波炉行业“两强争霸”的征程。

在与兰微公司竞争力的对比分析中，光美公司清楚地看到，自己的微波炉业务竞争地位不稳固，多年来一直被迫接受价格战，而没有通过差异化创新建立与兰微公司相抗衡的产品特色和品牌形象。

2006年，在一次光美公司每年例行的经营策略高层研讨会上，与会人员对微波炉行业的发展趋势形成了统一的判断和认识。与炉灶等加热工具相比，微波炉具有多种优点，它不仅能快速加热或烹调食物，而且没有油烟，还能保持食物的原汁原味与减少营养损失。在C国，虽然80%以上的家庭已经使用微波炉，但微波炉只是作为一个加热工具，它的多种优点还没被消费者充分认识。同时，市场上的微波炉设计、构造与性能雷同，缺少创新型产品。如果能够开发并向市场推出使消费者迅速认识并接受微波炉的多种优点的产品，微波炉市场将进入另一个高速发展期。

光美公司对全球微波炉产销调研情况显示，在国际市场，日本、韩国垄断了中高端市场，C国企业控制了中低端市场，而全球微波炉市场中低端制造向C国转移已经接近尾声。随着材料成本、物流成本的快速上升，微波炉行业的利润空间将进一步缩小。日本、韩国企业由于在规模、产业链的配套上不如C国企业，成本劣势将进一步凸显，只能逐步退出制造领域，因此为C国企业进入中高端制造领域、实现中高端产品出口增长提供了机会。

与会人员一致认为，公司应当从以跟随为主的“低成本”战略向“差异化”战略转变；公司竞争的焦点应当从关注竞争对手向关注消费者、关注客户需求转变；用3～5年时间，扭转目前品牌竞争的被动局面，由“中低端”向“中高端”转变，最终超越兰微公司成为全球微波炉行业霸主，成为全球最优秀的微波炉供应商。

资料二：光美公司于2006年在国内率先推出具备蒸功能的产品，这不仅是第一款针对国内市场消费者使用习惯开发的本土化创新产品，实现了C国传统烹饪习惯与微波炉功能优点的有效结合，而且在核心技术上形成了对兰微公司的技术壁垒，突破了兰微公司的价格和产品封锁。经过将近一年的推广，市场反响很好，显示了巨大的发展潜力。光美公司决定通过对微波炉“蒸功能”的持续升级和传播实现战略转型，扭转在国内市场上竞争的被动局面。

2007年，公司确立了以“80后”白领阶层以及一、二线城市家庭作为具备“蒸功能”微波炉的主要目标客户群，推出了第二代具备蒸功能的产品——“全能蒸”微波炉，这款微波炉可以使国内8大菜系的代表性菜式烹饪通过“蒸功能”实现，并将健康、营养、口感、杀菌与外观的时尚及使用的安全、便携完美地结合在一起。此后。光美公司以“蒸功能”为主题的产品功能不断升级，针对不同消费群体的产品线不断扩充，“蒸功能”逐步普及，公司和产品的品牌形象日益鲜明。

2008年，光美公司发布了5个系列14款“蒸功能”微波炉。该产品在智能化、时尚设计方面对第二代产品进行了升级，并针对不同细分市场推出系列新品。

2009年，公司第三代产品“蒸立方”面世，该款产品创造了三项记录：首创新的蒸技术，即不借助其他器具，由蒸汽将食物蒸熟；首创炉腔内蒸汽温度达到300℃，使食物脱脂减盐，更有效地保留营养；首创自动供水、排水系统，使用更加便捷，也更省电。

2010年，光美公司发布第五代“蒸功能”系列新品，新产品顺应节能、绿色、环保的时代潮流，率先将历时4年开发的变频技术应用在微波炉上，产品更节能。同时，光美公司宣布，退出300元以下微波炉市场，主流变频蒸立方产品价格集中在3 000～5 000元，最高端变频高温产品的零售价格高达10 000元。

2012年光美公司发布了半导体、太阳能和云技术微波炉三大创新产品。而且宣布把蒸立方作为独立的高端品牌。从2012年开始，超市系统将停止销售399元以下产品，在连锁销售系统中将停止销售599元以下产品。光美公司解释，从光美公司掌握的数据看，国内市场的高端化消费趋势已经非常明显，低端产品对消费者已不具吸引力。

光美公司在不断创新和推出产品的过程中，成功地开展了一系列促销活动。

2006年，光美公司开启了以“食尚蒸滋味”为主题的全年推广活动，首次在各大电视台开展广告营销活动，同时在全国主要市场开展产品的循环演示活动。2008年，光美公司主办了“蒸夺营养冠军”的全国推广活动。2009年，光美公司推出“全蒸宴”的全国演示推广活动。2010年，光美公司推出“蒸出营养与健康——光美公司蒸立方”微波炉的电视形象广告片。配合线上的品牌广告推广以及线下的循环演示活动，2010年光美公司耗巨资在国内主要城市的核心终端，开辟了1 000个“蒸立方”品牌专柜。

2011年公司开发上线了新一代营销管理系统，该系统实现了全国主要终端的销售、库存数据动态更新，公司能及时了解市场销售变化情况。2012年光美公司推出另一项重大变革措施，变以产定销为以销定产。这项变革成效显著，仅2012年第一个季度工厂库存就下降了60%。

自2007年起，光美公司在海外前15大市场设立了区域经理，同时针对不同区域的主流客户设立了专门的产品开发团队。通过资源的聚焦、本土化市场拓展以及公司技术、品质等后台支持体系的不断强化，至2010年，光美公司生产的微波炉在9个国家成功实现对竞争对手产品的超越，在10个国家中市场占有率排名首位。

资料三：提升自主创新能力一直是光美公司努力的方向和管理的重点。光美公司在这方面开展的主要工作有：

（1）确定公司技术发展方向以及技术发展路线。2009年公司制定了三年技术路线图，其中不仅规划出公司主要技术发展方向，而且第一次将产品实现技术（关键制造技术）纳入技术规划中，形成基础研究、核心技术研究、产品开发的阶梯创新模式，实现了技术与市场的有效对接。

（2）开展广泛技术合作。2008年光美公司引进变频器开发的鼻祖——日本D公司的变频技术以及高温蒸汽技术和生产工艺。经过一年多的消化吸收，公司于2010年在国内市场推出“变频蒸立方高端新品”，树立了光美公司在微波炉“蒸功能”的绝对技术领先地位。为此，公司广泛开展与国内外科研院校、零部件供应商在研发项目上的合作。公司还与其他单位建立联合实验室，开展长期的合作研究。

（3）投入巨资改善软硬件条件。到2012年底，光美公司研发体系的人员从转型前的约100人增加到240人，形成了10多个前沿、关键技术研究团队。公司调整了研发项目激励方式，提高了基础研究项目的激励比例。同时，公司调整了科技人员的薪酬结构，减少年底绩效收入，提高固薪，以稳定研发队伍。公司累计投资3亿多元，建立了包括零部件质量检验、整机性能寿命检测，消费者体验研究，营养分析等在内的全球最先进、最完善的研发测试体系。

（4）大刀阔斧进行组织变革。2009年之后，公司不断完善基于以市场、客户为导向的矩阵式管理模式，各产品、客户经理对经营结果负责，并拥有相应的产品企划和定价、供应商选择、人员选择等关键决策权力；其他管理人员在各自职责体系中对产品、客户经理经营提供后台支持。

（5）变革学习、考核机制。公司不断加大对各类人员培训的投入，同时转变培训方式。公司要求中高层管理者每年必须走访市场不少于4次，倾听市场和客户的声音。公司定期组织中高层管理者赴日本、韩国企业进行学习交流取经。公司每年投入超过1 000万元的培训费用于员工的专业技能培训。公司出台专项政策，鼓励员工进行再学习、再深造。公司经常组织读书心得分享会，书目由公司总经理亲自选定，均与公司当期推动的变革措施有关。光美公司的绩效导向文化逐渐深入到员工骨髓，公司也结合各阶段工作重点在绩效考核导向方面进行不断地调整和优化。

（6）提高成本竞争力。为了避免差异化成本过高，光美公司通过加大部件自制、精益运营、加强价值链信息共享和协同降低运营成本等手段来创新成本管控，解决成本与结构升级的矛盾，应对资源要素价格的持续上升，保证成本优势。

经过多年的努力，光美公司在2010年成功超越兰微公司成为微波炉出口冠军；在2012年，光美公司微波炉国内市场品牌价格指数全面超越兰微公司，由行业跟随者升级为行业领导者，跳出行业“价格战”的恶性循环，实现了企业业绩持续增长。

要求：

（1）简要分析光美公司实行多元化经营进入微波炉产业的动因（即采用多元化战略的优点）。

（2）简要分析兰微公司微波炉产品实施成本领先战略的条件（从市场情况、资源能力两个方面）与风险。

（3）简要分析光美公司微波炉产品战略转型、实施差异化战略的条件（从市场情况、资源能力两个方面），以及光美公司如何防范差异化战略的风险。

（4）简要分析兰微公司为阻止光美公司进入微波炉产业所设置的行为性障碍。

（5）简要分析光美公司战略转型中研发

的类型、动力来源和定位。

(6) 依据市场营销组合四个要素，简要分析光美公司如何运用市场营销来实践战略转型。

6. (综合题·2015)

资料一：思达公司前身C国J省一家冷气设备生产企业。1985年开始，公司集中资源研发、生产当时国内市场处于一片空白的家用空调和大型柜式空调，企业获得了迅猛发展。到1994年，思达公司已成为C国最大空调生产基地。

1994年年初，思达公司积累了大量的资金，急需找到新的投资渠道。为了最大限度地利用市场机会和公司在家电行业的优势地位，思达公司陆续上马了电冰箱、洗衣机和电视机、电脑等产品项目，希望利用公司的品牌优势，为企业获取更多的利润。

然而，1994年后，思达公司领导层不再看好家电行业，认为家电行业已经面临行业生命周期的衰退期，因此，公司必须开拓新的领域，建立新的经济增长点。

资料二：1995年年初，思达公司开始向机动车领域发展。到1995年年底，思达公司投资1.5亿元兴建了年产100万辆摩托车的生产线，投资2.5亿元兴建了年产100万台摩托车发动机的生产线。思达公司生产的摩托车凭借先进的技术和新颖的外观，1997年上半年就实现了6万台的销量，销售收入近10亿元。但好景不长，由于思达公司的摩托车单台车的售价较高，其主要消费对象是大中城市中收入较高的群，而主要的大中城市都于1997年前后相继实行了“禁摩令”，封闭了思达摩托车的消费市场。2005年思达公司不得不将摩托车业务低价转让给其他公司。

1997年，思达公司斥资7.2亿元收购了C国国内一家汽车厂，上马中型卡车项目，成为首家非汽车企业入驻汽车行业的企业。但是，思达公司在汽车制造方面缺乏高素质的管理人员，对相关业务流程的监管及持续改进能力不足，同时没有对汽车市场需求与行业发展状况进行深入的调研和分析，其生产经营的中型卡车的载重量都在15吨以下，与市场需求脱节较大，且关键零部件都需外购，尤其是动力配置须向竞争对手采购，企业的发展受到竞争对手的制约。2012年思达公司不得不将中型卡车业务出售。

从1998年开始，C国加大对新能源行业的政策支持，思达公司领导层认为这一领域发展潜力巨大、前景广阔。1999年思达公司对高能动力镍氢电池项目进行了立项。2002年，思达公司召开了“高能动力镍氢电池及应用发布会”，标志着这个跨度更大的新能源行业成为思达公司的又一个主管领域。至2013年，思达公司是C国仅有的掌握镍氢电池自主专利技术的厂家，技术优势明显，但C国整个镍氢电池市场规模还不大，企业从新能源产业上的获利不足以支撑整个企业的发展。

2009年思达公司的领导力排众议，坚持成立思达房地产开发有限公司，宣布进入房地产行业，希望高回报率的房地产业能给企业发展带来新的转机。然而，之后不久C国政府对房地产行业进行宏观调控，房地产业进入了一个“寒冬期”，资金链紧张，房地产销售面积大降。而作为一个没有房地产开发经验的行业“新手”，要想在宏观政策收紧的情况下，从众多经验丰富、实力雄厚、拥有良好品牌的房地产企业中夺取市场份额无疑难度极大。2010年思达公司房地产业务亏损近千万元。

资料三：在C国，空调等家电产品的市场需求巨大，行业发展前景十分广阔。在这样的背景下，思达公司将大量人力、财力、物力转向与主业完全不相关的领域，对其业主发展带来了极大的负面影响，原有的核心能力基本丧失殆尽。

思达公司家电业几大业务的经营状况如下：

(1) 空调器业务。思达公司曾经是C国最大空调生产基地、世界空调器生产企业七强之一，由于思达公司的领导层未充分利用企业资源对空调业务扩大投资，公司生产的空调逐渐失去了市场优势，其市场份额逐年下降，已沦为C国内空调器三类品牌。

（2）洗衣机业务。思达公司的洗衣机业务只在投产的第一年实现盈亏基本平衡，其余年份都是亏损。思达公司试图通过调整产品结构、不断推出新产品来打开市场局面，但效果一直不理想，洗衣机业务的经营状况未得到根本扭转。

（3）电冰箱业务。思达品牌电冰箱发展不尽如人意。2003年思达公司将电冰箱业务全部出售给另一家公司。

要求：

（1）按照企业发展战略可选择的三种途径，分析思达公司进入几个主要产业所选择的途径。

（2）简要分析思达公司实施多元化战略的类型、动机与风险。

（3）根据波士顿矩阵划为企业经营业务的两位坐标及其四类业务的内容，分析思达公司现存的家电业务、新能源业务、房地产业务在波士顿矩阵中的业务类型，并根据波士顿矩阵的原理说明这三类业务下一步的发展方向。

（4）根据《企业内部控制应用指引第2号——发展战略》，简要分析思达公司在发展战略制定中存在的问题。

（5）简要分析思达公司发展进程中所表现出的主要运营风险。

跨章节综合练习题答案及解析

1. 【答案】

（1）①跨国经营活动引发的文化风险。“万欣U国公司来自新兴市场的低端形象很难得到U国企业和消费者的认同。万欣U国公司在注册时就被当地同行奚落‘你们还不如养马有前途’；公司向U国企业出售经检验没问题的油脂时却以质量不合格为由屡遭退货；公司向客户提供自己擅长的低价供货方案，客户根本不买账……公司尝试向U国K公司推销产品时，业务员连门都进不去，只能在传达室谈业务”。

②企业并购活动引发的文化风险。“公司初次收购当地企业并调整员工假期遭到工会强烈反对，工会声称‘即使倒闭也不会让中国企业兼并’”；“万欣U国公司非常注重规避跨国并购可能带来的风险，例如在收购L公司时，为了绕开工会的制约，万欣U国公司联手当地企业一起收购；在收购T公司时，万欣U国公司不仅没有解雇富余员工还扩建厂房并招收新员工”。

③组织内部因素引发的文化风险。“万欣U国公司初次收购当地企业并调整员工假期遭到工会强烈反对，工会声称‘即使倒闭也不会让中国企业兼并’”。

（2）①寻求市场。“2003年万欣U国公司正式成为主机厂的一级供应商”；“也让万欣U国公司生产的零部件得以在U国三分之一的汽车上使用”。

②寻求现成资产。“1999年万欣U国公司收购了L公司，这笔收购使它取代L公司成为世界上拥有最多万向节专利的公司。2000年万欣U国公司收购了T公司，从而成为U国最大的汽车轮毂加工装配基地和供应商。2001年万欣U国公司又收购了U国零售商A公司，获得了A公司汽车制动器技术与品牌、U国连锁维修店和采购集团等渠道”；“万欣U国公司在2003年收购了K公司，该公司是翼型万向节传动轴的发明者和全球最大的一级供应商”；“万欣公司收购AB公司不仅获得了世界顶尖的电池技术，与全球主流客户建立了业务联系，在新能源电池领域也更具号召力”；“万欣U国公司对FS电动汽车公司的收购，标志着万欣公司全面进入新能源汽车整车制造产业”。

（3）万欣U国公司在U国采用并购战略的动机有：

①避开进入壁垒，迅速进入，争取市场机会，规避各种风险。“为了克服公司进入新能

源汽车领域的诸多障碍，2012年底，万欣U国公司协助集团总部参与竞购深陷破产危机的U国AB公司”。

②获得协同效应。“在这一阶段万欣U国公司收购的企业多是一级供应商，万欣U国公司通过帮助它们为3 500位U国人保住了工作，也让万欣U国公司生产的零部件得以在U国三分之一的汽车上使用”；“AB公司终于告别了亏损，开始步入正轨。之后，万欣公司继续向AB公司提供培养核心业务必要的财务支持，推动AB公司进入汽车电动化、电网储能及其他全球性市场，包括进入中国市场。……万欣公司收购AB公司不仅获得了世界顶尖的电池技术，与全球主流客户建立了业务联系，在新能源电池领域也更具号召力”；“万欣U国公司对FS电动汽车公司的收购，标志着万欣公司全面进入新能源汽车整车制造产业。……万欣U国公司履行承诺，将FS公司的工厂从欧洲F国搬回U国，复产后创造了300多个工作岗位”。

③克服企业负外部性，减少竞争，增强对市场的控制力。“万欣公司收购AB公司不仅获得了世界顶尖的电池技术，与全球主流客户建立了业务联系，在新能源电池领域也更具号召力”；“在这一阶段万欣U国公司收购的企业多是一级供应商，万欣U国公司通过帮助它们为3 500位U国人保住了工作也让万欣公司生产的零部件得以在U国三分之一的汽车上使用”。

所规避的主要风险：

①并购后不能很好地进行企业整合。“万欣U国公司非常注重规避跨国并购可能带来的风险，例如在收购L公司时，为了绕开工会的制约，万欣U国公司联手当地企业一起收购；在收购T公司时，万欣U国公司不仅没有解雇富余员工还扩建厂房并招收新员工，帮助T公司渡过了难关”；“DR公司是一家汽车电子感应器公司，危机中公司不得不出售。公司所有者联系了万欣U国公司收购过的公司，了解到这些公司被收购后得到万欣U国公司及其总部很好的资源整合，因此拒绝了另外4家竞标收购者”；“一系列的收购及其之后的资源整合，不仅拯救了被并购公司，也让他们认识到万欣公司的强大实力与中国国内完备的产业配套能力”。

②跨国并购面临政治风险。“竞购AB公司期间U国诸多政府官员与行业专家强烈反对将AB公司卖给万欣公司，他们认为AB公司是U国重点企业且部分业务和军方有直接关联，被国内企业万欣公司收购会威胁U国国家安全。为了减少万欣公司在U国受到的政治压力，万欣公司向国内备案以获得国家的背书，增加谈判筹码；万欣公司始终承诺整体收购，并维持其2 000多名员工的工作岗位，这与其他8个竞标者只对AB公司的部分业务感兴趣不同；更关键的是，万欣公司只收购AB公司的民用业务，绝对避开涉及军方的业务。万欣公司的收购方案展现了愿意承担社会责任的企业形象，得到了AB公司首席执行官的高度认可，妥善化解了来自外界的危机和压力”；“在收购FS公司期间，万欣U国公司同样遇上了非议，被指责‘偷窃U国技术’。然而FS公司所在州州长和议员对万欣公司表示支持，‘万欣公司在U国20多年，形象一直比较靠谱’。并购后，万欣公司履行承诺，将FS公司的工厂从欧洲F国搬回U国，复产后创造了300多个工作岗位”。

（4）①不要拘泥于成本上竞争，而应该比照行业中的领先公司来衡量自己的实力。“公司向客户提供自己擅长的低价供货方案，客户根本不买账”；“万欣U国公司将瞄准U国主流社会的本地化改造作为首要任务”。

②找到一个定位明确又易于防守的市场。“这一系列本地化举措使万欣U国公司弱化了中国企业的形象，满足了U国市场对一家普通汽车零部件企业的基本期望”；“2003年万欣U国公司正式成为主机厂的一级供应商”。

③在一个全球化的产业中找到一个合适的突破口。“金融危机中万欣U国公司找到了进一步发展的突破口。万欣U国公司意识到金融危机前公司要尽可能适应和服从外部环境的要求；危机后公司则应当发挥自身优势，朝更有

利的方向施加影响”。

④学习从发达国家获取资源，以克服自身技能不足和资本的匮乏。“1999 年万欣 U 国公司收购了 L 公司，这笔收购使它取代 L 公司成为世界上拥有最多万向节专利的公司。2000 年万欣 U 国公司收购了 T 公司，从而成为 U 国最大的汽车轮毂加工装配基地和供应商。2001 年万欣 U 国公司又收购了 U 国零售商 A 公司，获得了 A 公司汽车制动器技术与品牌、U 国连锁维修店和采购集团等渠道”；“万欣 U 国公司在 2003 年收购了 K 公司，该公司是翼型万向节传动轴的发明者和全球最大的一级供应商；2005 年万欣 U 国公司收购了 U 国 F 汽车公司的一级供应商 S 公司和轴承企业 G 公司”；“万欣公司收购 AB 公司不仅获得了世界顶尖的电池技术，与全球主流客户建立了业务联系，在新能源电池领域也更具号召力”；“万欣 U 国公司对 FS 电动汽车公司的收购，标志着万欣公司全面进入新能源汽车整车制造产业。……万欣 U 国公司认为这一合作不仅是技术和资本绑在一起，而且是名誉与品牌都绑在了一起”。

（5）①确认那些支持企业竞争优势的关键性活动。“万欣 U 国公司收购 M 工厂后对其生产经营方式进行全面改造。在并购 H 公司后也停掉了公司的一些生产线，把它们搬到万欣公司中国公司来做，H 公司主要负责组装、技术开发、测试、售后服务和物流，以发挥各自优势”（在 U 国公司和中国国内公司各自强化自身优势活动）。

②明确价值链内各种活动之间的联系。“这些公司被收购后得到万欣 U 国公司及其总部很好的资源整合”；“万欣 U 国公司收购 M 工厂后对其生产经营方式进行全面改造”；“万欣 U 国公司通过对 T－D 公司和国内总部进行优势和资源的对接，把等速驱动轴打造为继万向节之后又一个世界老大产品”。

③明确价值系统内各项价值活动之间的联系。“一系列的收购及其之后的资源整合，不仅拯救了被并购公司，也让他们认识到万欣公司的强大实力与中国国内完备的产业配套能力”（中国国内完备的产业配套能力包括整个价值系统的配套能力）。

（6）①专有技术。“由于起步晚、缺少高端技术研发人员和营销人员等因素，万欣公司的电动车零部件核心技术远远落后于国内外的先锋企业”。

②获得分销渠道。“也缺少整合供应链的资源和能力”。

③得到适当成本和质量的原材料和其他投入。“也缺少整合供应链的资源和能力”。

④经验造成的成本优势。“更没有早期进入者所具有的经验曲线等成本优势”。

⑤风险。“为了克服公司进入新能源汽车领域的诸多障碍，2012 年底，万欣 U 国公司协助总部参与竞购深陷破产危机的 U 国 AB 公司”。

（7）依据《企业内部控制应用指引第 4 号——社会责任》，万欣公司与万欣 U 国公司进入新能源汽车领域所规避履行社会责任风险有：

①环境保护投入不足，资源耗费大，造成环境污染或资源枯竭，可能导致企业巨额赔偿、缺乏发展后劲，甚至停业。“在全球环境保护的压力下，万欣公司也开始向新能源汽车领域挺进”。

②促进就业和员工权益保护不够，可能导致员工积极性受挫，影响企业发展和社会稳定。“万欣公司始终承诺整体收购，并维持其 2 000 多名员工的工作岗位”；“并购后，万欣 U 国公司履行承诺，将 FS 公司的工厂从欧洲 F 国搬回 U 国，复产后创造了 300 多个工作岗位”。

2. **【答案】**

（1）市场情况：

①产品具有较高的价格弹性，市场中存在大量的价格敏感用户。“市场需要大量老百姓买得起、用得起的‘民牌’空调”。

②购买者不太关注品牌，大多数购买者以同样的方式使用产品。“升达公司在公布空调

成本的同时，将其空调产品全线降价，平均降幅达 20%。升达公司得罪了同行，却赢得无数的消费者”。

③价格竞争是市场竞争的主要手段，消费者的转换成本较低。“升达公司发动的价格战也使整个空调行业的产品价格节节下滑，市场均价从 2002 年的 2 500 元降到 2003 年的 2 000 元”。

资源和能力：

①在规模经济显著的产业中装备相应的生产设施来实现规模经济。“在……规模经济等方面都具备整机制造成本优势”。

②降低各种要素成本。“在零部件成本……等方面都具备整机制造成本优势”；“以年轻人为主体的人员结构……是升达公司成本优势的又一源泉。升达公司是新办的企业，没有下岗职工和离退休人员的负担”。

③提高生产率。“在……生产率……等方面都具备整机制造成本优势”；“公司在 2001 年引进全球最先进的信息化管理工具 ERP，配合内部各个部门严格的承包制的实施，对提高企业效率和降低运营成本起到了极大的作用”；“……灵活的民营企业机制是升达公司成本优势的又一源泉。升达公司发挥其灵活的民营企业机制，实施全方位的承包责任制，激发了各级人员的积极性、主动性和创造性，对于提高企业效率和降低运营成本发挥了重要作用”。

④提高生产能力利用程度。“……设备利用率……等方面都具备整机制造成本优势”。

⑤选择适宜的交易组织形式。“在升达公司家乡 N 市，做空调配件的企业很多，整个空调产业链已经成型，升达公司通过整合这些企业，产品零部件自制率达到 90%，与同类企业一般不超过 50% 的自制率相比，在零部件成本、生产率、设备利用率、规模经济等方面都具备整机制造成本优势”；“在采购环节，升达公司同时采用自制和外购两条路线，当自制的质量和价格有优势时，采用自制……自制明显不如外购有竞争力，就毫不犹豫地采用外购，甚至关掉自制部门”。

（2）1999 年之后：

意识到的市场风险是产品或服务的价格及供需变化带来的风险。“升达公司意识到，国内空调从少数人的奢侈品转为大众消费品的时机已经来临，市场需要大量百姓买得起、用得起‘民牌’空调”。

涉及的战略变革类型包括：

①结构和体系变革。“在升达公司家乡 N 市，做空调配件的企业很多，整个空调产业链已经成型，升达公司通过整合这些企业，产品零部件自制率达到 90%”；“公司在 2001 年引进全球最先进的信息化管理工具 ERP，配合内部各个部门严格的承包制的实施”；“在采购环节，升达公司同时采用自制和外购两条路线”。

②人员变革。“升达公司发挥其灵活的民营企业机制，实施全方位的承包责任制，激发了各级人员的积极性、主动性和创造性，对于提高企业效率和降低运营成本发挥了重要作用”。

2012 年之后：

意识到的市场风险是潜在进入者、竞争者、与替代品的竞争带来的风险。“为了避开与国内空调行业优势品牌的正面较量，升达公司将目标客户聚焦在新一代网络消费群体”。

涉及的战略变革类型包括：

①产品和服务变革。“建立起年轻化、时尚化的品牌形象，打造了‘倾国倾城’‘淑女窈窕’等情感化的明星产品”；“在随后的 2013 年，升达公司开始进行企业产品升级”。

②技术变革。“累计投入超过 30 亿元用于技术创新、效率提升”。

③结构和体系变革。“先后推出二级供应链管理、引进全球领先检测设备、吸纳超过 50% 的硕博人才组成创新研究团队，从根本上把控产品品质”；“2017 年，升达公司智能工厂落成投产，以更加标准化、高周转率的技术实力，实现产品品质的又一提升；在 J 国建立研发中心，实现智能化产品占比超 80%；筹建多个智能制造基地累计投资超过 150 亿元，

为实现空调产业全智能一体化做好准备”。

2017年之后：

意识到的市场风险是产品或服务的价格及供需变化带来的风险。“2017年下半年以来，升达公司意识到，虽然电商存量市场很大，但增长速度开始下降，线上流量红利在下滑”。

涉及的战略变革类型是结构和体系变革。“一是与国内著名电商普天组建联合团队，打通商家与平台的供应链，全面提升电商渠道供应链效率”；“升达公司放弃了向经销商层层压货、完成销售任务后给予返利的销售模式，而是采用‘互联网直卖’方式，只发展一层终端零售商，产品订货起点定为8台”。

（3）所体现的蓝海战略特征包括：

①拓展非竞争性市场空间市场空间或规避竞争。“为了避开与国内空调行业优势品牌正面较量，升达公司将目标客户聚焦在新一代网络消费群体”。

②创造并攫取新需求。“用18～35岁年轻消费者熟悉的代言人和沟通方式，建立起年轻化、时尚化的品牌形象，打造了‘倾国倾城’‘淑女窈窕’等情感化的明星产品，吸引了一批有时尚要求、重情感又注重性价比的年轻人群”。

③跨越时间。“升达公司就敏锐察觉到互联网发展的大趋势，积极与电商平台合作，在整体布局上确定了互联网、智能化发展战略”。

（4）基本活动：

①生产经营。“2017年，升达公司智能工厂落成投产，以更加标准化、高周转率的技术实力，实现产品品质的又一提升；在J国建立研发中心，实现智能化产品占比超80%；筹建多个智能制造基地累计投资超过150亿元，为实现空调产业全智能一体化做好准备”。

②外部后勤。“目前升达公司拥有1.5万多家终端零售商，这些终端零售商通过手机APP直接下单，升达公司接单后通过各区域的仓储中心调配，由第三方物流发货到店。升达公司已建成社会化的售后服务网点7 500个，覆盖国内98%的县市”。

③市场销售。“将目标客户聚焦在新一代网络消费群体，充分依托电商平台，用18～35岁年轻消费者熟悉的代言人和沟通方式，建立起年轻化、时尚化的品牌形象，打造了‘倾国倾城’‘淑女窈窕’等情感化的明星产品，吸引了一批有时尚要求、重情感又注重性价比的年轻人群”；“抓住国内电商平台纷纷下沉开店的机遇，向基层市场渗透，逐步熟悉终端零售商渠道”。

④服务。“终端零售商或用户通过云平台寻找所在地的升达公司售后服务人员，由他们抢单帮助安装、维修”。

支持活动：

①采购管理。“升达公司同时采用自制和外购两条路线，当自制的质量和价格有优势时，采用自制……自制明显不如外购有竞争力，就毫不犹豫地采用外购，甚至关掉自制部门。升达公司借鉴国外企业‘全球论质比价采购’的模式，其加工蒸发器和冷凝器的自动生成设备购自J国；保证镀层10年不脱皮泛绣的瓦格纳喷涂设备是引进D国的；制造空调塑壳的ABS粉料来自H国；机身上的所有接插件购自M国。这些设备和原料共有的特点是品质在全球范围内相对较好，价格最低”；“引进全球领先检测设备”。

②技术开发。“在随后的2013年，升达公司开始进行企业产品升级，累计投入超过60亿元用于技术创新、效率提升”。

③人力资源管理。“升达公司是新办的企业，没有下岗职工和离退休人员的负担；升达公司发挥其灵活的民营企业机制，实施全方位的承包责任制，激发了各级人员的积极性、主动性和创造性，对于提高企业效率和降低运营成本发挥了重要作用”；“吸纳超过50%的硕博人才组成创新研究团队”。

④基础设施。“公司在2001年引进全球最先进的信息化管理工具ERP，配合内部各个部门严格的承包制的实施，对提高企业效率和降低运营成本起到了极大的作用”；“推出二级供应链管理”。

（5）价值网络强调“以顾客为中心”，在专业化分工的生产服务模式下，把处于“价值链”上不同位置并存在密切关联的企业或者相关利益体整合在一起，建立一个以顾客为核心的价值创造体系，共同为顾客创造价值。当顾客出现新的价值需求时，网络成员也可以联合起来进行共同研发，迅速地满足顾客需求。“与国内著名电商普天组建联合团队，打通商家与平台的供应链，全面提升电商渠道供应链效率”；“抓住国内电商平台纷纷下沉开店的机遇，向基层市场渗透，逐步熟悉终端零售商渠道”；“终端零售商或用户通过云平台寻找所在地的升达公司售后服务人员……这不仅有利于市场价格体系的稳定，也克服了传统模式下渠道库存严重、层层加价、经销商资金周转慢、利润不稳定等弊端”；“升达公司与以线下销售为主的长宁家电零售公司合作，共创智慧零售新模式”；“以前‘通过厂商直供的方式真正让利于经销商，打造至真至诚的利益共同体’，进一步延伸到‘以升达公司主导产业为基准搭建 O2O（即 Online to Offline，线上到线下）平台为更多中小企业服务，全面赋能线下经销商’。‘双轮战略’的实施，将进一步实现线上线下融合、深耕零售发展的模式”。

（6）①促进技术创新。“升达空调原来的电商渠道供应商 SOP（即标准操作程序）分为 18 个节点，操作共需 33 个小时，新的系统上线以后优化为 6 个节点，操作只需 1 个多小时，大大提升了供应链效率”。

②避免经营风险。“与国内著名电商普天组建联合团队，打通商家与平台的供应链，全面提升电商渠道供应链效率”。

③实现资源互补。“升达公司作为长宁家电品牌主力军，通过长宁零售公司快递开启渠道下沉绿色通道，从线上渠道转移至线下渠道，在运营上借助长宁零售公司在市场上的口碑和服务，形成很强的品牌竞争力”。

（7）第一次战略转型：

价格策略：“升达公司在公布空调成本的同时，将其空调产品全线降价，平均降幅达 20%”。

第二次战略转型：

产品策略：“打造了‘倾国倾城’‘淑女窈窕’等情感化的明星产品”；“在随后的 2013 年，升达公司开始进行企业产品升级，累计投入超过 30 亿元用于技术创新、效率提升”。

促销策略：“用 18 ~ 35 岁年轻消费者熟悉的代言人和沟通方式，建立起年轻化、时尚化的品牌形象”。

第三次战略转型：

分销策略：“一是与国内著名电商普天组建联合团队，打通商家与平台的供应链，全面提升电商渠道供应商效率”；“二是抓住国内电商平台纷纷下沉开店的机遇，向基层市场渗透，逐步熟悉终端零售商渠道”；“2018 年 11 月，升达公司与以线下销售为主的长宁家电零售公司合作，共创智慧零售新模式”。

3.【答案】

（1）公司宗旨旨在阐述公司长期的战略意向，其具体内容主要说明公司目前和未来所要从事的经营业务范围。科通公司初创时期的业务定位是做手机业务，“要做一款设计好、品质好而价格又便宜的智能手机”；而历经 8 年的发展，到 2018 年科通公司上市之前，公司的业务定位是“涵盖众多消费电子产品、软硬件和内容全覆盖的互联网企业”。

（2）依据“战略钟”理论，科通智能手机与生态链产品所采用的竞争战略类型是混合战略，即在为顾客提供更高的认可价值的同时，获得成本优势。亦即差异化与成本领先兼顾的战略。“科通坚持做顶级配置，真材实料，高性能，高体验，强调超用户预期的最强性价比”；“这款号称顶级配置手机定价只有 1 999 元，几乎是同配置手机价格的一半”；“由于科通品牌给人们高性价比的印象已经根深蒂固，因此不少人认为科通生态链企业的产品无法赢利。但实际上，科通生态链企业已经有多家实现盈利”；“感动人心、价格厚道”。

科通智能手机与生态链产品能够实现混合

战略主要依靠互联网信息技术。

首先，企业可以借助信息技术推出区别于竞争对手的新产品、新服务，从而获得竞争优势。“科通公司首先是运用互联网工具，让用户参与到手机硬件的设计、研发之中，通过用户的反馈意见，了解市场的最新需求。而此前其他公司的研发模式都是封闭的，动辄一两年，开发者以为做到了最好，但其实未必是用户喜欢的，而且一两年时间过去，市场很可能已经变化”；“在刘毅看来，‘互联网思维’体现在两个关键点上：一是用户体验，利用互联网接近用户，了解他们的感受和需求……做到感动人心、价格厚道”。

其二，“信息技术在企业中的应用可以帮助企业在生产、工程、设计、服务等环节有效降低成本，甚至达到行业中最低的运营成本”；“开创了官网直销预订购买的发售方式，不必通过中间商，产品可以直接送到消费者手上，省去了实体店铺的各种费用和中间的渠道费用”；“在刘毅看来，‘互联网思维’体现在两个关键点上……二是效率，利用互联网技术提高企业的运行效率，使优质的产品能够以高性价比的形式出现，做到感动人心、价格厚道”。

（3）“科通的成功模式成为各行各业观摩学习的范本”，依据核心能力评价理论，向科通公司学习的企业基准分析的基准类型是过程或活动基准，即以具有类似核心经营的企业为基准进行比较，但是二者之间的产品和服务不存在直接竞争关系。这类基准分析的目的在于找出企业做得最突出的方面。“大量企业开始对标科通，声称要用科通模式颠覆自己所在行业，‘做××行业的科通’，成为众多企业的口号”，说明不是同一行业企业，当然也不存在直接竞争关系。

（4）科通公司在2015年所面临的市场风险主要表现在两个方面：

①能源、原材料、配件等物资供应的充足性、稳定性和价格的变化带来的风险。“销量越来越大就意味着要与数百个零部件供应商建立良好高效的合作协同关系，不能有丝毫闪失。而科通的供货不足、发货缓慢被指为‘饥饿营销’，开始颇受质疑”；“芯片供应商G公司的一脚急刹车成为导火线”。

②潜在进入者、竞争者、与替代品的竞争带来的风险。“竞争对手越来越多、越来越强大。H公司推出的互联网手机品牌R手机成为科通手机强劲的对手，O公司和V公司也借助强大的线下渠道开始崛起”；“以线下渠道为主的O公司和V公司成为手机行业的新星，其手机出货量不仅增幅超过100%，而且双双超过科通公司进入全球前五、国内前三”。

（5）科通公司2016年所采用的收缩战略（撤退战略）的主要方式有：

①紧缩与集中战略中的机制变革，主要做法是调整管理层领导班子。“刘毅亲自负责科通手机供应链管理。前供应链负责人转任首席科学家，负责手机前沿技术研究。这意味着科通公司从组织架构上加大对供应链的管理力度”。

②转向战略中的调整营销策略，在价格、广告、渠道等环节推出新的举措。“开启‘新零售’战略……通过线上线下互动融合的运营方式，将电商的经验和优势发挥到实体零售中。让消费者既能享用线下看得见摸得着的良好体验，又能获取电商一样的低价格”；“早年一直坚持口碑营销从未请过代言人的科通公司在2016年开始改变策略，先后请来几位明星作为代言人，赢得了不少新老客户”。

（6）科通生态链所采用的发展战略的类型属于相关多元化（同心多元化）。“科通生态链的投资主要围绕以下5大方向：手机周边，如手机的耳机、移动电源、蓝牙音箱；智能可穿戴设备，如科通手环、智能手表；传统白电的智能化，如净水器、净化器；极客酷玩类产品，如平衡车、3D打印机；生活方式类，如科通插线板”；“围绕手机业务构建起手机配件、智能、生活消费产品三层产品矩阵”。

科通公司采用这一战略的优点：

①有利于企业利用原有产业的产品知识、

制造能力、营销渠道、营销技能等优势来获取融合优势，即两种业务或两个市场同时经营的盈利能力大于各自经营时的盈利能力之和。“科通生态链团队从ID、外观、结构、硬件、软件、云服务、供应链、采购、品牌等诸多方面给予创业公司全方位的支持”；“麦家的多个产品已经做到了全球数量第一，科通生态链公司也出现多个独角兽（指那些估值达到10亿美元以上的初创企业）”；“科通公司也从一家手机公司过渡到一个涵盖众多消费电子产品、软硬件和内容全覆盖的互联网企业”。

②利用未被充分利用的资源。“科通公司抽出20名工程师，让他们从产品的角度看待拟投资的创业公司，通过与创业公司团队的沟通，了解这家公司的未来走向”。

③运用盈余资金。“运用科通公司已经积累的大量资金”。

④运用企业在某个产业或某个市场中的形象和声誉来进入另一个产业或市场，而在另一个产业或市场中要取得成功，企业形象和声誉是至关重要的。“科通生态链团队从ID、外观……品牌等诸多方面给予创业公司全方位的支持”。

科通生态链所采用的实施发展战略的途径是战略联盟。“科通生态链团队不仅做投资，而且是一个孵化器……但是，科通公司并没有控股任何一家科通生态链公司，所有的公司都是独立的”；“通过这种独特的战略联盟模式，科通投资、带动了更多志同道合的创业者，围绕手机业务构建起手机配件、智能、生活消费产品三层产品矩阵”。

科通公司采用这种方式的动因：

①促进技术创新。“生态链企业各自发挥技术创新优势”；“许多新兴产品领域，麦家的多个产品已经做到了全球数量第一，科通生态链公司也出现多个独角兽”。

②避免经营风险。“同时……规避经营风险”。

③实现资源互补。“从ID、外观、结构、硬件、软件、云服务、供应链、采购、品牌等诸多方面给予创业公司全方位的支持”；“科通公司利用其规模经济所带来的全球资源优势帮助这些生态链企业提高效率，科通公司运用其全球供应链优势能够让生态链上的小公司瞬间拥有几百亿的供应链能力”。

④开拓新的市场。“科通已经投资了90多家生态链企业，涉足上百个行业”。

⑤降低协调成本。“同时降低科通公司整体的内部协调成本”。

（7）①研发能力。“科通公司首先是运用互联网工具，让用户参与到手机硬件的设计、研发之中，通过用户的反馈意见，了解市场的最新需求。而此前其他公司的研发模式都是封闭的，动辄一两年，开发者以为做到了最好，但其实未必是用户喜欢的，而且一两年时间过去，市场很可能已经变化。其次，科通坚持做顶级配置，真材实料，高性能，高体验，强调超用户预期的最强性价比”；“从ID、外观、结构、硬件、软件、云服务、供应链、采购、品牌等诸多方面给予创业公司全方位的支持”；“许多新兴产品领域，麦家的多个产品已经做到了全球数量第一”。

②生产管理能力。“利用互联网技术提高企业的运行效率，使优质的产品能够以高价比的形式出现”；“科通公司利用其规模经济所带来的全球资源优势帮助这些生态链企业提高效率，科通公司运用其全球供应链优势能够让生态链上的小公司瞬间拥有几百亿供应链提供的能力”。

③营销能力。

a. 产品竞争能力。“这款号称顶级配置的手机定价只有1 999元，几乎是同配置手机价格的一半，科通手机2012年实现销售量719万部。2014年二季度，科通手机成为国内智能手机市场的第一名，科通公司在全球也成为第三大手机厂商”；“麦家的多个产品已经做到了全球数量第一，科通生态链公司也出现多个独角兽”。

b. 销售活动能力。“以品牌和口碑积累粉丝，靠口口相传，节省大量广告费用”；“开创了官网直销预订购买的发售方式，不必通过中间商，产品可以直接送到消费者手上，省去了实体店铺的各种费用和中间的渠道费用”；“开启‘新零售’战略，通过线上线下互动融合的运营方式，将电商的经验和优势发挥到实体零售中”；“早年一直坚持口碑营销从未请过代言人的科通公司在2016年开始改变策略，先后请来几位明星作为代言人，赢得了不少新老客户”。

c. 市场决策能力。“公司成立之初，时任CEO的刘毅与他的合伙人们就有一个想法：要做一款设计好、品质好而价格又便宜的智能手机。2010年的手机市场，还是国际品牌的天下，功能机仍是主体，智能手机的价格至少也要在3 000~4 000元。虽然也有一些国产品牌手机，但大多数是低质低价的山寨机”；“2014年，刘毅开始意识到‘智能硬件’和‘万物互联’可能是比智能手机还要大的发展机遇。于是，科通公司开启了科通生态链计划”。

④财务能力。“科通公司开启了科通生态链计划，运用科通公司已经积累的大量资金”；“2018年7月，科通公司成功上市”；“不少人认为科通生态链企业的产品无法实现利润，但实际上，科通生态链企业已经有多家实现盈利。这是因为科通公司利用其规模经济所带来的全球资源优势帮助这些生态链提高效率”。

⑤组织管理能力。“科通公司内部开始进行架构和模式多维调整。刘毅亲自负责科通手机供应链管理，前供应链负责人转任首席科学家，负责手机前沿技术研究，这意味着科通公司从组织架构上加大对供应链的管理力度”；“科通公司抽出20名工程师，让他们从产品的角度看待拟投资的创业公司，通过与公司团队的沟通，了解这家公司的未来走向”；“科通公司并没有控股任何一家科通生态链公司，所有的公司都是独立的。这样有利于在统一的价值观和目标下，生态链企业各自发挥技术创新优势，同时降低科通公司整体内部协调成本，规避经营风险”。

4. 【答案】

（1）广源天药集团医药板块产品组合策略的类型属于扩大产品组合。包括拓展产品组合的宽度和加强产品组合的深度。前者是在原产品大类内增加新的产品项目；后者是增加每种产品项目的花色、品种、规格。“广源天药集团最初生产销售的粉剂产品，产品结构较为单一。……广源天药集团顺应时代发展对药品剂型、便捷性、准确性等多方面的需求，从1975年开始，在广源天药秘方原有剂型的基础上研制出系列新剂型、新品种，历经30多年时间，逐步开发构建了广源天药完整、庞大的产品群。如主打止血消炎的广源天药膏、广源天药酊，用于外伤止痛的广源天药气雾剂、具有止血功效的创可贴等。同时，广源天药深入挖掘创新以天然植物为原料的民族药物，成功研发出具有地方特色的新产品，如脑脉通口服液、宫血宁胶囊等。”

产品开发原因包括：

①企业具有较高的市场份额和较强的品牌实力，并在市场中具有独特的竞争优势。“将自身独特的技术优势与多变的市场需求相结合，不断开发出新的高品质药品，赢得了消费者的信赖”。

②市场中有潜在增长力。“不断开发出新的高品质药品，赢得了消费者的信赖”；“彻底打破了BD独霸创可贴天下的局面，当年广源天药创可贴与BD创可贴的市场比率由2000年的1∶10涨到1∶2.6……2012年广源天药创可贴销售再创新高，达到4亿元”。

③客户需求的不断变化需要新产品。持续的产品更新是防止产品被淘汰的唯一途径。“随着人们生活水平逐渐提高，医药企业竞争日趋激烈，消费者对医药产品功能的要求也日益多样化。广源天药集团顺应时代发展对药品剂型、便捷性、准确性等多方面的需求……研制出系列新剂型、新品种”。

④需要进行技术开发或采用技术开发。“创可贴市场占领者国际品牌BD创可贴仅仅是一种卫生消毒材料，没有对伤口的止血和愈

合的功效。而广源天药的药性具有很强的止血和愈合功效。如果将广源天药产品的药性与创可贴的功效结合起来，可与其他创可贴形成产品功能性差异。但是当时广源天药不具备生产透皮方面的技术”。

⑤企业需要对市场的竞争创新作出反应。“随着人们生活水平逐渐提高，医药企业竞争日趋激烈，消费者对医药产品功能的要求也日益多样化”。

（2）①外部发展（并购）。“2011 年收购国内一家制药厂，作为与透皮事业部相配套的生产企业”。

②内部发展（新建）。“2001 年 3 月广源天药投资成立专业透皮研究部门，主要对创可贴进行研究开发……随后投资 300 万元建立广源天药创可贴生产线，并投资 2 000 多万元组建医药电子商务公司，完善创可贴销售网络。……随后广源天药集团成立了主要生产经营透皮产品的事业部”。

③战略联盟。“但是当时广源天药不具备生产透皮方面的技术，为了快速推出此类产品，广源天药选择暂时不进行自主研发，与国外创可贴企业合作，广源天药提供创可贴的敷料部分，国外企业负责成品生产”；“引进日本更先进的生产透皮技术，委托国内企业加工生产 8 000 多万张”。

（3）①广源天药集团实施多元化战略的动因：

a. 分散风险。“广源天药集团进入国家基本药物目录的药品在价格上受到限制，招标采购模式也使得药品价格维持在一个较低的水平，毛利率较低……一种药从立项、临床报批到进入市场需要很长的周期和大量资金投入，进入市场的结果也存在着未知的风险。一旦产品销售不佳，会对广源天药集团产生较大影响……另一方面也可以抵御医药市场的竞争压力，规避产业发展风险”。

b. 在企业无法增长的情况下找到新的增长点。“广源天药集团希望开发非药品业务作为公司新的利润增长源泉”。

c. 利用未被充分利用的资源。“广源天药集团管理层还期望充分发挥企业在药品经营中各种有形资源……进一步扩大公司生存发展空间”。

d. 获得资金或其他财务利益。“获得足够的资金支撑企业研发新的医药产品”。

e. 运用企业在某个产业或某个市场中的形象和声誉来进入另一个产业或市场，而在另一个产业或市场中要取得成功，企业形象和声誉是至关重要的。“广源天药集团管理层还期望充分发挥企业在药品经营中……良好的声誉品牌优势，进一步扩大公司生存发展空间”。

②广源天药集团实施多元化战略的风险：

a. 来自原有经营产业的风险。“由于企业多元化经营资源分散……对其主业带来了负面影响”。

b. 市场整体风险。“由于企业多元化经营资源分散，不仅导致其在缺乏优势的产业中经营绩效不佳，而且对其主业带来了负面影响”。

c. 产业进入风险。“而其他日化产品由于其功能和特点无法体现广源天药粉的独特优势，因而难以成功”；“房地产业务与广源天药集团的主营业务不存在联系，在生产技术、市场、营销等方面无法产生协同效应。广源天药集团没有强大的资源和人才来支撑这个庞大的房地产业务体系，致使房地产业务在 5 年内 4 年都是严重亏损，侵蚀了集团的资源，占用了人力，还占据了企业大量资金”。

e. 产业退出风险。“广源天药集团管理层没有审时度势和合理分析房地产的未来走势，没有结合集团房地产业务连续数年亏损的实际和房地产整个行业的发展现状及时作出调整，却于 2012 年反其道而行耗资 38 亿元兴建度假村。直到 2013 年才出售广源天药置业有限公司退出不良业务”。

f. 内部经营整合风险。“房地产业务与广源天药集团的主营业务不存在联系，在生产技术、市场、营销等方面无法产生协同效应，广源天药集团没有强大的资源和人才来支撑这个庞大的房地产业务体系，致使房地产业务在 5

年内4年都是严重亏损，侵蚀了集团的资源，占用了人力，还占据了企业大量资金”。

（4）①医药板块：

它对顾客是否有价值？“核心产品广源天药在治疗出血、消炎等方面有非常好的疗效，在国内外享有很高声誉”；“不断开发出新的高品质药品，赢得了消费者的信赖”。

它与企业竞争对手相比是否有优势？“拥有独一无二的国家级保密配方和百年老字号品牌的医药企业”；“到目前为止，广源天药仍然是创可贴行业的翘楚”。

它是否很难被模仿或复制？“拥有独一无二的国家级保密配方”；“将自身独特的技术优势与多变的市场需求相结合，不断开发出新的高品质药品”；“广源天药创可贴弥补了其他同类产品只能护理不能治疗的缺陷”。

广源天药集团医药板块同时满足3个关键测试，具备核心能力。

②广源天药牙膏：

它对顾客是否有价值？“80%左右的成年人或多或少都有口腔溃疡或者牙龈萎缩出血等问题”；“利用天药的活性成分，开发出一种能够帮助消费者减轻牙龈出血等口腔问题的独特的药物牙膏”；“广源天药集团又对产品进行不断改进和完善”。

它与企业竞争对手相比是否有优势？“一般传统牙膏的主要功能是解决牙齿防蛀和清洁问题”；“开发出一种能够帮助消费者减轻牙龈出血等口腔问题的独特的药物牙膏”。

它是否很难被模仿或复制？“广源天药牙膏运用公司的关键资源——广源天药粉的神奇功效，使得广源天药牙膏具有独特的治疗功能”；“广源天药牙膏首先采用的销售渠道是医院和药房、网络销售渠道，随后才进入超市等渠道，这样有利于在产品问世时显现出药企的背景，让消费者觉得质量有保障，并且巧妙避开了行业龙头的直接竞争，还可降低前期的销售费用”。

广源天药牙膏同时满足3个关键测试，具备核心能力。

③日化板块其他产品：

它对顾客是否有价值？“其他日化产品都销售不佳，发展势头萎靡不振。几种主要产品市场占有率大大低于外资品牌，也低于国内其他著名品牌。目前市场上已经很少能看到广源天药的沐浴素、洗发水、护发素、面膜、护手霜等产品的踪迹”。

它与企业竞争对手相比是否有优势？“而其他日化产品由于其功能和特点无法体现广源天药粉的独特优势，因而难以成功”。

它是否很难被模仿或复制？“而其他日化产品由于其功能和特点无法体现广源天药粉的独特优势，因而难以成功”。

广源天药日化板块其他产品不能满足3个关键测试，不具备核心能力。

④房地产业务：

它对顾客是否有价值？“广源天药集团管理层没有审时度势和合理分析房地产的未来走势（因此，其房地产业务难以适应顾客需求）”。

它与企业竞争对手相比是否有优势？“房地产业务在5年内4年都是严重亏损”。

它是否很难被模仿或复制？“房地产业务与广源天药集团的主营业务不存在联系（因此，广源天药的房地产业务不存在难以被模仿或复制的因素）”。

广源天药房地产不能满足3个关键测试，不具备核心能力。

（5）①医药板块：

研发的类型：产品研究——新产品开发。“将自身独特的技术优势与多变的市场需求相结合，不断开发出新的高品质药品”。

动力来源：需求拉动。“广源天药集团顺应时代发展对药品剂型、便捷性、准确性等多方面的需求，从1975年开始，在广源天药秘方原有剂型的基础上研制出系列新剂型、新品种”。

研发定位：成为向市场推出新技术产品的企业。“将自身独特的技术优势与多变的市场需求相结合，不断开发出新的高品质药品”。

②广源天药牙膏：

研发的类型：产品研究——新产品开发。

"广源天药集团开始研发天药牙膏，利用天药的活性成分，开发出一种能够帮助消费者减轻牙龈出血等口腔问题的独特的药物牙膏"。

动力来源：需求拉动。"80%左右的成年人或多或少都有口腔溃疡或者牙龈萎缩出血等问题"。

研发定位：成为向市场推出新技术产品的企业。"广源天药集团开始研发天药牙膏，利用天药的活性成分，开发出一种能够帮助消费者减轻牙龈出血等口腔问题的独特的药物牙膏"。

（6）①企业产品结构、新产品研发方面可能引发的风险。"而其他日化产品由于其功能和特点无法体现广源天药粉的独特优势，因而难以成功"；"房地产业务与广源天药集团的主营业务不存在联系，在生产技术、市场、营销等方面无法产生协同效应……房地产业务在5年内4年都是严重亏损"；"由于多元化经营资源分散，不仅导致其在缺乏优势的产业中经营绩效不佳，而且对其主业带来了负面影响"。

②企业新市场开发、市场营销策略方面可能引发的风险。"广源天药牙膏首先采用的销售渠道是医院和药房、网络销售渠道，随后才进入超市等渠道……而其他日化产品由于其功能和特点无法体现广源天药粉的独特优势"；"房地产业务与广源天药集团的主营业务不存在联系，在生产技术、市场、营销等方面无法产生协同效应"。

③企业组织效能、管理现状、企业文化，高、中层管理人员和重要业务流程中专业人员的知识结构、专业经验等方面可能引发的风险。"广源天药集团没有强大的资源和人才来支撑这个庞大的房地产业务体系，致使房地产业务在5年内4年都是严重亏损"。

④质量、安全、环保、信息安全等管理中发生失误导致的风险。"2007～2014年广源天药集团有4种药品进入国家药监局不合格药品名单，其中影响最大的是2012年国内某省药监局查出广源天药胶囊的水分不合格，相关产品被召回，广源天药集团被列入医药企业黑名单。该省药物采购联合办公室取消了广源天药胶囊的中标权利和网上采购资格，并且在2013～2016年严格禁止广源天药胶囊进入该省基本药物统一招标采购目录"。

⑤因企业内、外部人员的道德风险或业务控制系统失灵导致的风险。"9年间，广源天药至少10次因为部分药品质量不合格、广告夸大疗效等原因导致负面消息"。

⑥企业现有业务流程和信息系统操作运行情况的监管、运行评价及持续改进能力方面引发的风险。"广源天药集团管理层没有审时度势和合理分析房地产业的未来走势，没有结合集团房地产业务连续数年亏损的实际和房地产整个行业的发展现状及时作出调整，却于2012年反其道而行耗资38亿元兴建度假村。直到2013年才出售广源天药置业有限公司退出不良业务"。

5. **【答案】**

（1）①分散风险。"光美公司的主打产品空调、风扇等，销售旺季集中在每年的3～8月，在其余时间里资金和经销商资源的利用都明显不足，而推出微波炉产品可以弥补这一缺陷"。

②找到新的增长点。"有利于优化公司整体运作和产品结构，建立新的增长点"。

③利用未被充分利用的资源。"从制造技术的角度看，微波炉和光美公司已生产的电饭煲、电磁炉等产品都是使用电能转换加热系统，因此对微波炉的技术研发、生产制造和营销网络都有着极其便利的条件和经验"；"在其余时间里资金和经销商资源的利用都明显不足"。

④运用盈余资金。"在其余时间里资金和经销商资源的利用都明显不足"。

⑤运用企业在某个产业或某个市场中的形象和声誉来进入另一个产业或市场。"还可以利用光美公司在其他厨具小家电市场上树立的品牌优势开拓市场"。

（2）实施条件（市场情况）：

①市场中存在大量的价格敏感用户。"兰微公司充分利用市场对微波炉产品价格的高度

敏感”。

②产品难以实现差异化。“通过集中生产少数品种、规模经济、减少各种要素成本、提高生产效率、不断改进产品工艺设计、承接外包等多种手段降低成本，以‘价格战’不断摧毁竞争对手的防线，抬高行业的进入门槛，使自己成为微波炉行业的‘霸主’”。

③价格竞争时市场竞争的主要手段。“兰微公司充分利用市场对微波炉产品价格的高度敏感”；“以‘价格战’不断摧毁竞争对手的防线”。

实施条件（资源和能力）：

①实现规模经济。“通过……规模经济……多种手段降低成本”。

②降低各种要素成本。“通过……减少各种要素成本……多种手段降低成本”。

③提高生产率。“通过……提高生产效率……多种手段降低成本”。

④改进产品工艺设计。“通过……不断改进产品工艺设计……多种手段降低成本”。

⑤选择适宜的交易组织形式。“通过……承接外包等多种手段降低成本”。

⑥重点集聚。“通过集中生产少数品种……多种手段降低成本”。

风险：

市场需求从注重价格转向注重产品的品牌形象，使得企业原有的优势变为劣势。“从光美公司掌握的数据看，国内市场的高端化消费趋势已经非常明显，低端产品对消费者已不具吸引力”；“光美公司在2010年成功超越兰微公司成为微波炉出口冠军；在2012年，光美公司微波炉国内市场品牌价格指数全面超越兰微公司，由行业跟随者升级为行业领导者，跳出行业‘价格战’的恶性循环，实现了企业业绩持续增长”。

（3）实施条件（市场情况）：

①产品能充分地实现差异化，且为顾客所认可。“如果能够开发并向市场推出使消费者迅速认识并接受微波炉的多种优点的产品，微波炉市场将进入另一个高速发展期”；“从光美公司掌握的数据看，国内市场的高端化消费趋势已经非常明显，低端产品对消费者已不具吸引力”。

②顾客的需求是多样化的。“微波炉具有多种优点，它不仅能快速加热或烹调食物，而且没有油烟，还能保持食物的原汁原味与减少营养损失。在C国，虽然80%以上的家庭已经使用微波炉，但微波炉只是作为一个加热工具，它的多种优点还没被消费者充分认识”。

③创新成为竞争的焦点。“如果能够开发并向市场推出使消费者迅速认识并接受微波炉的多种优点的产品，微波炉市场将进入另一个高速发展期”；“从光美公司掌握的数据看，国内市场的高端化消费趋势已经非常明显，低端产品对消费者已不具吸引力”。

实施条件（资源和能力）：

①具有强大的研发能力和产品设计能力，具有很强的研究开发管理人员。“确定公司技术发展方向及技术发展路线”；“开展广泛技术合作”；“投入巨资改善软硬件条件”；“变革学习、考核机制”。

②具有很强的市场营销能力，具有很强的市场营销能力的管理人员。“光美公司在不断创新和推出产品的过程中，成功地开展了一系列促销活动”“2010年光美公司耗巨资在国内主要城市的核心终端，开辟了1 000个‘蒸立方’品牌专柜”“2011年公司开发上线了新一代营销管理系统”“光美公司在海外前15大市场设立了区域经理，同时针对各不同的区域的主流客户设立了专门的产品开发团队”。

③有能够确保激励员工创造性的激励体制、管理体制和良好的创造性文化。“公司不断加大对各类人员培训的投入，同时转变培训方式。公司要求中高层管理者每年必须走访市场不少于4次，倾听市场和客户的声音。公司定期组织中高层管理者赴日本、韩国企业进行学习交流取经。公司每年投入超过1 000万元的培训费用于员工的专业技能培训。公司出台专项政策，鼓励员工进行再学习、再深造。公司经常组织读书心得分享会，书目由公司总经

理亲自选定，均与公司当期推动的变革措施有关。光美公司的绩效导向文化逐渐深入到员工骨髓，公司也结合各阶段工作重点在绩效考核导向方面进行不断地调整和优化”；“2009 年之后，公司不断完善基于以市场、客户为导向的矩阵式管理模式”。

④具有从总体上提高某项经营业务的质量、树立产品形象、保持先进技术和建立完善分销渠道的能力。“为了避免差异化成本过高，光美公司通过加大部件自制、精益运营、加强价值链信息共享和协同降低运营成本等手段来创新成本管控，解决成本与结构升级的矛盾，应对资源要素价格的持续上升，保证成本优势”；“确定公司技术发展方向以及技术发展路线”；“光美公司在不断创新和推出产品的过程中，成功地开展了一系列促销活动”；“光美公司在海外 15 大市场设立了区域经理，同时针对各不同的区域的主流客户设立了专门的产品开发团队”

光美公司注重防范差异化战略的风险：

①企业形成产品差异化的成本过高。“为了避免差异化成本过高，光美公司通过加大部件自制、精益运营、加强价值链信息共享和协同降低运营成本等手段来创新成本管控，解决成本与结构升级的矛盾，应对资源要素价格的持续上升，保证成本优势”。

②竞争对手的模仿和进攻使已建立的差异缩小甚至转向。“光美公司以‘蒸功能’为主题的产品功能不断升级，针对不同消费群体的产品线不断扩充，‘蒸功能’逐步普及，公司和产品的品牌形象日益鲜明”。

（4）①限制进入定价。“对于光美公司的挑战，兰微公司予以迎击，不仅再次祭起了‘价格战’的大旗”。

②进入对方领域。“兰微公司宣布大举进军光美公司已拥有优势的产业，如空调、冰箱、风扇、电暖气等产业”。

（5）①研发的类型：产品研究—新产品开发。

②研发的动力来源：既是“需求拉动”，也是“技术推动”。“如果能够开发并向市场推出使消费者迅速认识并接受微波炉的多种优点的产品，微波炉市场将进入另一个高速发展期”；“光美公司于 2006 年在国内率先推出具备蒸功能的产品，这不仅是第一款针对国内市场消费者使用习惯开发的本土化创新产品，实现了 C 国传统烹饪习惯与微波炉功能优点的有效结合，而且在核心技术上形成了对兰微公司的技术壁垒，突破了兰微公司的价格和产品封锁。经过将近一年的推广，市场反响很好，显示了巨大的发展潜力”。

③研发的定位：成为向市场推出新技术产品的企业。“光美公司于 2006 年在国内率先推出具备蒸功能的产品”。

（6）①产品策略。“对微波炉‘蒸功能’的持续升级和传播”；“2007 年，推出了第二代具备蒸功能的产品——‘全能蒸’微波炉”；“2008 年，光美公司发布了 5 个系列 14 款‘蒸功能’微波炉”；“2009 年，公司第三代产品‘蒸立方’面世”；“2010 年，光美公司发布第五代‘蒸功能’系列新品”；“2012 年光美公司发布了半导体、太阳能和云技术微波炉三大创新产品”。

②促销策略。“光美公司在不断创新和推出产品的过程中，成功地开展了一系列促销活动。2006 年，光美公司开启了以‘食尚蒸滋味’为主题的全年推广活动，首次在各大电视台开展广告营销活动，同时在全国主要市场开展产品的循环演示活动。2008 年，光美公司主办了‘蒸夺营养冠军’的全国推广活动。2009 年，光美公司推出‘全蒸宴’的全国演示推广活动。2010 年，光美公司推出‘蒸出营养与健康——光美公司蒸立方’微波炉的电视形象广告片”。

③分销策略。“2010 年光美公司耗巨资在国内主要城市的核心终端，开辟了 1 000 个‘蒸立方’品牌专柜”；“2011 年公司开发上线了新一代营销管理系统”；“光美公司在海外前 15 大市场设立了区域经理，同时针对各不同的区域的主流客户设立了专门的产品开发团队”。

④价格策略。“退出300元以下微波炉市场，主流变频蒸立方产品价格集中在3 000～5 000元，最高端变频高温产品的零售价格高达10 000元”；“从2012年开始，超市系统将停止销售399元以下产品，在连锁销售系统中将停止销售599元以下产品”。

6.【答案】

(1) 发展战略一般可以采用三种途径，即外部发展（并购）、内部发展（新建）与战略联盟。

思达公司进入空调业等家电业采用内部发展（新建）途径，“生产当时国内市场处于一片空白的家用空调和大型柜式空调”、“陆续上马了电冰箱、洗衣机、电视机、电脑等产品项目”；

进入摩托车行业采用内部发展（新建）途径，“投资1.5亿元兴建了年产100万辆摩托车生产线，投资2.5亿元兴建年产100万台摩托车发动机的生产线”；

进入中型卡车行业采用外部发展（并购）途径，“收购C国国内一家汽车厂”；

进入新能源行业采用内部发展（新建）途径，“对高能动力镍氢电池项目进行了立项”；

进入房地产行业采用内部发展（新建）途径，“成立思达房地产开发有限公司”。

(2) 思达公司主业是空调器，进入电冰箱、洗衣机、电视机、电脑等产品是相关多元化；进入摩托车、中型卡车、房地产、高能动力镍氢电池产品是非相关多元化。

思达公司实施多元化战略的动机包括：

①分散风险。“思达公司领导层不再看好家电行业，认为家电行业已经面临行业生命周期的衰退期”。

②在企业无法增长的情况下找到新的增长点。“公司必须开拓新的领域。开辟新的经济增长点”。

③利用未被充分利用的资源。“为了最大限度地利用市场机会和公司在家电行业的优势地位”。

④运用盈余资金。“思达公司积累了大量的资金，急需找到新的投资渠道”。

⑤运用企业在某个产业或某个市场中的形象和声誉来进入另一个产业或市场。“希望利用公司品牌优势，为企业获取更多的利润”。

思达公司实施多元化战略面临的风险：

①来自原有经营产业的风险。多元化经营往往意味着原有经营的产业要受到削弱。“由于思达公司的领导层未充分利用企业资源对空调业务进行扩大投资，公司空调逐渐失去了市场优势，其市场份额逐年下降，已沦为C国内空调器三类品牌”。

②市场整体风险。市场经济中的广泛相互关联性决定了多元化经营的各产业仍面临共同的风险。“公司空调逐渐丧失了市场优势”；“洗衣机业务的经营状况未得到根本扭转”；“将电冰箱业务全数出售给另一家公司，从电冰箱业务中抽身”；“不得不将摩托车业务低价转让给其他公司”；“中型卡车业务的发展受到竞争对手强大的制约”；“房地产业务亏损近千万元”。

③产业进入风险。企业在进入新产业之后还必须不断地注入后续资源，竞争者的策略也是一个未知数。“中型卡车的载重量都在15吨以下，与市场需求脱节较大，且关键零部件都需外购，尤其是动力配置须向竞争对手采购，企业的发展受到竞争对手的制约”；“作为一个没有房地产开发经验的行业‘新手’……从众多经验丰富、实力雄厚、拥有良好品牌的房地产企业中夺取市场份额无疑是难度很大”。

④内部经营整合风险。新投资的业务会通过财务流、物流、决策流、人事流给企业以及企业的既有产业经营带来全面的影响。“由于思达公司的领导层未充分利用企业资源对空调业务进行扩大投资”；“缺乏高素质的管理人员”；“将大量人力、财力、物力转向与主业完全不相关的领域，对其主业发展带来了极大的负面影响”。

(3) 思达公司现存的家电业务在波士顿矩阵中属于高增长—低竞争地位的“问题”业务，“在C国空调等家电产品的市场需求巨大，发展前景广阔”；“公司空调逐渐丧失了市场优势”；“洗衣机业务的经营状况未得到根本扭转”。企业对于“问题”业务的进一步投资需要进行分析，判断使其转移到“明星”业务所需要的投资量，分析其未来盈利，研究是否值得投资等问题。

思达公司现存的新能源业务在波士顿矩阵中属于高增长—强竞争地位的“明显”业务，“行业发展前景广阔”；“思达公司是C国仅有的掌握镍氢电池自主专利技术的厂家，技术优势明显”。为了保护和扩展“明星”业务在增长的市场上占主导地位，企业应在短期内优先供给其所需的资源，支持其继续发展。

思达公司现存的房地产业务在波士顿矩阵中属于低增长—弱竞争地位的“瘦狗”业务，“房地产业已进入了一个‘寒冬期’”、“行业‘新手’”、“房地产业务亏损近百万元”。对这类产品应采用撤退战略。

(4) 依据《企业内部控制应用指引第2号——发展战略》中“内部控制要求与措施”，发展战略制定的要求，思达公司在发展战略制定中存在的问题主要表现为：

①企业应当在充分调查研究、科学分析预测和广泛征求意见的基础上制定发展目标。“在C国，空调等家电产品的市场需求巨大，行业发展前景依然十分广阔。在这样的背景下，思达公司将大量人力、财力、物力转向与主业完全不相关的领域，对其业主发展带来了极大的负面影响，原有的核心能力基本丧失殆尽”。

②企业应当在董事会下设立战略委员会，或指定相关机构负责发展战略管理工作，履行相应职责；董事会应当严格审议战略委员会提交的发展战略方案，重点关注其全局性、长期性和可行性。“思达公司现任领导人力排众议，坚持成立思达房地产开发有限公司”。

(5) 依据《中央企业全面风险管理指引》，思达公司发展进程中所表现出的主要运营风险为：

①企业产品结构、新产品研发方面可能引发的风险；“思达公司将大量人力、财力、物力转向与主业完全不相关的领域，对其主业发展带来了极大的负面影响，原有的核心能力基本丧失殆尽”。

②企业新市场开发，市场营销策略（包括产品或服务定价与销售渠道，市场营销环境状况等）方面可能引发的风险；“主要的大中城市都于1997年前后相继实行了‘禁摩令’，封闭了思达摩托车的消费市场”；“作为一个没有房地产开发经验的行业‘新手’，要想在宏观政策收紧的情况下，从众多经验丰富、实力雄厚、拥有良好品牌的房地产企业中夺取市场份额无疑难度极大”。

③企业组织效能、管理现状、企业文化，高、中层管理人员和重要业务流程中专业人员的知识结构、专业经验方面可能引发的发行；“在汽车制造方面缺乏高素质的管理人员”。

④企业现有业务流程和信息系统操作运行情况的监管、运行评价及持续改进能力方面引发的风险；“对相关业务流程的监管及持续改进能力不足，同时没有对汽车市场需求与行业发展状况进行深入的调研和分析”。

第三部分 全真模拟试题及参考答案

2021年注册会计师考试全真模拟试题（一）

一、单项选择题

1. 根据相关统计数据，中国65岁以上人口占比在2030年将成为全球老龄化程度最高的国家。康欣医疗器械公司针对该项数据做出相应预测，其管理层认为电子血压仪、测糖仪等家用医疗仪器的市场需求将明显增长，于是公司制定了新的战略方针，决定增加生产线扩大企业规模，为呈增长态势的市场需求奠定基础。通过上述描述，康欣公司所采用的外部环境分析方式是（　　）。

A. PEST分析　　B. 价值链分析

C. 成功关键因素　　D. 五种竞争力分析

2. 腾翼公司是一家以家化产品为主营的多元化企业，业务范围涉猎较广，主要包括：护肤品、洗发水、幼儿玩具、真丝家居用品等产品。公司管理层在对真丝家居用品业务进行数据分析时发现，该业务产品销量节节攀升，产品销售群体也非常广泛。由此，腾翼公司应该采取的措施是（　　）。

A. 投资于研究开发和技术改进　　B. 提高产品质量

C. 加大市场营销　　D. 控制成本

3. 清水公司是一家拥有自主进出口权限的公司，该公司一直秉承着"优质服务、信用为上、快速便捷、互惠双赢"的对外经营理念，并且清水公司通过进出口贸易活动与国内外市场紧密相连，与多家国际知名企业都有良好的合作关系。该公司的经营理念体现了公司使命中的（　　）。

A. 公司宗旨　　B. 公司目的　　C. 经营哲学　　D. 公司目标

4. 蓝图复印公司是国内较大的复印打印机构之一，在全国的各个城市的门市店高达300家。但随着电子书、无纸化办公、无纸化学习的兴起，公司销售额每况愈下，目前蓝图复印公司已经关停了200家门店，且仍有继续关停计划。通过上述描述，蓝图复印公司所面临的威胁属于（　　）。

A. 替代品的替代威胁　　B. 现有企业间的竞争

C. 新进入者的威胁　　D. 购买者讨价还价的能力

5. 20世纪末时智捷公司计划通过搭建覆盖全球的卫星网络，让在世界各个地方的人都能实施无线通信。然而对于当时的智捷公司巨额的投资费用让这项业务被迫叫停，不仅将这个前景可期的项目进行转让而且公司多个业务部门面临分拆。通过上述描述，智捷公司所采用的战略是（　　）。

A. 稳定战略　　B. 转向战略

C. 放弃战略　　D. 紧缩与集中战略

6. 小米公司在发布第一部红米系列的手机时，为了占据市场份额，对其的定价策略选择远小于当时市面上所有的智能手机的价格。小米公司对红米手机首次上市采用的产品上市定价法是（　　）。

A. 动态定价法　　B. 转移定价法

C. 渗透定价法　　D. 撇脂定价法

7. 华斐医药公司是一家上市企业，其以11.9亿元，高达450%的溢价率收购一家医疗器械公司，则实际该企业是一家空壳公司，该公司背后的实际控制人与华斐医药公司的大股东是同一主体，通过高溢价收购的方式转移上市公司资产。在该案例中，大股东上述做法属于掠夺性财务活动中的（ ）。

A. 掠夺性融资 B. 内幕交易
C. 掠夺性资本运作 D. 超额股利

8. 德菱公司是一家雪糕生产企业，公司已成立 8 年之久，其战略部门每年都会对以前年度的销售数据进行整理分析，由此来预测本年度企业的销售风险。结合上述描述，可以判断德菱公司的风险管理方法是（ ）。

A. 前推法 B. 后推法 C. 反推法 D. 旁推法

9. 近年来，受电子商务崛起的影响，线上经济的交易额迅猛增长，越来越多的消费者在家就可以买到性价比极高的百货产品，导致实体经济受到前所未有的打击，尤其对于实体百货零售业更是沉重一击，一些小型零售企业纷纷关门倒闭。根据上述信息可以判断，该实体百货零售业处于生命周期的（ ）。

A. 导入期 B. 成长期 C. 成熟期 D. 衰退期

10. 香港半岛酒店位于香港九龙半岛尖沙咀区的心脏地带，坐拥维多利亚海港的美景，周边都是著名的商业及娱乐中心，更是全九龙最主要街道即弥敦道的起讫点，使该酒店销售额和顾客满意率长期稳居行业前列，使进军香港市场的其他酒店望而却步。香港半岛酒店的资源不可模仿性主要表现为（ ）。

A. 物理上的独特资源 B. 具有路径依赖性的资源
C. 具有因果含糊性的资源 D. 具有经济制约性的资源

11. 索普公司研发出一种人工智能，目的可以代替各银行的大堂经理解答各种业务问题。但该人工智能的系统总体设计存在问题，导致后续研发阶段的试制一直不成功。从技术活动过程所处的不同阶段考察，索普公司面临的技术风险属于（ ）。

A. 技术研发风险 B. 技术选择风险
C. 技术设计风险 D. 技术应用风险

12. 曼明公司是一家电动自行车制造企业，在制造业中生产环节最为重要，为了降低生产成本和突出制造优势，曼明公司将国际 APE 缆车公司作为参照标准，学习其优秀生产制造经验，后者的核心业务与曼明公司的生产制造过程极为相似，那么曼明公司采用的基准分析类型是（ ）。

A. 一般基准 B. 顾客基准
C. 竞争性基准 D. 过程或活动基准

13. 富勒公司是一家中外合资企业，但合资双方就企业的管理方式产生了分歧，外资高管提倡分权的管理方式，而中资高管提倡使用集权的管理方式。经过双方多次讨论，本着坦诚相待、相互理解、合作共赢的原则，合资双方最终就企业的管理方式达成一致。富勒公司在战略决策与实施过程中的行为模式属于（ ）。

A. 对抗 B. 和解 C. 协助 D. 折中

14. 小陈是一位知名的皮肤科医生，在南京皮肤所坐诊，许多皮肤存在问题的女性都特意去南京找这位小陈医生面诊，经过一段时间的治疗，她们的皮肤问题都得到了解决。根据上述描述，小陈医生的权力来源于（ ）。

A. 在管理层次中的地位 B. 个人的素质和影响
C. 参与或影响企业的战略决策与实施过程 D. 利益相关者集中或联合的程度

15. 嘉信风险投资管理公司每年维持经营所需的最低资本为13亿元。如果风险资本为6亿元时，该公司破产的概率则低于6%；如果风险资本是9亿元时，该公司破产的概率则低于2%。那么嘉信公司为保证其94%的生存概率，其所需要的运营资本为（　　）亿元。

A. 15　　B. 16　　C. 19　　D. 22

16. 重钢集团是国内大型钢铁制造公司，近年来国家推行供给侧改革，要求钢铁行业去产能、去杠杆解决产能过剩的情况，但重钢集团凭借着内部升级转型的成功，钢铁销售额仍稳居行业第一。根据SWOT分析，重钢集团应采取（　　）。

A. 增长型战略　　B. 多种经营战略

C. 扭转型战略　　D. 防御型战略

17. 甲公司是稳居国内市场份额前三的一家制药企业，但从未涉猎国际市场。全球受到新冠疫情的席卷的同时，各企业也在研制新冠疫苗，甲公司所研制的疫苗率先通过临床试验，管理层计划尽快将疫苗投入规模化生产，同时在国内外市场上市销售，预计在今年年末新冠疫苗会使企业净利润大幅提高。结合安索夫矩阵来看，甲公司通过新冠疫苗打开国际市场的计划属于（　　）。

A. 市场渗透战略　　B. 市场开发战略

C. 产品开发战略　　D. 多元化战略

18. 张家大院是一家连锁餐饮企业，主打东北传统菜系。该公司在店面设计上采用东北传统农村装修风格，并且服务人员全部身穿东北花棉袄，说话口音都带有一点东北味，营造出了浓厚的东北农村氛围，让来就餐的顾客感受到了满满的温暖和实在。根据上述描述，该企业采用的战略是（　　）。

A. 多元化战略　　B. 市场开发战略

C. 集中差异化战略　　D. 集中成本领先战略

19. 诺飞公司是一家移动电源生产公司，但随着公司销售额的逐渐下降，该公司不得不开始布局其他业务，其发现共享经济呈现出高速增长态势，意识到可以推出共享充电宝业务，顾客可以按需租借充电宝，租用价格远远低于购买一个移动电源的价格。诺飞公司重建市场边界遵循的基本法则是（　　）。

A. 审视他择产业　　B. 放眼互补性产品或服务

C. 重新界定产业的买方群体　　D. 跨越时间参与塑造外部潮流

20. 童助公司是一家电子科技制造公司，主要的产品包括儿童英语学习机、儿童电子防走丢手环、儿童电子阅读笔、儿童课外阅读电子书等产品，深受孩子和家长们的喜爱。根据上述信息，可以判断童助公司的目标市场选择战略是（　　）。

A. 差异市场营销　　B. 集中市场营销

C. 全面市场营销　　D. 无差异市场营销

21. 云曼公司是一家多元化经营的集团企业，主要经营的业务包括广告设计、形象代言、影视制作及公关策划等，其旗下有3家全资子公司及5家合营企业。通过上述判断，云曼公司应采用的组织结构是（　　）。

A. M型组织结构　　B. H型组织结构

C. 矩阵制组织结构　　D. 国际化经营企业组织结构

22. 晟威公司是一家汽车零部件制造企业，该企业生产具有统一的生产流水线标准。工人在生产过程中根据该标准进行生产制造，质检员也根据对应的标准进行质量检查。一旦生产出现问题，调试人员根据该标准进行调整和试制。根据横向分工结构的基本协调机制的分类，晟威公司所采用的属于（　　）。

A. 技艺标准化　　B. 共同价值观

C. 工作过程标准化　　D. 工作成果标准化

23. 南数公司的主营业务是数码设备的生产和销售，主要产品是一款叫做“拍立得”的相机，即拍照后可以立即打印照片出来。南数公司为了寻找新的市场机会，产品部新研制出一款小型打印机，产品特点小巧、打印方便，非常适合学生打印错题使用。南数公司所采取的组织战略类型属于（　　）。

A. 防御型战略组织　　B. 开拓型战略组织

C. 分析型战略组织　　D. 反应型战略组织

24. BODO是一家全国连锁的奶茶餐饮公司，面对国外奶茶品牌的崛起，BODO研制新品——低糖果茶系列产品，并通过布局南方市场加强销售渠道，增强各连锁店的服务管理，尽管新兴奶茶品牌越来越多，但BODO每月销售额不降反增，低糖果茶系列赢得了越来越多消费者的喜爱。结合上述信息，BODO作为新兴市场本土企业所选择的战略是（　　）。

A. “扩张者”战略　　B. “抗衡者”战略

C. “躲闪者”战略　　D. “防御者”战略

二、多项选择题

1. 固力公司是一家生产电子零部件的企业，其一直看好新能源领域的发展前景，打算将公司转型为新能源汽车零部件生产企业。在外部环境分析中发现，行业内的领头羊企业规模较大，产品单位成本较低；且其具有固定的销售链，市场占有率较高。通过上述描述，固力公司认为进入新能源汽车零部件行业的壁垒很高的原因包括（　　）。

A. 规模经济　　B. 现有企业的市场竞争

C. 现有企业对专利的控制　　D. 现有企业对关键资源的控制

2. 通用矩阵是美国通用电气公司在波士顿矩阵的基础上创立的一种业务组合分析工具。通用矩阵克服了波士顿矩阵的很多缺点，在很多方面表现得更为成熟，比如，波士顿矩阵仅有4个象限，但通用矩阵有9个象限，结构更复杂，分析更为准确，但仍然具有局限性，具体表现包括（　　）。

A. 所采用的指标在不同产业或企业中表现可能不一致

B. 评价结果也会由于指标权数分配的不准确而存在偏差

C. 对于业务类型较多的多元化大公司适用性不大

D. 仅采用了市场增长率和相对市场占有率两个指标来衡量

3. 优贝公司的预算管理委员会每年在编制新的预算时，均是使用以前期间的预算或者以实际业绩作为基础来编制，在此基础上增加相应的内容。该种预算编制方式的优点包括（　　）。

A. 遇到类似威胁的部门能够避免冲突

B. 容易实现协调预算

C. 经理能够在一个稳定的基础上经营他们的部门

D. 能够识别和去除不充分或者过时的行动

4. 准时生产系统是指生产的产品能够精确地满足客户在时间、质量和数量上的需求。下列各项中，对准时生产系统的阐述错误的有（　　）。

A. 生产对供应商的依赖较弱，即使供应商未按时供货，也有库存原材料进行生产

B. 可以避免因需求突然变动而导致大量产成品无法出售的情况出现

C. 准时生产系统适用于制造型企业和服务型企业

D. 若遇到不合格产品，企业可以利用备用的产成品来满足预期之外的订单

5. 绝大多数企业在年末进行经营业绩评价时，都会选用财务指标和非财务指标进行评价，下列属于非财务指标的有（　　）。

A. 员工周转率　　B. 销售量增长率　　C. 存货周转周期　　D. 旷工时间

6. 武康医药公司作为一家制药企业，不仅投入大量资金研发自己的新药产品，而且积极地从海外引进相关技术，充分调查专利的权利关系，选择取得垄断实施权的产品。结合上述信息，武康医药公司选择的研发战略有（　　）。

A. 被动创新战略　　B. 自主创新战略

C. 模仿创新战略　　D. 技术引进型战略

7. 企业为了适应环境变化而实施的变革按其范围和程度来划分，可以分为渐进性变革和革命性变革，下列属于渐进性变革的特点有（　　）。

A. 在企业生命周期中不经常发生　　B. 稳定地推进变化

C. 影响企业体系的某些部分　　D. 全面性变化

8. 美国政府制定了一项政策限制本国高新技术产品的出口，同时也不允许外国的高新技术产品的进口，包括对美投资相关项目，以防其他国家对高新技术的研究与模仿和国外产品的进入导致美国高新技术产业被垄断。若甲企业此时要对美国出口高新技术产品，其所面临的政治风险有（　　）。

A. 限制投资领域　　B. 设置贸易壁垒

C. 外汇管制规定　　D. 要求最低持股比例

9. 新众园林设计公司采用平衡计分卡进行绩效评价，其选取了设计师的保留率、客户满意度、园林工程进度完成率等指标。新众园林设计公司所选取的指标涵盖的平衡计分卡角度有（　　）。

A. 财务角度　　B. 顾客角度

C. 内部流程角度　　D. 创新与学习角度

10. 新联中科召开2020年第一次临时股东大会，决定重新确定审计委员会的职责，下列各项中，属于审计委员会的主要职责的有（　　）。

A. 检查公司会计政策及财务状况　　B. 对公司的内部控制进行考核

C. 监督公司重大投资决策　　D. 监督公司存在或潜在的各种风险

11. 康众公司是一家国际通讯公司，随着5G时代的全面到来，企业面临的风险也与日俱增。为了更好地分析面临的运营风险，康众公司应该收集的重要信息包括（　　）。

A. 市场营销策略　　B. 产品价格及供需变化

C. 企业组织效能　　D. 主要客户的信用情况

12. 劳威公司与某国外企业联合进行一项境内投资项目，原计划原材料需要进口同时以美元进行结算，但由于近期汇率不稳定，管理层决定进行国内采购并且以本币结算原材料的货款。另外，由于该项目的重要性，劳威公司与某保险公司签订了一份保险合同以保障项目的顺利推进。结合上述描述，劳威公司采取的风险管理工具有（　　）。

A. 风险控制　　B. 风险转移　　C. 风险规避　　D 风险转换

13. 迪瑞坚果零食公司近期推出新的经营方式，为吸引更多消费者，其在原有产品基础上，

除了推出两款儿童型坚果产品以外，还增加了坚果牛奶系列，包括核桃牛奶、燕麦蔓越莓牛奶等，扩大了自身的产品线，系列做法使得迪瑞公司销售额快速增长。根据上述信息，该公司的经营方式符合发展战略中的（　　）。

A. 市场开发战略　　B. 市场渗透战略

C. 产品开发战略　　D. 多元化战略

14. 览讯公司为了加强对企业风险管理的监督，聘请了业界有名的恒安咨询公司对企业进行风险管理的评估及评价，并且恒安咨询公司针对览讯公司的情况提出了改进建议，建议中合理的有（　　）。

A. 监督评价报告应该直接报送董事会或审计委员会和风险管理委员会

B. 览讯公司应加强信息沟通渠道的完善性，为风险管理的改进工作奠定基础

C. 建议企业内审部门每年两次对各有关部门和业务单位进行风险管理监督和评价工作

D. 风险管理职能部门在企业内部审计部门的监督范围内

三、简答题

1. 目前网络发展和电商行业发展迅速，市场上的各种电商平台越来越多，然而消费者的数量一时间并不会出现大幅地增加，从而同行业内的竞争压力加大，如何吸引消费者成为每个平台首先需要考虑的问题，各平台都采取了一定的措施降低成本提供性价比较高的产品来“抢顾客”。

PDD 是一家专注于 C2M 拼团购物的第三方社交电商平台，目的是汇集更多人的力量，用较低的价格买到更好的东西。PDD 将目标客户定位在下沉市场即三、四线城市，紧抓他们追求低价好物的消费心理，推出具有诱惑力价格的产品，吸引了目标群体的注意力，并很快以此在电商界占有一席之地。销售价格已经很低，为了提高收入水平和盈利能力，就要尽可能的降低成本费用，推动平台实施成本领先战略。

PDD 打造销售直接对接工厂（C2M）模式，基本等同于从生产商直接到消费者，减少了很多中间商。尤其是 PDD 持续扶贫助农，利用互联网优势与贫困地区产量充足的农户建立合作，有效降低了供应链成本。水果生鲜是生活必需品，又因大幅低于市价很快吸引了消费者，实现基础客户的积累，进而 PDD 的业务逐渐扩展到几乎覆盖全品类的产品。并且目标客户中绝大部分为价格敏感型的低消费水平人群，他们更关注的是产品的价格和使用的方便，绝非品牌。

要求：

（1）结合案例内容简要分析 PDD 实施成本领先战略的实施条件中的市场情况。

（2）PDD 实施成本领先战略可能会面临哪些风险。

2. 在消费升级的大趋势下，人们对于品牌的需求已经从服装、鞋类延展到了街边的小吃和零食。我国传统小吃行业分布广泛、竞争激烈但一直存在三个主要问题：一是健康和卫生不达标，很多小吃因是小本经营往往在条件较差的情况下制作和售卖。二是爪类小吃在中国具有广泛的市场，我国各地的卤制品小吃中都少不了鸡爪等，但其一般都是冷的，没有温度，且口味单一，最大的问题是吃起来难咀嚼很麻烦，往往吃得很狼狈，这也是很多人不选择爪类小吃的原因。三是虽然我国各地卤制品小吃几乎都有爪类产品，消费群体广泛，但是爪类产品多为附属，缺少真正品牌影响力强的爪类代表。

就在这样的情境下，四川降龙爪爪餐饮管理有限公司应运而生，其主打的产品鸡爪“一抿就化了，味道入到骨头里”的热卤口感，填补了目前卤制品市场爪类小吃缺少温度、口味单一、吃起来较麻烦的空白，既便捷又美味。在热卤、一抿就化的细分市场上，没有领导性品牌，没有竞争者，所以降龙爪爪精准定位细分市场，一经推出，深受广大消费者的喜爱。

降龙爪爪作为餐饮业中的小吃，其目的不是作为简单的果腹食品，更多的属性是人们在旅游、逛街时的休闲食品，砂锅中煨出的热卤，一抿就化的口感，边走边吃的形式都让降龙爪爪自带休闲属性，增添人们休闲时的乐趣。这种属性也让其打破了原有的小吃行业和休闲食品行业的市场边界，既有小吃的特质也有休闲食品的特质。

降龙爪爪顺应了市场的快速变化，抓住消费者心理，发挥品类的特色和优势。专门附赠的吐槽渣环保袋很方便，可以满足年轻人在休闲、逛街、旅游时边走边吃边看的消费需求，打破了正餐的出品慢、效率低等问题，同时它又可以满足年轻人的快速、便捷的快餐需求。这样既提高了效率，满足了需求，又摒弃了传统小吃一般设就餐桌椅，有服务人员的经营弊端，大大节约了人力成本。另外，降龙爪爪因为在小吃密集的成都建设巷生意火爆，得到学生的推荐，抓住机会借助新媒体，通过多渠道进行宣传逐渐扩大了品牌的知名度，逐步成为了“线上必打卡，路人必进店”的网红名店。

要求：

（1）依据红海战略和蓝海战略的关键性差异，简要分析降龙爪爪是怎样体现蓝海战略的特征的？

（2）简要分析降龙爪爪选用了哪些开创蓝海战略的途径在激烈的小吃行业中开创新的生存与发展空间。

3. HYY 集团成立于 1992 年，以果汁产业为主体，是我国老牌的饮品企业之一。HYY 果汁资本市场之路的起点十分“漂亮”，公开资料显示，其上市之初，募资规模超过 24 亿港元，然而其资本之路并非坦途。据 HYY 果汁未经审核的 2017 年中期报告，2017 年上半年，HYY 果汁的负债总值已经达到了 115.2 亿元人民币。据中国证券报披露，从 2011 年起，HYY 果汁连续 6 年扣非净利润均为亏损。此后，HYY 果汁屡次宣布延后披露 2017 年报。2018 年 3 月 29 日，HYY 果汁发布公告，自曝了一起公司的违规贷款。公告显示，2017 年 8 月 15 日至 2018 年 3 月 29 日期间，HYY 果汁向关联公司北京 HYY 饮料提供了本金额约人民币 42.82 亿元的相关贷款。HYY 果汁称，上述相关贷款未遵守港交所要求的申报、公告及独立股东批准的规定。2018 年 4 月 3 日，HYY 果汁发布停牌公告，之后自动停牌。

在资金方面，除了百亿负债，HYY 果汁经理人 Z 某还遭遇了金融纠纷。2019 年，Z 某作为有权代理人的 DY 资本因金融借款合同纠纷被招商银行起诉，经法院审理，DY 资本被法院查封，41.03 亿元的资产遭到冻结。同年 5 月，Z 某被列为失信被执行人，这使 HYY 果汁集团的状况雪上加霜。

为解决资金链吃紧的状况，2019 年 4 月 HYY 果汁拟与 WZ 成立合资公司，WZ 以 36 亿元出资持股 60%，HYY 果汁以 24 亿元资金和 HYY 果汁商标使用权持股 40%，合资公司开办以后将以 30 亿元向 HYY 果汁注入开展经营所需要的资产、股权、渠道以及拓展果汁市场。然而同年 7 月，该合资计划失败。2021 年 1 月 13 日，港交所却发布公告宣布，自 1 月 18 日 9 点起，取消 HYY 果汁的上市地位。HYY 果汁退市之后，急需解决的是就是整个资金链短缺的问题。基于对 HYY 大品牌的认可，近两年很多投资机构都很关注 HYY。

值得注意的是，HYY 公司因 2011 年之后连续 6 年的利润亏损，大量裁员，关闭多地的生产线，直接影响了当地的供应商。人事方面，从 2019 年开始，HYY 果汁的管理层就频频变动。据 HYY 果汁公告，2019 年初，HYY 果汁独立非执行董事、执行董事、行政总裁接连辞职。2020 年 2 月，HYY 果汁迎来史上最大人事变动，经理人 Z 某父女退出上市公司董事会。Z 某父女辞离董事会，也被业内人士解读为“或是为资本注入‘铺路’”。

当前饮料行业竞争激烈，我国饮料产品品牌的竞争格局如下：统一为第一梯队，第二梯队有怡宝、农夫山泉、可口可乐、娃哈哈、加多宝；第三梯队有雪碧、冰露、百事和康师傅。“有HYY，才叫过年”，这个充满着节日气氛的广告语，或将慢慢淡出大家的视野。

要求：

（1）简要分析HYY公司存在公司治理的问题。

（2）从外部治理机制角度简要分析HYY公司存在的公司治理问题。

4. YH超市是我国首批将生鲜农产品引进现代超市的流通企业之一，也是生鲜零售龙头企业，被誉为“民生超市、百姓YH”。YH超市将“食品安全”视为生存之本、发展之道，引领生鲜绿色消费，朝着“绿色、低碳”的方向前进，构建企业、社会、自然可持续性发展，积极引进和培育绿色商品，引用低排放、高能效的建筑材料及经营装备，向消费者、供应商倡导绿色理念。YH超市以技术驱动业务和创新，积极探索数字化、智能化，推进线上线下全渠道融合，到家+到店业务协同发展，打造“手机里的YH”。通过YH生活APP，并打通第三方平台，依托全渠道为用户提供便捷、快速的购物体验。

YH超市主要经营产品包括生鲜、服装、日常食品用品等，其中食品用品营业收入是业务中规模最大的，是稳定公司营业收入的关键来源。YH超市以生鲜农产品为经营特色，促进生鲜农产品快速周转，实现吸引客流、大量引流的市场效应，已经发展成为以零售业为龙头，现代物流为支撑，以现代农业和食品工业为两翼，以实业开发为基础。

公司业务分四个板块，分别是云超、云商、云创、云金。其中云超板块主要负责红标店、绿标店，区域覆盖面达全国21个省市，工作方向为推进门店设计改造、业态升级。云商板块负责履行企业整齐行政管理功能，主要目的为提高企业管理效率。而云创板块所负责的YH生活店和APP、超级物种等业务，就是YH超市重点进行新零售模式探索的实际项目，目的是及时响应顾客的需求，提升消费质量，创建零售新业态。最后的云金主要负责YH的金融业务。与家乐福、沃尔玛等国际连锁超市相比，YH超市发挥其本土优势，做大做强生鲜农产品市场，通过生鲜农产品的经营带动了其他商品的销售，形成企业发展的核心竞争力。公司拥有专业化的管理团队，建立了企业的生鲜农产品质量认证和品控体系；组建了一支专业的生鲜买手团队，负责农产品的种植辅导、采购、保鲜、冷藏及配送，降低了生鲜农产品在流通环节的损耗率，提升了生鲜农产品的盈利空间。

YH超市战略布局共分为三部分：网络平台布局、线下实体经营布局以及新零售创新布局。这三部分与上文提到的YH超市四大业务板块相互联动，从而实施战略布局和落实具体工作细节。线上平台布局主要通过YH云创平台开发，由自建平台和其他第三方平台共同进行售卖。其中自建平台由平台自己研发的YH生活APP连接用户，该APP内包含超级物种、YH会员店、Bravo绿标店等门店，支持银行卡、现金以及微信、支付宝等第三方支付平台，并设计YH在线会员卡，建立短途物流配送体系，围绕公司数字化转型战略及数字化、智能化建设路径，为高效充分应用数字资产以驱动业务增长及创新，建设数字中台，以业务场景为抓手，充分利用数字资产及人工智能技术，试点落地数字创新应用，如优化线上订单履约效率的智能履约、帮助新店开业的智能选址等。第三方电商平台主要通过合作电商京东官方旗舰店，为顾客提供安全、高质量、丰富的商品，支付方式通过京东平台负责，京东还提供了物流配送和售后服务的功能。线下布局则通过YH云超平台建立特色门店，其实体店共有五种业态，分别是Bravo精标店、会员店、红标店、绿标店、超级物种。其中Bravo精标店与会员店均针对中高档客户。红标店类似于常见的大卖场，以质优价廉、种类丰富为特色，适合大众消费者；而绿标店则以海外进口商品以及舒适的消费环境为特色，针对中段消费群体，针对不同的消费群体有不同的供应点。最后的“超级物种”是YH超市进行新零售探索的重要一步，以“零售+餐饮”的消费场景为特色的店面内拥有1 000多种优质的单品，提供给顾客舒适的购物环境以及多样的餐饮服务。在门店运营层面，精简大营销活动，强化日常营销，2019年日常营销选品下沉省区，同时配合档期活动开展品类营销，围绕新品、新品牌营销推广宣传，做了新大牌营销专区设计布置规划，打造情景化专区营销模式，向顾客推荐重点商品的品质及信息等。开展精准营销，借助大数据，定向触达潜在顾客，在朋友圈领券后自动插入卡包/跳转YH生活小程序，对老客促活、新客拉新。物流中心配送范围已覆盖全国28个省；结合公司整体发展战略，通过租仓、升级模式重点建设生鲜冷链仓，新建升级改造常温、冷链物流中心。物流扩仓总面积6.89万平方米，主要区域福建、北京、黑龙江、陕西、江西、广东等物流中心。2019年，YH食品安全云网不断推广门店云屏的覆盖运行，云屏覆盖829家门店（比2018年增加27.53%），共计1 374块云屏（比2018年增加78.81%）。公司在产地、码头、物流及供应商端新铺设71个检测站点，截至2019年年底，全国共铺设187个检测站点（相较2018年增加115%），实际运行站点覆盖到全国23个省市。公司检测室新增了胶体金检测法检测氯霉素、孔雀石绿等23项检测指标；食品安全云网还不断提高检测品种覆盖率，在检测品种上，2019年检测品种数目达3 020类（比2018年增加334.5%）；

截至2020年6月，YH超市已经在全国29个省市自治区、552个市（区）布局开业了944家门店，筹建中的门店228家，覆盖了大半个中国，许多新商圈或住宅区将YH超市的入住或毗邻作为楼盘推介的标志之一。随着移动互联网与生活的深度融合，人们的消费更多地转移到手机等移动设备上来，YH超市在部分门店开展生鲜农产品的线上营销，市场潜力巨大。YH超市坚持所有生鲜农产品公司直营和直采，打造“直采+基地专供”模式。YH超市的采购团队深入到一线的种、养殖基地，从商品的品质、竞争力、安全等多个维度衡量，打造产品的供应基地。YH超市在2012年开始建立自营与合作农业基地，深入到商品流通的全链条，目前在全国建立起了包括蔬菜基地、豆制品生产加工厂、熟食加工厂、活鱼配送基地、水果储存配送中心等20多个农业合作基地，直采比例高达76%。YH超市以生产地为采购基地，基地产品直通卖场，比如在采购海鲜商品时，YH超市会直接把采购船开到海中渔船旁，实现直接采购。这种高效的供应链使YH超市确立了品质优势和足以对抗农贸市场的价格优势。YH超市为加强自身在购货、物流、运营等方面的能力，制定了规模化的合作策略，与各领域企业建立了广泛的合作关系，不仅获得生鲜产品的供应支持、海内外采购渠道，还获得了互联网流量和技术支持，取得了成本上的优势。

YH超市在2018年时期流动资产明显减少，偿债能力显著下降，尽管存在一些问题，但是YH超市建设线上线下全渠道营运营销平台，全力支持到家、到店业务。通过云化、智能等技术手段打造门店数字化建设，提升门店管理效率及用户购物体验。围绕公司数字化转型战略及数字化、智能化建设路径，为高效充分应用数字资产以驱动业务增长及创新，建设数字中台，以业务场景为抓手，充分利用数字资产及人工智能技术，试点落地数字创新应用，如优化线上订单履约效率的智能履约、帮助新店开业的智能选址等。在智能化平台之下，销售人员可以根据顾客的消费行为及习惯决定加大某一种产品的投入力度，建设推广供应链中台，通过数字化技术实现供应链各环节计划、采购、交付到营销之间无缝连接，提高各环节的可视化和协同性，有效控制风险，提升供应链公开透明度。

要求：

（1）简要分析YH超市的营销策略。

（2）分析大数据背景下的YH超市采用的竞争战略。

（3）从价值链分析角度，简要说明YH超市如何提升自身的竞争优势。

四、综合题

资料一：

白酒在我国有着几千年的悠久历史，具有广大的消费群体。从“对酒当歌，人生几何”、“唯愿当歌对酒时，月光长照金樽里”等许多脍炙人口的古诗词中，就体现出了白酒在我国历史文化中的重要地位。虽然国家对“三公”消费的限制曾给白酒行业带来沉重打击，但是对白酒文化的传承已经深入到许多中国人的习惯中。随着居民收入的提升，白酒的消费主体也由公务消费向大众和商务消费转移。而另一方面，中国人口基数大，人均寿命长，这也为白酒企业带来庞大的消费群体。

我国白酒企业数量很多，截至2017年可以纳入国家统计规模以上白酒企业就有1 593家，而上市的白酒企业至今有20家。白酒企业众多，但价格带宽，使得其形成不同的竞争环境。一方面，高端白酒拥有优越的地理位置，在其长期的历史积累下以其独特的酿造工艺形成属于各个品牌的风味特色。随着居民消费水平的提高，更多的白酒消费者也愿意去选择高端白酒。另一方面，中低端白酒市场则更多依赖当地品牌优势，在较大程度上依赖本地消费，当然也有部分外来品牌。中低端白酒同质化较为严重，往往通过价格方面来竞争市场。

对于白酒行业而言，供应方主要是粮食原料供应方和产品包装供应方。虽然国家对农业扶持使得粮食价格稳步上升，但是也正是因为国家深入推进“三农”政策，使得粮食产量连年提高。根据国家统计局数据，2017年我国粮食总产量达到66 160.72万吨之多，这就为白酒生产提供的充足的原材料。而且，随着科学技术的进步，酿酒过程中对粮食的利用效率也越来越高。在产品包装供应商方面，对于大型白酒企业而言，往往有其长期合作的产品包装供应商，双方存在较为稳定的供求关系。一些中低端小型白酒企业，在包装供应商方面也具有众多选择对象。

资料二：

L省地处长江、沱江和赤水河附近，具有春早夏热秋雨冬暖的气候特征。这里空气湿度高，气候、水质以及微生物环境都十分适合酿酒。当地山下龙泉井的泉水经泸州粘性很强的优质黄泥土过滤，水质清冽，且富含有益人体健康的微量元素，将此水作为酿酒的原料，制成的白酒格外香醇。如此得天独厚的条件使得L省成为国内生产白酒的最佳地区之一。L省白酒产业发展具有深厚的文化底蕴，酿酒历史最早可以追溯到商周时期，而L省唯一的白酒生产企业醇享公司的酿酒技艺也已经由23代酿酒人传承了近七百年，历史悠久，具有巨大的人文、历史、科研和经济价值，并且已成功入选国家非物质文化遗产。

醇享公司作为L省唯一一家白酒生产企业，且L省的白酒文化深厚悠久，使醇享在全省的市场占有率高达85%，是该省白酒产业内名副其实的龙头老大。醇享公司研发中心设有博士后流动工作站，更是行业内唯一的固态酿造工程研究中心和酒类检测中心依托建设单位，使其拥有更为科学的酿造环节和先进的加工设备。并且其具有400多年的酿造历史，企业生产早已大规模铺开，单位成本要低于同行业均值。

再纵观醇享公司的现行组织架构，公司总经理目前下设六个职能部门，采购部负责向供应商采购酿造的原材料，产品部负责生产各品类的白酒，研发部负责新产品的研发与试制以及专利申报等工作，营销部负责整个公司产品的营销与推广工作，同时做好与代理商的对接工作，财务部负责预算制定及与企业相关的各种交易活动的核算工作，后勤保障部负责公司中其他大小事务。

资料三：

醇享公司在2017年非公开发行股票进行权益筹资，募集资金净额为29.55亿元，全部用于公司的酿酒技改项目一期工程项目的实施；随后在2019年醇享公司再次进行筹资，不同前次的是，本次筹资是向符合条件的投资者发行企业债券，发行价格为每张100元，债券期限为5年，募集资金规模为25亿元。债务募集计划中显示募集规模为40亿元，基本全用于酿酒工程技改项目（二期工程）。醇享公司近几年的筹资活动都是围绕酿酒工程技改项目展开的，而该项目是为了促进产业升级，巩固企业在同行业中的地位，与企业战略相符，融资行为合理，并且分别采用权益性筹资和债务性筹资，平衡了资本成本的结构，一定程度上也降低了企业的财务风险。

另外，醇享公司中绝大部分中高层管理者并未持有公司股权，并且公司在未来三年内也没有推出员工激励持股计划的打算，长此以往导致员工主动为公司利润增长而努力的驱动力不足，并且造成了一定的骨干人员流失的现象。然而中高层的离职将会对公司的发展造成一定的影响，新入职的员工还需进行岗前培训以及对新工作熟练度的磨合与提升。换句话来讲，当离职的人多于入职的人时，公司将面临着人力资源匮乏以及人力成本激增等严峻问题。

要求：

（1）根据资料一，结合钻石模型四要素，简要分析我国白酒产业发展的优势与劣势。

（2）根据资料二，结合企业资源的判断标准，简要分析L省白酒企业资源的不可模仿性有哪几种形式？

（3）根据五种竞争力分析，L省白酒产业的潜在进入者的结构性障碍有哪些？

（4）根据资料二，从公司层战略层次简要分析醇享公司应采用什么样的战略？

（5）根据资料二，判断醇享公司的组织结构类型，并简述其优缺点。

（6）根据资料三，结合《企业内部控制应用指引第6号——资金活动》，评价醇享公司的资金活动，并提出相应建议。

（7）根据资料三，结合《企业内部控制应用指引第3号——人力资源》，分析醇享公司在人力资源方面应关注哪些风险？

2021年注册会计师考试全真模拟试题（一）答案及解析

一、单选题

1. 【答案】A

【解析】本题中，“中国65岁以上人口占比在2030年将成为全球老龄化程度最高的国家”可以看出康欣公司是根据人口因素的现状及未来趋势来进行战略的制定，属于宏观环境分析中的PEST分析，进一步来看是社会和文化环境中的人口因素。因此，选项A正确。

2. 【答案】C

【解析】本题中，“该业务产品销量节节攀升，产品销售群体也非常广泛”说明该业务处于成长期，成长期的战略路径是市场营销，该阶段是改变价格形象和质量形象的好时机。因此，选项C正确。

3. 【答案】C

【解析】经营哲学是指公司为其经营活动方式所确立的价值观、基本信念和行为准则，是企业文化的高度概括。本题中，“该公司一直秉承着‘优质服务、信用为上、快速便捷、互惠双赢’的对外经营理念”体现了公司使命中的经营哲学。

4. 【答案】A

【解析】替代品的替代威胁是指可能进入某一产业的企业一旦进入该产业，对该产业内现有企业的竞争地位和利润以及产业的平均利润率所造成的负面影响。本题中，“随着电子书、无纸化办公、无纸化学习的兴起，公司销售额每况愈下，目前蓝图复印公司已经关停了200家门市店”体现出无纸化的兴起逐渐替代纸质书籍，导致“公司销售额每况愈下”。因此，选项A正确。

5. 【答案】C

【解析】放弃战略是指将企业的一个或几个主要部门转让、出卖或者停止经营，以求最大限度地收回投资。本题中，“然而对于当时的智捷公司巨额的投资费用让这项业务被迫叫停，不仅将这个前景可期的项目进行转让而且公司多个业务部门面临分拆”体现出该公司将项目和部分都进行了转让和出卖，属于放弃战略，因此，选项C正确。

6. 【答案】C

【解析】渗透定价法是一种建立在低价基础上的新产品定价策略。本题中，“为了占据市场份额，对其的定价策略选择远小于当时市面上所有的智能手机的价格”体现出小米公司采用的是渗透定价法，因此，选项C正确。

7. 【答案】C

【解析】掠夺性资本运作是指由上市子公司高价收购终极股东持有的其他公司股权，造成上市子公司的利益流向了终极股东。本题中，“以11.9亿元，高达450%的溢价率收购一家医疗器械公司……该公司背后的实际控制人与华斐医药公司的大股东是同一主体，通过高溢价收购的方式转移上市公司资产”体现出大股东的做法属于掠夺性资本运作。

8. 【答案】A

【解析】统计推论法分为三种即前推法、后推法和旁推法。前推法是指根据历史经验和数据推断出未来事件发生的概率及其后果。本题中，“其战略部门每年都会对以前年度的销售数据进行整理分析，由此来预测本年度企业的销售风险”属于前推法。

9.【答案】D

【解析】本题中，“受电子商务崛起的影响……导致实体经济受到前所未有的打击，尤其对于实体百货零售业更是沉重一击，一些小型零售企业纷纷关门倒闭。”体现出电子商务的出现占据了实体百货零售业的市场，使后者市场增长率严重下降，属于衰退期的特点。因此，选项 D 正确。

10.【答案】A

【解析】物理上独特的资源是指资源的不可模仿性是物质本身的特性所决定的。本题中，“香港半岛酒店位于香港九龙半岛尖沙咀区的心脏地带，坐拥维多利亚海港的美景，周边都是著名的商业及娱乐中心，更是全九龙最主要街道即弥敦道的起讫点”可以看出该酒店地理位置优越，属于物理上的独特资源，选项 A 正确。

11.【答案】C

【解析】技术设计风险是指由于技术方案或系统总体设计不合理致使技术及技术系统存在“缺陷”或创新能力不足，即技术缺乏先进性、可行性而引发的各种风险。本题中，“该人工智能的系统总体设计存在问题，导致后续研发阶段的试制一直不成功”体现出是设计阶段存在问题而导致研发阶段不成功的，因此，选项 C 正确。

12.【答案】D

【解析】本题中，“曼明公司将国际 APE 缆车公司作为参照标准，学习其优秀生产制造经验，后者的核心业务与曼明公司的生产制造过程极为相似”可以看出二者属于不同行业的两家公司，但是具有类似的核心经营业务，因此属于过程或活动基准分析类型，选项 D 正确。

13.【答案】C

【解析】协助是指坚定行为与合作行为的组合。既考虑满足自己的利益，也考虑对方的利益，使双方的利益都得到满足，即互惠互利，合作共赢。本题中，“经过双方多次讨论，本着坦诚相待、相互理解、合作共赢的原则，合资双方最终就企业的管理方式达成一致”体现出勒公司在战略决策与实施过程中的行为模式属于协作，因此，选项 C 正确。

14.【答案】B

【解析】个人的素质和影响包括专家权和榜样权，专家权指由个人的特殊技能或某些专业知识而形成的权力；榜样权指由个人的人格、品德、魅力、表率等而形成的权力。本题中，“小陈是一位知名的皮肤科医生……经过一段时间的治疗，她们的皮肤问题都得到了解决”可以看出小陈医生的权力来源于个人的素质和影响。

15.【答案】C

【解析】本题中，“嘉信风险投资管理公司每年维持经营所需的最低资本为 13 亿元。如果风险资本为 6 亿元时，该公司破产的概率则低于 6%”说明嘉信公司生存的概率是 94%，此时公司每年的运营资本为 19（13 +6）亿元，选项 C 正确。

16.【答案】B

【解析】本题中，“近年来国家推行供给侧改革，要求钢铁行业去产能、去杠杆解决产能过剩的情况”体现了外部环境中的威胁（T），“钢集团凭借着内部升级转型的成功，钢铁销售额仍稳居行业第一”体现了内部环境中的优势（S），根据 SWOT 分析，重钢集团采取的战略是多种经营战略（ST），因此，选项 B 正确。

17.【答案】D

【解析】多元化战略是新产品和新市场组合的发展战略，本题中，甲公司所研制出的新冠疫苗是新产品，并且在国际市场也要进行销售，甲企业此前从未涉猎过国际市场，因此国际市场对甲公司来讲属于新市场。因此，选项 D 正确。

18.【答案】C

【解析】本题中，“张家大院是一家连锁餐饮企业，主打东北传统菜系”体现出集中化战略；“该公司在店面设计上采用东北传统农村装修风格，并且服务人员全部身穿东北花棉袄，说话口音都带有一点东北风味，营造出了浓厚的东北农村氛围”体现出差异化战略。从整体来看，该企业采用的是集中差异化战略，因此，选项 C 正确。

19.【答案】D

【解析】本题中，“其发现共享经济呈现出高速增长态势，意识到可以推出共享充电宝业务……租用价格远远低于购买一个移动电源的价格”体现出诺飞公司重建市场边界遵循的基本法则是跨越时间参与塑造外部潮流，因此，选项 D 正确。

20.【答案】B

【解析】集中市场营销是指集中力量进入一个或少数几个性质相似的细分市场，实行专业化生产和销售。本题中，童助公司的产品都是针对儿童市场的，并且其产品“深受孩子和家长们的喜爱”体现出该公司是针对儿童这一细分市场所推出的产品，属于集中市场营销。

21.【答案】A

【解析】本题中，“主要经营的业务包括广告设计、形象代言、影视制作及公关策划等，其旗下有 3 家全资子公司及 5 家合营企业”说明云曼公司拥有多个业务和多个子公司，宜采用 M 型组织结构，该组织结构一般适用于在具有较复杂的产品类别或较广泛的地区分布的企业中采用。

22.【答案】C

【解析】工作过程标准化是指组织通过预先制定的工作标准，来协调生产经营活动。在生产之前，企业向职工明确工作的内容，或对工作制定出操作规程及其规章制定，然后要求工作过程中所有活动都要按这些标准进行，以实现协调。本题中，“该企业生产具有统一的生产流水线标准。工人在生产过程中根据该标准进行生产制造，质检员也根据对应的标准进行质量检查。一旦生产出现问题，调试人员根据该标准进行调整和试制”体现出横向分工结构的基本协调机制属于工作过程标准化。

23.【答案】C

【解析】分析型战略组织是指在寻求新的产品和市场机会的同时，保持传统的产品和市场。本题中，“南数公司为了寻找新的市场机会”体现出该公司适宜采取的组织战略类型是分析型战略组织，因此，选项 C 正确。

24.【答案】D

【解析】本题中，“面对国外奶茶品牌的崛起，BODO 研制新品——低糖果茶系列产品，并通过布局南方市场加强销售渠道，增强各连锁店的服务管理……但 BODO 每月销售额不降反增，低糖果茶系列赢得了越来越多消费者的喜爱”体现出 BODO 的战略定位是利用国内市场的优势进行防卫，属于“防御者”战略，因此，选项 D 正确。

二、多选题

1.【答案】AD

【解析】本题中，“行业内的领头羊企业规模较大，产品单位成本较低”主要表现为规模经济，即在一定时期内，企业所生产的产品或劳务的绝对量增加时，其单位成本趋于下降；“且其具有固定的销售链，市场占有率较高”主要表现为现有企业对关键资源的控制，即对分销渠道的积累和控制。因此，选项 AD 正确。

2. 【答案】ABC

【解析】通用矩阵虽然改进了波士顿矩阵过于简化的不足，但是自身也具有局限性，主要包括：①用综合指标来测算产业吸引力和企业的竞争地位，这些指标在一个产业或一个企业中的表现可能会不一致，评价结果也会由于指标权数分配的不准确而存在偏差。②划分较细，这对于业务类型较多的多元化大公司来说必要性不大，且需要更多的数据，方法比较繁杂，不易操作。因此，选项 A、B、C 正确。

3. 【答案】ABC

【解析】本题中，“优贝公司的预算管理委员会每年在编制新的预算时，均是使用以前期间的预算或者以实际业绩作为基础来编制，在此基础上增加相应的内容”可以看出优贝公司采用增量预算的编制方法。增量预算的优点包括：①预算是稳定的，并且变化是循序渐进的；②经理能够在一个稳定的基础上经营他们的部门；③系统相对容易操作和理解；④遇到类似威胁的部门能够避免冲突；⑤容易实现协调预算。因此，选项 A、B、C 正确。

4. 【答案】AD

【解析】准时生产系统的生产对供应商的依赖性较强，并且如果供应商没有按时配货，则整个生产计划都会被延误，选项 A 阐述错误；准时生产系统仅为不合格产品的返工预留了最少量的库存，因此一旦生产环节出错则弥补空间较小。企业按照实际订单生产所有产品，因此并无备用的产成品来满足预期之外的订单，选项 D 阐述错误。因此，选项 A、D 正确。

5. 【答案】ABD

【解析】选项 A 和 D 是反映人力资源方面的非财务指标；选项 B 是反映市场营销效力的非财务指标，而选项 C 属于财务指标。

6. 【答案】BD

【解析】自主创新战略是指以自主创新为基本目标的创新战略。技术引进型战略是指企业与企业或企业与科研单位、高等院校之间发挥各自的优势，联合进行研究开发，生产销售，以尽快开发、实施技术创新的一种创新行为。本题中，“不仅投入大量资金研发自己的新药产品”体现出武康医药公司采用了自主创新战略；“积极地从海外引进相关技术，充分调查专利的权利关系，选择取得垄断实施权的产品”体现出该公司也采用了技术引进型战略。因此，选项 B、D 正确。

7. 【答案】BC

【解析】渐进性变革是一系列持续、稳步前进的变化过程，它使企业能够保持平稳、正常运转，往往在某一刻影响企业体系当中的某些部分。而革命性变革是全面性的变化过程，使企业整个体系发生改变，因此，选项 B、C 正确。

8. 【答案】AB

【解析】本题中，“美国政府制定了一项政策限制本国高新技术产品的出口，同时也不允许外国的高新技术产品的进口，包括对美投资相关项目”体现出甲企业若对美国出口高新技术产品，将面临的政治风险是限制投资领域和设置贸易壁垒。

9. 【答案】BCD

【解析】本题中，设计师的保留率属于创新与学习角度；客户满意度属于顾客角度；园林工程进度完成率属于内部流程角度，因此，选项 B、C、D 正确。

10. 【答案】ABD

【解析】审计委员会主要职责：①检查公司会计政策、财务状况和财务报告程序；②与公司外部审计机构进行交流；③对内部审计人员及其工作进行考核；④对公司的内部控制进行考核；⑤检查、监督公司存在或潜在的各种风险；⑥检查公司遵守法律、法规情况，因此，选项 A、B、D 正确。选项 C 属于战略决策委员会的主要职责。

11. 【答案】AC

【解析】分析运营风险，企业应至少收集与该企业、本行业相关的以下信息：①产品结构、新产品研发；②新市场开发、市场营销策略；③企业组织效能、管理现状、企业文化，高、中层管理人员和重要业务流程中专业人员的知识结构、专业经验；④期货等衍生产品业务中曾发生或易发生失误的流程和环节；⑤质量、安全、环保、信息安全等管理中曾发生或易发生失误的业务流程或环节；⑥因企业内、外部人员的道德风险致使企业遭受损失或业务控制系统失灵。因此，选项 A、C 正确。

12. 【答案】ABC

【解析】风险控制是指控制风险事件发生的动因、环境、条件等，来达到减轻风险事件发生时的损失或降低风险事件发生概率的目的，本题中，“劳威公司与某国外企业联合进行一项境内投资项目”属于风险控制，选项 A 正确；风险转移是指企业采取某种方式将风险转嫁他人承担，对转移后的风险不再拥有所有权的一种风险应对策略，本题中，“劳威公司与某保险公司签订了一份保险合同以保障项目的顺利推进”体现所采取的管理工具是风险转移，具体是以向保险公司投保的方式来转移风险，选项 B 正确；风险规避是指以放弃或拒绝承担风险来回避损失的一种风险应对策略，本题中，“原计划原材料需要进口同时以美元进行结算……管理层决定进行国内采购并且以本币结算原材料的货款”体现出采取的风险管理工具为规避，选项 C 正确。

13. 【答案】CD

【解析】本题中，“其在原有产品基础上，除了推出两款儿童型坚果产品以外”体现出该公司运用了产品开发战略，即在原有市场未改变的情况下，开发了新的产品；“还增加了坚果牛奶系列，包括核桃牛奶、燕麦蔓越莓牛奶等，扩大了自身的产品线”体现出公司运用了与坚果零食不同的多元化经营战略。因此，选项 C、D 正确。

14. 【答案】ABC

【解析】企业内部审计部门应至少每年一次对包括风险管理职能部门在内的各有关部门和业务单位能否按照有关规定开展风险管理工作及其工作效果进行监督评价，监督评价报告应直接报送董事或董事会下设的风险管理委员会和审计委员会。该项工作也可结合年度审计、任期审计或专项审计工作一并开展。因此，选项 A、B、C 正确。

三、简答题

1. 【答案】

（1）PDD 实施成本领先战略的实施条件中的市场情况包括：①产品具有较高的价格弹性，市场中存在大量价格敏感用户。“PDD 将目标客户定位在下沉市场即三、四线城市”“目标客户中绝大部分为价格敏感型的低消费水平人群”；②产业中所有企业的产品都是标准化的产品，产品难以实现差异化。“水果生鲜是生活必需品，又因大幅低于市价很快吸引了消费者，实现基础客户的积累，进而 PDD 的业务逐渐扩展到几乎覆盖全品类的产品”；③购买者不太关注品牌，大多数购买者以同样的方式使用产品。“他们更关注的是产品的价格和使用的方便，绝非品牌”；④价格竞争是市场竞争的主要手段，消费者的转换成本较低。“如何吸引消费者成为每个平台首先需要考虑的问题，各平台都采取了一定的措施降低成本提供性价比较高的产品来‘抢顾客’”。

（2）PDD 实施成本领先战略可能会面临的风险有：①技术的变化可能使过去用于降低成本的

投资与积累的经验一笔勾销；②产业的新进入者或者追随者通过模仿或者以高技术水平设施的投资能力，达到同样的甚至更低的产品成本；③市场需求从注重价格转向注重产品的品牌形象，使得企业原有的优势变为劣势。

2. 【答案】

（1）①规避竞争，拓展非竞争性市场空间。“我国传统小吃行业分布广泛、竞争激烈”“在热卤、一抿就化的细分市场上，没有领导性品牌，没有竞争者，所以降龙爪爪精准定位细分市场”；②创造并攫取新需求。“在消费升级的大趋势下，人们对于品牌的需求已经从服装、鞋类延展到了街边的小吃和零食”；③打破价值与成本互替定律，同时追求差异化和低成本，把企业行为整合为一个体系。“摒弃了传统小吃一般设就餐桌椅，有服务人员的经营弊端，大大节约了人力成本”“其主打的产品鸡爪‘一抿就化了，味道入到骨头里’的热卤口感，填补了目前卤制品市场爪类小吃缺少温度、口味单一、吃起来较麻烦的空白”。

（2）①审视他择产业或跨越产业内不同的战略群组。“这种属性也让其打破了原有的小吃行业和休闲食品行业的市场边界，既有小吃的特质也有休闲食品的特质”；②放眼互补性产品或服务。“专门附赠的吐槽渣环保袋很方便，可以满足年轻人在休闲、逛街、旅游时边走边吃边看的消费需求”；③重设客户功能性或情感性诉求。“降龙爪爪……更多的属性是人们在旅游、逛街时的休闲食品，砂锅中煨出的热卤，一抿就化的口感，边走边吃的形式都让降龙爪爪自带休闲属性，增添人们休闲时的乐趣”；④跨越时间参与塑造外部潮流。“通过多渠道进行宣传逐渐扩大了品牌的知名度，逐步成为了‘线上必打卡，路人必进店’的网红名店”。

3. 【答案】

（1）①经理人对股东的“内部人控制”问题。“HYY 果汁经理人 Z 某还遭遇了金融纠纷。2019 年，Z 某作为有权代理人的 DY 资本因金融借款合同纠纷被招商银行起诉，经法院审理，DY 资本被法院查封，41.03 亿元的资产遭到冻结。同年 5 月，Z 某被列为失信被执行人，这使 HYY 果汁集团的状况雪上加霜”。

②终极股东对中小股东的“隧道挖掘”问题。“2018 年 3 月 29 日，HYY 果汁发布公告，自曝了一起公司的违规贷款。公告显示，2017 年 8 月 15 日至 2018 年 3 月 29 日期间，HYY 果汁向关联公司北京 HYY 饮料提供了本金额约人民币 42.82 亿元的相关贷款……上述相关贷款未遵守港交所要求的申报、公告及独立股东批准的规定”。

③企业与其他利益相关者之间的关系问题。“HYY 公司因 2011 年之后连续 6 年的利润亏损，大量裁员，关闭多地的产线，直接影响了当地的供应商”。

（2）①资本市场。“基于对 HYY 大品牌的认可，近两年很多投资机构都很关注 HYY。Z 某父女辞离董事会，也被业内人士解读为‘或是为资本注入‘铺路’’”。

②经理人市场。“HYY 果汁经理人 Z 某还遭遇了金融纠纷。2019 年，Z 某作为有权代理人的 DY 资本因金融借款合同纠纷被招商银行起诉，经法院审理，DY 资本被法院查封，41.03 亿元的资产遭到冻结。同年 5 月，Z 某被列为失信被执行人，这使 HYY 果汁集团的状况雪上加霜”。

③产品市场。“当前饮料行业竞争激烈，我国饮料产品品牌的竞争格局如下：统一为第一梯队，第二梯队有怡宝、农夫山泉、可口可乐、娃哈哈、加多宝；第三梯队有雪碧、冰露、百事和康师傅。‘有 HYY，才叫过年’，这个充满着节日气氛的广告语，或将慢慢淡出大家的视野”。

4. 【答案】

（1）①产品策略。“YH 超市主要经营产品包括生鲜、服装、日常食品用品等，其中食品用品营业收入是业务中规模最大的，是稳定公司营业收入的关键来源。YH 超市以生鲜农产品为经营特色，促进生鲜农产品快速周转，实现吸引客流、大量引流的市场效应，已经发展成为以零售业为龙头，现代物流为支撑，以现代农业和食品工业为两翼，以实业开发为基础”。

②促销策略。“云超板块主要负责红标店、绿标店，区域覆盖面达全国21个省市，工作方向为推进门店设计改造、业态升级。云商板块负责履行企业整齐行政管理功能。而云创板块所负责的YH生活店和APP、超级物种等业务，及时响应顾客的需求，提升消费质量，创建零售新业态。在门店运营层面，精简大营销活动，强化日常营销，2019年日常营销选品下沉省区，同时配合档期活动开展品类营销，围绕新品、新品牌营销推广宣传，做了新大牌营销专区设计布置规划，打造情景化专区营销模式，向顾客推荐重点商品的品质及信息等”。

③分销策略。“YH超市已经在全国29个省市自治区、552个市（区）布局开业了944家门店，筹建中的门店228家，覆盖了大半个中国，许多新商圈或住宅区将YH超市的入住或毗邻作为楼盘推介的标志之一；目前在全国建立起了包括蔬菜基地、豆制品生产加工厂、熟食加工厂、活鱼配送基地、水果储存配送中心等20多个农业合作基地”。

④价格策略，“YH超市在2012年开始建立自营与合作农业基地，深入到商品流通的全链条，目前在全国建立起了包括蔬菜基地、豆制品生产加工厂、熟食加工厂、活鱼配送基地、水果储存配送中心等20多个农业合作基地，直采比例高达76%。YH超市以生产地为采购基地，基地产品直通卖场，比如在采购海鲜商品时，YH超市会直接把采购船开到海中渔船旁，实现直接采购。这种高效的供应链使YH超市确立了品质优势和足以对抗农贸市场的价格优势。YH超市为加强自身在购货、物流、运营等方面的能力，制定了规模化的合作策略，与各领域企业建立了广泛的合作关系，不仅获得生鲜产品的供应支持、海内外采购渠道，还获得了互联网流量和技术支持，取得成本上的优势”。

（2）①信息技术与成本领先战略。“YH超市在2012年开始建立自营与合作农业基地，深入到商品流通的全链条，目前在全国建立起了包括蔬菜基地、豆制品生产加工厂、熟食加工厂、活鱼配送基地、水果储存配送中心等20多个农业合作基地，直采比例高达76%。YH超市以生产地为采购基地，基地产品直通卖场，比如在采购海鲜商品时，YH超市会直接把采购船开到海中渔船旁，实现直接采购。这种高效的供应链使YH超市确立了品质优势和足以对抗农贸市场的价格优势”。

②信息技术与差异化战略。“线下布局则通过YH云超平台建立特色门店，其实体店共有五种业态，分别是Bravo精标店、会员店、红标店、绿标店、超级物种。其中Bravo精标店与会员店均针对中高档客户。红标店类似于常见的大卖场，以质优价廉、种类丰富为特色，适合大众消费者；而绿标店则以海外进口商品以及舒适的消费环境为特色，针对中段消费群体，针对不同的消费群体有不同的供应点”。

③信息技术与集中化战略。“在智能化平台之下，销售人员可以根据顾客的消费行为及习惯决定加大某一种产品的投入力度，建设推广供应链中台，通过数字化技术实现供应链各环节计划、采购、交付到营销之间无缝连接，提高各环节的可视化和协同性，有效控制风险，提升供应链公开透明度”。

（3）①确认那些支持企业竞争优势的关键性活动。“物流中心配送范围已覆盖全国28个省；结合公司整体发展战略，通过租仓、升级模式重点建设生鲜冷链仓，新建升级改造常温、冷链物流中心。物流扩仓总面积6.89万平方米，主要区域福建、北京、黑龙江、陕西、江西、广东等物流中心。2019年，YH食品安全云网不断推广门店云屏的覆盖运行，云屏覆盖829家门店（比2018年增加27.53%），共计1 374块云屏（比2018年增加78.81%）。公司在产地、码头、物流、及供应商端新铺设71个检测站点，截至2019年底，全国共铺设187个检测站点（相较2018年增加115%），实际运行站点覆盖到全国23个省市。”

②明确价值链内各种活动的联系。“YH超市坚持所有生鲜农产品公司直营和直采，打造“直采+基地专供”模式。YH超市的采购团队深入到一线的种、养殖基地，从商品的品质、竞争力、安全等多个维度衡量，打造产品的供应基地。YH超市在2012年开始建立自营与合作农业基地，深入到商品流通的全链条，目前在全国建立起了包括蔬菜基地、豆制品生产加工厂、熟食加工厂、活鱼配送基地、水果储存配送中心等20多个农业合作基地，直采比例高达76%。YH超市以生产地为采购基地，基地产品直通卖场”。

③明确价值链系统内价值活动之间的联系。“YH食品安全云网不断推广门店云屏的覆盖运行，云屏覆盖829家门店（比2018年增加27.53%），共计1 374块云屏（比2018年增加78.81%）。公司在产地、码头、物流及供应商端新铺设71个检测站点，截至2019年底，全国共铺设187个检测站点（相较2018年增加115%），实际运行站点覆盖到全国23个省市。公司检测室新增了胶体金检测法检测氯霉素、孔雀石绿等23项检测指标；食品安全云网还不断提高检测品种覆盖率，在检测品种上，2019年检测品种数目达3 020类（比2018年增加334.5%），YH超市在2012年开始建立自营与合作农业基地，深入到商品流通的全链条，目前在全国建立起了包括蔬菜基地、豆制品生产加工厂、熟食加工厂、活鱼配送基地、水果储存配送中心等20多个农业合作基地”。

四、综合题

【答案】（1）优势：①生产要素。“L省地处长江、沱江和赤水河附近，具有春旱夏热秋雨冬暖的气候特征。这里空气湿度高，气候、水质以及微生物环境都十分适合酿酒。……水质清冽，且富含有益人体健康的微量元素，将此水作为酿酒的原料，制成的白酒格外香醇。如此得天独厚的条件使得L省成为国内生产白酒的最佳地区之一”；②需求条件。“对白酒文化的传承已经深入到许多中国人的习惯中。随着居民收入的提升，白酒的消费主体也由公务消费向大众和商务消费转移。而另一方面，中国人口基数大，人均寿命长，这也为白酒企业带来庞大的消费群体”；③相关与支持性产业。“因为国家深入推进三农政策，使得粮食产量连年提高。根据国家统计局数据，2017年我国粮食总产量达到66 160.72万吨之多，这就为白酒生产提供的充足的原材料。……对于大型白酒企业而言，往往有其长期合作的产品包装供应商，双方存在较为稳定的供求关系。一些中低端小型白酒企业，在包装供应商方面也具有众多选择对象”。

劣势：企业战略、企业结构和竞争对手的表现。“我国白酒企业数量很多，截至2017年可以纳入国家统计规模以上白酒企业就有1 593家，而上市的白酒企业至今有20家。白酒企业众多，但价格带宽，使得其形成不同的竞争环境”；“中低端白酒市场则更多依赖当地品牌优势，在较大程度上依赖本地消费，当然也有部分外来品牌。中低端白酒同质化较为严重，往往通过价格方面来竞争市场”。

（2）L省白酒企业资源的不可模仿性体现在如下方面：①物理上独特的资源。“L省地处长江、沱江和赤水河附近，具有春旱夏热秋雨冬暖的气候特征。这里空气湿度高，气候、水质以及微生物环境都十分适合酿酒。……水质清冽，且富含有益人体健康的微量元素，将此水作为酿酒的原料，制成的白酒格外香醇。如此得天独厚的条件使得L省成为国内生产白酒的最佳地区之一”；②具有路径依赖性的资源。“L省白酒产业发展具有深厚的文化底蕴，酿酒历史最早可以追溯到商周时期，而L省唯一的白酒生产企业醇享公司的酿酒技艺也已经由23代酿酒人传承了近七百年，历史悠久，具有巨大的人文、历史、科研和经济价值，并且已成功入选国家非物质文化遗产”。

（3）①规模经济。“其具有400多年的酿造历史，企业生产早已大规模铺开，单位成本要低于同行业均值”。

②现有企业对关键资源的控制。“L省地处长江、沱江和赤水河附近，具有春早夏热秋雨冬暖的气候特征。这里空气湿度高，气候、水质以及微生物环境都十分适合酿酒”、“醇享公司研发中心设有博士后流动工作站，更是行业内唯一的固态酿造工程研究中心和酒类检测中心依托建设单位”。

③现有企业的市场优势。“醇享公司作为L省唯一一家白酒生产企业，且L省的白酒文化深厚悠久，使醇享在全省的市场占有率高达85%，是该省白酒产业内名副其实的龙头老大”。

（4）从公司层战略层次来看，醇享公司宜采用密集型战略中的市场渗透战略。“醇享公司作为L省唯一一家白酒生产企业，且L省的白酒文化深厚悠久，使醇享在全省的市场占有率高达85%”说明醇享公司应该着眼于企业现有消费者，不断挖掘现有市场或现有产品的潜力。

（5）属于职能型组织结构。“公司总经理目前下设六个职能部门，采购部负责向供应商采购酿造的原材料……后勤保障部负责公司中其他大小事务”。

优点：①能够通过集中单一部门内所有某一类型的活动来实现规模经济；②有利于培养职能专家；③由于任务为常规和重复性任务，因而工作效率得到提高；④董事会便于监控各个部门。

缺点：①由于对战略重要性的流程进行了过度细分，在协调不同职能时可能出现问题；②难以确定各项产品产生的盈亏；③导致职能间发生冲突、各自为政，而不是出于企业整体利益进行相互合作；④等级层次以及集权化的决策制度机制会放慢反应速度。

（6）企业筹资决策较为恰当，筹资后的资本结构合理。“醇享公司在2017年非公开发行股票进行权益筹资……2019年醇享公司再次进行筹资，不同前次的是，本次筹资是向符合条件的投资者发行企业债券”和“融资行为合理，并且分别采用权益性筹资和债务性筹资，平衡了资本成本的结构”。

建议：①做好投资决策，盲目扩张可能会导致资金链断裂或者丧失发展机遇可能会导致资金使用效益低下。②资金调度应合理，营运流畅，否则可能导致企业陷入财务困境或资金冗余。③资金活动管控要严格，否则可能导致资金被挪用、侵占、抽逃或企业遭受欺诈。

（7）①人力资源约束制度不合理、关键岗位人员管理不完善，可能导致人才流失、经营效率低下或关键技术、商业秘密和国家机密泄露。“醇享公司中绝大部分中高层管理者并未持有公司股权，并且公司在未来三年内也没有推出员工激励持股计划的打算，长此以往导致员工主动为公司利润增长而努力的驱动力不足，并且造成了一定的骨干人员流失的现象”。②人力资源缺乏、结构不合理、开发机制不健全，可能导致企业发展战略难以实现。“中高层的离职将会对公司的发展造成一定的影响，新入职的员工还需进行岗前培训以及对新工作熟练度的磨合与提升。换句话来讲，当离职的人多于入职的人时，公司将面临着人力资源匮乏以及人力成本激增等严峻问题”。

2021年注册会计师考试全真模拟试题（二）

一、单项选择题

1. 成一公司是以销售高端品牌服装的代理公司。2020年，受新冠疫情影响，高端品牌销量大幅下降，成一公司逐渐开始代理低端服装品牌的销售业务，但并未全面铺开，仅仅在部分营业部开始同时销售低端品牌服装，而后取得了较好的业绩。从战略发展角度来看，成一公司上述做法属于战略变革中的（　　）。

A. 连续阶段　　B. 渐进阶段　　C. 不断改变阶段　　D. 全面阶段

2. 宇铸公司是一家游艇制造企业，该公司在与客户签订游艇制造合同后，才开始向主要供应商发出采购订单，随后进行游艇加工与组装。根据上述信息，宇铸公司所采用的平衡产能与需求的方式是（　　）。

A. 资源订单式生产　　B. 订单生产式生产

C. 库存生产式生产　　D. 匹配策略式生产

3. 2020年国际市场石油暴跌，波及各国资本市场，我国也不例外。在此期间，美国某投行机构预计其竞争对手国内某金融企业将会逐渐降低其对客户理财产品的收益率，则该投行对国内金融企业的分析属于（　　）。

A. 财务能力分析　　B. 快速反应能力分析

C. 成长能力分析　　D. 适应变化能力分析

4. 每逢圣诞节前，国外市场对火鸡的需求量就会大幅增加，而食品企业每每都会抓住这个销售的黄金时间，纷纷从火鸡的销售方式和价格上下功夫，提高销售额。结合环境分析，下列影响因素正确的是（　　）。

A. 政治法律因素　　B. 经济因素　　C. 社会文化因素　　D. 技术因素

5. 景盛公司是以生产速溶咖啡为主的制造企业，在下列企业中，景盛公司的直接主要竞争对手是（　　）。

A. 生产咖啡豆的制造企业

B. 销售速溶咖啡的商业企业

C. 同一战略群组以生产茶为主的制造企业

D. 同一战略群组以生产咖啡为主的制造企业

6. 程力公司共涉猎生物制药、化学制药、化工制造及微生物研究四部分业务，这些业务的市场增长率分别为6.8%、9.5%、13%和4.5%，相对市场占有率分别为1.3、1.8、1.5和0.5。程力公司四部分业务中，需要进行整顿且并入其他事业部进行统一管理的业务是（　　）。

A. 生物制药业务　　B. 化学制药业务

C. 化工制造业务　　D. 微生物研究业务

7. 新马公司是以生产中成药为主营的一家上市企业，2019年该公司成功研制出几款新型中成药，为了确保新产品的销售渠道稳定，2020年末该公司成功收购了3家大型药店集团和4家医院，根据上述描述，新马公司的发展战略是（　　）。

A. 密集型战略　　B. 多元化战略

C. 前向一体化战略　　D. 后向一体化战略

8. 2020年年初，小张所承包的公园位于中国哈尔滨，其请来专业的冰雕师为公园设计鼠年主题的冰雕及滑梯，打算通过项目收费的方式来提高销售额。但突如其来的新冠疫情让公园门庭冷落，一度陷入经营危机，最终小张不得不终止公园的经营权。根据上述信息，导致小张战略失效的类型是（　　）。

A. 早期失效　　B. 正常失效　　C. 偶然失效　　D. 晚期失效

9. 甲公司和乙公司是两家汽车制造企业，自2004年开始合作，甲公司将乙公司的最新研制的ABS系统应用到了自己的全系汽车上，作为回报，甲公司“教会”了乙公司发动机废气排放电脑控制系统的技术。通过上述描述，可以看出双方达成战略联盟的动因是（　　）。

A. 避免或减少竞争　　B. 实现资源互补
C. 开拓新的市场　　D. 减少经营风险

10. 丙公司在做数据调查时发现各种修饰图像软件下载量剧增，主要下载对象均为女性，其下载修图软件主要是对人像照片进行脸部修饰，基于此丙公司推出一款以美颜相机为主打的手机，主要针对年轻女性消费群体，在市场上引起了较大轰动，丙公司采取的消费者市场细分依据属于（　　）。

A. 地理细分　　B. 人口细分　　C. 心理细分　　D. 行为细分

11. 某国外品牌文具集团为了扩大产品的销售范围，获得更高的市场占有率，在本土经营实体店的同时，也开始进军中国市场，在国内的淘宝商城创建文具旗舰店进行销售，同时寻找了三家大型代理商进行代理销售。通过上述描述，该集团采用的战略是（　　）。

A. 市场渗透战略　　B. 市场开发战略
C. 产品开发战略　　D. 多元化战略

12. 近日有相关报道爆出，绿舒公司旗下的涂料产品被检测出甲醛超标，消息一出绿舒公司的销售额降幅高达70%，许多合作商纷纷要求公司做出赔偿，绿舒公司一时间陷入经营危机。上述案例中，绿舒公司所面临的风险属于（　　）。

A. 运营风险　　B. 市场风险　　C. 法律风险　　D. 产业风险

13. 龙飞公司是一家刚成立三年的无人机制造企业，公司经营情况并不稳定，销售渠道也不完善，为了进一步增强旗下产品的续航性和功能性以改善现状，龙飞公司向机构投资者募集资金投入研发。根据财务风险与经营风险搭配理论，该企业属于（　　）。

A. 高经营风险与高财务风险　　B. 高经营风险与低财务风险
C. 低经营风险与高财务风险　　D. 低经营风险与低财务风险

14. 卓勤互联网公司的独立董事小李，也在其存在竞争关系的程息电子科技公司任副董事长一职，小李违反了董事的（　　）。

A. 善管义务　　B. 信息披露义务
C. 竞业禁止业务　　D. 职业审慎业务

15. 李云和其妹妹李彩一直在做家政服务，由于其服务质量到位，态度良好，承接的家政业务越来越多，但一直仅有她们两人，经常工作到很晚分身乏术，由此她们想再雇佣几个人，帮助其处理更多的业务，同时建立一个家政服务企业，由李云采用适当的组织结构形式进行管理。根据上述信息，宜采取的组织结构形式是（　　）。

A. 矩阵制组织结构　　B. 创业型组织结构
C. 职能制组织结构　　D. 事业部制组织结构

16. 乐誉公司是一家耳麦生产企业，其为开展音响业务与一公司联合投资了一个项目，但由于对该公司尽职调查不充分，企业的风控部在分析项目运营风险时，无法判断风险发生的概率。

在上述情况下，乐誉公司应采取的风险度量方法是（   ）。

A. 最大可能损失　　B. 概率值　　C. 在险值　　D. 期望值

17. 丁公司是一家专注于芯片制造的高科技公司，公司以狼性文化著称，没有森严的等级制度，管理者更关注的是员工能否成功地解决问题，鼓励员工跨部门合作，在工作中发挥自己的优势和创意，研制出更多的新型芯片。结合上述信息，丁公司的企业文化类型属于（   ）。

A. 权利导向型　　B. 角色导向型

C. 任务导向型　　D. 人员导向型

18. 城济公司是一家房地产上市企业，其总经理将办公室装修得非常奢华，经常给包括自己在内的中层以上员工发放奖金，而这些决策在公司章程中都没有明确规定需要经过股东大会的同意，因此该总经理在公司内大搞“个人帝国”。城济公司存在的公司治理问题属于（   ）。

A. 代理型公司治理问题

B. “内部人控制”问题

C. 剥夺型公司治理问题

D. 企业与其他利益相关者之间的关系问题

19. 南梦服饰公司是国内一家专业服装公司，管理层要求设计师要抓住国际上主要流行元素尽可能地加入服装设计中，同时该公司通过高效的成本管理方法以相对较低的价格进行销售。根据以上信息判断，该企业采用的战略是（   ）。

A. 混合战略　　B. 集中化战略

C. 差异化战略　　D. 成本领先战略

20. 龙泉公司是国内一家制茶企业，该企业的产销量一直稳居行业前列，且其在长沙、成都等地有四大种茶基地，早已形成规模经济以控制成本，销售渠道也十分完整。在上述情况下，龙泉企业应该采用的股利分配政策为（   ）。

A. 零股利政策　　B. 低股利政策

C. 高股利政策　　D. 固定股利支付率政策

21. 轩艺公司是国内的一家餐饮企业，在内地有 23 家门市餐饮店，随后进军香港、澳门等市场，并且计划入驻国际市场。管理层要求各地分店务必关注其当地市场的饮食文化、消费需求及行业状况，可以在一定限度内进行菜品及价格的调整。结合上述案例，该公司选择的国际化经营战略是（   ）。

A. 跨国战略　　B. 全球化战略

C. 多国本土化战略　　D. 国际市场开发战略

22. 捕鱼业作为零散产业，其生产单位均为单船。因为采用多船作业也难以降低成本，全部船只都处于同一水域作业，获得的好捕捞量的概率所差无几，因此许多小作业者的作业成本是基本相同的。结合上述信息可以判断，造成捕鱼业产业零散的原因是（   ）。

A. 存在退出障碍　　B. 难以达到规模经济

C. 地方法规对捕鱼业的限制　　D. 市场需求多样导致高度产品差异化

23. 东达公司是一家乳制品制造企业，其于一年前并购了一家澳大利亚牛奶生产企业，在保留该公司原有组织结构的同时实施了新的管理方式，当地员工反对加班制度，对于新的绩效考核管理方式存在很大意见，甚至多次出现罢工现象。根据战略稳定性和文化适应性矩阵的要求，东达公司应该（   ）。

A. 以企业使命为基础　　B. 加强协同作用

C. 根据文化进行管理　　D. 重新制定战略

24. 新蒙豆制品厂将排污口直接设置在了附近的河道内，豆制品厂的残渣及污染物都直接排放到了河道中，而后被人匿名举报，经市环保局行管部门查证后，对新蒙豆制品厂处以8万元罚款及责令限期改正。结合上述案例，新蒙豆制品厂所面临的风险是（　　）。

A. 法律与合规风险　　B. 社会文化风险

C. 技术风险　　D. 市场风险

二、多项选择题

1. 兆奇公司是一家信贷金融机构，企业管理层发现近期贷款回款时间不稳定，增加了企业的信贷风险，故企业需要加强对平时所处理业务的信贷风险的评估工作。下列选项中，兆奇公司可以用来评估风险影响的定量方法有（　　）。

A. 德尔菲法　　B. 情景分析法

C. 风险评估系图　　D. 马尔科夫分析法

2. 今源公司是一家汽车配套饰件制造企业，为拓展国际市场，该公司并购了英国的H公司，但在不久后，发现H公司在被并购前牵涉在一项国际经济犯罪案件中。另外由于企业文化的不同导致今源公司对H公司的管理整合工作难以开展。再加上今源公司所支付的较高并购费用，导致今源公司流动资金周转不灵，其面临着严重的经营风险。结合上述案例，今源公司并购失败的原因包括（　　）。

A. 决策不当　　B. 支付过高的并购费用

C. 跨国并购所面临的政治风险　　D. 并购后不能很好地进行企业整合

3. 根据《企业内部控制应用指引第7号——采购业务》，如果企业的采购流程不完善，其将会面临的风险包括（　　）。

A. 采购人员通过“吃回扣”的方式，采购价高质次的产品

B. 市场预测不准确导致原材料库存积压

C. 付款流程审核不严格可能导致信用受损

D. 采购计划不合理可能导致企业资源浪费

4. 藤兰公司是一家信托基金企业，自成立以来，企业一直加强法制教育，增强经理等高级管理人员的法制观念。另外，管理层要求企业开展风险评估，准确识别与实现控制目标相关的内部风险和外部风险，评估相应的风险承受度。根据我国《企业内部控制基本规范》，藤兰公司所涉及的内部控制要素包括（　　）。

A. 控制活动　　B. 控制环境

C. 风险评估　　D. 信息与沟通

5. 下列关于风险理财的表述中，正确的有（　　）。

A. 风险理财的手段可能会改变风险事件发生的可能性

B. 风险理财的应用范围一般不包括声誉等难以衡量其价值的风险

C. 较多风险理财工具本身有着比较复杂的风险特性

D. 风险理财是用财务手段管理风险

6. SW集团是一家主营化妆品业务的国际化企业，其采用区域管理方式，即各区域总裁有权对其管理的区域进行自主决策。下列关于SW集团的纵向分工组织结构的方式的表述正确的有（　　）。

A. 有利于集中力量快速应对紧急危局

B. 容易出现部门之间各自为政的失控现象

C. 信息沟通和传递速度比较快

D. 基层管理人员职业晋升空间有限

7. 成筑公司是一家建材生产企业，由于国内矿产资源逐渐稀缺，该公司将部分资金和生产能力转移至铁、铜等资源丰富的拉美国家。成筑公司通过并购一家拉美的建材公司，成功入驻拉美市场，销售额得到了大幅提高。结合上述信息，成筑公司对外投资的动机有（　　）。

A. 寻求市场　　B. 寻求资源

C. 寻求现成资产　　D. 寻求效率

8. 根据《企业内部控制应用指引第 6 号——资金活动》，下列属于资金活动需要关注的主要风险是（　　）。

A. 闲置资金过多，可能导致企业资金利用率较低

B. 预算编制不合理，可能导致企业资源浪费

C. 筹资决策不当，可能引发无效融资

D. 投资决策失误，可能引发盲目扩张

9. 2019 年以来，景成公司为了更好地应对企业变革中的阻力，从外部聘请了 5 名心理学家和 5 名相关专业的专家，为员工开展了系列培训课程，使员工的心理、技能、业务能力等层面得以提升。根据上述信息，景成公司克服变革阻力的策略不包括（　　）。

A. 改变变革的范围　　B. 改变变革的类型

C. 改变变革的性质　　D. 改变变革的管理方式

10. 思芥公司是国内知名的酒店管理公司，计划到欧美国家开展国际酒店业务。思芥公司对欧美 8 个国家进行了相关尽职调查。下列调查结果中，属于钻石模型要素的有（　　）。

A. 地方劳动力成本较高

B. 旅游产业较发达

C. 在欧美投资建房税负较高

D. 国际知名酒店已经在欧美进行战略布局

11. 香椿窖龄公司是一家白酒制造的上市公司。该公司已经成立了近百年之久，经过得天独厚的地理优势和精湛传统的酿酒技术，即使其每瓶白酒的价格远高于同行业其他公司的产品单价，但众人仍被其酿制的白酒深深吸引着，产品经常供不应求。结合波特的五种竞争力分析理论，下列说法正确的有（　　）。

A. 白酒产业内现有企业的竞争非常激烈　　B. 潜在进入者的进入威胁较小

C. 供应者讨价还价能力较强　　D. 购买者讨价还价能力非常弱

12. 根据波特的价值链分析理论，下列各项中，属于企业支持活动的有（　　）。

A. 甲公司向供应商大量退货

B. 乙公司对产成品进行质检

C. 丙公司对员工开展技术培训

D. 丁公司聘请咨询公司为其设计管理信息系统

13. 辰星公司是一家糖果食品生产企业，但随着人们越来越注重健康理念，糖果食品行业的销售量每况愈下。但辰星公司发现宠物零食行业发展势态良好，打算收购英国一家宠物零食公司以此来进军零食行业，经过长达 2 个月的谈判，双方最终以 3.5 亿元的收购价格达成一致同意。通过上述描述所涉及的并购类型包括（　　）。

A. 纵向并购　　B. 产业资本并购　　C. 杠杆并购　　D. 友善并购

14. 世星公司是一家手机制造商，其原材料供应商众多。在制造手机屏幕时，其选用了业内最出色的一家屏幕供应商；而在原材料芯片方面，为了某供应商防止供货发生问题，其选用了几家质量较好的芯片制造企业；在手机配件方面，世星公司将生产授权给了一家供应商，自己不参与配件的生产。结合上述描述，世星公司采用的货源策略有（　　）。

A. 多货源策略

B. 单一货源策略

C. 混合货源策略

D. 由供应商负责交付一个完整的子部件

三、简答题

1. “一带一路”是为了促进世界经济发展、进一步提升全球经济开放性与包容性的伟大倡议。2018 年，已经有 60 多个国家加入到“一带一路”建设中，“一带一路”网络已遍布五大洲中的四大洲（除美洲外）以及拉丁美洲。

2015 年 7 月，中信银行代表团访问哈萨克斯坦，双方在能源、建设、金融等领域进行交流并达成一系列投资合作意向，自此中信银行拉开并购 Altyn 银行的序幕。2016 年 11 月，双方签署收购 Altyn 银行股权备忘录，拟从 Halyk 银行购买其持有的 Altyn 银行 60% 股权。2017 年 6 月，中信银行通过相关议案，同意收购阿尔金银行股权并签署相关交易文件。2018 年 4 月，中信银行联合双维投资有限公司，购入 Halyk 银行所持有的 Altyn 银行 60% 股权。其中中信银行持股 50.1%，中信银行出资约 4.28 亿元人民币。自此收购项目圆满收官，中信银行成功并购阿尔金意味着中信银行在海外发展战略布局上迈出了新的一步，中信银行成为首家在“一带一路”沿线国家收购银行股权的中资银行。

对于中信银行在“一带一路”发展中也会面临着政治文化风险、汇率风险等风险，所投资国家的政治不稳定或者说国家领导人经常性替换的现象使得相关政策时常改变，这对商业银行的海外发展可以说是致命的；从更深入的层面来讲，还有项目本身的风险，目前我国在“一带一路”的投资还是集中于基础性领域，包括农业、资源能源、基础设施建设等，这些项目都具有规模大、回收期长的特点，这就从客观上要求我国商业银行提高风险识别和管理能力，也对其开发规避相关风险的金融产品的能力提出了全新的需求。

另外，我国商业银行在对“一带一路”沿线国家的风土人情、社会文化等方面的了解并不处于优势地位，对于国内绝大多数商业银行来说，这项工作可能需要从零做起，“一带一路”沿线国家均有自身的发展特点，银行在提供的金融产品和服务时需要因地制宜，对东道国的风俗文化和法规了解不够全面将会带来很大的潜在风险，同时针对具体的投资项目需要进行准确权威的分析判断和量化的可行性论证，不可完全照搬国际经验。

要求：

（1）简要分析案例中所涉及并购的类型。

（2）运用 PEST 分析方法，简要分析中信银行所面临的机会与威胁。

2. 中钢国际是中国中钢集团有限公司的核心成员企业，主营业务为工程技术服务和设备集成及备品备件供应业务，产品类型为国内外贸易、工程总承包以及服务业务。近年来，在我国建筑以及煤电行业产能严重过剩的压力之下，其重大项目安徽霍邱 300 万吨钢铁项目和阳煤集团西上庄超临界低热值煤热电项目纷纷进入缓建状态，停滞不前，其合同金额高达 93 亿元，使中钢国际无法在相应年度确认项目收入，由此导致其营业收入下滑，企业绩效低下。项目的停滞使中钢国际2015—2017年在此重大工程项目中营业收入颗粒无收，在无法正常推进项目进度而引起企业绩效低下的压力下，刚刚上市的中钢国际甚至选择以虚增收入的违规操作粉饰公司业绩，误导财务报告使用者，干扰市场。2014年，中钢国际确认以前年度（2012年、2013年）结算收入40 768.14万元，对应成本38 051.98万元，合同毛利2 716.16万元，导致全资子公司中钢设备2014年营业收入虚增40 768.14万元、利润总额虚增2 716.16万元，最终于2017年被吉林证监局责令改正。

中钢国际应收账款余额占比较大，自上市以来应收账款占营业收入比重平均为55.83%，明显高于同行业企业平均水平。中钢国际整体上采取了慢收快付的经营政策，虽然企业在收回账款的方面做出了努力，但其效果还不够稳定，对其客户的信用管理工作不重视不到位，导致企业应收账款不能及时收回，存在坏账损失的风险。比如2018年3月，中钢国际对其下属企业在经营过程中形成的长期挂账、催收无果的应收款项进行清理并予以核销。全资子公司中钢设备与其债务人重庆钢铁股份有限公司进行债务重组，核销应收账款损失达5.5亿元之高，减少当年度合并利润总额2.8亿元。

要求：

（1）依据《企业内部控制应用指引第14号——财务报告》，简要分析中钢国际面临的财务报告风险。

（2）依据《企业内部控制应用指引第9号——销售业务》，简要分析中钢国际面临的销售业务风险。

3. W公司是一家成立不久的智能电动汽车公司，作为一家初创制造企业，企业文化是企业的灵魂，是推动企业从小到大、由弱到强的不竭动力。公司的标志寓意着公司对未来的憧憬，以及脚踏实地、不断前行的精神，并着重强调对用户体验的重视，重新定义服务用户的所有过程，期望为用户提供愉悦体验的绿色出行方式。独特的企业文化使得W公司和传统汽车企业有着很大的区别。

W公司视人才为企业最重要的资产，人才奠定了一个技术密集型的公司未来的发展高度，其人才观念是员工本性要积极主动，品格坚韧、具有包容性和学习能力。W汽车从零开始，在招聘时就非常重视与公司价值观相似的人，需要信奉相同的使命、愿景，同时挖掘有成熟度有意愿做领导岗位的员工，在人才培养上不惜重金投入，让员工有不同职位、有不同项目的历练从而实现全方位的提升。

另外，W公司倡导整车厂与供应商之间的合作伙伴关系，在保证双方利益下共同合作开发探索全新的技术领域。汽车工业的新能源化已经成为未来趋势，技术路线较为清晰，主要以动力电池、电机、电控为核心来搭建整体的技术架构。以W公司首款产品XS8为例，其外观内饰均有其设计团队自主设计。外观具有较高识别性，车身线条具有张力，具有较高科技感和未来感。内饰设计兼顾豪华感和居家氛围，给车主一种强烈的智能化、数字化感官体验。

在销售方式上，W公司将生产经营活动前向扩展到销售终端，自己建立并完善销售渠道来销售产品。与传统汽车企业通过第三方经销商销售不同，W公司独辟蹊径，使用了“线上APP+线下体验店”的直营销售模式。线上端用户可通过公司官网和APP手机端自主选择车辆配置下单，并可同时选择金融服务和车辆保险。

要求：

（1）结合波特的价值链分析理论，试分析W公司的支持活动有哪些？

（2）W公司在销售模式上采用了何种战略？该战略的适用条件是什么？

4. 海洋生物医药产业指以海洋生物为原料或提取有效成分进行海洋药品与海洋保健品的生产加工及制造等活动，包括海洋药品制造、海洋保健品制造等。海洋生物医药产业集农、工、商三大经济领域于一体，是从海洋生物资源采集、药物研发、成果转化、加工生产到市场销售的整条产业链条。海洋生物医药产业作为海洋战略性新兴产业在海洋经济中占比增大，间接推动了国家经济发展，与传统海洋产业相比，新兴海洋产业具有巨大的发展潜力。随着国内外对海洋生物医药需求的扩大和对药品质量要求的提高，海洋生物医药发展进程加快，市场规模不断扩大，推动了大量公司进入海洋生物医药产业。2005—2020 年，中国海洋生物医药产业增加值一直保持高速增长，尤其是 2007 年出现 37.7% 的产业最高增速，2010 年也出现 25% 的产业增速，近年来增长率较为平稳。2005 年，中国海洋生物医药产业产值为 48 亿元，至 2014 年海洋生物医药产业产值已达 248 亿元，2019 年海洋生物医药业全年实现增加值 443 亿元，比上年增长 8.0%，是增长较快的海洋战略性新兴产业。在高速发展下涌现了许多企业进入海洋生物医药产业，比如：厦门金达威集团股份有限公司，青岛明月海藻集团有限公司等，在产业内进行布局，将其传统业务向精准医疗方向转变，但仍存在许多不确定性，在不断摸索中进行战略规划。

我国的海洋生物医药公司多分布在沿海城市，以珠三角地区、福建、山东、上海为重点，拥有许多规模较大，技术较先进，比较成熟的企业。这主要是由于海洋生物医药产业需要特殊的地理环境，需要在海洋资源丰富的地区，并且沿海地区经过改革开放拥有充足的人才和资金储备，有先进的技术，可以满足生物医药需要的基础条件。海洋生物医药公司为人们健康生活做出许多贡献，上海绿谷制药有限公司就是其中之一。上海绿谷制药有限公司成立于 1997 年，拥有丰富的糖药物产品线，创新产品涵盖神经精神类、恶性肿瘤、代谢性及自身免疫性疾病等领域，公司联合中国海洋大学、中科院上海药物所共同研制的甘露特纳胶囊，是以海洋褐藻提取物为原料制备获得的低分子酸性寡糖化合物，也是中国自主研发并拥有自主知识产权的创新药，填补了国际上 17 年来抗阿尔兹海默症领域无新药上市的空白。2005 年，其中药现代化里程碑产品——绿谷注射用丹参多酚酸盐在中国上市，成立绿谷研究院；2006 年，设立“绿谷创新基金”，用于支持中国原创新药研发；2009 年获得九期（甘露特纳胶囊）开发许可权；2014 年，绿谷糖药物生产基地在辽宁本溪开工奠基；2017 年完成甘露特纳胶囊临床试验三期患者入组，成为中国首个大型抗阿尔兹海默症药物三期临床试验；2018 年，顺利完成甘露特纳胶囊三期临床研究，同年，在中国递交新药及生产许可申请；2019 年，甘露特纳胶囊在中国正式上市；2020 年，绿谷糖药物生产基地在上海正式奠基，成为国内首个糖药物出口全球的生产基地。上海绿谷制药公司根据国家出台的政策，把握发展的时机，实时更新企业的制药技术，自主研发并拥有自主知识产权，在技术上不断升级，成为糖药物领域的翘楚。此外，上海绿谷制药公司按销售渠道和客户类型，实行直销、代理、政府合作的销售模式，成为行业内领先的企业。

目前，我国海洋医药产业的发展仍有一些需要解决的障碍：海洋生态环境具有高盐、高压、缺氧和避光等特性，并且具有流动性和季节性，海洋生物种类丰富，需要进行大量的基础研究，掌握多种技术，研究工作广度和深度大；我国海洋生物医药产业的政府资金投入、科研机构经费收入逐年递增，但是与日本、欧盟国家相比，还有一定差异，资金投入不足，限制了海洋药物的研发和成果转化进程；海洋生物医药产业需要大量技术和科技人才，海洋生物资源开发关键技术储备不足，企业自主创新意识不足，行业同质化严重，而市场需要更多且有效的创新药，无法满足日益增长的创新需求等等，未来仍需要解决这些问题，使海洋生物医药产业得到更好的发展。

要求：

（1）简要分析作为新兴产业，海洋生物医药产业内部结构的共同特征。

（2）简要分析作为新兴产业，海洋生物医药产业的发展障碍。

（3）依据新兴产业的战略选择，简要分析上海绿谷制药公司的战略选择。

四、综合题

资料一

2020年洗碗机市场销售额规模整体达到87.0亿元，销量规模整体达到191.9万台，分别同比增长25.3%和31.0%，远远高于其他家电同期销售数据。由于受疫情影响，国内出现了一定规模的消费降级现象，占据主要市场规模的白色家电、厨卫电器等市场均遭遇较大幅度的下滑，但洗碗机的销量却逆势大涨。自动洗碗机是通过高温高压水流对餐具表面进行360度机械冲刷，以及洗涤剂对餐具表面油污和残渣的分解，加之热水对食物残渣的浸泡膨化，使得油污和残渣迅速分解与脱落，并达到清洁与除菌的双重效果。目前市场上洗碗机的价格有几千至上万不等，容量及功能也不尽相同。销售洗碗机的家电制造企业也不在少数，比如西门子洗碗机、松下洗碗机、美的洗碗机等众多洗碗机品牌。

XI电器公司是以黑色家电制造为主营的企业，2013年开始接触洗碗机制造技术，2014年专门从公司研发部门和生产制造部门共调动了15名骨干员工成立了洗碗机项目组，经过一年多的时间，在项目经理的带领下，XI初代家用水槽洗碗机问世，随后通过不断地研发和生产试制，不同性能的洗碗机逐渐面世。

资料二

全净透空化技术是一项一直应用在现代军事科学上的专业技术，人们利用空化泡的破裂产生的强力作用来清洗军舰吃水线以下附着的藻类、贝类等顽固的垢层，从而替代了人工用钉锤敲打的工序。通过控制压力、流速等参数使水流束经过空化喷嘴时产生大量的空化泡，利用空化泡在材料表面狭小区域内溃灭产生高达140MPa—170MPa的微射流冲击，达到清理设施表面附着物和污垢层的目的。空化泡技术不但具有高效、节能、环保、安全等优点，而且不伤害设施母材，极少伤害完整的防腐层，可对船舶螺旋桨等设备薄片区域进行合理有效的清洗。

XI电器将该项技术与超声波技术紧密结合，通过三年的技术研发将其应用在了第三代家用水槽洗碗机上。液体中的微小气泡核在超声波作用下产生振动，当声压达到一定值时，气泡将迅速膨胀，然后突然闭合，在气泡闭合时产生冲击波。超声波能量足够高时，就会产生局部大量的微小气泡，从而形成"超声波空化"。通过空化泡破灭产生的射流冲击波，清洗碗碟的污渍。由于这项技术是XI电器通过二次创新和长时间的自主研发所研究出来的，因此，短时间内第三代家用水槽洗碗机很难被其他电器制造企业复制，其具有难以被模仿的优势。

资料三

在第三代家用水槽洗碗机面世后，互联网上有专业家电测评博主将XI第三代洗碗机和其他两家电器公司的最新型洗碗机进行测评。同样数量及油渍程度一致的碗筷及厨具放入三款不同的洗碗机中进行清洗，最后发现XI第三代洗碗机不仅清洗时间最短，而且从清洁度来看，三款洗碗机在面对特别难清洗的污渍时，只有XI第三代洗碗机将其清洗得很干净，另外两款产品都有不同程度的污渍留存。

这离不开XI第三代洗碗机将以往洗碗机的"水洗技术"升级为水气混动的"气泡洗技术"，其利用水中气泡爆裂的力量加快水的流速，加大水的冲击力，凭借上千亿空化气泡的持续爆裂与水气混动的脉冲式冲击，剥离餐具上的顽渍，达到深层清洁的效果。另外，三款洗碗机在同等清洗效果的情况下，XI第三代洗碗机更加地省水、省电，节约能源。并且，气泡更有利于洗碗粉等洗涤剂的溶解，使消费者更加节省洗碗粉，同时也更加环保。

要求：

（1）结合产品生命周期理论，分析洗碗机目前处于产业中的哪个阶段？请简述理由。

（2）基于洗碗机所处的产品生命周期，分析 XI 电器公司目前的经营风险和财务风险状况。同时提出你对 XI 电器公司融资方式和股利分配政策的建议。

（3）根据资料，简要分析 XI 电器公司目前的企业总体战略是什么？（要求细分）

（4）根据企业核心能力的 3 个关键性测试，判断 XI 电器公司的第三代洗碗机能否称之为公司的核心竞争力。

（5）根据资料，分析 XI 电器公司的组织结构类型是哪种？并简述该种组织结构类型的缺点。

（6）资料中的 XI 电器公司表现出了较强的研发能力，依据我国内部控制应用指引，简要说明该公司在研发方面需要重点关注哪些主要风险。

2021年注册会计师考试全真模拟试题（二）答案及解析

一、单选题

1. 【答案】B

【解析】渐进阶段是指在该阶段中，战略发生缓慢的变化，这种变化可能是零打碎敲性的，也可能是系统性的。本题中，"2020年，受新冠疫情影响，高端品牌销量大幅下降，成一公司逐渐开始代理低端服装品牌的销售业务，但并未全面铺开，仅仅在部分营业部开始同时销售低端品牌服装，而后取得了较好的业绩"体现出公司的战略变革处于缓慢地变化，属于零打碎敲性的。

2. 【答案】A

【解析】资源订单式生产是指由于每个客户的需求各不相同，客户的需求不能准确地提前预测，只能在取得客户订单后，取得完成订单所需的资源，最后组织生产。本题中，"该公司在与客户签订游艇制造合同后，才开始向主要供应商发出采购订单，随后进行游艇加工与组装"体现出宇铸公司所采用的平衡产能与需求的方式是资源订单式生产。因此，选项A正确。

3. 【答案】D

【解析】适应变化能力分析是指当外部环境产生变化时，竞争对手能否对外部事件做出反应。本题中，"国际市场石油暴跌，波及各国资本市场，我国也不例外"体现外部环境发生变化，"美国某投行机构预计其竞争对手国内某金融企业将会逐渐降低其对客户理财产品的收益率"体现了预测竞争对手可能会对外部事件做出反应。因此，选项D正确。

4. 【答案】C

【解析】本题中，圣诞节属于国外传统节日，火鸡也是在国外圣诞节家家户户都会吃的食品，因此属于社会文化环境中的文化传统因素，选项C正确。

5. 【答案】D

【解析】战略群组是指某一个产业内执行同样或类似战略，并具有类似战略特征的一组企业。同一战略群组内的企业向相似的顾客群销售相似的产品，它们之间的竞争会十分激烈，因此，处于同一战略群组内的企业属于直接竞争对手，选项D正确。

6. 【答案】D

【解析】"瘦狗"业务应将经过整顿后暂时保留下来的"瘦狗"业务并入到其他事业部进行统一管理，并且"瘦狗"业务的相对市场占有率和市场增长率都很低。本题中，微生物研究业务的市场增长率为4.5%和相对市场占有率为0.5%，属于低增长—弱竞争地位的"瘦狗"业务，因此，选项D正确。

7. 【答案】C

【解析】前向一体化主要是通过控制销售过程和渠道，有利于企业控制和掌握市场，增强对消费者需求变化的敏感性，提高企业产品的市场适应性和竞争力，本题中，"为了确保销售渠道稳定，2020年末该公司成功收购了3家大型药店集团和4家医院"说明药店集团和医院都是新马公司新产品的销售对象，属于在产业链上顺流移动，因此，选项C正确。

8. 【答案】C

【解析】偶然失效是指在战略的平稳实施阶段出现的一些意外情况导致战略失效。本题中，"但突如其来的新冠疫情让公园门庭冷落，一度陷入经营危机，最终小张不得不终止公园的经营权”体现出战略失效的类型是偶然失效。

9.【答案】B

【解析】实现资源互补是指资源在企业之间的配置总是不均衡的，在资源方面或拥有某种优势，或存在某种不足，通过战略联盟可达到可以达到资源共享、优势互补的效果。本题中，甲乙公司在汽车制造技术方面形成了优势互补，属于战略联盟动因中的实现资源互补，因此选项B正确。

10.【答案】B

【解析】人口细分是指按照人口变量（年龄、性别、职业、国籍等因素）来细分消费者市场。本题中，“丙公司在做数据调查时发现各种修饰图像软件下载量剧增，主要下载对象均为女性……以美颜相机为主打的手机，主要针对年轻女性消费群体”体现出丙公司以性别和年龄进行市场细分，属于人口细分，因此，选项B正确。

11.【答案】B

【解析】市场开发战略是指将现有产品或服务打入新市场的战略。本题中，该国外品牌文具集团利用现有产品打入了中国市场，说明该集团采用的是市场开发战略，因此，选项B正确。

12.【答案】A

【解析】运营风险是指企业在运营过程中，由于内外部环境的复杂性和变动性以及主体对环境的认知能力和适应能力的有限性，而导致的运营失败或使运营活动达不到预期目标的可能性及损失。本题中，“绿舒公司旗下的涂料产品被检测出甲醛超标，消息一出绿舒公司的销售额降幅高达70%……绿舒公司一时间陷入经营危机”体现出绿舒公司所面临的风险是运营风险。

13.【答案】B

【解析】本题中，“龙飞公司是一家刚成立三年的无人机制造企业，公司经营情况并不稳定，销售渠道也不完善”体现出该公司经营风险高；“龙飞公司向机构投资者募集资金投入研发”说明该公司采用的权益投资方式，其财务风险高。因此，选项B正确。

14.【答案】C

【解析】竞业禁止业务即董事与公司间的竞业禁止业务是指董事不得未经股东大会同意，利用职务便利为自己或者他人谋取属于公司的商业机会，自营或者为他人经营与所任职公司同类的业务。本题中，两家公司存在竞争关系，小李在两家公司均有任职，违反了竞业禁止业务。

15.【答案】B

【解析】创业型组织结构是一种最早的、最简单的组织结构，这种组织结构没有职能机构，从最高管理层到最低层实现直线垂直领导，该结构比较简单，命令统一。本题中，两人创办的家政服务企业属于规模较小、生产技术简单的小型企业，“建立一个家政服务企业，由李云采用适当的组织结构形式进行管理”因此宜采取创业型组织结构，选项B正确。

16.【答案】A

【解析】最大可能损失是指风险事件发生后可能造成的最大损失。本题中，“企业的风控部在分析项目运营风险时，无法判断风险发生的概率”可以看出乐誉公司应采取最大可能损失作为风险度量方法。

17.【答案】C

【解析】本题中，“公司是一家专注于芯片制造的高科技公司……没有森严的等级制度，管理者更关注的是员工能否成功地解决问题，鼓励员工跨部门合作”这些都是任务导向型的特点，因此，选项C正确。

18. 【答案】B

【解析】“内部人控制”问题的主要表现是经理人对股东应该负有忠诚、勤勉的义务，但由于存在委托代理问题及缺乏足够的监督机制，从而产生的内部人控制问题。本题中，“总经理将办公室装修得非常奢华，经常给包括自己在内的中层以上员工发放奖金，而这些决策在公司章程中都没有明确规定需要经过股东大会的同意，因此该总经理在公司内大搞‘个人帝国’”体现出城济公司存在“内部人控制”问题。

19. 【答案】A

【解析】混合战略是指企业在为顾客提供可感知的高附加值的同时保持较低价格。本题中，“管理层要求设计师要抓住国际上主要流行元素尽可能地加入服装设计中”体现出了差异化战略；“该公司通过高效的成本管理方法以相对较低的价格进行销售”体现出了成本领先战略。从整体来看，该企业采用的是混合战略，因此，选项 A 正确。

20. 【答案】C

【解析】本题中，“该企业的产销量一直稳居行业前列……早已形成规模经济以控制成本，销售渠道也十分完整”体现出该企业正处于成熟期，应该采用的股利分配政策是高股利政策，因此，选项 C 正确。

21. 【答案】C

【解析】多国本土化战略是指一个企业的大部分活动，如战略和业务决策权分配到所在国外的战略业务单位进行，由这些单元向本地市场提供本土化的产品，从而把自己有价值的技能和产品推向外国市场而获得收益。本题中，“管理层要求各地分店务必关注其当地市场的饮食文化、消费需求及行业状况，可以在一定限度内进行菜品及价格的调整”体现出该公司采取的是多国本土化战略。

22. 【答案】B

【解析】造成产业零散的原因中不存在规模经济或难以达到经济规模是指通常零散产业需要投入大量的专业技能，且不易复制，无法扩大规模，难以达到规模经济。本题中，“采用多船作业也难以降低成本，全部船只都处于同一水域作业，获得的好捕捞量的概率所差无几，因此许多小作业者的作业成本是基本相同的”体现出捕鱼业难以达到规模经济，选项 B 正确。

23. 【答案】C

【解析】本题中，“在保留该公司原有组织结构的同时实施了新的管理方式，当地员工反对加班制度，对于新的绩效考核管理方式存在很大意见，甚至多次出现罢工现象”体现出组织要素变化较少，并且现有文化潜在的一致性小，因此东达公司应根据文化进行管理，选项 C 正确。

24. 【答案】A

【解析】合规风险是指因违反法律或监管要求而受到制裁、遭受金融损失以及因未能遵守所有适用法律、法规、行为准则或相关标准而给企业信誉带来的损失的可能性；法律风险是指企业在经营过程中因自身经营行为的不规范或者外部法律环境发生重大变化而造成的不利法律后果的可能性。本题中，“豆制品厂的残渣及污染物都直接排放到了河道中……对新蒙豆制品厂处以 8 万元罚款及责令限期改正”体现出豆制品厂所面临的风险是法律与合规风险。

二、多选题

1. 【答案】BD

【解析】情景分析法的适用范围是通过模拟不确定性情景、对企业面临的风险进行定性和定量分析；马尔科夫分析法适用范围是对复杂系统中不确定性事件及其状态改变的定量分析。因此，选项 B、D 正确。

2. 【答案】ABD

【解析】本题中，“发现 H 公司在被并购前牵涉在一项国际经济犯罪案件中”属于并购失败中的决策不当；“由于企业文化的不同导致今源公司对 H 公司的管理整合工作难以开展”属于并购后不能很好地进行企业整合；“再加上今源公司所支付的较高并购费用，导致今源公司流动资金周转不灵”属于支付过高的并购费用。因此，选项 A、B、D 正确。

3. 【答案】ABCD

【解析】《企业内部控制应用指引第 7 号——采购业务》中的采购是指购买物资（或接受劳务）及支付款项等相关活动。在采购业务中需要关注的主要风险包括：①采购计划安排不合理，市场变化趋势预测不准确，造成库存短缺或积压，可能导致企业生产停滞或资源浪费；②供应商选择不当，采购方式不合理，招投标或定价机制不科学，授权审批不规范，可能导致采购物资质次价高，出现舞弊或遭受欺诈；③采购验收不规范，付款审核不严格，可能导致采购物资、资金损失或信用受损。因此，选项 A、B、C、D 正确。

4. 【答案】BC

【解析】本题中，“企业一直加强法制教育，增强经理等高级管理人员的法制观念”属于内部控制要素中的控制环境；“管理层要求企业开展风险评估，准确识别与实现控制目标相关的内部风险和外部风险，评估相应的风险承受度”属于内部控制要素中的风险评估。因此，选项 B、C 正确。

5. 【答案】BC

【解析】风险理财的手段既不改变风险事件发生的可能性，也不改变风险事件可能引起的直接损失程度，因此，选项 A 错误；风险理财是用金融手段管理风险，而非财务手段管理风险，因此，选项 D 错误。

6. 【答案】BC

【解析】本题中，“其采用区域管理方式，即各区域总裁有权对其管理的区域进行自主决策”体现出 SW 集团采用的纵向分工组织结构是分权，其优点包括：①有利于发挥下属的积极性和创造性；②能为下属提供更多的职位晋升机会；③适应外部环境的能力较强；④信息沟通和传递速度比较快，信息失真程度比较低，选项 C 正确。该方式的缺点包括：①难以统一指挥和协调，有的下属部门因追求自身利益而忽视甚至损害公司的整体利益；②容易出现部门之间各自为政的失控现象，选项 B 正确。

7. 【答案】AB

【解析】市场导向型动机即寻求市场，主要是指规避贸易保护和贸易壁垒以及开辟新的市场。资源导向型动机即寻求资源，是指寻求国内稀缺的战略性资源以及维护资源来源的稳定性。本题中，“由于国内矿产资源逐渐稀缺，该公司将部分资金和生产能力转移至铁、铜等资源丰富的拉美国家”体现了寻求资源的动机，选项 B 正确；“成筑公司通过并购一家拉美的建材公司，成功入驻拉美市场，销售额得到了大幅提高”体现了寻求市场的动机，选项 A 正确。

8. 【答案】ACD

【解析】资金活动需关注的主要风险：①筹资决策不当，引发资本结构不合理或无效融资，可能导致企业筹资成本过高或债务危机；②投资决策失误，引发盲目扩张或丧失发展机遇，可能导致资金链断裂或资金使用效益低下；③资金调度不合理、运营不畅，可能导致企业陷入财务困境或资金冗余；④资金活动管控不严，可能导致资金被挪用、侵占、抽逃或企业遭受欺诈。因此，选项 A、C、D 正确。

9. 【答案】 ABC

【解析】 在处理变革的阻力时，管理层应当考虑变革的三个方面：①变革的节奏；②变革的管理方式；③变革的范围。本题中，景成公司聘请专家对员工开展系列培训课程，体现的是变革的管理方式，因此，选项 A、B、C 符合题意。

10. 【答案】 ABD

【解析】 钻石模型四要素主要包括生产要素、需求条件、相关与支持性产业、企业战略、企业结构和竞争对手的表现。本题中，选项 A 属于生产要素；选项 B 属于相关与支持性产业；选项 C 属于政策层面的内容，钻石模型没有涉及该方面；选项 D 属于企业战略、企业结构和竞争对手的表现。

11. 【答案】 BD

【解析】 本题中，“经过得天独厚的地理优势和精湛传统的酿酒技术”可以看出该公司对关键资源的控制，使潜在进入者的进入威胁较小。“即使其每瓶白酒的价格远高于同行业其他公司的产品单价，但众人仍被其酿制的白酒深深吸引着，产品经常供不应求”体现出消费者选择的余地很小，即使价格高于同类产品，也仍然选择该公司产品，说明购买者讨价还价的能力很弱。因此，选项 B、D 正确。

12. 【答案】 CD

【解析】 支持活动是指用以支持基本活动而其内部之间又相互支持的活动，包括采购管理、技术开发、人力资源管理和企业基础设施。选项 A 属于基本活动中的内部后勤；选项 B 属于基本活动中的生产经营；选项 C 属于支持活动中的人力资源管理；选项 D 属于支持活动的采购管理，因此，选项 C、D 正确。

13. 【答案】 BD

【解析】 友善并购是指并购方与被并购方通过友好协商确定并购条件，在双方意见基本一致的情况下实现产权转让的一类并购。本题中，“经过长达 2 个月的谈判，双方最终以 3.5 亿元的收购价格达成一致同意”可以看出是友善并购；“产业资本并购是指并购方为非金融企业”，本题中，“辰星公司是一家糖果食品生产企业”可以看出辰星公司是非金融企业，因此，此次并购属于产业资本并购，选项 B、D 正确。

14. 【答案】 ABD

【解析】 货源策略有三种，包括单一货源策略、多货源策略、由供应商负责交付一个完整的子部件，因此，选项 C 错误。本题中，“在制造手机屏幕时，其选用了业内最出色的一家屏幕供应商”属于单一货源策略；“在原材料芯片方面，为了某供应商防止供货发生问题，其选用了几家质量较好的芯片制造企业”属于多货源策略；“在手机配件方面，世星公司将生产授权给了一家供应商，自己不参与配件的生产”属于由供应商负责交付一个完整的子部件。因此，选项 A、B、D 正确。

三、简答题

1. 【答案】

（1）①按照并购双方所处的产业分类，案例中的并购属于横向并购，中信银行和 Altyn 银行均属于金融业中的银行业；②按照并购方的态度分类，案例中的并购属于友善并购，“2017 年 6 月，中信银行通过相关议案，同意收购阿尔金银行股权并签署相关交易文件”；③按照并购方的身份来分类，案例中的并购属于金融资本并购，因为并购方为中信银行，属于银行金融机构；

④按照收购资金来源分类，案例中没有提及负债，则属于非杠杆并购。

（2）①政治和法律环境因素给中信银行带来的既有机会也有威胁。

机会："'一带一路'是为了促进世界经济发展、进一步提升全球经济开放性与包容性的伟大倡议。2018 年，已经有 60 多个国家加入到'一带一路'建设中，'一带一路'网络已遍布五大洲中的四大洲（除美洲外）以及拉丁美洲"。

威胁："对于中信银行在'一带一路'发展中也会面临着政治文化风险、汇率风险等风险，所投资国家的政治不稳定或者说国家领导人经常性替换的现象使得相关政策时常改变，这对商业银行的海外发展可以说是致命的"。

②经济环境因素所带来的威胁。"我国在'一带一路'的投资还是集中于基础性领域，包括农业、资源能源、基础设施建设等，这些项目都具有规模大、回收期长的特点"。

③社会和文化环境因素所带来的威胁。"我国商业银行在对'一带一路'沿线国家的风土人情、社会文化等方面的了解并不处于优势地位，对于国内绝大多数商业银行来说，这项工作可能需要从零做起"。

④技术环境因素所带来的威胁。"这就从客观上要求我国商业银行提高风险识别和管理能力，也对其开发规避相关风险的金融产品的能力提出了全新的需求"；"同时针对具体的投资项目需要进行准确权威的分析判断和量化的可行性论证，不可完全照搬国际经验"。

2. 【答案】

（1）中钢国际面临的财务报告风险是提供虚假财务报告，误导财务报告使用者，造成决策失误，干扰市场秩序。"在无法正常推进项目进度而引起企业绩效低下的压力下，刚刚上市的中钢国际甚至选择以虚增收入的违规操作粉饰公司业绩，误导财务报告使用者，干扰市场"、"全资子公司中钢设备 2014 年营业收入虚增 40 768. 14 万元、利润总额虚增 2 716. 16 万元，最终于 2017 年被吉林证监局责令改正"。

（2）中钢国际面临的销售业务风险是客户信用管理不到位，账款回收不力等，可能导致销售款项不能收回或遭受欺诈。"客户的信用管理工作不重视不到位，导致企业应收账款不能及时收回，存在坏账损失的风险"、"中钢国际对其下属企业在经营过程中形成的长期挂账、催收无果的应收款项进行清理并予以核销"。

3. 【答案】

（1）①采购管理。"W 公司倡导整车厂与供应商之间的合作伙伴关系，在保证双方利益下共同合作开发探索全新的技术领域"。

②技术开发。"汽车工业的新能源化已经成为未来趋势，技术路线较为清晰，主要以动力电池、电机、电控为核心来搭建整体的技术架构。以 W 公司首款产品 XS8 为例，其外观内饰均有其设计团队自主设计"。

③人力资源管理。"在招聘时就非常重视与公司价值观相似的人，需要信奉相同的使命、愿景，同时挖掘有成熟度有意愿做领导岗位的员工，在人才培养上不惜重金投入，让员工有不同职位、有不同项目的历练从而实现全方位的提升"。

④基础设施。"公司的标志寓意着公司对未来的憧憬，以及脚踏实地、不断前行的精神，并着重强调对用户体验的重视，重新定义服务用户的所有过程，期望为用户提供愉悦体验的绿色出行方式"。

（2）W 公司在销售模式上采用的是前向一体化战略，即获得分销商或零售商的所有权或加强对他们的控制权的战略，"W 公司将生产经营活动前向扩展到销售终端，自己建立并完善销售渠道来销售产品”。前向一体化的适用条件是：①现有销售商的销售成本较高或者可靠性较差；②所在产业的增长潜力较大；③具备前向一体化所需的资金、人力资源等；④销售环节的利润率较高。

4.【答案】

（1）海洋生物医药产业内部结构的共同特征包括：

①技术的不确定性。“海洋生态环境具有高盐、高压、缺氧和避光等特性，并且具有流动性和季节性，海洋生物种类丰富，需要进行大量的基础研究，掌握多种技术，研究工作广度和深度大。”

②战略的不确定性。“在高速发展下涌现了许多企业进入海洋生物医药产业，比如：厦门金达威集团股份有限公司，青岛明月海藻集团有限公司等，在产业内进行布局，将其传统业务向精准医疗方向转变，但仍存在许多不确定性，在不断摸索中进行战略规划。”

③萌芽企业和另立门户企业较多。“随着国内外对海洋生物医药需求的扩大和对药品质量要求的提高，海洋生物医药发展进程加快，市场规模不断扩大，推动了大量公司进入海洋生物医药产业。2005—2020 年，中国海洋生物医药产业增加值一直保持高速增长。”

（2）海洋生物医药产业的发展障碍包括：

①专有技术选择、获取与应用的困难。“海洋生物医药产业需要特殊的地理环境，需要在海洋资源丰富的地区，并且沿海地区经过改革开放拥有充足的人才和资金储备，有先进的技术，可以满足生物医药需要的基础条件。”

②原材料、零部件、资金与其他供给的不足。“海洋生物医药产业指以海洋生物为原料或提取有效成分进行海洋药品与海洋保健品的生产加工及制造等活动”，“海洋生物医药产业需要特殊的地理环境，需要在海洋资源丰富的地区，并且沿海地区经过改革开放拥有充足的人才和资金储备，有先进的技术，可以满足生物医药需要的基础条件”，“我国海洋生物医药产业的政府资金投入、科研机构经费收入逐年递增，但是与日本、欧盟国家相比，还有一定差异，资金投入不足，限制了海洋药物的研发和成果转化进程。”

③顾客的困惑与等待观望。“海洋生物医药产业需要大量技术和科技人才，海洋生物资源开发关键技术储备不足，企业自主创新意识不足，行业同质化严重，而市场需要更多且有效的创新药，无法满足日益增长的创新需求。”

（3）①选择适当的进入时机与领域。“2005 年，其中药现代化里程碑产品——绿谷注射用丹参多酚酸盐在中国上市，成立绿谷研究院；2006 年，设立‘绿谷创新基金’，用于支持中国原创新药研发；2009 年获得九期（甘露特纳胶囊）开发许可权；2014 年，绿谷糖药物生产基地在辽宁本溪开工奠基；2017 年完成甘露特纳胶囊临床试验三期患者入组，成为中国首个大型抗阿尔兹海默症药物三期临床试验；2018 年，顺利完成甘露特纳胶囊三期临床研究，同年，在中国递交新药及生产许可申请；2019 年，甘露特纳胶囊在中国正式上市；2020 年，绿谷糖药物生产基地在上海正式奠基，成为国内首个糖药物出口全球的生产基地。上海绿谷制药公司根据国家出台的政策，把握发展的时机，实时更新企业的制药技术，自主研发并拥有自主知识产权，在技术上不断升级，成为糖药物领域的翘楚。”

②塑造产业结构。“上海绿谷制药有限公司成立于 1997 年，拥有丰富的糖药物产品线，创新产品涵盖神经精神类、恶性肿瘤、代谢性及自身免疫性疾病等领域，公司联合中国海洋大学、中科院上海药物所共同研制的甘露特纳胶囊，是以海洋褐藻提取物为原料制备获得的低分子酸性寡糖化合物，也是中国自主研发并拥有自主知识产权的创新药，填补了国际上 17 年来抗阿尔兹海

默症领域无新药上市的空白。”

四、综合题

【答案】

（1）洗碗机目前处于产品生命周期中的成长期。理由：①处于成长期的各厂家的产品在技术和性能方面有较大差异。“目前市场上洗碗机的价格有几千至上万不等，容量及功能也不尽相同”、“从清洁度来看，三款洗碗机在面对特别难清洗的污渍时，只有 XI 第三代洗碗机将其清洗得很干净，另外两款产品都有不同程度的污渍留存”、“三款洗碗机在同等清洗效果的情况下，XI 第三代洗碗机更加地省水、省电，节约能源”。②洗碗机的销量在上升，产品的销售群已经扩大。“2020 年洗碗机市场销售额规模整体达到 87.0 亿元，销量规模整体达到 191.9 万台，分别同比增长 25.3% 和 31.0%”、“由于受疫情影响……占据主要市场规模的白色家电、厨卫电器等市场均遭遇较大幅度的下滑，但洗碗机的销量却逆势大涨”。

（2）通过（1）分析得知洗碗机处于成长期，可以分析出 XI 电器公司目前的经营风险高，财务风险低。由此建议 XI 电器公司采用权益融资的方式最为合适，股利分配政策建议选择低股利分配政策。

（3）XI 电器公司目前的企业总体战略是多元化战略中的相关多元化战略。“XI 电器公司是以黑色家电制造为主营的企业，2013 年开始接触洗碗机制造技术……XI 初代家用水槽洗碗机问世，随后通过不断地研发和生产试制，不同性能的洗碗机逐渐面世”可以看出 XI 公司采用的是多元化战略，但黑色家电和洗碗机均属于家电类产品，因此是相关多元化战略。

（4）辨别企业能力的 3 个关键性测试：①它对顾客是否有价值？“三款洗碗机在同等清洗效果的情况下，XI 第三代洗碗机更加地省水、省电，节约能源”；“气泡更有利于洗碗粉等洗涤剂的溶解，使消费者更加节省洗碗粉”。②它与竞争对手相比是否更有优势？“从清洁度来看，三款洗碗机在面对特别难清洗的污渍时，只有 XI 第三代洗碗机将其清洗得很干净，另外两款产品都有不同程度的污渍留存”、“这离不开 XI 第三代洗碗机将以往洗碗机的‘水洗技术’升级为水气混动的‘气泡洗技术’”。③它是否很难被模仿或复制？“由于这项技术是 XI 电器通过二次创新和长时间的自主研发所研究出来的，因此，短时间内第三代家用水槽洗碗机很难被其他电器制造企业复制，其具有难以被模仿的优势”。综上所述，XI 电器公司的第三代洗碗机同时满足 3 个关键性测试，属于公司的核心竞争力。

（5）XI 电器公司的组织结构类型是矩阵制组织结构。“2013 年开始接触洗碗机制造技术，2014 年专门从公司研发部门和生产制造部门共调动了 15 名骨干员工成立了洗碗机项目组，经过一年多的时间，在项目经理的带领下，XI 初代家用水槽洗碗机问世”。

矩阵制组织结构的缺点：①可能导致权力划分不清晰，在职能工作和项目工作之间产生冲突；②双重权力容易导致管理者之间产生冲突；③管理层可能难以接受混合型结构，管理者之间争夺其权力，产生危机感；④会增加时间成本和财务成本，导致制定决策的时间过长。

（6）研究与开发是指企业为获取新产品、新技术、新工艺等所开展的各种研发活动。开展研发活动需要重点关注的主要风险有：①研究项目未经科学论证或论证不充分，可能导致创新不足或资源浪费；②研发人员配备不合理或研发过程管理不善，可能导致研发成本过高、舞弊或研发失败；③研究成果转化应用不足、保护措施不力，可能导致企业利益受损。